最高人民法院

财产保全

司法解释理解与适用

（第二版）

曹凤国 / 著

法律出版社
LAW PRESS · CHINA
北京

图书在版编目(CIP)数据

最高人民法院财产保全司法解释理解与适用 / 曹凤国著. -- 2 版. -- 北京 : 法律出版社, 2023

ISBN 978 - 7 - 5197 - 8001 - 2

Ⅰ. ①最… Ⅱ. ①曹… Ⅲ. ①法院 - 执行(法律) - 法律解释 - 中国 Ⅳ. ①D925.05

中国国家版本馆 CIP 数据核字(2023)第 101681 号

最高人民法院财产保全司法解释理解与适用(第二版)
ZUIGAO RENMIN FAYUAN CAICHAN BAOQUAN SIFA JIESHI LIJIE YU SHIYONG (DI-ER BAN)

曹凤国 著

策划编辑 沈小英
责任编辑 刘晓萌
装帧设计 鲍龙卉

出版发行 法律出版社
编辑统筹 法治与经济出版分社
责任校对 晁明慧
责任印制 吕亚莉
经　　销 新华书店

开本 710 毫米 × 1000 毫米 1/16
印张 32.5 **字数** 617 千
版本 2023 年 7 月第 1 版
印次 2023 年 7 月第 1 次印刷
印刷 固安华明印业有限公司

地址:北京市丰台区莲花池西里 7 号(100073)
网址:www.lawpress.com.cn
投稿邮箱:info@lawpress.com.cn
举报盗版邮箱:jbwq@lawpress.com.cn

销售电话:010 - 83938349
客服电话:010 - 83938350
咨询电话:010 - 63939796

书号:ISBN 978 - 7 - 5197 - 8001 - 2
定价:166.00 元

凡购买本社图书,如有印装错误,我社负责退换。电话:010 - 83938349

修订版说明

《最高人民法院办理财产保全案件若干问题的规定理解与适用》出版以来，承蒙社会各界厚爱，受到专业人士的认可。本书内容虽偏重条文评注和实务指引，且存在不少有待完善之处，但因实务界对了解和掌握财产保全流程的需求较大，现已销售告罄。截至目前，学术界关于财产保全的专业著作仍然稀缺，而司法实践中金融机构、法官、律师和诉讼案件当事人对财产保全的关注度却越来越高。另外，保全司法解释施行以来，尽管财产保全的核心规则未发生实质性变化，但因各地法院办理保全案件实务操作差异较大，对法律关系主体的权利保障具有实质性影响，同时，2020 年年底最高人民法院对出台的司法解释和指导意见进行了大规模修订，并出台了不少新的司法解释和指导意见。基于以上考虑，应法律出版社法治与经济分社沈小英社长之邀，在本书主体结构的基础上，结合三年来司法实践前沿发生的新变化、新做法，对本书内容作了较大范围的修订，具体如下：

1. 按照财产保全程序的不同阶段，将法条解析内容整合到十八个专章中，使本书在体系上更加紧凑完整。

2. 对香港特别行政区、澳门特别行政区财产保全制度和实务操作进行了深入的比较研究，尤其对内地与香港特别行政区相互协助保全，作了系统梳理和详细阐释，可供办理香港特别行政区、澳门特别行政区保全案件的人士参考。

3. 对关注财产保全的学者针对实践热点提出的问题，进行答疑解惑，比如保险保函用于解除保全的反担保等问题，可作为实务界参考。

4. 对除普通诉讼程序外的特别程序中可能发生的财产保全问题，作有针对性的增补。

5. 根据法律和司法解释最新修订情况对本书所引条文进行了更新，补充了最新出现的代表性案例。

6. 对财产保全与破产程序如何有效衔接作了阐述。

7. 对正在审议中的民事强制执行法草案和仲裁法修订草案中涉及保全的规定进行了解读和回应。

8. 对保全司法解释施行以来的高级法院指导意见(指引)做了重新梳理,编制办理财产保全案件的法律工具箱。

曹凤国

2023 年 6 月 1 日

序　一

财产保全是诉讼、仲裁的当事人为保障其寻求裁判保护的财产权利能够得到执行而申请法院限制债务人相关财产处分的强制性司法措施。财产保全制度对保护当事人、利害关系人的合法权益,维护裁判秩序、执行秩序和财产秩序,具有十分重要的意义。自2012年全国人大常委会修订《民事诉讼法》以来,最高人民法院发布的有关民事案件财产保全、强制执行的司法解释及规范性文件有近50件之多。其中,2016年发布的《最高人民法院关于人民法院办理财产保全案件若干问题的规定》(以下简称《规定》),在实践中的应用频度、涉及的范围和适用中问题的难度都比较突出。为此,本书以法条的准确理解与正确适用为切入点,对《规定》进行全面、深入和细致的解读,也是对保全理论与操作实务的系统研究。

本书作者曹凤国博士是《规定》起草工作的主要参与者,大学本科就读于中国政法大学经济法专业,在硕士、博士研究生阶段主攻民商法,具有扎实的法学理论功底,也是我在担任民商经济法学院院长期间指导的众多优秀硕士、博士研究生之一。他长期就职于基层法院和最高人民法院的审判、执行部门,积累了丰富的实践经验。难能可贵的是,他在审判岗位上关注学术前沿,在学术创作中注重成果质量,养成了锐意进取和严谨求实的良好学风。他曾多次参与司法解释的起草以及强制执行立法工作,把所学理论知识运用于具体规则的制定和适用,不断拓展研究的广度和深度,发表了许多有关剖析民商事、诉讼及执行法律问题的论文,获多项全国性学术奖项。

我认为,包括财产保全在内的民事执行程序,在实践中是一个多部门法相结合的法律适用过程,在理论上是一个多学科融合的法学研究领域。我国的民事执行制度还处于逐渐完善成熟的发展阶段,配套制度的欠缺更是暴露出从民事实体法和民事程序法到社会信用体系和市场监管等多方面的制度“短板”,而发达国家的经验并不能成为在我国国情下可以简单仿造的“现成产品”。我们仍然需要进行创造性的理论研究和经验总结。由于保全和执行程序涉及的基本都是民商法上的实体权利,从权利的界定与变动到权利的限制与保护都离不开物权法、公司法、婚姻法、继承法等实体法的适用,单纯从程序法或实体法角度研究都是不够的。因此,我们需要采用跨学科的分析方法和表述方法。本书作者致力于将实体法的知识应用于程序法的实践,以此为解析诉讼执行实践中难点、热点问题的钥匙,展现出一种全新面貌。

总之,我希望这部书能够对财产保全的理论探索、制度改进和实务增效有所贡献,更冀望更多的青年学者以多学科的视野不断寻求法学研究中的突破和创新。

是为序。

王卫国*

2019 年 10 月 25 日

---

* 中国政法大学教授,中国法学会银行法学研究会会长。

序　二

曹凤国博士撰写的《〈最高人民法院关于人民法院办理财产保全案件若干问题的规定〉理解与适用》一书即将付梓，请我作序，为奖掖后进，我欣然应允。

在民事诉讼程序中，财产保全作为保障将来生效裁判能够得到执行或者避免当事人的财产权利遭受侵害，对当事人的财产或者争议标的物，采取限制当事人处分的控制措施，对民事诉讼有序进行具有十分重要的作用。民事案件从人民法院立案受理到作出生效裁判，需要经过几个月甚至更长的时间。在这一过程中，如果债务人隐匿、转移或者挥霍争议财产，不仅会激化当事人双方的矛盾，而且可能使生效的裁判不能顺利执行。有些争议标的物，如水果、水产品等，容易腐烂变质，如果不及时采取保全措施将会给当事人造成更大损失，必须及时处理，保存价款。近年来，全国各级人民法院受理当事人申请财产保全的案件大幅上升，财产保全已成为债权人维护自身合法权益的关键环节。越来越多的当事人已经意识到，如果能将执行程序中查控财产的各项措施提至诉前或诉中，将会使生效法律文书确定的债权得到清偿的效果有实质性改变。但与此同时，在司法实践中，也经常发生当事人滥用财产保全申请这项权利的现象，导致财产保全成为一把既能保护当事人合法权益，又使当事人合法权益遭到损害的“双刃剑”，迫切需要从立法上加以规范，从制度上予以完善，从实践中予以准确把握。

最高人民法院制定和颁布有关财产保全的司法解释，在一定程度上破解了财产保全难与乱的诸多难题，但由于在民事诉讼中过于注重财产保全的程序可操作性，司法实践中反映出的财产保全新问题依然突出，对当事人的切身权益影响很大，如诉前保全的有效适用、解除保全措施标准、超标的查封、变更保全担保物等问题，依然未能达成共识。为此，凤国博士作为财产保全司法解释的起草者之一，在广泛收集有关国家和地区关于财产保全的法律规定、代表性案例及理论研究资料的基础上,采取理论与实务相结合的研究方法,撰写了这本专著。本书对财产保全司法解释进行了全面的梳理和系统性研究,并提出了很多卓有成效的立法建议,对广大读者准确理解与适用财产保全司法解释,十分有益。

凤国博士在求学期间的研究方向原本是民商事实体法学,后因在人民法院工作,又对民事诉讼法学和执行领域产生了十分浓厚的兴趣,并虚心求教、重视积累、勇于钻研、密切关注和积极参与我国强制执行法的立法进程,潜心从事对执行空白领域的研究。尤其他在最高人民法院执行局工作期间,通过参与系列司法解释的起草与制定,以及对域外发达国家执行前沿成果的引进,其视野更加宽阔,理论研究功底也取得了长足进步。在中国行为法学学会执行行为专业委员会与最高人民法院执行局举办的多届中国执行论坛的论文评比中,他获得了各个等级的奖项,也曾获全国法院系统学术讨论会一等奖,其撰写有关执行方面的优秀论文被收入刘贵祥专委和我主编的《强制执行的理论与制度创新——中国执行论坛优秀论文集》。

本书以财产保全司法解释的法条理解与应用为视角展开,在实践中的一些问题还有待进一步认真探讨,一些观点也有待进一步商榷。然而,凤国博士能够理论联系实际撰写一本专著,既反映了其具备一定的学术功底和学术素养,又体现了其刻苦钻研和锲而不舍的探索精神。期望凤国博士能以此为基础,在今后的科研工作中取得更大成绩,为国家的法治建设做出应有的贡献。

是为序。

宋朝武*

2019 年 12 月 29 日

---

* 中国政法大学教授、博士研究生导师,中国行为法学会执行行为专业委员会会长。

序　三

我国民事程序法的制度建构，较之民事实体法略显滞后，尽管民事诉讼领域的立法和司法解释不断制定和更新，制度也日趋完善，但关乎当事人权利保障的重要领域立法仍供给不足，规则冲突和漏洞也亟须理顺和填补。就民事诉讼保全而言，多数探讨停留在实务操作层面，理论研究相对薄弱，没有引起学术界、实务界足够的重视，实务操作层面一定程度上存在保全难、保全乱现象，需要正确的程序理念加以指导，并制定符合实际需求的法律、司法解释予以规制，以便奋战在保全一线的法官有法可依，也使民事诉讼程序参与人对程序开展和法律后果具有相对确定性的预判，将程序性的司法自由裁量权纳入理性制度的轨道。

进入21世纪以来，各国的民事诉讼法都走向更精细化的发展之路，这也是现代社会纠纷解决模式发展的必然趋势。我国民事程序立法理应顺应潮流，不断探求民事诉讼发展的规律，结合我国国情，坚持问题导向和系统思维，对民事程序立法切实加以调整，使之成为逻辑严密、兼顾公平和效率的科学法律体系。然而，法治作为一项巨大的社会系统工程，难期一朝一夕可以促成。财产保全作为民事诉讼法当事人权利保护的重要制度，在司法操作层面发挥了越来越重要的作用，但我国《民事诉讼法》关于财产保全仅设7个条文，2015年制定的《最高人民法院关于适用〈中华人民共和国民事诉讼法〉的解释》仅有21个条文，对财产保全也多为原则性规定，无法契合民事诉讼实践发展的需求。司法改革进入深水区，司法实践中反映出的财产保全问题日益突出，有必要对迫切需要规范的问题作出明确而又符合实际的规定。为了解决影响司法公正、制约司法能力的深层次问题，破解体制性、机制性、保障性障碍，最高人民法院于2016年起草制定了《最高人民法院关于人民法院办理财产保全案件若干问题的规定》，该规定施行两年多时间，已经充分发挥财产保全制度的优越性，但实践中一些热点领域依然存在较大争议，仍须对相关条文的正确理解、立法背景和实务操作给出详细的诠释。

曹凤国博士不仅理论功底深厚，在基层法院工作期间，作为主审法官一直扎根在办案一线，实务经验非常丰富；在最高人民法院执行局工作期间，负责执行体制改革，参与多部重要司法解释的制定，并作为财产保全司法解释起草者之一，深悉每一个条文起草过程、制定背景、设立旨意和实务难点，他结合保全司法解释实施以来实践中不断出现的新问题、新情况，撰写了本书，希望能为广大民事诉讼理论研究者和司法实务工作者提供参考和指引。

是为序！

扈纪华*

2019 年 12 月 30 日

---

* 原全国人大常委会法制工作委员会民法室副主任。

前　言

财产保全是为保障生效裁判的顺利执行、避免胜诉债权人权利遭受损失，而对当事人处分相关财产予以限制的一种诉讼保障制度。作为商品经济发展的产物，财产保全制度同其所要保障的民事实体权利的历史一样古老。在现代社会，财产保全程序作为民事诉讼法的有机组成部分，客观上已经成为解决民商事纠纷的重要途径和抓手，不仅事关民事诉讼程序能否顺利开展，也是从源头上切实解决执行难的不可缺少的有效机制，尤其在当下人民法院全力推进切实解决执行难的宏大背景下，财产保全制度承载了更特殊的价值和意义。当失信被执行人名单制度的大数据化、办案流程的电子化、财产查控方式的网络化，仍不能克服生效法律文书确定权利顺利兑现的制度性障碍和社会诚信体系缺陷，一定程度上预示执行立法本身的系统性错位已无法推进更加实质性的变革，迫使我们不得不将关注的焦点转向包括保全制度在内的整体诉讼制度的改造，向财产保全内核注入更加鲜活的外部元素，以激发民事诉讼和执行制度的内部潜能，期待发生连锁反应，从而实现中端诉讼程序的公正高效推进和终端执行程序的普遍安宁。事实上，财产保全措施的科学运用，也可以极大缩短和简化诉讼程序的环节与周期，减少当事人的成本与诉累，节约原本紧张的司法资源，为庭前和解、庭外和解、庭审调解、自动履行创造良好的司法环境，为当事人权利的及时实现奠定坚实基础。

随着社会经济发展和司法改革的持续推进，司法实践中反映出的财产保全问题也较突出，存在不同程度的保全难和保全乱现象。为结合审判执行实践中遇到的难点、热点，以问题为导向，调整保全担保数额，降低保全门槛，顺应市场需求，引入诉讼保全责任保险，规范保全措施，完善保全程序当事人权利救济，实现制度创新与机制变革，2016 年 10 月 17 日，最高人民法院审判委员会第 1696 次会议讨论通过了《最高人民法院关于办理财产保全案件若干问题的规定》(以下简称《保全规定》),并于2016年12月1日起施行。《保全规定》施行以来,因财产保全部分制度的优化,一定程度上调动了诉讼参与各方的积极性,2016年全国法院保全案件立案只有41.8万件,2017年全国法院保全案件立案增长为77.1万件,2018年全国法院保全案件立案数量升至124.7万件,而2019年的立案数量已达154.4万件。从反馈的情况来看,申请财产保全案件和保全到位案件的数量均大幅提升,对债务人财产的及时查控产生了良好的社会效果,全国法院执行案件实际执结率也得到较大提升。应当说,财产保全制度的优越性得到了一定程度的体现,但我国保全制度仍然处于不完善、不成熟、不系统的发展阶段,司法解释尽可能在若干个关键领域,从理念、制度、和实践操作层面进行了大胆的探索和尝试。

首先,引领财产保全理念革新。司法解释在结构安排上,适当汲取当事人主义和职权主义精髓,以协同主义作为保全制度发展改革的指导思想,进而建构财产保全的基本生态。我国正处在职权主义为主的民事诉讼向当事人主义为主的民事诉讼模式转变过程中,诉讼模式核心基调是强调处分原则和辩论主义。当事人主义要求只有案件当事人或者利害关系人才是财产保全程序的启动者和主导者,人民法院即使不保持一种超然的姿态,也不应越俎代庖。对于是否申请财产保全,由当事人在权衡案件事实情况的基础上自主行使处分权。当事人对自己选择申请财产保全而给被申请人带来的损失承担相应责任。民事诉讼程序效率价值的要求,只要当事人或利害关系人提供了担保,人民法院就应依据保全申请裁定准许保全,从而消除使判决将来不能执行或难以执行的风险,维护将来的生效裁判的权威性。鉴于我国实际国情,司法解释并没有完全采纳当事人主义,而是秉承协同主义诉讼理念,对传统保全模式进行了一定程度的修正。协同主义克服当事人主义的不足,重点促进保全案件审理者与当事人在程序中实现互动,对当事人强调真实义务,对裁判机关突出释明义务。协同主义认为,只要有利于民事纠纷的彻底解决,法院就应当按照法定程序适当有度地行使释明权,依职权采取必要的配合性措施,有效解决当事人控制诉讼程序所带来的诉讼迟延。保全制度的设计旨在激发诉讼法律关系多方主体的积极性,通过适当强化法院的职权运用,重视当事人相互之间、当事人与社会主体之间的协商合作,强调法院与当事人以共同作业体角色协同推进财产保全工作的开展,保障诉讼进程,进而高效公正地解决纠纷。

财产保全越来越成为具有独立功能和鲜明特征的特殊诉讼阶段,在我国台湾地区,学者多将其定性为"以保全私权的强制执行为目的之特别审判程序"。[1] 该程序之目的在于使债权人可以不经过通常的私权确定程序而取得执行依据,从而保全未来的强制执行。相对于审判程序与执行程序,保全程序自身具有鲜明的相对独立性,而不仅作为民事审判程序的附庸。财产保全具备法定性、程序相对独立性、诉讼保障性和强制性等特征,作为特殊的诉讼程序,虽一直被视为诉讼保障措施和临时救济手段,但从保全申请立案、审查与裁定实施,逐渐呈现与审判程序相分野的趋势。日本将保全程序从民事诉讼法和强制执行法分离出来,单独制定统一的民事保全法;我国台湾地区对保全裁定的抗告,已经适用对审程序进行审理;国内有的法院成立民事保全中心专门办理保全案件,均是基于对财产保全独立性深刻认识的结果。

另外,司法保全公权力也不应是高不可攀的冰冷绝缘体,而应当将司法的力度与温度传递给每一个程序的参与者,这就要求财产保全工作也要充分尊重当事人的意思自治,整合社会各界资源实现司法为民与保障私权的双赢效果。引入诉讼保全责任保险作为保全的担保便是最好的例证,当事人与保险公司之间签订的责任保险合同,尽管作为纯粹的民事权利义务关系,从制度设计上依然能够为诉讼保全担保开辟出降低保全门槛的捷径,畅通保全通向执行的道路,如果仍过于纠结于财产保全责任保险逻辑上的自恰和实体法上的正当性,已经没有多少实践上的价值。

其次,实现部分制度的结构性调整。民事保全制度的优劣判断必须符合民事诉讼程序安定性要求,发挥胜诉权利兑现制度功能的最大化。一是保全担保制度的变革,从担保的数额、担保方式和特殊案件的担保制度都进行了创新规定,成为司法解释的最大亮点;二是财产保全权力行使制度的变革,使司法权的运行更加谦抑化,保全期间允许财产处分、限制超标的保全措施、保全附条件移送执行,都是保全司法权理性运行的写照;三是完善对不同主体的权利救济体系,明确保全实施程序中当事人、利害关系人可以提出执行行为异议,创设保全程序的案外人异议制度,均属于对保全制度的结构性变革。但囿于司法解释的较低立法位阶,对于仍然重要的制度并没有来得及予以实质性改造,如保全裁定复议,应当建构相当于德国抗告的上诉制度,以恢复裁定复议程序的实质化

[1] 陈启垂:《民事诉讼法》(下册),台北,新学林出版股份有限公司2018年版,第398页。

救济制度的本来面目;[1]整合保全解除与保全裁定撤销制度,设立裁定自动失效制度,统一超标的保全和申请保全错误赔偿司法认定标准等,也只能期待以后修订民事诉讼法及相关司法解释时予以进一步完善。

再次,规范实务操作层面乱象。财产保全领域尚未制定统一的民事保全法,除《民事诉讼法》《最高人民法院关于适用〈中华人民共和国民事诉讼法〉的解释》《保全规定》之外,尚有针对保全特定问题的批复、最高人民法院发布的有关保全的规范性文件以及地方各级法院制定的保全工作指导意见,远没有形成统一和谐的制度体系,也必然导致人民法院对财产保全把握的尺度宽严不一,虽然保全担保问题经统一规定后实现了根本性改观,但对于诉前保全申请审查、被保全人提供担保解除保全和变更保全标的物的审查,诉讼保全中申请使用网络执行查控系统查询被保全财产信息的准许,仍存在自由裁量上的较大随意性,同类案件不同处理结果的问题依然突出,有的人民法院甚至排除概括性裁定在保全中的适用,这些现象都给当事人造成了困惑,增加了财产保全的难度和诉讼成本,有损法律适用的严肃性,需要从立法层面继续加以完善。

最后,起草司法解释无疑是一项使命光荣而工作繁重的任务,作为起草者之一,必须用心组织好每次调研活动,全身心投入每一个条文的讨论和斟酌中。为提高立法质量,最高人民法院执行局先后在最高人民法院、中国人民大学和原保监会召开了多次以财产保全为主题的研讨会、专家论证会,并广泛征求了最高人民法院其他庭室和全国法院系统的意见,收集汇总了中华全国律师协会、保险公司、商业银行、资产管理公司、高校学者对征求意见稿的建议,数易其稿,终于能够在全国法院吹响"用两到三年时间基本解决执行难"攻坚战役号角的关键时刻颁布施行。《保全规定》施行后,社会反响强烈,而日新月异的司法实践成为汲取智慧最好的土壤,也足以充分检验司法解释的条文运行的实际效果。为了深入介绍保全司法解释的立法背景和基本精神,对争议焦点进行贴近立法本意的解读,从而阐明条文的正确含义,为一线保全实务工作提供指引,笔者历时近两年编写本书,希望能够对理论研究者和广大实务工作者起到一定参考作用。《保全规定》实施至今已逾三年,有关保全的立法与实践在司法改革的

---

〔1〕 德国民事诉讼程序中的抗告是对附属裁判、本案裁定和决定不服而提起的独立上诉手段,抗告导致对事实和法律问题的重新审查,但相对控诉程序而言更简便和快速。参见《德国民事诉讼法》,丁启明译,厦门大学出版社 2016 年版,译者序言,第 18 页。

洪流中又发生了很大变化,直接或间接影响保全的司法解释和规范性文件也密集出台,笔者在调研保全前沿业务模式发展变化的同时,对近期不断颁布的规范条文也予以梳理和更新。由于时间仓促、参考文献不足,加之水平限制,本书内容还存在不少实务中的疑难待解问题以及制度建构上的疏漏,不足之处,希求广大读者不吝指正,以期随着民事诉讼立法的不断进步,再次予以修订和完善。

凡　　例

一、法律、法规、规章、规范性文件名称一律省略中华人民共和国，其余一般不省略，但可以简称，如《中华人民共和国民法总则》，简称《民法总则》。

二、叙述法律、法规、规章和规范性文件，如果因需要区分有必要在名称前标注制定机关和制定、修改、年份的，如1991年《民事诉讼法》，对于现行民事诉讼法，不再注明修改年份，一律简称《民事诉讼法》。

三、为行文方便，对于本书以下出现较多场合的法律法规、司法解释和规范性文件，使用略称，具体如下。

1.《最高人民法院关于适用〈中华人民共和国民事诉讼法〉的解释》（2022年），简称《民事诉讼法解释》。

2.《最高人民法院关于民事执行中变更、追加当事人若干问题的规定》（2020年），简称《变更追加规定》。

3.《最高人民法院关于公证债权文书执行若干问题的规定》（2018年），简称《公证债权执行规定》。

4.《最高人民法院关于执行和解若干问题的规定》（2020年），简称《执行和解规定》。

5.《最高人民法院关于执行担保若干问题的规定》（2020年），简称《执行担保规定》。

6.《最高人民法院关于人民法院办理执行异议和复议案件若干问题的规定》（2020年），简称《异议复议规定》。

7.《最高人民法院关于人民法院民事执行中查封、扣押、冻结财产的规定》（2020年），简称《查扣冻规定》。

8.《最高人民法院关于人民法院执行工作若干问题的规定（试行）》（2020年），简称《执行规定》。

9.《最高人民法院关于人民法院办理仲裁裁决执行案件若干问题的规定》(2018年),简称《仲裁执行规定》。

10.《最高人民法院关于审理仲裁司法审查案件若干问题的规定》(2021年),简称《仲裁审查规定》。

11.《最高人民法院关于人身安全保护令案件相关程序问题的批复》(2022年),简称《保护令批复》。

12.《最高人民法院关于首先查封法院与优先债权执行法院处分查封财产有关问题的批复》(2016年),简称《首封批复》。

13.《最高人民法院关于审理民事、行政诉讼中司法赔偿案件适用法律若干问题的解释》(2016年),简称《司法赔偿解释》。

14.《最高人民法院关于扣押与拍卖船舶适用法律若干问题的规定》(2015年),简称《扣船规定》。

15.《最高人民法院关于适用〈中华人民共和国海事诉讼特别程序法〉若干问题的解释》(2008年),简称《海诉法解释》。

16.《最高人民法院关于执行权合理配置和科学运行的若干意见》(2011年),简称《执行权配置意见》。

17.《最高人民法院关于适用〈中华人民共和国民事诉讼法〉执行程序若干问题的解释》(2020年),简称《执行程序解释》。

18.《最高人民法院关于人民法院立案、审判与执行工作协调运行的意见》(2018年),简称《立审执协调意见》。

19.《最高人民法院关于审理涉及农村土地承包经营纠纷调解仲裁案件适用法律若干问题的解释》(2020年),简称《农村土地承包经营纠纷案件解释》。

20.《最高人民法院关于人民法院案件案号的若干规定》(2018年),简称《案号规定》。

21.《最高人民法院关于审理劳动争议案件适用法律若干问题的解释(一)》(2020年),简称《劳动争议解释(一)》。

22.《最高人民法院关于实施〈中华人民共和国仲裁法〉几个问题的通知》(2008年),简称《实施仲裁法通知》。

23.《最高人民法院关于适用〈中华人民共和国担保法〉若干问题的解释》(已失效),简称《担保法解释》。

24.《最高人民法院关于审理独立保函纠纷案件若干问题的规定》(2020

年），简称《独立保函规定》。

25.《最高人民法院关于海事诉讼管辖问题的规定》（2016 年），简称《海事管辖规定》。

26.《最高人民法院关于执行案件立案、结案若干问题的意见》（2014 年），简称《执行立结案意见》。

27.《最高人民法院关于在执行工作中进一步强化善意文明执行理念的意见》（法发〔2019〕35 号），简称《善意文明执行意见》。

28.《最高人民法院关于印发〈全国法院民商事审判工作会议纪要〉的通知》（法〔2019〕254 号），简称《九民会纪要》。

29.《最高人民法院关于适用〈中华人民共和国民法典〉有关担保制度的解释》（法释〔2020〕28 号），简称《担保制度解释》。

30.《最高人民法院关于适用〈中华人民共和国民法典〉物权编的解释（一）》（法释〔2020〕24 号），简称《物权编解释（一）》。

31.《最高人民法院关于审理公司强制清算案件工作座谈会纪要》（2009 年），简称《公司清算会议纪要》。

32.《最高人民法院关于适用〈中华人民共和国公司法〉若干问题的规定（二）》（2020 年），简称《公司法解释（二）》。

33.《最高人民法院关于审理票据纠纷案件若干问题的规定》（2020 年），简称《票据纠纷司法解释》。

34.《最高人民法院关于人民法院强制执行股权若干问题的规定》（法释〔2021〕20 号），简称《股权执行规定》。

目　　录

第一章　财产保全制度概述

第一节　财产保全制度的起源与演进

财产保全的概念随着民事诉讼立法的完善也不断演进，含义越发丰富。传统观点认为，财产保全是指为及时、有效地保护利害关系人或者当事人的合法权益，人民法院在诉讼前或者作出判决前，依据利害关系人、当事人的申请，或者主动依职权，采取的限制有关财产处分或者转移的强制性措施。[1] 传统理论上的界定基本上未能阐明财产保全的紧急性、密行性和临时性特征。从财产保全立法的视角，一般将财产保全视为保障将来的生效裁判能够得到执行或者避免财产遭受损失，限制当事人处分其财产或者争议标的物的强制措施。[2] 姚瑞光先生认为，保全程序者，以保全强制执行，兼及避免权利被侵害或防止急迫强暴行为，暂维持法律关系现状为目的的特别诉讼程序，日本民事保全法直接将保全定义为保全实现民事诉讼的本案权利的假扣押、有关系争物的假处分以及为确定民事诉讼的本案权利关系临时地位的假处分的总称。因此，从保全案件审理本案化发展趋势看，财产保全不仅是确保将来判决得以执行的临时强制措施，更是由申请保全、审查与裁定、保全救济和保全实施等多个环节构成的复杂程序。

世界主要国家和地区对财产保全立法虽都给予充分重视，但财产保全立法例，因各国历史、文化传统和国情不同，差异较大，如德国将民事保全规定在民事诉讼法执行编中，日本将保全从民事诉讼法和民事执行法中分离出来，单独

〔1〕 参见柴发邦主编：《民事诉讼法新编》，法律出版社 1992 年版，第 259 页。本书所称财产保全包诉前、诉中仲裁前和仲裁中财产保全，后文不再赘述。

〔2〕 参见最高人民法院执行局召开的《关于人民法院办理财产保全案件若干问题的规定》新闻发布会发言稿，2016 年 11 月 8 日。

制定了统一的民事保全法，我国则在民事诉讼法中规定保全制度，并由最高人民法院根据实践需要制定了若干有关保全的司法解释和指导意见。

一、大陆法系财产保全制度

财产保全制度最早滥觞于古罗马时期《十二表法》设立的扣押之诉，一般适用于债务人与国家间的财产关系，被当作一种强制性的权利自救手段。从古罗马帝国的"扣押之诉"到1911年实施的日本民事保全法，罗马法上的财产保全制度最终实现了大陆法系和英美法系的分野。在英国，最早被称为对外查封法；在法国的表现形式则为"假扣押"。《法国民事诉讼法典》确立了临时救济体系，规定了诉讼的紧急审理程序和依申请的紧急单方程序。《法国民事执行法典》第L511－1条第1款规定可以在紧急程序中发布保全扣押措施。"如果能够证明债权理由正当并且存在进一步威胁其债权实现的情形，任何人均可请求法官不预先通知对方当事人就对被告的财产采取保全措施。"[1] 德国法上的假扣押、假处分被统称为临时权利保护制度，规定于《德国民事诉讼法》第八编第五章，但实际上其并非一种执行程序，而是需要由法院作出裁决的简易审判程序，实践中为了保障扣押措施的有效性，言词原则在程序中并非普遍适用。[2] 《荷兰民事诉讼法典》在执行程序中规定了保全扣押措施，债权人向紧急法官提交有关保全扣押的申请，紧急法官依据书面申请对案件信息和材料进行审查，发布书面命令，对被告的财产进行扣押，或命令第三人不得从中受偿，荷兰法上的保全扣押，一般不需要提供担保且不以紧急性为必要条件。由此可见，大陆法系国家的财产保全制度，均作为一项权利保障措施，功能基本定位于保全将来裁判的强制执行。

大陆法系国家的民事保全是以假扣押、假处分和定暂时状态假处分呈现的，假扣押、假处分及定暂时状态处分主要依据请求权及系争法律关系的不同，如假扣押的适用情形是基于金钱请求或得易为金钱请求，假处分则是基于金钱请求以外的请求，保全对象既包括财产，也包括行为；定暂时状态处分基于系争法律关系，命债务人先为一定之给付（给付金钱或特定物、命令或禁止为一定行为），不仅有财产保全和行为保全的内容，还与我国民事诉讼法上的先予执行有

---

〔1〕 参见周翠：《中外民事临时救济制度比较研究》，清华大学出版社2014年版，第157页。

〔2〕 参见《德国民事诉讼法》，丁启明译，厦门大学出版社2016年版，第219页。

交叉之处。

(一)民事保全之假扣押

《德国民事诉讼法》第 916 条至第 934 条规定了假扣押制度。假扣押系指为保全金钱债权将来之强制执行,预先扣押债务人之责任财产,限制其处分之暂时措施。假扣押的成立,首先,请求的实体权利须为金钱请求或得易为金钱之请求;其次,具备保全的必要性;最后,要对假扣押原因进行释明。假扣押必要性解释可以通过提供担保补足。有的国家和地区,提供担保几乎可以完全代替释明,而不问债权人就请求或扣押原因已否为释明及其所为释明之程度。[1] 尽管债权人可通过提供担保补足释明的欠缺,但如果未进行释明,有时即使提供担保,法院也不予准许。[2] 担保作为法院自由裁量范畴,债权人释明已足不代表担保的必然免除,法院仍可以要求债权人提供担保。

从保全救济看,当事人可对假扣押裁定提出抗告进行救济,但抗告不影响假扣押的执行,债务人也可以通过提供担保或将请求的金额提存,免为或撤销假扣押。假扣押的撤销除前述提供担保或提存外,案件尚未起诉的,债权人未在法院规定期间内起诉或进行与起诉具有同等效力事项的,债务人可以声请撤销假扣押裁定;假扣押之原因消灭、债权人受本案败诉判决确定或其他命假扣押之情事变更,债务人可以声请撤销假扣押裁定;债权人也可声请撤销假扣押裁定;抗告法院认为抗告有理由者,裁定撤销假扣押。假扣押错误的,应承担赔偿责任,比如,假扣押裁定因自始不当被撤销、未在规定时间内起诉被撤销、债权人声请撤销的,债权人应赔偿债务人因假扣押或供担保所受的损害。并对因假扣押引发的赔偿的衔接程序作出安排,案件已经起诉的,法院在一审辩论终结前依债务人声请,在判决内命债权人为赔偿。债务人没有声明,法院应告知债务人。而非被保全人只能另行提起财产保全损害赔偿之诉主张权利。

(二)民事保全之假处分

《德国民事诉讼法》第 935 条规定了假处分的一般情形。假处分虽然与假扣押均属为保全请求之将来强制执行所为暂时性措施,除有特别规定以外,假

〔1〕 参见许世宦:《民事保全之理论与实务》,台北,新学林出版股份有限公司 2019 年版,第 4 页。
〔2〕 参见沈建兴:《强制执行法逐条释义(下)》,台北,元照出版公司 2020 年版,第 678 页。

扣押的规定可适用于假处分。假处分所保全之权利为金钱请求之外请求,包含物之交付请求、权利及作为、不作为请求。因此假处分的必要性为防止因请求标的之现状变更导致的将来执行不能,与债务人的一般财产无关。因假处分是针对金钱以外的请求而采取的保全措施,因此,对债务人的某种行为或权利,一般采用与查封、扣押、冻结不同的控制措施。从假处分的救济看,如果假处分所保全之请求,得以金钱之给付达其目的,或债务人将因假处分而受难以补偿之重大损害以及存在其他特别情事,债务人可以通过提供所定金额之担保后免为或撤销假处分。

(三)定暂时状态之假处分

所谓的定暂时状态处分,是指债权人的权利因债务人的迟延履行或现时不法侵害,形成重大不利益状态,不能等待诉讼终结,必须即时实现债权人的债权状态,否则事后无补,此种就当事人间有争执的权利义务关系为暂时即时使其实现,以保护债权人权利之处分。定暂时状态之假处分为假处分制度的特殊情形,属于对重大损害、急迫的强暴行为以及"继续的法律关系"予以保全,《德国民事诉讼法》第940条规定:"因避免重大损害、或防止急迫的强暴行为,或因其他理由,对于有争执的法律关系,特别是继续的法律关系,有必要规定其暂时状态时,可以实施假处分。"定暂时状态之假处分主要适用于民事侵权领域,如侵害人格权、劳动争议、竞争法律关系等,不限于给付诉讼,还包括确认诉讼或形成诉讼。定暂时状态假处分从功能上可以细化为制止性假处分和履行性假处分。因定暂时状态假处分允许双方当事人进行言词辩论,可以达成和解,审查更加实质化,同时,将判决的内容提前予以确定,因此,该程序逐渐成为一种独立于本案保全程序之外的纠纷解决方式,呈现"本案替代化"发展趋势。

(四)假执行与保全的关系

大陆法系的假执行制度侧重于抑制被告滥用上诉权利拖延诉讼程序转移隐匿财产,暂时赋予未确定判决以执行力,使债权人的债权获得早日满足。立法例上,大陆法系德国、日本将假扣押、假处分与假执行并列作出规定,我国澳门特别行政区将民事保全分为普通保全与特定保全,假执行属于特定保全范畴,但越南民事诉讼法则以临时强制措施总括保全和先予执行制度。

二、英美法系财产保全制度

英美法系的临时性救济措施被放置成文法和判例法的重要位置。英国中间禁令制度在成文法确立之前，丹宁勋爵于1975年在Mareva Compania SA v. International Buckcarraoers SA(1975) I Lloyd's Rep Sop一案中创设了玛瑞瓦禁令，这也成为他一生中最重大的一次司法改革。玛瑞瓦禁令出现前，根据英国当时法律规定，债权人在取得胜诉判决前不能占有债务人的任何财产。债权人无法防止债务人在判决前转移财产，胜诉判决最终将无法得到实际执行。基于此，丹宁勋爵认为：如果债务应当偿还而没有偿还，那么就存在这样一种危险，即债务人可能转移他的财产以便在判决之前把它化为乌有。因此，法院审理一个适当案件时就有发布一项中间禁令防止债务人转移财产的司法权力。目前这个案件对行使这一司法权力正好适用。Mareva禁令在普通法确立后不久，被英国《1981年最高法院法》所肯认，该法第37(3)条规定：高等法院有权发布中间禁令，禁止一方当事人从法院管辖区内转移财产或处理财产，不论该当事人在法院管辖区内是否有住所，以及是否居住在管辖区内。玛利瓦禁令对冻结的财产价值有一个数额的限制，但范围可以是被告所有的财产。玛瑞瓦禁令虽然作为禁止处置财产的命令，但系针对人而非财产本身。任何被告或第三人违反禁令而处置财产，则构成藐视法庭罪，被判罚款或监禁。

《英国民事诉讼规则》第25章所规定的临时救济主要包括临时禁制令和中间支付令，而为克服未来判决无法执行的风险而创设的冻结令，作为禁止性的临时禁制令，防止被保全人通过转移资产的方式抵销申请保全人日后可能获得的判决成果。冻结令可以在审判前或审判后发布，被用来对任何以金钱支付为内容的法院命令或判决提供支持。[1]《民事诉讼规则》生效前，玛利瓦(Mareva)禁令，与大陆法系的假扣押一样，不产生拍卖、变卖的权利，只是禁止对冻结了的资产为某些行为。在英国也存有一个与大陆法系国家假扣押制度中的"对人的保全扣押"相似的制度，即衡平法中的"不得离开王国令"。其与"对人的保全扣押"一样，相对于对物假扣押而言，只是一个辅助性的，但其仅仅要求被告提交护照，并限制其离开管辖区。

---

〔1〕 参见《德国民事诉讼法》，丁启明译，厦门大学出版社2016年版，第219页。

《美国联邦民事诉讼规则》规定了对人和财产的扣押，以“临时禁令”形式发布[1]，其适用范围可以延伸到当事人的人身，法院可以采取逮捕措施以对人身予以限制。[2]“美国法官在签发临时禁令时对案件所表达的看法，通常会促使当事人和解，从而结束争议”，[3]临时禁令既可以作为暂时性措施，在争端最终解决之前阶段性地提供及时救济，避免损害的发生或者进一步扩大，又可以在大多数情况下结束争端，减少诉讼成本。

第二节　我国财产保全制度的特征

我国诉讼保全制度包括财产保全、行为保全和证据保全三大领域。1982 年《民事诉讼法(试行)》使用的是“诉讼保全”概念，1991 年《民事诉讼法》制定时，为把诉前保全包含进来，弃“诉讼保全”而使用“财产保全”表述，诉讼保全降阶成为和诉前保全、执行前保全一样，作为区分不同保全阶段的法律术语。无论是大陆法系还是英美法系，财产保全越来越凸显其民事诉讼重要程序环节的独特价值，能否顺利进行财产保全，成为直接影响甚至决定诉讼结果的重大事项。便利诉讼首先需要保障保全流程的顺畅性，在我国全力推进切实解决执行难的特殊社会背景下，理顺保全关系，是保证生效法律文书顺利执行的重要基础，解决财产保全难保全乱问题，成为解决执行难不可缺少的基本前提。

《保全规定》作为财产保全司法解释，仅对财产保全权利义务关系予以规范，未涉及行为保全和证据保全。从横向上看，民事保全法律关系涉及多元化的权利义务主体，既包括诉讼案件的当事人，也有可能影响利害关系人、案外人的财产权益，财产保全不仅涵盖立案程序、纠纷解决程序中的保全审查事项，也涉及保全裁定执行措施和保全案件办理过程中当事人权利的救济。保全制度设计上应从规范保全程序作为切入点，对保全各个阶段可能涉及的多元主体利益予以全面保护和救济。《保全规定》条文在内容上体现了这样的立法出发点

[1] 临时禁令是英美法系司法实践中使用最为广泛的保全措施，也被称为中间禁令、初步禁令，又细分为禁止性禁制令与强制性禁制令。

[2] 参见吴如巧编著：《美国联邦民事诉讼规则的新发展》，中国政法大学出版社 2013 年版，第 46 页。

[3] 毕潇潇、房绍坤：《美国法上临时禁令的适用与借鉴》，载《苏州大学学报(哲学社会科学版)》2017 年第 4 期。

和着眼点。

> 为依法保护当事人、利害关系人的合法权益，规范人民法院办理财产保全案件，根据《中华人民共和国民事诉讼法》等法律规定，结合审判、执行实践，制定本规定。

【立法主旨】

该导言是关于《最高人民法院关于人民法院办理财产保全案件若干问题的规定》（以下简称《保全规定》）的起草宗旨、施行目的与制定依据的阐明。

【条文理解】

本部分并非正式条文，通常意义上，在正式条文之前均要阐明司法解释的立法旨意。

一、立法目的

通常情况下，司法解释例行在正式法条之先设置序言，用来开宗明义阐明立法所要达成之目的及应实现之宗旨。《保全规定》立法目的对外体现依法保护当事人、利害关系人的合法权益，确保司法保全权运行于既定轨道，既不会无原则性扩张有损无辜利害关系人之权益，亦不会消极限缩造成当事人申请财产保全之畏途；对内合理规制人民法院的财产保全程序，尽可能统一人民法院办理财产保全案件的操作流程。故应对《保全规定》立项、起草和制定经过作简要的阐明。

（一）以革除财产保全要求过高弊端为宗旨

财产保全具有弥补判后执行程序不足的功能，“现代社会之法律思想，已经由传统之事后损害赔偿制裁之救济方法，进入以事前之预防损害及实现权利之保护措施”，[1]但长期以来，我国民商事领域存在的保全难、保全乱的顽疾困扰

---

〔1〕 陈荣宗、林庆苗：《民事诉讼法》（下），台北，三民书局股份有限公司2016年版，第221页。

着各级人民法院和案件当事人，保全申请审查难、保全措施采取难和当事人权利救济难在诉讼法律制度没有重大变革的情况下，民事诉讼法的损害预防和权利保护功能被严重削弱。《民事诉讼法》第100条、第101条规定得比较原则和笼统，甚至未明确当事人申请财产保全要提交哪些具体材料，保全法院如何审查等关键事项。申请财产保全要求过高、准予采取保全措施的尺度把握不一、操作流程随意性大，导致人民法院对于原告保全请求的审查标准过于严苛。在申请保全人提供财产担保方面，有的地方法院不区分案件具体情况和当事人经济能力，在原告不提供担保的情况下一概不予保全，对于当事人提供的担保，不仅要求要与被保全的财产价值相当甚至要超过被保全的账户资金数额或者房产市场价值，而且即使提供了足额的担保，对于申请人所提供的担保的形式也有非常严格的要求，比如，要求原告必须提供银行存款或者土地使用权、房产等不动产作为担保，对于提供其他形式担保的当事人不准予保全，导致本来符合民事诉讼法规定的财产保全，即使当事人申请，也无法进入审查程序，并及时采取保全措施，事实上给潜在被执行人逃避债务创造了机会，使被告在成为真正的被执行人之前可以任意转移用以清偿债务的财产，而法律对在该阶段被告转移财产之行为又缺乏应有之约束，胜诉原告在后续的执行程序中，因债务人已经无财产可供执行，无法实现生效裁判文书确定的权利，造成大量执行案件终结本次执行程序，形成执行不能，间接影响了我国切实解决执行难战略目标的顺利实现。

(二)以统一规范财产保全申请、受理和审查程序为目标

我国目前关于财产保全的法律规定主要有《民事诉讼法》第九章第103条至第111条9个条文(不算先予执行)，《民事诉讼法解释》第152条至第168条，第171条及第172条，《执行规定》第9条、第10条、第33条、第67条，以及《仲裁法》第28条等条文，财产保全规定相对分散，总体数量有限，实践中的法律适用存在大量空白区域，财产保全的申请、受理和审查程序常因不同地区而异、因不同法院而异，即使同一法院不同案件的法官所认定的标准也可能相去甚远，间接影响了保全申请的成功率和裁定的实施效率，损害了保全申请人的合法权益。只有细化保全规范、统一操作要求、明确程序节点，才能发挥保全法律制度的规范效应，形成稳定的社会心理预期，提高保全程序适用的有效性，使保全制度的设计能够在纠纷解决实践中发挥最大作用。

（三）以优化立审执有效衔接为依托

财产保全工作应坚持立审执一体化思维。随着对司法审判规律认识的深化，人们越来越认识到强化立案、审判与执行相互有机协调的必要性、重要性和紧迫性，立审执一体协调对法院、承办法官和债权人来说已经刻不容缓。因财产保全裁定主体与执行主体的衔接不当，审查程序的具体规则不明确，超期作出裁定、超期执行裁定的现象尤为普遍，财产保全程序的法律效果、社会效果大打折扣。经过初步调查统计，由于立审执衔接与配合不畅造成案件执行难的数量占全部执行不能案件的10%左右，更加说明需要从一个全新的视角重新定位立审执关系，激发程序的各自内在潜能，加大立案、审判和执行程序的衔接与互动。财产保全的立案、审理与执行作为民事诉讼中重要的节点，因各程序之间的无序分立与疏离，在实践中也发生了严重脱节，导致首尾不能相顾，程序无法贯穿始终，立案不能兼顾保全，保全无法兼顾执行，此种恶性循环使民事案件在审结后即使债权人及时申请执行，人民法院对债务人财产的查控难度也会增大，诉讼时间会被拉长，给恶意转移财产和不诚信的债务人以制度缝隙，极大地诱发了诉讼道德风险，冲刷本就脆弱的社会诚信体系。因此，强化财产保全的功能也就成为最高人民法院发布的指导意见的重点内容。2011年《最高人民法院关于依法制裁规避执行行为的若干意见》（法〔2011〕195号）要求各地人民法院强化财产保全措施，加大对保全财产和担保财产的执行力度，通过法律释明强化当事人的风险防范意识，引导债权人及时申请财产保全，有效防止债务人在执行程序开始前转移财产。加强立案、审判和执行环节在财产保全方面的协调配合，加大依法进行财产保全的力度，强化审判与执行在财产保全方面的衔接，降低债务人或者被执行人隐匿、转移财产的风险。2016年《最高人民法院关于落实“用两到三年时间基本解决执行难问题”的工作纲要》（法发〔2016〕10号）提出应完善保全和先予执行协调配合机制。在立案阶段强化执行风险告知和保全、先予执行申请提示，支持、鼓励财产保全保险担保，做好保全申请与执行查控系统的有序衔接，提高保全债务人财产的及时性、有效性，以保全促调解、促和解、促执行，从源头上减少进入执行程序的案件数量，降低申请执行人权利落空的风险。

二、基本原则

（一）保护权利减少损害的原则

保全应当体现有利于权利保护、减少损害的制度目的，人民法院办理保全案件，要兼顾债权人、债务人以及利害关系人的利益平衡。体现平等保护、全面保护、公平保护、依法保护的原则，实现财产保全效益的最大化，将《民事诉讼法》的各项基本原则予以贯彻落实。

1. 保护各方当事人权利

首先，保护债权人的利益。第一，降低保全门槛，提升保全程序的利用率。申请财产保全的主要前提条件是提供担保，如果一律要求提供等额担保，会将大部分保全申请拒之门外。第二，明确申请财产保全的形式要件，快速推进保全申请审查程序，提升保全审查效率，方便申请保全人及早准备相关书面申请材料和证据材料，减少或者杜绝申请材料的随意性。第三，提高保全裁定实施的效率。当事人确因客观原因不能提供明确的被保全财产信息，但提供了具体的财产线索，并依法提供相应担保的，人民法院经审查符合法律规定，可以裁定采取财产保全措施。而作出保全裁定后，执行机构应及时采取保全措施，避免贻误查控财产的最佳时机。

其次，保护债务人的权利。人民法院作出准予保全裁定的，应给予被保全人申请复议的权利，人民法院采取的保全措施不应当超出请求保全的金额，不对其生产生活造成不当影响和损害，允许被保全人在特定情况下自行处置保全财产，有提供其他担保申请解除原来保全措施的权利。

最后，保护利害关系人及案外人权利。财产保全裁定的作出和措施的采取，需要申请人提供明确的财产信息或者具体的财产线索，要查明财产权属，不能保全案外人的财产，损害案外人合法权益，如果案外人认为保全裁定的作出和实施侵害了其程序权利和实体权利，可以通过裁定复议、提出行为异议和案外人实体异议程序予以救济。

2. 减少各方当事人损害

首先，减少对申请保全人的损害。在可能使判决难以执行或者造成当事人其他损害的情形下，即使当事人未提供担保，人民法院也可以依申请或者依职权采取保全措施,保全有利于将来生效法律文书的强制执行,将债权人权利落空的危险降到最低限度。

其次,减少对被保全人的损害。保全程序适当引入比例原则,强调在保全实施中充分考量保全措施的适当性、必要性和相称性,所采取的保全措施既要达到目的,又要以最小的代价,兼顾保全手段的正当性和保护的公平性,这是法治社会发展对司法民主化和良善化的基本要求。

最后,减少对利害关系人、案外人的损害。在现有权利救济模式的基础上,进一步整合权利救济规范,在保全程序中引入案外人执行异议和异议之诉制度,从程序和实体两个方面完善保全程序参加者的权利救济制度。

(二)保全审查与实施分离原则

财产保全,既是民事诉讼的一种保障措施,也是以保全裁定为执行依据采取的一种执行行为。审执分离作为基本诉讼原则,同样适用于财产保全。财产保全制度遵循审执分离原则具有一定的程序价值。也就是说,必须经人民法院依法审查保全申请、财产线索、适用条件、担保方式后才能决定是否受理并作出裁定,彰显财产保全程序具备的独立性特征。[1]

财产保全在案件类型上已经作出审执分离的划分,从保全案件管理上,2015 年 7 月,最高人民法院颁布《人民法院案件类型及代字标准》,将人民法院立案庭受理的保全案件立为“财保字”号,诉讼保全案件沿用审理案号,将执行保全裁定的案件立为“执保字”号,即由人民法院立案、审判部门负责审查保全申请并作出保全裁定,执行机构依据立案、审判部门作出的保全裁定采取具体的执行措施。保全裁定作为执行依据,人民法院在执行程序中实现保全裁定的内容。诉前保全、执行前保全申请由立案部门立案审查并作出裁定,诉讼保全由审判部门审查并作出裁定。裁定作出后统一交由立案部门编立案号,移送执行机构统一实施。《保全规定》的条文设计,全面深化了此前司法解释及规范性文件所贯彻的审执分离思路。

---

〔1〕 参见林嘉丽:《财产保全审查程序的现实困境与细则构建》,载广东法院网,http://www.gdcourts.gov.cn/web/content/41633 - ? lmdm = 1041,2019 年 1 月 2 日访问。

(三)公平与效率兼顾原则

财产保全是人民法院依据一方当事人、利害关系人申请而作出的公法行为,如果保全措施不当甚至错误,将给对方当事人、利害关系人造成财产损失。因此,要完善事前预防、事中保障、事后救济机制,实现保全程序的公平价值。事先的保全担保必须到位且足够偿付可能造成的损害,事中人民法院要保留追加担保、调整保全措施的主动权,事后则需要给足被保全人、利害关系人复议、异议及诉讼权利,确保权利救济有据可依。在效率价值的实现上要构建速裁速执的保全机制,有效利用网络执行查控系统对申请保全的财产或者申请保全数额范围内的财产进行查询,并及时采取相应的控制性措施;长期不能审结的诉讼案件,致使被保全财产长期处于被查封、扣押、冻结状态,使其他已经进入执行程序的案件无财产可供执行,导致执行难,形成积案,也有违效率原则,因此,应当通过其他执行法院商请移送的方式实现对被保全财产的处置。

(四)审慎审查与平等保护原则

财产保全作为临时性救济措施,毕竟不同于执行程序,很大程度上限制了被保全人对财产的占有、使用、收益和处分的权利,且对财产采取的控制性措施往往涉及多方主体利益,在对保全申请审查阶段要坚持审慎态度,准确把握财产保全功能目的,找准各方当事人的利益平衡点,坚持谦抑、审慎、平等保护原则,既要综合评估保全措施的必要性,也要妥善考量采取保全措施的合理性,在财产保全的适用条件上,加强对滥用财产保全行为的法律规制,"防止当事人或利害关系人滥用保全,改变申请人与被申请人间的利益格局,从而导致财产保全错误的发生","在充分赋予申请人权利的基础上,应对被申请人权利依法进行保障"。[1] 财产保全要遵循审慎与平等保护原则,在实践操作层面越来越受到各级人民法院的重视,比如,2019 年 7 月 23 日,广东省高级人民法院专门出台《关于保护民营企业合法权益规范财产保全工作的若干意见》,要求对财产保全严格审查,防止恶意利用或者滥用财产保全损害被保全人合法利益。

---

〔1〕 参见王新亮:《用好财产保全　助力执行攻坚》,载《人民法院报》2018 年 6 月 7 日,第 2 版。

【起草背景及过程】

一、制定背景

财产保全是人民法院防止当事人、利害关系人转移财产，确保当事人胜诉权益顺利兑现而采取的临时控制措施，对保证民事诉讼顺利进行，维护当事人合法权益，解决生效法律文书进入执行程序后执行难问题发挥了重要作用。

《民事诉讼法》对财产保全程序作了原则性规定，仍存在较大的立法空间。随着社会经济发展和司法改革的深入，司法实践中反映出的财产保全问题比较突出，对财产保全以及提供担保标准的把握不够统一，在不同程度上引发了保全难和保全乱问题，迫切需要从立法上加以规范。但财产保全领域立法比较分散，各级人民法院在办理案件过程中缺乏参照依据，令当事人和保全程序的其他参与者无所适从，已经在实践中探索多年且渐趋成熟的做法，也无法上升为行之有效的制度性措施。只有充分发挥财产保全制度的优越性，不断完善财产保全运行机制，提高诉讼和执行程序效率，才能从源头上实现执行难的治理。

党的十八届四中全会通过的《中共中央关于全面推进依法治国若干重大问题的决定》指出，要加强人权司法保障。《人民法院第四个五年改革纲要(2014—2018)》提出，要着力解决影响司法公正、制约司法能力的深层次问题，破解体制性、机制性、保障性障碍，这为进一步完善保全制度、加强财产保全工作指明了方向。

《保全规定》也是全国法院部署和推进"用两到三年时间基本解决执行难问题"过程中的必然产物。早在《民事诉讼法解释》施行后，就基本确定了财产保全司法解释的立法规划，特别是在《关于落实"用两到三年时间基本解决执行难问题"的工作纲要》发布后，有关财产保全的司法解释加快了起草工作进度。就部门分工而言，财产保全主要规范立案和审判阶段对保全申请的审查事项，执行机构一般负责保全裁定的实施，最终该司法解释仍交由执行局负责立项、调研和起草。主要原因在于，社会普遍希望司法解释的实际起草者能够把对解决执行领域主要症结的真知灼见和人民法院一线办案人员的强烈呼声渗透到具体的法律规范中去。全国法院承担保全职能的实操人员，也确实希望出台一部统一的财产保全规定，明确相关操作细节和标准，减少保全工作引起的争议和信访，重塑财产保全的程序价值。

二、起草经过

《保全规定》的调研起草经历了一个紧锣密鼓的过程。相关工作分为几个阶段。首先,在总结审判、执行实践经验的基础上,深入河南、湖南、浙江等省的三级法院进行实地调研,形成了财产保全司法解释讨论稿。其次,多次邀请全国四级法院法官进行研讨,经反复修改,于 2016 年 5 月形成征求意见稿。最后,就征求意见稿在更广范围征求意见和建议。先后将征求意见稿送至全国人大常委会法工委、中华全国律师协会、高等院校的专家学者、部分省市高级人民法院以及最高人民法院立案庭、各民事审判庭、研究室征求意见。征求意见稿在持续讨论和征求意见过程中,一度引起社会有关方面的广泛关注和热烈探讨,社会各界纷纷献计献策。根据各方反馈的意见,执行局又多次组织召开实体法学者和诉讼法学者参加的专家论证会、研讨会,与原中国保监会共同召开主要保险公司参加的座谈会。经反复研究修改,最终形成送审稿,报请最高人民法院审判委员会讨论,送审稿最终比征求意见稿的条文数量增加了 6 条,对原征求意见稿的条文内容也作了相应调整和修改。

需要说明的是,在征求意见过程中,有的地方法院建议将司法解释标题改为"最高人民法院关于财产保全若干问题的规定",理由是保全司法解释在内容上是关于财产保全的全面性、系统性规定,不仅规范保全实施程序,也规范负责保全审查的立案和审理部门的办案流程。但考虑财产保全已经不再单纯地作为一种行为或措施体现在诉讼活动中,而应当作为一类独立类型的案件,这样有利于保全工作的顺利开展,其重点放在审查保全申请的形式要件、财产保全审查和实施的分工协作、保全担保的设定、引入诉讼保全责任险、不需要提供担保的情形设定、利用网络执行查控系统查控被保全人财产的程序和条件、对超标的保全的规制以及保全异议审查与异议之诉审查程序,从而构建一个全新的具有中国特色的财产保全制度。

第二章　财产保全的申请

第一条　申请保全的形式要件

当事人、利害关系人申请财产保全，应当向人民法院提交申请书，并提供相关证据材料。

申请书应当载明下列事项：

（一）申请保全人与被保全人的身份、送达地址、联系方式；

（二）请求事项和所根据的事实与理由；

（三）请求保全数额或者争议标的；

（四）明确的被保全财产信息或者具体的被保全财产线索；

（五）为财产保全提供担保的财产信息或资信证明，或者不需要提供担保的理由；

（六）其他需要载明的事项。

法律文书生效后，进入执行程序前，债权人申请财产保全的，应当写明生效法律文书的制作机关、文号和主要内容，并附生效法律文书副本。

【条文主旨】

本条是关于申请保全人应向人民法院提交书面申请书及相关证据材料从而启动财产保全程序的规定。

【条文理解】

申请保全人向人民法院申请财产保全，应当提交书面的申请书，正式提出保全申请，因客观原因不能提交书面申请书的，由受理保全的部门将申请保全的意思表示内容记入笔录，申请书应当写明本条规定的必备事项，以便人民法院进行审查。

一、申请财产保全应具备形式要件

申请财产保全首先应具备形式要件，无论是诉前保全还是诉讼保全，申请人向人民法院提交的材料中，应包含起诉书或者仲裁申请书、保全申请书和相关证据材料。起诉书和仲裁申请书是财产保全赖以存在的实体法律关系基础，《保全规定》通过对申请书必要记载事项的列举和所应提供的附带证据材料，旨在确立人民法院立案及民事审判部门在形式审查和实体审查中所应遵循的基本标准。作为对后面全部条文的涵摄，本条将申请保全的意思表示蕴含和体现在保全申请人所提交的申请书和附带证据材料中。只有规定了当事人、利害关系人向人民法院申请财产保全的形式要件，明确了申请书载明的内容以及除申请书之外还需要提供哪些证据材料，才能便于人民法院对财产保全的请求进行审查，并决定是否立案受理。另外，本条也间接明确了申请财产保全的实体要件，保全申请人应在提交申请的同时，提供明确的被保全财产信息或者具体的财产线索，为人民法院及时作出保全裁定提供依据。

（一）提交保全申请书

申请财产保全，必须要提交书面保全申请，不能以口头形式申请，对于没有能力提交书面申请的当事人，也需要人民法院负责保全审查的部门将申请人要求财产保全的请求记入笔录。实际操作中，当事人一般在法官的指导下，当场书写保全申请书，盖章、签名或加捺手印。对于申请诉前保全的利害关系人，不仅需要提交书面的保全申请书，还需要提交民事起诉书及初步的债权债务关系资料，主张自己系实体法上的权利人，至于所要保全的债权是否真实存在、申请保全人是否确为适格的债权人以及能否最终胜诉，并不是保全审查程序所要重点解决的问题；同理，债务人也系债权人主张对自己负有义务相对方，人民法院在保全程序不进行实体审查被保全人是否为真正实体法上的债务人。实践中，多数人民法院依据 2018 年 5 月 28 日颁布的《立审执协调意见》的相关规定，在当事人提交起诉材料时，一般会发放诉讼风险提示书，告知当事人诉讼风险，并就财产保全作必要的说明，告知当事人申请财产保全的具体流程，担保方式及风险承担等信息，引导当事人及时申请财产保全。

（二）申请书记载事项

1. 当事人或者利害关系人（诉前保全申请人）提交的保全申请书，要写明双方的身份信息和联系方式，这和民事起诉状的要求基本一致，以备人民法院在必要的时候及时通知当事人到庭谈话，提交补充材料，领取相关法律文书。

2. 写明请求事项和所根据的事实与理由。当事人申请财产保全，需要人民法院经过审查后决定，并非经申请就一定予以受理，也并非受理后一定作出准许保全的裁定，因此，不仅要写明请求人民法院采取保全措施的请求内容，也要将事实和理由予以适当疏明。依据《民事诉讼法》第 103 条、第 104 条的规定，该事实和理由一般是指因情况紧急，不立即采取保全措施将会使合法权益受到难以弥补的损害，或者因当事人一方原因或者其他原因使判决难以执行或者造成当事人其他损害。总之，拟诉讼案件或者正在诉讼的案件，存在债务人财产正在转移、灭失以及设定财产负担的紧急情况，以及不采取保全措施可能使将来判决难以执行的其他客观情况。

3. 写明请求保全数额或者争议标的。实践中，对于请求保全的数额容易发生误解。在人民法院作出概括性保全裁定的情况下，原告诉请标的金额和请求保全的数额相符。申请人对案件的保全需求决定了其所需要的保全金额，原告起诉的金额虽然较大，但其获知被告的财产价值小于诉讼标的金额，申请人认为没有必要按照起诉的标的金额保全债务人财产，其请求的保全数额和被保全财产的价值相同，而不会与诉讼标的金额一致。被保全财产整体上不可分割，被保全的实际财产价值超过了保全请求的金额，甚至超出诉讼标的金额，但其保全请求的金额不应超出诉讼标的金额。对于超过起诉标的的保全请求，人民法院不予准许。

4. 提供明确的被保全财产信息或者具体的财产线索。向人民法院提交保全申请后，如果不能提供被保全人财产信息和线索，人民法院难以作出具有针对性的财产保全裁定。需要说明的是，本条在最初的征求意见稿中规定“明确的被保全财产或者具体的财产线索”，但考虑实践中，申请保全人所掌握的被保全人的财产情况并不是十分精准，比如，可以提供被告开立于某银行的账户、位于某小区的房产等，这些都以信息或线索的形式呈现出来，如果要求当事人提供明确的财产或者具体的财产，要求过高。而在明确的被保全财产后面增加

"信息"二字,使修改后的表述更加准确。

目前,我国对民事法律关系主体的财产信息公开不足,人民法院依职权查询当事人财产尚且困难,普通的诉讼当事人更缺乏财产调查的有效路径,另外也与切实降低保全门槛的立法目的不符。实务操作中,只要当事人提供了可供保全的财产信息或者线索,人民法院都应依职权予以查明并采取保全措施,而不能对当事人提出更加苛刻的额外要求,拒绝财产保全。

从申请保全人可以提供的财产类型看,对于被保全的财产种类不作限制,被保全人名下所有以及实际享有的财产权利都可以成为财产保全的对象。既可以是银行存款,也可以是登记于其名下的不动产、特殊动产;既可以是股权、股票、债券,也可以是专利权、著作权、商标权等知识产权,还可以是应收账款、到期债权等期待权益,登记在第三人名下的财产,如该第三人书面认可该财产实际为被保全人所有的,也可以纳入被保全财产范围。

债务人对第三人享有的债权也可以作为保全对象。实践中,保全法院不仅可以保全法律关系确定的到期债权及未到期债权,对于另案执行款、诉讼费用也经常采取保全措施,如果被保全人作为其他案件的债权人,人民法院可以冻结其应分得的执行案款;但对于还未执行到位的执行债权,甚至处于审理阶段的不确定债权,因法院还未作出生效裁判,是否允许申请保全人申请人民法院预先冻结原告或者申请执行人的未来可得利益,作为协助义务人的案件审理法院应否协助保全,则仍需要进一步探讨。从实体法上看,原告在未取得终局执行依据之前,仍不享有诉请的债权,保全标的落空,但从程序法上看,申请保全人意在取得优先的查封顺位,在无其他财产可供保全情况下申请保全被保全人对他人的诉讼利益,似未尝不可。

5. 申请保全人为其财产保全申请提供担保的财产信息或资信证明。不需要提供担保的,要写明具体案件情况和免除担保的理由。提供担保已经成为法院是否采取保全的决定性前提条件。目前可供申请人提供担保的形式越来越丰富,已经不限于纯粹的动产或者不动产,实践操作更加灵活多样。在某些特定情形下,申请保全人无须提供担保,只要提出保全申请,人民法院就应予以审查并采取保全措施。

6. 执行前可以申请财产保全,但申请书要写明生效法律文书的制作机关、文号和主要内容,并附生效法律文书副本。从诉前、诉中、仲裁前、仲裁中到执行前阶段都可以申请财产保全,实现了财产保全程序的"全程覆盖",进一步完善了我国财产保全制度。《民事诉讼法》已经确立了较为完善的诉讼保全制度，已在第103条规定了诉讼财产保全与行为保全制度，在第104条规定了诉前财产保全制度。然而，如果债权人由于各种原因没有在诉前以及诉讼中申请保全，[1]在取得生效的胜诉裁判文书后，债务履行期限届满之前，如债务人在此阶段转移财产、设定财产负担，因债权未届清偿期而无法申请强制执行，胜诉结果仍难以得到保证。法律文书生效后，债务人履行给付义务期限届满前，由于债权人还不能申请执行，案件无法进入执行程序，法院无权对债务人的财产采取强制措施；即使后来债权人及时申请执行，立案部门移交至执行机构也需时日，假如执行机构先发出执行通知再采取执行措施。不诚信的债务人就会利用程序衔接产生的时间差规避执行、逃避债务。[2]

《查扣冻规定》第3条已经规定了作为执行依据的法律文书生效后至申请执行前，债权人可以向有管辖权的人民法院申请保全债务人财产，《民事诉讼法解释》也对执行前财产保全制度作了相应的补充与完善，使诉前、诉讼与执行前保全共同构成有序衔接的制度体系。执行前保全措施的功能在于：可以有效防止因债务人处分财产而给债权人造成的损害，在财产被采取控制性措施后，如果债务人能够自觉履行判决确定的义务，还可以节约因债权人申请执行所产生的其他额外成本，债务人为减轻乃至消除保全措施给其带来的不利益，有主动与债权人达成执行和解的可能性和主观意愿，对妥善解决纠纷具有促进作用。

（三）必要证据材料

对于申请书载明的事项，申请保全人需要提供相应证据予以证实，如申请人提供的财产保全证据和担保不符合法律和司法解释的要求，人民法院应告知其补充完善，补充完善后仍不符合要求的，可以裁定驳回其保全申请。实践中，人民法院除重点审查担保外，主要审查的是所要保全的财产信息是否明确、财产线索是否具体，有的人民法院还要求当事人提供所要保全的财产的价值估值依据，以避免超标的保全行为的发生。[3]

---

〔1〕 参见王杏飞：《论执行前财产保全制度的再完善》，载《人民法院报》2016年4月27日，第8版。

〔2〕 参见王杏飞：《论执行前财产保全制度的再完善》，载《人民法院报》2016年4月27日，第8版。

〔3〕 如2019年7月23日广东高级人民法院颁布《关于保护民营企业合法权益规范财产保全工作的若干意见》，对财产保全要求申请人提供估算的财产价值及依据。

二、执行前财产保全

申请执行前财产保全，人民法院依据申请只能对债务人财产采取查封、扣押、冻结等控制性措施，不能采取处分性措施，如不能直接划扣债务人的银行账户资金或将已经保全的款项发还债权人，更不能直接裁定以物抵债。债权人如彻底实现债权仍需向人民法院立案部门申请执行，由人民法院对已保全财产经由执行程序采取变现措施。

（一）向有管辖权的法院提交申请

债权人应当向有执行管辖权的法院申请执行前保全，根据《民事诉讼法》第231条的规定，有执行管辖权的法院是指一审法院或者与一审法院同级的被执行财产所在地人民法院。财产保全申请应向立案部门还是执行机构提出，现行法律和司法解释没有明确规定，[1]2011年《执行权配置意见》则明确诉前、申请执行前的财产保全申请由立案部门进行审查并作出裁定，裁定保全的，移交执行局执行。执行前保全与诉前财产保全同属情况紧急下债权人申请人民法院对债务人财产采取的控制性措施，实践中大多数人民法院指定立案部门对执行前财产保全申请进行受理并予以审查。另外，根据立审执分离原则，该类保全申请也应向立案部门提出，由立案部门审查并作出裁定后移送执行机构实施。如果执行机构直接受理保全申请，不仅有职责不清的嫌疑，也难免与司法体制改革思路相左。《立审执协调意见》第16条也规定，当事人在法律文书生效后进入执行程序前申请财产保全的案件，一般由立案部门编立“财保”字案号进行审查并作出裁定；而对于申请执行前续行保全的，由作出该判决的审判部门作出续行保全裁定。

（二）一般应提交生效法律文书

执行前保全程序实际上已成为准执行程序。法律文书生效后进入执行程

[1] 有观点认为财产保全贵在迅速，应直接向执行机构申请为宜。参见王飞鸿：《〈关于人民法院民事执行中查封、扣押、冻结财产的规定〉的理解与适用》，载《人民司法》2004年第12期。实践中，各地法院将法律文书生效后不符合申请执行条件的财产保全案件交由执行局负责审查及执行的做法不在少数。

序前，债权人申请财产保全的，法律文书一般均已生效，申请保全人要在保全申请书中说明生效法律文书的制作机关、文号和主要内容，并提供生效法律文书副本交由立案部门一并予以审查。

(三)申请的时间必须是生效法律文书生效后进入申请执行前

我国法律文书采取送达生效主义，如果裁判文书先向债权人送达，对债权人已经生效，可以申请执行前保全，如先向债务人送达，对债权人未生效，仍属于诉讼期间，不能申请人民法院采取执行前保全措施。法律文书生效后至履行期限届满前期间，判决已经确定，但债务人履行期限未届满，自然可以申请财产保全。对于执行立案后至发出执行通知书期间，因裁判文书确定义务履行期限届满，人民法院采取的措施不属于财产保全措施，债权人申请执行前财产保全的，人民法院应告知其申请执行立案，进入执行程序。

(四)必须有债务人转移财产等行为或其他可能导致将来不能执行或者权利难以实现的紧急情况

执行前保全也需要债权人证明存在与诉前保全、诉讼保全所要求的紧急情况，即债务人存在将案件有关的财产毁损、变卖、转移、挥霍或者设定权利负担等行为，其他紧急情况主要是指客观上的原因，如标的物源于自然原因变质、腐烂或者长期保存费用过高，必须及时处理保存价款。因执行前保全阶段，当事人之间权利义务关系已经明确，故一般情况下申请人无须提供担保。

(五)执行前财产保全措施的解除

人民法院采取保全措施后，债权人在法律文书确定的履行期间届满后的合理期限内不申请执行的，人民法院应当通知其申请立案执行，并告知其不申请执行的法律后果。债权人在申请财产保全后也应尽快向人民法院申请强制执行，保全措施属于临时性的救济措施，不能对债务人采取全面的直接执行措施、间接执行措施以及强制措施，债权人在规定期限内没有申请执行的，人民法院应当裁定解除财产保全。

(六)保全费的收取

申请执行前财产保全，仍需向人民法院预交保全费。有观点认为，执行前财产保全实质是在后续执行程序中应采取的执行措施,不过因情况紧急提前至执行前阶段实施,保全费用应按执行费的标准收取。债权人在申请执行时,不应再重复收取执行费。另有观点认为,该种财产保全尽管发生在法律文书生效后,但其性质仍为保全程序,申请人应按照保全费用的收取标准缴纳费用,但因与申请执行目的相同,债权人申请强制执行时,无须再缴纳执行费。实际上,这两种观点均失之偏颇,保全费与执行费分属不同性质的费用,申请财产保全,申请保全人应当缴纳保全费用,人民法院才能按民事诉讼法有关规定作出保全裁定,而债权人保全后申请执行的,在案件进入执行程序时,申请人需另行缴纳执行费。[1]

三、诉前保全应注意的事项

诉前保全因可以更加迅速保全被申请人财产,受到债权人的青睐,但申请诉前保全门槛较高,人民法院对申请诉前保全的当事人,一般要求提供情况紧急的说明及证明材料,但因法律和司法解释对何为情况紧急,尚未作出具体规定,实践中认识也不一致,导致申请诉前保全的成功率不高。基于此,2020 年 3 月 19 日,最高人民法院将《关于办理诉前财产保全案件适用法律若干问题的解释》列入本年度司法解释立项计划第 1 项第 1 类,但该司法解释至今未制定出台。

实务中,诉前保全应注意以下几方面事项:首先,诉前保全应符合级别管辖和专属管辖的规定。《最高人民法院关于诉前保全几个问题的批复》规定:人民法院受理诉前保全申请后,应按诉前财产保全标的金额并参照级别管辖和专属管辖的规定,决定采取诉前保全措施,采取保全措施的人民法院受理申请人起诉后,发现所受理的案件不属于本院管辖的,应将案件及财产保全申请费一并移送有管辖权的人民法院。其次,诉前财产保全申请人未在法定期限内提起诉讼的,保全措施不因此自动解除。如利害关系人在人民法院采取诉前财产保全措施后 30 日内不起诉的,法院应裁定解除保全。但现行法律没有规定利害关系人应当在多长期限内向保全法院告知其起诉情况,导致受理诉前财产保全的

---

〔1〕 有观点认为会给债权人造成不合理的经济负担,有重复收费之嫌,故不应再收取执行费。参见王杏飞:《论执行前财产保全制度的再完善》,载《人民法院报》2016 年 4 月 27 日,第 8 版。执行费最终由债务人承担,所谓加重债权人经济负担一说,并不准确。

人民法院对利害关系人是否起诉难以确定,也难以在其不起诉的情况下迅速解除财产保全。如利害关系人在外地有管辖权的法院起诉,没有告知作出保全裁定法院,法院在不知情的情况下解除了保全财产,就会产生被保全人财产转移的风险;如利害关系人决定不提起诉讼但却没能及时告知保全法院,法院又不能及时解除保全措施,则会引发超期保全、损害被保全人合法利益的风险。诉前保全申请人在申请保全时应当注意30日的起诉或仲裁期限,30日属于自然日,遇到节假日可以顺延。

四、二审立案前的财产保全

当事人不服一审判决提起上诉,或者对方当事人败诉后提起上诉,尚未采取财产保全措施的,债权人可以申请财产保全,但提起上诉后至二审法院立案受理前,存在程序衔接的空档期,依据《立审执协调意见》,该类财产保全由一审法院审判部门审查并作出裁定。同样,一审案件审理结案后到上诉前,申请财产保全的案件,仍由原审判部门负责办理。

【制定背景】

一、基础理论

财产保全立法应坚持当事人主义还是适当吸收协同主义理念为指导思想,这也是现代中国民事诉讼应澄清的基础性问题。协同主义诉讼模式既不同于职权主义,也不同于过分强调诉讼主体的处分原则和辩论原则的当事人主义,作为经过修正的辩论主义,成为一种新的诉讼结构,强调法院与当事人之间的协同关系,诉讼程序的所有参与者都成为法官指挥和援助下的作业共同体。财产保全依然是诉讼程序的有机组成部分,实行当事人申请主义,以申请保全为原则,以依职权保全为例外,保全程序的启动,要以当事人或者利害关系人的申请为前提。当事人主义认为,即使是财产保全的实施,本质上也是诉讼活动,不是完整意义或者说实质意义上的执行行为,必须考虑诉讼需求,遵循诉讼规律,坚持被动和中立原则,而不是主动和积极原则。民事诉讼程序中的债务人不同于民事执行程序中的被执行人,没有容忍法院财产调查和强制执行的义务。财产保全裁定的作出与执行应当以债权人为责任中心,进而消除人民法院依职权保全承担的风险,但却忽视了当事人基本诉权的保障。

协同主义原则对于财产保全制度提出如下改进要求:人民法院应当尊重当事人、利害关系人启动保全程序的权利,当事人行使财产保全程序的处分权,也要承担因申请保全错误给被保全人带来的损害赔偿责任。但“协同主义并未改变辩论主义在民事诉讼中的基础性地位”,[1]适当打破当事人对诉讼程序的控制所带来的低效和迟延,法院在必要的时候仍然需要运用职权发挥能动作用,可以实现与当事人尤其是弱势群体的沟通与协作。我国法治建设状况和公民法治意识发展程度所形成的诉讼文化与环境,决定了以协同主义理念指导人民法院的财产保全工作,具有实践上的正当性。

二、比较视野

我国《民事诉讼法》第 103 条规定,在可能使判决难以执行或者造成当事人其他损害的情形下,人民法院可以依申请或者依职权采取保全措施。该条实际上对财产保全应当有利于执行并减少损害的目的进行了宣示。为贯彻民事诉讼法的基本原则,保全程序应当兼顾多方当事人和利害关系人的利益。在德国,自由的民事诉讼转变为社会的民事诉讼,法官的释明由法官的询问权演变为法官的询问义务,再进一步修改为法官的释明义务,使法官对诉讼的领导不断得到强化。[2]

我国《澳门民事诉讼法典》为防止声请人滥用权利,规定其自获得命令采取保全措施的裁判通知之日起 30 日内仍未提起诉讼,或者起诉后因声请人过失导致诉讼程序逾 30 日的,保全措施失效。另外,如保全措施对被声请人造成的损害大于声请人欲通过保全措施避免之损害,法院可以拒绝采取保全措施。

三、起草背景及过程

2015 年 8 月 26 日,在广西召开的全国法院执行工作座谈会上,时任最高人民法院院长周强提出,要加强以保全促执行的力度。各级人民法院要善于用足用活诉前和诉中保全措施,依托网络执行查控系统,尽早保全被告财产,以保全

---

[1] 参见熊跃敏、张伟:《民事诉讼中的协同主义:理念及其制度构建》,载《法治研究》2012 年第 1 期。

[2] 参见《德国民事诉讼法》,丁启明译,厦门大学出版社 2016 年版,译者前言第 11 页。

促调解、促执行,从源头上减少进入执行程序的案件数量,降低申请执行人权利落空的风险。实践中,大量案件债务人预先知晓自己财产可能被采取查封、扣押、冻结措施,在诉讼中甚至诉讼前转移、隐匿、变卖财产或者设定抵押等财产负担,导致案件进入执行程序后无财产可供执行或者难以变现。因此,最高人民法院在部署和推进基本解决执行难过程中,全社会要求强化财产保全作用的呼声也日趋强烈。因此抓紧研究制定关于加强财产保全的司法解释,从而达成以保全促审判、以保全促执行的社会效果刻不容缓。

2016 年 8 月 30 日,中央全面深化改革领导小组第二十七次会议通过了《关于完善产权保护制度依法保护产权的意见》,提出要在事关产权保护的立法、执法、司法、守法等各领域体现法治理念,坚持平等保护、全面保护、依法保护。财产保全领域司法解释作为财产处置的重要法律规范,应当体现中央完善产权保护制度的政策精神,保护诉讼主体利益、促进市场交易秩序稳定发展的改革要求。在办理保全案件过程中平衡当事人和利害关系人的利益,降低司法成本,减少不当损害,实现财产保全效益的最大化。[1]

【实务操作指引】

一、请求事项所根据的事实与理由的认定标准

根据《民事诉讼法》第 103 条、第 104 条规定的保全必要性对申请保全人提出的要求,申请保全人向人民法院申请财产保全,首要前提是要疏明财产保全的正当性和必要性,也就是要说明情况紧急或者使将来判决难以执行或者无法执行。疏明是诉讼程序进行时用于比较轻微事项的一种简易证明,旨在让法官就当事人主张的事实形成心证,或以此为目的的诉讼行为。[2] 因此,对财产保全必要性的认定采取疏明标准,不同于证明标准,是比证明标准要低的标准,这既是证据制度自身发展运作规律的要求,也是民事诉讼程序阶段正常运作发展

---

〔1〕 送审稿在提交审委会审议时,第 1 条原为总括性规定:“人民法院采取保全措施,应当符合有利于执行、减少损害的保全目的,同时兼顾当事人、利害关系人的合法权益。”经过审委会讨论,认为送审稿第 1 条系关于兼顾当事人、利害关系人利益保护的原则性规定,可以将该条立法精神融入前言部分,相关精神和主旨可在后面具体的条文中体现,没有必要专门予以规定。

〔2〕 参见[日]中村英朗:《新民事诉讼法讲义》,陈刚、林剑锋、郭美松译,法律出版社 2001 年版,第 198 页。

的要求。[1]

二、提供财产信息及线索的注意事项

申请保全人如果不能向人民法院提供明确的财产信息，对于所提供的财产线索，也要尽可能完整具体，尤其是针对特定财产的保全，财产信息不能存在错误或者缺漏。一般情况下，对于银行存款，需要提供银行账号、开户行和户名；对金融理财产品，需要提供产品名称、种类、编号/代码、数量/份额、发行人、对应的回款资金账户；对于房屋与土地使用权等不动产，需要提供所有权人名称、不动产权证号、坐落位置，可以在申请保全时提交产权证书复印件。对于机动车、船舶、航空器等特殊动产，需要提供动产基本登记信息、占有及使用情况及停放位置。对于机器、设备、原材料等其他动产，需要提供发票、买卖单据、存放地点及保管人信息；对于股票、股权等投资权益，需要提供公司登记信息、公示信息、出资证明书、公司章程、股东凭证等。对于互联网平台内资产，需要提供被保全人名下开立的支付宝、微信等平台账号。

三、执行中的查封、冻结措施可以转化为执行前保全措施

如生效法律文书未届清偿期，债权人申请执行，人民法院据此作出查封、冻结措施，若经债务人提出异议，人民法院驳回债权人执行申请，已经采取的执行措施则可以根据债权人申请，视为执行前保全措施，不应立即撤销，否则会给债权人造成损失。[2]

【相关法律法规】

《民事诉讼法》第 103 条、第 104 条；《刑事诉讼法》第 102 条；《民事诉讼法解释》第 152 条、第 163 条；《查扣冻规定》第 1 条、第 3 条；《执行规定》第 2 条。

---

〔1〕 参见黄海涛：《民事诉讼中的疏明责任初探》，载《法学家》2008 年第 4 期。

〔2〕 保全查封与执行查封不同，但效力并无差异，为便于当事人依法行使权利，对基于同一份生效法律文书中确定的履行事项，人民法院执行机构依托执行案件作出的强制措施，可视为法律文书生效后、申请执行前的保全措施。参见刘永存：《执行程序中的查封、冻结措施能否直接转化为执行前的保全措施》，载《执行工作指导》2018 年第 1 期，另参见（2016）最高法执复 72 号执行裁定书。

第三章 财产保全的审执分离模式

第二条 保全职责分工

人民法院进行财产保全,由立案、审判机构作出裁定,一般应当移送执行机构实施。

【条文主旨】

本条是关于人民法院负责办理财产保全案件审查部门和实施机构不同分工与相互协作的规定。

【条文理解】

一、保全审查部门与实施机构的分工

本条将保全案件分为保全审查类案件和保全实施类案件,明确审判部门与执行机构办理财产保全案件承担的不同职责,审判部门负责办理审查保全申请事项,执行机构负责办理财产保全的实施事项。从立法上看,《民事诉讼法》第103条、第104条对立案、审判部门负责作出保全裁定,执行机构负责具体实施的分工,以及如何区分两种不同案件的办理,均未作明确具体规定,《民事诉讼法解释》第152条也没有作出进一步规定。从操作流程上看,对于立审执各环节相互之间的职能划分也需要有明确的界定,便于厘清各自职责,提高保全程序效率。从案件管理上看,《案号规定》已经将审查财产保全申请的程序事项纳入审查案件类型,案号应编立为“财保字”号,将财产保全执行事项作为执行案件类型,案号应编立为“执保字”号。

根据保全程序阶段的性质,由人民法院不同部门分别办理各阶段事项,符合保全案件办理的效率化要求。审判部门作出财产保全裁定后,移送执行机构实施,执行机构则依据审判部门作出的保全裁定采取具体的保全措施。审判部门一般情况下不负责实施保全,由执行机构也不负责审查保全申请。具体而言,诉前保全、仲裁保全和执行前保全申请由立案部门审查并作出裁定,诉讼保全由承办案件的审判部门审查并作出裁定。人民法院在内部分工上可以进一步细化,但从立法视角,应将立案和审判部门统称为审判部门,保全裁定作出后应由执行机构统一实施。但裁执分离模式并非一概而论,全国各地法院实际情况差异较大,不同人民法院受理的案件数量以及可资利用的司法资源也有所区别,在特定情况下,允许部分审判庭负责保全裁定的执行,防止程序的过度分离产生效率低下和拖延的后果。

二、保全立审执程序的协作

为了解决立审执衔接不畅的弊端,《立审执协调意见》对审判部门和执行机构的职能定位和事项分工问题作出了详细的规定。

(一)明确了人民法院部门之间职责分工

从现有规定看,共有三类财产保全案件,由立案部门编立"财保"字案号进行审查并作出裁定:一是利害关系人在提起诉讼或者申请仲裁前申请财产保全的案件;二是当事人在诉讼过程中或在仲裁过程中通过仲裁机构向人民法院提交申请的财产保全案件;三是当事人在法律文书生效后进入执行程序前申请财产保全的案件。而对于当事人在诉讼中申请财产保全的案件,一般由负责审理案件的审判部门沿用诉讼案号进行审查并作出裁定。当事人在上诉后二审法院立案受理前申请财产保全的案件,由一审法院审判部门审查并作出裁定。立案、审判部门作出的财产保全裁定,应当及时送交立案部门编立"执保"字案号的执行案件,立案后送交执行机构实施。上级法院可以将财产保全裁定指定下级法院立案实施。保全实施完毕后,实施保全的部门应当及时将财产保全情况通知作出财产保全裁定的部门,并将裁定、协助执行通知书副本等移送入卷。"执保"字号案件单独立卷归档。如果被保全财产不属于诉讼争议标的物,案外人基于实体权利对保全裁定或者执行行为不服提出异议的,由负责审查案外人异议的部门根据《民事诉讼法》第234条的规定审查该异议。

(二)明确了财产保全程序的事项分工

人民法院作出财产保全裁定后,下列有关财产保全案件的事项,仍由作出财产保全裁定的部门负责审查:(1)驳回保全申请;(2)准予撤回保全申请、按撤回申请处理;(3)申请变更保全担保;(4)续行保全、申请解除保全;(5)准许被保全人根据《保全规定》第20条第1款的规定申请自行处分被保全财产;(6)首先采取查封、扣押、冻结措施的保全法院将被保全财产移送给在先轮候查封、扣押、冻结的执行法院;(7)当事人或者利害关系人对财产保全裁定不服,申请复议;(8)对保全内容或者措施需要处理的其他事项。

(三)对续行保全事项作出了规定

诉讼案件进入下一程序的,由有关程序对应的受理部门负责审查规定的事项,判决生效后申请执行前进行续行保全的,由作出该判决的审判部门作出续行保全裁定。

(四)明确了执行机构的职责

实施保全的部门负责执行财产保全案件的下列事项:(1)实施、续行、解除查封、扣押、冻结措施;(2)监督被保全人根据《保全规定》第20条第1款规定自行处分被保全财产,并控制相应价款;(3)其他需要实施的保全措施。

三、立案及审判部门在特殊情况下仍可实施保全

人民法院立案、审判部门作出保全裁定后,"一般"而非"必须"移送执行机构实施,在案多人少矛盾异常突出,现实办案压力巨大以及审执分离改革的共同作用下,为了确保边远地区人民法院尤其是派出法庭所作出的保全裁定能够快速付诸实施,本条并没有确立一个绝对化的裁执分离模式,而使用了"一般"字样,以便实践中根据具体情况灵活决定。

四、财产保全中心承担保全职能的一体化模式

为了减少员额法官对司法事务性工作的时间投入,部分地方人民法院开始

探索设立单独的财产保全中心或者在诉讼服务中心及在执行局下设保全组,将财产保全审查权和执行权限从立案部门、审判部门和执行机构整体剥离,由专业机构和专门人员统一办理,实行确保有效查控保全对象为目标的“裁执一体化”模式,要求财产保全执行机构与审理部门之间必须密切沟通、协作才能顺利完成裁定实施。随着网络执行查控系统查控功能的不断增强,可查控财产的范围也逐渐拓展,诉讼保全裁定作出后移交执行局实施,对于银行账户、船舶等财产形式可以远程查封、冻结,无须现场送达,极大地提升了保全实施效率,但是并非所有的财产都可以依托网络执行查控系统,也并非所有地区人民法院都可以使用该系统实施保全。

基于不同部门之间协作的不效率性,重庆市高级人民法院制定了《关于全市法院建立民事财产保全中心规范高效开展保全工作的意见》,在三级法院建立民事财产保全中心,专职负责民事财产保全工作。按照“一体化、多功能”标准,将原先散落于立案、审判、执行等部门的保全职能进行整合,民事财产保全中心作为民事财产保全工作的系统工作平台,是各级法院的民事财产保全机构,统一名称、统一机构、统一制度,全市三级法院 45 家均成立民事财产保全中心,统一办理各业务庭民事财产保全工作。其中,6 家法院经编办批准设有独立编制,4 家法院设在立案庭,1 家法院设在审监庭,其余 34 家法院设在执行局。除 4 家法院由立案庭、审监庭管理外,其余 41 家均由执行局负责业务指导及管理,其与执行局内设机构各自独立,专职负责民事财产保全工作。财产保全中心职能范围包括诉前财产保全、诉中财产保全、诉讼后执行前财产保全以及仲裁财产保全。民事保全中心整合民事财产保全的“审查”“裁定”“执行”“复议”四项职能。其中,当事人对财产保全裁定不服申请复议的,由民事财产保全中心负责审查处理;当事人、利害关系人、案外人对执行财产保全提出异议的,由执行局负责审查处理。重庆法院还研发“民事财产保全案件管理系统”,实现民事财产保全案件管理系统与立案、审判、执行案件管理系统之间相互链接、资源共享、深度融合。在此基础上,进一步延伸信息技术服务办案功能,建立民事财产保全信息数据库,为保全工作顺利开展提供数据信息支撑,为法院审判执行工作开展提供便利。2019 年 3 月,重庆市法院系统共办理民事财产保全案件 133,951 件,同比增长 68%;保全金额 2525 亿元。

2019 年 3 月,天津市高级人民法院启动研发工作,历时两个月推出集诉前保全、诉中保全、仲裁保全和执行前保全等多种财产保全方式为一体的“在线保全中心”,保全法官对当事人线上保全申请及时审核、及时办理,财产保全案件的办理效率得到大幅度提升,实现了“当事人只跑一次,一次就办结”的目标。根据试点法院反馈使用情况和意见建议,天津市高级人民法院对系统进行完善升级,增加了诉前保全办理后网上起诉立案和在线同时起诉立案、申请保全等功能。全市法院全部接入系统平台,当事人和律师通过在线保全中心可在任意一家法院申请财产保全。财产保全中心或在线保全中心的建立是立审执一体化模式的具体落实,目的是实现财产保全案件的集约化办理,提高财产保全效率。

五、委托保全

委托保全属于财产保全案件办理的集约化模式,不同审级之间的人民法院可以委托保全,本地法院就保全实施事项,也可以委托外地人民法院进行,第二审人民法院对原保全措施予以续保或者采取新的保全措施的,可以自行实施,也可以委托第一审人民法院实施,再审人民法院对原保全措施予以续保或者采取新的保全措施的,可以自行实施,也可以委托原审人民法院或者执行法院实施。

2017 年 6 月,最高人民法院、司法部联合制定了《关于开展公证参与人民法院司法辅助事务试点工作的通知》(司发通〔2017〕68 号),规定公证机构可以协助人民法院核实被保全财产信息和被保全财产线索,核实被保全财产的权属和占有、使用情况。财产保全需要提供担保的,公证机构可以协助人民法院审查申请保全人或第三人提交的财产保全担保书、保证书,对其中的担保内容及证据材料进行核实。有的人民法院进一步创新,向协助义务机关出具委托函,委托公证处代为办理财产保全的查封手续。

【制定背景】

一、基础理论

人们对财产保全程序定位的认知是一个逐渐加深的过程,财产保全是审查与实施相互衔接的动态过程,是保全申请审查、裁定、采取查封、扣押、冻结措施的程序结合体,也是诉讼程序与执行程序的综合体。财产保全除了审查程序之外，还包含以保全裁定作为依据的执行程序，不少国家的民事保全立法基本上都体现了这一特征，将民事保全程序作为一种相对独立的诉讼程序对待，有利于为保全程序当事人、利害关系人提供进攻和防御的均衡机会，也为平等保护的制度设计提供了正当性理论基础。

保全申请审查程序与裁定实施程序相分离原则是财产保全的主流发展趋势，对保全申请进行审查，本质上属于诉讼程序事件，尽管为迎合保全程序的迅捷性、密行性特点，保全申请的审查相对于普通诉讼程序已经极为简化，但仍然需要法官对保全申请人的诉讼请求从案件管辖和胜诉可能性方面作出一个初步的判断，进而再审查利害关系人或者原告的保全申请是否符合法律规定的要求，这也是保全申请向立案、审判部门而不是向执行机构申请的根本原因。如果将保全裁定作为执行依据，由执行机构对被保全财产采取控制性执行措施，亦为审执分离原则应有之义。

二、比较视野

世界各国及地区多采将保全审查程序与执行程序分开规定的制度。法国2012年在《民事诉讼法典》之外单独制定了《民事执行法典》，第5卷规定了有关保全措施的内容。荷兰也在《民事诉讼法典》中规定了保全措施。

德国因并未制定独立的强制执行法，故将保全审查与裁定执行一并规定在《民事诉讼法》第八编第五章，自第916条至第945条，共计30个条文。[1]

日本民事诉讼法和民事执行法历经几次变革，将民事保全的审查与执行合并制定《日本民事保全法》，独立成为法典，保全申请审查成为“关于保全命令手续”，保全裁定的执行称为“关于保全执行手续”。[2]

我国台湾地区将保全程序规定在台湾地区“民事诉讼法”第522条至第538条，系以债权人声请假扣押假处分之裁定的法院审判程序为主要内容，关于假扣押假处分的执行程序，则于台湾地区“强制执行法”第五章另行规定。不难看出，我国台湾地区对假扣押申请的审查，为狭义保全概念，性质为特别审判程序，保全执行名义的取得由民事审判庭法官为之，假扣押裁定的执行，由其地方

---

〔1〕 参见《德国民事诉讼法》，丁启明译，厦门大学出版社2016年版，第219页以下。

〔2〕 参见陈荣宗、林庆苗：《民事诉讼法》（下），台北，三民书局股份有限公司2016年修订六版，第217页。

法院民事执行处负责。

三、起草背景及过程

我国财产保全实务操作带有较强的时代烙印，从发展阶段看，经历了保全程序的裁执合一到裁执分离的过程，不同审理模式各有优劣，在特定的历史条件下发挥了应有的重要作用。

（一）我国立法上财产保全职责的演变

1998 年《执行规定》第 3 条规定，人民法院在审理民事、行政案件中作出的财产保全和先予执行裁定，由审理案件的审判庭负责执行，保全裁定的作出和执行主体均为审判庭。审判部门也行使执行职能，除个别地方由执行庭执行外，绝大多数地方都是由审判庭自己实施保全，《执行规定》认可了通行做法。但已经有观点认为由执行机构负责执行保全裁定是未来发展的方向。[1] 随着对审判和执行规律认识的深化，在审执分离改革的大背景下，人们逐渐将保全裁定的实施归属于执行程序，称为保全执行。

2011 年《执行权配置意见》第 16 条规定，诉讼财产保全、先予执行的申请由相关审判机构审查并作出裁定，裁定财产保全或者先予执行的，移交执行局执行。该意见对立案、审判、司法辅助和执行机构之间容易交叉的职责进行明确划分，减少审判与执行的冲突，对立审执协调配合提出具体要求，明确保全裁定的作出和实施分由不同部门负责，但没有明确执行机构实施保全裁定时是否需要单独编立新案号，各地人民法院民事审判庭仍然在作出保全裁定后自行采取执行措施。

2014 年《执行立结案意见》第 5 条规定，执行财产保全裁定的，案件类型代字为“执保字”，按照立案时间的先后顺序确定案件编号，单独进行排序。赋予保全实施与普通执行案件相同的地位，该意见出台后，各级人民法院逐渐将保全裁定交由执行机构实施，但审判庭依然保留了部分实施保全的职能。

2015 年《异议复议规定》第 7 条规定，当事人、利害关系人认为执行过程中或者执行保全、先予执行裁定过程中的行为违法提出异议的，人民法院应当依

---

〔1〕 参见黄金龙：《关于人民法院执行工作若干问题的规定实用解析》，中国法制出版社 2000 年版，第 20 页。

照《民事诉讼法》第225条[1]规定进行审查,从救济的视角间接认可保全实施权属于执行机构权限范畴。以执行名义所要达到的执行效果为标准,强制执行法学上有终局执行和保全执行的分类。由执行机构执行保全裁定,便于协调保全执行和终局执行的关系,执行机构采取的执行方法,比较扎实,审判庭负责实施,没有相应手续跟上,经常达不到保全效果,保全是否有效、是否成立也会产生争议。[2]

(二)实践中的操作模式

《保全规定》颁布前,保全裁定的审查与实施,既有全部放在审判部门,也有全部放在立案部门或者执行机构负责,以诉讼保全为例,全国法院系统主要存在四种不同模式:一是审判庭作出保全裁定后,交由立案庭,编立执保字案号,再交由执行局实施;二是审判庭作出保全裁定后,不编立执保字案号,直接交由执行局实施;三是审判庭作出保全裁定后,编立执保字案号,自行实施;四是审判庭作出裁定后,不编立执保字号,自行实施。

《保全规定》施行后,财产保全的申请审查、裁定与执行模式仍然没有完全统一。就北京市法院系统操作模式而言,尚存在三种典型做法:一是立案庭受理案件后直接将案卷转交给审判庭,审判庭在对当事人提出的诉讼财产保全申请审核后作出是否准予保全的裁定,将作出的裁定连同财产保全案卷再次移交给立案庭,对财产保全重新立案后再将案卷移交给执行部门具体实施。立案庭—审判庭—立案庭—执行庭(保全中心)的模式在很大程度上降低了诉讼财产保全的效率,财产保全进入实施过程大约2个月。二是立案庭对符合立案条件的案件受理后,先将案卷材料移送给审判庭,审判庭承办法官审查是否符合财产保全条件,若符合则向执行局送交裁定书、财产线索等文件实施财产保全措施。立案庭—审判庭—执行庭流水线式的模式减少了案件周转的环节,但实际上当事人、立案庭、审判庭和执行局之间的衔接、沟通不顺畅问题依然存在。一般情况下,作出保全裁定的时间需要7天,送交执行庭到完成财产保全需要近30天。三是推行立案与保全同步工作机制,将程序简化为立案庭—执行庭,

---

[1] 现《民事诉讼法》第232条。

[2] 参见黄金龙:《关于人民法院执行工作若干问题的规定实用解析》,中国法制出版社2000年版,第20页。

提高诉讼财产保全的工作效率和办案效果。具体做法是，执行局向立案庭派驻负责保全的法官，当事人在向人民法院申请诉前财产保全，或者在提起诉讼之后、案件受理之前申请诉讼保全，在立案阶段直接完成审查、裁定和执行工作，完成诉讼财产保全工作的时间通常为 10 天。[1]

【实务操作指引】

实务操作过程中，因保全申请审查程序的具体规则不明确，超期裁定、超期实施的情况依然存在，财产保全的效率存在打折扣现象应引起注意。

一、裁执不宜过度分离

民事诉讼法并未规定保全裁定由人民法院哪个部门实施。本条虽然明确了人民法院进行财产保全，由立案，审判机构作出裁定，一般应当移送执行机构实施。[2] 但是，较简单的保全案件，例如，仅是冻结被告所开立的某一个银行账号，如果还需要审判庭作出裁定，交由立案庭重新立案，再移送执行机构分配给具体承办人，案件的流转程序必然耗费大量时间，不如审判庭直接采取执行措施方便、快捷。从审判庭的视角，如果没有规定保全裁定必须一律移送执行局实施，则审判庭对于难度较大的异地保全案件，一般会移送执行机构实施，对于有些难度较小且标的较大的保全案件，一般会自行实施。

二、做好诉前保全转诉讼保全程序衔接

利害关系人申请诉前保全，但因需要保全的财产线索较为复杂，负责执行

---

〔1〕 2018 年以前，北京市各级人民法院财产保全实施工作比较分散，北京市高级人民法院由裁定作出部门自行负责，西城区人民法院和海淀区人民法院由审管办负责，通州区人民法院由诉服办负责等。目前全市 23 家法院的财产保全案件均立执保案号，其中有 22 家法院移送执行部门负责实施，仅有通州区人民法院在执行局员额法官的指导下由诉服办派驻人员负责实施，为加强统一管理、规范保全实施提供良好的基础。此处参考了 2018 年北京市高级人民法院课题组：《关于加强财产保全工作的调研报告——以北京法院立保同步、立审执衔接机制为视角》有关内容和数据，主持人吉罗洪，执笔人赵奇。

〔2〕 财产保全措施的采取必定会使一方当事人的财产利益受到暂时的限制，而实务中通常保全完毕才通知被保全当事人，即使被保全当事人提出异议也不中止裁定的执行。被保全人一般是在其名下财产被保全后才知晓。因审判组织对财产保全申请只作单方面形式审查，被保全人的知情权未得到及时满足，被保全人不免对法官不信任，审判组织过多介入也增加了后续审理的难度。

保全裁定的法官并不能全部在较短时间内实施完毕，那么，因诉前保全不能申请人民法院通过查控系统查询被保全人财产信息并利用该系统采取执行措施，申请保全人对诉前保全提出的部分事项实施完成后，人民法院要求其立案起诉，起诉后当事人需要将诉前保全程序未完成的保全事项转为诉讼保全，但实践中，因多数法院对补充保全案件应如何办理感到生疏，积极性不高，往往长时间不能采取后续保全措施，导致诉前未完成的保全事项在诉讼过程中也很难实现。

三、提高保全实施效率

实践中，作出保全裁定的法官与执行机构负责实施裁定的法官往往并非同一承办人，保全裁定的案号与协助执行通知书的案号也不一致，保全实施法官前往银行要求冻结账号时，不少银行办理人员对人民法院内部操作程序缺乏了解，经常追问为什么保全裁定写明的是财保字号或者民事案件案号，而向银行等金融机构出具的协助冻结通知书载明的案号，则是与财保字号不同的执保字号，保全实施法官经常为解释该问题耗费口舌和时间，影响查控被保全财产的及时性，不少债务人利用该时间缝隙转移被保全财产。〔1〕

四、对保全申请实行形式审查

世界多数国家对财产保全的申请，采取形式审查原则，我国法律和司法解释也规定以形式审查为主。财产保全申请提交人民法院后，一般均实行书面审查，无须召开听证会，进行质证和公开辩论，《保全规定》第 1 条规定当事人或者利害关系人申请财产保全需提交申请书，并提供相关证据材料，也不是要求申请保全人承担举证证明的责任，只需对《民事诉讼法》第 103 条和第 104 条规定的财产保全必要性予以适当疏明或者释明，实践中对于保全请求的范围、财产线索和保全担保的审查较为复杂，需要稍作说明。

---

〔1〕 例如，北京市某区人民法院为了保证诉前保全的效率，专门从执行局抽调一名法官常驻立案庭，缩短执行局和立案庭之间办理交接的时间，保证立案庭裁定作出后，执行法官能够第一时间拿到裁定和被保全财产线索等案卷资料，这无疑是对保护申请保全人的权益作出的创新性举措，值得研究推广。

(一)当事人的保全请求范围

传统理论认为财产保全的适用范围仅限于金钱请求权或者得易为金钱请求权的权利。《民事诉讼法》第 105 条规定保全限于请求的范围,或者与本案有关的财物。但依“限于请求的范围”,如何审查当事人之间的法律关系及原告在起诉时提出的诉讼请求并不明确。如在房屋买卖合同纠纷中,原告起诉请求被告将涉案房屋登记过户至原告名下,同时要求被告支付一定数额的违约金。立案部门确定的标的额仅为违约金并以此确定案件受理费,原告如果申请财产保全,要求查封涉案房屋,保全标的额应为房屋总价与违约金之和。能否认定当事人请求保全的范围超过诉讼标的金额,不无疑问,对于行为给付之诉案件是否完全排除财产保全的适用,也值得进一步商榷。

(二)当事人提供的财产线索

《保全规定》第 10 条规定当事人、利害关系人申请财产保全,应当提供明确的被保全财产信息,诉讼中申请财产保全确因客观原因不能提供明确的被保全财产信息,可提供具体财产线索。常见财产线索包括房屋、车辆、银行存款、股权、机器设备等不动产或动产。对于当事人提供的财产线索,如银行账户等,事实上审查法官无法确认该财产线索是否真实。对于每一项财产线索应当达到的具体程度以及新型财产线索如何审查并无相应细则予以指引。为防止当事人提供错误的财产线索或模糊的财产线索,法院作出裁定时通常以概括性裁定的方式规避这一问题,使当事人在裁定作出后补充财产线索,否则必然拉长财产保全的时间,降低保全效率。

(三)当事人提供的担保

《民事诉讼法解释》第 152 条规定,诉前财产保全应提供相当于保全数额的担保,诉讼财产保全由法院决定是否提供担保及担保的数额。《保全规定》第 5 条明确诉前财产保全应当提供等额担保,特殊情况可酌情处理,诉讼财产保全需要提供担保的,担保数额不超过请求保全数额的 30%。对于担保要求的不断降低,实践中的操作并未十分明朗,对于利害关系人或者当事人提供保全责任保险之外的其他担保,如担保公司提供的担保、非银行金融机构出具的保函,能否作为合格的担保使用,该类型担保能否足以负担保全错误时的赔偿,仍不无疑问。在多数情况下,人民法院对诉讼保全责任保险保额、保函担保的数额、担保公司的担保金额,还会要求申请人提供等额担保进行审查。

五、紧急情形的评估机制

《民事诉讼法》第104条规定,法院接受申请后,对情况紧急的,必须在48小时内作出裁定;裁定采取保全措施的,应当立即开始执行。《保全规定》第4条则明确了非情况紧急情形下实施财产保全措施的时间要求。所谓"情况紧急",一般是指债务人有马上要转移、处分财产的可能性,或由于某种客观原因使财产可能发生毁损、灭失。但是包括哪些具体情况,还是难以在立法上明确列举。财产保全审查程序不仅缺少是否应采取保全措施的必要性判断标准,更缺少是否必须立即进行财产保全的时间判断标准。因对"紧急情况"的审查评估机制缺位,致使法官在审查财产保全申请时只能依据当事人的一方陈述而认定是否紧急,不免过于主观。财产保全措施是以限制一方当事人的财产为代价,"情况紧急"对应的是实施财产保全措施的时间。实践中,申请人为确保裁定的高效实施,需要不断与承办法官进行沟通。有条件的人民法院可以考虑在立案庭设立单独的财产保全审查团队,专门负责审查财产保全申请并作出裁定。基于财产保全仅采取形式审查原则,当事人提出申请时只需附带提交起诉材料和《保全规定》第1条规定的申请书及证据材料,财产保全审查团队审查作出裁定后移送执行机构实施,可与执行机构保全实施团队直接衔接。保全审查团队在形式要件具备的基础上结合案由、诉讼请求、诉讼标的等要素审查被保全的主体、对象和范围。

【相关法律法规】

《民事诉讼法》第100条、第101条;《执行规定》第3条;《异议复议规定》第7条;《立审执协调意见》第16~21条;《执行权配置意见》第16条;《执行立结案意见》第5条。

第四章 仲裁保全

第三条 仲裁保全的特殊规定

仲裁过程中，当事人申请财产保全的，应当通过仲裁机构向人民法院提交申请书及仲裁案件受理通知书等相关材料。人民法院裁定采取保全措施或者裁定驳回申请的，应当将裁定书送达当事人，并通知仲裁机构。

【条文主旨】

本条是关于仲裁案件当事人申请财产保全时，仲裁机构与人民法院对财产保全工作的分工与衔接的规定。

【条文理解】

本条所称仲裁包括国内商事仲裁、劳动仲裁、农村土地承包经营纠纷仲裁、涉外仲裁，而海事请求仲裁适用特别法律及其司法解释的规定。《仲裁法》第28条、《执行规定》第9条、第10条均规定，在国内仲裁或涉外仲裁过程中，当事人可以提出财产保全申请，但对于提出的形式要件以及仲裁机构与保全法院之间的衔接程序未予明确。[1] 2012年《民事诉讼法》修订后，第101条增加了仲裁前可以申请财产保全，但对于仲裁前提出财产保全申请的具体操作程序，仍没有明确予以规定。

---

[1] 《仲裁法》第28条第1款仅规定了仲裁中财产保全："一方当事人因另一方当事人的行为或者其他原因，可能使裁决不能执行或者难以执行的，可以申请财产保全。"《民事诉讼法》第101条第1款规定："利害关系人因情况紧急，不立即申请保全将会使其合法权益受到难以弥补的损害的，可以在提起诉讼或者申请仲裁前向被保全财产所在地、被申请人住所地或者对案件有管辖权的人民法院申请采取保全措施。申请人应当提供担保，不提供担保的，裁定驳回申请。"

仲裁财产保全,是指在仲裁庭作出最终裁决之前,为了防止有关当事人的财产被隐匿、转移、变卖、设定权利负担或者为了保存争议标的物之价值,保证将来发生法律效力的仲裁裁决得到执行,经当事人申请,对特定财产采取临时性强制措施。仲裁作为纠纷解决重要方式,仲裁前或仲裁过程中也存在被申请人转移财产、设定财产负担的可能性,但由于我国仲裁机构不具有审查财产保全申请并裁定及实施财产保全的权力,保全申请的审查和实施也要有赖于人民法院审查决定并具体实施。仲裁保全措施的决定权和实施权皆专属于人民法院。《民事诉讼法》《仲裁法》以及各地仲裁委员会根据实际情况制定的仲裁规则是处理仲裁保全问题的主要依据。

一、国内商事仲裁

人民法院受理的仲裁司法审查案件主要包括五类:(1)仲裁协议效力确认案件;(2)申请撤销或不予执行本国仲裁裁决案件;(3)申请认可和执行港澳台仲裁裁决案件;(4)申请承认和执行外国仲裁裁决案件;(5)申请协助仲裁保全案件。可见,法院协助仲裁保全是法院行使司法审查权的组成部分,也是司法支持仲裁的重要体现。

仲裁财产保全,其本质是在申请仲裁前或仲裁过程中,为保障仲裁生效法律文书的顺利执行、保障申请人权益的实现,法院根据当事人的申请,对仲裁案件的当事人处分相关财产予以限制的一种诉讼保障制度。在社会诚信体系尚未完善的环境下,被申请人变卖、转移、隐匿财产或毁损争议标的物等情形时有发生,使将来作出的裁决不能或难以执行。仲裁与财产保全机制的有效衔接,有利于保证仲裁裁决的顺利执行,也有利于保护仲裁申请人的合法权益。[1]但实践中,仲裁财产保全率低、仲裁机构与法院信息沟通不畅、各地法院处理仲裁保全的标准不统一、程序烦琐等问题,严重制约着仲裁机制功能的有效发挥,传统的仲裁保全办案模式已难以适应人民群众的保全司法需求。如何提高仲裁财产保全案件的办理效率、完善仲裁保全程序、统一仲裁保全案件的办理标准,在当前仲裁制度不完善的情况下显得尤为急迫。

---

〔1〕 以北京地区为例,仲裁财产保全案件呈现逐年上升趋势,2016 年 314 件,2017 年 338 件,2018 年已高达 578 件。

(一)仲裁保全申请的提交

《仲裁法》第 28 条第 2 款规定,当事人申请财产保全的,仲裁委员会应当将当事人的申请依照民事诉讼法的有关规定提交人民法院,从而确定了仲裁委员会转交财产保全申请制度。仲裁中的财产保全,当事人不能直接向人民法院递交财产保全申请书,而必须通过仲裁机构向人民法院提交申请,仲裁委员会应将当事人的财产保全申请按照民事诉讼法的有关规定转交人民法院。本条规定在上述制度的基础上进一步明确了仲裁过程中提出保全申请的,应通过仲裁机构向法院提交相关申请书和受理案件通知书等材料。[1] 通过仲裁委员会转交保全申请而不是直接由当事人提交,虽然一定程度上影响仲裁效率,但主要为确定仲裁请求已经被仲裁委员会立案受理的事实。申请人可以在提起仲裁申请时,一并提交财产保全申请,以便仲裁委员会及早审查相关资料,节省财产保全转递、审查和实施时间。

(二)仲裁财产保全的管辖

《执行规定》第 9 条规定,在国内仲裁程序中,当事人申请财产保全,经仲裁机构提交人民法院的,由被申请人住所地或被申请保全的财产所在地的基层人民法院裁定并执行。《实施仲裁法通知》(法发〔1997〕4 号)也对国内仲裁作了明确规定,由被申请人住所地和被申请保全的财产所在地基层人民法院管辖。属于涉外仲裁案件的,则按照《民事诉讼法》第 279 条规定,由被申请人住所地或者财产所在地的中级人民法院作出裁定。依据《民事诉讼法》第 104 条第 1 款之规定,仲裁前财产保全,申请人应向被保全财产所在地、被申请人住所地或者对案件有管辖权的人民法院提交申请。

关于级别管辖与专属管辖问题,《最高人民法院关于诉前财产保全几个问题的批复》(法释〔1998〕29 号)规定,人民法院受理当事人诉前财产保全申请后,应当按照诉前财产保全标的金额并参照《民事诉讼法》关于级别管辖和专属管辖的规定,决定采取诉前财产保全措施。应依据仲裁前财产保全金额,参照级别管辖和专属管辖的规定,在被保全财产所在地、被申请人住所地或者对案

〔1〕 参见仲裁执行疑难问题研究课题组:《仲裁程序中财产保全机制之完善》,载微信公众号"中国执行"2019 年 1 月 18 日,https://mp. weixin. qq. com/s/tZxM2gs565T0bRKZhper6w。

件有管辖权的中级人民法院范围内确定管辖法院。

仲裁财产保全一般由基层法院管辖,在实践中效果并不理想:一是基层法院对仲裁财产保全要求提交的资料不统一;二是部分基层法院对标的额大的财产保全不予受理,中基层两级法院相互推诿;三是部分基层法院对仲裁财产保全的时间较长;四是同一案件的财产保全需要在多个基层法院执行。为保障仲裁保全与仲裁执行案件管辖法院的一致性,部分高级人民法院根据实际情况对受理仲裁财产保全的管辖法院进行了调整,并出台指导意见,统一由仲裁案件被申请人住所地和被申请保全的财产所在地中级人民法院管辖。仲裁保全由中级人民法院管辖,优势在于取得仲裁裁决后,可以直接向采取保全措施的中级人民法院申请执行,无须再次就裁决的执行在保全法院和执行法院之间进行协调,提高了仲裁案件的执行效率。[1]

仲裁保全的管辖法院由仲裁当事人自行选择决定,仲裁委员会一般不予指定。实践中,可能存在多个中级人民法院对财产保全都有管辖权,当事人在向仲裁机构提交仲裁保全申请书时应载明仲裁委员会所转交的具体人民法院。

最高人民法院也在仲裁保全案件管辖方面进行了大胆创新,将中国国际经济贸易仲裁委员会、深圳国际仲裁院、上海国际经济贸易仲裁委员会、北京仲裁委员会、中国海事仲裁委员会等5家仲裁机构作为首批纳入最高人民法院“一站式”国际商事纠纷多元化解决机制,北京仲裁委员会等仲裁机构受理标的额3亿元人民币以上或其他有重大影响的国际商事纠纷案件,当事人可以在申请仲裁前或者仲裁程序开始后,直接向最高人民法院国际商事法庭申请证据、财产或者行为保全;在仲裁裁决作出后,直接向最高人民法院国际商事法庭申请撤销或者执行仲裁裁决。针对这些特殊的仲裁案件,当事人直接将相关材料提交最高人民法院,作出保全裁定并予以实施,可以说是飞跃管辖在财产保全程序中的生动体现。[2]

---

〔1〕 如江苏省高级人民法院在《关于审理民商事仲裁司法审查案件若干问题的意见》第46条规定,仲裁机构根据《仲裁法》第28条的规定,提请人民法院采取财产保全措施的,由财产所在地的中级人民法院按照《民事诉讼法》的相关规定和《江苏省高级人民法院关于财产保全担保审查、处置若干问题的暂行规定》办理。北京市高级人民法院于2017年12月7日颁布《北京市法院执行局局长座谈会(第八次会议)纪要》,规定仲裁前或者仲裁中申请财产保全的,由被保全财产所在地或者被申请人住所地中级人民法院管辖。

〔2〕 参见2018年12月5日《最高人民法院国际商事法庭程序规则(试行)》和《关于确定首批纳入“一站式”国际商事纠纷多元化解决机制的国际商事仲裁及调解机构的通知》的相关内容。

（三）仲裁保全裁定的作出与实施

国内仲裁财产保全程序，分为仲裁前保全和仲裁中保全。均由提起仲裁的利害关系人、申请人向仲裁委员会提出仲裁财产保全申请，仲裁委员会向人民法院转交书面申请。仲裁中财产保全，参照诉讼保全程序，由人民法院立案庭作出财产保全裁定，移送执行机构负责执行。人民法院收到仲裁委员会转交的保全材料后，对财产保全申请进行审查，并通知申请保全人到庭谈话，提交符合规定的担保，进而决定是否立案以及采取财产保全措施。

1. 仲裁保全管辖法院的选择与确定。仲裁中财产保全的具体管辖法院的确定，与被申请人所在地或被保全财产所在地密切相关，被保全财产及被申请人所在地分布在不同辖区，就存在多个保全法院均有管辖权的情况，如何选择保全法院，对于采取保全措施的效果存在不同程度的影响。如果被申请人涉及不同地域，且存在多种类型财产可供保全的，也可以在债权总额范围内，通过仲裁委员会分别向多家法院申请财产保全。实践中，一般由当事人自行选择确定有管辖权的法院，仲裁委员会依据当事人选择的管辖法院转交财产保全材料。

2. 申请人向仲裁委员会提交的文件。申请人应向仲裁委员会提交仲裁申请书及支持其请求的证据材料，如涉案合同、仲裁协议、履行合同证明等，仲裁委员会受理后，申请人持缴费通知缴纳仲裁费用。申请人在立案时或者仲裁委员会出具受理通知书后按照《保全规定》第1条列举的事项，提交财产保全申请书，包含申请人与被申请人的基本情况、请求保全的具体事项、保全金额、事实和理由，以及被保全财产的信息或财产线索。

3. 仲裁机构应转交保全法院的材料。仲裁机构受理申请人的仲裁申请后，应向仲裁申请人出具仲裁受理通知书，申请人交纳仲裁费用后，仲裁委员会作出移送保全函或提请保全函，连同申请人的保全申请书和证据材料、仲裁申请书、申请人身份证明等程序性文件、送达回证，邮寄给对保全案件有管辖权的人民法院。[1] 实践中，有的仲裁委员会采取间接转交的方式，即将上述需要转交给人民法院采取保全措施的材料，密封好加盖骑缝章，交由申请人自行转交人

---

〔1〕《北京市法院执行局局长座谈会（第八次会议）纪要——关于仲裁裁决执行与不予执行申请审查若干问题的意见》，还要求仲裁机构提交当事人申请保全材料的，一并向人民法院函告仲裁案件案号、双方当事人姓名或者名称、申请保全人仲裁请求或者反请求的标的金额等内容。

民法院立案部门。

4. 保险公司向法院提交的材料。申请人如果采用保险公司的财产保全责任保险作为保全担保,可于保全法院受理保全申请后,与保险公司联系开具保函,保险公司需要向保全法院提交如下资料:保险公司营业执照、经办人身份证复印件、经办人身份证明(主要是劳动合同),诉讼保全责任保险责任条款及备案表、企业负责人身份证复印件、企业负责人身份证明、总公司授权函、保险经营业务许可证、分公司营业执照、保险合同、保单保函、书面担保书等。

5. 申请保全人向保全法院提交的材料。保全法院收到仲裁委员会的材料后,立案庭进行初步审查,并通知申请保全人到庭谈话询问,提交保全担保,然后决定立案并作出裁定。目前,多数仲裁案件申请人,都是选择保险公司的诉讼保全责任险作为保全担保,申请保全人需要与选定的保险公司签订诉讼保全责任保险合同,并缴纳保费,保费一般是申请保全金额的1% ~3% ,申请人交纳保费后,应当向人民法院提供指定的担保材料。保全申请及担保经过审核后符合保全要求的,申请人持有法院开具的缴费通知书,缴纳财产保全费用。

6. 保全裁定的作出与实施。申请保全人缴纳保全费用后,立案庭作出保全裁定,然后移送执行局负责实施。为确保被申请人不转移财产,人民法院作出保全裁定后暂不向被申请人送达,申请人也可以向仲裁委员会申请延迟送达仲裁申请书,待人民法院财产保全完毕后,再恢复裁定送达程序。

(四)仲裁当事人的权利救济

仲裁案件当事人对人民法院财产保全的裁定不服,可以向人民法院申请复议一次,复议期间不停止裁定的执行。财产保全申请有错误的,申请人应当赔偿被申请人因财产保全所遭受的损失,保全损害赔偿案件,由采取保全措施的人民法院管辖。人民法院作出的财产保全裁定,应该直接向当事人送达,并通知仲裁机构,而不是通过仲裁机构转交,以保护仲裁保全案件当事人的救济权利。同时,人民法院应及时通知仲裁机构,便于仲裁庭根据财产保全的情况做好当事人的通知及调解工作。

(五)仲裁前的财产保全

利害关系人申请仲裁前保全,根据《民事诉讼法》第 104 条的规定,直接向人民法院立案部门申请,应当按照诉前保全办理,由人民法院立案部门审查并作出裁定。当事人申请仲裁前财产保全,大多事出紧急,如果当事人须在提请仲裁之后才能申请财产保全,财产可能已被债务人隐匿、转移、变卖,使其合法权益受到难以弥补的损害。因当事人申请仲裁前财产保全申请时还没有向仲裁委员会申请仲裁,仲裁委员会没有获取当事人的主体资格、纠纷是否属于仲裁管辖等信息,缺乏向人民法院出具仲裁前财产保全提请函的依据,仲裁委员会一般对于仲裁前保全的材料不予转交,也很少发生仲裁委员会转交仲裁前财产保全申请的情况,但实践中也不排除仲裁委员会转交的做法,以及仍有人民法院要求仲裁委员会向人民法院出具有关仲裁前财产保全提请函。

二、劳动争议中的保全

劳动争议仲裁程序的申请人可以申请财产保全。如果仲裁阶段不能申请财产保全,劳动者的合法权益就不能得到及时保护。劳动争议仲裁委员会对在仲裁阶段可能因用人单位转移、藏匿财产等行为致使裁决难以执行的,应告知劳动者通过仲裁机构向人民法院申请保全。为统一劳动争议仲裁案件保全的法律适用,规范劳动争议仲裁委员会与人民法院的程序衔接问题,2017 年 11 月,人力资源和社会保障部、最高人民法院联合下发了《关于加强劳动人事争议仲裁与诉讼衔接机制建设的意见》(人社部发〔2017〕70 号),规定劳动争议仲裁委员会对在仲裁阶段可能因用人单位转移、藏匿财产等行为致使裁决难以执行的,应告知劳动者通过仲裁机构向人民法院申请保全。劳动者申请保全的,劳动争议仲裁委员会应及时向人民法院转交申请书及仲裁案件受理通知书等相关材料。人民法院裁定采取保全措施或者裁定驳回申请的,应将裁定书送达申请人,并通知劳动争议仲裁委员会。[1]

《保全规定》第 9 条规定在涉及劳动报酬的案件中当事人申请财产保全的,人民法院可以不要求提供担保。《劳动争议司法解释(一)》第 49 条进一步规定,在诉讼过程中,劳动者向人民法院申请采取财产保全措施,人民法院经审查认为申请人经济确有困难,或者有证据证明用人单位存在欠薪逃匿可能的,应当减轻或者免除劳动者提供担保的义务,及时采取保全措施。人民法院作出的财产保全裁定中,应当告知当事人在劳动争议仲裁机构的裁决书或者在人民法

〔1〕 参见《人力资源和社会保障部、最高人民法院关于加强劳动人事争议仲裁与诉讼衔接机制建设的意见》(人社部发〔2017〕70 号)相关内容。

院的裁判文书生效后3个月内申请强制执行。逾期不申请的,人民法院应当裁定解除保全措施。与《保全规定》相比,该条规定明确了人民法院应当减轻或免除担保的情形,并对此类保全措施设定了期限,以此敦促劳动者尽快申请执行。

三、农村土地承包经营纠纷仲裁保全

2014年1月24日起施行的《农村土地承包经营纠纷调解案件解释》明确了农村土地承包仲裁委员会可以依法向人民法院提交当事人财产保全申请,申请保全的当事人为申请人,农村土地承包仲裁委员会应向人民法院提交下列材料:(1)财产保全申请书;(2)农村土地承包仲裁委员会发出的受理案件通知书;(3)申请人的身份证明;(4)申请保全财产的具体情况。人民法院采取保全措施,可以责令申请人提供担保。人民法院决定受理的,应当于3日内向当事人送达受理通知书并告知农村土地承包仲裁委员会。

人民法院受理财产保全申请后,应当在10日内作出裁定。因特殊情况需要延长的,经本院院长批准,可以延长5日。另外,农村土地承包经营纠纷仲裁中采取的财产保全措施,在申请保全的当事人依法提起诉讼后,自动转为诉讼中的财产保全措施。

与普通商事仲裁保全相比,农村土地承包仲裁保全程序具有一定特殊性,比如,要经过保全申请受理程序,裁定的作出时间也相对较长,《保全规定》施行后,对于农村土地承包经营纠纷仲裁程序中的保全,仍然适用其特别规定。

【制定背景】

一、基础理论

商事仲裁与民事诉讼法同属解决争议的对抗程序,但仲裁机构权能来自当事人之前订立的仲裁协议,仲裁机构仅有对争议案件的管辖权,对争议案件裁判内容与当事人及第三人并无强制的权力。"在此情况下,附带的保全程序就成为传统仲裁程序的一项缺陷,而少见于二十世纪六十年代以前的仲裁法与一般仲裁规则。"[1]由于公法仲裁对保全程序的重视及实务上的拓展,仲裁保全

---

〔1〕 参见蓝瀛芳:《比较的仲裁法》(下),台北,元照出版公司2018年版,第1400页。

渐次成为特殊的程序制度,对固有的民事诉讼法有所超越。当前仲裁保全并不以保留当事人之间的关系或者实时状态为限,还及于仲裁程序完整性呈现所需要的暂时性措施或其他紧急需要的相关措施。

有权决定采取仲裁保全措施的主体,世界各国的立法和司法实践不外乎三种做法:第一,保全决定权限归属仲裁庭,法院不予干涉;第二,法院独享仲裁保全决定权,仲裁庭只能向人民法院移交保全申请,是否保全由人民法院予以审查;第三,法院与仲裁庭共享保全决定权限,任何一方当事人均可申请仲裁庭或法院作出保全决定,该被选择的机构依据当事人的申请获得采取保全措施的决定权。我国因仲裁制度还不完善,目前实行仲裁保全措施决定权由法院独享的模式,虽不利于商事仲裁的独立性、经济性和效率性,但却有利于平衡申请保全人和被申请人之间的利益,防止保全程序的滥用。2014 年 5 月 1 日实行的《中国(上海)自由贸易试验区仲裁规则》对于临时保全措施决定权分配作出了有益探索,该规则第 21 条对紧急仲裁庭作出规定,使当事人在紧急情况下可以获得紧急临时救济。理论上,赋予仲裁庭保全决定权逐渐成为共识,但如果开辟法院和仲裁庭共享模式下的仲裁庭主导之路径,还需要对仲裁担保、被申请人异议、变更与解除临时保全措施、错误保全的救济等一系列配套制度进行重新建构。

二、比较视野

在法国,仲裁机构的行为,无论是以部分判断还是全部判断,程序性判断还是实体性判断,最终目的都是解决争议,仲裁庭从实体判断扩展为及于程序的判断,法院对此行为有义务承认与执行。仲裁庭对紧急事件的紧急措施正如法院的保全行为,法院没有否定的理由。[1]

荷兰仲裁法规定中间判断与仲裁判断具有同等效力,苏格兰、澳大利亚、加拿大不列颠哥伦比亚省及联合国仲裁规则也采取了与法国同样的立场。

瑞士法规定,除非另有相反的约定,仲裁庭得因一方的申请为中间措施,当事人不自愿履行仲裁庭作出的决定者,仲裁庭可以申请管辖法院协助。《奥地利民事诉讼法》规定法院须协助当事人以执行由仲裁庭作出的保全措施。

---

〔1〕 参见蓝瀛芳:《比较的仲裁法》(下),台北,元照出版公司 2018 年版,第 1400 页。

1994年《意大利民事诉讼法典》第818条明确规定:仲裁庭不可以发布扣押财产令或其他临时措施。在一个实际的案件中,意大利的法官明确指出,除非有法律的明确规定,否则当事人以协议的形式干扰司法行为是不被允许的。

《德国仲裁法》(1998年1月生效)与《联合国国际贸易法委员会国际商事仲裁示范法》第17条保持了一致,承认仲裁庭有权宣布临时措施,规定当事人有权向法院申请强制执行仲裁庭宣布的临时措施;更在第2条中明确赋予了法院执行仲裁地在外国的仲裁庭发布的仲裁保全措施的权力。

三、起草背景及过程

从国外仲裁看,在世界主要仲裁机构的仲裁规则中,仲裁庭一般都有权根据申请发出以财产保全为目的的临时救济措施指令。而我国现行立法及多数仲裁机构的仲裁规则都尚未采纳这一制度。除海事案件外,没有明确对其他法域下的仲裁提供司法保全措施。我国参加的《纽约公约》所规定的仲裁裁决仅指终局裁决,不包括仲裁庭为采取保全措施而作出的中间裁决。从国内仲裁制度的建设和发展情况来看,仲裁庭之所以不能取得决定财产保全的权力,与仲裁机构的治理和仲裁制度的完善密切相关。

(一)仲裁公信力有待提升

仲裁财产保全是司法支持商事仲裁的重要体现,但当前仲裁工作面临着仲裁委员会内部治理结构不完善、仲裁发展秩序不规范、仲裁国际竞争力不强、监督制约机制不健全、支持保障不到位等新情况、新问题,影响了仲裁公信力,仲裁不公正现象在一定程度上制约了仲裁事业的健康快速发展。[1] 人民法院还要进一步规范仲裁协议效力的认定、仲裁保全、裁决撤销和不予执行程序,依法支持和监督仲裁。

(二)仲裁机构与人民法院衔接效率有待提高

各地人民法院对仲裁保全申请材料审查标准不一致。《保全规定》第1条明确列举了保全申请书应载明的事项,实践中各地人民法院对于当事人具体提

〔1〕 参见2018年12月31日中共中央办公厅、国务院办公厅《关于完善仲裁制度提高仲裁公信力的若干意见》。

交哪些仲裁保全申请材料的要求多有不同,审查标准各异,且当事人和仲裁机构也无法通过公开渠道获取各个法院关于提交仲裁保全申请材料的标准,仲裁案件当事人通过仲裁机构向保全法院提交材料往往无法一次性满足保全法院的审查要求,而法院以保全申请材料不符合要求为由直接退回材料、不予立案的情形时有发生,给仲裁申请人正常行使仲裁保全权利造成不少障碍,影响了仲裁保全效率。

仲裁机构收到当事人财产保全申请后提交人民法院,没有明确仲裁机构应提交的期限,仲裁委员会转交保全申请至人民法院作出保全裁定的时间期限也未进行规定。实践中,在仲裁庭转送申请文件至法院保全立案期间,时间长短取决于保全法院的案件数量及办案效率,当事人自行提交或仲裁委员会邮寄转送财产保全申请书及其他材料后,保全法院立案庭法官会先审查,并通知当事人进行谈话,谈话的内容主要为了解案件基本情况以确定是否裁定准许保全,法院同意保全后,当事人再根据要求提供担保,法院审核无误后出具财产保全裁定,并将案件转交本院执行局采取财产保全措施。

（三）仲裁机构和保全法院对接机制有待完善

当事人申请财产保全,应当通过仲裁机构向人民法院提交申请书及仲裁案件受理通知书等相关材料,但有的要求当事人自行携带到有管辖权的法院申请立案,有的法院要求必须通过仲裁委员会寄送保全申请文件。仲裁机构和法院之间如何对接,在实务操作上存在困难,降低了资料审查和移送效率,影响人民法院及时采取保全措施,法院作出的保全裁定,仲裁机构也不能及时掌握。当事人在申请仲裁立案且提出仲裁保全申请时,应当提前确认保全管辖法院的具体要求,严格按照法院指定的程序和方式申请仲裁保全,以免保全文件被退回,错失财产保全的最佳时机。

四、《中华人民共和国仲裁法(修订)(征求意见稿)》是否应赋予仲裁庭保全决定权的思考

《中华人民共和国仲裁法(修订)(征求意见稿)》(以下简称征求意见稿)于2021年7月30日向社会公开征求意见,这次修订后的仲裁法征求意见稿第四章仲裁程序第三节名为“临时措施”项下的第43~49条(共计7个条文)规定了

仲裁临时措施和财产、证据以及行为保全程序,对现行仲裁保全制度做了实质性的突破,征求意见稿第43～49条是有关仲裁保全的内容,变革巨大,不仅增加了行为保全和紧急仲裁员制度,而且明确赋予仲裁庭决定临时措施的权力。概言之,当事人在仲裁程序启动前或者进行期间,为了保障仲裁程序的进行、查明争议事实或者确保裁决得以执行,可以请求仲裁庭采取与争议标的相关的临时性、紧急性措施。该临时性和紧急性措施范围包括财产保全、证据保全、行为保全和仲裁庭认为有必要的其他短期措施。如果当事人申请其他临时措施的,仲裁庭还有权在综合判断采取临时措施的必要性与可行性的基础上决定是否准许。此外,上述所谓的临时措施采取后,经一方当事人申请,仲裁庭认为确有必要的,还有权决定修改、中止或者解除临时措施。

其实,呼吁将仲裁保全措施的决定权移交仲裁庭的思潮由来已久,支持仲裁庭行使保全措施决定权的观点主要有以下几种。

(一)世界接轨说

该观点认为将决定保全措施的权力授权仲裁庭,有利于中国仲裁在国际上提高竞争力,也有利于中国仲裁走向世界、与世界相接轨。目前我国采用的模式是决定保全措施的权力专属于法院的单轨制,这种模式已经与国际主流模式脱轨,不利于保全措施在域外的承认与执行。应实行仲裁庭与法院的临时措施决定权并存的模式。这是把决定临时措施的权力交给仲裁机构最冠冕堂皇的理由。

(二)提高效率说

因现行法律规定当事人不能直接向法院提交请求采取临时措施的申请,必须通过仲裁机构转交。这在一定程度上对仲裁临时措施的采取设置了障碍,也可能会导致不必要的延误,违背了仲裁追求高效的初衷。而化解上述困境的路径有二:一是简化当事人申请采取临时措施的程序,允许当事人可以不经仲裁委员会而直接向法院申请采取临时措施。二是赋予仲裁庭决定采取临时措施的权力,仲裁庭可直接对当事人提出的采取临时措施的申请予以审查并作出决定,而无须等待法院的决定。这样可以提高仲裁程序的效率,也可以弥补仲裁开始之前当事人申请采取临时措施不能的窘境。

（三）扩张权力减少干预说

赋予仲裁机构和法院相同的决定临时措施的权力，有利于扩大临时措施适用范围和仲裁机构权力。例如，我国民事诉讼法规定了行为保全，但现行仲裁法仅规定了财产保全和证据保全，没有对行为保全作出规定，与国际脱节，应借鉴国际的主流做法，将行为保全纳入仲裁临时措施范围，并赋予仲裁机构临时措施的决定权，有助于减少仲裁对法院的依赖，也可减少法院对仲裁程序的干预。

（四）举重明轻说

仲裁案件的双方当事人既然信任仲裁机构，在争议发生之前通过仲裁协议约定将案件的实体权利的裁决权交给仲裁庭，那么根据举重以明轻的逻辑，也可以当然地视为将裁决前临时处置权利状态的权力赋予仲裁庭，在法理上可以类推得出结论。

在以上四种说法的支持下，这次征求意见稿舍弃了仲裁申请人直接向法院申请保全的路径，而设计了"可以请求人民法院或者仲裁庭采取与争议标的相关的临时性、紧急性措施"二元化申请保全制度，当事人有申请保全的选择权，既可以向人民法院申请，也可以向仲裁机构申请，打开了保全通向仲裁的道路。

现代民事诉讼理念下，保全越来越成为具有独立性质的特殊诉讼阶段，具有自身运行和发展的规律。如果仲裁法混淆临时措施和保全概念的内涵和外延，必将导致仲裁机构和仲裁庭享有的保全权无限扩大，出现失去控制的不良后果。

其一，从临时措施视角看，临时措施由仲裁庭决定，是目前普遍采用的国际惯例，我国仲裁庭目前已经有部分决定临时措施的权力。有时也会要求当事人在争议解决之前暂停某些行为，如要求合资各方在争议解决前不得分配利润，对不能长期保存的产品及时作出处理，将有质量争议的设备保持现状，对有争议的财务账目进行审计等，只是我国不把这些叫作临时措施，仲裁庭作为仲裁案件的审理机构，最了解案情，最方便作出适当的有关临时措施的决定。中国国际经济贸易仲裁委员会近年在仲裁程序中虽然没有采用"临时措施"概念，但不时采取类似的措施，也就是说，保全措施由法院决定并不否定仲裁庭有权决定"临时措施"。

其二,征求意见稿不再区分临时措施和保全措施的界定,系未能正确理解临时措施之内涵,将临时措施的外延扩展到包括所有保全措施的最广程度。但是,在扩大临时措施适用范围的情况下,也模糊了法院临时措施决定权与仲裁庭临时措施决定权的行使边界。此次征求意见稿中规定的临时措施不仅包括财产保全、证据保全和行为保全,还兜底性地规定了内涵和界限模糊的"仲裁庭认为有必要的其他短期措施"。

不少国际仲裁机构在其规则中把法院决定临时措施的权力限制在仲裁庭组成以前,或者仲裁庭无法决定的事项,对当事人选择向法院还是仲裁机构申请临时措施进行了细致的区分。目前,征求意见稿未能细化应当向法院或者向仲裁庭申请保全的示范标准,只是笼统规定所有临时措施均可以向法院或仲裁庭申请,似乎向谁申请完全由当事人自行选择,殊不知法院的临时措施决定权与仲裁庭临时措施决定权在不同阶段、不同临时措施方面应有所区分,否则有可能导致当事人向不同机构申请保全,效果会有云泥之别。

本书认为,由仲裁机构决定保全措施的立法,应当慎重研究,仔细论证。

第一,仲裁庭尚不完全具备决定保全措施的能力。

2019 年中共中央办公厅和国务院办公厅印发《关于完善仲裁制度提高仲裁公信力的若干意见》,指出我国仲裁工作面临仲裁委员会内部治理结构不完善、监督制约机制不健全、支持保障不到位,存在仲裁公信力不高、能力不足的问题。在仲裁机构、仲裁庭、仲裁员能力不足、公信力不高的情况下,进一步扩充仲裁机构和仲裁庭的权力,在缺少司法监督语境下,不能不让人担忧。

回到保全制度上来,仲裁机构在落实保全裁决方面缺乏系统性保障。一方面,仲裁员目前多以律师、高校学者和公司法务人员为主,法官不能兼职,缺乏成熟的审判经验。另一方面,仲裁庭有效判断是否采取保全措施的能力不足。以财产保全为例,当事人申请保全,仲裁庭要对是否应当采取保全措施的程序要件和实体要件作出判断,实体方面,除了提供担保外,最重要的是审查保全的必要性和保全财产信息的提供,这两点仲裁机构均不具备相应的判断和查询权力。如果是法院作出保全裁定,可以利用信息化的查控系统对申请被保全的财产进行甄别,既可以作出概括性裁定,也可以作出具体性裁定,即使裁定载明的财产信息错误,也可以通过查控系统予以纠正。仲裁机构只能根据当事人申请对已经提供的具体财产线索作出具体性裁定,如果裁定信息错误,法院除了退回没有更好的补正措施。对于保全期间允许对财产进行处分、换保、限制超标的保全,仲裁机构还没有像法院一样生成行之有效的程序和保障。

第二,仲裁机构和法院无法做到有效衔接。

仲裁庭作出保全裁决后,当事人对保全裁决不服,申请复议,仲裁庭如何审查,这次征求意见稿也语焉不详。对于保全裁决交由法院实施后,当事人、利害关系人提出行为异议,法院如何审查也未有明确规定。如果法院按照仲裁庭裁决采取查扣冻措施,而仲裁裁决本身存在错误应如何救济?如果不采纳保全裁定的复议制度,那么当事人是否可以向人民法院申请撤销保全裁决或申请不予执行保全裁决?有观点认为,既然针对实体仲裁裁决能够申请撤销裁决或申请不予执行,如果存在可以撤销的事由,保全裁决也当然可以申请撤销或不予执行,而如果此时中止执行该保全裁决,那么保全措施的紧急性将会受到极大的影响。

第三,保全各方主体救济缺位。

财产保全作为一种临时保障措施,即使法律要求被保全人暂时对其权利的限制予以容忍,也要给予其最充分的事后救济,从而能够充分地保证各方当事人的合法权益。从案外人的视角看,如果仲裁裁决不恰当地决定保全了第三人的财产,按照现行保全司法解释,案外人在保全裁定作出之后查封之前,可以针对被保全标的物提出实体异议,要求排除保全措施。即使仲裁庭权力再进行扩张,也不能对这种针对实体权属的保全异议直接进行审理,应交由法院进行审理。而这需要法院对于仲裁机构作出的保全裁决是否妥当进行审查,不仅会导致保全裁决效率大打折扣,而且如果法院审查后作出排除执行的裁定或判决,实质上等于直接否定了仲裁庭作出的保全裁决,造成仲裁资源和司法资源的浪费和空耗。

第四,可能造成水土不服。

中国仲裁保全的制度设计应当遵循自主创新的道路,而不是对国外任何一国制度照抄照搬,任何成功的改革,都应当在既定的现实生活中展开,都要关照现实的国情。改革也要具有针对性,目前由法院统一行使决定权的保全制度,运转良好,并未到了非改不可的程度。仲裁当事人向法院申请保全,其权利并未受到影响,甚至得到了比较充分的保障,当事人关于赋予仲裁机构保全措施决定权的意愿并不强烈,在这种情况下一味强调与国际接轨,对仲裁机构作出保全裁决、驳回保全以及保全过程中发生的博弈的相应救济措施没有作出通盘考量的前提下,仓促改革,试错的成本将使仲裁制度和司法制度难以承受。

第五,容易诱发仲裁中立性风险和道德风险。

保全是基于对案件基本情况的判断由裁判者作出的临时性决定,作出决定的前提也是基于仲裁庭对于案件的充分了解和掌握,并适度地根据案件的走向以及申请人的给付请求权能否成立进而作出妥当的判断。如果由仲裁庭对是否应当保全作出提前判断,就会产生仲裁庭未审先裁而丧失中立的风险,与仲裁的制度宗旨相悖。除此,在当事人存在虚假仲裁或者恶意保全的情况下,还会诱发仲裁员和保全申请人共同侵害对方当事人和案外人利益的法律和道德风险。

第六,仲裁制度健全之前不宜冒进。

我国仲裁机构仲裁员的选任、仲裁庭的组成和仲裁案件的分配管理,目前不完善之处甚多,在仲裁体制和机制改革不到位、制度不健全的变革时期,即使赋予仲裁庭保全决定权,也会因为该制度运行不畅,引发诸多不良反应,导致当事人用脚投票排除仲裁管辖或者排除仲裁保全,使仲裁公信力和竞争力提升的目标化为泡影。

综上,建议在实行法院裁定保全和实施保全的仲裁保全制度一元模式框架下,进行可以承受的改革。比如,可以尝试把除财产保全之外的临时措施决定权赋予仲裁庭,或者要求当事人直接向法院申请保全,不再由仲裁机构转交,另外拟订相关条文,规范保全各方主体的异议和救济程序,实现仲裁与法院的有序衔接。

【实务操作指引】

一、实现仲裁保全启动、流转和节点信息共享

目前,各地法院对于申请仲裁保全需要仲裁机构向法院移送什么材料并不明确,有时会导致保全措施采取时间延后。法院对于保全必要性的审查标准并不统一,当事人和仲裁机构有时也难以把握。实际上,完全可以借鉴《最高人民法院关于内地与香港特别行政区就仲裁程序相互协助保全的安排》第 4 条、第 5 条规定的内容,对仲裁申请人申请保全时应提交的材料及申请书内容作出明确规定。

从仲裁机构角度来说,在当事人提交保全申请材料时,应对申请财产保全

进行必要的引导,提示当事人提交仲裁保全申请材料要符合各法院公示的具体要求,并与辖区人民法院构建财产保全快速反应机制,简化保全申请审核流程,由专人负责保全对接事宜,提高内外部协调沟通效率。

从人民法院角度来看,人民法院与仲裁机构之间应建立标准统一、流程明确的申请移送和信息反馈机制,条件具备的情况下,探索开发保全案件线上流转系统,建立较完善的仲裁保全协调机制。[1] 人民法院也应公示审理仲裁保全案件的受理条件、具体流程和审查标准,为当事人和仲裁机构提供查询渠道。

需要强调的是,2019 年出台的最高人民法院、我国香港特别行政区政府《关于内地与香港特别行政区法院就仲裁程序相互协助保全的安排》第 4 条规定了向内地法院申请保全所需材料。虽然该安排针对的是内地与香港特别行政区关于仲裁程序相互协助的保全程序,但在制定过程中,也参考了内地仲裁机构向法院申请保全时所需移送的材料,一定程度上可以作为参考。

二、统一仲裁保全的管辖法院

在司法实践中,各地法院根据当地实际情况,采取了较为灵活变通的做法,有的高级人民法院将仲裁保全集中放到中级人民法院管辖,有很好的效果。有的仍将保全法院限定为当地基层法院。还有的地区财产保全管辖法院需要根据财产保全标的额大小进行判断,如果该被保全财产的标的额属于基层法院执行的,则由基层人民法院进行保全,如果保全标的额达到当地中级人民法院级别管辖的,则由中级人民法院进行保全。统一仲裁财产保全案件由中级人民法院管辖应是未来仲裁保全的发展方向。各高级人民法院应逐步将仲裁保全案件的管辖提升为中级人民法院。如《北京市法院执行局局长座谈会(第八次会议)纪要》,[2] 明确仲裁财产保全与裁决执行均由被执行人住所地或者被执行的财产所在地的中级人民法院管辖。

---

〔1〕 有的人民法院上线网上财产保全服务系统,改变财产保全线下办理的传统模式,借助便捷化、信息化、规范化全流程线上办理平台,大大提升财产保全制度运行速度。

〔2〕 参见 2017 年 12 月 7 日《北京市高级人民法院执行局关于仲裁裁决执行与不予执行申请审查若干问题的意见》。

三、重视撤销仲裁裁决和不予执行仲裁裁决程序中的保全

当事人不仅在仲裁前及仲裁过程中有申请财产保全的权利，而且在申请撤销仲裁裁决与申请不予执行仲裁裁决程序中，也有根据实际情况需要申请财产保全的权利，是否采取保全措施，对于裁决撤销或者不予执行后的权利实现影响很大，应当给予足够重视，并细化撤销仲裁裁决和不予执行仲裁裁决程序中相关保全操作流程。

【相关法律法规】

《仲裁法》第 28 条；《民事诉讼法》第 103 条、第 104 条；《民事诉讼法解释》第 152 条；《执行规定》第 9 条、第 10 条；《仲裁裁决执行规定》第 7 条、第 21 条；《实施仲裁法通知》第 2 条；《立审执协调意见》第 16 ~ 21 条。

第五章　财产保全的审查

第四条　保全裁定作出及实施期限

人民法院接受财产保全申请后,应当在五日内作出裁定;需要提供担保的,应当在提供担保后五日内作出裁定;裁定采取保全措施的,应当在五日内开始执行。对情况紧急的,必须在四十八小时内作出裁定;裁定采取保全措施的,应当立即开始执行。

【条文主旨】

本条是关于人民法院受理财产保全申请后,应在法定期限内进行审查、裁定并采取保全措施的规定。

【条文理解】

财产保全程序依申请启动为原则、依职权启动为例外,立法上一般将申请财产保全视为当事人、利害关系人的程序请求权。当事人、利害关系人向人民法院申请财产保全,通过何种程序进行审查以及如何设定一个科学合理的审查标准,进而驳回保全申请人的请求或是作出准予保全的裁定,主要从财产保全的形式要件和实体要件两个方面予以规定。

一、财产保全的要件

财产保全应符合法律规定的基本要求,符合必要的条件。世界主要国家和地区的立法对财产保全的构成要件尽管存在差异,但保全申请能够被法院准许,一般需要具备如下程序要件和实体要件。

（一）程序要件

程序要件又称合法要件，主要指保全请求申请主体、管辖法院、保全费用缴纳等形式上必须具备的条件。

1. 申请保全人具备诉讼能力且提出书面保全申请

申请保全人应为诉讼案件当事人或者当事人的法定代理人，同时，依据《保全规定》第 1 条的规定，要提交保全申请书和相关证据材料，该条已经对保全申请书应载明的内容进行了列举。

2. 人民法院对保全案件有管辖权

《民事诉讼法》第 104 条规定，申请诉前保全，管辖法院为被申请人住所地法院、案件受诉法院或者被保全财产所在地法院；申请诉讼保全，保全管辖法院为案件审理法院；申请仲裁保全，管辖法院为被申请人住所地、被保全财产所在地的基层人民法院或中级人民法院。

3. 交纳保全费用

保全请求数额不超过 1000 元或者不涉及财产数额的，每件交纳 30 元；超过 1000 元至 10 万元的部分，按照 1% 交纳；超过 10 万元的部分，按照 0.5% 交纳。保全费实行总量控制，无论诉讼及仲裁请求大小，当事人申请财产保全措施交纳的保全费最多不超过 5000 元。

（二）实体要件

实体要件又称为有效要件，主要是指申请保全人应提出给付性民事请求并具有财产保全的必要性。

1. 给付性民事请求

给付性民事请求是指有金钱请求或得易为金钱请求的请求。我国民事诉讼立法没有明文规定可以申请财产保全的案件类型，通说认为，采取财产保全的应限于给付之诉案件，即一方当事人提起的请求法院判令对方当事人履行一定民事义务的诉讼，包括种类物给付之诉和特定物给付之诉。

对于附条件与附期限的民事请求权，是否准许采取保全措施，应区别对待。如附停止条件之债权请求，在条件成就前债权虽然已经有效成立，但债权人的请求权尚未生效,效力处于停止状态,待条件成熟时发生法律效力。[1] 债权人能否申请财产保全,仍然存在疑问。有观点认为,申请财产保全的附停止条件的债权,依客观情形,如果条件成就的盖然性极高,有采取保全措施之必要,否则不应予以准许,我国附停止条件的债权尚不能提起诉讼,而不依据诉讼请求单纯申请财产保全,人民法院必然驳回保全申请;而对于附解除条件的债权请求,在条件成就前,为有效之债权,申请财产保全并无不当,如果当事人对于条件是否成就发生争议,属于本案诉讼问题,保全程序不应予以审查。

债权人对一般保证人之债权,也可以申请人民法院采取保全措施,债权人将债务人和一般保证人列为共同被告,一并提起诉讼,人民法院经申请可以对一般保证人的财产进行保全。尽管保证人具有检索抗辩权,但该抗辩仅是债权人向主债务人财产强制执行无果前,保证人拒绝向债权人清偿的权利,债权本身依然发生法律效力。但衍生的问题是,保证人财产被人民法院采取保全措施后,保证人为确保其对主债务人之代位权获得清偿,能否基于预先追偿权对主债务人财产进行保全,仍值得探讨。

债权人已经申请人民法院对保证人采取保全措施,但并未对主债务人财产申请强制执行,保证人为保全其代位权,有权申请人民法院保全主债务人财产。[2]

《合伙企业法》第 39 条规定,合伙企业财产不足以清偿债务,合伙人对于不足清偿部分有连带清偿义务,债权人不将合伙人作为被告起诉的情况下,也可以申请人民法院保全合伙人的财产。债权人对于合伙企业取得的给付判决,对合伙人亦有执行力。

2. 保全必要性的释明

所谓保全的必要性,是指债权人的实体权利请求有日后不能强制执行或难以强制执行之危险。不能强制执行系指债务人存在转移财产、增设财产负担或有其他对其财产的不利益行为,难以强制执行则指债务人采取逃避、隐匿财产、规避日后清偿债务的行为。

---

[1] 附条件债权是指以未来发生与否无法预料的事实的成就决定生效或者消灭的债权,包括附停止条件的债权与附解除条件的债权。

[2] 给付之诉因请求时间的不同,可分为现在给付之诉和将来给付之诉,所谓将来给付之诉,是指债权人在履行期到来之前,预先要求法院判令债务人将来履行期届至时履行给付义务的诉讼。将来给付之诉也必须要求债权人具有实体法上的给付请求权。

《民事诉讼法》第103条规定诉讼保全的必要性为“可能因当事人一方的行为或者其他原因,使判决难以执行或者造成当事人其他损害”。一般认为,当事人一方的行为主要指被保全人故意转移、变卖、毁损、挥霍、隐匿其所有、占有、管理的争议财产或与本案有关的财产,或对其财产设定权利负担;“其他原因”是指当事人一方行为之外的各种人为及客观因素,如现有条件使争议中的诉讼标的物或其他财产无法长期保存,存在腐烂、变质、丧失原有品质或功能的风险等,当事人的主观行为与客观原因都存在使日后生效法律文书难以执行的可能性。实践中,被保全人享有的到期及未到期债权、有价证券、保险投资、理财产品等财产权益,因控制或掌握在第三人手中,不及时采取保全措施而为第三人转移、隐匿、继续交易等,也存在申请保全人日后难以实现债权的可能性。

对于诉前保全,《民事诉讼法》第104条规定的必要性条件是,“利害关系人因情况紧急,不立即申请保全将会使其合法权益受到难以弥补的损害”。

理论上,并非只要当事人提出申请并提供相应担保,法院就必须予以准许,而是要符合法律规定的保全条件。财产保全在确保债权人权益实现和将来判决能够执行的同时,必然要对被保全人相应财产权益进行一定程度的限制,是对当事人自由支配其财产权利的有限度禁止。在正常情况下,法律并不允许对被保全人财产权益采取限制性的保全措施,债权人基于债务人有可能转移财产、设定财产负担等危及将来判决执行的特定情形及紧急情况,才取得了财产保全的正当性。

对保全必要性的判断,实际上是立法要求当事人、利害关系人、人民法院分别对财产保全程序适用的正当性给予一个先定性的评价,申请保全的当事人、利害关系人对应予保全的评价基于其与债务人的纠纷性质及争议内容,体现在其向人民法院提交的财产保全申请和相关证据材料中;人民法院根据案件的事实情况、实体请求等综合情况,以经过审查后作出的保全裁定整体对保全事件给予评价。[1] 因此,有观点认为,应当引入第三方机构或者社会信用评价体系中的相关机构对债务人能否履行判决的行为进行评定,并作为人民法院作出保全裁定的依据。对这个问题,《民事诉讼法》没有作出相关规定,其他国家也未

---

〔1〕 通过保全裁定体现的保全必要性评价只构成初步的判断,而进一步的、全面的和最终的评价需要通过法定救济程序,即当事人、利害关系人提出抗辩后,由人民法院通过听证程序和诉讼程序最终完成。

见类似立法和实践做法。从法理和实践的角度来看,第三方评价机构其作为诉讼参与人也难以符合我国现实国情和实践需求,且委托第三方评估债务人履行判决的可能性所需周期较长、费用分配复杂,难以有效发挥诉讼保全的功能。对于经评估后认为不应采取保全措施的案件,一旦出现债务人履行不能风险,能否由第三方机构承担责任,也是一个难题。财产保全较强的紧急性、时效性、密行性决定了对财产保全适用前提的评价在未裁定前并不要求作实质性展开,而仅限于对采取保全措施所必需的形式要件的审查,辅之以简略的必要性释明。对被保全财产可能造成损害的评价及被保全人申请解除保全请求的处理,则置于事后救济的审查程序中。实践中把握保全必要性,一方面需要提高审理保全案件法官的综合素养和法律适用能力;另一方面需要不断总结实践经验,通过制定、修改、完善、发布有关司法解释和指导性案例,对保全必要性所应具备的基本要素适当归纳并加以规范指引。

3. 提供符合要求的担保

债权人申请财产保全,不仅要向人民法院阐明采取保全措施的原因,以满足人民法院对保全必要性审查的条件,还要依照法律和司法解释的规定提供符合要求的担保。从司法实践的发展潮流来看,保全担保的提供已经逐渐弱化保全必要性的释明,成为法院采取保全措施的决定性前提,并有替代保全必要性释明的趋势。请求人民法院采取保全措施的原因,既是准予保全的形式要件,也是实体要件,需要申请人进行一定程度的阐述和说明,如果债权人在提交申请的同时对必要性不予阐明,即使提供有效担保,也不一定能获得法院的准许,但如果债权人对采取保全措施的原因进行了阐释,则可以通过提供担保对保全必要性的不充分予以补足。

从保全的立法发展看,提供担保本已为债权保全必要性不足的补充措施,但鉴于财产保全对效率的要求越来越高,对保全必要性的释明又偏向法官内心确信之主观判断,终究也难以完全符合债务人诚信及财务之真实状况,为避免法院判断的偏颇,保全担保已经成为财产保全实质性独立要件,在我国司法实践中,保全必要性的释明不能替代担保的提供。反之,保全必要性释明既是申请人对申请保全的正当性论证,也是人民法院控制财产保全被滥用的"阀门",债权人承担对保全必要性的释明责任,并不因其提供担保而当然免除,如果申请保全人不能对保全原因进行释明,不符合《民事诉讼法》第 103 条及第 104 条规定的情形,即使提供担保,人民法院也不准许采取保全措施。

二、财产保全申请的审查

广义的保全程序包括两个阶段:一为保全程序执行名义的取得,谓保全程序的开始;二为保全行为的强制执行。[1] 所谓保全执行名义的取得,为人民法院对财产保全申请审查的结果,一般被称为狭义的保全程序,目的在于使债权人不经过通常确定的审判程序而预先取得执行名义,从而保持债务人的财产或权利状况不变,使将来判决确认的权利得以实现,性质上属于权利保护的特别审判程序。立法例上,有将保全程序的执行名义取得及保全事项的强制执行统一规定于民事诉讼法,如德国民事诉讼法;有将上述两方面内容制定独立的保全法,如日本民事保全法;我国将保全名义的取得与保全裁定的实施都规定在民事诉讼法中,未进行明确的区分。从申请保全人的视角来看,申请财产保全首先要获得人民法院作出的关于准予财产保全的裁定,我国民事诉讼法将申请保全人向法院提出的保全确认申请和保全实施申请合二为一,申请保全人无须就保全裁定的实施再次向人民法院重新申请执行,法院审判部门作出保全裁定后直接移送执行机构实施。

(一)审查对象

申请保全人提交财产保全申请后,立案、审判部门在裁定准予财产保全或驳回保全申请之前,都需要遵循一定的程序,对债权人的请求和保全原因进行审查。无论诉前保全还是诉讼保全,人民法院均要求申请保全人提供相关起诉材料或者已经提供诉讼材料给审判部门,而并非只提交关于财产保全的申请书及有关保全的证据材料,人民法院不仅要审查保全请求是否妥当,也要审查保全理由是否充足。债权人应就其保全请求和原因进行一定程度的释明,申请保全人可以提出能够即时调查的一切证据,促使人民法院认为其申请具有相当之可信度。

(二)审查方式

从法院的视角来看,民事保全权由民事保全审判权和民事保全实施权构

---

[1] 陈启垂:《民事诉讼法》(下册),台北,新学林出版股份有限公司 2018 年版,第 398 页。

成，其行使主体包括立案审判部门和执行机构，立案审判部门负责作出保全裁定，执行机构负责裁定的执行。我国《民事诉讼法》未规定保全申请的审查方式，实践中，一般采取书面审查。其他国家和地区对该问题规定各不相同，德国法上的财产保全，法院既可以决定采用书面审理，也可以采取对审程序，通知双方当事人到场，进行言词辩论。通过对审程序以判决为之，书面审理则以裁定为之。但适用言词审理可能产生负面影响，言词程序容易导致保全案件审理的本案化倾向，难以实现保全程序的效率功能，德国现在也越来越多使用书面审理程序作出裁定。日本民事诉讼法仿效德国，最初也在部分保全案件中采用言词对审程序，保全程序单独立法后，日本保全案件审理全部以决定进行。审理中的法官一般只向债权人进行审问。民事保全程序是审判阶段保全程序与执行阶段保全程序的有机结合，这也日本民事保全单独立法的缘由之一。

（三）审查期间

人民法院对申请财产保全的请求和原因，主要采用程序简捷、证明标准比较低的释明进行审查，充分体现保全的紧急性特征。正因为财产保全的临时救济性质，期间的确定就显得尤为重要，时间过长，被保全人可能迅速转移财产，不利于保护债权人的合法权益，而时间过短，又不能保证人民法院办理财产保全案件相关程序的有序开展。期间的意义在于提高保全工作的效率，确保实现债权人所要达成之保全目的。[1]《民事诉讼法》第 104 条、《民事诉讼法解释》第 153 条只对紧急情况作出裁定以及裁定实施的时间进行了明确规定，但对非紧急情况下，人民法院作出保全裁定的期间和实施机构执行保全裁定的期间都没有明确的规定，不利于及时保护当事人的诉讼权利和实体权利，亦增加了人民法院履行保全职责的随意性，可能因时间的拖延丧失采取保全措施的最佳时机，也衍生了因保全不及时导致财产转移、贬损、灭失的风险。

为保证申请保全人的合法权益，应当对人民法院审查保全申请并作出裁定的行为设定一个较为合理的期限。本条区分紧急情况和非紧急情况，对保全裁定作出时间和开始采取保全措施的时间予以明确规定，体现财产保全的紧急性

---

〔1〕 诉讼期间，是指为审判机关、诉讼当事人和参加人进行诉讼活动而规定的期间。如送达期间、审理期间，上诉期间等均属之。诉讼期间依其性质和效力可分为法定期间和裁定期间两类。前者由法律明文规定，多为不变期间，后者由审判机关根据审理情况裁定。

和效率原则。在征求意见过程中,不少人民法院建议应延长保全裁定的实施期限,考虑到保全措施的紧急性以及执行查控系统在保全工作中的应用,不宜对保全裁定的作出和实施给予过长的操作时间,对于非紧急情况的保全,设定了较为合理的时间标准,即人民法院接受财产保全申请后,应当在5日内作出裁定;需要提供担保的,应当在提供担保后5日内作出裁定,对情况紧急的,必须在48小时内作出裁定。值得注意的是,本条不再对法院审查申请保全人提交的书面申请材料和裁定作出时间分开规定,而是将两个环节合二为一统一规定,5日期间既包括对保全申请书及证据材料的审查时间,也包括裁定作出的时间。

对"情况紧急"的情形,由具体保全的法院在申请人提供相应的证明材料的基础上,审查并予以裁量。在法条中列举固然清楚便于操作,但无法穷尽全部紧急情形,反而容易束缚保全法院的手脚,不利于保全工作的实际开展。但可以肯定的是,如果不属于免除担保的情形,"情况紧急"的,应当在提供足额担保后48小时内作出裁定,裁定保全的,立即开始执行。

(四)审查结果

财产保全的审查过程,系人民法院基于案件实体法律关系,运用民事审判权进行一个暂时或盖然性的确认过程,民事保全程序最终目的虽然在于民事保全措施的执行,但审查的结果直接体现为保全案件执行依据的获得。对于保全申请的审查结果,多数国家以裁定为之,我国《民事诉讼法》规定,人民法院对保全申请审查完毕后,应以裁定为之。而日本、韩国等国家,均以决定的形式对保全申请作出裁判。

1. 驳回保全申请的裁定。人民法院经过对保全申请的审查,认为不具备财产保全的构成要件,缺乏应当采取保全的原因或者没有提供符合规定的担保,作出驳回保全申请的裁定,债权人自行负担保全费用。

2. 人民法院经过审查,认为保全申请符合保全的形式要件和实体要件,合法且理由成立,人民法院依照民事诉讼法作出准予保全的裁定,并送达当事人、利害关系人以及协助保全义务人。

三、保全裁定

《民事诉讼法》对准予保全的裁定没有规定可以附条件,理论上,准予保全的裁定分为纯粹的保全裁定和附条件的保全裁定,所谓纯粹的保全裁定是指不需要提供任何担保,债权人申请法院采取保全措施时,已经就保全请求和原因进行了十分充足的释明,法院认为应当采取保全的盖然性很高,当然作出准许保全的裁定,该种裁定理论上成立,但实务上也甚少采用。而附条件保全裁定是指以债权人提供担保为条件的保全裁定。提供担保前作出准予保全裁定的,在债权人实际提供担保之前,不得移送执行。

有的国家和地区允许法院可以根据债权人申请,在其未实际提供担保的情况下,先行作出保全裁定,该裁定待债权人提供相当担保后,方具有执行力。在我国现有民事保全实践中,人民法院要求申请保全人提供担保而其未提供担保的情况下,一般不会作出准予保全的裁定,甚至不会受理债权人的保全申请,也就是说,我国民事诉讼法未采用附执行条件的保全裁定。

(一)对债务人的通知

《民事诉讼法》第106条规定,人民法院保全财产后,应当立即通知被保全财产的人。《民事诉讼法》强调保全裁定付诸强制执行后,人民法院应在最短时间内通知被保全人,但并未规定保全裁定作出后执行前是否需要通知债务人以及在多长时间内向被保全人送达,《民事诉讼法解释》对这一问题也没有详细规定。实践中,有的法院不进行裁定的送达而只通知债务人。保全裁定作出后实际执行前也不会通知被保全人,待采取保全措施后,才通知被保全人到法院领取裁定书或者邮寄裁定书给被保全人。考虑人民法院通知被保全人财产被查封、扣押、冻结的实际情况,一般会先向其送达保全裁定。《保全规定》对保全裁定送达问题也并没有作出进一步的细化规定,由保全法院根据个案情况具体把握。

(二)保全裁定的生效

保全裁定有别于其他判决、裁定和调解书等法律文书,不要求作出后必须在法定期间内送达双方当事人后生效,保全裁定作出后需要先向申请保全人送达,至于被保全人,则需要结合保全裁定实施情况决定何时送达。有的国家和地区的民事诉讼法和强制执行法规定,非到保全裁定的执行阶段,不得将保全裁定送达给债务人,避免债务人事先知情而趁机隐匿财产,违背保全程序的本来宗旨。

财产保全程序作为单方审理程序,主要目的是通过对债务人财产处分的限制,避免原告遭受难以弥补的利益损失,是否已经送达被申请人不是保全裁定生效的前提条件。向被保全人送达保全裁定主要是为保障被保全人对裁定的复议权和执行异议权。《查扣冻规定》第1条规定,执行裁定书和协助执行通知书送达协助义务人时发生法律效力,执行裁定书和协助执行通知书送达后,协助义务机关依据执行裁定已经发生法律效力的事实,采取查封、扣押、冻结措施,进而使执行措施产生公示公信的法律效力。而保全裁定同样送达协助保全人时发生公示公信法律效力,即使人民法院未在采取保全措施之前向被保全人送达保全裁定,仅属于保全的程序性瑕疵,不影响保全裁定的效力及实施,也不影响对被保全财产采取的查封、扣押和冻结措施的效力,被保全人不能以保全裁定未向其送达主张保全裁定不生效或者保全措施无效。[1]

(三)保全裁定的效力

保全裁定的主要目的是保障诉讼的顺利进行,属非终局性解决争议的程序性事项的裁定,人民法院可以依据当事人申请和诉讼进程需要,作出新的解除保全措施的裁定,故财产保全裁定一般情况下没有既判力。但财产保全裁定作出后对当事人、人民法院和保全事件参与者会产生相应的法律拘束效力。《民事诉讼法解释》第165条明确规定,人民法院裁定采取保全措施后,除作出保全裁定的人民法院自行解除或者其上级人民法院决定解除外,在保全期限内,任何单位不得解除保全措施。

1. 时间效力

我国法律没有规定保全裁定自动失效制度,而规定保全裁定实施过程中所采取的查封、扣押和冻结措施具有法律规定的固定期限,期限届满后未进行续封而发生保全措施自动解除的效果。依照《民事诉讼法》,诉前及诉讼财产保全裁定,人民法院一经作出即发生法律效力,理论上,如果被采取财产保全措施的案件最终进入执行程序,裁定效力应维持到生效的法律文书执行完毕时止。诉前、诉中及仲裁中采取财产保全措施的,进入执行程序后,自动转为执行中的查封、扣押、冻结措施,查封期限适用有关执行程序查扣冻的期限。

---

〔1〕 参见最高人民法院(2014)执复字第25号执行裁定书,载最高人民法院裁判文书网,http://oldwenshu.court.gov.cn,2019年1月8日访问。

在诉讼过程中,需要解除保全的,人民法院应及时作出裁定,解除保全措施。对于诉前保全裁定,如果利害关系人在法定期间内不起诉,人民法院作出解除财产保全的裁定时,原财产保全的裁定即失去效力。《民事诉讼法解释》第168 条规定,保全裁定未经人民法院依法撤销或者解除,进入执行程序后,自动转为执行中的查封、扣押、冻结措施,期限连续计算,执行法院无须重新制作裁定书,但查封、扣押、冻结期限届满的除外。如果存在案件经过二审发回重审或者案件申请执行后,一方当事人又申请再审并经人民法院裁定予以提审或发回重审的情形,保全措施到底何时失效,到期后如何申请续保,实践中确实容易产生争议。

2. 对当事人效力

利害关系人、诉讼当事人对人民法院财产保全裁定不得上诉及申请再审,而且在收到人民法院财产保全裁定后,必须依据裁定的内容执行。申请诉前财产保全的利害关系人,还应当在法定期间内向人民法院提起诉讼。考虑到财产保全裁定也不一定完全正确,为了保护另一方当事人的利益,《民事诉讼法》第111 条规定:当事人对财产保全或者先予执行的裁定不服的,可以申请复议一次,复议期间不停止裁定的执行。

3. 对协助义务人效力

人民法院作出的财产保全裁定不仅拘束当事人和利害关系人,而且对有关单位和个人也会产生一定的法律效力,采取查封、扣押、冻结被保全人财产时,需要有关单位和个人予以协助。如办理车辆、船舶、航空器查封登记时需要有关登记部门配合,冻结当事人或利害关系人的银行账户,需要金融机构的协助执行。有关单位或个人收到人民法院财产保全裁定和协助执行通知书,必须及时按裁定中指定的保全措施协助执行。人民法院裁定采取保全措施后,除作出保全裁定的人民法院自行解除和其上级人民法院决定解除外,在财产保全期限内,任何单位都不得解除保全措施。

4. 对人民法院的效力

保全裁定作出后,未依法定程序和法定理由,人民法院不得随意撤销和变更,并要尽最大的努力去实施保全措施。当事人不服财产保全、先予执行的裁定提出复议申请,人民法院应及时审查。裁定正确的,驳回当事人的申请;裁定不当的,作出新的裁定变更或撤销原裁定。受诉人民法院院长或上级人民法院发现采取财产保全措施确有错误的,应当按照审判监督程序予以纠正。诉前保全的裁定执行后,申请人在法定期限内不起诉的,人民法院应当解除财产保全。

财产保全中轮候查封的效力认定上,[1]对已被人民法院采取保全措施的财产,其他人民法院可以进行轮候查封、扣押、冻结。轮候查封在作出时尚未发生效力,处于效力待定的状态。

人民法院采取轮候查封措施后,根据查封在先的人民法院对于查封财产的处分情形不同,一般出现以下三种情况:(1)首封法院依法解除查封的,排列在先的轮候查封自动发生效力;(2)首封法院对已查封的财产全部处分后,该财产上的轮候查封自动失效,自始未产生查封的效力;(3)根据《最高人民法院、国土资源部、建设部关于依法规范人民法院执行和国土资源房地产管理部门协助执行若干问题的通知》第20条规定,查封法院对查封的土地使用权、房屋全部处理的,排列在后的轮候查封自动失效;查封法院对查封的土地使用权、房屋部分处理的,对剩余部分,排列在后的在先轮候查封自动转为首封。《最高人民法院关于正确处理轮候查封效力相关问题的通知》规定,首封债权人受偿后变价款有剩余的,该剩余价款属于轮候查封物的替代物,轮候查封的效力应当及于该替代物,即对于查封物变价款中多于首封债权人应得数额部分有正式查封的效力。

四、财产保全的实施

(一)裁定实施时间

人民法院对保全申请进行审查并作出裁定后,保全裁定进入实施阶段,实

---

〔1〕 轮候查封和重复查封区分在四个方面:(1)概念不同,重复查封指的是已被人民法院查封的财产,在未依法解除查封前,其他人民法院可以重复查封,且该重复查封与先前的查封同时发生效力;轮候查封指的是对其他人民法院已经查封的财产,执行法院依次按时间先后在登记机关进行登记,或者在该其他人民法院进行记载,排队等候,查封依法解除后,在先的轮候查封自动转化为正式查封。(2)性质不同,重复查封属于再查封主义的范畴,轮候查封属于不再查封主义的范畴。(3)效力不同,重复查封是两个或两个以上的有效查封;轮候查封发生查封效力则附有条件,轮候查封是否生效,取决于在先的查封。首封未经依法解除或自动消灭的,轮候查封就不生效。因首封财产经拍卖、变卖或抵债而使查封的效力消灭的,轮候查封也不能生效。首封依法解除或自动消灭之时,轮候查封始自动生效。(4)顺序不同,重复查封具有同时性;轮候查封则是两个或两个以上人民法院对于同一财产进行查封时,以先办理查封手续的人民法院为准,后办理查封手续的人民法院作轮候处理,体现的是前后相序性。以上参见余秋江:《浅议轮候查封与重复查封》,载重庆市法院切实解决执行难信息网,http://jszx. court. gov. cn/2950/index. jhtml,2019 年 12 月 12 日访问。

施程序显得尤为关键，能否在保全程序中查控到被保全人的财产，查控到多少，主要取决于裁定实施的最终结果。保全裁定取得的重要性自不待言，但只要申请保全人提供符合条件的担保，保全请求一般都会获得准许，而实施的效果事关日后生效法律文书的权利兑现。实践表明，债权人要求法院采取保全措施，表明债务人财务状况趋向恶化，已到不能清偿或者不想履行义务的紧急阶段，对其财产的控制略微迟延，都将引发债务不能履行的后果。鉴于此，本条尽管在有些一线办案人员认为5日期限过短的情况下，依然规定人民法院裁定采取保全措施的，应当在5日内开始执行，对情况紧急的，裁定采取保全措施的，应当立即开始执行。需要注意的是，5日是保全法院开始执行裁定的最长期间，不代表法院必须要在5日内将申请人提供的财产线索全部查控完毕。有的保全案件财产线索很多，覆盖全国各地，在人民法院案多人少的情况下，很难保证能够在5日内对所有的财产采取保全措施。

(二) 实施机构

财产保全的受理及审查部门为立案及审判部门，立案、审判部门作出的财产保全裁定，应及时送交立案部门编立“执保”字案号的执行案件，立案后送交执行。但各法院实施机构不尽相同，有的法院规定立案及审判部门作出保全裁定后，由该部门自行实施；有的法院则由立案部门作出裁定后，交由审判管理办公室或执行机构实施。《立审执协调意见》第19条规定，实施保全的部门负责执行财产保全案件的实施、续行、解除查封、扣押、冻结措施等事项。保全裁定作出后可以由执行机构负责实施，也可以由专门的保全中心负责实施。无论实施机构如何定位，都应有利于司法资源的合理配置，实现保全裁定实施的集约化办理。实践中，保全裁定作出后一般移交执行机构通过案件流程管理系统分配至具体执行实施人员，如果出现裁定内容错误或协助执行通知书内容有误等情况还需要退回补正。保全措施实施后，实施保全的机构应当及时将财产保全情况通报作出财产保全裁定的部门，并将裁定、协助执行通知书副本等移送入卷。“执保”字案件单独立卷归档。财产保全大多情况紧急，需要裁定作出后在规定期限内执行，审查部门和实施部门如不能协调配合，也会增加被保全财产转移灭失的风险。对于保全实施机构的安排和指定，上级法院有比较大的决定权，《民事诉讼法解释》第162条规定，第二审人民法院裁定对第一审人民法院采取的保全措施予以续保或采取新的保全措施的，可以自行实施，也可以委托第一审人民法院实施。《立审执协调意见》第17条规定,上级法院可以将财产保全裁定指定下级法院立案执行,而不必在上级法院先立执保字号执行案件,再由上级法院执行机构指定下级法院执行。

(三)保全实施效果

执行机构收到立案、审判机构移送的民事裁定后实施保全时,如果是具体性裁定,执行机构不用另行作出裁定,可依保全裁定直接实施保全,如果是概括性裁定,执行机构应另行作出执行裁定。财产保全的实施直接体现为对被保全财产的控制,包括对财产的扣押和对财产权属移转的限制。保全裁定实施产生三方面法律效果:一是权属变更的禁止。保全裁定的实施通过人民法院的查封、扣押、冻结行为,防止债务人将其名下财产权属转移给他人,从而保全将来的强制执行。防止财产移转是财产保全最显著的效果。二是对于动产的保全,不仅要限制被保全人移转财产的权属,禁止办理权利变更登记,有的还要扣押并指定专人保管,防止财产毁损、贬损与灭失。三是排除设定财产负担,防止债务人在不移转财产所有权的情况下对将来的责任财产设定抵押权、质押权等担保物权以及用益物权,或者设置租赁权等移转占有使用的负担,妨碍财产在执行中的变现,减损财产的市场交易价值,阻却对债权人的清偿。

五、保全查封的效力

对被保全财产采取保全措施后,关于被保全人对保全财产处分的效力,现有立法不甚明确,《民事诉讼法解释》第477条规定,在执行中,被执行人通过仲裁程序将人民法院查封、扣押、冻结的财产确权或者分割给案外人的,不影响人民法院执行程序的进行。有观点据此认为,违反查封之禁止处分效力进行的财产转让并非绝对无效,而仅是不能对抗债权人的相对无效,在被保全人、被执行人与第三人之间仍旧有效,旨在不妨碍保全目的或执行目的范围内维护交易安全。但究竟在多大范围上不能对抗债权人,我国在理论上未进行深入探讨,保全查封并不产生查封质权或者保全抵押权,不影响其他有执行依据的债权人申请执行法院评估、拍卖、变卖查封标的物。被保全人违反财产保全之禁止效力对被保全财产采取移转、设定负担等处分行为,对于被保全债权无效,但该无效的范围因采取个别相对效说抑或程序相对效说而有所不同,[1] 个别相对效说认为,仅对申请保全的债权人及处分行为之权利变更登记前已经申请参与分配的债权人无效,对于处分权利变更登记后其余申请参与分配的债权人有效,反之,如果采取程序相对效说,不仅对于保全债权人,而且对于处分权利登记后其余执行程序申请参与分配的其他债权人也无对抗效力。

理论上认为,在被保全财产查封后,债务人所为处分行为之相对人,依然可以请求债务人协助办理权利变更登记,亦得申请登记机关办理权利变更登记,不得以该不动产已经被法院查封、采取保全措施拒绝办理权利变更登记,且因债务人或处分行为相对人代为债务人清偿查封债权人债权及权力变更登记前申请参与分配或视为申请参与分配的之债权人的债权,导致查封解除,相对人能够完全取得不动产权利。我国台湾地区“土地法”经过修订后,于第 75 条之一增加规定,只要地政机关接到法院查封、假扣押、假处分之命令后,即不得办理权利变更登记,认可查封具有绝对之效力。学者骆永家认为,当前的制度过度妨碍交易安全,影响相对人完全有效取得权利之机会,相关规定和见解仍有待商榷。[2] 实际上,我国台湾地区目前之制度设计已经与大陆相接近,债务人财产被查封后,协助义务机关不得为债务人与第三人之间的处分行为办理权属变更登记,但为缓和查封绝对效力对交易安全之影响,可以适当保护处分行为相对人之利益,我国《异议复议规定》第 28 条、第 29 条创设了无过错商品房买受人之物权期待权和商品房消费者之物权期待权,意在通过异议复议程序达成相对人取得权利的目的。

六、情况紧急的含义

所谓情况紧急,是民事诉讼法规定的作为申请诉前财产保全的必要前提,也是人民法院在 48 小时内作出保全裁定和执行保全裁定的必要条件,但司法实践中当事人和人民法院对“情况紧急”很难准确把握,由于法院对诉前财产保全申请只进行形式审查,在申请人提供担保、符合其他要件的情况下,对情况紧急因无法判断而将当事人申请一律视为紧急予以裁定保全,容易造成诉前财产保全程序的滥用。

---

〔1〕 参见骆永家:《新民事诉讼法(二)》,台北,三民书局股份有限公司 2011 年版,第 463 页。

〔2〕 参见骆永家:《新民事诉讼法(二)》,台北,三民书局股份有限公司 2011 年版,第 468 页。

"情况紧急"难以从客观上界定具体的标准。实践中有的法官因担心保全错误,要求申请人提供关于被保全人有马上转移财产的证据,如当事人无法提供,以不符合情况紧急为由,对当事人的正当申请不予采取诉前保全措施;反之,有的法官因担心审查过严会带来延误,丧失保全时机,只要申请人提供足额担保,就放宽对诉前保全必要性的审查,以担保代替审查。

另外,当事人利用诉前保全规避案件管辖的情形时有发生。即为达到对其有利的管辖目的,向被保全人财产所在地法院申请诉前保全,进而向本无管辖权但采取了诉前保全的法院提起诉讼。对当事人利用保全规避管辖的行为,人民法院往往难以控制。有的案件申请人不存在紧急情况却提出诉前财产保全,以达成其向对方当事人施压的目的。

紧急情况下利害关系人提供了足额担保,并且提供了明确的被保全财产信息,法院一般应当按照《民事诉讼法》和本条的规定,在 48 小时内作出保全裁定,并立即采取保全措施。但人民法院为预防虚假诉讼及恶意诉讼,对诉前保全的紧急情况应严格审查。

【制定背景】

一、基础理论

(一)财产保全的性质分析

关于财产保全性质主要存在五种学说,分别为便利执行说、权益担保说、临时救济说、辅助程序说和强制措施说。

便利执行说,是指保全制度可以防止债务人隐匿、转移财产或设定财产权利负担,保证人民法院生效裁判的顺利执行,维护当事人的合法权益,法律设立财产保全制度的目的在于便利审判活动的顺利进行,保证将来人民法院的裁判能够执行,以维护人民法院裁判的严肃性,对于解决我国司法实践中存在的执行难问题,有现实意义。不过也有观点认为,便利执行说不符合现代民事诉讼的基本特征,未能顺应民事审判方式改革的潮流,职权主义色彩过于浓厚。把全部诉讼活动完全看作由法院发起并采取的职权行为,就会导致是否采取财产保全、如何采取财产保全,除了要象征性地询问一下原告的意见或要求其出具申请书、交纳保全费以外，均由人民法院决定。另外，在采取财产保全措施时，胜诉判决尚未作出或者还不知能否作出，所谓便于执行之说的理论基础稍显薄弱。

权益担保说认为财产保全是人民法院依职权或依申请，为避免一方当事人合法权益可能因另一方当事人的行为或者其他原因而受到难以弥补的损害而依法对一定财产采取的强制性保护措施。第一，从立法目的看，民事诉讼法有保护当事人行使诉讼权利以保障其合法权益的任务。而财产保全可以有效地限制诉讼相对方的处分行为，防止其在诉讼过程中逃避债务。第二，从法理上分析，该学说认为财产保全可以在被保全财产上产生担保物权的效力，只是在判决作出前，尚属于或然性的担保物权，债权人对其后取得该项财产的人可以主张担保物权；对日后在该项财产上取得担保物权的人，如因其他诉讼案件取得胜诉判决的债权人有优先受偿权。申请保全人的担保物权一般自财产被保全时生效。权益担保说从当事人主义出发，过分强调申请保全人利益，忽略了债务人的权益保护，且担保物权的设定需要满足法律规定的要件，保全产生的担保既不是约定担保也不是法定担保，不能得到实证法的支持。

临时救济说的概念源于英美法，认为诉讼作为一种行之有效的公力救济方法，为防止出现对原告的不利状况及妨碍诉讼程序得以推进的情况，人民法院必须在终审判决之前采取某种临时性的强制措施。法院的终局判决一旦作出，双方当事人之间的权利义务关系已由法院判决确定，财产保全平衡双方诉讼地位的作用就告终止。财产保全的法律效力存在于诉讼期间，起于裁定送达或保全实施之日，终于判决执行完毕之时。如果判决驳回申请保全人诉讼请求，自然止于判决生效之日。财产保全具有的临时救济的属性，决定了它并不能起到债务抵销作用，也不事先对是非作出判断，更不能为原告的诉讼请求设立担保。只对被告权益暂时予以限制。因而，在采取财产保全过程中，应遵循的一个重要原则就是不能损害被告的合法权益，不能影响其正常的生产经营和生活，其立法的基本价值取向，是保持双方在诉讼中地位平衡。财产保全的制度功能在于保障私权的实现，从财产保全临时救济说出发，[1]认为财产保全具有临时救济的性质，归根结底，是一种对被告权益暂时性的限制，限制其所有权部分权能

---

〔1〕 参见罗筱琦、范毅强：《民事保全的救济理论》，载《宁夏大学学报》2009 年第 3 期。

的行使或债权的实现。[1]

而辅助程序说是指财产保全作为暂时性的措施,人民法院只能对财产进行查封、扣押和冻结,而不能采取拍卖、变卖和以物抵债等处分性措施,其本质是为保障强制执行而进行的辅助程序。

强制措施说是将财产保全程序作为纯粹的强制执行措施对待,忽略了保全程序的复合性与独立性。

(二)财产保全程序的定位

关于财产保全性质的学说,有非诉讼程序、特别诉讼程序、执行程序等多种学说。[2] 支持非诉程序说的学者认为,民事保全不应作为诉讼程序对待。一般情况下,利害关系人、当事人提出申请,法院对保全申请的必要性进行审查,作出受理申请或者驳回申请的裁定,这是对利害关系人、当事人实际争议之外的事项加以确认,并不具备争议解决功能。支持特别程序说的学者认为,应该将民事保全作为诉讼特别程序对待。非诉讼程序与民事保全自身特点不相称,因民事保全具有临时性、紧急性和密行性等特点,为更好地诠释其自身特征,应当将民事保全定性为一种全新的特别程序,以能符合实际情况。支持执行程序说的学者认为,应先将民事案件的司法程序分为审判程序与执行程序,再对民事保全进行内部分析。结合俄罗斯民事诉讼程序的司法实践,该派学者认为诉讼程序与非诉讼程序是对审判程序的再分类,而民事保全由于其特殊性应该被认定为保证执行程序的预备程序,这是对民事保全更为具体的程序划分。

日本学界认为,民事保全程序采用了任意的口头辩论主义,也存在不询问债务人就发出命令的情况,因而会形成怎样的法律关系问题上,缺乏法律上的基准,这些因素虽可作为非讼案件说的理由,但无论从那种理由理解,都没有太大意义。[3]

(三)财产保全的特征

财产保全具有的主要特征,学术界和实务界已基本达成共识。首先,财产

---

〔1〕 参见吴元中:《应慎重采取财产保全》,载《法制日报》2013 年 6 月 19 日,第 10 版。
〔2〕 参见沈杨、朱业明:《财产保全的法律性质辨析》,载《法律适用》2001 年第 4 期。
〔3〕 参见[日]福勇有利:《日本民事执行法与保全法》,王亚新译,未刊稿,第 284 页。

保全具有暂定性特征，法官对申请人的胜诉可能性的判断很大程度上建立在对争议民事法律关系假设和暂定上，保全裁定也具有暂时的假定性效力，对将要审理的案件的判决没有既判力，《法国民事诉讼法典》规定，紧急审理程序所发布的裁决令在本案判决前只有假定性效力，其内容对本案法官作出的判决结果没有约束力。[1] 民事保全措施也具有一定的时间性，在法定情形下存在被撤销的可能。其次，财产保全具有紧急性特征，民事保全程序的设立源于保全事件在时间上的紧急状态，如果不迅速采取相当于执行的措施，就无法保护债权人的利益，使将来的判决无法圆满实现私权乃至使判决成为一纸空文。法国将民事保全程序定性为紧急审理程序，在制度设计上体现了快速、简洁的特点，对保全案件的审理要比其他案件显得更简单迅捷，不至于使保全程序失去意义。再次，保全程序具有辅助性特征。辅助性程序目的不在于个案或者类案解决，而是作为本诉程序的方法和手段，保全程序只有依赖于本诉存在才彰显其价值。如果原告撤诉或者与债务人和解，可能使保全程序也被撤销。但保全程序作为民事特别诉讼程序，具有自身相对的完整性和独立性，一般不受当事人之间解决纠纷的路径和法律适用的约束。最后，保全程序具有密行性特征。保全事件的紧急性要求人民法院对债务人迅速、秘密地采取保全措施，大陆法系国家民事诉讼法关于保全申请进行审查的规定基本相似，一般无须通知被保全人而可以直接裁定或决定采取保全措施，债权人也无须经过对审辩论程序才能获取保全执行依据。

（四）保全请求权的取得

申请保全人基于合法有效之债权请求权，获得程序性的民事保全请求权，英国把请求权的存在作为首要审查对象，而我国虽然目前没有民事保全请求权的概念，但是制度设计实际上围绕这一核心要素展开。所谓民事保全请求权只是为了保护权利人的债权请求权、物的交付请求权和行为请求权而享有的向法院申请采取一定强制执行措施的权利，民事保全请求权不是实体权利，而是保障实体权利实现的程序性权利，从裁判主体、当事人的对抗性来看，应当属于诉权或者准诉权。[2] 民事保全请求权的内容无非有二：一是请求人民法院对争

---

[1] 参见张卫平、陈刚编著：《法国民事诉讼法专论》，中国政法大学出版社1997年版，第261页。

[2] 参见李仕春：《民事保全程序研究》，中国法制出版社2005年版，第51～53页。

议的事实及采取保全措施的实质条件进行审查并作出是否准予保全的裁定；二是请求法院在准许当事人的保全申请后在法定期限内付诸执行。

二、比较视野

(一)保全审查程序的运行

德国法上，对保全请求的审查奉行一惯性审查原则，受理保全案件的法院先就申请人所表明的原因事实和理由进行判断：是否足以推导出原告具有的被保全权利，如果对于被保全权利或所争议的法律关系非常复杂或者属于高度争议性的法律问题，应否对一惯性审查标准予以放宽。有的学说认为应坚持一惯性原则，不应放宽标准，即使判断存在困难；有的学说认为如果驳回原告保全申请产生的不利益大于准许保全对被保全人造成的不利益，应当放宽审查标准，准许保全，而对于争议权利本身，可由法院经过实体审理终局确定。在审查对象的确定上，可分为被保全权利和保全必要性，法院应先针对保全必要性进行审理，如果在程序开始就着手法律关系复杂争议下的被保全权利，必然导致程序拖延。

《法国民事诉讼法典》关于民事保全存在两种不同维度的分类标准：一是以保全对象为标准分为“金钱请求的保全”和“非金钱请求的保全”；二是以保全案件审理方式为标准分为“紧急审理程序”与“依申请作出裁定程序”。金钱请求保全应适用依申请作出裁定程序，而非金钱请求保全在《法国民事诉讼法典》的“紧急审理程序”与“依申请作出裁定程序”予以规定。由于强调对被告权利的保护，法国紧急审理程序的适用频率远高于依申请作出裁定的程序。非金钱请求保全由法官根据实际情况选择适用紧急审理程序或依申请作出裁定程序。申请人如果希望法官以非对席审判方式作出裁定，需要证明案件存在“不能经对席审理而采取紧急措施”的情形。法国金钱请求保全一般适用非对审程序，而非金钱请求保全既可能适用诉讼程序又可能适用非讼程序。

日本民事保全制度在改革后，保全命令程序和保全执行程序已经实行全面的决定主义，保全程序的相关裁判，采取决定书的形式，决定的有关内容准用民事诉讼法的规定，作出有关保全命令的决定，必须附带说明理由。韩国保全处分从动态结构看，分为保全诉讼程序和保全执行程序两个阶段，对假押留申请进行审查时，是否辩论由法院依职权决定。债权人应向法院疏明保全的债权和保全的必要性，即使债权人没有疏明前述内容，只要提供法院要求的担保，法院可以作出假押留决定。与日本相同的是，韩国也以决定的形式对假押留作出裁判。[1]

(二)保全裁定的既判力

财产保全裁定以及行为保全裁定没有与判决相同的既判力，因此也不适用一事不再理的基本原则。具体而言，假扣押、假处分申请，如果被法院裁定驳回，不影响债权人就同一被保全权利基于同一理由，重复提起保全申请。保全裁定虽然没有既判力，也不等于没有任何法律拘束力。

(三)保全错误赔偿制度

我国台湾地区“民事诉讼法”第531条规定了撤销假扣押时债权人的赔偿责任，主要存在三种情形，均是以保全裁定被撤销为前提。一是假扣押裁定因自始不当而撤销；二是依据第529条第4项规定，债权人于保全后不于规定的期间内提起诉讼，债务人得申请命假扣押之法院撤销假扣押裁定；三是债权人申请撤销假扣押裁定，对于其原申请假扣押的正当性与否无须审查，但因其不问缘由有违假扣押为保全强制执行之本质，实务界以请求不正当为赔偿要件。除前述保全裁定被撤销发生的保全赔偿之外，尚存在依据民法请求之损害赔偿，被保全人如果依据民法主张损害赔偿，需要举证证明债权人存在故意或过失，保全行为与损害之间存在因果关系等要件，而依据第531条规定请求赔偿，只需证明经裁定撤销假扣押裁定之事实自己损害的存在即可。

上述关于保全错误的损害赔偿责任，学者一般认为系由法律规定直接产生，无论债权人有无故意过失，属于无过错之损害赔偿，盖因假扣押因债权人单方面申请即发生效果，自应对其不当申请负有较高之责任。[2] 但债权人承担保全错误的赔偿责任，不以审理结果为归责原则，就其保全自始不当导致的裁定撤销产生的赔偿而言，是指假扣押裁定经抗告，经告法院依命假扣押时客观存在之情形，认为不应为此裁定而撤销之情形，若系因本案诉讼败诉确定而撤

[1] 参见江必新主编：《比较强制执行法》，中国法制出版社2014年版，第391～392页。
[2] 参见林家祺：《民事诉讼法新论》，台北，五南图书出版股份有限公司2018年版，第623页。

销该裁定,并非第531条所谓因自始不当而撤销,不得据以请求损害赔偿。

由此可见,我国台湾地区也摒弃了以申请保全人败诉作为赔偿发生依据的做法,其赔偿责任更偏向法定责任,对于第530条第1项规定的假扣押原因消灭,债权人受本案败诉判决确定或其他命假扣押之情势变更者,债务人申请撤销假扣押裁定之情形,不能认定申请保全错误而要求债权人赔偿。[1]

另外,我国台湾地区对保全错误的赔偿程序作了更加效率化的设计,规定假扣押所保全之请求已起诉者,法院于第一审言词辩论终结前,应依债务人之声明,于本案判决内命债权人为前项之赔偿,债务人未声明者,应告以得为声明。可见,为追求诉讼经济考量,允许债务人直接在债权人的本诉中提起赔偿损失的反诉,一并解决保全错误的损害赔偿问题。

三、起草过程

(一)保全裁定实施期限的设定

申请保全人提交保全申请后,法院应当在多长时间内作出裁定、裁定如何实施、多长时间内实施完毕,是财产保全的关注焦点。在司法解释征求意见过程中,有关期限的反馈建议主要集中在保全裁定实施期限的设定方面。

《民事诉讼法》规定,无论诉前保全还是诉讼保全,人民法院接受申请后,对情况紧急的,必须在48小时内作出裁定;裁定采取保全措施的,应当立即开始执行。不少中基层法院一线法官对于裁定作出时间的认识比较一致,并无多大争议,但对于裁定采取保全措施的,应当在5日内或者48小时内执行,心存疑虑,特别是需要按照《保全规定》查询被保全人财产的,以及被保全财产在外地需要委托有关单位办理协助查封、扣押、冻结手续的,5日内一般难以完成,故建议修改为"裁定采取保全措施的,除有特殊情况外应当在5日内执行"。有的法官建议修改为"应当在5个工作日内启动执行"。如要规定实施完毕期限的,应当区分本地财产和异地财产,本地财产一般10个工作日实施完毕,异地财产一

[1] 但也有不同观点认为,在债权人败诉情况下,债务人依据一般侵权法要求债权人承担损害赔偿责任时,在构成要件方面不应过于严苛,亦可采取过错推定的规则原则。参见吕太郎:《本案败诉时假扣押债权人之赔偿法责任》,载范光群等:《程序正义·人权保障与司法改革》,台北,元照出版有限公司2009年版,第117~134页。

般20个工作日实施完毕。还有的法官提出,如果被保全财产在异地,需要委托财产所在地法院采取保全措施,保全事项委托完毕是否属于已经执行,也应该予以明确。

(二)财产保全申请审查程度

《民事诉讼法》第103条对人民法院可以采取裁定财产保全设置了比较宽泛的实质性前提条件,即可能因案件当事人一方的行为或者其他原因,使判决难以执行或者造成当事人其他损害。

《民事诉讼法》第104条设置的条件是,利害关系人因情况紧急,不立即申请财产保全将会使其合法权益受到难以弥补的损害的情况,可以申请诉前财产保全。司法解释在征求意见过程中,不少法官认为,当事人申请财产保全,法院并非一定裁定予以准许,对于是否采取财产保全措施的判断标准应予以明确,对《民事诉讼法》第103条规定的"可能因当事人一方的行为或者其他原因,使判决难以执行或者造成当事人其他损害"的判断标准进行列举式规定。比如,被申请人有转移财产嫌疑、债务人涉及众多诉讼、财产可能被其他当事人先行保全、被保全人存在不履行生效判决等失信记录、债务人停产停业、怠于对财产履行管理义务、可能造成责任财产灭失等。

结合实践情况,三方面因素导致无法对财产保全的实质要件作出更进一步规定:一是法条数量限制,在有限的条文中无法将必要性前提一一列举清楚,交由负责保全的法院根据实际情况予以判断,似乎更为妥当;二是法院司法资源紧张,对于被保全人的真实财务情况和诚信状况无法在短时间内调查清楚;三是当事人自身限制,目前我国财产公开制度尚处于整合过程中,社会诚信体系也不够完善,申请保全人不可能提供特别细致的债务人真实状态。人民法院在实践中应根据具体案件情况综合判定,把握审查尺度。

【实务操作指引】

财产保全作为保障当事人合法权益将来顺利实现的一项重要程序性措施,在实务操作中还要注意如下事项。

一、财产保全的优先性

(一)程序上的优先处置权

采取保全措施的案件进入执行程序后,执行法院取得了财产的优先处置权。《民事诉讼法》第106条第2款规定:“财产已被查封、冻结的,不得重复查封、冻结”,在先采取保全措施法院在程序上有优先处置被查封、扣押、冻结财产的权利。但在先保全的优先处置权并不是绝对的,一是如果优先债权执行法院要求移送被保全财产,根据《首封批复》,保全法院应该移送优先债权执行法院处置;二是根据《保全规定》第21条的规定,如果保全法院在首先采取查封、扣押、冻结措施后超过1年未对被保全财产进行处分的,除被保全财产系争议标的外,在先轮候查封、扣押、冻结的执行法院可以商请保全法院将被保全财产移送执行。

(二)实体法上没有优先受偿权

在先采取保全措施的案件当事人,对保全财产是否具有优先受偿权,我国法律没有明确规定。实际上,采取保全措施案件的申请保全人,并不对被保全财产享有当然的优先受偿权。在案件进入执行程序后,如果存在多个债权人对同一债务人申请执行的情况,可以依法申请对保全财产参与分配,如被执行人为公民或其他组织在先保全申请人不具有多分的权利。除非申请保全人本身就是物权法、担保法上的担保物权人或者其他优先权人,对保全财产设定了抵押权、质押权、留置权或者建设工程价款优先权等,那么在其申请采取保全措施后,自然也有优先受偿的权利。

二、轮候查封债权人的注意事项

轮候查封债权人即使在利害关系人未在法定期限内起诉也不当然获得被保全财产的首封权。当诉前申请保全人未在规定的期限内提起诉讼时,人民法院应当解除保全。法院未解除保全的,保全裁定依然有效,其他法院不能对该部分财产进行强制执行。财产保全措施不因申请人超出起诉期限而自动解除,仍需作出保全裁定的法院或其上级法院作出解除裁定后才能解除保全措施,其他法院才能对该部分财产采取执行措施。

轮候查封的申请人应先向作出诉前保全裁定的法院申请撤销原保全裁定或申请解除未在法定期间起诉的诉前保全措施。《异议复议规定》第 5 条已经明确:“当事人以外的公民、法人和其他组织认为人民法院的执行行为违法,妨碍其轮候查封的债权受偿的,可以作为利害关系人对法院的执行行为提出异议。”也有法院认为,存在轮候查封时,诉前保全申请人未在规定期限内起诉的,轮候查封自动生效。诉前财产保全异议人要关注申请保全人是否提起诉讼,如未提起诉讼,需要进一步确认首先保全措施是否依法解除,否则可以向作出保全裁定的人民法院提出异议。

【相关法律法规】

《民事诉讼法》第 103 条、第 104 条、第 106 条;《民事诉讼法解释》第 156 条、第 161 条、第 162 条;《执行规定》第 3 条;《查扣冻规定》第 1 条、第 29 条;《最高人民法院关于诉前财产保全几个问题的批复》(法释〔1998〕29 号)。

第六章　财产保全的担保

第五条　担保数额的限定

人民法院依照民事诉讼法第一百条规定责令申请保全人提供财产保全担保的，担保数额不超过请求保全数额的百分之三十；申请保全的财产系争议标的的，担保数额不超过争议标的的价值的百分之三十。

利害关系人申请诉前财产保全的，应当提供相当于请求保全数额的担保；情况特殊的，人民法院可以酌情处理。

财产保全期间，申请保全人提供的担保不足以赔偿可能给被保全人造成的损失的，人民法院可以责令其追加相应的担保；拒不追加的，可以裁定解除或者部分解除保全。

【条文主旨】

本条是为降低财产保全担保的数额，对申请保全时需要提供担保数额标准的规定。本条沿用《民事诉讼法解释》第 152 条部分内容，根据《民事诉讼法》第 103 条、第 104 条之规定，结合最高人民法院关于财产保全问题的批复，作了细化补充性规定。

【条文理解】

人民法院审查财产保全申请，可以依法责令申请保全人提供担保，但申请保全人是否需要提供担保以及提供何种数额标准的担保，《民事诉讼法》并未作出明确规定。因立法对担保未作数额方面的底线要求，从司法实践的普遍做法来看，人民法院出于防范风险的考虑，在绝大多数保全案件中都要求保全申请人提供担保。因对《民事诉讼法》关于申请保全人应提供担保的数额理解的差异,导致具体实务操作中,有的法院要求提供全额担保,有的法院参照被保全财产的价值责令申请人提供担保,还有的法院按照保全请求数额的一定比例要求申请人提供担保,对用于担保的财产也各有不同要求。实践中差异化规则的设定,有时因人而异,有时因案不同,不仅给保全利害关系人、当事人带来了较大经济压力,也增加了保全规则适用上的困惑,迫切需要从立法上重新设定统一的担保标准,切实调整保全担保的比例和数额,明确可以用于担保的法定财产形式。

一、诉讼保全担保的数额

《民事诉讼法》第103条第2款规定,人民法院采取保全措施,可以责令申请人提供担保,申请人不提供担保的,裁定驳回申请。所谓"可以责令"提供担保并不等于申请保全人必须提供担保,绝对要求所有申请保全的当事人都必须提供担保尤其是全额担保,并不符合保全制度设定的立法本意。

正如并非所有的财产保全案件都需要提供担保,也不是所有的财产保全案件都有提供全额担保的必要。《民事诉讼法解释》第152条规定,诉前保全应当提供相当于请求保全数额的担保,情况特殊的,可以酌情处理;诉讼中,人民法院依申请或者依职权采取保全措施的,应当根据案件的具体情况决定当事人是否应当提供担保以及担保的数额。《民事诉讼法解释》对诉前保全和诉讼保全设立不同的数额标准,将决定是否提供担保以及担保数额的权力赋予了具体办理保全案件的人民法院,实质上赋予了法官决定采取财产保全措施是否要求当事人提供担保及提供多少担保的自由裁量权,在一定程度上软化了民事诉讼法对财产保全提出的刚性要求,缓和了全额担保给经济条件较差当事人造成的冲击,一些地方法院还分别出台了不同案件的担保数额标准,从而激励当事人更多运用财产保全程序防止胜诉后衍生案件"执行难"问题。

本条在《民事诉讼法解释》基础上进一步破除引发保全难的障碍,切实降低诉讼保全担保数额,明确人民法院依照《民事诉讼法》第103条规定责令申请保全人提供财产保全担保的,担保数额不超过请求保全数额的30%,实际上设定了人民法院在诉讼、仲裁过程中,要求申请保全人提供担保的标准,本条对诉讼及仲裁中财产保全的担保数额作出统一规定,针对申请保全人提供的财产保全担保,无论何种形式,都不超过请求保全数额或争议标的财产价值的30%。

二、诉前保全担保的数额

人民法院采取诉前保全措施时,诉前财产保全涉及的案件并未进入诉讼程序,保全后利害关系人是否起诉也处于不确定状态,错误保全可能性要高于诉讼保全,因此,对诉前保全的担保数额设定的标准高于诉讼保全,具有理论与现实的合理性。本条在诉前保全担保数额方面与《民事诉讼法解释》第152条之规定一脉相承,没有作出更进一步的降低数额方面的突破,只是重申情况特殊的,人民法院可以酌情处理。应当说,对诉前财产保全担保的数额,申请人提供全额担保是原则,不提供全额担保是例外。诉前以及仲裁前阶段,人民法院对当事人之间的权利义务关系无法作出判断,保全错误或者利害关系人滥用诉讼权利的概率较大,从保护被保全人合法权利、有效弥补财产保全措施可能给被保全人造成的损失的角度考虑,暂不对诉前保全担保的数额进行调整。为平衡双方当事人合法权益,《保全规定》依然保留了《民事诉讼法解释》关于诉前保全要提供全额担保的要求。人民法院如果责令诉前保全申请人提供全额担保,而申请人不提供的,可以裁定驳回申请。

理论和实务的共识是诉前保全和诉讼保全所应提供的担保应区别对待,但最初征求意见稿没有区分诉前财产保全和诉讼财产保全不同阶段,而是设置了相同的担保数额标准,目的在于彻底降低诉前保全的门槛,方便利害关系人申请诉前保全,但诉前保全阶段毕竟当事人还没有提起诉讼,也与《民事诉讼法》第103条、第104条所作出的区别性规定不吻合,同时与《民事诉讼法解释》第105条第2款设定的"应当提供相当于请求保全数额的担保"的规则相冲突。《民事诉讼法解释》于2015年刚颁布实施,应尽量兼顾不同时期立法的相对稳定性和连续性,区分诉前财产保全与诉讼财产保全设定不同的担保标准更具有合理性。

实践中,一些较大标的案件以及原告为农民工等特困群体案件,因保全申请人无力提供担保而难以获准采取诉前财产保全措施,给债务人恶意转移财产留有可乘之机,也为日后判决书、调解书的执行埋下隐患。针对这一现实情况,有的法院对诉前保全担保在一定程度上予以变通,尽管仍以全额担保为原则,但允许当事人在申请诉前财产保全时,只需提供相当于被保全财产10%~30%

的担保，法院即可启动保全程序，对被申请人的财产采取查封、扣押、冻结等措施。同时，申请保全人必须在法院采取保全措施后30日内，补齐已交担保数额与全部保全担保数额的差额，否则法院将解除保全措施，给对方当事人造成的损失，也由申请保全人承担。[1]

三、法院有权追加担保

民商事案件审理周期一般较长，担保物难免发生价值变动，为避免担保数额降低，不足以赔偿因保全期间过长、市场价值发生变动等因素造成的可能损失，本条又规定人民法院有权责令当事人追加担保，从而对原担保数额予以调整，以平衡保护各方当事人的合法权益。财产保全期间，人民法院发现或被保全人提出异议，经审查认定申请保全人提供的担保已经不足以赔偿可能给被保全人造成的损失的，人民法院可以责令其追加相应的担保；拒不追加的，可以裁定解除或者部分解除保全。质言之，对于特殊情况，申请保全人提供30%担保并非一成不变，如其提供的担保已不足以赔偿可能造成的损失的，人民法院有权责令申请人追加新的担保。立法目的在于对本条第1款规定的担保，在情势变更的情况下可以调整和补充，同时，对保全期间申请增加保全财产的，申请保全人亦应当追加担保，以确保被保全人的合法权益受到错误保全的损害后可以获得足额赔偿。追加担保规定主要参考了日本民事保全法追加担保制度的规定。[2] 本条第3款同时对申请人不能追加担保的法律后果作了规定，明确人民法院有权对被保全财产数额进行调整，直至解除全部保全措施。

【制定背景】

《保全规定》将保全担保数额标准定位于保全请求数额的30%，不仅是为

---

〔1〕 北京市某区人民法院曾经为加强诉前保全工作，试行了诉前财产保全分期支付担保的制度。因情况紧急，申请人一时无力提供等额财产担保的，只需根据情况交付保全财产10%～30%的担保，其余部分30日内补齐即可。这做法还只是在时下立法的框架下，对申请人进行诉前财产保全的财产担保进行分期缴纳而已。因为申请人缴纳的期限只有30日，逾期未缴纳，法院将解除保全措施。这其实只缓解了申请人一时的经济困难。

〔2〕 依据《日本民事保全法》，财产保全可以进行不动产扣押、动产扣押、债权扣押。申请人需要交纳保证金，保证金的金额大概为债权金额的20%或30%，交纳保证金的当天就可以得到民事保全决定书。如果最后胜诉，保证金给予返还。如果该申请存在虚假，保证金归对方所有。

当事人申请财产保全提供激励性的制度供给，也是探求回归财产保全担保的本来面目，吸取保全司法实践积累的丰富经验，借鉴其他法域立法成果及对应可能发生的保全错误赔偿损失标准综合考量的结果。

一、基础理论

厘清申请保全人须为其所申请的保全提供担保的立法目的，需分析财产保全制度的设计机理。保全担保在各国及地区的民事诉讼和保全规定中均作为重要制度予以规定，其动机或者在于填补被保全人因保全错误所受之损害，或用于补充申请保全时对保全必要性释明之不足，抑或兼具上述两方面功能，对保全担保功能的定位，间接影响法院是否要求申请保全人提供担保以及担保的方式及数额。

（一）释明义务的补足

申请保全人应承担对财产保全必要性的释明责任，当该释明在短时间内因申请人释明能力的欠缺存在不足时，可以通过提供担保获取保全法院的保全裁定，这也是世界主要国家通行的做法，但保全担保毕竟不能完全取代释明责任，如果申请保全人对其请求及保全原因未进行任何释明，即使提供担保也不能免除其释明义务。如果提供担保的理论基础在于申请保全人弥补自身释明不足，则其为保全提供的担保，不应取决于被保全人可能受到的损害大小，而应以具体案件的释明程度和难易程度决定。在申请保全人对保全的必要性和紧迫性已经进行了充分的释明的情况下，被保全人因保全所受的损害的可能性很低，则仍然要求债权人提供较大数额或较高比例的担保，则丧失了担保的正当性基础，也阻碍财产保全程序的充分利用。“如因提供担保之规定，而使资力欠佳之人不能与资力较好之人同等享有宪法所赋予之诉讼权，则有违宪法之平等权与诉讼权之嫌。”〔1〕

（二）保全损失的填补

申请人所提供的担保，除填补释明不足之外，主要具有填补损害的功能。

---

〔1〕 沈冠伶：《民事程序法之新变革》，台北，新学林出版股份有限公司2009年版，第92页。

人民法院所应要求的担保数额，应当综合考量被保全人的职业和财产状态、被保全财产的类型和价值以及被保全人所应忍受财产被保全的痛苦和保全措施持续的期间。我国台湾地区"民事诉讼法"第 526 条第 3 项规定："请求及假扣押原因虽经释明，法院亦得使声请人供担保后命为假扣押。"法院在申请保全人已经阐明具有财产保全的紧迫性之后，法院仍然要求其提供担保，则在于确保被保全人可能遭受的损害赔偿，该情形下的担保数额的确定，应以被保全人可能受到的损害为标准，而非被保全标的物的价值或者诉讼标的之金额。

以诉前停止侵犯专利权行为的保全担保为例，我国有关行为保全司法解释对行为保全担保范围的界定采用的是保全造成的损失范围规则，财产保全在保全担保数额的确定上并无实质不同，理应与行为保全遵循同一规则，在民事诉讼法学上也能得到应有的理论支持。因此，可以考虑将这一规则适用于财产保全担保数额标准的确定。[1]

（三）担保与损失的匹配

《民事诉讼法》尽管没有确定财产保全应该提供的担保数额标准，但在第 108 条规定申请有错误的，申请人应当赔偿被申请人因保全所遭受的损失。从文义上看，保全担保至少要相当于申请保全错误给被保全人造成的损失。申请人对申请保全错误给被申请人造成的损失负有法定之债，可以反推出只要担保的数额不低于被申请人因保全所遭受的损失即可，担保数额与因保全可能给被申请人造成的损失之间具有一致性。因此，保全担保数额的确定，应以因保全可能给被申请人造成的损失赔偿作为主要的参照标准。一般情况下，到底确立多少担保数额能弥补因保全错误所造成的损失，经反复研究，本条在一定程度上参考了人民法院审理民间借贷案件对利息保护的最高标准。在民间借贷案件审理中，借贷双方约定的利率未超过年利率 24%，出借人请求借款人按照约定的利率支付利息的，人民法院应予支持，借贷双方约定的利率超过年利率 36%，超过部分的利息约定无效。如果法院裁定保全的是债务人银行存款，按

---

〔1〕《最高人民法院关于对诉前停止侵犯专利权行为适用法律问题的若干规定》（已失效）第 6 条规定："申请人提出申请时应当提供担保，申请人不提供担保的，驳回申请。当事人提供保证、抵押等形式的担保合理、有效的，人民法院应当准予。人民法院确定担保范围时，应当考虑责令停止有关行为所涉及产品的销售收入，以及合理的仓储、保管等费用；被申请人停止有关行为可能造成的损失，以及人员工资等合理费用支出；其他因素。"

照民间借贷应保护利息的最高标准不超过36%，参考这个标准责令申请保全人可以先提供30%的担保，如果发生财产市场价值的异常变动，法院随时可以要求继续追加担保，既可以破除财产保全担保过高给申请人带来的障碍，又可以保护被保全人可能遭受的损失得到足额赔偿。

二、比较视野

多数国家和地区民事诉讼法都没有明确规定固定的担保比例或者数额，一般是由法官在评估保全可能给债务人造成的损害的基础上，视担保的目的差异，考量双方当事人利益平衡及权利实现过程中可能产生的不利益，综合决定。英国法要求申请人提供担保旨在增加申请人负担，防止申请人滥用保全程序；美国法上的保全担保主要用于弥补被保全人因保全可能遭受的损失；德国法则将担保作为获得保全裁定的构成要件，不能有充足证据疏明保全必要性的情况下，提供担保可以在一定程度上替代申请人对保全必要性的释明责任。

日本将担保作为因执行违法或不当的保全命令而导致债务人损害而提供的担保，首先设立担保然后作出保全命令是通常做法。民事保全法规定保全命令的申请和发出，有的情况将设立担保作为前提条件，有的将在认可一定合适的期间内设立担保作为保全命令实施的条件，规定期间届满不提供担保，裁判所将驳回保全申请。有的不提供担保也可以发出保全命令。日本对于债务人银行账户的保全，通常要求申请人提交相当于保全金额20% ~30%的担保。

我国台湾地区的民事诉讼财产保全实践，法官主要从担保数额比例方面作出一个不超过上限的决定，在为假扣押提供担保时，法院原则上要求申请人提供债权金额的1/3担保金即可，但也不完全排除要求提供相当于债权金额全额或假处分标的价值全额的担保。1992年修改我国台湾地区"民事诉讼法"时，对请求家庭生活费用、抚养费、赡养费、夫妻剩余财产差额分配之诉，明确降低担保金额，特别规定担保金额不得高于请求金额之1/10。[1] 实际上，即使没有台湾地区"民事诉讼法"的规定，或者不属于上述提及案件的范围，法院也不会一律以债权金额1/3作为保全担保金，仍可以命令申请人提供更低数额的担保，乃至不提供任何担保。台湾地区的规定和实践操作模式为当事人申请保全

〔1〕 参见我国台湾地区"民事诉讼法"第526条第4项规定。

创造了较好的便利条件，具有借鉴意义。

三、起草过程

法律对保全担保数额设定的标准过高，必然使保全担保成为利害关系人、当事人不可逾越的制度性障碍，从而严重制约了保全功能的充分发挥。实践中，利害关系人、当事人为保全提供担保的负担过重，不少法院针对财产保全案件，不分诉前保全、诉讼保全、执行前保全还是仲裁程序保全，都要求提供相当于保全请求的全额担保，且在担保方式上提出较为苛刻的条件，[1]提高了当事人申请财产保全的难度，《民事诉讼法解释》所预设的降低财产保全门槛的目的与效果并没有实现。不够明确的法律规定、稍显严苛的司法解释条文、做法偏向保守的司法实践使担保数额问题成为社会各界对人民法院工作反映较多的领域之一，两会人大代表、政协委员多次在提案中提出保全担保门槛过高，要求借鉴其他国家和地区相关规定，切实降低担保数额标准，从而更好地保护债权人的利益。鉴于财产保全仅对被保全财产的处分行为进行限制，一般不会导致财产灭失或者价值贬损，如果担保数额过高，通常远高于可能对被保全人造成的财产损失，必然导致加大担保成本，造成保全制度适用比例过低，保全作用难以有效发挥。需要在充分考虑因保全可能对被保全财产造成实际损失的情况下，对保全担保数额作一次全面调整。

另外，实践中，各地人民法院确定保全担保数额，主要根据案件实际情况、保全的对象及其特点、采取的保全措施等因素，综合审查判断。一般不外乎三个方面：一是区分保全对象，保全当事人争议的财产与申请被保全人其他的财产，可能给被申请人造成不同的损失，前者的损失一般较小，且申请保全人能够预见到，后者损失一般很难预见。二是考察保全对象的自身特点，如保全房产、土地使用权等不动产，在被保全人没有处分打算的情况下，一般不会造成其他损失；如果保全的是银行存款，在被保全人还有其他资金用于生产经营、生活的情况下，至多造成利息上的损失。三是结合所采取的保全措施予以判断，如对不动产的查封仅产生限制被保全人自由处分财产的效果，而对机动车、机器设

[1] 有的法院对诉前保全和诉讼保全不作区分，一律要求保全申请人提供保全标的额30%以上的现金担保，个别法院甚至要求申请人在提供不动产或车辆担保的同时还要提供30%的现金担保，不同法院之间保全担保的标准也不统一。

备等特殊动产和动产采取活封措施,也不会影响被保全人的正常使用。

在本条的讨论中,争议较为激烈,社会关注度高。有观点认为,申请保全人、第三人为保全提供的担保一概不超过保全请求金额 30% 有绝对化之嫌,与保全担保设立的申请错误赔偿之保全性目的不相符合,可以区别情形分别予以设置,由法官在个案中自由裁量。有人建议增加规定:拟被保全的财产已设置他项权利或被人民法院查封、扣押、冻结的,应扣除已被设置负担或被人民法院查封、扣押、冻结的金额后,再计入保全金额。因被保全的财产已设置他项权利或被人民法院查封、扣押、冻结的情况下,虽然该财产可以被保全,但是从结果来看,保全该财产所得的可期待价值主要是其余额。如果仍然要求按照被查封财产的价值计算查封金额,提供担保将对申请人不公平。还有的专家学者认为,可以参照存款利息损失设定担保数额,民间借贷最高利息不超过 36%,但是 30% 的担保标准不应完全封顶,还要授予法官一定情形自由裁量的空间,如果严格按照规定保全可能给被保全人造成损失,或提供的担保不足以赔偿被保全人损失,就会发生国家赔偿问题。

本条所规定的 30% 的担保标准,相比征求意见稿,发生了实质性变化,征求意见稿原本依据被保全财产的类型,以市场交易价值作为基数计算提供担保的数额,征求意见稿的原来表述如下:

> 人民法院依照民事诉讼法第一百条、第一百零一条规定责令当事人、利害关系人提供担保的,应当根据案件的具体情况,按照下列标准,确定担保数额:
>
> (一)保全银行账户资金的,不超过被保全资金的 30%;
>
> (二)保全土地、房屋等不动产的,不超过被保全土地、房屋等不动产同期市场交易价格的 30%;
>
> (三)保全车辆、机器设备等动产的,不超过被保全车辆、机器设备等动产查封期间的折旧费用;
>
> (四)保全非上市公司股权或投资权益的,不超过被保全股权或投资权益出资金额或者转让金额的 30%;
>
> (五)保全古玩、字画、知识产权等其他财产的,不超过被保全财产市值估价的 30%。
>
> 财产保全期间,申请保全人提供的担保不足以赔偿可能给被保全

人造成的损失的,人民法院应当责令其追加担保;拒不追加的,裁定解除保全。

可见,征求意见稿在确定担保数额的参照标准上,曾经一度拟作类型化列举,但经过充分讨论,不断吸取专家学者和一线办案人员提出的意见和建议,认为实际被保全财产的价值不易确定,因保全程序的紧急性和密行性,在申请保全后由人民法院委托评估机构对被保全财产进行评估也不现实,且以牺牲效率为代价,应该统一以申请保全的金额为基数来计算需要提供担保的数额,比参照被保全财产的价值更具有可操作性。

【实务操作指引】

本条在适用过程中几个细节应予以注意:

一、申请保全人提供一定比例的担保,参照对象为保全请求的金额,而不是被保全财产的价值。如果以被保全财产的价值作为参照,需要对被保全财产价值有一个预先的判断和评估,而财产保全是追求高效率的诉讼活动,不能在被保全财产价值如何确定的细节上过多耽搁时间,价值确定过程也必然会引发过多争议,且不同种类的财产价值确定方式也各不相同,实践可操作性不强,不具有可行性。以申请保全人自己请求保全的金额为标准确定担保数额,无疑是最容易操作的方式。但本条并没有完全排除争议标的作为参照标准的特殊性,如要求被告履行买卖合同,将房屋过户到原告名下的案件,申请保全的财产就是争议房屋本身,原告申请保全所提供的担保应该是争议房屋价值的30%,而不是原告要求的保全请求金额的30%,这一点需要明确。

二、保全请求数额较小,但被保全人只有大额不可分割财产的,如办公楼和生产厂房,保全担保金额也不应是保全财产价值的30%,仍然以申请人保全请求的金额作为计算基数提供担保。

三、人民法院对申请保全人提供的担保财产,也要采取保全措施。《民事诉讼法解释》第164条规定,对申请保全人或者他人提供的担保财产,人民法院应当依法办理查封、扣押、冻结等手续,《保全规定》对此问题没有作出重复规定。对担保财产也进行保全,在《担保法解释》(已废止)中就有过规定,其第132条规定,在案件审理或者执行程序中,当事人提供财产担保的,人民法院应当对该财产的权属证书予以扣押,同时向有关部门发出协助执行通知书,要求其在规定的时间内不予办理担保财产的转移手续。查封用于担保的财产，可以促使申请保全人慎重提出保全申请，如果申请保全人申请保全错误，被保全人因保全造成的损失，可以用已经查封、扣押、冻结的担保财产进行赔偿，便于人民法院对财产进行控制，确保其所有权及使用权在保全期间不发生转移及价值贬损。

实践中，人民法院作出准予保全的裁定，一般会将担保财产一并写入裁定中，在裁定保全债务人财产的同时查封担保财产，对于担保物为不动产、动产的，可以责令申请人将权属证书提交法院保管，同时向有关登记部门出具财产保全裁定书和协助执行通知书等，实施查封登记，限制权属变更，避免申请保全人以权利凭证遗失为由恶意申请补发或者将该担保财产转让或设立抵押登记，对于没有权属证书的财产，要以采取足以向社会公示的方式办理查封、扣押、冻结手续。[1] 实际上，当前财产保全担保，越来越多的申请人使用财产保全责任保险这一方式，现金、实物、有价证券担保逐渐减少，对担保财产采取控制措施重要性也在下降。

人民法院对担保财产也采取保全措施，导致诉讼案件审结进入执行程序后，产生了担保财产的解封时间过于拖延的问题，目前立法对此也没有明确规定何时应解除对申请保全人担保财产的查封、扣押和冻结，这也在一定程度上弱化了申请人选择自己财产提供担保的积极性。

【相关法律法规】

《民事诉讼法》第 103 条、第 104 条；《民事诉讼法解释》第 152 条。

第六条　保全担保的条件

申请保全人或第三人为财产保全提供财产担保的，应当向人民法院出具担保书。担保书应当载明担保人、担保方式、担保范围、担保财产及其价值、担保责任承担等内容，并附相关证据材料。

第三人为财产保全提供保证担保的，应当向人民法院提交保证书。保证书应当载明保证人、保证方式、保证范围、保证责任承担等内容，并附相

〔1〕 参见最高人民法院民法典贯彻实施工作领导小组办公室编著：《最高人民法院新民事诉讼法司法解释理解与适用》，人民法院出版社 2022 年版，第 393 页。

关证据材料。

对财产保全担保,人民法院经审查,认为违反民法典、公司法等有关法律禁止性规定的,应当责令申请保全人在指定期限内提供其他担保;逾期未提供的,裁定驳回申请。

【条文主旨】

本条是关于为财产保全申请人提供担保的主体、方式、内容以及审查标准的规定。

【条文理解】

《民事诉讼法》现有的关于民事保全的条文对财产保全担保方式没有作出明确规定,《民事诉讼法解释》第164条对保全担保方式也没有作出直接规定,只是间接提及对申请保全人或者他人提供的担保财产,要求人民法院依法办理查封、扣押、冻结等手续。进一步探求法条旨意,可以推导出申请保全人可以为其所申请的保全提供多样化担保方式的结论。也就是说,为财产保全提供的担保既可以是基于信用的保证担保,也可以是以实物进行财产担保,还可以用知识产权等无形财产权利作为保全担保。既可以用申请人以自己的财产提供担保,也可以用案外其他主体的财产进行担保,由于为财产保全担保的特殊性,人民法院对保全担保的审查、担保的法定构成要件、担保人的权利义务、担保的目的和法律效果等,均有别于实体法上的民事担保。

一、担保方式

法律、司法解释虽然没有对财产保全提供担保的方式作出限制,但为保全提供的担保在内容上不得违反相关法律、行政法规的禁止性规定,人民法院要对担保的合法性和可行性进行审查,用于担保的财产或方式不符合法律规定或者不能实现担保目的、满足担保条件的,人民法院可以裁定驳回保全申请。

(一)财产担保

财产担保是司法实践中采用的最为广泛的担保形式,财产保全责任险被

《保全规定》正式确认为担保方式之前,申请保全人或者第三人提供银行存款、动产或者不动产作为申请保全的担保,较为常见,而第三人提供保证担保能够被人民法院接受的可能性很小。

保全担保包括实物、现金、权利担保,确有代偿能力的法人、其他组织或者自然人保证等,以上担保形式可以单独适用或组合适用。人民法院不得擅自限定申请人提供某种形式的担保,也不得强制要求申请人提供现金或者其他特定形式的担保。以实物或者权利凭证担保的,应对实物或者权利凭证的权属、状态等进行核实。有权属证书的,人民法院除了要求将原件提交法院外,还应到相关部门办理查封、扣押、冻结手续,不能以扣押权利证书方式代替查封、扣押、冻结措施;没有权属证书的,人民法院办理查封、扣押手续后,指定保管人妥善保管,在查封笔录上签字,并以查封公告等形式公示。

以实物或财产权利作为担保的,申请人应当提供有关财产价值的证明。财产市场价值明显高于担保数额的,经人民法院同意可以不提供相关证明。对于价值比较稳定的土地、房屋等不动产,能够通过发票、完税证明等证明其价值的,可不进行价值评估。价值难以确定,易损耗,或者无法办理查封、扣押、冻结手续的财产,不能作为实物担保。以他人财产作为担保的,人民法院应向担保人核实是否已经权利人同意,并由担保人提交担保书。以现金作为担保的,申请人可以选择将现金存入人民法院账户保管,也可以选择存入申请人账户由人民法院冻结。人民法院不得强行要求申请人将现金存入人民法院账户。财产保全的申请人提供自有或者他人所有的、可以出质、便于交易和确定价值的权利作为担保财产的,权利评估价值不得低于保全标的额。权利存在相对人的,还应当提供权利相对人知道权利担保的手续。人民法院根据案件情况可责令申请人提供估算价值更高乃至足额的实物财产担保。提供住宅类房产担保的,所提供房产必须是可供执行的房产,并与房产的共有权人办理公证、见证手续,或到人民法院签署担保函。

(二)人的担保

1. 一般保证担保

申请保全人可以提供除本人之外其他资信良好的企业法人或者自然人为其提供信用担保。当事人以保证方式提供担保,申请财产保全或解除财产保全,人民法院不应不区分情况一概予以拒绝,法院应严格审查其信誉度。[1]

第三人除为申请保全人提供财产担保外,还可以保证的方式提供信用担保,保证担保最为常见的主体是专业担保公司、保险公司。第三人也包括普通公司和自然人、其他组织,只要偿债能力达到了法院规定的要求,都可以作为保证人。以法人、其他组织或者公民的保证作为担保的,人民法院应对保证人的担保能力进行审核。法律禁止作为保证人或者保证事项超出担保能力的,不予准许,保证书应明确保证方式为连带责任保证。对于已经提供的保证担保,人民法院根据具体案件可能存在的保全风险大小,必要时可责令申请人提供实物财产、货币资金担保。

自然人和其他组织作为财产保全申请人的保证人,需到人民法院当面签署担保书或者办理相关公证手续,并提供纳税收入证明、稳定的银行存款余额、不动产所有权证书、股票及股东身份等能够证明资信良好的材料。

一般企业法人、各级人民政府认定的重合同守信用企业、驰名商标企业、著名商标或者知名字号企业、其他资信良好的企业,都可以在其净资产范围内为申请人的财产保全提供保证担保。小额贷款公司及经批准设立的其他非银行金融机构,为其他申请人提供信用担保的,按照普通信用担保对待。企业法人为他人提供财产保全保证担保,应当递交保证人出具的担保书,担保书应当声明保证人有无为其他申请人提供保全担保的事实;并应提供保证人上一年度企业年报、连续三年企业所得税及工业企业增值税或者服务业营业税纳税证明等资信材料,提供股东会或者董事会同意担保的决议。此外,还应当提交由其法定代表人签名并加盖企业公章的担保书、营业执照副本、组织机构代码证、税务登记证、企业章程复印件、市场监督管理机关出具的公司基本情况;法定代表人身份证明和身份证复印件;上年度纳税凭证(经营盈利)和近三个月的资产负债表、损益表;股东会或董事会同意提供担保的决议文件;保证人与申请人一般不得存在关联关系。国家机关和学校、幼儿园、医院及以公益为目的的事业单位以及社会团体、企业法人的分支机构和职能部门等,不能作为保证人为他人提供担保,但法律法规另有规定的除外。

融资性担保公司为申请保全人提供信用担保的,人民法院一般需要担保公

[1] 参见最高人民法院民事审判第一庭编:《民事审判指导与参考》2008 年第 2 辑,法律出版社 2008 年版,第 180 页。

司提供如下文件:(1)依法在市场监督管理机关登记设立,并取得融资性担保机构经营许可证;(2)注册资本符合各省规定的最低标准,且高于申请保全标的额;(3)近三年连续盈利;(4)无违法犯罪记录,且无拒不承担为财产保全申请人履行担保义务的记录。另需提交由其法定代表人签名并加盖公司公章的担保书;营业执照副本、融资性担保机构经营许可证、组织机构代码证、税务登记证、公司章程复印件;法定代表人身份证明和身份证复印件;近三年的纳税凭证和最近三个月的保证金专户银行对账单;无违法犯罪记录且无拒不承担为财产保全申请人履行担保义务的书面保证;股东会或董事会同意提供担保的决议文件。人民法院可以根据担保人近两个月的资产负债表和损益表、保全错误可能造成被申请人的损失情况等,进行实质审查。[1]《保全规定》实施后,诉讼保全责任保险在财产保全担保领域广泛适用,专业担保公司担保业务受到了实质性影响,新增担保标的额、在保余额、案件数量和担保费收入呈现大幅下降的趋势,承保规模缩小,担保公司的承保项目已经沉淀在标的额较小的业务领域。[2]

2. 特殊保证担保

商业银行、保险公司、金融资产管理公司、经人民银行批准设立的其他金融机构及其分支机构,其他资信较高的法人和其他组织等申请财产保全,符合受理条件的,可以允许其以自身资信进行担保。申请人提供此种担保的,人民法院应予准许。一般无须提供财产担保,可以出具保函为自己的保全申请提供保证担保。申请保全人应出具书面承诺,承诺自愿赔偿因申请保全错误给被保全人造成的损失。

3. 实行保证担保黑名单制度

人民法院应当建立保证担保企业和自然人的黑名单制度。财产保全申请人提供普通企业法人或者自然人作为保证人,出具虚假资信材料的,或者被人民法院纳入失信被执行人名单、限制高消费、涉嫌违法犯罪或者其他有严重失信行为的,为财产保全提供信用担保的,人民法院不予准许。

---

〔1〕《中小企业融资担保机构风险管理暂行办法》第 8 条规定:"担保机构对单个企业提供的担保责任金额最高不得超过担保机构自身实收资本的 10%;担保机构担保责任余额一般不超过担保机构自身实收资本的 5 倍,最高不得超过 10 倍。"《融资性担保公司管理暂行办法》第 27 条规定:"融资性担保公司对单个被担保人提供的融资性担保责任余额不得超过净资产的 10%。"第 28 条规定:"融资性担保公司的融资性担保责任余额不得超过其净资产的 10 倍。"

〔2〕参见北京信用担保业协会召开的诉讼保全担保工作座谈会资料,2017 年 9 月 22 日。

二、担保书及证据材料

本条明确，担保人为申请保全人提供担保的，无论是人保还是物保，均需要向人民法院出具书面的担保书或保证书，担保书及保证书载明的内容要明确清晰，应该具备担保人、担保方式、担保范围、担保财产及其价值、担保责任承担等内容，并附相关证据材料。

财产保全中的担保书，是担保人向法院出具的、具备诉讼法上保全担保功能的、独立的担保书，与实体法律关系中的担保合同不同。人民法院在审查保全担保时，重点应当在于审查担保书是否具有形式和内容上的独立性，是否具备财产保全担保的功能，至于担保书是源于担保人与被担保人之间的何种原因事实，既不在法院考量范围之内，亦非被保全人日后请求损害赔偿的依据，担保书之外的前提性法律关系与法院保全程序无实质关联。保全担保只有脱离担保人和申请保全人之间的基础法律关系，才能契合保全担保补充法官心证和维护被保全人利益两个方面的功能，进而为财产保全制度的有效运行保驾护航。[1]

三、财产担保不得违反法律禁止性规定

本条第 3 款规定，申请保全人或第三人为财产保全提供财产担保，不得违反民法典、公司法等有关法律禁止性规定，否则人民法院应当责令申请保全人在指定期限内提供其他担保，逾期未提供的，裁定驳回申请。

作为担保人的公司为申请保全人提供担保，除出具书面担保书或保函之外，还应当提供表明其自愿进行担保的意思表示的有关材料。《公司法》第 16 条第 1 款规定，“公司向其他企业投资或者为他人提供担保，依照公司章程的规定，由董事会或者股东会、股东大会决议；公司章程对投资或者担保的总额及单项投资或者担保的数额有限额规定的，不得超过规定的限额。”因此，在审查担保人的担保意思时，应当要求其提供公司章程以及董事会或者股东会、股东大会决议。2018 年制定实施的《执行担保规定》也明确规定，公司为执行申请人提供担保的，应当提交符合《公司法》第 16 条所规定的公司章程、董事会或者股

[1] 参见许尚豪：《财产保全责任险不是财产保全担保》，载《人民法院报》2017 年 7 月 19 日，第 7 版。

东会、股东大会关于提供担保的决议。[1]

公司违反章程规定,未经董事会或者股东会、股东大会决议而对外提供担保的效力问题,理论上和实践中的争议较大,对于未经公司决议机关决议而进行的对外担保,是否有效,主要源于对《公司法》第16条的规定是管理性规定还是效力性规定的判断,该条规定的公司对外提供担保的决议前置程序,是否可以隔断担保行为对公司发生法律效力,出现了因案而异的现象。

实践中,鉴于诉讼担保不同于民商事担保,公司对外提供担保行为即使事先未经公司决议机关决议,也不影响对外担保的有效性。例如,最高人民法院审理过的一个典型案例中,上诉人主张其担保因未经股东会决议而无效,[2]即使承担责任也应仅就其提供的担保财产承担责任,而非连带保证责任。最高人民法院经审理认为,为财产保全提供的担保系向人民法院出具的司法担保,而非平等民事主体之间的担保。上诉人在山东省高级人民法院(2011)鲁商初字第2号案中提供的担保,经该院审查接受后合法有效,上诉人关于其担保因未经股东会决议而无效的上诉主张,缺乏法律依据。另外,《公司法》第16条第2款规定系公司内部的程序性规定,并非强制性效力性规定,公司对外提供担保是否经股东会或者股东大会决议,并不影响其对外签订的合同效力,公司的法定代表人即使超越权限、违反公司章程规定对外提供担保,公司仍应向善意第三人承担民事责任。

对于民商事担保,也有认定对外担保有效的判例。最高人民法院在审理河南A公司与潘某堂等民间借贷纠纷案中,[3]认为王某波在签署《还款协议》时系A公司法定代表人,其在《还款协议》上签名并加盖A公司公章的行为足以使潘某堂产生信赖。A公司并未提供证据证明潘某堂知道或者应当知道王某波超越了权限,王某波的代表行为对A公司产生法律约束力,A公司应当承担保证责任。公司对外提供担保是否经股东会或者股东大会决议,并不影响其对外签订的合同效力。《合同法》第50条规定,"法人或者其他组织的法定代表人、负责人超越权限订立的合同,除相对人知道或者应当知道其超越权限的以外,该代表行为有效",公司的法定代表人即使超越权限、违反公司章程规定对

[1] 执行担保司法解释解决的主要是执行过程中担保问题,未涉及保全担保,但为财产保全提供担保,性质无异于执行担保,实务操作中,关于执行担保的规则适用于保全担保。

[2] 参见(2017)最高法民终118号民事判决书、(2018)最高法民申3300号民事裁定书。

[3] 参见(2017)最高法民申1475号民事裁定书。

外提供担保,公司仍应向善意第三人承担民事责任。违反《公司法》第16条第2款规定并不会导致公共利益受损,公司未经股东会决议为股东的债务提供的担保应认定有效。

综上所述,在《全国法院民商事审判工作会议纪要》《担保制度解释》出台前,司法判例倾向将《公司法》第16条第2款认定为非效力性强制性规定,违反该规定不必然导致对外担保合同无效。尤其是有限责任公司,通常股东人数少,管理层与股东并未实质性分离,股东对公司重大事项仍有一定影响力,且有限责任公司并不涉及众多股民利益保护、证券市场秩序等公共利益问题,违反上述规定并不会导致公共利益受损。[1] 最高人民法院对外公布的《关于审理公司为他人提供担保纠纷案件适用法律问题的解释(征求意见稿)》则认为,超越权限担保原则上对公司不发生法律效力,[2]2019年11月,最高人民法院公布《全国法院民商事审判工作会议纪要》,对公司为他人提供担保作了区分处理。

《公司法》第16条对关联担保和非关联担保的决议机关作了区别规定,其中公司为公司股东、实际控制人等与公司有关联关系的主体提供担保,《公司法》第16条明确规定须由股东会或者股东大会决议,未经股东会或者股东大会决议,构成越权代表。人民法院在其提供担保时应对股东会或者股东大会决议进行审查,决议所记载的内容应符合《公司法》第16条的规定,即在排除被担保股东表决权情况下,1/2以上股东表决同意。如公司为不具有关联关系的其他主体提供担保,由公司章程规定是董事会决议还是股东会或者股东大会决议。无论章程是否对决议机关作了规定,也无论章程规定决议机关为董事会还是股东会或者股东大会,根据《民法典》第61条的规定,公司章程及公司权力机关对法定代表人代表权的限制,不得对抗善意相对人,担保人向人民法院提供担保时,人民法院对董事会决议或股东会、股东大会决议的二者之一进行审查即可。

符合上述两种情况,人民法院对机关决议内容的审查一般限于形式审查,标准不宜过于严苛。担保成立后,担保人不得以机关决议系法定代表人伪造或变造、决议形式程序违法、签章(名)不实、担保金额超过法定限额等事由抗辩担

---

[1] 参见(2016)最高法民申733号福建省万翔房地产开发有限公司与游某琼等民间借贷纠纷案民事裁定书。

[2] 参见最高人民法院办公厅秘书一处2018年8月9日印发的《最高人民法院关于审理公司为他人提供担保纠纷案件适用法律问题的解释(稿)》第1条及以下条文。

保无效。

《担保制度解释》第7条基本沿袭了《全国法院民商事审判工作会议纪要》的规定,但强化了审查义务,从对公司机关决议内容"尽到必要的注意义务即可"到"进行了合理审查"。形式审查与合理审查标准的区别很大程度上在于应否审查章程。[1]《公司法》第16条规定,公司章程对投资或者担保的总额及单项投资或者担保的数额有限额规定的,不得超过规定的限额。在应审查公司章程的情况下,章程中担保限额的规定也应纳入债权人的审查范围。

实践中存在下列情形的,公司为财产保全提供担保,也应当认定担保合同符合公司的真实意思表示,基于民事担保合同有效原理,人民法院也可以不审查公司机关决议:(1)金融机构开立保函或者担保公司提供担保;(2)公司为其全资子公司开展经营活动提供担保;(3)担保合同系由单独或者共同持有公司2/3以上对担保事项有表决权的股东签字同意。上市公司公开披露的关于担保事项已经董事会或股东大会决议通过的信息,可以作为有效担保的依据。

《全国法院民商事审判工作会议纪要》《担保制度解释》的出台,将《公司法》第16条究竟是效力性强制规定还是管理性强制规定的问题转化为法定代表人越权担保的效力问题,以债权人是否对公司决议文件尽到合理审查义务作为区分是否善意的标准。担保人向人民法院提供的保全担保或解除保全反担保,与一般的商事交易中的担保不同,审查主体是人民法院而非债权人,从《保全规定》第6条第3款的规定来看,关于担保效力问题,最高人民法院坚持统一的认定标准,并未因该担保是向人民法院作出而有所不同。人民法院应审查担保是否违反民法典、公司法等有关法律禁止性规定,与《执行担保规定》对于担保效力的态度保持一致。财产保全赔偿纠纷中,因担保不成立导致的救济不能,人民法院未尽到审查义务的,可能引发司法赔偿。但人民法院对公司提供的财产保全担保履行审查义务在一定程度上耗时费力,与保全的急迫性不相匹配,审查义务引发的潜在责任承担问题,也会让人民法院对由非金融机构或担保公司提供的担保持审慎态度。为实现快速保全,减少法院审查所耗费的时限,建议由金融机构或担保公司提供财产保全担保。

---

[1] 参见最高人民法院民事审判第二庭著:《最高人民法院民法典担保制度司法解释理解与适用》,人民法院出版社2021年版,第133~136页。

【制定背景】

一、基础理论

为财产保全提供的担保性质认定,是保全担保责任承担的理论前提。民事诉讼中的保全担保与民商实体法中的担保在构成要件上是否必须一致?如果不一致,是否影响担保的效力问题,在理论和实践方面都存在较大争议。有观点主张,为财产保全提供的担保系向人民法院出具的司法担保,而非平等民事主体之间的民事担保。与民事担保相比,财产保全担保既是对被保全人利益的担保,也是对人民法院民事诉讼程序得以顺利进行的担保,其担保目的中含有保障诉讼安全的因素。第三人为财产保全提供的担保并不必然产生物权法担保效力,财产保全担保发生在即将或已经开始的诉讼程序中,担保能否成立须以法院是否接受为条件,担保方式、数额、期限及权利义务直接受程序法即《民事诉讼法》及其司法解释等相关法律规范的调整,其担保目的是避免执行难及维持争议法律关系现状,具有程序法性质,属于公权力范畴。这与平等主体为保障债权实现创设民事法律关系不同。提供担保的第三人非当事人,没有实质地参加诉讼,不能直接在裁判文书中处分担保财产,否则有违辩论、处分及诉权平等原则。

诉讼保全担保是向人民法院提供的担保,是民事诉讼法的强制性要求,担保的范围、期限和效力具有一定的法定性和强制性,其所保障的申请保全人虽然也因担保行为受益,但不具有担保法律关系平等主体的身份,更不能和提供担保的第三人自主协商对诉讼担保的要素作出变更。

诉讼保全担保不完全适用民法典,而是适用民事诉讼法等程序法的有关规定,调整诉讼保全担保的法律和司法解释主要有《民事诉讼法》《民事诉讼法解释》《保全规定》中的程序规定。首先,在担保的成立上,因担保人向法院提交担保书的单方意思表示而成立,系单方法律行为,不需要担保受益人的承诺。其次,为财产保全提供的保证担保可以由申请保全人本人提供,这与民法上的保证应由第三人提供有较大区别。实践中,人民法院只接受银行、资产管理公司、信托公司等金融机构为自己的诉讼保全以保证方式提供的担保。再次,在担保生效上,财产保全担保不以登记、交付等公示行为作为生效要件,也不需要在有关部门办理登记手续。《保全规定》第16条规定:"人民法院在财产保全中采取查封、扣押、冻结措施,需要有关单位协助办理登记手续的,有关单位应当在裁定书和协助执行通知书送达后立即办理。”人民法院向有关部门发出协助执行通知书,要求有关部门在规定的时间内不予办理该财产的转移手续,是以保证财产安全、便利财产执行为目的,不是抵质押成立的要件。最后,在抗辩权行使上,财产保全担保也适用民事诉讼法,担保人不享有实体法上的抗辩权。

二、比较视野

多数国家和地区立法上不以提供现金、有价证券作为财产保全担保的唯一方式,为避免申请保全人因无力提供现金或者实物担保,放弃申请保全,承认金钱之外的担保方式也就成为必然。

《日本民事保全法》没有对担保的方法具体作出规定,担保数额和担保方式主要规定在最高裁判所规则和民事保全规则中,如上述规则规定,除了提供金钱和有价证券外,原告可以提出支付担保委托契约作为担保的方法;美国法上,保全申请人可以利用“法院之友”协助自己获取保全许可;德国法上则可以通过律师保证制度,引入当事人之外的第三人及特定团体,减轻申请人必须提供现金或者实物担保的压力。

我国台湾地区旧“民事诉讼法”曾规定,除当事人另有约定外,原告仅限于提供现金或法院认为相当之有价证券作为担保,如果还不能提供,则法院允许该管辖领域内有资产之人具保证书代之。我国台湾地区“民事诉讼法”经过修订后,规定可以由保险人或经营保证业务之银行出具保证书以替代现金或者有价证券。

三、起草背景及过程

保证作为民法上的一种信用担保,能否作为财产保全中申请保全人的担保,在起草过程中存在不同观点。实践中,人民法院在财产保全申请的审查中,对保证担保一直持慎重态度,保证担保设立的标准和要求也比财产担保严格,法官自由裁量权相对较大。保全担保借鉴实体法上的保证担保,由申请人之外的第三人提供,亦未尝不可。保证担保作为保全领域的创新举措,拓宽了为财产保全提供担保的路径,赋予了保全制度更大的活力,能够有效缓解保全难问题,财产保全申请错误赔偿毕竟属于小概率事件,但保证作为一种信用担保,人民法院应当对保证人的财产或财务状况的真实性进行审查，而不是仅从符合担保的要件进行形式审查，以避免保证担保损害被保全人的利益。

【实务操作指引】

一、财产保全担保方式比较

实践中运用的几种担保方式各有优缺点，申请保全人可以根据自身的实际情况选择使用。一是现金担保。申请人提供一定数额的现金作为财产保全担保的，具有简便易行的优势，即便因申请错误需要赔偿损失，也有利于执行，担保效果较好，但现金作为保全担保给申请人造成的负担和成本较高，影响申请保全人正常的生产经营、生活及资金周转，当保全金额较高时，原告可能没有能力提供过多现金用于担保。二是不动产及动产担保，即申请保全人利用土地使用权及房产等不动产进行担保，优势是担保成本低，无须占用流动资金，不影响正常的生产经营，但不动产担保需要评估担保物的价值，有的法院只认可无抵押权的房产或土地使用权，也增加了提供不动产作为保全担保的难度。三是专业担保公司提供信用担保。由担保公司作为保证人，可以解决申请保全人担保资金不足问题。但担保公司一般规模小，净资产少，担保能力有限，且异地担保难度大。四是银行独立保函。独立保函不存在无法兑现保证责任的可能性，法院认可度高。但银行保函取得难度大，审批手续严格。五是保全责任保险。申请人向保险公司投保，保险公司向法院出具保函为保全提供担保，申请保全错误造成被保全人财产损失时，由保险公司赔偿。保险担保信誉度高、费用低，申请错误造成被保全人损失的，保险公司有能力赔偿，可有效保护被保全人利益，有利于案件的审理和执行。银行独立保函、保险公司诉讼责任保险，都属于第三人提供的社会认可度高的担保。

二、保证人赔偿责任的承担

财产保全保证责任与实体法上的保证责任均属民事责任，不同的是，实体法上的保证担保的对象为合同之债，保证标的确定，而财产保全保证担保的对象是因财产保全错误给被申请人造成的侵权损害赔偿之债，保证标的是否发生并不确定。申请财产保全是民事诉讼当事人法定的权利，只有在确认保全错误时,才产生损害赔偿请求权。至于赔偿责任的认定,应当结合具体案情,通过审查申请人是否存在通过保全损害被保全人合法权益的过错、保全的对象是否属于权属有争议的标的物、被保全人是否存在损失、是否为了保证判决的执行等因素予以综合考虑,不应以判决支持的请求额与保全请求数额的差额判断申请人具有错误。

申请保全人与保证担保人在财产保全过程中,角色与目的具有高度一致性。保证人承担保证责任的条件在申请保全人保全错误构成侵权时成就,与保证人是否存在过错并无关联,这是诉讼安全的要求,也是保全担保的价值所在。被保全人对于因保全错误造成的损害,既可以向申请保全人主张,也可以向保证人主张,共同侵权是其请求权发生基础,保证人对被保全人的财产损害承担连带赔偿责任,也与民事担保中被保证人依据担保合同约定向保证人主张的保证责任不同。但基于财产保全保证担保发生的实体法上损害赔偿效果,保证责任类型的选择应允许当事人意思自治,如果被保全人自愿接受或认可保证人提供一般保证担保,可予确认。[1]

保证责任范围以被保全财产的实际损害为限。申请保全人的损害赔偿责任基于侵权行为发生,损害赔偿范围应根据侵权责任一般规则进行确定。《民法典》第1184条规定,侵害他人财产的,财产损失按照损失发生时的市场价格或者其他方式计算。为不背离民事侵权责任损失填补的基本原则,不给财产保全制度运行设置障碍,保证责任范围以被保全人的实际损失为限较为适宜,实务操作中,可依被保全财产的自然增值为损失计算依据。具体而言,如果保全对象为账户资金、应收账款或其他债权,可以同期贷款利率计算被保全资金在保全期间的利息作为损失金额;如果被保全对象为实物,被保全人的正常生产经营活动因保全行为而无法开展,可按市场行情计算其利润损失作为实际损失金额,实物空置期间的保管费用、自然损耗也应计入损失范围。此外,如果被保全人因保全行为无法履行与案外人的合同发生违约责任,其对案外人的赔偿,亦可计入损失范围;对于市场价格波动较大的股票债券进行保全,因保全期间价格下跌无法出售造成的价格损失,可计入损失范围。总之,财产保全保证人保证责任的赔偿范围应以因保全错误产生的直接损失为限,直接损失范围的确

---

〔1〕 参见陈慧军、曾祥龙:《财产保全错误损害赔偿的保证人责任》,载《人民法院报》2019年3月21日,第7版。

定应综合考量保全行为对被保全人的经营影响、被保全财产效用、被保全人对被保全财产的依赖程度、市场行情等因素。如果被保全人不主动申请置换保全标的,对申请人申请保全不提异议,应认定对保全错误及损失扩大存在一定的过错,可适当减轻保证人的赔偿责任。

财产保全保证担保为连带责任保证,在保证期间的确定上应适用担保法及其司法解释的相关规定。主债务是申请保全人因保全错误给被保全人造成的损害赔偿之债,其是否发生并不确定,在保证期间的起算点上,应以生效裁判文书确定的损害赔偿之债的履行期限届满为准。可见,保证期间与财产保全期间相分离,并无相关性,财产保全期间因申请人撤回财产保全申请、因法定保全期间经过以及因案件结案而届满,均不影响保证人对于申请保全人将来因保全错误而产生的损害赔偿承担保证责任,该保证期间为主债务履行期届满之日起 6 个月内。

三、保全错误时第三人以其担保财产承担赔偿责任

申请保全人如果申请保全错误,为其提供财产担保的第三人应如何赔偿,更值得深入研究。财产保全制度的目的在于保障将来生效裁判文书的执行,申请财产保全是当事人重要的诉讼权利。依当事人申请裁定采取财产保全措施,虽系人民法院对申请经过形式审查后作出的强制措施,但其前提依据是当事人的财产保全申请。如因申请保全人权利行使不当造成他人财产损失的,应由申请保全人承担侵权赔偿责任,适用《民法典》第 1165 条“行为人因过错侵害他人民事权益,应当承担侵权责任”的规定。申请保全人是否有过错,不仅要看其诉讼请求最终是否得到支持,还要看其是否存在故意或重大过失。申请保全人是否存在故意或重大损失,要根据其诉讼请求及所依据的事实和理由考察其提起的诉讼是否合理,或者结合申请保全的标的额、对象及方式等要素考察其申请财产保全是否适当;申请保全人提起的诉讼合理且申请财产保全适当的,不宜认定存在故意或重大过失。在申请保全的过错判断上,一般考虑以下因素。

首先,人民法院驳回了申请保全人的全部诉讼请求的情况下,将被保全人列为被告或者共同被告,缺乏事实基础及相应证据,提起该案诉讼缺乏合理性。其次,申请保全人要求法院采取的保全措施缺乏适当性,比如,通过冻结房地产公司房屋销售账户、查封土地使用权,阻止了案涉项目的正常销售,就有可能构

成申请保全的对象和方式不适当。在被保全人提供存款作为担保置换解封了项目土地使用权的情况下，申请保全人为对抗解封不断增加诉讼请求标的金额及查封限额，导致项目土地使用权长时间处于被查封状态，该保全行为也明显不当。申请保全人主观上明显存在过错，客观上也给被保全人造成损失，按照《民事诉讼法》第108条的规定，应认定其申请财产保全错误而应赔偿被保全人所遭受的损失。第三人向人民法院出具财产保全担保书中明确表示以其名下财产为保全提供财产担保，自愿为财产保全申请错误给被保全人造成的损失承担责任，应在担保财产的价值范围内承担赔偿责任。如果人民法院判决申请保全人应当赔偿被保全人的损失，则被保全人有权就第三人提供的担保财产折价或者拍卖、变卖价款优先受偿。

【相关法律法规】

《民事诉讼法》第104条、第105条；《民事诉讼法解释》第152条；《公司法》第16条；《执行担保规定》第5条；《担保制度解释》第7条、第8条；《全国法院民商事审判工作会议纪要》第17～22条。

第八条　独立保函担保

金融监管部门批准设立的金融机构以独立保函形式为财产保全提供担保的，人民法院应当依法准许。

【条文主旨】

本条是关于准许金融机构以独立保函的形式为财产保全提供担保的规定。

【条文理解】

金融机构是从事金融服务业有关的金融中介机构，为金融体系的组成部分，金融业一般包括银行、保险、证券、信托和基金等行业。保函分为独立保函和非独立保函。

一、金融监管部门批准设立的金融机构

独立保函的开立主体应当限定为银行和非银行金融机构。在实践中，大多数独立保函都是由银行开立的。依据《银行保险机构许可证管理办法》第3条的规定，银行保险机构包括政策性银行、大型银行、股份制银行、城市商业银行、民营银行、外资银行、农村中小银行机构等银行机构及其分支机构，保险集团(控股)公司、保险公司、保险资产管理公司、金融资产管理公司、信托公司、企业集团财务公司、金融租赁公司、汽车金融公司、货币经纪公司、消费金融公司、银行理财公司、金融资产投资公司以及经银保监会及其派出机构批准设立的其他非银行金融机构及其分支机构，保险代理集团(控股)公司、保险经纪集团(控股)公司、保险专业代理公司、保险经纪公司、保险兼业代理机构等保险中介机构。[1] 金融机构应当具有银保监会颁发的金融许可证，金融许可证是银保监会依法颁发的特许金融机构经营金融业务的法律文件。银保监会监管的非银行金融机构，是指除商业银行和专业银行之外的所有金融机构，一般也持有金融许可证，经一行两会批准设立，范围比较广泛，根据《中国银保监会非银行金融机构行政许可事项实施办法》，非银行金融机构包括经银保监会批准设立的金融资产管理公司、企业集团财务公司、金融租赁公司、汽车金融公司、货币经纪公司、消费金融公司、境外非银行金融机构驻华代表处等机构。本条规定，只要是金融监管部门批准设立的金融机构均可以开立独立保函，但持有金融许可证的金融机构所开具的独立保函不一定都可以为财产保全提供担保。

对于保险公司、证券公司等非由银监会监管的金融机构，其是否可以开立独立保函具有一定的不确定性，尚需监管机构的进一步出台规定。一些特殊类型的金融机构，比如，小贷公司、第三方理财公司、基金管理公司是否可以开立保函，也不无争议。实践中，不同法院、不同法官对上述问题的理解尚未统一。从主流观点看，从属性是担保的基本属性，除由《独立保函规定》调整的银行和非银行金融机构出具的独立保函外，其他主体出具的独立保函一律无效。判断独立保函的效力主要看其开立人是否为银行或者非银行金融机构，不问其适用领域是国内交易还是涉外商事交易。当事人在国内交易中适用独立保函，一方

---

〔1〕 参见《中国银监会非银行金融机构行政许可事项实施办法》(2015年第6号)第2条、《国务院关于金融体制改革的决定》(1993年12月25日，国发〔1993〕91号)。

当事人以独立保函不具有涉外因素为由主张独立保函无效的,人民法院不予支持。[1]

二、确立独立保函作为保全担保的形式

独立保函作为独立担保的重要方式,在国内交易实践中的法律效力经历了从否认到逐渐承认的过程。独立保函的性质因与《民法典》现行规定存在冲突,法律效力具有不确定性。审判实践中独立保函已经在国内交易中大量使用,但人民法院一直持谨慎和保守的观点,认为独立担保责任异常严厉,该制度可能产生欺诈和权利滥用的弊端,影响和动摇我国担保法律制度体系的基础。独立担保的适用范围,《民法典》第388条第1款,作出了比较明确的规定。因独立担保颠覆了经典的担保权从属性规则,担保实务和审判实践对独立担保的适用范围存在较大争议。[2]《担保法解释》(已废止)规定独立担保只能在国际商事交易中使用,并通过最高人民法院〔1998〕经终字第184号判决再次重申了该观点和立场。[3]《独立保函规定》的出台,很大程度上弥补了独立保函立法上的空白。《担保制度解释》第2条在确立担保从属性的基础上明确规定,因金融机构开立的独立保函发生的纠纷,适用《独立保函规定》。

三、非金融机构不能开具独立保函

非金融机构不能开立独立保函,根据《独立保函规定》第3条第2款"当事人以独立保函记载了对应的基础交易为由主张独立保函为一般保证或连带保证的,人民法院不予支持,"反推之,不符合开立主体要求的企业开立的独立保函,不具有司法解释赋予的"独立性",该类保函虽然名为独立保函,但是仍然应

〔1〕参见《最高人民法院关于印发〈全国法院民商事审判工作会议纪要〉的通知》(法〔2019〕254号)关于担保纠纷案件的审理独立担保部分,载中国法院网,https://www.chinacourt.org/law/detail/2019/11/id/149992.shtml,2019年11月14日访问。

〔2〕参见宋晓明:《物权法担保物权编实施中的几个重要问题》,物权法担保物权国际研讨会,2008年4月29日。

〔3〕参见最高人民法院〔1998〕经终字第184号"湖南机械进出口公司、海南国际租赁公司与宁波东方投资公司代理进口合同纠纷案"判决书,担保合同中虽然有"本担保函不因委托人的原因导致代理进口协议书无效而失去担保责任"的约定,但在国内民事活动中不应采取此种独立担保方式,因此该约定无效。

当适用担保法关于一般保证或连带保证的规定。

四、独立保函以书面方式向申请保全人开立

独立保函应当采取书面形式,意味着独立保函具有要式法律行为的特征。“书面”包括纸面版本,还包括电子文件、传真文件、电传文件等。同时,独立保函需要向受益人出具,独立保函的法律性质属于单方允诺,在未送达给受益人之前很难判断是否成立或生效。

五、独立保函不适用保证

独立保函虽然具有担保债权实现的功能,但不属于我国担保法规定的法定担保方式,不适用担保法关于保证的规定。应当明确独立保函是开立人出具的附单据条件的付款承诺,在受益人提交符合独立保函要求的单据时,开立人即应独立承担付款义务,受益人无须证明债务人在基础交易中的违约事实,开立人不享有传统保证所具有的先诉抗辩权。

【制定背景】

一、基础理论

传统保函具有从属性,作为基础合同的附属性契约,其法律效力依基础合同而存在、变化和消灭。而独立保函,是指银行或非银行金融机构作为开立人,以书面形式向受益人出具的,同意在受益人请求付款并提交符合保函要求的单据时,向其支付特定款项或在保函最高金额内付款的承诺。[1] 独立保函不以基础法律关系项下的违约为付款条件,而是以付款请求和保函单据为付款条件。

独立保函机制的特点在于扭转了传统的违约证明及诉讼风险分配方式,通过金融信用的介入,使债权人在基础交易违约争议期间能够先从保函开立人处

---

〔1〕 独立保函凭借独立性在国际交易尤其是“一带一路”建设活动以及国内交易中被大量使用,2015年工农中建四大商业银行保函余额达到24,450亿元人民币,其业务的规模和体量已远远超过商业跟单信用证。

获得付款,债权人和债务人嗣后再解决违约争议,故被形象地称为“先付款,后争议”机制。独立保函的独立性原则和单据性原则是保障这一机制运行的基石。因其独立于基础交易关系和开立申请关系,只要受益人提交的单据与独立保函条款、单据与单据之间在表面上相符,开立人就必须独立承担付款义务,不得利用基础交易或开立申请关系对受益人进行抗辩。只有出现受益人欺诈情形时,才可以作为法定的唯一例外情形对待。独立保函一经开出,未经受益人同意,不能修改或解除其承担的义务。

独立保函的法律依据源于《担保法》(已废止)第5条的规定:“担保合同是主合同的从合同。主合同无效,担保合同无效。担保合同另有约定的,按照约定。”[1]该条文后半部分的规定实际上承认了合同当事人可以通过合同约定改变保证合同的从属性而使之成为独立保证。

二、比较视野

独立保证吸收和借鉴了信用证的运作机制,成为一种独立担保,被认为是对传统担保的挑战和担保制度的创新,彻底颠覆了传统的担保概念,成为传统保证担保的异化。因独立担保不具备保证关系从属于主债权的特征,所以不能适用于保证的规范,也不具有一般保证人的先诉抗辩权。第二次世界大战后,为了克服传统的人的担保制度不足,发展了一种新型的人的担保方式。在国际经济贸易活动的谈判中,债权人为了避免以后发生纠纷时的复杂程序和各种抗辩事由导致的权益失去保障,往往要求债务人提供以下担保形式:担保人向债权人承担的保证责任独立于基础交易,一旦债权人认为债务人违约而按照担保文件约定向担保人请求付款时,担保人不得拒绝,不得主张依基础交易合同产生的抗辩,更不得主张检索抗辩权,实践中,担保人多为银行、保险公司,独立担保的具体表现形式可以是备用信用证,也可以是大陆法系中的独立保函。我国参加了联合国《独立担保和备用信用证公约》的起草和讨论,该公约已经于2000年1月1日生效,独立担保的法律实践成熟后,可以考虑在适当的时候加入公约,并以之为法律框架来建立和完善我国的独立担保制度。

---

〔1〕《担保法》废止后,该条款被《民法典》第682条及第388条取代。

三、起草背景及过程

《保全规定》制定过程中，最高人民法院正在起草《独立保函规定》，独立担保在国内交易从司法解释上得以确认，有利于统一国际国内独立保函交易的效力规则，当事人约定在国内交易中适用独立保函的，人民法院不能以独立保函不具有涉外因素为由，否定保函独立性约定的效力。独立保函作为金融机构开立的有效担保，引入财产保全担保中，更有利于提升申请保全人的担保的能力，拓宽担保范围，因此，起草过程中对该条文并无争议。

【实务操作指引】

一、独立保函的识别

金融机构开立的保函并非都是独立保函，需要结合保函的特征和形式综合判断并加以识别：保证人担保的独立性；保证人担保责任确定依据的单据化；单据与担保条款的一致性；清偿债务的第一性；保证人审查义务的表面性。

具体应用上，应区别以下几种情形：(1)保函事前或事后明确约定适用《见索即付保函统一规则》，该规则作为国际惯例，本身没有强制约束力，只有当事人明确将其并入担保合同，才产生约束力。(2)担保合同明确约定"见索即付"或"无条件或不可撤销"等内容的，一般应认定为独立保函。如果有与保函独立性相悖的内容时，应认定与保函独立性相悖的条款无效。保函名称虽称为独立保函，但其他主要条款的规定明显否定了其独立性，应根据其实质性内容而不是合同的名称来认定保函的法律性质。(3)尽管没有明确表明为独立保函，但经探究真意后，能确定为独立保函的，也可认定为独立保函。此时应结合交易关系，综合考虑合同条款来认定。如约定不明或约定有矛盾的，应认为是从属性保证。

二、对独立保函开立保证金可以采取保全措施

《独立保函规定》第 24 条规定，对于按照特户管理并移交开立人占有的独立保函开立保证金，人民法院可以采取冻结措施，但不得扣划。保证金账户内

的款项丧失开立保证金的功能时，人民法院可以依法采取扣划措施。开立人已履行对外支付义务的，根据该开立人的申请，人民法院应当解除对开立保证金相应部分的冻结措施。由此可见，尽管可以对独立保函开立保证金采取保全措施，一旦银行对外履行支付义务，申请保全人如只对保证金采取了保全措施，可能因保证金排除执行而导致保全目的落空。

【相关法律法规】

《民事诉讼法》第103条、第104条；《民事诉讼法解释》第152条；《独立保函规定》第1条；《民法典》第388条、第682条；《担保制度解释》第17条。

第九条　免予担保的情形

当事人在诉讼中申请财产保全，有下列情形之一的，人民法院可以不要求提供担保：

（一）追索赡养费、扶养费、抚育费、抚恤金、医疗费用、劳动报酬、工伤赔偿、交通事故人身损害赔偿的；

（二）婚姻家庭纠纷案件中遭遇家庭暴力且经济困难的；

（三）人民检察院提起的公益诉讼涉及损害赔偿的；

（四）因见义勇为遭受侵害请求损害赔偿的；

（五）案件事实清楚、权利义务关系明确，发生保全错误可能性较小的；

（六）申请保全人为商业银行、保险公司等由金融监管部门批准设立的具有独立偿付债务能力的金融机构及其分支机构的。

法律文书生效后，进入执行程序前，债权人申请财产保全的，人民法院可以不要求提供担保。

【条文主旨】

本条是关于在诉讼过程中特定情形下可以免除申请保全人提供担保的规定。

【条文理解】

一、诉讼保全阶段可以免除担保

申请财产保全并非都要向人民法院提供担保，这是我国民事诉讼法贯彻的基本原则，但是哪些情形无须提供担保，《民事诉讼法》尚无明确规定，由法官根据具体情况予以把握，难免产生争议。

实践中，人民法院在准许当事人的财产保全申请前，都要求申请保全人提供符合法律规定的担保。财产保全制度的本意是保障债权人的合法权益能够得到顺利实现，但对于弱势群体，即使通过财产保全责任保险提供担保，也会使其对申请保全望而却步，无异于实质上剥夺了弱势群体作为当事人申请财产保全的权利。[1] 考虑弱势群体的担保能力较差，立法上应当明确经申请保全人的申请，人民法院可以在不要求提供担保的情况下采取保全措施。

免担保仅适用于诉讼财产保全，诉前保全申请人即使是弱势群体，也必须提供担保，这是《民事诉讼法》第104条第1款的明确规定。《保全规定》征求意见稿中，在条文设计上对免担保的情形未作诉前与诉讼中的区分，全国人大常委会法工委民法室在答复意见中专门对该条提出建议，认为可以不要求申请保全人提供担保的情形与《民事诉讼法》第104条第1款的规定应当保持一致，根据全国人大常委会法工委民法室的建议，对不要求担保的情形在适用阶段上作了区分，本条明确当事人在诉讼中申请保全作为免担保的前提条件，排除了利害关系人在诉前申请保全适用免担保的情形。

二、免除提供担保的情形

本条针对实践中发现的问题，把降低诉讼成本的原则落到实处，对不提供担保的情形进行了类型化处理：

一是对于诉讼中弱势群体在保全担保上进行了特殊考虑，关于追索赡养费、扶养费、抚育费、抚恤金、医疗费用、劳动报酬、工伤赔偿、交通事故人身损害

---

〔1〕 以宁波市某区法院试行为弱势群体诉讼保全免担保情况为例，诉讼保全的379件案件中，涉及弱势群体的仅为18件，占4.7%，在弱势群体这一特殊对象面前，保全担保制度抑制了诉讼保全制度功能的发挥，导致弱势群体不能及时得到司法救济。

赔偿等社会弱势群体提起诉讼的案件,原告申请保全可以不提供担保。从经济能力角度看,这些案件原告一般都经济条件较差,且案件事实较为清楚,原告胜诉的可能性较大,申请人有实现权利的迫切需要。人民法院可以不责令提供担保。根据《民事诉讼法》第 109 条的规定,追索赡养费、扶养费、抚育费、抚恤金、医疗费用案件,追索劳动报酬的案件,在判决前可以申请人民法院裁定先予执行,如果当事人申请先予执行,未获人民法院准许,可以不提供担保申请财产保全。本条规定的权利主体多无生活来源,先给付其一定费用,可以使他们生活有保障,从而有益于社会秩序的稳定。追索抚恤金案件,是军人、国家机关工作人员、参战民兵、民工等因公牺牲或者伤残,应由民政部门依法对死者家属或者伤残者发放抚恤金而没有发放所产生的案件。对这类案件先予执行,既有利于发扬军人及广大公民为国家献身的精神,也有利于法律赋予公民的获得物质帮助权得以实现。交通事故人身损害赔偿案件属于侵权纠纷的常见类型,受害人住院治疗,往往需要住院费、手术费、医疗费及其他费用,受害人及其家属一般难以支付,甚至影响治疗。对这类案件的保全免除担保,有利于维护受害人的合法权益,也有利于维护社会治安秩序。

至于工伤赔偿,又称为产业伤害、职业伤害、工业伤害、工作伤害,是指劳动者在从事职业活动或者与职业活动有关的活动时所遭受的不良因素的伤害和职业病伤害。在日常生活中,人们经常会遇见或听说各类人身损害,比如,各类交通事故造成的人身损害、故意伤害等犯罪造成的人身损害、劳务关系中雇员人身损害、产品质量责任造成的人身损害、饲养的动物致人损害、医疗事故造成的人身损害、工伤事故造成的人身损害等。人身损害赔偿纠纷按照《民事案由规定》多达几十种,但只有工伤损害赔偿和交通事故损害赔偿可以不提供担保,因这两种损害赔偿在日常生活中频率最高,对当事人影响最为普遍。

二是婚姻家庭纠纷案件中遭遇家庭暴力且经济困难的当事人,可以不提供担保。婚姻家庭案件主要集中于离婚及子女抚养、财产分割等纠纷。一般情况下,遭受家庭暴力的多为女性,经济比较困难,处于弱势地位,可能发生施加暴力一方可能和第三人串通转移财产的情况下,其申请财产保全时人民法院可以不要求提供担保。在该类离婚及财产分割案件中,女方不掌握家庭财产控制权,遭受了家庭暴力、虐待、遗弃的情况下,经济上处于更加困难的境地,当事人连支付离婚案件诉讼费及律师费都比较困难,提交财产用于担保就更不现实,实践中,财产如果登记在男方名下,一旦起诉男方转移财产的可能性很大,财产保全更显得迫切紧急,因此,对婚姻类案件的保全担保应进行特殊规定。

三是检察院提起的公益诉讼案件,人民法院依职权保全应当允许检察院不提供担保。按照提起诉讼的主体不同,公益诉讼可以划分为检察机关提起的公益诉讼、其他社会团体和个人提起的公益诉讼,前者称为民事公诉或行政公诉,后者称为一般公益诉讼。大多数观点认为,能够提起公益诉讼的主体包括一般民众、社会团体和检察机关,人民检察院提起的公益诉讼案件主要指因破坏生态环境和资源保护、食品药品安全领域侵害众多消费者合法权益等损害社会公共利益提起的民事诉讼。[1]《检察机关民事公益诉讼案件办案指南(试行)》也规定,对于可能因被告一方的行为或者其他原因,使判决难以执行或者造成与国家利益或者社会公共利益相关的其他侵害情形,检察机关可以建议人民法院对被告财产进行保全。根据检察机关建议,人民法院采取保全措施的,检察机关无须提供担保。

四是金融机构作为诉讼当事人时,因其本身强大的偿债能力,也可以不提供担保。商业银行、农村信用社等银行机构,以及保险公司、金融资产管理公司等经济实力充足的非银行金融机构申请财产保全的,可以不提供担保。从申请人经济实力角度考虑,这些机构的经济实力比较强,责令他们提供担保,必要性不大。需要注意的是,并不是任何金融机构都可以免除担保,只有申请保全人为商业银行、保险公司等由金融监管部门批准设立的具有独立偿付债务能力的金融机构及其分支机构,才可以不提供担保,本条以商业银行、保险公司为代表,未对所有符合条件的金融机构进行列举。实务中要注意两个限定条件:一是金融机构及其分支机构要经金融监管部门批准成立;二是还要有独立偿付债务能力。诉讼中,金融租赁企业申请财产保全,符合受理条件的,可以不要求提供担保;其他融资租赁企业申请财产保全,符合受理条件的,可以结合当事人提供的证明材料,从企业的注册资本及实缴出资数额、纳税信用等级、上一年度纳税额,以及企业资产状况、涉及诉讼案件的情况、信用评级机构出具的资信证明等方面,综合审查企业资信能力,并决定是否准许其以自身资信提供担保。[2]

---

[1] 参见《最高人民法院、最高人民检察院关于检察公益诉讼案件适用法律若干问题的解释》,2018 年 2 月 23 日最高人民法院审判委员会第 1734 次会议、2018 年 2 月 11 日最高人民检察院第十二届检察委员会第 73 次会议通过,自 2018 年 3 月 2 日起施行。

[2] 参见 2019 年 12 月 30 日《天津市高级人民法院关于审理融资租赁合同纠纷案件若干问题的审判委员会纪要(一)》。

五是因见义勇为遭受侵害请求损害赔偿的当事人。见义勇为的行为也具有公益性,在案件事实清楚的情况下,人民法院可不要求见义勇为一方当事人提供担保,直接根据申请采取保全措施,这也是司法解释倡导见义勇为、弘扬社会正气的体现。

六是事实清楚、权利义务关系明确、争议不大的案件。从发生保全错误的风险角度考虑,民间借贷纠纷案件等,人民法院通过审查基本可以判断出原告能否胜诉,这些原告的主要诉讼请求能够得到支持,人民法院可以不要求申请财产保全的原告提供担保。

七是对于生效法律文书进入执行程序前的财产保全,债权人的权利义务关系已被生效法律文书确认,应该予以及时兑现,虽未申请执行,也不应要求其提供担保。《民事诉讼法解释》第163条规定了执行前财产保全制度,但未规定申请执行前财产保全是否需要提供担保。实践中,法律文书生效后进入执行程序前,双方当事人的债权债务关系已经确定,不会出现保全错误,债权人无须为保全申请提供担保。

三、免费担保

有的人民法院为提高保全率,引入担保公司为弱势群体诉讼保全免费提供担保,并设立诉讼保全担保公司专项补助金,一定程度上缓解了提供担保难的问题。具体做法是:通过遴选担保公司,在担保公司提供其同意为司法救助或法律援助类案件免费担保的承诺书、担保公司及其股东承诺书、同意因保全错误而承担责任并经法院裁判确认时自动履行赔偿义务承诺后,政府在年终根据担保业绩,向担保公司发放年度政府补助资金,对担保公司给予一定的补偿。担保公司对于弱势群体当事人的财产保全担保为免费担保,不收取任何费用。弱势群体当事人申请无偿担保时,只要在起诉时提供书面申请书和确有经济困难的证明材料,人民法院经审查,确认申请人符合免费担保条件的,通知担保公司为申请人诉讼保全申请提供担保,并立即办理无偿担保手续,这和传统的缓、减、免诉讼费及司法救助金等制度构成了一个较为完整的司法救助体系。通过财产保全免费担保制度,确保弱势群体当事人的权利获得法律规则内最大化救济。

四、法院依职权保全不当然免除担保

比较法上，大陆法系和英美法系国家的诉讼保全，都奉行当事人申请主义，我国民事诉讼法则采用了当事人申请主义和职权主义相结合的混合主义。《民事诉讼法》第 103 条规定，当事人没有提出申请的，人民法院在必要时也可以裁定采取保全措施，把当事人申请作为财产保全程序启动的主要方式，法院依职权保全作为一种有限的补充。债权人因缺乏法律知识和经验，诉讼能力较为低下，没有及时申请保全的，在实践中客观存在；标的物有腐烂危险，有毁损、变质、灭失可能的，双方当事人互相推诿，需要及时处理防止损失扩大，也时有发生；另外，涉及国家利益和社会利益的案件，以及公益诉讼案件，也有必要依职权采取保全措施。法院依职权采取保全措施不等于不要求当事人提供担保，因此，不能把依职权保全与免除担保相等同。

【制定背景】

一、基础理论

《民事诉讼法》第 104 条规定，申请诉前财产保全应当提供担保。这是基于诉前财产保全的案件并未进入诉讼程序，人民法院对当事人之间的权利义务关系无法作出判断，保全错误或者申请人滥用诉讼权利的概率较高，从保护被申请人合法权利、有效弥补财产保全措施可能给被申请人造成的损失的角度考虑作出的规定。对于申请诉讼保全，《民事诉讼法》第 103 条仅规定人民法院可以责令申请人提供担保，也就是说申请人是否需要提供担保，由人民法院根据案件具体情况裁量。事实上，并非所有的诉讼保全案件都存在提供担保的必要。如有的案件当事人之间的权利义务关系明确，事实比较清楚，申请保全错误的概率极小，甚至根本不会错误；有的申请保全人经济实力较强，资信情况良好，即使申请保全错误也有足够的资金赔偿被申请人的损失。对于这些案件，再责令申请人提供担保就失去了意义，也浪费了司法资源。保全是民事诉讼的重要手段，尤其是在金融类案件中，作为资金融出方的商业银行、金融资产管理公司、信托公司、基金公司、租赁公司、小贷公司、典当行等，因资金使用方违约而提出诉讼时，财产保全是其首要考量的法律措施和诉讼策略。但民事诉讼法对

保全担保制度的设计强调平衡当事人之间的权利义务，对保全申请设置了较为严格的条件，实践操作中，人民法院不能都要求申请保全人必须提供担保。

二、比较视野

财产保全担保在日本法上作为保全命令担保，是指为担保因违法的或不当的保全命令有可能给债务人造成的损害，裁判所要求债权人于保全命令作出前预先提供的担保。是否提供担保，由发出保全命令的裁判所自由裁量决定，但当事人可以对裁判所的裁量判断结果提出保全异议和保全抗告。《日本民事保全法》第 14 条第 1 款规定："发出保全命令，可以要求申请人提供担保，或于认为适当的期间内提供担保作为实施保全的前提条件，亦可不要求提供担保"。实务操作中，日本裁判所命令提供担保的方式一般有两种：一是命令申请人提供担保后发出保全命令；二是发出保全命令无须提供担保，但将来执行该保全命令时，需要向执行裁判所提供担保。〔1〕

《瑞典诉讼法典》第 6 条规定，如果申请者无法提供担保，但对其诉讼请求有特别理由的，法院可以免除其担保义务，政府、市政机关、郡议会、地方社区组织无须提供担保。〔2〕《韩国民事执行法》第 280 条规定，即使债权人疏明保全的债权和假押留的必要性，法院也可以要求债权人提供担保，而且要把提供的担保写入假押留命令中。可见，是否免担保，韩国法院的自由裁量权很大。

三、起草背景及过程

各地人民法院对免予提供担保所设定的条件不一致，且经常发生变化，在以金融企业作为原告的诉讼案件中，诉讼结果基本能够预测，败诉可能性较低，如不能及时保全则无法取得首封处置权，而财产的处置一般由最先采取查封措施的人民法院进行。由于财产没有通过保全程序实现首封，即使胜诉当事人已对财产设定了抵押权等优先受偿权，但仍可能无法取得财产的优先处置权，增加金融机构债权实现的时间成本和融资成本。对于即将进入诉讼的金融企业

---

〔1〕 参见[日]山崎潮监修、濑木比吕志等编：《注释民事保全法》(上)，社团法人民事法中心 1999 年版，第 222 页。转引自《日本民事诉讼法典》，曹云吉译，厦门大学出版社 2017 年版，第 291 页。

〔2〕 参见《瑞典诉讼法典》，刘为军译，中国法制出版社 2008 年版，第 53 页。

来说,保全是最重要的诉讼手段,如何降低诉讼保全成本、提高诉讼保全效率,是金融纠纷中债权人最关注的问题。金融机构申请财产保全,应允许其免予担保或以出具保函方式提供担保,但各地对金融机构如何提供担保存在分歧。以信托公司申请财产保全是否可以保函提供担保为例,各省自治区、直辖市高级人民法院辖区对于信托公司提供担保的做法各异,有的人民法院允许信托公司以自己的信用作为担保,而部分人民法院则要求信托公司提供财产担保或者法院认可的第三方担保,原保监会和不少金融单位提出建议,应通过保全司法解释统一全国各地关于信托公司提供担保的标准,认为信托公司为持牌金融机构,具有较高信用水平,与商业银行相类似,信托财产所有权并不归属于信托公司;信托公司自身固有资产不足以为巨额诉讼标的提供担保,第三人提供保证担保时,信托公司则会支出巨额费用。信托公司在申请财产保全时应与商业银行、保险公司同等对待,允许信托公司以自己的信用提供担保。

对资产管理公司而言,随着商业化转型,大面积开展投融资业务和市场化运作不良资产业务,对政策性时期特殊司法政策能否继续适用,也有待进一步明确。2001 年颁布的《最高人民法院关于审理涉及金融资产管理公司收购、管理、处置国有银行不良贷款形成的资产的案件适用法律若干问题的规定》(已废止)第 5 条规定,人民法院对金融资产管理公司申请财产保全的,如金融资产管理公司与债务人之间债权债务关系明确,可以不要求其提供担保。可见,资产管理公司申请财产保全免予提供担保的前提是债权债务关系明确。另外,虽然上述司法解释依然有效,但目前对于资产管理公司所管理和处置的资产性质,人民法院也难以辨识清楚,是否免予担保,仍需要根据《保全规定》的适用条件予以把握。[1]

【实务操作指引】

保全担保的解决路径既可以从申请保全人的角度出发对制度进行设计,以申请人自有财产进行担保,或通过保险公司、融资担保公司等第三方提供担保。也可以在实践中探索通过免担保承诺免除申请保全人担保的操作模式,借贷活动中借款人向出借人作出的书面承诺,如果双方在资金使用过程中,因借款人

---

〔1〕 参见姜晨:《诉讼财产保全担保政策梳理及实践参考》,载《特殊机会投资之道》,北京大学出版社 2018 年版,第 573 页。

出现迟延、拖欠或拒绝偿还借款情形，出借人提起诉讼或者仲裁后，申请法院采取诉讼保全措施时，借款人同意免除出借人的保全担保责任，同意人民法院在出借人不提供保全担保的情况下，采取保全措施，查封借款人相应财产。

免担保承诺主要适用于以资金出借为本质特征的金融类纠纷，资金出借纠纷权利义务关系相对简单，出借人的胜诉率高。另外，免担保承诺仅限于诉讼保全，诉前保全当事人不能通过协商予以排除。

免担保承诺可以降低原告的诉讼成本，也使人民法院节约了用于审查担保财产的时间，人民法院根据原告的保全申请作出保全裁定，可以尽快控制财产，推进诉讼进程。同时，免担保承诺还有利于消除恶意拖延诉讼，促使债务人积极主动面对纠纷。民事诉讼当事人对自己权利具有处分权，符合民事诉讼法的处分原则，免除保全申请人提供担保义务是当事人行使处分权的方式之一。需要说明的是，免除申请人提供担保，被保全人并未放弃对申请人申请错误保全的实体损害赔偿请求权，但对免担保承诺的适用范围加以必要限制以避免滥用。

【相关法律法规】

《民事诉讼法》第 103 条、第 104 条；《民事诉讼法解释》第 152 条；《劳动争议解释(一)》第 49 条。

第七章　诉讼保全责任保险

第七条　诉讼保全责任险

保险人以其与申请保全人签订财产保全责任险合同的方式为财产保全提供担保的，应当向人民法院出具担保书。

担保书应当载明，因申请财产保全错误，由保险人赔偿被保全人因保全所遭受的损失等内容，并附相关证据材料。

【条文主旨】

本条是关于确立诉讼保全责任保险作为申请财产保全担保方式的规定。[1]

【条文理解】

保全担保制度设立的目的在于当保全申请错误时，申请保全人能够赔偿被保全人因此遭受的损失，降低虚假诉讼以及恶意保全财产行为的发生概率。保全担保在一定程度上确实降低了保全错误的发生率，但传统的担保方式极大增加了申请财产保全的成本，提升了申请保全的难度。财产保全责任保险在不增加保全错误概率的前提下，提高了当事人对保全程序的利用率，因此，引入财产保全责任保险是当事人、人民法院和保险公司共赢的体现。财产保全责任险不

---

〔1〕《保全规定》实施前，诉责险作为保全担保方式已在最高人民法院和各地人民法院推行，如2016年4月26日，申请保全人向最高人民法院提交由中国大地财产保险股份有限公司山东分公司出具的诉讼财产保全责任保险保单保函作为担保，申请财产保全，最高人民法院作出《北京中金国联富盈投资发展中心与甘肃三洲实业集团有限公司、北京金丰科华房地产开发有限公司等股权转让纠纷、申请保全案件民事诉讼保全裁定书》（〔2016〕最高法民终205－1号），认为财产保全申请符合法律规定，应当予以准许。

适用于行为保全案件。

一、财产保全责任险

所谓财产保全责任险，系保险公司依照与申请人签订的保险合同，自愿承担申请人可能承担的保全申请错误风险，并向人民法院出具担保书，保证当保险事故发生即申请保全错误造成被保全人财产损失时，由保险人代替申请人承担对被保全人的赔偿责任。民事诉讼法对申请人提供担保的形式并未作任何限制，而财产保全责任保险，是由具有高度偿付能力的保险公司设立的险种为保全申请人提供担保，属于在保全实践中不断探索而兴起的财产保全担保方式。一方面是保险公司根据民事诉讼法和相关司法解释的要求就保全财产向人民法院提供担保，另一方面申请保全人和保险公司之间建构了一个商事保险合同关系。作为申请人为财产保全所提供的担保，则兼具公权力和私权利性质。保险公司参与诉讼财产保全担保，申请人与保险公司之间基于保险合同建立了私法关系，申请人以其所购买的保险产品作为其应得权益为其所申请的财产保全提供民事诉讼法要求的担保。申请人、保险公司和人民法院三方关系跨越了私法与公法两个法域。

把商业化保险引入财产保全领域，是司法实践中各地人民法院和保险公司合作开展的利民便民措施。诉讼责任保险作为保险公司新兴业务，既减轻了申请保全人用于担保的资金压力，又能够使保险公司获得稳定利润，社会公众及保险公司对该做法反响效果好、积极性高，申请保全人可以“花小钱办大事”，支付得起为财产保全提供担保的费用，作为一个便民利民的举措，人民法院能够把降低申请财产保全门槛的立法精神切实落到实处。但法律和司法解释对诉讼保全责任险的合法性、正当性没有正式确认前，以诉讼责任险提供保全担保只在少数地区法院试点，多数法院仍然坚持要求当事人提供银行存款、不动产或专业担保公司作为保全担保。

财产保全责任险本质属于责任保险，有别于保证保险。被转移风险的种类往往是决定保险种类的关键因素。理论上，原告申请财产保全时所面对的风险以及财产保全后的反担保所面对的风险，都可以利用保险予以化解，原告购买责任保险目的在于防范其申请保全错误发生的赔偿风险，被告购买保险后则无须再面临财产被查封的风险，其正常的生产和生活免因诉讼程序而遭受不利，也可用诉讼财产保全责任险去替代财产保全之反担保,其目的在于防范财产被错误查封后难以向申请保全人追偿损失的风险。财产保全责任保险,针对的是保全错误发生的侵权责任,应归为责任保险。保险公司理赔后不向投保人追偿的保险条款并不能否定其责任保险的属性。为了控制保险经营风险并防止投保人的道德风险,财产保全责任险合同不应有追偿条款。保证保险合同中存在追偿条款,追偿多发生在投保人或被保险人故意导致保险事故发生的情形中。

二、财产保全责任险合同

保全责任保险合同,是指以申请保全人依法应当承担的申请保全错误损害赔偿责任为保险标的的保险合同。保险人,是指提供财产保全责任保险,并与投保人签订保险合同的保险公司。被保险人,是指向人民法院申请财产保全的民事诉讼当事人或利害关系人。投保人,是指与保险人订立保险合同,并按照合同义务负有支付保险费义务的人。被申请人,是指保险合同保险单中载明的其财产因被保险人申请而被人民法院保全的民事诉讼当事人或利害关系人。财产保全责任险涉及的法律关系:一是财产保全错误时申请人与被申请人的侵权关系;二是保险公司与财产保全申请人之间的保险与被保险关系。在保险期间内,被保险人向法院提出财产保全申请,被保险人如因财产保全申请错误致使被保全人遭受损失,经法院判决由被保险人承担损害赔偿责任的,保险人按照保单和保险合同的约定给予赔偿。

保险人承担保险责任须同时满足以下条件:被保全人确有实际损失的发生;被保全人的损失的出现与被保险人的保全申请错误有因果关系;被保全人的损失经法院判决确认具体损失金额。因财产保全侵权责任纠纷,被保全人向申请保全人提起诉讼,经由人民法院判决确定申请保全人承担侵权赔偿责任,保险人应不可抗辩向被保全人承担保险责任。

保险合同可以约定不向申请人承担保险责任情形:(1)因被保险人和被保全人恶意串通造成的损失;(2)因被保全人故意或重大过失造成或扩大的损失;(3)被保险人由于财产保全错误遭到被保全人诉讼时,未及时通知保险人而造成或扩大的损失;(4)被保险人由于财产保全错误遭到被保全人起诉时,未经保险人同意,与被保全人和解、调解结案而承担的赔偿责任;(5)被保险人撤诉(不包括和解后撤诉)、诉前保全后不起诉或使用虚假证据给被保全人造成的损失;

(6)被保险人未依法行使诉讼权利或履行诉讼义务而造成或扩大的损失。但保险人向人民法院出具担保书后,不能以上述事由不履行对被保全人的赔偿责任。

财产保全责任保险合同一般载有赔偿限额条款,是保险人承担赔偿责任的最高限额,赔偿限额一般为申请财产保全请求金额,并结合诉讼请求金额综合判断。赔偿限额由保险人与投保人协商决定,具体以保险单上载明的保险金额为准。人民法院虽不应用司法裁判权来限制保险合同当事人依据保险法而解除保险合同的权利。但保险公司解除保险合同,需要向法院提供其他替代性保全担保,以维护人民法院财产保全的正常秩序。

三、保险公司保函

保函系保险公司向人民法院出具的具有担保效力的书面文件。因各地保险公司的做法和人民法院的要求存在差异,分别出现了担保书和保单保函两种形式,亟须统一规范。保险公司向人民法院出具的保单保函或担保书,与保险公司与被保险人之间签订的保全责任保险合同的内容也不一致,出现了保险合同与保函、担保书脱节现象。保险监管机构对诉讼财产保全责任保险业务未进行统一监管,尤其对保险条款、保险单、保函内容尚未作出明确规定,最高人民法院对财产保全责任保险担保尚未制定具体审查标准,实践中保全保险担保不规范问题集中表现在:申请保全人提供的保险担保材料不全;保险合同中约定免责条款使担保功能受限或难以实现;保险公司对人民法院作出的无条件承担赔偿责任的承诺与保险免责条款冲突;保单保函与保险合同约定的保险期限不一致或不符合担保要求等。

(一)保函性质认定

保单保函是保险公司单方向人民法院出具的书面文件,从内容上看,载有保单的内容以及愿意就保全错误造成的损失无条件承担赔偿责任的承诺;从形式上看,一般将保险合同和保单附后,保函一般加盖“诉讼财产保全责任险产品专用章”。

保单保函不属于保证担保。首先,保证担保要求保证人为具有代为清偿债务能力的公民、法人或其他组织,保单保函加盖保险公司产品专用章,保险公司并未以保证人的身份出现,保单保函赔付费用支出性质属于保险索赔。其次,保单保函的基础为保险合同,保险合同中存在的免责条款,与保单保函无条件承担赔偿责任的承诺相冲突,不符合保证担保的构成要件。再次,如保险公司向申请保全人提供保证担保,涉嫌超业务范围经营及违反监管规定。最后,保险公司尽管在一定条件下可以为其他主体提供保证担保,但需要股东会或董事会的授权或者决议,上市的保险公司还需要履行信息披露的义务。

财产保全责任险的核心是申请保全人将其购买的保险产品提供给法院作为担保物,保险公司依照保险合同履行合同义务,相关内容通过保单保函的形式向人民法院呈现。

保单保函又非质押担保。首先,保单并未交付法院,未实现占有转移,人民法院也不能作为质押权人;其次,保单的现金价值难以确定,相应现金价值需要专业机构作出估算,能否实现存在或然性;最后,保单上记载的有效期与保函期限不一致,也不符合质押担保应从属于保险合同的要求。

(二)免责条款不影响担保有效性

保险公司认为,保单保函是以保单上的权利向法院提供担保,但民事担保中允许和可能出现的商业风险,却不允许在诉讼保全中出现。法院对保全担保能力的要求极高,只有把保单保函的脱保风险化解为无形,才能破解保险合同免责条款可能带来的干扰,只要不影响担保的有效性,就能实现保全担保的功能。保险合同中尽管存在免责条款,只要申请保全错误导致赔偿时,保险公司不能基于免责约定进行抗辩,就能实现保单保函的担保目的。特殊情况下,为避免保全错误赔付激增或出现赔偿数额巨大的案件,保险公司基于利益驱动选择保险合同中的免责条款进行抗辩,会使法院工作陷于被动,因此,人民法院要求保险公司在保函中写明无条件赔付承诺。

(三)保函期限

保函期限较多表述为“至因保全错误引发的侵权之债消灭时止”,而保险合同约定的期间一般为两年的固定期间,到期需要重新缴纳保费。实践中,案件从保全到起诉(一审、二审)再到保全错误引发的侵权诉讼(一审、二审)审理完毕一般会超过两年时间,保险合同对于有效期的约定不能覆盖保全错误损害赔偿的全程,如果保全申请人在两年到期后不再续交保费,可能影响保单有效性。

但无论保险合同是否到期,不影响保函的有效性。

四、担保书

1. 担保书具有独立性

本条在申请保全人与保险人订立保险合同情况下,要求保险人须向人民法院出具独立的财产保全担保书,力求实现保险合同与担保相互独立、互不干扰。财产保全责任险是财产保全担保的基础法律关系,但财产保全担保并不完全依附于财产保全责任险合同的约定。也就是说,无论申请保全人与保险人就合同的免责及解除如何约定,是否投保财产保全责任险,保险人只要为其进行财产保全提供担保,就要按照民事诉讼法和相关司法解释的规定,遵循保全担保的要求,与人民法院建立起民事程序法上的担保关系,出具与其他财产保全担保相同的、具有独立性的担保书。本条所指向人民法院出具的财产保全担保书,与保险公司出具的保险合同或保单不同。第一,本条第1款所要求的担保书是面向法院开具的,这与直接把保险合同或保单送交至人民法院存在很大的不同。因为财产保全责任险解决的是在何种条件下,申请保全人以何种方式从保险人处取得保险的问题,取决于双方当事人的意思表示,属私法自治的范畴,法院无法参与也不应干涉。第二,本条第2款还规定,担保书应载明由保险人赔偿被保全人因保全错误所遭受的损失,这在保险人和被保全人之间架设了附条件的债权债务关系,发生被保全人向保险人的求偿权,超出了保险合同或保单的效力范围。《保险法》第65条规定:“保险人对责任保险的被保险人给第三者造成的损害,可以依照法律的规定或者合同的约定,直接向该第三者赔偿保险金。责任保险的被保险人给第三者造成损害,被保险人对第三者应负的赔偿责任确定的,根据被保险人的请求,保险人应当直接向该第三者赔偿保险金。被保险人怠于请求的,第三者有权就其应获赔偿部分直接向保险人请求赔偿保险金。责任保险的被保险人给第三者造成损害,被保险人未向该第三者赔偿的,保险人不得向被保险人赔偿保险金。”从中可以看出,保险人虽然在有法律规定或者合同约定的情况下,可以直接向第三人赔偿,但第三人只有在被保险人对第三者应负的赔偿责任确定时且根据被保险人的请求,或是被保险人怠于请求时,才可以享有对保险人的直接求偿权。显然,担保书与保险合同或保单具有本质的区别。

因担保书确立了保险人独立的连带担保责任，故无论申请保全人与保险人之间的保险合同如何约定，是否具有免责情形，均不妨碍被保全人依据担保书向申请保全人或保险人请求给付损害赔偿，这一点与其他形式的财产保全担保并无本质区别。保险人与申请保全人之间，因财产保全责任险而建立一种私法上的保险关系，这种保险关系亦是保险人向法院出具财产保全担保书的基础条件。但保险单或保险合同不能替代担保书功能，因担保书本质是保险人无条件承担申请错误保全责任向人民法院作出的承诺。

2. 担保书形式

实践中，对于保险公司提供的《诉讼财产保全责任保险担保书》的格式并无统一规范，不同保险公司出具不同形式的担保书文本，其中部分内容多数不符合法律规定，给人民法院审判工作带来一定影响，各省、自治区、直辖市高级人民法院应当通过制定指导意见，将《诉讼财产保全责任保险担保书》样式予以统一。担保书及保单可使用保险人的保单专用章，保险人出具的其他资质证明文件均需使用其公章；保险人还需要出具风险评估证明，即保险人对所承保的财产保全责任保险，结合自身经营业务规模、风险程度、偿付能力、一次保险事故可能造成的最大损失范围所承担的责任，以及是否超过其实有资本金加公积金总和的10%向法院提供的相关证明。

3. 担保书的内容

保险人与被保险人签订的保险合同内容与担保书内容应当保持一致。保单已经在银保监会备案的，备案内容应与向法院出示的担保书内容一致；担保书及保单中的保险责任应当明确，申请人财产保全申请错误致使被保全人遭受损失，被保险人依法应当承担的责任，保险人在赔偿限额内不可抗辩地进行赔偿；担保书及保单有效期间、保险期间应当明确，为自被保险人向法院提出财产保全申请之日起至财产保全之诉全部结案且权利人申请执行时效届满之日，包括因财产保全错误引发诉讼全部结案且权利人申请执行时效届满之日。

五、保险公司向法院提交的材料

保险公司与申请保全人签订保险合同后，需要向人民法院提供保单、营业执照、经办人身份证明、经办人身份证复印件、保险公司保全责任保险条款、保险公司责任保险条款—备案表、企业负责人身份证复印件、企业负责人身份证明、总公司授权函、保险经营业务许可证、分公司营业执照。保险人承保后，除了保单和保险条款外，还应向法院提交保函或担保书。

人民法院一般也要求保险公司提供其偿付能力报告以及经审计的财务报表等资料，并对担保书的格式有统一要求。对于分公司承保的诉责险，法院还要求总公司出具授权分公司经营诉责险业务授权书。个别法院还要求保险公司经办人持授权书和证明文件前往立案部门谈话。

保险人初次在保全法院承保的，应向人民法院提交以下材料，由人民法院审查：(1)经营许可证、注册资本证明；(2)无违法犯罪记录且无拒不承担为财产保全申请人履行担保义务记录的书面保证；(3)无纳入人民法院失信被执行人名单的书面保证；(4)财产保险公司保险条款和保险费率备案表（银保监会对保险人开展该项业务的备案手续，需加盖中国银保监会财产保险人保险条款和保险费率管理专用印章）；(5)保险人非总公司的，应当向法院提交总公司允许该分公司经营财产保全责任保险业务并以总公司的资产承担赔偿责任的授权证明；(6)保险人应当具有与其业务规模和风险程度相适应的最低偿付能力，并向法院提供最新的偿付能力证明（包括审计报告、偿付能力报表）。

六、保险公司自身偿付能力风险

诉讼财产保全责任险虽然在银保监会进行备案，但备案内容仅为保险合同和保单，即保险产品，保监会主要通过保费进行监管。保单保函尚未纳入监管范围。目前，保费收取标准一般为申请保全数额的1‰～3‰，保单保函总额相对保费数额出现激增，保险公司偿付风险也会激增，可能引发保险公司资不抵债、偿付能力降低的风险。为防范偿付风险，有的高级人民法院规定，发现保险人存在下列情形时，对其提供责任保险担保不予认可：(1)经营状况严重恶化，偿付能力严重不足，有丧失或者可能丧失履行承担保险责任能力的情形；(2)违反法律规定，损害社会公共利益，可能严重危及或者已经严重危及公司的偿付能力；(3)无正当理由拒不承担责任保险担保责任的；(4)在保险过程中存在恶意串通，损害国家、集体或者第三人利益的行为；(5)有其他经人民法院认定足以影响承担保险责任的行为。

【制定背景】

将诉讼保全责任保险附加担保书的担保方式引入财产保全机制,实践上具有必然性和可行性。理论上,保险介入保全,也并未突破传统意义上的保险制度,只是在责任保险的基础上附加了担保的功能,作为保险和担保的物理结合,并未改变各自法律关系的内在属性。

一、基础理论

(一)诉讼责任保险作为担保方式的优势

首先,保全责任保险具有投保便捷的优势,申请人可以通过保险公司的营业网点或其他指定方式购买保全责任保险,保险公司出具担保函审查宽松、程序简便、手续简洁。其次,保险公司作为非银金融机构,公司治理、风险控制和资金实力优于一般担保公司,大多数人民法院乐于接受保全责任险作为财产保全的担保。诉讼责任保全险被称为利润险,经过大数法则测算,一般不会发生大额的申请保全错误赔偿,保险公司因利益驱动也愿意承保。[1] 最后,诉讼财产保全责任险不仅能够保障财产保全申请人的诉讼权利,还有益于人民法院在财产保全申请的审核上提高工作效率,保全责任保险已经发展成为标准化的业务运作模式,有利于节省司法资源。

(二)保险公司作为金融机构从事保全担保业务不违反监管

从调研的情况看,保监会对保险公司开展的保全担保业务并未作出禁止性规定,对这项业务的开展持肯定态度。有观点认为,保险公司从事的诉讼保全责任保险业务涉嫌违反监管,只有经营担保业务的主体才能依法向人民法院提供诉讼担保。但保全担保在法律规定、程序要件及法律性质等方面,不同于通常的民事担保,具有一定的公法性质,保监会出台对外担保禁止规定的本意是禁止保险公司及其分支机构在保险经营业务范围外,违规为其他相关经济主体出具非基于经营目的、没有精算、风控基础的民事担保业务,并非禁止所有类诉

〔1〕 诉讼保全责任保险具有长尾特性,保全错误通常要在承保后两年或者更长时间内体现出来。

讼担保性质的保险业务。[1] 诉讼担保是向人民法院提供的财产担保;一旦发生损害赔偿,法院可以直接执行担保财产,目的是保障对被保全财产的暂时控制而免除司法赔偿的责任。诉讼保全责任险本质上是一种可期待利益,即所谓保险利益,具有财产权属性,以其赔偿被保全财产可能发生的损失。保险监管机构之所以禁止保险公司为他人债务向第三方提供担保,避免大量对外担保很有可能造成保险资本遭受重大不确定性风险,对保险机构的资产运营会产生不良影响,引发保险行业系统性的灾难,损害社会公众利益。就险种而言,保险公司对险种的设计、核保风控、保险费率精算均依托现代保险技术,本身属于成熟的保险产品,保函事项及金额具有保险原理上的科学性与合理性,与其他保险产品一样,并不会对保险公司的资产运营产生不良影响。保险监管机构禁止为他人债务向第三方提供的担保是指私法上的一般保证和连带责任保证。

(三)保险合同免责条款与保险公司承担赔偿责任相隔离

财产保全采取申请人与担保人承担连带赔偿责任的方式,而财产保全责任保险作为保险产品,并不具备以全部财产承担连带赔偿责任的功能。财产保全担保不能免责,按照责任险产品设计,保险公司也不对申请人进行追偿,本条要求保险公司在与投保人签订保险合同后,申请保全人以责任保险为担保向人民法院申请财产保全时,保险公司应当向人民法院提交担保书。该担保书应当载明,因申请财产保全错误,由保险人赔偿被保全人所遭受的损失等内容,并附相关证明材料,从而确保被保全人在因错误保全遭受损失时得到赔偿。至于保险公司与申请保全人之间如果因约定的免责条款发生了争议,应属于另行处理的法律关系,将保险引入保全机制,在法律关系上不单纯是保险合同当事人之间的私法关系,还包括保险公司向法院提供担保的公法关系。在内部关系上,保险公司与申请保全人之间存在保险合同关系,双方基于契约自由,可以进行内部约定,但该约定不能影响外部的具有公法性质的担保的效力。即使保险合同自始无效或嗣后被撤销,也不能阻断保险公司对被保全人承担的赔付责任。保险公司提供给法院的保全担保,可视为具有公法性质的特殊担保。

---

〔1〕 2011 年,中国保监会下发的《关于规范保险机构对外担保有关事项的通知》中规定:"除保险公司自身诉讼中的担保、出口信用保险公司经营的与出口信用保险相关的信用担保以及海事担保之外,禁止保险机构为他人债务向第三方提供担保。"

二、比较视野

国外诉讼保险制度不同于我国的诉讼财产保全责任险，而属于在其他保险之外附加的一种诉讼风险的商业保险，适用于补充司法援助狭小的范围。保全责任保险从比较法、基本理论和制度上确实具有一定的创新性。在其他国家难以发现类似的制度规定，对于采用责任保险为保全提供担保比较慎重，诉讼责任险是出现在保险市场上的具有中国特色的特殊保险产品，不同于美国保险公司经营的保证担保业务，也区别于欧洲各国的诉讼保险。

三、起草背景及过程

本条规定在起草过程中争论最为热烈，高等院校专家学者、保险公司、原保监会和司法系统一线法官都参与了讨论，建言献策。实际上，将保全责任保险引入司法解释并最终确定下来，主要源于财产保全责任保险实践发展的有力推动。保全责任保险经过五年多的探索已经颇具规模，表明诉讼责任险的产品开发、设计能够满足社会公众的需求，应当予以肯定和加以推广。

自 2012 年云南诚泰财产保险股份有限公司试点财产保全责任保险以来，该险种开展势头迅猛，据人保公司的初步统计，2015 年至 2016 年年底，该公司承保金额达 4000 亿元，纯收益近 3 亿多元。保全错误发生理赔的案件仅有少数几件，已经按照法院的要求赔偿被保全人。除保全责任险外，其他保险公司还开展了保证保险担保业务。《保全规定》征求意见稿向社会公布后，对该条反响异常强烈，学术界和实务界也展开积极的研究和探讨。2015 年两会上，有代表提出《关于在诉讼保全中引入保险担保机制的建议》，认为保险担保机制在民商事纠纷案件数量不断上升的背景下应当引入财产保全中。原保监会以《中国保监会办公厅关于十二届全国人大三次会议第 2676 号建议协办意见的函》（保监厅函〔2015〕310 号）回复该建议，也认为与传统担保公司相比，保险公司提供财产保全责任保险具备更强的赔付能力，基于大数法则的定价更加准确。当事人通过购买保险替代担保，转嫁财产保全的风险，不仅能够以较少的支出解决自有财产占用或担保资金不足的问题，也能在保全财产遭受损失后保证被保全人及时获得赔偿，使人民法院的案件审理和执行工作顺利进行。最高人民法院领导及相关法官也都认为，应当在司法解释中肯定这种做法，以解决保全门槛过高、保全制度空转的问题。

诉讼财产保全保险的法律性质属于责任保险。从诉讼保全责任险所承保的保险责任范围来看,依据《保险法》的规定,责任保险的保险标的是被保险人对第三人依法应负担的赔偿责任。关于申请人因诉讼保全错误而承担的赔偿责任属于民事侵权责任的范畴,申请人或被保险人通过购买诉讼保全责任险的方式转嫁未来可能因申请错误而需承担的民事侵权责任,上述保险产品所提供的保障机制,完全符合责任风险通过责任险的方式转嫁的保险原理。

我国现行《保险法》没有规定财产保全责任保险,有观点据此认为,司法解释没有上位法律依据,不能创造一个险种。被申请人并非保险合同的当事人,只作为第三方,可以直接向保险公司索赔,突破合同相对性原则。保全担保是连带担保,保险替代保全担保存在逻辑障碍。

在财产保全责任保险引入立法的技术方面,是保全责任保险究竟应以什么样的表现形式在立法中予以确认的问题。多数观点认为,申请人是否以及如何与保险人订立合同,属于申请人与保险人之间的私权范畴,人民法院不应从申请人与保险人是否有权订立合同的角度进行规范,而应从担保的效力和相关法律后果的角度予以规制,故本条究竟如何表述,制定过程中确经反复讨论修改,斟酌用词,颇费周折,[1]还有建议认为,在司法解释条文中应进一步明确,申请人与保险人订立有合法有效的诉讼保全责任险合同,因申请保全错误导致被申请人遭受损失,申请人或被申请人请求保险人赔偿的,人民法院应予支持。申请保全人为被保全人购买诉讼财产保全责任保险,且保险金额与人民法院责令其提供的担保金额相当,不需要另行提供担保。司法实践中,一般是保险公司向人民法院出具保函作为保全担保,至于申请保全人与保险公司订立保险合同,法院并不过多审查。财产保全责任险合同是财产保全担保的基础性法律关系,其与财产保全担保相互独立,法院在审查过程中,只需关注保险公司向法院出具的担保书是否具有独立性,是否符合财产保全担保实质与形式即可,至于担保书是基于保全担保责任险还是其他的合同关系,皆不对财产保全担保产生实质性影响。诉讼财产保全责任险的适用首先涉及《保险法》,其次离不开《民

---

〔1〕 最初征求意见稿关于本条的表述如下:"申请保全人可以与保险公司订立诉讼保全责任险合同,作为保全担保。诉讼保全责任险合同的保险利益应当确保保险事故发生时被保全人所遭受的损失得到赔偿。"讨论中认为,但该条关于保全责任保险的规定,似显单薄,与审判实践需要、当事人需求、保全措施现状有差距,在条件许可时可进一步在参考成功经验基础上,对该条规定进一步扩充。

事诉讼法》,本条通过司法解释把财产保全责任险的地位确定下来,将它扩展到财产保全中。财产保全责任险作为一种新的责任保险产品,基于现行法律的规定,重新定位并非削足适履,在法律有局限性的情况下,立法应当基于客观需求进行一定程度的调整,为诉讼财产保全责任保险的适用创造空间。

【实务操作指引】

一、进一步规范保全责任保险的运用

1. 申请保全人购买责任保险的注意事项。申请人向保险人投保时,需提交起诉状、财产保全申请书、证据材料、保全标的物情况等,以便保险人进行核保。较为谨慎的保险人会委托律师对申请人提交的材料作出承保风险的分析,经内部评议是否承保,对于部分金额较大的案件,还需提交保险人总部审批。

2. 严格保险公司业务准入和退出机制。鉴于实践中保险公司在资本实力和公司治理能力方面存在差别,由各省(市)高院实行优质保险公司名单公示,同时就保险公司业务申请资质、黑名单等事项建立配套制度。

3. 制定统一的责任险担保审查流程。人民法院应出台普遍适用、标准统一、明确具体的责任险担保审查流程工作规范和操作实施细则。

4. 统一规范担保书内容。就保险公司向法院提交的担保书,对保险责任、保险期间的起始日期、担保数额等内容作出统一规定。

5. 明确责任险担保不适用于反担保。责任险担保的对象具有特殊性,不应扩张适用于保全的反担保,从而平衡申请保全人和被保全人的利益。

6. 完善申请保全错误的认定机制。从最终判决结果,申请人是否尽到谨慎和注意义务以及申请人是否存在虚假诉讼和恶意诉讼等方面入手,明确何为保全错误。

7. 提升风险防范能力,预防虚假诉讼。人民法院和保险公司应提升风险防范能力,降低虚假保全风险。

8. 加强责任险担保机制的运行监管。人民法院、保险监管部门、行业协会以及保险公司要加强对诉讼财产保全责任险担保机制运行的监管。

9. 加大宣传力度,提高责任险的社会认知。通过各种宣传提升责任险适用率,使保险在民事保全案件中发挥更大的作用。

二、保险公司出险后不能向申请保全人追偿

保险人赔付后不能对被保险人进行追偿，对于善意的申请保全人，即使构成申请保全错误，保险公司在赔偿后也不应向申请人追偿，申请人承保的是其对被保全人的赔偿责任，如果保险人再向其追偿，显然达不到投保目的。对于申请人与被申请人恶意串通的情形，虽然有的保险人已在保险条款中规定对该情形不予赔偿，但实际上保险人获取双方恶意串通的证据，难度极大。申请保全人故意隐瞒对己方不利的证据的情况下，根据保险法规定，投保人故意不履行如实告知义务的，保险人对于合同解除前发生的保险事故，不承担赔偿或者给付保险金的责任，但保险公司却受到其向法院提供的保函或担保书内容的制约，在申请人投保时可以要求其向保险人出具承诺书，承诺所提交的证据的真实性，且已履行了如实告知义务，未故意隐瞒对己方不利的重大事实或关键证据。

三、财产保全保险费可由败诉方承担

财产保全责任保险费用系原告为实现财产保全的目的，基于诉讼风险的不确定性，为自己购买保险而支付的保险费。是否最终能由被告承担，要看该费用是否为原告实现债权必然发生的费用、必然产生的损失。保全保险费可以在判决中由被保全人承担，最高人民法院在判例中认为，败诉方可以承担诉讼保全担保保险费及保全费。原告可以通过保险公司出具保函的形式为财产保全提供担保，而非必须以自己的财产或他人财产担保。原告向保险公司交纳的诉讼保全担保保险费系原告支出的合理必要费用，属于的损失部分，人民法院可以判决由被告承担。对于原被告在合同中已经约定保全责任保险费用的承担，人民法院基于当事人之间的约定，也可以判决由被告承担。[1]

四、保险公司保函能否作为解除保全的反担保

（一）责任保险不能作为解除保全的反担保

在保全过程中，申请保全人可以通过财产保全责任险置换原担保财产，但

〔1〕 参见（2017）最高法民终437号民事判决书。

被保全人不能以财产保全责任险作为解除被保全财产的反担保。以财产保全责任险置换原担保财产,因该责任险承保的是因财产保全申请错误给被保全人造成损失的赔偿责任,本质是以责任险的形式行使了担保的功能。所谓解除保全反担保,被保全人希望解除对其原被保全财产的查封,为了确保生效判决的履行,人民法院必然要求被保全人提供其他形式的担保,其目的仍是确保将来法院生效判决作出后有可供执行的财产,被保全人提供其他方式的担保来替换被保全人被查封、扣押、冻结的财产,前提是不影响将来被保全人有可供执行的财产来履行生效判决确定的义务。

因此,尽管都是发生在被保全人的财产被采取保全措施后对财产的置换,诉讼阶段也可能发生在诉前、一审、二审或再审中,但目的、内容、风险完全不同,保险公司对申请保全人可以承保而对被保全人不予承保。

(二)保证保险可以作为解除保全的反担保

解除财产保全保证保险是近些年出现的新事物,保险产品的合规性、是否存在免责事由约定等问题,让法院对以此类保险产品提供担保解除保全持审慎态度。2020年南京江宁开发区法院在全国范围内首次确立了不可撤销的见索即付的保险保函可以作为解除保全的反担保。[1] 该院在裁定中对以保险保函为担保解除对被保全人银行存款的查封的合理性、必要性进行了简要的阐述。首先,财产保全的目的是确保将来生效判决得到顺利执行,申请保全人能实现快速清偿,保险保函作为不可撤销的见索即付保函,在条件成就时能让受益人迅速获得补偿,极大程度上消除了将来生效判决不能执行或难以执行的可能,满足财产保全的核心需求。其次,从合理性出发,银行存款虽然是有利于执行的财产类型,但保险公司提供的不可撤销见索即付的保函同样也具有这样的特性,在"有利于执行"方面不存在实质差异的情况下,以保险保函代替银行存款,并不会影响申请保全人合法权益的实现,而且有利于被保全人的生产经营。既保障了保全申请人的合法期待利益,又充分释放了被申请人的资金流动性,契合善意文明执行的宗旨和精神。

---

[1] 参见《南京江宁区开发法院:解除财产保全保证保险可以作为反担保》,载《人民法院报》2020年12月1日,第3版。

五、保全标的不可分割时担保数额的确定

被保全财产不可分割时，担保数额的确定，实践中，存在两种做法。一是申请保全人应根据保全请求的数额提供担保。例如，申请人诉请300万元，申请保全价值300万元的财产，但被保全人有一套价值600万元的房产，虽然该房产价值超过了申请金额，但申请保全人只申请保全其中价值300万元的部分。查封期间，被保全人也可以提供其他价值300万元的财产置换被查封的价值600万元的房产，申请人应按300万元计算提供保全担保的数额，提供120万元担保即可。二是申请人应根据保全标的物的价值提供担保。申请人申请查封整套房产，应按整套房产的价值600万元的30%提供保全担保。从降低申请保全人的诉讼负担角度出发，如果可供保全的土地、房屋等不动产的整体价值明显高于保全请求金额的，法院可以作出保全裁定，申请人提供保全担保的数额按申请保全的金额予以确定。

六、申请人以保全责任保险提供全额担保

《保全规定》第5条规定，申请保全人可以提供相当于请求保全数额30%的担保，依照规定，申请保全人可以购买相当于申请保全金额30%的诉讼责任保险作为保全担保。但实践中，保险公司认为其承担的保险责任以保险金额为限，如果申请人申请保全金额的30%投保诉责险，将来就会面临一个保险赔偿金额难以覆盖被保全人所有损失的风险，需要被保险人自行对超过保险金额部分买单，只购买保全金额30%的保险作为担保，无疑可以减少申请保全人的保险费负担，但减少了保险公司的保费收入，这种利益平衡需要保险公司、人民法院共同研究以达成进一步共识。

【相关法律法规】

《民事诉讼法》第103条、第104条；《民事诉讼法解释》第152条；《保险法》第33条、第50条；《民事行政诉讼适用法律解释》第3条；《财产保险公司保险条款和保险费率管理办法》；《财产保险公司保险产品开发指引》。

第八章　保全财产信息的提供与申请查询

第十条　被保全财产信息和线索

当事人、利害关系人申请财产保全，应当向人民法院提供明确的被保全财产信息。

当事人在诉讼中申请财产保全，确因客观原因不能提供明确的被保全财产信息，但提供了具体财产线索的，人民法院可以依法裁定采取财产保全措施。

【条文主旨】

本条是关于申请保全人提供明确具体的被保全财产信息或线索的义务的规定。

【条文理解】

本条在考虑当事人之间的权利义务平衡及人民法院在保全工作中的角色定位，基于对人权保护的基本要求，实现当事人的诉讼目的，所设立的规则，对申请保全人和被保全人的利益均有重大影响，实践中必须妥善把握利益平衡尺度，防止损害任何一方主体的合法权益。

一、诉前保全须提供明确的被保全财产信息

申请人在申请财产保全时，针对需要采取保全措施的标的物应当提供相对

确定的财产信息,[1]否则人民法院有理由不受理保全申请,申请人自行承担保全不能的后果。无论在诉前还是诉讼中,人民法院都没有替代任何一方当事人依职权获取被保全财产信息的义务。实务操作中,申请人提供的财产信息越清晰、越明确、越具体,人民法院保全的效率也越高。申请人向法院申请财产保全时,一般应当提供债务人有关财产的种类、具体名称、所在的位置以及价值金额等信息。债务人的财产线索不仅涉及不动产、银行存款、股权、动产,还涉及知识产权、应收账款、理财产品、货物、机械设备等。财产类型不同,向人民法院提供的信息也不同,就动产(如钢材、货物、机器设备)而言,容易发生保全对象错误,有时需要现场确认动产权属,申请保全人需要提供动产的买卖合同、发票等权利证明文件,明确所有权人信息,避免发生保全对象错误,提高保全成功率。

二、诉讼保全须提供明确的财产信息或具体财产线索

诉讼保全以申请保全人提供明确的财产信息为原则,以提供具体财产线索为补充。在诉讼保全阶段,原告起诉后,当事人限于客观因素,确实无法取得被保全人明确的财产信息情况,但提供了具体线索的,人民法院经审查认为能够依职权查控被保全财产,可以根据当事人提供的基本财产线索,作出概括性保全裁定,并移送执行机构查控被保全财产。当事人财产查明能力有限,有些案件中可能难以提供债务人财产的详细信息。如果在当事人无法提供债务人有关财产的种类、名称、坐落位置以及价值金额的情形下,一概驳回申请人的保全申请,不利于当事人的权益保护,而且也会影响财产保全程序的适用率和功能发挥。因此,在基本原则之下,需要设置必要的例外,以适应实践中的复杂状况。

(一)关于申请查控保全财产的条件

1. 申请保全人要承担一定的疏明责任。对于申请保全人确实无法准确提供被保全人财产状况的情形,当事人需要提供必要的证据说明其已经穷尽了财产查明的手段,在目前已有线索基础上还是不能获取明确财产信息,需要请求人民法院依职权调查。

---

〔1〕 参见北京市高级人民法院课题组:《关于财产保全工作中存在的问题及对策的调查研究》,载《中国审判》2011 年第 2 期。

2. 案件类型的控制。人民法院可以案件类型为突破口把握查询的尺度。如实践中，有的法院原则上不作出概括性保全裁定，在诉前或诉中不主动查询被告财产状况；但对于特殊类型案件，如交通损害赔偿、抚养费、赡养费、劳动争议等法律关系较明晰且涉及弱势群体的案件，可以在诉中作出概括性财产保全裁定，并以此为执行依据，依职权查找被保全人财产。

（二）关于客观原因的理解

对于不能提供明确的被保全财产信息的"客观原因"，实践中宜从宽把握。比如，申请人知道被保全人在某小区有房产，但无法确切知道门牌号码等具体信息。又如因交易往来知悉被保全人在北京的农业银行、交通银行开立账户，但无法提供具体开户银行和账号等信息。因当事人不具有财产调查权，其已从商业往来中尽最大可能获取相对方信息仍不可得，属于因"客观原因"无法提供明确的被保全财产信息。对于被保全人的车辆、房产、股权等财产，律师有权进行针对性调查，如果申请保全人不提供明确财产信息，不能认定为属于客观原因，而是主观上未尽提供保全财产义务。[1]

（三）关于具体财产线索的理解

财产线索到达何种程度才能称为"具体财产线索"？如申请人称被保全人在某城市生活多年，肯定有房产或有银行账户，但不知房产具体位置及开户银行，不应认为其提供了具体线索。

但实践中人民法院应当坚持宽松标准，作比较宽泛意义上的理解，只要财产线索"相对具体"即可，无须达到"明确"的程度。对是否"具体"的把握判断，应赋予法官一定的自由裁量权，由法官根据案件的实际情况，充分考虑申请保全人胜诉的可能性及利用网络查控系统查询造成被保全人财产隐私损害的严重程度等因素灵活掌握。

三、法院有权作出概括性保全裁定

本条第 2 款规定，当事人在诉讼中确因客观原因不能提供明确的被保全财

---

〔1〕 对于被保全人的账户信息，律师持证件和相关材料还无法在银行等金融机构进行查询。

产信息,但提供了具体财产线索的,人民法院可以依法作出采取保全措施的裁定,该性质裁定在理论上被称为概括性裁定,即依法冻结被申请人银行存款多少元或查封、冻结、扣押同等价值的其他财产。这也是在全国法院系统使用最为常见、最为广泛的一种裁定形式,相对于概括性裁定,不少法院还使用载明每一条被保全财产信息的具体性裁定又称特定性裁定。[1] 概括性的保全裁定,是并未指明对被保全人的哪些特定财产采取保全措施,而只写明保全金额的保全裁定。理论上,对概括性裁定能否执行有两种截然相反的观点:一种观点认为,概括性裁定不能执行。首先,保全只是对被保全人财产的暂时控制,至于被保全人是否承担责任判决前尚未可知,因此,申请保全人一般需要提供财产担保。申请人保全错误,就应当对被保全人进行赔偿。如果人民法院作出并执行概括性裁定,不当保全第三人的财产造成损害,应否由申请保全人赔偿就会产生争议。其次,如果在被保全人是否承担以及在多大范围内承担民事责任尚未确定之时,就通过功能强大的查控系统对其财产进行全面查询,对被保全人的财产隐私、商业秘密,可能有不当侵害之虞。另外,概括性裁定只载明保全金额,不指向保全标的物,混淆了当事人权利义务与法院依职权行为的界限,引发对保全行为正当性的怀疑及国家赔偿问题。另一种观点认为,概括性的保全裁定可以作为执行依据,这与金钱债权案件进入执行程序后,由执行机构对债务人的财产进行查明并没有实质区别。

诉讼过程中申请保全人的财产查明能力较弱,如果要求其明确针对某项具体财产实施财产保全无疑对申请人课以了过高的义务,与财产保全程序设置的出发点相违背,也忽略了目前司法实践现实状况。概括性保全裁定在实践中长期使用,发挥了积极作用,该制度运行并未发生较大问题,不应无故取消概括性裁定在实践中的适用。本条对概括性裁定采取了保留态度。在征求意见过程中,有的法院认为,《民事诉讼法》第 105 条规定,保全限于请求的范围或与本案有关的财物,要求保全标的必须明确、具体,但没有排除概括性裁定的适用。

经过调研论证,概括性裁定仍有较大的适用空间,不应一概予以禁止,当事人提供了相应的被保全人财产信息或线索,人民法院可以先作出概括性保全裁定,由执行机构在保全实施环节具体查找并控制被保全财产。概括性保全裁定

---

〔1〕 参见《哈尔滨市法院运用执行司法查控系统高效办结首例概括性保全裁定实施案件》,载人民网,http://www.people.com.cn/,2019 年 1 月 2 日访问。

作出后,申请保全人在没有提供具体明确的被保全财产信息的情况下,保全对象指向被保全人名下与保全请求金额等值的所有类型财产,概括性保全裁定的优势比较明显,由于申请人在申请保全时往往并不掌握特别被保全人名下的财产情况,只要在申请书上写明具体的线索,供法院参考,保全法院运用财产调查权,通过银行、证券公司、不动产登记机关和交通部门等协助义务机关查询财产并采取查封冻结措施。概括性裁定有利于弥补特定性裁定的不足,申请人虽然提供了具体明确的财产,但是所提供的财产价值难以与请求保全的金额相符时,也可以使用概括性裁定。以银行存款为例,申请保全的数额是 100 万元,在具体实施保全时,账户上只有 20 万元,如果法院不作出概括性裁定,就还要再次作出一个具体裁定,冻结申请人另外提供的财产,不仅导致程序烦琐,时间成本高,也与保全程序的紧急性不符。因此,本条考虑实践需要,保留了概括性裁定形式。而特定性保全裁定,是指保全法院只针对申请保全人提供的具体财产如房屋、银行账户采取保全措施,裁定主文也指向具体明确的财产形式,如位于某地的房屋,开立于某银行账户内资金等。相对于概括性裁定执行机构办理财产保全案件需要启动大量查控措施。特定性裁定法院操作起来更为简便,也不用担负过多的保全义务,将提供保全财产的责任更多分配给申请人。实践中,因概括性裁定使法院承担了较多的财产查询义务,且容易引发对未及时保全财产后果的责任追究,不少法院规定只作出具体性的保全裁定,减少概括性裁定的使用。保全规定对于人民法院何时应当作出概括性裁定,何时应当作出具体性裁定没有明确列举,留给保全法院根据实际情况具体把握,作为个案应考量的问题,立法也难以确立一个科学合理的标准。但有的法院规定一概不许使用概括性裁定,不仅有违本条的立法原意,也给当事人申请保全带来较多不便。以仲裁保全为例,如果只允许作出具体性裁定,前一财产经法院查实已经转移过户无法采取保全措施,必须还要求申请人重新启动一次仲裁保全程序,再次向仲裁委员会申请,仲裁委员会再次向法院邮寄保全材料,法院还要重新进行审查,作出裁定,不仅错过保全最佳时机,也会损害申请保全人的合法权益,给当事人或者利害关系人增加诉累。提供明确财产信息虽然是申请保全人的法定义务,当事人、利害关系人要尽最大可能提供财产信息,但其确实无法提供的,人民法院也不能拒绝保全,《保全规定》宣示的这种价值取向赋予了法院保全能动义务,尤其是在执行信息化建设日新月异、功能不断扩容的背景下,人民法院查找被保全人财产的能力不断提高,拒绝保全已经非司法为民之举措。另外,当事人提供的财产线索多不够准确,如果不经过人民法院核实,就把该财产写进裁定书中,也有损财产保全程序的严肃性。

实务操作中,对于申请保全人提供的账户,如果经法院查询并无存款余额可供冻结,但是查询过程中发现被告的其他账户有足额财产可供保全,法院一般会通知申请人变更申请冻结的账户信息,再次提交书面申请,法院根据变更后的账户信息采取保全措施。鉴于错误保全存在赔偿的可能性,保全活动遵循严格的申请主义,变更保全账户并不违反申请主义原则。

四、诉讼保全可以申请使用网络查控系统

网络执行查控系统能否在财产保全中使用,《民事诉讼法》和《民事诉讼法解释》中都没有规定。《保全规定》首次规定了申请保全人可以申请使用网络执行查控系统查询被保全财产信息,并设定了有条件使用的规则。由于涉及被保全人的财产隐私的保护,《保全规定》第 12 条规定了保密人民法院的义务。如果只要提出申请,无须提供具体财产线索,就可以利用网络执行查控系统查询被保全人的财产,当事人的财产隐私可能荡然无存,还可能诱发当事人通过虚假诉讼不当获悉被保全人的财产信息的不诚信行为,达到获取被保全人财产隐私的目的。

需要说明的是,只有在诉讼中申请财产保全,才可以申请人民法院对被保全人的财产进行查询,不包括诉前保全和执行前保全,诉前保全没有适用网络执行查控系统的空间。执行前保全,申请人可以立案申请执行,通过执行程序全面查控被执行人的财产。在诉前保全阶段,当事人必须向法院提供明确的被保全财产信息,否则人民法院不予保全,即使当事人提供的财产信息没有财产价值或者未能保全成功,法院也不会依职权查询。

【制定背景】

一、基本理论

概括性裁定源于职权主义审判模式,可以有效弥补当事人主义不足。“谁主张,谁举证”是民事诉讼的基本原则,当事人、利害关系人向人民法院申请财产保全时,原则上应当提供明确的被保全财产信息,这是人民法院采取保全措

施的基本前提。但囿于我国财产登记制度以及社会诚信体系的现状,特别是个人隐私保护范围法律界限的模糊,个人财产调查手段有限,很多情况下,当事人、利害关系人无法提供被保全人财产的准确信息,只能提供一个大概的财产线索。这在很大程度上限制了保全制度的功能的发挥,如彻底将申请保全人从查找财产的困境解放出来,不仅要降低保全担保的门槛,还要利用法院的信息化优势突破查找被保全人财产的束缚。另外,对金钱债权,债务人应以其全部财产作为担保,债务人所有财产都可作为将来判决执行的标的,因此,申请保全人可以对债务人相当于诉讼请求部分的任何财产采取保全措施。查找财产信息其实是实践中亟待解决的一个重大理论和实践问题,既关乎宪法对基本人权的保护,又关乎不同当事人合法权益平衡保护的现实需求。人民法院是否可以帮助一方当事人、利害关系人在诉讼过程中查找被保全人的财产信息,有权在诉前、诉中或诉后哪个阶段查找,利用什么手段查找,查找到何种程度,都需要通过立法作出相对明确的规定。

从另一个视角看,财产保全的实施,本质上也是诉讼活动,不是完整意义或者说实质意义上的执行行为,必须遵循诉讼的规律,坚持被动和中立原则而不是主动和积极原则。民事诉讼程序中的被保全人不同于执行程序中的被执行人,没有容忍法院以强制执行方式调查财产的义务。执行财产保全裁定也应当以原告为责任中心,原则上由原告提供财产线索,人民法院只有调查核实而没有依职权全面查找的义务。但在强调当事人主义的同时,也要给职权主义在财产保全程序中留有必要空间。[1]

二、比较立法例

《日本民事保全法》第 21 条规定,假扣押命令应针对特定物发出。但是动产的假扣押命令无须确定标的物即可发出。日本理论学界也认为,发出保全命令的程序与保全执行程序存在一定区别,原因在于保全命令中不一定会对保全的对象予以特定,通常可于保全的执行阶段予以确定保全财产即可。

---

〔1〕 参见肖建国、张宝成:《财产保全标的物特定化之反思》,载《国家检察官学院学报》2017 年第 3 期。

三、起草背景及过程

概括性裁定的出现，与我国司法现实情况密切相关，也是保全裁定能够灵活实施的要求。解决执行难过程中，也要求加大保全促执行的力度，用足用活保全措施，尽早保全被告财产。

（一）概括性裁定的价值

同提供担保一样，保全申请人有提供被保全财产的义务，作为保全措施的对象，申请人如何获取债务人财产信息，成为财产保全的难题。根据《民事诉讼法》第105条的规定，在财产保全程序中，保全标的物仅限于“与本案有关的财物”。“与本案有关的财物”是指本案的诉争标的物，或者当事人在诉讼请求中没有直接涉及，但是与本案日后生效裁判强制执行相牵连的财物。从此前的实践来看，大部分法院要求申请人在申请书中明确针对债务人的哪些特定财产申请采取保全措施，否则申请人的财产保全申请将得不到人民法院的支持。对于诉前阶段利害关系人申请财产保全，应当向人民法院提供明确的被保全财产信息；而当事人在诉讼中申请财产保全，确因客观原因不能提供明确的被保全财产信息，可以提供具体的财产线索，待实施保全裁定时，再补充和落实明确的财产信息。以充分体现概括性裁定的效率价值。

在当前的司法实践中，概括性裁定适用范围依然广泛，财产保全裁定即使概括性地针对被保全人一定价值的财产采取保全措施，在执行程序中也能得到有效落实。人民法院查询到何种财产就针对该种财产实施保全措施，当事人申请保全时可将被保全财产信息附查封清单供人民法院保全实施使用。

（二）起草过程中的争议

在《保全规定》起草过程中，对于是否需要保留概括性裁定也引起了一定范围的争议，从多数人民法院实务操作的视角来看，建议继续保留概括性裁定，便于及时采取保全措施，但也有少数人民法院担心立案、审判部门作出概括性裁定，执行过程中因当事人提供的财产信息不准确，将导致人民法院未能及时保全申请人提供的保全财产，产生保全不到位责任承担的不必要争议，故建议取消概括性裁定在实践中的使用。

(三)概括性裁定的保留

概括性裁定和特定性裁定,都能找到自身理论的自洽性与实践合理性,两种裁定都有利于人民法院及时采取保全措施,有利于保全功能的发挥,有利于保护当事人合法权利,《保全规定》均予以保留,对于裁定带来的风险和负担,可以通过其他制度予以化解。[1]

【实务操作指引】

申请保全人向人民法院提供财产信息、线索时,要提供有利于将来裁判生效后便于执行和变现的财产形式。现代社会财产类型越来越多样化,并非所有被保全人的财产都可以采取保全措施,对照执行豁免财产的规定,以下类型财产一般不能采取保全措施,即使诉讼仲裁中采取了保全措施,法律文书生效后,也难以采取执行措施。

一、可以执行豁免的财产

(1)债务人及其所扶养家属生活所必需的衣服、家具、炊具、餐具及其他家庭生活必需的物品;(2)债务人及其所扶养家属所必需的生活费用(当地有最低生活保障标准的,必需的生活费用依照该标准确定);(3)债务人及其所扶养家属完成义务教育所必需的物品;(4)未公开的发明或者未发表的著作;(5)债务人及其所扶养家属用于身体缺陷所必需的辅助工具、医疗物品;(6)债务人所得的勋章及其他荣誉表彰的物品。

二、案外人有物权期待权的不动产

债务人将其所有的需要办理过户登记的财产出卖给第三人,第三人已经支付全部价款并实际占有,但未办理过户登记手续的,如果第三人对此没有过错,人民法院不得查封、扣押、冻结。

---

〔1〕 参见肖建国、张宝成:《财产保全标的物特定化之反思》,载《国家检察官学院学报》2017 年第 3 期。

三、企业党组织党费

人民法院不得冻结或划拨该企业党组织的党费,[1]不得用党费偿还该企业的债务。如果申请保全人提供证据证明企业的资金存入党费账户,并申请人民法院对该项资金予以保全的,人民法院可以对该项资金先行冻结;债务人提供充分证据证明该项资金属于党费的,人民法院应当解除冻结。

四、工会经费

人民法院在审理案件中,不应将工会经费视为所在企业的财产,在企业欠债的情况下,不应冻结、划拨工会经费及"工会经费集中户"的款项。[2]

五、国有企业下岗职工基本生活保障资金

人民法院在审理和执行经济纠纷案件时,不得将该项存于企业再就业服务中心的专项资金作为企业财产处置,不得冻结或划拨该项资金用以抵偿企业债务。[3]

六、社会保险基金

人民法院在审理和执行民事、经济纠纷案件时,不得查封、冻结或扣划社会保险基金;不得用社会保险基金偿还社会保险机构及其原下属企业的债务。[4]

七、信托财产

《信托法》第 17 条规定之外的情形,对信托财产一般不得采取保全

---

〔1〕 参见《最高人民法院关于强制执行中不应将企业党组织的党费作为企业财产予以冻结或划拨的通知》(法〔2005〕209 号)。

〔2〕 参见《最高人民法院关于产业工会、基层工会是否具备社团法人资格和工会经费集中户可否冻结划拨的批复》(法复〔1997〕6 号)第 3 条。

〔3〕 参见《最高人民法院关于严禁冻结或划拨国有企业下岗职工基本生活保障资金的通知》(法〔1999〕228 号)。

〔4〕 参见《最高人民法院关于在审理和执行民事、经济纠纷案件时不得查封、冻结和扣划社会保险基金的通知》(法〔2000〕19 号)。

措施。[1]

八、基金销售结算资金、基金份额

基金销售结算资金、基金份额独立于基金销售机构、基金销售支付机构或者基金份额登记机构的自有财产。基金销售机构、基金销售支付机构或者基金份额登记机构破产或者清算时,基金销售结算资金、基金份额不属于其破产财产或者清算财产。非因投资人本身的债务或者法律规定的其他情形,不得查封、冻结、扣划或者强制执行基金销售结算资金、基金份额。[2]

九、证券登记机构存放于专门清算交收账户内的证券

证券登记结算机构设立的证券集中交收账户、专用清偿账户、专用处置账户内的证券;证券公司在证券登记结算机构开设的客户证券交收账户、自营证券交收账户和证券处置账户内的证券。[3]

十、证券登记结算机构存放于专门清算交收账户内的资金

证券登记结算机构设立的资金集中交收账户、专用清偿账户内的资金;证券登记结算机构依法收取的证券结算风险基金和结算互保金;证券登记结算机构在银行开设的结算备付金专用存款账户和新股发行验资专户内的资金,以及证券登记结算机构为新股发行网下申购配售对象开立的网下申购资金账户内的资金;证券公司在证券登记结算机构开设的客户资金交收账户内的资金;证券公司在证券登记结算机构开设的自营资金交收账户内最低限额自营结算备付金及根据成交结果确定的应付资金。[4]

---

〔1〕《信托法》第 17 条第 1 款规定:"除因下列情形之一外,对信托财产不得强制执行:(一)设立信托前债权人已对该信托财产享有优先受偿的权利,并依法行使该权利的;(二)受托人处理信托事务所产生债务,债权人要求清偿该债务的;(三)信托财产本身应担负的税款;(四)法律规定的其他情形。"

〔2〕参见《证券投资基金法》第 101 条。

〔3〕参见《最高人民法院、最高人民检察院、公安部、中国证券监督管理委员会关于查询、冻结、扣划证券和证券交易结算资金问题通知》(法发〔2008〕4 号)第 5 条。

〔4〕参见《最高人民法院、最高人民检察院、公安部、中国证券监督管理委员会关于查询、冻结、扣划证券和证券交易结算资金问题通知》(法发〔2008〕4 号)第 6 条。

十一、证券公司等结算参与人、投资者或者发行人提供的担保物

证券登记结算机构依法按照业务规则要求证券公司等结算参与人、投资者或者发行人提供的回购质押券、价差担保物、行权担保物、履约担保物等担保物，在交收完成之前，不得冻结、扣划。[1]

十二、期货交易所、期货公司保证金账户中的资金

期货交易所、期货公司为债务人的，人民法院不得冻结、划拨期货公司在期货交易所或者客户在期货公司保证金账户中的资金。有证据证明该保证金账户中有超出期货公司、客户权益资金的部分，期货交易所、期货公司在人民法院指定的合理期限内不能提出相反证据的，人民法院可以依法冻结、划拨该账户中属于期货交易所、期货公司的自有资金。[2]

十三、期货公司专用结算账户中用于担保的最低限额的结算准备金

期货公司为债务人的，人民法院不得冻结、划拨专用结算账户中未被期货合约占用的用于担保期货合约履行的最低限额的结算准备金；期货公司已经结清所有持仓并清偿客户资金的，人民法院可以对结算准备金依法予以冻结、划拨。期货公司有其他财产的，人民法院应当依法先行冻结、查封、执行期货公司的其他财产。[3]

十四、客户在期货公司保证金账户中的资金或用于充抵保证金的有价证券

期货公司为债务人，债权人请求冻结、划拨以下账户客户在期货公司保证金账户中的资金以及客户向期货公司提交的用于充抵保证金的有价证券，人民法院不予支持。[4]

---

〔1〕 参见《最高人民法院、最高人民检察院、公安部、中国证券监督管理委员会关于查询、冻结、扣划证券和证券交易结算资金问题通知》(法发〔2008〕4 号)第 7 条。

〔2〕 参见《最高人民法院关于审理期货纠纷案件若干问题的规定》(法释〔2003〕10 号)第 59 条。

〔3〕 参见《最高人民法院关于审理期货纠纷案件若干问题的规定》(法释〔2003〕10 号)第 60 条。

〔4〕 参见《最高人民法院关于审理期货纠纷案件若干问题的规定(二)》(法释〔2011〕1 号)第 4 条。

十五、期货交易所非结算会员在结算会员保证金账户中的资金或其用于充抵保证金的有价证券

实行会员分级结算制度的期货交易所的结算会员为债务人，债权人请求冻结、划拨结算会员以下资金或者有价证券的，人民法院不予支持：(1)非结算会员在结算会员保证金账户中的资金；(2)非结算会员向结算会员提交的用于充抵保证金的有价证券。[1]

十六、期货交易所向会员收取的保证金

期货交易所向会员收取的保证金，只能用于担保期货合约的履行，不得查封、冻结、扣划或者强制执行。[2]

十七、中国人民银行及分支机构的办公楼、运钞车、营业场所

对确应由中国人民银行及其分支机构承担民事责任的案件，人民法院亦不宜采取查封其办公楼、运钞车、营业场所的措施。中国人民银行及其分支机构应当清偿的债务，人民法院在查明事实的基础上，可以依法保全其其他财产。[3]

十八、金融机构在人民银行的存款准备金、备付金和营业场所

债务人为金融机构的，对其交存在人民银行的存款准备金和备付金不得冻结和扣划，但对其在本机构、其他金融机构的存款，及其在人民银行的其他存款可以冻结、划拨，并可对债务人的其他财产采取保全措施，但不得查封其营业场所。[4]

---

〔1〕 参见《最高人民法院关于审理期货纠纷案件若干问题的规定（二）》（法释〔2011〕1号）第5条。

〔2〕 参见《期货交易所管理办法》第69条第1款。

〔3〕 参见《最高人民法院关于不得对中国人民银行及其分支机构的办公楼、运钞车、营业场所等进行查封的通知》（法〔1999〕28号）。

〔4〕 参见《最高人民法院关于人民法院执行工作若干问题的规定（试行）》（法释〔1998〕15号）第34条。

十九、债务人银行贷款账户

在保全以银行为协助执行人的案件时，不能冻结户名为被保全人的银行贷款账户，实际上，人民法院在冻结被保全人的银行账户时，因保全事件的紧急性，短时间内无法判断被保全人开立的账户是何种性质的账户，可以先行采取冻结措施，确属于贷款账户的，可以通过保全执行异议程序查明。[1]

二十、军队、武警部队、政法机关等开办单位的国库款、军费、财政经费、办公用房、车辆等财产

人民法院在审理有关移交、撤销、脱钩的企业的案件时，认定开办单位应当承担民事责任的，不得对开办单位的国库款、军费、财政经费账户、办公用房、车辆等其他办公必需品采取查封、扣押、冻结、拍卖等保全和执行措施。[2]

二十一、旅行社质量保证金(特殊情形下可以保全)和旅游行政管理部门行政经费资金

人民法院在审理涉及旅行社的案件时，遇有下列情形而旅行社不承担或无力承担赔偿责任的，可以保全旅行社质量保证金：(1)旅行社因自身过错未达到合同约定的服务质量标准而造成旅游者的经济权益损失；(2)旅行社的服务未达到国家或行业规定的标准而造成旅游者的经济权益损失；(3)旅行社破产后造成旅游者预交旅行费损失；(4)旅行社损害旅游者合法权益的情形。同时，不得从旅游行政管理部门行政经费账户上划转行政经费资金。[3]

二十二、粮棉油政策性收购资金及该资金形成的库存粮棉油

对中国农业发展银行提供的粮棉油收购资金及由该项资金形成的库存的

---

〔1〕 参见《最高人民法院〈关于银行贷款账户能否冻结的请示报告〉的批复》(〔2014〕执他字第8号)。

〔2〕 参见《最高人民法院关于审理军队、武警部队、政法机关移交、撤销企业和与党政机关脱钩企业相关纠纷案件若干问题的规定》(法释〔2001〕8号)第15条。

〔3〕 参见《最高人民法院关于执行旅行社质量保证金问题的通知》(法〔2001〕1号)。

粮棉油不宜采取财产保全措施和执行措施。[1]

二十三、药品批准文号

药品批准文号系国家药品监督管理部门准许企业生产的合法标志，该批准文号受行政许可法的调整，本身不具有财产价值。因此，人民法院在执行中对药品批准文号不应进行查封。[2]

二十四、国际条约、协定和其他具有条约、协定性质的文件中规定免于查封、扣押、冻结的财产

根据《缔结条约程序法》，以中华人民共和国、中华人民共和国政府或者中华人民共和国政府部门名义同外国、国际组织缔结的条约、协定和其他具有条约、协定性质的文件中规定免于查封、扣押、冻结的财产。

【相关法律法规】

《民事诉讼法》第103条、第104条；《民事诉讼法解释》第152条。

第十一条 被保全财产的查询

人民法院依照本规定第十条第二款规定作出保全裁定的，在该裁定保全过程中，申请保全人可以向已经建立网络执行查控系统的保全法院，书面申请通过该系统查询被保全人的财产。

申请保全人提出查询申请的，保全法院可以利用网络执行查控系统，对裁定保全的财产或者保全数额范围内的财产进行查询，并采取相应的查封、扣押、冻结措施。

人民法院利用网络执行查控系统未查询到可供保全财产的，应当书面告知申请保全人。

---

〔1〕参见《最高人民法院关于对粮棉油政策性收购资金形成的粮棉油不宜采取财产保全措施和执行措施的通知》（法〔2000〕164号）。

〔2〕参见《最高人民法院关于人民法院在执行中能否查封药品批准文号的答复》（〔2010〕执他字第2号）。

【条文主旨】

本条是关于申请保全人对人民法院作出的概括性裁定，可以书面申请人民法院通过网络执行查控系统进行查询并采取保全措施的规定。

【条文理解】

人民法院对于作出的特定性保全裁定，可以直接采取查封、冻结、扣押措施对于作出的概括性保全裁定，实施保全行为时还要参照申请保全人提供的具体财产线索，进而采取查封、冻结和扣划措施。如果申请保全人提供的财产线索不是特别明确具体，只能提供被保全房屋坐落位置，没有房产证号，只有开户银行，没有银行账号，如果不赋予保全当事人申请利用网络执行查控系统查询被保全财产信息的权利，必然导致保全裁定实施落空，或者保全裁定的执行时间耗时持久，效率低下，保全目的难以实现。故有必要充分运用人民法院网络执行查控系统信息化建设的先进成果，普惠于保全案件当事人，也只有将网络执行查控系统的强大查控功能与保全工作有机结合起来，才能确保财产保全实施工作落到实处。

一、当事人提供财产信息和申请法院查询被保全财产信息双轨制

本条建立了以申请保全人提供为主、申请人民法院查询为辅的获取被保全财产信息的模式，体现了从源头上解决执行难，将执行查控系统的使用前移至诉中财产保全阶段，用网络信息化手段查找被保全财产的总体思路。

申请保全人提供明确的财产信息是人民法院采取财产保全措施的前提条件。当事人主义认为，向人民法院提供被保全财产信息是申请保全人应负担的义务，人民法院作为中立审判机关不应主动为任何一方当事人提供帮助，否则便有失司法中立及公正。但我国财产公示制度、财产监管机制和公民对财产信息的获取途径依然没有实质突破，财产登记机构、金融机构、市场监督管理机关、税务机关多为行政机关和国有企事业单位，并不对普通公民开放查询财产信息业务。实践中，当事人、利害关系人一般无法得到银行、证券公司及登记结算机构、房地产登记机关等部门配合查询被保全人财产，只能通过人民法院依法行使职权进行查询。如果不考虑现实国情，将提供保全财产信息的义务一律加诸申请保全人，于保全工作的开展并无助益。

经过长期的信息化研发与建设，人民法院已经具备了通过网络执行查控系统查询财产信息的技术条件。人民法院同银行、证券、国土、车辆、船舶登记等机关协同建立了网络化协助作业，实现信息共享，从技术上基本突破了获知被保全财产信息的途径手段上的限制。随着执行信息化建设不断转型升级，人民法院网络执行查控系统基本可以覆盖债务人主要财产形式，接下来的问题不是能不能做到的问题，而是如何去做的问题。

《保全规定》制定过程中，全国范围仍有少数人民法院尚未建立网络执行查控系统，故允许为申请保全人在保全裁定作出后申请查询财产线索的条件限于已建立网络执行查控系统的人民法院，对超出通过网络执行查控系统以外的其他方式查询被保全人财产的，人民法院一般不予支持。实践中，对于诉讼保全，也有人民法院通过人工查询的方式，为申请保全人查询被保全财产信息然后采取保全措施的情况，但对于诉前保全，人民法院不应通过网络执行查控系统或者人工查询的方式调查被保全人可供保全的财产线索或者信息。

二、网络查控被保全财产原则上限于诉讼中作出的概括性裁定

当事人申请运用网络执行查控系统查询被保全财产信息，仅限于人民法院依照《保全规定》第10条第2款规定所作出的保全裁定。第10条第2款规定，当事人在诉讼中申请财产保全，确因客观原因不能提供明确的被保全财产信息，但提供了具体财产线索的，人民法院可以依法裁定采取财产保全措施。也就是说，只有在诉讼过程中人民法院作出的概括性保全裁定，申请保全人才有权申请受理保全案件的人民法院通过网络执行查控系统对被保全人的财产进行查询，诉前保全虽然也可以作出概括性裁定，但是诉前保全的财产信息一般不能申请通过网络执行查控系统查询，如果诉前保全利害关系人不能提供明确的被保全财产信息，可以裁定驳回保全申请。实践中，有些法院规定，对诉前保全的当事人也允许通过网络执行查控系统查询被保全人的财产信息，应当限于少部分弱势群体作为申请保全人的情形或涉民事案件当事人申请的情形。

三、依当事人申请启动查控程序，法院不得依职权查找被保全财产信息

对于申请保全人提交查询被保全财产信息的书面申请，人民法院并非一概予以准许，人民法院也不得在当事人未申请的情况下，主动依职权予以查询。

本条使用了“可以”而不是“应当”的表述，诉讼过程中审判部门作出的概括性财产保全裁定，移送执行机构实施后，当事人应当向执行机构提出查询被保全财产的书面申请，已经建立网络保全查控系统的人民法院经审查，查询申请符合规定的，可以启动查控程序。需要注意的是，对当事人的查询申请，人民法院有权进行审查，评估其通过网络执行查控系统查询的必要性和紧急性，交通肇事、工伤、人身损害赔偿、劳动争议、抚养费、扶养费、赡养费等特殊类型案件，经审查当事人之间权利义务关系明确，可以作为例外，由人民法院依职权查找被告财产信息，因《保全规定》并未赋予人民法院主动查询被保全财产信息的权力，对于弱势群体起诉的案件，也需要通过提交书面申请的方式实现对被保全财产信息查询权的获取。

四、查询被保全财产信息应当控制在保全请求范围之内

《保全规定》第10条第2款规定，人民法院可以对裁定保全的财产或者保全数额范围内的财产进行查询。查询被保全财产的范围必须限于申请保全的财产金额之内，不能超过申请保全请求数额范围，侵害被保全人的其他财产权益，对于通过网络查控系统查询不到保全财产的，通知申请保全人，并解除其为保全提供的担保的查封。

实践中，人民法院应进一步深化对财产保全定位的认识，规范保全裁定实施的操作，严格审查恶意保全行为，依法保护双方当事人的合法权益，为经济发展创造良好的外部环境。防止对于通过网络查控系统查询被保全财产信息的理解出现偏差，有的人民法院要么一概不予以查询，要么实行全面查询，出现了因案而异、因人而异的做法，应予纠正。人民法院可以依据申请查询被保全财产的信息，而不是被保全人的财产信息，人民法院对被保全人的财产信息查询权力应适当进行限制，并遵循谦抑原则，不应过度扩张运用。财产保全也不宜依职权全面查找被保全人财产信息。在财产保全实施中，应注意原告和被告处于同等的法律地位，诉讼结果具有多种可能性，人民法院在财产保全实施中不能把被保全人作为执行程序中的被执行人，使申请保全人过早扮演申请执行人的角色，也使被保全人提前承受被执行人的义务。

作为保全执行依据的保全裁定，具有暂时性，并非终极执行依据，人民法院要综合考量保全措施对债务人生产、生活造成的影响程度，以及一旦发生保全

错误时对被保全人的损害程度,从而平衡申请人和被保全人两造利益。尽管民事诉讼法将保全和先予执行部分合在一起予以规定,但财产保全与先予执行仍然存在明显差异,先予执行的前提是当事人之间的权利义务关系明确,而申请财产保全的案件既有权利义务关系明确的案件,也有法律关系极其复杂的案件,实践中,人民法院因申请保全人一方提交申请并提供较低数额的担保即可作出保全裁定的情况下,不能降低对财产保全的其他条件要求。[1]

被保全人转移和挥霍财产的风险最终要依靠国家建立社会信用体系、社会财产监管体系和社会财产登记公示体系予以解决。有的地方法院已经认识到了这一点,重庆市高级人民法院制定了《关于进一步规范民事财产保全工作的通知》,要求辖区各级人民法院慎用网络查控系统查找保全财产。办理民事财产保全案件,应当根据当事人、利害关系人提交的明确财产信息或具体财产线索实施保全,原则上不通过网络执行查控系统为当事人、利害关系人查询被保全人的财产信息。对于诉讼保全案件,当事人提供了具体财产线索,但确因客观原因不能提供明确、完整的被保全财产信息的,人民法院可以依法裁定采取财产保全措施。诉讼保全实施过程中,通过网络执行查控系统或其他途径发现财产线索的,在征求当事人意见的基础上,人民法院可以依法采取财产保全措施。涉民生保全案件确需通过网络执行查控系统查询被保全人财产的,经保全申请人书面申请,可以通过网络执行查控系统在裁定保全数额范围内查询被保全人的财产,并采取相应的查封、扣押、冻结措施。[2]

五、人民法院对通过网络查控系统查询到的财产要采取查封、冻结、扣押措施

《民事诉讼法解释》第156条规定,人民法院采取财产保全的方法和措施,依照执行程序相关规定办理。财产保全措施的种类包括查封、扣押、冻结及其他方法。查封是指在保全的财产上张贴人民法院的封条进行封存,不准任何人移动和处分。查封的对象可以是动产,也可以是不动产。查封措施的作用是防

---

〔1〕 有建议认为,财产保全应设立"负面清单",明确特殊情况下,比如,被告完全有履行能力、被告不可能有转移财产行为的、被告属于特困群体的,不得裁定采取财产保全措施。

〔2〕 参见2018年4月发布的《重庆市高级人民法院关于进一步规范民事财产保全工作的通知》及苏福、王红君答法制日报记者问内容,载搜狐网,http://www.Sohu.com/a/251555703_169411,2019年4月20日访问。

止当事人或利害关系人转移、隐匿、变卖、毁损被保全财产或设定权利负担。扣押一般是将保全的财物运到其他可以便于保管的场所,加以保管,从而使被申请人不能占有、使用和处分。对于船舶、航空器等特殊动产,也可以采取原地扣押的方法。人民法院对扣押的财产可以自行保管,也可以指定被保全人保管,不宜由被保全人保管的,可以委托他人或申请保全人保管。采取查封、扣押措施可能会造成被保全人一定的经济损失,为了保证财产保全措施的适用,同时又不至于使被保全人遭受不必要的经济损失,人民法院可以采用扣押有关财产权证照并通知有关产权登记部门不予办理该项财产的转移登记手续的措施。如果采取上述方法还不能达到保全目的,必要时也可以直接扣押该项财产。对于人民法院已经采取了查封、扣押措施的财产,其他人民法院和任何机关均不得对同一标的物重复查封、扣押。但为了防止被保全人在保全措施解除后转移财产以致造成其他法院无法对该标的物的查封,《查扣冻规定》允许轮候查封,即对已被人民法院查封、扣押、冻结的财产,其他人民法院可以进行轮候查封、扣押、冻结。先前保全措施解除的,登记在先的轮候保全自动生效。冻结是指人民法院向银行、信用社、公司登记机关和其他有储蓄业务的单位发出协助保全通知,不准被保全人支取或使用有关存款及办理股权、股份过户登记。

法律规定的其他财产保全措施,一般是指对季节性鲜活、易腐烂变质以及其他不宜长期保存的物品,可以责令当事人及时处理,由人民法院保存价款,必要时,由人民法院变卖后保存价款。对债务人到期应得的收益,可以限制其支取,并通知有关单位协助保全。债务人的财产不能满足保全请求,但对第三人有到期债权的,人民法院可以依债权人的申请,裁定第三人不得对被保全人进行清偿,如果该第三人要求偿付的,由人民法院提存清偿价款或者指定标的物。[1] 实践中,对当事人提供的财产或通过网络执行查控系统查询到的财产,可以同时通过网络查控系统采取查封、冻结措施。

六、人民法院信息告知义务

人民法院利用网络保全查控系统未查询到可供保全财产的,应当书面告知申请保全人。有利于申请保全人及早作出决定,是否继续申请财产保全,或者

---

〔1〕 参见《民事诉讼法解释》第153条、第158条、第159条。

提供其他财产线索用于财产保全。

【制定背景】

一、执行信息化为运用网络查控系统保全提供了技术条件

近年来,人民法院执行信息化建设实现了跨越式发展,极大提升了审判执行工作的质效。网络执行查控系统的设计、开发、建设和转型升级,法官足不出户在短时间内可以通过互联网查控被保全人遍布全国范围内的存款、证券、车辆、船舶等主要财产形式,极大提高了人民法院查找债务人财产的能力和效率。保全申请与财产查控系统的衔接,已经作为解决执行难的重要指标、要素,纳入人民法院基本解决执行难第三方评估指标体系。依托网络执行查控系统,按照安全、有序、高效的原则建立快速查询的网络保全查控协作工作机制,目的在于以相关信息电子化传输替代书面纸质材料传输,实现网络核查被保全人身份信息、银行存款和车辆等财产信息,以保全促调解,从源头上减少执行案件,以保全促执行,避免债务人在诉讼阶段通过转移财产规避执行,提高执行标的到位率。从各地情况看,重庆、江苏、上海、陕西等地高级人民法院采取财产保全的案件数量和保全到位金额均有明显上升。有的省份"执保字"号案件同比增长了173.36%。但也有的地方对《保全规定》的贯彻落实重视不够,财产保全的比例没有得到明显改观,保全对执行的促进作用没有得到有效发挥。各级人民法院要准确理解把握保全司法解释的立法精神和条文内涵,加大学习力度,加强监督管理,促进财产保全在民事诉讼中的普遍应用,依法保障债权人的合法权益。人民法院要定期对适用财产保全案件数量、保全到位金额、财产保全中的担保比例、查控系统和保全责任保险的应用等情况进行总结。[1] 依照《民事诉讼法》的规定,财产保全应当是民事诉讼中的特殊事件,网络保全模式的推广,财产保全也越来越受到当事人和律师的重视,首封法院优先处置财产的主动权,激发债权人在诉前或者诉讼中采取保全措施的一审民商事案件的比例比以前大幅提高。

---

〔1〕 比如,2018年5月,重庆市高级人民法院印发《全市法院民事财产保全案件清查整改工作实施方案》,对2016年1月1日至2018年8月31日办结的财产保全案件进行清查,并制定了《民事财产保全程序规范》《民事财产保全案件案卷材料基本要求》,推动财产保全案件办理规范化。

人民法院负责保全实施的执行机构能否运用网络查控系统进行财产保全工作,实践中做法仍然不统一。保全实施作为保全工作的主要内容,依法使用该系统并无理论和制度性上的障碍,而且查控系统的运用有助于降低对当事人提供财产信息的要求,提高查控财产效率,防止债务人在诉讼阶段隐匿、转移财产,人为制造保全难,因此,《保全规定》应明确规定申请保全人有权符合要求的情况下申请人民法院使用网络执行查控系统查询被保全财产信息。

二、网络执行查控系统在保全实施阶段的应用是保全案件办理模式的重大变革

网络执行查控系统在财产保全中的运用,突破了传统保全案件的办理模式。从财产保全实施的性质上看,保全实施机构由审判部门变为执行机构,执行机构实施保全时要编立保全执行案号,依照执行程序,遵循主动、积极理念,而不是被动、中立理念。财产保全裁定不需要明确具体的对象,实施保全也不要原告提供明确的财产信息,只需要提供具体的财产线索,保全机构依托执行指挥中心查找被告财产信息并予以查封和冻结,用足用活保全措施,依托网络执行查控系统,尽早保全被告财产。

三、防范和避免债权人滥用查控系统损害债务人利益

司法是平衡的艺术,人民法院既要按照法律和司法解释的规定依法开展保全工作,也要防止一方诉讼主体借保全“打压”“逼迫”诉讼相对方,使人民法院财产保全工作躺着中枪,被动成为破坏市场经济秩序的工具。不少地方对于能否使用网络执行查控系统为保全申请人查询可供保全的财产,也持慎重态度。在技术条件上引入网络执行查控系统并在制度层面推进保全体制机制改革后,在法院内部人员分类改革的背景下,还要探索财产保全案件裁执一体化的可行路径,以有效查控保全对象作为贯穿财产保全立案、审判、执行的主线,财产保全案件的审理更加侧重于判断财产保全的必要性,促使财产保全立案、审判、保全的程序构造更为紧密和集中。

【实务操作指引】

一、当事人申请查询被保全财产提交的材料

当事人在诉讼中申请财产保全，确因客观原因不能提供明确的被保全财产信息，但提供了具体财产线索，申请通过网络执行查控系统查询财产信息的，须提出书面查询申请、查询的范围限于裁定保全的财产或者保全数额范围内的财产。实践中还存在一种特殊情况，诉前保全未能实质查询到被保全人财产，申请人在规定时间起诉后，诉讼过程中请求人民法院继续通过网络查控系统查询、冻结被保全人财产，一般称为补充性财产保全，补充性财产保全也需要审判部门作出保全裁定，同申请书一并移送立案部门立案，然后交由执行机构进行查询并冻结。

二、人民法院对查控申请的操作程序

申请人提出书面保全及查控申请后，由审判庭出具保全裁定书后，将保全裁定书移交立案庭，同时将网络查控申请书、保全裁定书、保全案件信息表一并移交立案庭立案，保全案件信息表应列明被保全人的身份证号码或统一社会信用代码，由立案部门依据保全裁定书立“执保字”案后移送执行机构实施。

人民法院审判部门作出的概括性裁定移送执行机构实施后，申请保全人可以向执行机构提交书面申请查询被保全财产信息。执行机构不予查询的，申请保全人可以依据《民事诉讼法》第 232 条规定提出执行异议。

【相关法律法规】

《民事诉讼法》第 103 条、第 104 条；《民事诉讼法解释》第 153 条、第 158 条、第 159 条；《最高人民法院关于网络查询、冻结被执行人存款的规定》第 1 条、第 5 条、第 10 条；《最高人民法院、中国银监会关于人民法院与银行业金融机构开展网络执行查控和联合信用惩戒工作的意见》；《最高人民法院、中国银行业监督管理委员会关于进一步推进网络执行查控工作的通知》；《人民法院、银行业金融机构网络执行查控工作规范》。

第十二条　财产信息的保密

人民法院对查询到的被保全人财产信息，应当依法保密。除依法保全的财产外，不得泄露被保全人其他财产信息，也不得在财产保全、强制执行以外使用相关信息。

【条文主旨】

本条是有关人民法院对通过网络执行查控系统查询获得的财产信息应予保密的规定。

【条文理解】

一、人民法院工作人员应当保守秘密

人民法院要善于把握信息公开与保守审判秘密之间的平衡。最高人民法院多次发文要求各级人民法院进一步强化档案意识和保密意识，[1]对通过网络执行查控系统查询到的与保全债务人财产无关的信息，属于应当保守秘密范围。2014 年，最高人民法院建立网络执行查控系统，"总对总"查控体系功能强大，可以查询被保全人全国范围内包含不动产、银行存款、金融理财产品、船舶、车辆、证券、网络平台资金等在内的信息。全国所有的 3523 家法院都能使用该系统对承办的案件进行查控。覆盖全国及主要财产形式的网络化查控系统的开发与应用，对多种财产形式已经实现"一网打尽"。人民法院实现了通过信息化、网络化、自动化手段查控被执行人及其财产。财产保全和执行查控的衔接机制落实后，可有效发挥查控功能，提前查控债务人财产，但对于应只向当事人提供与标的额有关的财产信息，还是可以把整个财产信息都提供给当事人，应当建立风险防控机制予以规范，不能被虚假诉讼所利用，因此，人民法院及工作人员应严守信息秘密。

---

〔1〕参见《最高人民法院办公厅关于进一步加强诉讼档案和案件卷宗安全保密管理的通知》（法办〔2002〕152 号）、《最高人民法院关于保守审判工作秘密的规定》、《人民法院工作中国家秘密及其密级等级具体范围的规定》、《最高人民法院关于"五个严禁"的规定》。

二、不得泄露被保全人其他财产信息

本条规范的对象是人民法院及相关工作人员。只有人民法院工作人员才有权通过网络执行查控系统查询并获取被保全人的财产信息，为了保护被保全人的合法权益，人民法院负责办理保全案件的工作人员不得向申请保全人泄露依法保全财产以外的任何信息；人民法院通过网络执行查控系统获得保全财产信息后，要通知申请保全人，实践中一般由法官根据具体案情予以掌握，但也仅限于告知申请保全人可用于保全的财产，对于被保全人其他财产信息，也应纳入人民法院保密范畴，不应随意告知申请保全人，申请保全人已经实现保全目的后，不能再额外获知其他财产信息，否则将有可能损害被保全人的合法权益。

三、不得在财产保全以外使用财产信息

人民法院工作人员和当事人不得在诉讼保全、强制执行之外使用查询到的财产信息。比如，被保全人在另案诉讼中，人民法院将查控信息作为另案证据使用等，因实践中已发生类似情况，有必要在《保全规定》中作进一步明确。

【制定背景】

截至 2018 年 12 月 31 日，网络执行查控系统建设不断取得新突破，已经上线网络冻结功能的 2299 家、上线网络扣划功能的 750 家。省会城市和沿海、旅游城市中已有 20 个城市上线不动产“点对总”网络查控。与银监会联合发文推进理财产品网络查询，新上线工行、交行、中行 3 家银行理财产品的查询冻结功能。与中国证券登记结算公司合作，对证券的网络查控已全部上线。为 6038 万余件案件提供查询冻结服务，共冻结资金 4136 亿元，查询不动产信息 984 万条，查询到车辆 5142 万辆、证券 1421 亿股、渔船和船舶 194 万艘、互联网银行存款 257 亿元，全面优化了执行中查找财产的方式，有力维护了当事人的合法权益。

最高人民法院还要推进实现对所有银行的查询、冻结、扣划“一体化”，推进对车辆的查扣和网络资金的冻结功能，加强与保监会、税务总局、民政部的合作，将被保全人保险财产、纳税退税信息、婚姻信息等纳入网络查控范围。与公安部合作查找被执行人、与国家市场监督管理总局合作查控股权、与保监会合

作查控保险理财产品等正在稳步推进中。

大数据、人工智能等本身是一把“双刃剑”,数据安全是法院信息化建设的生命线,数据安全既涉及国家安全、社会安全,更涉及公民个人信息保护。网络执行查控系统功能越来越强大,如果不对所查询的信息进行保密规定,很可能侵害被保全人的利益,尤其在虚假诉讼屡禁不止的形势下。在硬件、软件、数据存储技术上要加强防范,注重技术更新,防止黑客入侵造成信息泄密;在数据利用上,要根据国际通行规则和民法典的精神,坚持有限使用和注重个人隐私的保护原则,做到合理利用;注重法院工作人员保密意识的培养,从思想上筑牢数据安全工作防线,防止出现倒卖数据信息或为个人利益利用数据的问题。

【相关法律法规】

《民事诉讼法》第103条、第104条;《最高人民法院关于网络查询、冻结被执行人存款的规定》第7条、第8条;《最高人民法院、中国银监会关于人民法院与银行业金融机构开展网络执行查控和联合信用惩戒工作的意见》;《最高人民法院、中国银行业监督管理委员会关于进一步推进网络执行查控工作的通知》;《人民法院、银行业金融机构网络执行查控工作规范》。

第九章　财产保全的实施

第十三条　善意保全原则

被保全人有多项财产可供保全的，在能够实现保全目的的情况下，人民法院应当选择对其生产经营活动影响较小的财产进行保全。

人民法院对厂房、机器设备等生产经营性财产进行保全时，指定被保全人保管的，应当允许其继续使用。

【条文主旨】

本条是关于人民法院采取保全措施应当坚持有利于保全、减少对被保全人损害、完善产权保护的规定。

【条文理解】

本条内容既是对《民事诉讼法》第103条精神的落实，也是对《民事诉讼法解释》第155条规定的细化和展开，旨在实现保全目的同时，保护被保全人的合法权益不受额外损害，强调对作为被保全人的公司企业采取保全措施，应注重保障其正常的生产经营活动，间接将比例原则引入财产保全制度，人民法院在裁定准予保全时要考虑保全措施的适当性、必要性和相称性。财产保全作为一种临时性的财产控制措施，目的在于保障诉讼或仲裁后胜诉权利的实现，并非对生效法律文书的强制执行，财产保全裁定作出时双方权利义务尚未经法律程序最终确定。财产保全贯彻比例原则，就是要求人民法院在实施保全时，应当兼顾双方当事人的合法权益，尽可能减少对被保全人利益的不当影响。

一、财产保全应遵循比例原则

比例原则是行政法上控制自由裁量权行使的基本原则,指行政机关实施行政行为时应兼顾保护相对人的合法权益和实现行政目标之间的价值,如果行政目标的实现可能对相对人的合法权益造成某种不利益时,应使这种不利益限定在尽可能小的限度内,使两者保持适度的平衡比例。财产保全适用比例原则,是指人民法院财产保全权力的行使应有法律依据作为支撑,选择对当事人侵害最小的方式进行。人民法院采取保全措施要体现适当性、必要性和衡平性的原则,以适当方法采取保全措施,不得逾达成保全目的之必要限度,兼顾申请保全人、被保全人和利害关系人的合法权益。

人民法院开展保全工作,合理运用比例原则、合目的性原则和均衡性原则,实际上是遵循一种善意保全的方法。在保全原则上,要坚持"尽其最善"原则,必须适度,符合理性,所采用的保全手段要与拟达到的保全目的相适应,保持均衡、适度,在有多种保全手段选择时要尽量采用对当事人损害最小,或者负面影响最小,或者成本最低的手段。在保全的载体上,要更多地运用信息化的手段。既能有效降低保全成本,减轻当事人的经济负担,又能便捷高效,以最快速度实现当事人的合法权益、提高保全效率,还能有效约束、全面规范保全权力,最大限度地铲除乱保全等保全失范现象赖以生存的土壤,杜绝与被保全人当面接触,减少言语、肢体冲突的可能,较大限度地防范保全中暴力事件的发生。在保全的规范依据上,采取保全行为必须有法律的明确规定,有生效裁定为保全依据,要依法保全,严格按照裁定确定的内容保全,切实防止因随意扩大保全范围而损害被保全人合法权益,严格遵守查封、扣押、冻结的适用条件和法定程序,坚决杜绝超范围、超标的查封、扣押、冻结,充分保障当事人行使法律规定的救济权。在保全的结果上,要实现法律效果与社会效果的统一。特别是在国内经济增速放缓、经济下行压力加大的形势下,人民法院在采取查封、扣押、冻结等保全措施时,在不损害债权人利益的前提下,尽量优先采取方便保全且对当事人生产经营影响较小的保全措施,尽可能保全资产的市场价值。

二、多项被保全财产的选择

(一)财产顺位原则

财产保全尽管不需要遵守财产除尽原则,但是存在多个财产可供保全的前提下,选择何种财产进行查封、扣押和冻结,确实有正当性与合理性的问题。财产除尽原则是指在保全程序中要首先保全顺位在先的财产,只有顺位在先的财产保全穷尽后,才能保全顺位在后的财产。具体到保全标的物选择方面,存在多个被保全财产的情况下,应当首先保全被保全人的现金等货币财产,其次是动产,再次是不动产,最后是被保全人的收入和债权。上述财产仍不能满足保全,可以保全公司的股权和股份及其他财产权益。第一,现金等货币财产将来执行时不需要变价;第二,动产相比不动产判后执行时变价简单、交付容易,对被保全人生活的影响也更小;第三,在有可能的情况下,保全应当尽量减少对第三人的利益的影响,债权的保全和股权的保全都会发生与第三人的关系;第四,财产除尽原则符合善意保全的理念。

(二)最小成本原则

最小成本原则与效率原则相表里,是指在债务人众多财产形式都可用于清偿债权时,实施保全人员需要选择将来容易变现且变现时间最短的财产,比如,银行存款、理财产品、工资、收入等财产,而不应查封、扣押、冻结被保全人的不动产、股权等财产形式,这既是对债务人的人权和财产权的公权力尊重,也是便利债权人以最快速度实现债权的应有之义。

(三)实现保全目的原则

保全裁定采取的保全措施既要达到目的,又要以最小的代价,避免给被保全人的生产经营活动造成不必要的损害,兼顾保全手段的适合性与最低保全成本之间的关系,保障和维护经济社会的有序和良性发展。

三、对生产经营性财产的保全

《民事诉讼法解释》第155条规定,由人民法院指定被保全人保管的财产,如果继续使用对该财产的价值无重大影响,可以允许其继续使用。《保全规定》的起草过程中,多数观点认为,从促进社会经济发展,避免给被保全人造成不利影响的方面考虑,应当允许被保全人使用被保全的生产经营性财产。考虑到《民事诉讼法解释》已经对"允许使用"设定了"无重大影响"的前提条件,应将允许使用的生产经营性财产限定在不容易发生价值减损的生产厂房、机器设备(包括建筑工程或道路施工、探矿采矿、农业生产的器械、工具等)等财产范围。

被保全的厂房、机器设备等生产经营性财产或者特殊动产如机动车、航空器等,一般都是生产经营、生活所必需的设施和工具,如果直接采取查封、扣押的方式,使这些财产不能正常投入使用,无法发挥其效用,不仅会影响被保全人在诉讼期间的生产经营活动和经济效益,也不利于将来生效判决的充分执行和社会经济的稳定。除造成被保全人可得利益的损失以外,还可能造成这些财产价值的直接损失。如车辆、船舶、航空器要定期保养,大型生产工具可能因长期闲置出现性能故障而无法使用或者折旧,债务人生产、生活更加艰难。

为妥善解决保全实施中的"保死"或"死封"的问题,实践中不妨借鉴国外的做法,如对于机动车的查封,除通知登记机关不得变更权属登记外,在机动车行驶证上加注法院查封标记,使被保全人无法对第三人隐瞒车辆被法院查封情况,限制其保全期间转卖车辆,既能够保障车辆继续由被保全人运营使用,又避免了实际扣押造成的价值损害以及保管费用支出。

本条作为指引性规定,在实践操作中仍需进一步探索实施保全的手段与方法。总的原则是要在确保实现保全目的的情况下,依法保护债务人产权。在采取查、扣、冻措施时注意把握保全方法和尺度,严格遵守相应的适用条件与法定程序,杜绝超范围、超标的查封、扣押、冻结,对银行账户内资金采取冻结措施的,应当明确具体冻结数额;对土地、房屋等不动产保全查封时,如果登记在一个权利证书下的不动产价值超过应保全的数额,则应加强与国土部门的沟通、协商,尽量对该不动产的相应价值部分采取保全措施,避免影响其他部分财产权益的正常行使。

在采取具体保全措施时,尽量寻求依法平等保护各方利益的平衡点:对能采取"活封""活扣"措施的,尽量不进行"死封""死扣",使保全财产继续发挥其使用价值,如对厂房、机器设备等生产经营性财产进行保全时,指定被保全人保管的,应当允许其继续使用;对有多种财产并存的,尽量优先采取方便保全且对当事人生产经营影响较小的保全措施。在不损害债权人利益前提下，允许被保全人在法院监督下处置财产，尽可能保全财产的市场价值。在条件允许的情况下可以为企业预留必要的流动资金和往来账户，最大限度地降低对企业正常生产经营活动的不利影响。需要注意的是，被保全人使用以其保管为前提，对于不适合被保全人保管的财产，人民法院指定他人保管，自然无法允许被保全人继续使用。

【制定背景】

一、落实中共中央、国务院关于产权保护的基本要求

产权保护是法治与市场关系的逻辑起点，产权保护理念也应当贯穿司法活动的始终。为防止公权力对个人财产权的漠视和践踏，2015 年 12 月，第八次全国法院民事商事审判工作会议召开，根据会议精神，民事商事审判工作应当坚持加强产权保护的原则。2016 年 11 月，中共中央、国务院出台《关于完善产权保护制度依法保护产权的意见》（中发〔2016〕28 号），构建了一个完善的、层层递进、兼顾各方利益平等保护的产权保护体系，提出了“平等保护、全面保护、依法保护、共同参与、标本兼治”原则，作为我国首次以中央名义出台产权保护的顶层制度设计，该意见指出产权制度是社会主义市场经济的基石。保护产权是坚持社会主义基本经济制度的必然要求，产权得到有效保护，是全面建成小康社会目标的重要内容。财产保全和执行程序作为司法工作的关键环节，是对产权保护的有力支撑，在财产保全与执行工作中落实产权保护原则，是贯彻社会主义基本经济制度的需要，也是司法工作促进社会主义市场经济发展、服务和保障“供给侧结构性改革”的需要。

二、最高人民法院颁布系列指导意见强调司法保护产权慎用强制措施

2016 年 11 月 28 日，最高人民法院颁布了《关于充分发挥审判职能作用切实加强产权司法保护的意见》（法发〔2016〕27 号），要求依法慎用强制措施和查封、扣押、冻结措施，最大限度降低对企业正常生产经营活动的不利影响。对涉案企业和人员，应当综合考虑行为性质、危害程度以及配合诉讼的态度等情况，依法慎重决定是否适用强制措施和查封、扣押、冻结措施。在刑事审判中，对已

被逮捕的被告人,符合取保候审、监视居住条件的,应当变更强制措施。在刑事、民事、行政审判中,确需采取查封、扣押、冻结措施的,除依法需责令关闭的企业外,在条件允许的情况下可以为企业预留必要的流动资金和往来账户,不得查封、扣押、冻结与案件无关的财产。最高人民法院颁布的《关于依法妥善处理历史形成的产权案件工作实施意见》(法发〔2016〕27 号),也对人民法院关于财产处置问题作出了规范。2018 年最高人民法院下发了《关于充分发挥审判职能作用为企业家创新创业营造良好法治环境的通知》(法〔2018〕1 号),强调要严格依法采取财产保全、行为保全等强制措施,防止当事人恶意利用保全手段,侵害企业正常生产经营,对资金暂时周转困难、尚有经营发展前景的负责企业,慎用冻结、划拨流动资金等手段。为落实中央提出完善依法保护产权制度的要求,在财产保全工作中体现善治理念,《保全规定》也对此作了合理的制度性安排。2019 年 12 月 22 日,中共中央、国务院下发了《关于营造更好发展环境支持民营企业改革发展的意见》,最高人民法院为回应实践需要,于 2019 年 12 月出台了《关于在执行工作中进一步强化善意文明执行理念的意见》,再次强调了《保全规定》中贯彻的保全理念。

【实务操作指引】

一、活封与死封相结合

实践中,人民法院在采取查封措施时,应坚持活封与死封相结合,最大限度减少被保全人的经济损失和财产损失,降低采取保全措施对被保全人造成的不利益。所谓活封,是在查封房屋、土地使用权时将该财产继续交由被保全人保管以及继续居住、占有和使用。在查封工厂的厂房、机器设备时张贴封条,做好笔录,并指定债务人保管,允许其继续用来进行开展生产经营活动。所谓死封一般是指将债务人的动产、不动产张贴封条、直接扣押或强制要求债务人腾退、迁出,不得使用被保全财产进行生产经营和生活。如在保全车辆时,不仅在车管所办理不得转移权属的限制性登记,而且将债务人所有的车辆直接扣押在停车场或者法院指定场所。人民法院在保全活动中,最大限度地争取采取“活封”“活扣”措施,只要债务人在人民法院采取保全措施后,无法转移财产的权属或者新设权利负担,尽量不要“死封”“死扣”,发挥被保全财产的使用价值,防止不当减损当事人财产利益。《全国法院民商事审判工作会议纪要》第96条规定，信托公司作为被告，确有必要对其固有财产采取保全措施的，必须强化善意执行理念，防范发生金融风险。在采取具体保全措施时，要尽量寻求依法平等保护各方利益的平衡点，优先采取方便执行且对信托公司正常经营影响最小的执行措施。在条件允许的情况下，可以为信托公司预留必要的流动资金和往来账户。对厂房、机器设备等生产经营性财产进行保全时，一般指定被保全人保管更为经济便捷，应当允许其继续使用；对车辆进行查封，因存在动产交易所有权转移的交付问题，可考虑与交管部门建立协助保全机制，以在车辆行驶证上加注查封标记的方式进行，既可防止被查封车辆被擅自转让，也能让车辆继续使用，避免“死封”带来的车辆的价值贬损及高昂停车保管费用。

二、扣押与冻结相结合

查封与扣押都属于人民法院可以采取的保全措施，尽管从限制财产的方式上有所不同，但都属于禁止或限制被保全人对被保全财产处分的措施。实践中，无论采取查封还是扣押措施，人民法院一般都会通知有关产权登记部门不予办理该项财产的转移手续。对同一涉案标的物适用查封还是扣押措施，应视所保全的标的物的情况决定。从查封和扣押的对象看，查封的对象主要针对不动产和动产及其他权益，而扣押的对象主要针对动产。对动产既可以采取查封措施，也可以采取扣押措施，必要情况下也可以同时适用查封扣押两种措施，法律没有明文规定查封与扣押不能同时适用于同一标的物。只有申请保全的财产是不动产及其他权益的才不能同时适用查封、扣押措施。

三、慎重选择采取保全措施的财产类型

被保全人同时存在多个可供保全的财产，从被保全人的利益考虑，在平衡当事人利益的立法理念和司法理念指导下，遵循善意原则和适度原则，积极寻求维护申请人权益和减少对被保全人伤害的最佳结合点。尽量优先采取方便保全且对当事人生产经营影响较小的保全措施。在不损害债权人利益前提下，允许被保全人在法院监督下处置财产，尽可能保全财产的市场价值。在条件允许的情况下可以为企业预留必要的流动资金和往来账户，最大限度降低对企业

正常生产经营活动的不利影响。[1] 从人民法院视角来看,不同财产形式对应的保全措施不同,而不同强制措施的难度系数也存在较大差异。如果人民法院选择恰当的财产采取保全措施,可以降低保全难度,节约司法资源。[2] 从债权人的权利实现看,选择价值波动小且将来容易变现的财产予以保全,更有利于胜诉判决执行时,债权人能够得到高效足额清偿。

【相关法律法规】

《民事诉讼法》第 105 条;《民事诉讼法解释》第 155 条、第 156 条。

第十四条　特殊动产的保全

被保全财产系机动车、航空器等特殊动产的,除被保全人下落不明的以外,人民法院应当责令被保全人书面报告该动产的权属和占有、使用等情况,并予以核实。

【条文主旨】

本条是对机动车、航空器等特殊动产采取保全措施的特别规定。

【条文理解】

我国物权法上的特殊动产主要指运载工具,包括机动车、船舶和航空器等物权变动与登记公示相关联的财产形式,本条充分考虑到物权法关于动产的物权变动采取登记对抗主义,如果仅要求办理机动车的档案查封登记,并不能限制其权属的实际转移,未解决保全措施落空问题,特别提出应责令被保全人书面报告动产的权属和占有使用情况,并在此基础上核实财产的真正权利人。

---

〔1〕 参见 2016 年 11 月 22 日《最高人民法院关于在执行工作中规范执行行为切实保护各方当事人财产权益的通知》(法〔2016〕401 号)。

〔2〕 参见曹凤国、田强:《对非财产权益执行的正当性研究》,载《全国法院第 25 届学术讨论会获奖论文集公正司法与行政法实施问题研究》(上册),人民法院出版社 2014 年版,第 833 ~ 844 页。

一、特殊动产的物权变动规则

《民法典》第 24 条规定,动产物权的设立和转让,自交付时发生效力,《物权编解释(一)》第 6 条规定,转让人转移船舶、航空器和机动车等所有权,受让人已经支付对价并取得占有,虽未经登记,但转让人的债权人主张其为《民法典》第 25 条所称的善意第三人的,不予支持,法律另有规定的除外。该解释第 20 条规定,转让人将《民法典》第 25 条规定的船舶、航空器和机动车等交付给受让人的,应当认定符合《民法典》第 311 条第 1 款第 3 项规定的善意取得的条件。

物权法所确立的物权变动模式是公示生效主义还是公示对抗主义,学界对此有不同的认识。有观点认为,我国在物权变动上采取了多元混合模式,即区分不同情况而分别采取相应的物权变动模式。就特殊动产而言,登记仅是物权变动对抗要件而非生效要件,交付和占有才是公示公信的手段与物权变动的生效要件。买受人只要在法院查封前签订了买卖特殊动产的合同并实行了交付和占有,就实际是特殊动产的所有权人。特殊动产的善意取得也是把占有作为逻辑起点,基于我国车辆、船舶经营管理规定,有的车辆、航空器往往要挂靠在有经营资格的运输公司名下方能投入营运,导致车辆、船舶的实际所有人与登记名义人相脱离。《民法典》第 25 条考虑船舶、航空器和机动车价值较普通的动产价值大,需要对其进行特殊的保护,故对于船舶、航空器和机动车等这类特殊的动产适用的是登记对抗主义(公示对抗主义)的立法模式,未经登记,不得对抗善意第三人。现代社会,动产和不动产在价值上的区分越来越微弱,很多船舶、航空器和机动车的价值远远高于不动产的价值。价值高于普通动产的船舶、航空器和机动车适用公示对抗主义的物权变动模式,而价值较小的部分不动产则需要通过公示生效主义的物权变动模式予以保护,登记生效主义和登记对抗主义的实践运作产生了各自的困境。

基于法律行为的动产物权变动中,以交付作为生效要件。已受领交付的买受人已经是该动产的物权所有人。特殊动产本质上仍属于动产,未作特别规定时,按动产的物权变动规则处理,特殊动产物权变动方式不仅指现实交付,还包括观念交付,只要出卖人向买受人交付了特殊动产,即使没有登记,物权变动也发生效力,仅不能对抗善意第三人,若没有实现交付,即使已经登记,受让人也不能取得所有权。

二、机动车的权属判断

我国法律和司法解释将占有、登记作为动产和不动产权属的基本识别方法。占有是动产物权的公示方式,法院依据占有可推定占有人为所有权人,登记是不动产、特殊动产的公示方法,法院根据登记簿的记载,可推定登记名义人为所有权人。机动车登记可分为机动车行政管理登记和机动车物权登记,二者是不同性质的登记,机动车行政管理登记是对机动车上路行驶的行政许可,而机动车物权登记是对民事权利的确认。我国车辆管理部门主要履行机动车上路行驶的行政管理职能,还未承担机动车的物权登记职能。法院在识别机动车权属时,要认识到根据车辆管理部门的登记并不能确定真正的机动车所有权人。

三、对特殊动产的保全

(一)对财产的现场扣押

对特殊动产的保全,人民法院采取保全措施时,有登记查封和扣押两种方式。依《物权编解释(一)》第6条之规定,机动车权属转移不以登记机关记载为准,而以实际占有为判断标准,如果法院只在车辆登记管理机关办理了登记查封手续,没有实际扣押,只能限制相关车辆的交易过户,机动车等特殊动产在办理查封登记之后通过买卖仍然可以发生财产的转移占有,不能确保债权人债权的实现。

(二)办理查封登记

实践中,人民法院办理机动车的查封,主要方式是查封档案、锁定档案与扣押车辆,根据《公安部关于修改〈机动车登记规定〉的决定》(公安部令第124号),对于办理档案查封手续的车辆,查封期间禁止车辆所有人办理注册、变更、转移、抵押解押、注销、质押解押,但不妨碍其办理年审、申请临时号牌、补领牌证。对于人民法院办理查封登记时同时锁定档案,车辆管理部门则对年审不予办理。需要注意的是,车辆管理部门停止办理上述手续,并不说明机动车实际权属仍归被保全人所有,因此,对于未实际扣押的机动车等特殊动产,人民法院应责令被保全人对自己名下机动车等动产予以书面确认,核实相关情况,固定相关证据,并以适当的方式使公众了解到人民法院保全的事实。

相对于现场扣押,尽管查封登记的办理不能实际控制车辆,但减轻了人民法院承担国家赔偿责任的风险。根据《司法赔偿解释》第 3 条第 6 项的规定,对查封的财产不履行监管职责,造成被保全财产毁损的,属于违法采取保全措施的情形,应予赔偿。[1]

四、扣押与查封登记竞合的处理

扣押机动车与查封机动车登记同时进行,保全效力如何认定,实践中不无争议。在理论上,人民法院在保全过程中,可能存在扣押机动车与查封机动车注册登记档案同时进行的情形。扣押机动车与查封登记的先后顺序不同,会产生不同法院的保全行为、执行行为之间的冲突与竞合,包括扣押先于查封登记、扣押迟于查封登记和扣押与查封登记同时进行三种情形。

(一)扣押机动车先于查封登记

如果法院扣押机动车在时间上先于查封,但未查封涉案机动车的注册登记档案,根据《民法典》第 25 条"机动车等的物权的设立、变更、转让和消灭,未经登记,不得对抗善意第三人"的规定,应该认定法院查封机动车登记的效力劣后于法院扣押机动车的效力。机动车等特殊动产物权变动毕竟不采登记生效主义模式,登记不具有绝对的公信力,尤其目前机动车的登记制度尚不完备的情况下,不能将是否登记作为判断善意的唯一标准,登记并不对"善意"的构成具有"一票否决"的作用。[2] "未登记,不得对抗善意第三人"的"第三人"必须通过法律行为进行交易过程中的第三人,而不是通过事实行为取得物权的第三人。这说明登记对抗主义的适用是有条件的,只有在交易过程中才有可能产生信赖利益,对于一般债权人、不法侵害人等,物权变动即使未进行登记,也是可以对抗的。所以"未经登记,不得对抗善意第三人"中的"第三人"应受到一定的限制。如果已经存在人民法院或者公安机关扣押了机动车,其他人民法院即

---

〔1〕 参见(2019)最高法委赔监 163 号决定书。

〔2〕 参见杜万华主编:《最高人民法院物权法司法解释(一)理解与适用》,人民法院出版社 2016 年版,第 466 页。

使查封了机动车登记档案,依然不产生财产保全的效力。

(二)扣押后于查封登记的效力

根据登记优先和顺位在先的原则,如果法院查封机动车注册登记手续时间在先,效力应优于时间在后的扣押机动车的法律效力。[1]《查扣冻规定》第7条第2款规定,查封、扣押、冻结已登记的不动产特定动产及其他财产权,应当通知有关登记机关办理登记手续。未办理登记手续的,不得对抗其他已经办理了登记手续的查封、扣押、冻结行为。以车辆管理部门为例,作为国家机关,车辆管理部门的登记具有公示公信的效力,虽然我国目前机动车登记制度还不完善,但也不能单纯强调扣押机动车的优先效力,应该区分不同的情形作出不同的界定。如果查封机动车注册登记档案的行为早于扣押机动车,从保护机动车的使用价值和有利于社会经济稳定发展,结合发挥车辆管理部门登记的公信力的角度,应该坚持登记在先效力优先的原则。

2019年9月,最高人民法院《民事强制执行法草案》(征求意见稿)第169条规定,两个以上国家机关查封同一动产,在先实施占有的为在先查封,均未实施占有,在先办理查封登记的为在先查封。2022年《民事强制执行法草案》沿袭了这一规定,同一动产存在多个查封的,在先实施占有的为在先查封;均未实施占有的,在先办理查封登记的为在先查封。从这个意义上来说,不同国家机关同一天分别采取扣押、办理查封登记措施的,实施扣押行为的人民法院为在先保全法院。

(三)特殊动产保全应核实权属

人民法院在冻结机动车注册登记档案时,通常向车辆管理机关送达民事裁定书和协助保全通知书。诉讼保全阶段机动车等特殊财产因被保全人一般不交由法院进行扣押封存,人民法院通过车辆管理部门对档案进行查封,但如未依法进行扣押,容易造成车辆灭失的潜在风险。实践中,申请保全人认为法院未依法扣押车辆,导致财产保全落空,案件最终难以执行,向检察院申请检察监

---

〔1〕 参见《最高人民法院关于辽宁省沈阳市中级人民法院与北京市第一中级人民法院执行争议案的处理意见》(〔2003〕执协字第23号答复意见),载江必新、贺荣主编:《最高人民法院执行案例精选》,中国法制出版社2014年版,第438~443页。

督的问题时有发生,申请保全人需要事先对特殊动产的实际权属尽到核实义务。比如,冻结民航飞机,可以先行冻结飞机的保险赔偿金,再对被保全人所有的且留置于航空公司的飞机采取查封措施,并告知管理人妥善保管。保全航空器时,人民法院应严格审查申请保全人提供的相关材料,核实权属关系、飞机现状、停放位置等情况,协调民航局、机场、航空公司、海关、公安局机关等单位及部门,对涉案飞机采取保全措施,全面清点舱内物品并登记在案。

【制定背景】

《查扣冻规定》第7条确立了财产查封的登记主义优先原则,以利于有关民事案件的保全和执行,物权法及其司法解释确立了动产的占有交付主义,程序性司法解释与现行实体法之间的规范冲突,成为判断查封机动车效力优先还是扣押机动车效力优先分歧的主要原因。实践中,对机动车等特殊动产采取保全措施,做法不一,申请保全人与利害关系人之间经常因车辆的归属产生争议。人民法院在办理查封机动车的登记手续后,因人民法院不实际控制车辆,名义所有权人可能已经把车辆卖给第三人,如果第三人属于善意取得,则可以对抗申请保全人的债权。立法与实践的脱离给特殊动产权属核实造成了困难。2004年5月1日起施行的《道路交通安全法实施条例》第7条规定,已注册登记的机动车所有权发生转移的,应当及时办理转移登记。2012年9月12日修订的《机动车登记规定》(公安部令第72号)第18条规定,申请转移登记的,现机动车所有人应当于机动车交付之日起30日内,填写《机动车转移登记申请表》,提交法定证明、凭证,已注册登记的机动车所有权发生转移的,现机动车所有人应当自机动车交付之日起30日内向登记地车辆管理所申请转移登记。由此可见,机动车的转移登记应当在机动车所有权发生转移后进行,就此而言,机动车登记不是机动车所有权登记,也不是所有权变动的生效条件。[1]

---

〔1〕 对此问题,公安部曾就最高人民法院执行工作办公室的来函作出答复,提出"公安机关办理的机动车登记,是准予或者不准予上道路行驶的登记,不是机动车所有权登记""公安机关登记的车主,不宜作为判别机动车所有权的依据"。参见《公安部关于确定机动车所有权人问题的复函》(公交管〔2000〕98号)以及《最高人民法院关于执行案件中车辆登记单位与实际出资购买人不一致应如何处理问题的复函》(〔2000〕执他字第25号)。

【实务操作指引】

一、对机动车的保全

人民法院对机动车采取保全措施与办理执行案件过程中对机动车采取的执行措施有所区别,保全机动车一般以限制办理权属变更登记为原则,以实际扣押机动车为例外,旨在维持机动车权属的现状,执行程序则以责任财产的变现清偿为主要目的,只有实际扣押机动车后才能通过评估、拍卖程序予以变现。

(一)对未上牌照机动车的扣押

人民法院对于未能及时上牌车辆的保全,只能采取扣押的方式。除对车辆实物进行扣押外,还应责令车辆所有权人交出车辆钥匙、购车发票等机动车来历证明、机动车整车出厂合格证明或者进口机动车进口凭证、车辆购置税完税证明或者免税凭证,便于生效判决的执行过程中对其价值准确评估定价,有利于在拍卖、变卖成交后对扣押车辆上牌过户。

(二)对已上牌照机动车的查封扣押

人民法院到车辆户籍所在地的车辆管理部门查清车辆的基本情况,出具完整的查封或者扣押手续。查封、扣押裁定应及时送达双方当事人,责令车辆所有权人或使用人交出车辆钥匙、行驶证、车辆购置税完税证明、交强险凭证、车辆登记证,如为营运车辆,还要交出营运证。查封扣押裁定及协助执行通知书应及时送达车辆户籍所在地的公安机关车辆管理部门,以防车辆所有权转移。可以同时将查封扣押裁定及协助执行通知书及时送达车辆户籍所在地的公路管理部门,报停养路费的缴纳。

另外,还可以将查封扣押裁定及协助执行通知书及时送达车辆户籍所在地的国税局,冻结车辆购置税完税证明的转户或提取。机动车基本档案由公安机关车辆管理部门管理,另一套车辆购置税完税档案,由国税局管理。人民法院查封扣押车辆应到国税局冻结车辆购置税完税证明的转户,确保车辆拍卖、变卖后,新的车辆所有人凭法院的裁定和协助执行通知书可以将车辆购置税完税证明过户至购买人名下。

二、对民用航空器的保全

民用航空公司运营的客运飞机，作为一种特殊动产，在民事诉讼中可以作为财产保全的对象，人民法院办理民用航空器的查封手续和操作步骤如下。[1]

（一）核查航空器基本信息

人民法院应当审查申请保全人提供有关航空器的资料，确定航空器国籍和权属关系，现状及停放位置，核对民用航空器国籍登记证书、民用航空器适航证书载有特定飞机的国籍和登记标志、航空器出厂序号、证件持有人的信息。民用航空器国籍登记证书是证明飞机国籍的证书，在中华人民共和国领域内飞行的所有民用航空器，必须具有规定的国籍标志和登记标志；民用航空器适航证书是由适航当局对民用航空器颁发的证明该航空器处于安全可用状态的证件。关于飞机价值的评定，人民法院可以要求当事人提供购买飞机的合同、发票、制造商关于飞机的报价单等材料，作为确定保全财产价值的依据。

（二）查封登记程序

人民法院依据当事人申请，向民用航空局送达裁定和协助执行通知书，查封手续应当写明依法查封、冻结被保全人名下航空器的国籍登记标志和出厂序列号，并明确所要保全的飞机价值和查封期限的内容。

依据《民用航空器权利登记条例》，权利登记包括民用航空器所有权、占有权登记，或者抵押权、优先权登记。民用航空局一般不对除公安部门、检察机关、人民法院之外的对象开放权利登记查询，除持法律文书到现场办理手续之外，人民法院还可以通过邮寄方式向中国民用航空局送达法律文书的方式办理权利登记查询，民用航空局应将查询结果通过书面、口头方式告知人民法院。

---

〔1〕 依据《民用航空法》《国务院关于通用航空管理的暂行规定》，民用航空器是指除用于执行军事、海关、警察飞行任务外的航空器；根据民用航空器用途，一般可分为通用航空器和商业航空器。国务院针对通用航空产业出台了《关于通用航空管理的暂行规定》，主要规制通用航空许可证申请活动，未对通用航空器的适航管理、权利登记等作出特殊规定。但所有民用航空器均受《民用航空器适航管理条例》《民用航空器权利登记条例》《民用航空器国籍登记条例》调整。

（三）航空器查封的法律效力

查封飞机权利登记发生如下法律效果：不能进行权利登记或变更权利登记，但不影响飞机其他证件的变更登记，被查封飞机未进行过权利登记的，在查封后不能办理权利登记；有权利登记的，不能予以变更。对飞机权利登记的查封不影响飞机的民用航空器标准适航证、民用航空器国籍登记证等证书信息的变更，也不影响飞机飞行所必需的相关证件信息的变更。

飞机的权利登记与其他证书登记互相独立，飞机被查封后不影响权利人事实上处分和交付飞机。《民用航空器法》第 11 条、第 14 条规定航空器所有权的取得、转让和消灭应当向主管部门登记，但实践中航空器的权利登记一直采取自愿登记制度，航空器拥有者运营人并不等同于权利登记证书上载明的所有权人。

三、被保全财产的保管

财产保全执行案件的保全标的物系非金钱动产且被第三人保管的，该保管人依人民法院通知应当协助执行。当保管合同或租赁合同到期后未续签，且被保全人不支付保管、租赁费用的，协助执行人无继续无偿保管的义务。保全标的物价值足以支付保管费用的，人民法院可以维持查封直至案件作出生效法律文书，执行保全标的物所得价款应当优先支付保管费用。保全标的物价值不足以支付保管费用，申请保全人支付保管费用的，可以继续采取保全查封措施，不支付保管费用的，可以处置保全标的物并继续保全变价款。[1]

【相关法律法规】

《查扣冻规定》第 26 条；《异议复议规定》第 25 条；《民法典》第 25 条；《物权编解释（一）》第 6 条；《买卖合同解释》第 7 条；《最高人民法院关于保全案件中车辆登记单位与实际出资购买人不一致应如何处理问题的复函》；《最高人民法院研究室关于如何认定买卖合同中机动车财产所有权转移时间问题的复

---

〔1〕 参见（2017）最高法执复 2 号执行裁定书，该案已经作为指导性案例由《最高人民法院关于发布第 23 批指导性案例的通知》（法〔2019〕294 号）公开发布。

函》;《公安部关于确定机动车所有权人问题的复函》;《公安部关于机动车财产所有权转移时间问题的复函》。

第十五条　超标的保全的禁止

人民法院应当依据财产保全裁定采取相应的查封、扣押、冻结措施。

可供保全的土地、房屋等不动产的整体价值明显高于保全裁定载明金额的,人民法院应当对该不动产的相应价值部分采取查封、扣押、冻结措施,但该不动产在使用上不可分或者分割会严重减损其价值的除外。

对银行账户内资金采取冻结措施的,人民法院应当明确具体的冻结数额。

【条文主旨】

本条是关于保全裁定实施过程中对超标的保全行为的限制性规定。

【条文理解】

保全裁定的实施关乎申请保全人和被保全人的切身利益,执行机构不应逾越保全裁定载明的财产数额和范围行使保全实施权。1998 年《执行规定》第 39 条、《查扣冻规定》第 19 条均明确查封、扣押、冻结的财产应与履行债务的价值相当,不得明显超标的额。财产保全的实施同样应当遵守比例原则和谦抑原则。2016 年出台的《司法赔偿解释》第 3 条第 3 项明确规定:"明显超出诉讼请求的范围采取保全措施的,但保全财产为不可分割物且被保全人无其他财产或者其他财产不足以担保债权实现的除外。"该司法解释已将明显超出诉讼请求的范围采取的保全措施界定为违法保全措施,但对具体适用该条规定情形的标准,则没有进一步明示,同时为减少和避免超标的保全可能导致的保全错误和司法赔偿,最大限度保护被保全人合法权益,也有必要在《保全规定》中对超标的保全财产的行为予以限制,以消弭实践中因实际查封、扣押、冻结的财产价值明显超出保全请求金额所产生的争议。

一、人民法院应当依据财产保全裁定采取相应的查封、扣押、冻结措施

人民法院的保全实施权与执行权作为国家权力,都具有主动性、强制性和

命令性的特征，其作用于私权领域，是公权力对私权利的干预，同样会发生扩张和滥用的可能性。《民事诉讼法》第105条规定，保全限于请求的范围，或者与本案有关的财物，要求人民法院依法适用保全程序。保全裁定作为人民法院执行机构据以采取保全措施的生效法律文书和执行依据，执行机构不能擅自改变裁定的主文内容，在保全实施过程中应当严格依据保全裁定载明的财产信息和数额，采取查封、扣押、冻结措施。也就是说，人民法院采取保全措施的范围应当以保全裁定载明的财产或者金额为限，不能扩大采取保全措施的财产范围、种类，也不能自行提高保全财产的数额，避免滥用保全措施。如果保全裁定为概括性裁定，诉讼保全申请人既可以自己提供被保全人的财产线索，也可以申请人民法院通过网络执行查控系统查询被保全人的财产信息；如果当事人自行提供财产信息，保全过程中人民法院应按照裁定的数额和申请保全人提供的财产清单采取措施；如果是通过网络执行查控系统查询到的财产，且被保全人存在多种财产形式，则需要人民法院根据保全裁定确定的金额对与保全请求数额价值相当的财产采取保全措施。实践中，也有法院将查询到的被保全财产信息通知申请保全人，由申请保全人在保全请求的范围内选择某项财产采取措施的情况。保全实施权在运行过程中要受到当事人私权的制约，以体现公权对当事人处分权的尊重，防止公权力侵犯私权利。另外，实施保全时，应妥善区分被保全人责任财产，对股东、企业主为被申请人的，应区分个人财产和企业财产，在保全个人财产时，不连带保全企业法人财产，不影响市场主体的正常生产经营活动。

二、对不动产采取保全措施的限制

作为保全财产的土地、房屋和其他建筑物等不动产的价值一般较大，且不容易分割，成为超标的保全问题的高发领域。本条第2款专门针对不动产保全作了具有可操作性的规定。实践中，拟采取保全措施的不动产的价值明显高于保全金额，且往往由于只有一个产权证照，人民法院只能对整个标的物予以查封。在保全请求金额较小的情况下，原则上应当对不动产相当于保全金额的相应价值部分予以查封。需要注意的是，这里的“相应价值部分”指的是物理上具有独立构造和使用价值，具有构成独立的“物”的可能性的相应部分。反之，如果相应价值部分不能独立使用，或分割处置将严重减损不动产的整体价值，则允许对整个不动产予以保全。因此,对于办公大楼等不动产采取分割保全要同时符合以下几个条件:(1)被保全的财产应为土地使用权、房屋等不动产,依照其物理性质不能移动或者移动将严重损害其经济价值的有体物,动产和其他权利不需要适用本条进行分割保全;(2)被保全财产整体价值明显高于保全裁定载明的金额。如果整体价值尽管超出了保全金额,但只超出较少部分,并不需要分割保全,何为明显超出保全裁定载明金额,需要根据具体案件情况和不动产实际价值进行判断,如不动产上是否设立抵押等权利负担等;(3)被保全财产在使用上可以分割或者分割不损害变现价值,如不动产在使用上不可分或分割将严重减损其价值,也不允许分割进行保全。

三、对银行账户保全的特别规定

人民法院对被保全人账户资金采取保全措施,作为协助义务机关银行经常要求人民法院实行账户冻结或者金额冻结。账户冻结,一般是指冻结时账户资金不足额,可能只有少量资金或基本没有余额,但并不排除账户以后会有资金流入的可能,在没有其他财产可供保全的情况下,法官也会对此类账户予以冻结。实际操作中,存在不允许资金进出的整个账户冻结以及不标明具体冻结金额的只进不出的冻结方式,事实上导致被保全人无法使用该账户。本条第 3 款对人民法院冻结银行账户资金的行为予以适当规制,即冻结银行账户资金必须明确所要冻结的数额,而不得将整个银行账户予以冻结,避免给被保全人资金使用带来不当限制,影响正常生产经营活动,确保被保全人在已冻结资金数额范围之外仍然可以使用被冻结的账户及多余资金。当被保全银行账户内资金未达到具体冻结数额时,协助执行机构在填写协助冻结存款通知回执时,应注明应冻结金额、已冻结金额、未冻结金额及未能冻结的具体原因。

四、超标的保全的正当性问题

《民事诉讼法》及《民事诉讼法解释》明确要求人民法院在执行过程中不得超标的查封债务人财产,但并没有通过但书列举可以超过诉讼标的和保全请求查封、扣押、冻结财产的例外情形,其目的是严格限定人民法院不得以任何理由故意超标的查封、扣押、冻结被保全人财产或者被执行人财产。法律及相关司法解释尽管持严格限制超标的查封的立场,但人民法院超标的保全的情况时有发生,人民法院超标的查封应当如何承担法律责任、对被保全人如何予以救济,法律规定仍然不够明确。

《查扣冻规定》实行后,对超标的查封问题的处理逐渐发生了变化,该规定第19条第2款规定:“发现超标的额查封、扣押、冻结的,人民法院应当根据被保全人的申请或者依职权,及时解除对超标的额部分财产的查封、扣押、冻结,但该财产为不可分物且被执行人无其他可供执行的财产或者其他财产不足以清偿债务的除外。”本意在于规定处理超标的查封的方法,人民法院应当主动纠正超标的查封的行为,至少在债务人申请后应当积极解除不当的查封措施。同时,立法者通过条文也揭示了司法实践现实情况复杂性,不可能一概而论,无法完全彻底禁止任何超标的查封行为。有条件认可和承认特定条件下的超标的查封,也是实际办案需要,不能视为错误保全。

但被保全财产除了不可分物、单个财产不足清偿等因素外,是否还存在其他因素也要被保全人容忍超标的查封的行为,现有立法仍然语焉不详。不可否认的是,超标的查封在保全案件办理和执行程序中都存在一定的必要性与合理性。实践中,保全标的物价值在评估前不可能精确计算,财产价值也只是其市场价格的决定因素之一,人民法院在进行超标的保全案件审查时,一般都从宽认定。人民法院在判定保全标的物价值时,需要考量多种因素,比如,其他人在标的物上设有抵押权、质押权、留置权等优先受偿权;被保全财产具有建设工程价款优先受偿权、税收优先权等法定优先权利,人民法院在采取保全措施时须考虑财产的剩余价值是否与保全请求相匹配。从另一视角看,人民法院采取查封、扣押、冻结等保全措施与处分、变价措施性质毕竟不同,超标的保全并不等于超标的变现。保全的主要目的是使被保全人在判后更加主动地履行义务。从这个视角看,超标的查封、扣押和冻结在保全案件中具有现实意义,在不构成对申请保全人和被保全人双方权益损害的同时,采取超标的保全可以促使判决义务更易于兑现。

五、超标的保全的判断

超标的保全可归属于实施保全的方法和手段违法或不当,依《民事诉讼法》第232条的规定,未遵守法定程序及侵害当事人、利害关系人合法权益的执行行为,纳入执行异议救济范围,但保全毕竟在实施时间、措施方面不同于生效裁判文书的执行行为,具体个案中,应当赋予人民法院对保全适法性判断一定程度的自由裁量权。对于是否超标的保全的认定,需要考虑主债权标的范围及被保全财产是否存在影响变现的权利负担。主债权、利息、违约金、赔偿金及其他为实现债权支出的合理费用,应当计算在被保全财产价值之内。在判断保全查封不动产的整体价值是否明显高于保全裁定载明金额时,必要时可以对涉案不动产委托评估确定价值,以评估结果作为判断被保全财产价值的依据。

(一)明显超标的参照要素

超标的保全应如何判断,需要参照哪些要素,立法上并没有出台详细的认定标准。目前,全国已有 6 家高级人民法院作出了较为细致的规定,[1]其中,北京市高级人民法院、上海市高级人民法院、湖南省高级人民法院、内蒙古自治区高级人民法院均规定保全"不得明显超标的额",[2]即法院对保全是否构成超标的审查尺度是"明显超标的额"。北京市高级人民法院、湖南省高级人民法院、内蒙古自治区高级人民法院规定被保全财产难以明确分割或者具体价值难以确定的,可以整体查封、冻结。也就是说,在被保全物难以分割或价值难以判

[1] 《北京市高级人民法院关于财产保全若干问题的规定(试行)》(京高法发〔2009〕163 号)第 13 条规定:查封、扣押、冻结被申请人的财产,应当以申请人请求保全的财产价值数额及相关费用为限,不得明显超出申请保全的数额。被保全财产上附有抵押、质押或其他优先权的,应当保全的财产价值为享有上述优先权的债权总额与请求保全的价值之和。被保全财产难以明确分割或者具体价值难以判断的,可以整体查封、冻结,但被申请人提供了分割依据并能够确定分割部分的价值的,人民法院应当裁定对超出保全数额的财产部分解除查封、冻结。

[2] 《上海市高级人民法院关于财产保全工作的规定》[沪高法(审)〔2014〕3 号]第 51 条规定:查封、扣押被申请人财产,可以根据财产的市场价格走势、折旧、保管和变现成本以及执行费用等情况适当超标的额,但不得明显超标的额。被申请人对超标的额有异议的,应当告知所超标的额的测算依据和理由。被申请人仍有异议的,应当征询申请人的意见,必要时可以组织听证、委托评估机构评估。评估费用由被申请人垫付,被申请人拒绝垫付评估费用的,视为放弃异议。第 52 条规定:发现明显超标的额查封、扣押、冻结的,应当根据被申请人的申请或者依职权及时解除对明显超标的额部分财产的查封、扣押、冻结,但该财产为不可分物的除外。第 53 条规定:查封、扣押被申请人为自然人的财产中含有住宅性质的不动产的,虽然财产价值已经达到申请保全金额,但申请人为确保能够执行,请求加封一套住宅性质不动产的,可以允许。但申请人应当按照实际要求保全的财产价值提供相应的担保。

断的情况下,人民法院可以超出标的额进行整体查封。[1] 另外,北京市高级人民法院、四川省高级人民法院、湖南省高级人民法院规定被保全财产上设有抵押、质押或其他优先权的,可以对别除上述优先权债权总额的剩余财产价值进行保全。[2] 对于保全后,[3]如果被保全人对保全金额有异议,人民法院应征询申请人的意见,必要时可以组织听证、委托评估机构评估。[4]

从最高人民法院现有关于超标的保全异议的判例来看,人民法院主要从标的物成本价格、可分性、权利负担、债权金额的增加、市场价格波动、司法拍卖及变卖不确定性等因素审查是否明显超标的保全。财产保全的标的物如果是不

---

〔1〕《四川省高级人民法院关于做好企业财产保全工作服务经济发展新常态的意见(试行)》(川高法〔2015〕391号)第18条规定:人民法院采取财产保全措施,应当依法保护申请人合法权益,同时关注和维护被申请人的合法权益,尽量减少保全措施对被申请人正常生产经营活动的影响。保全被申请人的一项财产即能够满足申请人申请保全数额的,原则上不得对被申请人的其他财产采取保全措施。申请人以显著低于被保全财产价值的数额申请限额保全被申请人多项财产,并以其在多项财产上的申请限额作为计算申请保全数额的,不予准许。应当慎重冻结被申请人基本账户。应当慎重查封特别是要慎重扣押被申请人用于生产经营的机器设备、生产资料、成品及半成品等对生产经营有重大影响的财产。第19条规定:人民法院对主债务人和担保人采取保全措施,被保全财产价值应当一并计算,并以申请人申请保全数额为限。主债务人对自身债务提供有物的担保的,对主债务人担保物以外的财产采取保全措施的,被保全财产的价值与主债务人提供的担保物价值的总额,不应超过申请人诉讼请求的数额。被保全财产上附有第三人法定优先权的,保全财产数额为该财产除第三人法定优先权之外的价值余额。被保全财产难以明确分割或者具体价值难以判断的,人民法院可以申请保全数额为限采取保全措施。被申请人提供的分割方案具有可操作性且能够确定分割部分价值的,人民法院应当及时作出相应变更裁定。

〔2〕《福建省高级人民法院关于财产保全若干问题的意见(试行)》(闽高法〔2016〕9号)第24条规定:因申请错误造成被申请人损失的,由申请人予以赔偿。因人民法院依职权采取财产保全措施错误造成损失的,由人民法院依法予以赔偿。

〔3〕《湖南省高级人民法院关于财产保全案件的办案规程》(湘高法办发〔2015〕3号)第16条规定:实施财产保全时,不得明显超标的(额)查封、扣押、冻结。被保全财产上有抵押、质押或者其他优先受偿权的,计算保全财产的价值时,应当剔除被保全的财产上抵押权、质权和留置权等优先受偿权债权的金额。被保全措施为轮候查封、冻结的,计算保全财产的价值时,应当剔除顺位在先的其他有权机关的查封、冻结和轮候查封、冻结的财产价值额。被保全财产难以分割或其价值难以判断的,可以整体查封、扣押、冻结,但被申请人提供分割依据并能准确确定分割部分的价值的,应当分割进行查封、扣押、冻结,并裁定解除超过保全价值部分的查封、冻结、扣押。

〔4〕《内蒙古自治区高级人民法院关于规范保全工作的指导意见(试行)》(内高法〔2015〕217号)第17条规定:查封、扣押被申请人的财产,可以根据财产的市场价格走势、折旧、保管和变现成本以及执行费用等情况适当超标的额,但不得明显超标的额。被申请人对超标的额有异议的,应当告知所超标的额的结算依据和理由。被申请人仍有异议的,应当征询申请人的意见,必要时可以组织听证,委托评估机构评估。评估费用由被申请人垫付,被申请人拒绝垫付评估费用的,视为放弃异议。第18条规定:明显超标的额查封、扣押、冻结的,应当根据被申请人的申请或者依职权及时解除对明显超标的额部分财产的查封、扣押、冻结,但该财产为不可分物的除外。

动产,而非存款等具有明确价值金额的财产,因不动产未经评估,无法精确计算其价值,保全法院仅能根据已成交周边房产的价格情况,结合同类房产的实际成交价格,并考虑市场需求量及价格波动等因素,综合估算查封房产的价值,只要未构成明显超标的额查封,就不予认定为超标的保全。如申请保全的机器设备为不可分物,也仅能整体保全。综合最高人民法院在多个保全异议复议监督案件中的裁判思路,可以得出以下结论:保全查封是否明显超标的并无统一评判标准,从宽把握为宜,只有存在明显超过标的额查封事实时才能认定被保全人的异议成立。当债务人无其他财产或其他财产不足以清偿时也只能对唯一的标的物超标的进行查封。

1. 被保全物不可分割、不足清偿

如果被保全人没有其他财产或其他财产不足以满足保全请求时,即便该不可分割物价值超出保全请求甚至诉讼请求,也可以依法进行保全。对"超标的查封"审查尺度既不能过于严格,导致大量案件不符合保全条件而为债务人转移财产创造机会,也不能对"超标的"的把握过于宽松,促使债权人不当申请保全损害债务人合法权益。

2. 债权增加预留必要费用

《民事诉讼法》第 250 条、第 252 条以及《查扣冻规定》第 3 条均规定应保留被执行人及其所扶养家属生活必需的物品和必需的生活费用。在保全过程中,案件审理往往尚未开始或仍在进行之中,需要等待终审裁判才能确定为被保全人预留多少份额或比例的必需生活费用。另外,随着诉讼程序的推进,申请人的债权数额也会不断增加,债权利息、债务人欠缴的土地使用权出让金、各种税费和将来的执行费用、诉讼费用、拍卖佣金、过户费用等,均要从超过部分扣除。

3. 设有优先权

《民事诉讼法解释》第 157 条规定,人民法院对抵押物、质押物、留置物可以采取保全措施,但不影响抵押权人、质权人、留置权人的优先受偿权。申请人对设定优先权的财产申请保全,针对的是扣除优先债权后的价值,即便标的物整体价值远远高于保全请求,也不能认定为超标的保全。需要注意的是,财产保全裁定执行中,人民法院拟保全的财产价值可能低于优先债权金额,出现无益保全问题,经向申请人释明后可以采取保全措施。因财产价值和优先债权金额存在波动或变动的可能,故对该类财产保全也并非毫无意义。

4. 司法拍卖、变卖流拍

被保全财产整体价值虽明显超出保全请求及诉讼请求，但应结合市场需求及价格波动因素，考量判后执行程序中财产变现时确定拍卖保留价可以下浮的比例及拍卖流拍可能性，财产价值按二次流拍后的价值计算未明显超出保全请求的，不应认定为超标的保全。

5. 第三人占有

实践中，债务人或者第三人占有不动产，导致将来生效法律文书执行时腾退房屋难度增大，司法拍卖、变卖的买受人拍得不动产后人民法院难以交吉，这个问题从执行程序反射到保全程序中，容易诱发超标的查封，尤其是第三人占有不动产一般会发生司法处置价格的降低甚至流拍，债权人在申请采取保全措施时，有时会额外再要求查封被保全人的其他财产，以保障债权在判后能够得到充分清偿。第三人占有区分为有权占有和无权占有、合法占有与违法占有等多种情形，无权占有、违法占有不动产的行为不应影响财产的处置变现，人民法院在采取保全措施时不能以此为理由明显超出保全请求或诉讼请求进行保全。

6. 案外人异议

针对债务人财产主张实体权利的案外人异议和异议之诉救济路径已经引入保全审查程序和保全裁定的执行程序，[1] 财产保全程序案外人提出异议的情况也越来越多，实践中，申请保全人认为案外人对被保全财产主张实体权利，影响判决后财产的变现，认为案外人主张异议部分的财产，财产不应计算在超标的保全财产范围之内。事实上，案外人异议是民事诉讼法和相关司法解释赋予案外人的救济权利，立法对案外人异议的提出未作严格的准入规定，当事人、第三人利用异议拖延和阻却执行的情况较为普遍，理论上任何案件都存在案外人提出异议的可能性，人民法院不能以存在案外人异议就超标的查封被保全人财产。

7. 财产共有

如果被保全财产系被保全人与第三人共有的土地使用权、房屋等不动产、动产或其他财产权利，按份共有的，应当在评估被保全财产价值时剔除第三人享有的份额价值；共同共有的财产，主要应考量判后的财产处置难度，但不应否

---

〔1〕 参见《保全规定》第28条。

认财产本身的价值,可以根据被保全人在共有财产中的相应价值采取保全措施,如果该共有财产已经可以覆盖申请保全人的保全请求,不应再保全债务人的其他财产。

8. 房地一体

根据房随地走、地随房走的原则,如果申请保全人要求人民法院对地上建筑物采取保全措施,房屋占用的土地使用权尚未被其他人民法院查封的情况下,一般会将土地使用权作为房屋的组成部分一并查封,但土地使用权尽管在执行程序中可以成为申请保全人实际受偿的资产,但价值一般不应纳入被保全标的价值总额。

9. 轮候查封

对已被人民法院查封、扣押、冻结的财产,其他人民法院可以进行轮候查封、扣押、冻结。轮候查封在性质上不属于正式查封,并不产生正式查封的效力,仅有预期效力,类似于效力待定的行为,首封未解除情况下,轮候查封并不显现。因此,轮候查封的财产不应当计算在被保全财产价值总额范围内。需要说明的是,人民法院轮候保全的财产,在其他首封已经解除后,成为正式查封,可能连同其他保全财产总额明显超出保全请求,此时,人民法院应根据债务人提出异议或依职权主动调整保全措施,将被保全财产的价值控制在合理范围之内。

(二)对被保全财产的估值

人民法院应当在保全申请的请求范围内或者对与本案有关的财物实施保全,不得明显超标的额保全。申请保全人请求在一定金额内实施保全的,裁定保全的金额不得超过申请保全的金额。申请保全人未申请在一定金额内保全,仅申请保全特定标的物的,裁定保全的标的物价值或范围不得超过申请保全人的诉讼请求。在一定金额内实施保全的,人民法院可以在采取保全措施前对拟保全财产的价值进行预估算。预估额明显超过裁定保全金额的,不得对超标的额部分采取保全措施;采取保全措施后,人民法院可以对已保全财产的价值进行事后估算。事后估算的标的物价值明显超过裁定保全的金额的,应当依法及时解除超标的额部分的保全措施。对特定标的物实施保全的,人民法院也要在采取保全措施后对已保全财产的价值进行估算,估算的实际保全标的额明显超过申请保全人的诉讼请求的,应当依法及时解除超标的额部分的保全措施。保全法官可以充分运用日常生活经验对标的物价值进行综合判断。

人民法院在实施保全过程中,可以在征求申请保全人意见的基础上,按照有利于保全的原则,综合考虑生产经营等具体情况,合理确定拟保全财产的顺序。

当事人对除银行存款以外的保全财产约定有价格的,人民法院可以参照当事人约定的价格估算保全标的额。根据相关财产信息仍难以估算保全标的额的,可以通过向专业机构询价的方式估算保全标的额。轮候的保全措施,不属于明显超标的额保全,但有证据证明扣除在先保全数额后的剩余被保全财产价值明显超标的额的除外。被保全的财产上已经设定有质押、抵押,或者其他债权人享有建设工程价款优先受偿权的,应当扣除优先受偿金额后合理估算保全标的额。被保全的财产为整体不可分的或者分割会严重减损其价值的,其整体价值即使明显超过裁定保全金额的,人民法院对该财产采取的保全措施也不属明显超标的额保全。依次保全多个财产的,应当在采取保全措施前估算并扣减之前已实际保全财产价值后,再对剩余裁定保全标的额所对应的财产进行保全。对被保全人与他人共有的财产进行保全的,应当按被保全人占共有财产的相应份额所对应的价值估算实际保全标的额。

采取财产保全措施后,申请保全人、被保全人或第三人申请变更保全财产、担保财产的,人民法院应当评估拟变更后的财产价值。拟变更的财产与已保全的财产价值相当且有利于保全的,可以裁定变更。被保全人或者第三人为变更保全财产提供的担保财产价值即使明显高于裁定保全金额的,人民法院对该财产采取的保全措施也不属明显超标的额保全。因情况紧急难以及时估算保全财产价值的,可以先行保全该财产,再对该财产进行事后估算。事后估算的财产价值与保全裁定载明金额明显不符的,人民法院应当及时采取相应保全措施。

实践中,被保全财产价值估算可以使用以下方法:(1)冻结银行存款且足额冻结的,冻结数额为实际保全标的额。冻结银行存款账户余额不足的,应当以该账户冻结后累计划入的金额为实际保全标的额。(2)冻结有限责任公司股权、非上市股份有限公司股份的,参照公司财务报表以及实缴出资额估算保全标的额;冻结上市股份有限公司股份的,参照保全申请载明日期前一个交易日(或停牌前一个交易日)的股票收盘价估算保全标的额。(3)查封房屋的,按照房屋坐落、房屋面积、房屋结构、土地使用权类型、有无电梯等信息,参照同地段、同条件的房屋价值估算保全标的额。查封房屋为一手房的,可以参照当地房产部门发布的同地段一手房价格估算保全标的额;查封房屋为二手房的,可以参照相关房地产交易平台公开报价、税务机关核定价格、相关二手房市场成交价、司法拍卖实际成交价等估算保全标的额。(4)查封土地使用权的,应当以土地出让合同记载的出让金额计算实际保全标的额。该土地出让时间在一年以上的,可以参照周边土地市场价格、税务机关核定价格,结合建设规划调整等因素估算保全标的额。(5)预查封在建工程的,参照该工程的投资额、完成的工程量、拆迁安置、销售等情况估算保全标的额。预查封的在建工程无相关协议、资料明确投资额的,应当查明该在建工程的相关状况,参照该工程的土地市场价格、完成的工程量、拆迁安置、销售等情况,扣减该工程应当交纳的土地欠费、工程欠款、变价该工程产生的税费、后续建设费用、拍卖服务费、过户费等后估算保全标的额。(6)查封车辆并已实际扣押的,未上牌且行驶里程在 100 公里以内的车辆,参照生产商公布的相同车型销售价估算保全标的额;已上牌或行驶里程超过 100 公里的车辆,参照相关二手车交易平台相同车型的报价估算保全标的额。未实际扣押车辆的,可按不超过上述价值的 20% 估算保全标的额。(7)冻结有价证券、基金份额、碳排放、地票、信托收益或采矿权等财产权的,参照票面价值、可查询到的公开市场价值或其他足以证明该财产价值的材料估算保全标的额。(8)冻结投资型保险产品的,以可提取的保单红利、保单现金价值或通过向保险机构询价方式估算保全标的额。(9)限制他人不得清偿到期债权的,应当以他人确认的到期债权数额估算保全标的额。(10)查封机器设备、成品和半成品、原材料等动产并已实际扣押该动产的,以发票购买价或新品出厂价格,结合使用年限等综合因素估算保全标的额。保全的动产如果未采取扣押措施且允许被保全人继续使用的,按不超过上述价值的 50% 估算保全标的额。(11)保全其他财产权的,以能证明该财产权价值的相关材料估算保全标的额。[1]

六、超标的保全的程序救济

保全程序中,人民法院对保全的财产虽然没有采取实质性处置措施,但在

〔1〕 以上内容参见《重庆市高级人民法院关于在财产保全工作中合理估算保全标的额的指导意见(试行)》(渝高法〔2017〕273 号)。

一定程度上限制了被保全人对财产的使用、收益和处分的权利。被保全人或实际权利人有权向保全法院提出超标的保全异议。实践中，因保全程序的紧急性和密行性特征，一般都未对保全财产是否存在超标的情形进行评估，通常做法是留待被保全人提出异议后再予以审查，将对超标保全行为的审查纳入事后纠错程序。因此，人民法院对超标的保全异议，应尽量听取双方当事人意见，实行对席审理，通过完善的听证程序查清是否超标的事实。

需要注意的是，我国立法对保全裁定不允许上诉及申请再审，检察院也不能提出抗诉，《最高人民法院关于人民法院发现本院作出的诉前保全裁定和在执行程序中作出的裁定有错误以及人民检察院对人民法院作出的诉前保全裁定提出抗诉应当如何处理的批复》（法释〔1998〕17 号）明确提出，检察院对保全裁定抗诉没有法律依据，人民法院应当通知其不予受理。但对于发现确有错误的裁定，认为需要撤销的，除当事人、利害关系人申请保全法院复议外，人民法院院长可以将裁定提交审判委员会讨论后决定裁定撤销原裁定。保全裁定本身不宜通过执行监督程序进行纠正，但保全裁定实施中引发的超标的保全行为，当事人提出异议后，如经上级法院复议裁定仍不能依法纠正，则可依《执行规定》第 71 条规定请求上级法院对复议裁定进行监督。

人民法院在审查关于超标的保全的异议程序中，委托专业机构对被保全财产进行评估不是必经程序，价值评估仅为判断标的物价值参考因素之一，并非唯一依据，如一方当事人自行评估，也可以纳入参考范围。由此可见，保全异议程序要兼顾保全行为合法性审查和效率价值，对相关证据从宽把握。

七、超标的保全的处理

对于超标的保全，当事人未提异议的，人民法院应依职权解除超额部分的保全，比如，预估额明显超过裁定保全金额的，对事后估算发现实际保全标的额明显超过诉讼请求的，除超标的额部分与被保全部分整体不可分外，应当及时解除超标的额部分的保全措施。

当事人对超标的保全行为提出异议的，保全案件审查部门决定解除超标的部分的保全措施后，通常做法是保全审查部门不直接作出解除某项财产的裁定，而仅在裁定中确定应解除的数额，授权执行机构作出具体解除保全意见，由执行机构确定解除何种财产。[1]

【制定背景】

财产保全作为保障债权实现的重要手段,越来越受到当事人的青睐,人民法院执行机构承担保全实施职能后,受理承办的保全实施案件日益增多,因保全措施对当事人权利以及生产经营、生活构成了较大影响,被保全人以超标的保全为由向人民法院提出异议和复议的案件也大幅增长,成为最常见的执行异议类型。而在保全程序中被采取保全措施的财产价值是否已经超过保全请求金额及诉讼标的额的问题,仍没有引起足够重视,超标的保全现象屡屡出现,被保全人向保全法院申请解除超过部分的查封,法院采用的审查标准也不统一。最高人民法院负责人多次强调法院采取查封、控制措施时要把握好界限,绝不能有明显的超标查封,能够活封的不要死封。有多种财产形式的,采取最经济、对生产经营影响最小的执行方式。[2] 2016 年 11 月,最高人民法院颁布《关于在执行工作中规范执行行为切实保护各方当事人财产权益的通知》,要求在各级人民法院在保全工作中牢固树立依法保护产权的理念,采取查扣冻措施时注意把握执行政策。查封、扣押、冻结财产要严格遵守相应的适用条件与法定程序,坚决杜绝超范围、超标的查封、扣押、冻结财产。

保全程序应当遵守不能超标的保全的规则。如查封、冻结、扣押被保全人财产明显超出申请保全人请求保全的数额范畴,必将对被保全人产生负面影响,使被保全人资金、财产过多闲置,影响被保全人正常的资金往来和生产经营和生活。《民事诉讼法》第 242 条、第 243 条、第 244 条分别规定了人民法院查询、冻结、划拨被保全人存款,扣留、提取被执行人收入,查封、扣押、冻结、拍卖、变卖被执行人财产应与履行义务相当。尽管针对不同的责任财产应采取的措施在形式上有所区分,但法定程序和法律效力相一致,其预设的前提是对执行标的物的处分不能超过申请人债权数额。《查扣冻规定》第 19 条第 1 款规定:"查封、扣押、冻结被执行人的财产,以其价额足以清偿法律文书确定的债权额及执行费用为限,不得明显超标的查封、扣押、冻结。"《保全规定》施行后,仍有

---

〔1〕 参见苏萌:《不动产超标的保全的审查问题——海天建设集团有限公司执行复议案评析》,载《执行工作指导》(2018 年第 2 辑),中国民主法制出版社 2019 年版,第 103 页。

〔2〕 参见 2019 年 3 月 12 日十三届全国人大二次会议举行记者会,最高人民法院审判委员会副部级专职委员刘贵祥回答记者提问内容。

全国人大代表提出建议，要求进一步完善司法解释，防止滥用诉前保全和诉讼保全，解决申请法院过度查封、冻结资产问题，明确超额申请保全的判断标准和错误保全的具体赔偿标准，对过错体现惩罚性原则。[1]

但由于保全程序具有紧急性，保全申请审查不宜过于迟缓，对被保全财产价值的估算又不够准确，导致超标的保全的判断受到各种因素的影响，十分复杂，还难以出台更加细致的标准，只能逐渐从具体的典型案例中总结不同情况下的判断规则，条件成熟时再进行统一规范。

【实务操作指引】

一、对房产的分层查封

人民法院在裁定分层查封房屋时，应当采用明确的楼层编号，预查封或没有明确楼层编号的房屋，应当标明物理层号，左、右、前、后或东、南、西、北的方位等情况。[2] 例如，以北京某有限公司为被保全人的案件，北京市某中级人民法院查封、轮候查封了被保全人位于北京市海淀区的一处房产及另一处土地使用权。因涉案房产为不可分物，不属于明显超标的额查封、扣押、冻结情形，保全法院进行了整体查封。被保全人向人民法院提交异议申请，表示其已在不动产登记事务中心对涉案房产进行了分层测绘和分层登记，应解除部分查封。保全法院与国土资源局、不动产登记事务中心沟通协调，在涉案土地不解封的情况下，对涉案房产予以解封，在相关产权证照制作完毕后立即对相应价值部分进行分层查封，保全法院对不可分割的涉案房产，灵活运用了分户查封的方式予以控制。

二、对上市公司国有股和社会法人股的保全

我国对上市公司国有股和社会法人股的保全和强制执行有特别规定。上

---

〔1〕 参见最高人民法院对十三届全国人大一次会议第5054号建议的答复、最高人民法院对十三届全国人大二次会议第7974号建议的答复、最高人民法院对十三届全国人大一次会议第7882号建议的答复。

〔2〕 参见《最高人民法院、国土资源部、建设部关于依法规范人民法院执行和国土资源房地产管理部门协助执行若干问题的通知》（法发〔2004〕5号）。

市公司国有股,包括国家股和国有法人股。国家股指有权代表国家投资的机构或部门向股份有限公司出资或依据法定程序取得的股份;国有法人股指国有法人单位,包括国有资产比例超过50%的国有控股企业,以其依法占有的法人资产向股份有限公司出资形成或者依据法定程序取得的股份。社会法人股是指非国有法人资产投资于上市公司形成的股份。人民法院采取保全措施,所冻结的股权价值不得超过股权持有人或者所有权人的债务总额。股权价值应当按照上市公司最近期报表每股资产净值计算。股权冻结的效力及于股权产生的股息以及红利、红股等孳息,但股权持有人或者所有权人仍可享有因上市公司增发、配售新股而产生的权利。[1] 需要注意的是,人民法院对上市公司流通股股票采取保全措施,财产价值不能按照上市公司最近期报表每股资产净值计算,应当以该上市公司股票前一日收盘价计算应冻结的股票数量和价值总额。实践中,少数法院存在对上市公司流通股票也按照每股净值计算的情况,导致对被保全人的财产采取了明显超标的的保全措施。

三、超标的保全认定一般需对财产进行评估

人民法院对当事人提出的关于超标的保全异议的审查,应尽量坚持客观标准,应当首先查明案件保全标的数额,在保全异议程序中,如对保全标的数额未经审查即认定本案不存在超标的查封,构成认定事实不清。[2] 其次,人民法院应当对案涉房产进行委托评估,根据委托评估价格认定是否存在超标的查封情形。申请人、被保全人自行评估的,评估结果可以作为人民法院判断超标的保全情形的参考依据。如果能通过询价和比照同等地段不动产价格对被保全财产价值作出认定,也可以不对财产进行专业评估。

【相关法律法规】

《民事诉讼法》第105条;《拍卖变卖财产规定》第8条;《网络司法拍卖规定》第26条;《查扣冻规定》第19条、第26条;《最高人民法院关于在执行工作

[1] 《最高人民法院关于冻结、拍卖上市公司国有股和社会法人股若干问题的规定》,于2001年8月28日由最高人民法院审判委员会第1188次会议通过,自2001年9月30日起实施。

[2] 参见(2015)最高法执复字第54号民事判决书,载中国裁判文书网,http://oldwenshu.court.gov.cn/index,2019年2月26日访问。

中规范执行行为切实保护各方当事人财产权益的通知》。

第十六条　保全查封的顺位

人民法院在财产保全中采取查封、扣押、冻结措施，需要有关单位协助办理登记手续的，有关单位应当在裁定书和协助执行通知书送达后立即办理。针对同一财产有多个裁定书和协助执行通知书的，应当按照送达的时间先后办理登记手续。

【条文主旨】

本条是关于协助保全事项的办理以及人民法院采取多个财产保全及执行措施先后顺位的规定。

【条文理解】

一、财产保全的协助执行

（一）协助保全参照执行程序办理

《民事诉讼法》第105条规定，财产保全采取查封、扣押、冻结或者法律规定的其他方法，《民事诉讼法解释》第156条则进一步明确人民法院采取财产保全方法与措施，依照执行程序相关规定办理。无论是普通执行程序还是保全裁定的执行，对债务人财产采取查封、扣押、冻结措施时，一般需要权属登记机关协助与配合。最高人民法院与国土资源部门、人民银行总行、市场监督管理总局（现为国家市场监督管理总局）等部委联合颁布了多个关于协助执行的指导意见，规范协助执行和协助采取保全措施的流程事项。对于动产，人民法院在执行保全裁定过程中，可以采取扣押措施并有权决定自行保管或者指定他人代为保管。但对于不动产、特定动产、股权、知识产权等财产性权利的查封、冻结，随着财产登记制度的不断完善，需要权属登记机关协助办理限制被保全财产的权属变更登记手续，协助保全的程序和办理依据以及人民法院和协助义务机关互相配合的事项也都要依照民事诉讼法、相关司法解释和指导性意见的规定执行。

（二）协助保全的司法文书

人民法院在财产保全裁定执行过程中办理查封、冻结登记时，需要向登记机关送达保全裁定书、协助执行通知书以及登记机关要求的其他文件，对于概括性保全裁定移送执行机构实施，执行机构要求协助义务机关办理财产的查封、冻结措施时，持有上述裁定办理即可，已经不要求保全法院再次作出针对具体被查封财产的裁定书。但实践中各法院之间操作模式略有不同，对于不再作出具体查封裁定的人民法院，实际上以协助执行通知书承载了查封裁定的功能。在概括性裁定向具体性裁定转换过程中，具体性裁定应当载明的内容在协助执行通知书予以体现，此时被保全人、案外第三人对保全裁定提出不同意见，只能通过执行异议、案外人异议程序寻求救济，无法根据《民事诉讼法》第108条的规定对概括性保全裁定提出复议，因保全裁定并未载明保全实施时执行机构实际查封的具体财产。

实际上，在执行程序中，不少法院也经常向协助义务机关出具概括性执行裁定，该裁定只载明所要查封被执行人应负担清偿义务的债权金额，并不指向债务人的具体财产，被查封财产具体情况仅在协助执行通知书中体现，实践中的这种做法尽管可以在一定程度上提高效率，但如果出现不同案件之间的查封竞合，送达具体查封裁定和概括性裁定的人民法院之间因效力问题容易产生争议，而且，就当事人、利害关系人而言，同是保全查封，对于作出具体性裁定的人民法院，当事人可以通过裁定复议程序进行救济，但对于作出概括性裁定的人民法院，当事人只能通过执行异议程序予以救济，事实上出现了同属针对保全裁定不服但救济路径大相径庭的现象。因此，实践中，还应对人民法院向协助义务机关出具的保全裁定进行统一规范，避免变相减损当事人救济的权利。

（三）协助保全登记的时间

实践中，不少协助义务机关协助执行的操作方式存在较大漏洞，有的以人工方式收取人民法院的查封手续后，长时间不予实际办理权属限制登记，当其他轮候查封、冻结的人民法院、公安机关也在间隔较近的时间内送达了其他案件的查封、冻结手续，最终无法区分手续送达时间和顺位先后，严重损害了申请保全人的合法权益。因此,本条明确规定协助登记机关在收到人民法院的协助保全手续后,应当在第一时间予以办理,不能拖延甚至搁置不办。因协助义务机关拖延办理导致申请保全人权益受到损害的,可以提起诉讼要求赔偿,人民法院对协助义务机关的消极、拖延行为也可以根据民事诉讼法的相关规定给予罚款、司法拘留等相应处罚。《最高人民法院关于行政机关不履行人民法院协助义务行为是否属于行政诉讼受案范围的答复》(〔2012〕行他字第 17 号)明确,行政机关根据人民法院的协助执行通知书实施的行为,是行政机关必须履行的法定协助义务,公民法人或者其他组织对该行为不服提起诉讼的,不属于人民法院行政诉讼受案范围。[1] 行政机关拒不履行协助义务的,人民法院应当依法采取措施督促其履行,当事人请求人民法院判决行政机关限期履行协助义务的,人民法院不予受理,但当事人认为行政机关不履行协助义务造成其损害,请求确认不履行协助义务行为违法并予以行政赔偿的,人民法院应当受理。

二、财产保全顺位的确定

被保全财产的查封、扣押、冻结顺位尽管不涉及债权人的优先清偿问题,但能否首先采取保全措施,毕竟影响受理案件的人民法院对财产的处置权,对后续的执行程序意义重大。保全实施过程中,动产一般较少存在多个法院同时查封、扣押的情况,但不动产和其他财产权利,可能作为同一被保全财产,存在两个或者两个以上保全法院进行保全查封、冻结的情形,也可能存在两个以上的保全查封与执行查封并行的情况,还有可能因同一法院受理的不同案件同时裁定保全同一财产的情形,这些情况都可能产生保全查封顺位的竞合。实践中,由于保全查封手续存在异地办理、委托办理、邮寄办理、柜台办理与网上办理等多种情形,无法确定同日送达保全查封手续的具体时间,对被保全财产首封的时间的争议时有发生,而解决此类争议又缺少客观的判断标准。为减少人民法院之间、人民法院与协助义务机关之间的争议,最大限度化解案件办理中的道德风险,本条明确存在多个保全查封的情况下,以人民法院送达时间先后确定被保全财产查封的顺位。

---

〔1〕 参见《辽宁省高级人民法院关于宫起斌诉大连市道路运输客运管理处、大连市金州区交通局、大连市金州区公路运输管理所不履行法定职责及行政赔偿一案的请示报告》及案件事实情况。

【制定背景】

一、基础理论

我国立法上的查封、扣押和冻结,不对债权人产生优先受偿的法律效果,但在大陆法系和英美法系,不少国家的民事诉讼立法规定保全查封会产生一定的优先权利。德国法称为查封质权和强制抵押权,美国法则存在判决优先权和查封扣押优先权。

(一)德国法上的假扣押优先权

《德国民事诉讼法》规定,对动产采取查封措施可以生产假扣押质权,取得假扣押质权的债权人进入执行程序后,假扣押质权自动转换为查封质权,优先于其他债权人受偿,该优先受偿的法律地位,与依照实体法设定质权的质权人地位相同。对不动产的保全查封,债权人取得假扣押抵押权,待将来胜诉判决申请执行时,已经办理登记的假扣押抵押权转换为执行中的强制抵押权,同样可以实现优先受偿的目的。

(二)美国法上的保全查封优先权

1. 有形财产扣押优先权(execution lien)

财产被扣押后,根据法律的规定自动在扣押财产上形成扣押优先权。该优先权的生效日期,各州有很大不同。一般美国的多数州采用扣押的日期作为优先权产生的日期。但有些州规定将执行令状送交给执行员之日为优先权产生之日,有的还规定以令状执行过程中的其他时间点为生效日。扣押优先权的目的是在拍卖之前保护债权人的受偿权,通常在扣押之后的很短时间内就进行拍卖,所以这种优先权的存在时间也比较短。有的州规定了扣押之后拍卖的期限,这时如果拍卖没有如期举行,则扣押优先权消灭;没有规定拍卖时限的,则该优先权在一个足以保护财产拍卖变现的合理期间内存在。

2. 债权扣押优先权(garnishment lien)

在美国许多州,实行债权扣押后,债权人立即在扣押的债权上产生优先权。如其他债权人也取得了收入扣留命令,并且已经在先生效,在这种情况下,后取得的收入扣留命令就不生效。债权人就必须等待其他债权人先生效的收入扣留命令期满后，指示执行官向债务人送达新的收入扣留命令。

3. 保全扣押优先权（attachment lien & prejudgment garnishment lien）

为保证金钱债权执行的财产保全，分为债务扣押（attachment）和判决前的债权扣押（garnishment）。前者是对债务人自己占有的财产的扣押，或者对其不动产通过登记方式的扣押；后者是对第三人占有的债务人的有形财产的扣押，或者对债务人无形财产权利（包括债权）的扣押。债务扣押不涉及第三人，除非有案外人提出异议。而债权扣押程序总涉及第三人，他或者占有被执行人的有形财产，或者对第三人负有义务。此大体相当于我国的对被执行人对第三人享有的金钱债权和物的交付请求权的保全，故也可称为"对债权的扣押"。这两种保全程序分别与执行中的强制执行（execution）程序和债权扣押程序类似，差别在于保全中不能处分财产。财产保全一旦实施完成，就在所保全的财产上产生保全扣押优先权。此优先权使诉讼前无担保的债权取得担保地位，并使强制执行具有财产基础。但在个别地区，对债权的保全不适用此规则。[1]

美国法上的判决优先权，在破产提起后，已为保全执行的优先权人或判决债权人抢先一步扣押的财产，应当返还，按破产财产平等分配，不享有别除权。但德国法上的查封质权和查封抵押权，与依合意产生的质权和抵押权一样，享有别除权，与美国、法国、日本相比，德国法给予申请保全人以强有力的保护。[2]

二、起草过程及背景

保全登记时间顺序的确定，最终目的是解决不同案件当事人对被保全财产执行或者参与分配的顺位问题，事关债权人实体权利的实现。本条的征求意见稿最初规定：有多个保全裁定书和协助执行通知书的，应当按照送达的时间先后办理登记手续。不能确定当日送达先后时间的，视为同时送达；同时送达的，查封、扣押、冻结措施顺位相同。但经过反复研究，认为人民法院协助保全手续的送达与协助义务机关对材料的接收，都存在时间先后的问题，就极限意义而言，并不存在查封登记手续同时送达的情形。尤其是如果以日为单位，同日送

---

〔1〕 以上美国部分内容参见黄金龙：《美国民事执行制度介绍》，载中华人民共和国最高人民法院执行工作办公室编：《强制执行指导与参考》（2003 年第 3 辑），法律出版社 2003 年版，第 400 ~ 406 页。

〔2〕 参见刘文涛：《判决优先权问题的研究》，载《强制执行法起草与论证》（第 1 册），中国法制出版社 2002 年版，第 397 ~ 417 页。

达的手续都视为同时送达，就会导致协助义务机关对最先送达保全手续的人民法院不予办理查封登记，与后送达的保全登记手续一同办理，从而导致虽有送达先后却要视为同时送达的情况，不仅会诱发协助义务机关的道德风险，也给保全实施和执行工作带来不必要的混乱，破坏长期遵循的协助执行惯例。《担保法解释》（已废止）第 58 条第 1 款规定的当事人同一天向不同登记部门办理抵押物登记的，视为顺序相同，是民事实体法中抵押登记的顺位规则，人民法院保全查封、冻结登记与民法实体法上抵押登记在性质不完全相同，不能将抵押登记的规则照搬到查封登记中，《保全规定》最终公布的条文对征求意见稿的原有表述进行了合理化修正。

第十七条　保全措施的转化

利害关系人申请诉前财产保全，在人民法院采取保全措施后三十日内依法提起诉讼或者申请仲裁的，诉前财产保全措施自动转为诉讼或仲裁中的保全措施；进入执行程序后，保全措施自动转为执行中的查封、扣押、冻结措施。

依前款规定，自动转为诉讼、仲裁中的保全措施或者执行中的查封、扣押、冻结措施的，期限连续计算，人民法院无需重新制作裁定书。

【条文主旨】

本条是关于诉前保全、诉讼保全、申请执行前保全等不同阶段保全措施转化与衔接的规定。

【条文理解】

不同阶段和不同程序之间强制措施的转化是民事诉讼和执行程序为提高效率、节约司法资源，减少当事人诉累而进行的制度设计，《保全规定》对该项制度进一步予以完善。

一、不同阶段保全措施的转化

财产保全的功能在于保全将来判决的顺利执行，要求保全裁定在未经人民法院依法撤销、保全措施未经依法解除的情况下,效力应维持到生效法律文书进入执行程序时止,保全措施一旦进入执行程序就作为执行措施予以对待,从而避免执行程序启动时原财产保全裁定效力终止的程序漏洞出现。《民事诉讼法解释》第168条规定了诉讼终结后关于诉讼保全与执行程序的衔接制度,该条明确:保全裁定未经人民法院依法撤销或者解除,进入执行程序后,自动转为执行中的查封、扣押、冻结措施,期限连续计算,执行法院无须重新制作裁定书,但查封、扣押、冻结期限届满的除外。2004年《查扣冻规定》第4条规定了诉前财产保全与执行程序的衔接,该条明确诉讼前、诉讼中及仲裁中采取财产保全措施的,进入执行程序后,自动转为执行中的查封、扣押、冻结措施。

保全措施具有法律效力上的延续性,并不因程序阶段的变换而丧失其应有的效力,诉前保全措施不因进入诉讼程序失去其有效性,诉讼保全也不因其进入执行程序丧失其有效性,而是应合法延续,在保护当事人合法权益的同时也有利于节省司法资源。《民事诉讼法解释》虽然兼顾了诉讼保全措施和执行程序的衔接,但对于诉前保全、诉讼保全、执行前保全甚至破产程序中的保全的衔接问题没有作相应规定,实践中,要么出现保全措施因不同程序衔接不畅而中断,要么出现重复保全的情况,有必要完善立法中有关不同诉讼与非诉阶段保全措施的衔接制度。本条明确,利害关系人申请诉前保全后,在30日内提起诉讼的,自动转化为诉讼保全。

二、保全措施与执行措施的自动转化

《民事诉讼法解释》结合1992年《最高人民法院关于适用〈中华人民共和国民事诉讼法〉若干问题的意见》(已失效)和2004年《查扣冻规定》第4条的内容,规定财产保全与执行措施可以自动转化衔接,本条继续沿用自动衔接的立法模式,采取财产保全措施的案件进入执行程序后,保全措施自动转化为执行中的查封、扣押、冻结措施,人民法院无须重新制作裁定书。被保全人被申请破产的,人民法院受理破产申请后,诉讼前、诉讼中以及申请执行前所采取的保全措施,根据《企业破产法》的规定应当解除,财产的法律属性恢复到保全措施实施以前的状态,保全措施的解除是人民法院受理破产申请后发生的当然效力,不需要人民法院另行作出宣告保全措施失去法律效力的裁定。

人民法院受理破产申请后至破产宣告前裁定驳回破产申请的,或者依据

《企业破产法》第108条的规定裁定终结破产程序的,应当及时通知原来已采取保全措施并依法解除保全措施的单位按照原保全顺位恢复相关保全措施。在已依法解除保全的单位恢复保全措施或者表示不再恢复之前,受理破产申请的人民法院不得解除对债务人财产的保全措施。从而,债务人退出破产程序后,应保证债权人按照对债务人财产原有保全措施的顺位产生的利益。

三、不同程序保全措施的转化

仲裁程序与诉讼程序、执行程序之间也发生保全措施的转化。《农村土地承包经营纠纷解释》第7条规定,农村土地承包经营纠纷仲裁中采取的财产保全措施,在申请保全的当事人依法提起诉讼后,自动转为诉讼中的财产保全措施,并适用关于查封、扣押、冻结期限的规定。

四、措施转化后的期限计算

我国立法原本对保全裁定和执行裁定并无期限要求,《查扣冻规定》实施后以及2006年《最高人民法院关于民事执行中查封、扣押、冻结财产有关期限问题的答复》(法函〔2006〕76号)对保全裁定的有效性作了期限上的限制,保全措施和执行措施因财产类型不同,查封、扣押、冻结的期限也存在差别。保全裁定超过了法律、司法解释就特定财产规定的期限,就不再发生法律效力,被保全财产自动解除查封、扣押和冻结措施。

无论前一个保全措施转化为后一个保全措施,还是保全措施转化为执行措施,都存在一个期限如何计算的问题,是重新计算期限还是将之前经过的期间计算在总期限之内,本条采纳了期限连续计算的做法。保全措施只要没有到期解除,保全措施就不自然中断,而是一直延续到执行程序中连续计算。实务工作中,人民法院都会根据所保全的财产类型,在裁定中载明保全查封、冻结、扣押具体的起止时间,以提示申请人保全在裁定期限即将届满时决定是否申请法院采取续行保全措施。

【制定背景】

一、基本理论

人民法院作出财产保全裁定后,即发生法律效力,除作出保全裁定的人民法院自行解除或者其上级人民法院决定解除外,在保全期限内,任何单位不得解除保全措施,进而排除其他人民法院和行政机关、事业单位对保全法院保全裁定的解除可能性,即使保全裁定发生错误,但未经人民法院依法撤销或解除保全措施,效力依然不能予以否定。

基于上述规定,若出现移送管辖时,受移送法院能否解除或续行保全措施、保全程序如何衔接?需要结合现有规定进行体系化理解。依据《民事诉讼法解释》第160条,[1]当作出诉前保全裁定法院与受理法院不一致时,前者应当向后者移送保全手续,且诉前保全裁定视为受移送人民法院作出的裁定。尽管该条规定的是诉前财产保全,但该条规定精神可参照适用于诉中财产保全。原作出诉中保全裁定的人民法院移送管辖,其实质是对案件进行移送。财产保全属于当事人诉讼活动的一部分,是处理案件实体争议的附属部分,受移送人民法院在实际取得审理案件争议权后,也应一并取得与诉讼有关的附随权力。即受移送人民法院依法取得对原保全裁定予以变更或解除的权力。[2]

二、比较视野

对于保全程序与执行程序的转化,不同法域规定存在较大的差异,《意大利民事诉讼法典》第686条规定,假扣押债权人获得有执行效力的判决时,保全性假扣押即转换成实体法上的抵押。而假扣押财产是其他债权人的执行标的时,假扣押人与其他债权人共同参加所得款项的分配。[3]

---

〔1〕《民事诉讼法解释》第160条规定:"当事人向采取诉前保全措施以外的其他有管辖权的人民法院起诉的,采取诉前保全措施的人民法院应当将保全手续移送受理案件的人民法院。诉前保全的裁定视为受移送人民法院作出的裁定。"

〔2〕参见2022年7月18日《最高人民法院对十三届全国人大五次会议第7481号建议的答复》。

〔3〕参见《意大利民事诉讼法典》,白纶、李一娴译,中国政法大学出版社2017年版,第268页。

三、起草背景及过程

因诉讼程序存在的不确定性,尤其是疑难、复杂、有重大影响案件,在法律规定的期限内难以审结,有些诉讼案件还要经过司法鉴定、审计等程序,案件审理期限较长。诉前、诉中保全的财产,特别是不动产,在案件审结之前或未能进入执行程序前,可能由于办理财产保全的法官工作疏忽致使保全的财产超过了规定的期限,法院再次续查封、扣押、冻结之前,自动解封的财产可能已被转移、毁损或者设定权利负担。

较短的保全期限与漫长的诉讼过程形成了强烈的紧张关系。人民法院查封、扣押、冻结作为一种强制措施,旨在确保生效法律文书得到实际履行。申请人通过诉讼保全所期望达成的结果很有可能要通过执行程序来实现,因此,诉讼保全与执行程序实现无缝对接,就显得至关重要。法院在采取保全措施后,应及时将有关保裁定送达申请人,保全裁定应注明保全期限,向当事人释明保全事项中的权利与义务。法律文书应阐明保全措施的情况,以便审判人员、申请人或执行机构及时把握保全的期限。

【实务操作指引】

确保人民法院采取保全措施的财产不过期自动解封,既是人民法院的职责,也是当事人和代理人的法律义务,实践中,法官为了避免到期自动解封带来的渎职风险,一般将申请实行查封的义务转移给当事人。要求当事人提交书面申请,承诺在保全的财产的查封、冻结措施即将到期之前,主动申请人民法院进行续封,否则,视为放弃权利,由当事人承担自动解封的后果。

【相关法律法规】

《民事诉讼法》第106条;《民事诉讼法解释》第168条。

第十八条 续行保全的办理

申请保全人申请续行财产保全的,应当在保全期限届满七日前向人民法院提出;逾期申请或者不申请的,自行承担不能续行保全的法律后果。人民法院进行财产保全时,应当书面告知申请保全人明确的保全期限届满日以及前款有关申请续行保全的事项。

【条文主旨】

本条是关于申请保全人向人民法院申请续行财产保全的规定。

【条文理解】

续行保全简称续保,是指法院考虑到具体案情,基于案件的复杂程度和审理周期漫长等客观因素,在原查封期限届满前,再次作出限制债务人在一定期限内处分其财产的控制性措施。续封是同一人民法院针对同一案件连续实施的查封、扣押、冻结措施,针对同一标的,不同人民法院受理的案件,不同承办法官承办的案件以及同一承办法官办理的不同案件之间,并不存在互相续封问题,续封前保全标的上已存在一个合法的查封措施,续封应在原查封期限届满前原查封行为的基础上进行,原查封期限届满后只能是重新查封。《最高人民法院、国土资源部、建设部关于依法规范人民法院执行和国土资源房地产管理部门协助执行若干问题的通知》和《民事诉讼法解释》根据财产类型不同,规定了不同的查封、扣押、冻结期限。[1]

一、以当事人申请为原则,依职权续保为例外

财产保全依申请而启动,续行保全也应依申请而进行,在审执分离机制下,执行人员很难掌握审判程序发生的情况,对案件是否需要续行保全难以作出准确判断;加上人民法院案多人少矛盾突出,案件续行保全事项容易被忽略,从而

〔1〕《查封规定》明确规定了查封期限和续封期限。2006年7月11日《最高人民法院关于民事执行中查封、扣押、冻结财产有关期限问题的答复》,认为在《民事诉讼法解释》施行前采取的查封、扣押、冻结措施,除了当时法律、司法解释及有关通知对期限问题有专门规定的以外,没有期限限制。

造成保全到期失效的后果。

二、续行保全的申请时间

原保全措施存续期间,申请保全人可以在任意时间提出续行保全申请,比如,保全裁定刚作出就提出续行保全申请。从协助保全义务机关视角,续行保全应当有一个合适的时间点,如果过早续保,协助义务机关一般不予协助办理。人民法院作出续行保全裁定后移送执行机构实施也需要时间上的提前量,如果当事人在保全到期日提出续保申请,将无法实际按期续行保全,结合人民法院保全工作开展实际情况,规定当事人于前一个保全期限届满前向人民法院提出续行保全申请,较为妥当。具体申请时间的设定,提前 7 日较为合理。

三、续行保全的启动主体

实践中,续行保全措施启动主体无论是当事人还是人民法院,涉及续保不及时原保全财产流失后果由谁承担的问题,必须妥善平衡依申请和依职权续保两种方式。如果不明确续封程序启动主体,最大限度调动当事人的积极性,很可能导致已经保全的财产得而复失,生效裁判文书得不到有效执行,当事人的合法权益也就无法实现。依申请续封是指诉讼中的续封以申请人提出书面申请为程序启动要件,人民法院在作出原保全裁定时告知申请人须及时申请续封,而不予主动续封。依职权启动是指续封不以申请人的申请为程序启动要件,法院可主动、独立行使续封权,根据案件需要自行采取续封措施。两种续封启动模式体现了不同的立法精神,依申请体现了私权领域当事人意思自治的原则,在民事活动中当事人可以自由处分相关权利,依职权体现了公权力对私权利的干预和救济,有利于法律在最大限度内保护当事人的合法权益。2004 年《查扣冻规定》第 29 条明确续封以遵循依申请启动为基本原则,未及时申请续封则首封效力自动消灭,如权利人申请续封但法院没有依法办理续封手续则要承担相应赔偿责任。我国法律亦未绝对禁止法院主动续封的实务模式,查封期限将至,如遇有申请人在外地、生病、下落不明等原因无法及时提出续封申请之紧急情形,或人民法院根据具体案情认为有必要主动续封,也可依职权续封,但事后应由申请人补充相关手续。《民事诉讼法解释》明确规定,人民法院也可以依职权办理续行查封、扣押、冻结手续。另外,本条对不能续行保全的责任予以明确：一是在首次保全时人民法院应当告知续行保全的全部事项，并记录在案；二是当事人怠于履行续行申请保全的义务，造成的保全财产转移或灭失的后果，应由申请人自行承担而不是由人民法院承担；三是充分发挥律师在财产保全中的作用，已经采取保全措施的，提示当事人可以在保全期限届满七日前向人民法院提出续行保全申请，符合解除保全情形的，提示当事人及时解除保全。

四、续行保全无次数限制

《民事诉讼法》未规定续行采取查封、扣押、冻结措施的有关事项。《民事诉讼法解释》颁布之前，人民法院对土地使用权、房屋的查封期限不得超过两年，期限届满可以续封一次，续封时应当重新制作查封裁定书和协助执行通知书，续封的期限不得超过一年。确有特殊情况需要再续封的，应当经过所属高级人民法院批准，且每次再续封的期限不得超过一年。查封期限届满，人民法院未办理继续查封手续的，查封的效力消灭。《查扣冻规定》第 29 条第 2 款规定申请执行人申请延长期限的，人民法院应当在查封、扣押、冻结期限届满前办理续行查封、扣押、冻结手续，续行期限不得超过前款规定期限的 1/2，但未对续封的次数予以规定。[1]《民事诉讼法解释》第 156 条规定了人民法院采取财产保全的方法和措施，依照执行程序相关规定办理。《民事诉讼法解释》第 485 条规定，人民法院冻结被执行人的银行存款的期限不得超过一年，查封、扣押动产的期限不得超过两年，查封不动产、冻结其他财产权的期限不得超过三年。申请执行人申请延长期限的，人民法院应当在查封、扣押、冻结期限届满前办理续行查封、扣押、冻结手续，续行期限不得超过前款规定的期限。人民法院也可以依职权办理续行查封、扣押、冻结手续。

五、续行保全须重新作出裁定

人民法院续行保全是否需要重新作出裁定，一种意见认为，不需要另行制作裁定书，只需向协助义务机关发出协助执行通知书即可，续行保全只是对原保全措施的一种延续，而非新的保全行为；另一种意见认为，应另行制作裁定书，理由是续行查封、扣押、冻结仍属于保全行为，应有相应的生效法律文书作

〔1〕 该条款于 2020 年修正时被删除。

支撑，协助执行通知书并不能代替裁定书。再行制作裁定书，无须再次赋予原告复议的权利。而按照《民事诉讼法》第111条的规定，当事人对保全或者先予执行裁定不服的，可以申请复议一次，复议期间不停止裁定的执行。续行保全对于债权人而言，其申请保全的请求需重新经人民法院审查准许，人民法院应针对申请重新作出续行保全裁定，对被保全人而言属于新的保全行为，从程序公正、权利义务对等的角度出发，应当给予被保全人申请复议的权利。

【制定背景】

《民事诉讼法》未具体规定保全措施的期限，最高人民法院未作出有关财产查封、扣押、冻结措施期限的规定前，只要法院未解除保全措施，或法院未执行被保全标的时，保全措施都有效。2004年最高人民法院作出财产执行措施期限的规定后，根据保全标的的不同，设定了不同的保全期限，超出以上期限，财产保全裁定自动失去法律效力。为了使当事人明确知晓不续行保全所带来的后果，法院在制作的裁定书中应写明保全措施的期限，并告知申请保全人超过保全期限保全裁定就失去法律效力的后果，以提示申请人到时及时申请续行保全。保全裁定中写明保全期限，有利于当事人依法维护自己的合法权益。保全法官应当就财产保全措施的期限向当事人释明。从而防止由于当事人不知道保全期限届满而未申请续行保全，给债权人利益造成损害，给人民法院审判、执行工作造成不必要的被动局面。

【实务操作指引】

经再审程序裁定撤销原判、发回重审的案件，因当事人之间的实体权利义务关系尚未由新的生效法律文书最终确定，故依据原判决所采取的查扣冻措施的效力并不当然消灭，而可视为自动转化为再审中的财产保全措施。但进入再审程序后，应当由审判部门依据财产保全的相关规定，对原执行程序中的查控措施是否继续维持、是否需由当事人提供担保、是否应当解除查控措施等问题，作出处理决定。为了维护当事人的合法权益，执行部门应当做好查控措施的衔接工作，在原查封、扣押、冻结期限即将届满的情况下，根据当事人的申请，执行机构应当先行办理续行查封、扣押、冻结手续，然后移交审判部门处理。

【相关法律法规】

《民事诉讼法解释》第 162 条、第 168 条、第 485 条;《查扣冻规定》第 23 条;《律师参与执行工作意见》第 4 条。

第十章　财产保全与执行、再审、破产程序的衔接

第一节　财产保全与再审的衔接

第十九条　再审期间的保全

再审审查期间，债务人申请保全生效法律文书确定给付的财产的，人民法院不予受理。

再审审理期间，原生效法律文书中止执行，当事人申请财产保全的，人民法院应当受理。

【条文主旨】

本条是关于再审审查期间和再审审理期间当事人申请财产保全人民法院是否受理的规定。

【条文理解】

一、再审审查程序的界定

民事再审审查是启动民事再审程序的主要途径。我国实行两审终审制，《民事诉讼法》第十六章共计16个条文及《民事诉讼法解释》第十八章共计52个条款专章规定了审判监督程序的相关事项，再审程序属于救济程序，系有条件启动而不是必然启动。人民法院经审查存在法定再审事由的，也就是符合

《民事诉讼法》第 207 条规定的应当再审 13 种情形的，可以通过裁定的形式提审或者指令再审，启动再审审判程序。民事再审包括再审审查和再审审判两个阶段。《民事诉讼法》第 211 条规定对当事人申请再审案件的审查期限为 3 个月，对当事人的再审申请，人民法院可以裁定驳回、再审或者裁定终结审查、并案等特殊处理。再审审查具有一定的诉讼属性，但其毕竟不同于再审审理和裁判程序，《民事诉讼法》也未规定审查期间的开庭制度，实务中普遍实行谈话询问制度。询问不同于开庭，其程序相对较为灵活，不强制要求全体合议庭出席，一般由承办法官与书记员听取当事人意见，询问过程也不是必经程序，不严格要求区分调查、辩论、最后陈述等阶段。人民法院再审审查部门根据审查需要决定是否询问当事人，对于存在新的证据可能推翻原裁判的，应当询问当事人。如果新的证据未达到推翻原生效裁判的实质要件，再审审查部门可以不经询问直接裁定驳回申请。

二、再审审查期间债务人申请保全的禁止

对于提起再审申请后法院决定再审前的再审审查阶段，生效法律文书多数仍然在执行程序中，执行依据并没有被撤销和中止执行，此时申请财产保全的当事人应该是负担给付义务的被执行人，其申请保全的前提是假定其再审申请一定会得到法院批准而启动再审程序，且再审判决能够改变原生效裁判文书的既定结果。同时，再审申请人作为执行案件的被执行人，其保全根本目的是中止其履行判决确定的义务，而再审审查阶段并不中止原生效法律文书的执行，如果允许债务人在再审审查阶段申请财产保全，必然事实上中止了原裁判文书的执行，影响债权人权利实现，损害生效法律文书的既判力、执行力，干扰执行程序的正常开展，因此，在再审审查阶段不应准许债务人的保全申请。

司法实践中，申请再审的主体可能既非债务人也非债权人，此时其能否在再审审查阶段申请财产保全仍需要进一步分析。如房屋买卖合同纠纷中，原告诉请被告办理过户登记，两审均败诉，原告申请再审。因原告败诉，其既非债权人也非债务人，能否在再审审查阶段申请财产保全，从文义上看，并未被包含进《保全规定》第 19 条。该问题应从第 19 条的制度目的进行解释。债务人在审查期间不能申请，是指债务人败诉，为防止债务人以审查程序妨碍执行，禁止债务人保全，反推似乎债权人可以，但前提是债权人对胜诉判决不服申请再审。

但原告在两审败诉的情况下，并不是债权人。另外，再审审查程序的财产保全，前提是法院基于最终能决定再审的判断，而非必然依申请保全的问题。在申请再审的主体既非债权人也非债务人的情况下，虽然并无明确法律依据，但依据上述法理，其在再审审查期间申请财产保全的，不予受理。

三、再审审查期间债权人可以申请财产保全

一般情况下，如果债权人不认可生效法律裁判，并不会向人民法院申请强制执行，可直接提出再审申请。债权人申请再审的案件，再审审查期间，为保证将来判决的顺利执行，可以向人民法院申请保全债务人的财产。实际上，债权人此时有两种救济路径可供选择，一是依据《民事诉讼法解释》申请执行前的财产保全，二是向再审审查法院申请财产保全。申请执行前保全只能保全生效裁判文书载明相应价款或给付的财产，而申请再审审查阶段的财产保全，则可以申请人民法院根据其保全请求的金额，保全债务人超出裁判文书主文内容的财产。对于债权人来说，申请再审审查期间财产保全，可以先向法院申请执行生效法律文书，执行过程中向有管辖权的法院提出再审申请。

四、再审中止执行期间可以申请财产保全

人民法院对再审请求经过再审审查程序，认为符合法律规定，决定对案件提审或者指定再审后，作为执行依据的生效裁判文书确定的义务尚未履行，依照有关法律规定，人民法院决定对案件进行再审期间，应当中止原审判决、裁定或调解协议的执行。继续执行与否，要等待案件再审的最终结果；这里的裁定指原审结案时的裁定，不包括原审期间的保全裁定。从效力和内容上讲，决定再审裁定的效力是使案件启动再审程序，并不及于原审期间的保全裁定；案件决定再审时，如果原审判决、裁定或调解协议尚未执行，保全裁定未超过法定保全期限，人民法院不作出解除的裁定，原审期间的保全裁定依然具有法律效力。从民事诉讼法规定的财产保全措施的可适用时间看，案件进入再审程序后，可以对被执行财产采取保全措施。财产保全措施的适用时间从当事人起诉开始直到法律文书执行完毕为止，在此期间内，只要具备法律规定的条件，均可以适用财产保全。案件进入再审程序，使原判决的效力回到待定状态，但并不意味着原判决必然被变更或撤销，为了防止当事人转移财产，损害债权人一方的利

益,使再审判决结果不能执行或难以执行,再审期间,符合财产保全适用条件的,人民法院都可以依申请或依职权裁定采取保全措施。

另外,案件进入再审程序后,原判决因认定事实或适用法律等问题,有可能被变更甚至撤销,为防止执行回转困难,法律不允许对原判决继续执行,财产保全属于控制性措施,对查封、扣押、冻结的财产不进行处置,也不应将扣划到人民法院账户内的款项发放给当事人。[1]

(一)债权人申请财产保全

案件进入执行程序后,债权人如果申请再审,原执行依据被裁定中止执行,执行法院采取的执行措施并不当然解除。如果措施期限届满,还要续行采取保全措施,才能保证再审判决的最终兑现。

(二)债务人申请财产保全

债务人申请再审,对已经全部执行到位或者部分到位的债务人的财产,债务人申请再审法院对该部分财产进行保全,如果债务人提供了担保,人民法院也应予准许。

(三)再审法院对原保全措施续保

《民事诉讼法解释》第162条第2款规定:再审人民法院裁定对原保全措施予以续保或者采取新的保全措施的,可以自行实施,也可以委托原审人民法院或者执行法院实施。

(四)对驳回诉讼请求判决申请再审的保全

如申请保全人的请求已经生效判决否定或者驳回,依法提起再审,且已经进入再审程序,向人民法院申请保全被申请人财产,人民法院在其提供担保的情况下应予准许。这一点与有的国家和地区民事诉讼保全实践做法不同,如债

---

[1] 《民事诉讼法》第214条规定:"人民法院按照审判监督程序再审的案件,发生法律效力的判决、裁定是由第一审法院作出的,按照第一审程序审理,所作的判决、裁定,当事人可以上诉;发生法律效力的判决、裁定是由第二审法院作出的,按照第二审程序审理,所作的判决、裁定,是发生法律效力的判决、裁定;上级人民法院按照审判监督程序提审的,按照第二审程序审理,所作的判决、裁定是发生法律效力的判决、裁定。"

权人的请求，已被确定裁判所否认，不得在提起再审之诉时申请财产保全。

【制定背景】

当事人申请再审必然导致确定的终局判决的既判力受到冲击，在一定程度上损害了司法的权威性。人民检察院和人民法院依职权提起再审没有时间限制，当事人再审申请被驳回后，很可能再次寻求启动检察机关抗诉程序和法院的支持。当事人的权利义务关系处于不确定状态，难以实现社会经济秩序的稳定。司法实践中当事人申请再审权与生效裁判既判力之间不免出现冲突。2007 年修订后的《民事诉讼法》从多方面给予当事人申请再审权以充分保障，确立了民事申请再审案件管辖上提一级的原则，原本由各基层人民法院和中级人民法院承担的申请再审案件，多转由高级以上人民法院办理，当事人启动民事再审程序的成本降低，申请再审行为普遍化。首先，大量的申请再审案件或者因为申请事由不成立而被驳回再审申请，或者在进入再审程序后因原审裁判并不存在错误而被维持原判，既给其他当事人造成讼累，也极大地浪费了司法资源。其次，虽然当事人申请再审审查期间不停止原判决的执行，但部分法院出于多种考虑，在法院的受理通知书送达当事人后，一般都会中止原判决的执行。有的当事人为规避原裁判的执行而申请再审，至于原审裁判本身是否确有错误、是否需要重新审理，并不在其关心之列。

因此，处理好保障当事人申请再审权与维护法院生效裁判既判力之间的关系，应当严格规范再审程序中财产保全制度的适用，防止扩大甚至乱用再审保全制度，从而造成生效法律文书既判力的不确定。因各地人民法院多有反映，由于立案登记制度的施行，生效法律文书进入执行程序后，债务人向法院申请再审的同时提出财产保全申请，请求保全生效法律文书确定给付债权人的财产，给人民法院审判和执行工作带来困扰。本条针对民事案件再审程序的不同阶段对申请保全的问题作了区分处理。

【实务操作指引】

《审判监督程序解释》将再审申请审查程序划分为形式审查和实质性审查两个阶段，并明确了审查的内容和方式。但审查程序的规定仍有不足：其一，《民事诉讼法》对申请再审形式审查的处理结果没有规定，审查方式不公开，导致申请再审程序的效果受影响。多数案件采用了径行裁决的方式,未经询问当事人及调卷审查程序,与当事人沟通较少,当事人没有得到满意的结果。其二,再审申请条件宽泛,当事人容易滥用再审申请权。多数再审申请案件不收取诉讼费用,大量的终审案件转为申请再审案件。目前,当事人申请再审已经是人民法院启动再审程序的主要途径。

【典型案例】

王某新、周某庆与马某飞采矿权纠纷一案,[1]河北省秦皇岛市中级人民法院(以下简称秦皇岛中院)经审理,于2010年11月23日作出(2009)秦民一初字第24号民事判决:一、王某新、周某庆与马某飞2008年6月1日签订的铁矿石开采转包合同及2008年6月7日签订的铁矿石开采转包合同无效;二、马某飞返还王某新、周某庆735,000元人民币,于判决生效后10日内履行完毕;三、王某新、周某庆的其他诉讼请求及马某飞的反诉请求不予支持。王某新、周某庆不服,上诉至河北省高级人民法院(以下简称河北高院)。河北高院于2011年7月22日作出(2011)冀民一终字第50号民事判决:一、维持秦皇岛中院(2009)秦民一初字第24号民事判决书的第1项、第3项,撤销第2项;二、马某飞返还王某新、周某庆147万元人民币,于判决生效后10日内履行完毕。该判决生效后,因马某飞未履行判决确定的义务,2011年8月16日,王某新、周某庆向秦皇岛中院申请执行,2011年11月4日,最高人民法院作出(2011)民申字第1288号民事裁定:指令河北高院再审,再审期间中止原判决的执行。2012年12月10日,河北高院作出(2012)冀民再终字第23号民事裁定:撤销该院(2011)冀民一终字第50号民事判决书及秦皇岛中院(2009)秦民一初字第24号民事判决书,发回秦皇岛中院重审。

本案在秦皇岛中院执行期间,执行法院依法查封了被执行人马某飞名下位于秦皇岛市海港区欧雅花园1栋217号的房屋和卢龙县石门寨东飞大酒店房产及1889.8平方米的土地使用权。秦皇岛中院收到最高人民法院再审裁定后,案件中止执行。收到河北高院(2012)冀民再终字第23号民事裁定书时,所查封的上述财产查封期限即将届满,申请执行人王某新、周某庆向秦皇岛中院申请续封,并提供秦皇岛诚佰商贸有限公司及位于海港区文化路149号一层

---

〔1〕 案例参见最高人民法院执行局编:《执行工作动态》2014年第11期。

1-29号商铺作为担保。秦皇岛中院遂作出(2011)秦法执字第71-2号执行裁定书,对被执行人马某飞名下上述财产进行了续封。被执行人马某飞则提出异议认为法院应依法撤销(2011)秦法执字第71-2号执行裁定书,驳回申请执行人的财产保全请求,解除对其财产的查封。

被执行人马某飞提出执行异议后,案件重审期间,执行程序中查封的财产查封期间即将届满。下一步的财产查控措施是续封还是一个新的诉讼保全,是否必须由当事人提出申请,是否必须提供担保?查封应由重审该案的审判部门作出,还是执行机构作出?执行机构是否有权就担保财产进行审查?法院就上述问题出现分歧意见。

秦皇岛中院经审判委员会研究形成两种意见。多数意见认为,依据《民事诉讼法》第257条第2项的规定,据以执行的法律文书被撤销的,人民法院应裁定终结执行。本案中,原执行依据已被撤销,案件进入重审,原执行案件应裁定终结执行,故执行程序中不能再作出续封裁定。此外,重审期间双方的权利义务处于待定状态,如果改判,法院依职权作出的查封可能会给当事人造成损失。为维护双方当事人的权益,体现法律的公平公正,应当由申请人提出申请并提供相应价值的担保,由审判部门按照诉讼保全的要求审查并作出查封裁定,具体可由执行部门实施。少数意见则认为,执行机构在执行中作出的查封,再由审判部门续封,是程序的倒流。虽然原判决被撤销,因双方的实体权利义务尚未确定,故该撤销只是程序上的撤销,不是实质上的撤销,况且审判部门此刻再保全有可能是轮候查封,容易造成财产失控及流失。重审案件在重新立案的过程中,也可能出现财产续查封的衔接问题,由执行部门继续查封方便衔接,不容易造成查封财产的流失。故重审过程中的续封裁定也应当由执行机构作出,但须由当事人提出申请并提供价值相当的财产担保。

河北高院审判委员会对秦皇岛中院请示的问题意见也不一致。多数人同意秦皇岛中院审判委员会的多数意见,认为民事诉讼法明确规定了执行依据被撤销的,执行案件应裁定终结,再依据已被撤销的判决作出续封裁定不妥。既然案件又回到审理环节,就应当由审判部门按照诉讼保全的规则审查处理。执行机构在作出终结裁定前有继续保持财产查控状态的责任,但在终结后,就当事人应及时向审判部门申请保全及相应的法律后果履行告知义务并记录在案后,执行机构不再负有控制财产的义务,轮候查封的风险应由当事人自己承担。少数人认为,民事诉讼法在规定了执行依据被撤销,执行案件应裁定终结的同时还作出了再审期间中止执行的规定。对于再审程序中,撤销原一审、二审判决发回重审的特殊情况,在案件未作出最终的判决结果前,可按中止执行处理,由执行机构续封,但需由当事人提供申请和担保。待再审作出终审结果后,再终结原执行案件。最高人民法院针对本案请示,作出《关于原生效判决被再审撤销并发回重审后执行程序中查封的财产如何续封问题的答复》,认为应先由执行机构作续行查封措施,后由审判部门按保全程序处理。

本案的核心问题在于案件被提起再审并发回重审后,原执行程序中所作的查封到期后如何处理。续行保全应由当事人提出申请并提供足额担保。执行中的查封因是在生效判决已经就双方当事人的权利义务作出确定结论,被执行人具有确定的给付义务的情况下所作出的,可经当事人提出申请,也可由法院依职权作出,且不必由当事人提供担保。而诉讼中的保全由于双方当事人的权利义务尚有待于判决结果予以确认,此时查封当事人的财产可能存在错误查封的风险,应由当事人提出申请并提供足额担保。该类案件的特殊性在于原来依据有确定结论的判决作出了财产查封措施后,执行依据被撤销,原来确定的权利义务关系又重新归于不确定状态,而原已查封的财产需要继续保持控制状态。如由执行机构续封,障碍在于原执行依据已被撤销,执行案件依法应当终结,不应再出具裁定,且存在如果当事人不提出续封申请或者不提供担保,法院能否继续依职权主动续封的问题。如果原执行案件裁定终结,由审判部门重新作出保全裁定,则有可能是轮候查封,而造成财产失控,在案件得到维持的情况下,法院有可能要对案件不能执行的风险承担责任。河北高院审判委员会的两种意见对于案件再审后继续查控财产均须由当事人申请及提供担保的意见是一致的,即便由执行机构续封实际也是按照诉讼保全的要求处理。

综上所述,经再审裁定撤销原判发回重审的,因当事人之间的实体权利义务关系尚未由新的生效法律文书最终确定,故依据原判决所采取的执行查控措施的效力并不当然消灭,而可视为自动转化为再审中的财产保全措施。但进入重审程序后,应当由审判部门依据财产保全的相关规定,对原执行程序中的查控措施是否继续维持、是否需由当事人提供担保、是否应当解除查控措施等问题,作出处理决定。为了维护当事人合法权益,执行部门应做好查控措施的衔接工作,在原期限即将届满的情况下,根据当事人申请,先行办理续行查封、扣押、冻结手续,之后移交审判部门处理。

【相关法律法规】

《民事诉讼法》第103条、第104条、第205条、第207条、第215条、第216条;《民事诉讼法解释》第152条、第162条。

第二节 财产保全与执行的衔接

第二十一条 保全财产移送执行

保全法院在首先采取查封、扣押、冻结措施后超过一年未对被保全财产进行处分的,除被保全财产系争议标的外,在先轮候查封、扣押、冻结的执行法院可以商请保全法院将被保全财产移送执行。但司法解释另有特别规定的,适用其规定。

保全法院与在先轮候查封、扣押、冻结的执行法院就移送被保全财产发生争议的,可以逐级报请共同的上级法院指定该财产的执行法院。

共同的上级法院应当根据被保全财产的种类及所在地、各债权数额与被保全财产价值之间的关系等案件具体情况指定执行法院,并督促其在指定期限内处分被保全财产。

【条文主旨】

本条是关于在先轮候查封法院对于超过法定期限未进行处分变现的被保全财产,可以商请首次保全的人民法院移送执行的规定。

【条文理解】

本条旨在解决实践中普遍存在的首先保全法院与在先轮候执行法院对查封财产处分权竞合问题。立法出发点是保障在案财产处置的效率性,兼顾首先查封制度的价值,破解在案财产长期不能变现的困境,消除不同人民法院之间对查封、扣押、冻结财产处置权的冲突与无序竞争。2016年4月12日,最高人民法院就福建省高级人民法院《关于解决法院首封处分权与债权人行使优先受偿债权冲突问题的请示》,制定了《首封批复》,并没有区分首先查封是保全程序中的查封还是执行程序中的查封。将保全阶段查封的财产移送执行法院处置不会影响正常的审理程序,理由在于:查封具有优先受偿权的财产,申请保全人的利益在逻辑上仅及于查封财产除去优先债权的余额。将查封财产移送优先债权法院处分并未损害首封债权人的利益,也不是对现有查封制度的突破。在该批复制定过程中曾考虑过区分保全查封与执行查封,当时的具体想法是,当优先债权执行法院商请移送时,如果首先查封为保全查封,首先查封法院应立即移送;如果首先查封是执行程序中的查封,则首封法院在60日内仍不能处分时应予以移送。因保全查封一般会比执行程序中的查封在财产处分上会更为迟延,更有移送财产处置权的必要。但后来考虑到这种区分的实践意义不大,为了简明规则,批复最终统一进行了规定。[1]

诉讼当事人申请财产保全,为保障将来其债权的充分实现,不仅对债务人没有设定抵押权、质押权等权利负担的财产采取保全措施,而且对已经抵押、质押给他人的财产也采取保全措施,就会导致涉及已经设定担保物权财产的案件如果最先进入执行程序,需要商请采取保全措施的人民法院移送财产处置权的问题。实践中,对于未设有优先权的财产,如果保全法院作为首封法院,因其审理周期过长,也影响轮候查封执行债权人对财产的变现清偿,也有商请移送处置的必要。

一、在先轮候查封执行法院可以获取被保全财产的优先处置权

对债务人财产的查封,依其在民事诉讼程序中所处阶段不同,可分为保全查封与执行查封。由首封法院取得对查封财产的优先处置权,是民事诉讼法及司法解释确定的基本规则,也是执行实务中遵循的基本惯例。《执行规定》第56条第1款规定,参与分配,应当由首先查封、扣押或冻结的法院主持进行。该规定以采取执行措施的先后顺序作为确定主持分配法院的标准。如果两个不同的法院对同一债务人同一财产都采取了查封措施,则先采取措施的法院为主持参与分配程序的法院,后采取措施的法院应向先采取措施的法院办理申请参与分配手续。《执行规定》第56条第2款规定,如首先采取查封、扣押、冻结措施的法院为保全法院,参与分配应当在该院案件审理终结后进行。即保全查封

〔1〕 参见2016年4月12日最高人民法院执行局负责人就首先查封法院与优先债权执行法院处分查封财产司法解释答记者问全文。

法院为首先查封，其处分权亦只能在相关案件审理终结后享有。先采取保全查封措施的法院在相关案件判决、裁定生效前不能对查封财产行使处分权。财产被保全时，一审诉讼程序尚在进行，最终裁判生效并进入执行程序的时间不确定性很大，轮候查封的执行法院按照现有规定只能无限期等待保全案件审理程序终结并申请执行，此前不仅无权处置财产，也不能参与分配，导致实践中大量轮候查封的案件积塞在执行程序中，既不能终结程序退出也不能继续向前推进变现财产，多数人民法院因结案指标要求，将具有轮候查封财产的执行案件视为无财产可供执行案件，终结本次执行程序，纳入终本库管理，等候首封人民法院启动财产评估、拍卖程序。这不仅严重影响在案财产的变现效率和当事人权利保障，也在很大程度上降低了人民法院案件的实际执行率和执行到位率，损害了首封案件以外其他执行债权人的合法权益。本条赋予在先轮候查封的执行法院有条件地获得对首先保全法院保全财产的处置权，目的在于通过保全制度的变革，推动解决执行程序中在案财产变现难的症结。

二、商请移送处置权的时间

首封法院享有对涉案财产的优先处置权，商请移送应遵循的规则也要对首封法院的财产处置权给予充分的尊重，从审理期限的角度设置了商请移送的前提条件，较为妥当。《民事诉讼法》第 152 条规定，一审适用普通程序审理的民事案件，应当在 6 个月内审结。考虑到基层人民法院大部分案件很难在 6 个月内审结并实际申请执行，立法应在 6 个月基础上适当延长期限，给予首封保全法院足够的处置财产时间。无论案件是否存在当事人提起上诉情形，或者案件本身需要鉴定等复杂情况，只要保全法院在 1 年期限内未及时处置被保全财产，在先轮候执行法院就可以商请保全法院将被保全财产移送该执行法院处置变现。在先轮候执行法院对保全法院 1 年的等候期，属于司法解释规定的不变期间，不存在因特殊理由中断、中止和延长的问题。

三、移送争议的解决

在先轮候执行法院商请移送被保全财产，保全法院如果提出异议，不同意移送，法院之间就会发生关于财产处置权的争议，一般称为终局执行与保全执行之竞合。解决财产处置权的争议，还必须制定解决该争议的机制与规则，以确保该项制度能够落到实处。本条对该争议的解决方式参照了《执行规定》第67条设定的规则,即向共同的上级法院报请协调,上级法院协调不成的,可以指定其中一个法院予以处置。

上级法院协调时应当综合考量各种因素,进行总体把握。第一,考虑首先查封债权所处的诉讼阶段,程序的阶段性大体能反映出将来处分财产的大概时间,以及债权实现的迟延程度。如果首封法院诉讼程序已经完结,处置财产程序很快能够予以启动,则应交由首封法院处置为宜。第二,考虑被保全财产的种类及所在地,如果被保全的财产系不动产,而在先轮候执行法院与保全法院不在同一辖区,甚至不在同一省份,一般由不动产所在地的保全法院处置财产更为便利。否则,委托评估机构对不动产进行评估需要异地开展,拍卖成交后不动产的腾退工作也需要异地法院协助执行才能完成。当然,财产评估逐渐采用网络询价方式进行,对于拍卖后并不需要进行腾退的不动产的变现,异地执行问题已经不再成为处置权行使障碍。第三,需要考虑进入执行程序的各债权数额与首先查封财产价值之间的关系,在先轮候执行债权占被保全财产价值比例越高,则移送的必要性越大。如果所占比例较低,如轮候执行债权只有10万元,而保全财产价值800万元,从比例上看则移送处置的必要性不大。第四,是否存在其他决定案件财产移送的因素。实践中不同案件之间的情况差异较大,也不能一概而论,如果存在影响移送的其他比较关键因素的,应一并予以考虑。

四、对被指定法院提出明确要求

对保全财产处置权发生争议的,法院双方共同的上级法院既可以指定在先轮候查封执行法院负责处置,也可以指定其他适合处置涉案财产的法院执行,并非必须指定在先轮候执行法院。但无论指定哪个法院处置,为避免被保全财产移送执行后,继续出现消极执行或者乱执行的情况,本条要求上级法院在指定执行时,督促被指定的法院在指定期限内完成财产的处置。需要说明的是,由于保全案件尚未审结,财产处置权的移送自然不应造成保全案件债权人权益的落空,但本条未明确要求执行法院对被保全财产的变价款在分配时按照受偿顺位预留保全的份额,主要考虑到留出份额问题属于执行中的参与分配事项,在保全司法解释中规定并不妥当。

五、不适用本条的例外情况

实践中，保全财产移送执行存在例外情形，条件成就时，应当由保全法院处分查封财产，其他法院不能要求移送处置：第一，在先查封的债权为享有在先优先受偿权的债权，其虽未进入执行程序，但查封财产在依法清偿在先查封的债权以及执行费用等后并无剩余。第二，保全法院对查封财产已经进入财产变现程序，且查封财产在依法清偿在先的优先受偿债权以及执行费用后能够全部或者部分清偿在先查封债权的。

本条设定了但书条款，明确对于司法解释另有特别规定的，适用其规定，但书主要是作为指引性规定，与对此类问题有特别规定的司法解释条文进行衔接。《保全规定》旨在解决保全法院与在先轮候普通债权执行法院关于财产处置权的移送，如果在先轮候执行法院的债权为优先债权，并不适用本条规定，而应适用《首封批复》的相关规定。当保全财产存在其他顺位在先的担保物权、建设工程价款优先权保障的债权时，如果首先查封法院迟延处分财产，就会损害优先债权人的利益。实践中，首先查封法院迟延处分查封财产的原因较为复杂，可能存在程序过度迟延、地方保护主义等各种因素。各地人民法院陆续制定了一些指导意见来解决财产处置方面的执行冲突，但是由于法律和司法解释层面的规则不够清晰，地方法院的做法面临依据不足的处境。

六、保全案件进入执行程序不适用本条规定

本条重点解决未进入执行程序的首封保全法院与在先轮候执行法院之间处置权的冲突与协调。如果保全法院案件已经审结且进入执行程序，则轮候执行法院无权商请移送执行。首先查封法院取得优先处置权，是我国民事诉讼法和执行司法解释设立的基本规则，不宜轻易予以否定，而对财产的轮候查封不产生查封效力，轮候法院一般也无权对该财产直接进行处分，即使进行了处分，也无法最终完成变现程序。因此，在首封案件与轮候案件均进入执行程序的情况下，无论首封法院是否积极地采取评估、拍卖、变卖等措施，轮候法院对查封财产都无权予以处分，也不存在进一步商请处置权移送的依据。如果对均是普通债权案件的执行法院处置权也要进行移送，则易使进入执行程序的案件首封法院的处置权得不到充分保障，造成法律适用上的混乱。尽管在司法解释起草

过程中，有观点主张将普通债权执行案件的财产处置权移送问题纳入条文规范之中，但经研究最终未赋予轮候普通债权执行法院商请其他首封债权执行法院移送处置权的权利。[1]

在正式公布条文中，在先轮候执行法院商请移送执行的条件，修改为："保全法院在首先采取查封、扣押、冻结措施后超过一年未对被保全财产进行处分的。"对征求意见稿中"首先采取保全措施的法院"的表述进行了限缩界定，成为"保全法院"，而"采取措施后一年未处分"的前提亦取代了原征求意见稿"法院消极执行"的表述，从而排除了向进入执行阶段的首封法院商请移送处置权的情形。实践中，由于各级人民法院案多人少矛盾突出，不少首封执行法院在采取查封措施后对财产长时间不予变现，需要通过加大执行监督力度、运用当事人的异议权等方式解决消极执行问题。强制执行法要设立规则鼓励债权人积极申请执行并保障优先进入执行程序法院的处置权，对于首封债权人的首封利益，可在最终分配财产时予以考虑。

七、首封法院不移送优先权法院处置的特殊情形

假如保全案件已进入执行程序，且保全法院认为存在以下不宜移送优先权案件执行法院处分的情形之一的，可在收到《商请移送执行函》后，以复函形式向抵押权案件执行法院书面说明不宜移送的情形：一是抵押财产仅占不动产部分份额，首封案件执行法院拟就不动产整体进行处分的；二是同一不动产存在两个以上优先权，且首封案件为在先顺位优先权的；三是抵押财产仅对应双拼房产中的一个不动产证号，与另一个不动产证号在格局上难以区分的，首封案件执行法院拟将两个不动产证号对应的房产一并处分的；四是在房、地分开登记的地区，抵押财产仅为地上建筑物或者土地使用权，首封案件执行法院拟将地上建筑物及土地使用权合并处分的；五是首封案件执行法院已启动抵押物的评估、拍卖、变卖工作的；六是抵押房产的所有权或者土地使用权存在争议，正在等待异议审查或另案诉讼结果的。

实践中，还存在比较特殊的情况，就是采取首封保全措施的民事案件当事

---

〔1〕参见《最高人民法院关于人民法院办理财产保全案件若干问题的规定（征求意见稿）》第18条，关于轮候法院商请移送执行的条件为：首先采取保全措施的法院消极执行，超过3个月未处分的，或债权人无正当理由，超过3个月未申请人民强制执行的。

人达成调解协议，人民法院依法作出民事调解书后，债权人并不申请强制执行，导致财产长期得不到处置变现，轮候查封执行案件的人民法院请求移送财产处置权，首封法院审判部门以案件已经审理结案为由不予移送，其实，这种不予移送处置权的理由是不能成立的，商请移送的对象是采取保全措施的人民法院超过一年未对财产采取处置措施，至于案件是否审理完毕，并不影响移送程序的开展，不能因为案件审理完毕且未申请执行，就导致财产长期得不到实质性处理，损害其他案件债权人的合法权益，否则，将会变相鼓励被执行人以虚假诉讼规避执行。

需要注意的是，财产处置权的移送是在不同人民法院之间进行的，如果采取首封保全的人民法院和优先权执行法院为同一法院，且符合被保全财产超过一年未进行处分的条件，优先权案件的执行机构和法官可以直接采取评估、拍卖、变卖措施，不存在所谓处置权的移送问题。

八、财产处置权移送后的分配问题

首封法院的案件尚未进入执行程序，优先权案件执行法院处分财产后，在清偿优先债权后还有多余价款的，应当分别以下不同情况处理：一是没有其他执行案件债权人申请参与分配的，应当将剩余款项划付首封案件审理法院保全价款；二是其他执行案件债权人对剩余价款申请参与分配且被执行人为公民或其他组织的，应当将首封案件的保全标的金额作为参与分配债权金额制作财产分配方案，根据分配结果为首封案件预留相应款项，并划付首封案件审理法院保全预留款项；三是被执行人为企业法人且未进入破产程序的，依法按照查封的先后顺序受偿和处理。

综合《保全规定》和《首封批复》条文内容，无论首封法院是保全法院还是普通债权执行法院，只要未能率先进入财产处置程序，查封财产的处置权经申请后一般发生如下转移：一是从已经进入执行程序的首封法院转移至优先债权执行法院；二是从未进入执行程序的保全案件诉讼法院转移至已进入执行程序的在先轮候查封法院。从实体上看，对于如何不损害首封债权人的利益，《首封批复》规定，首先查封债权尚未经生效法律文书确认的，应当按照首先查封债权的清偿顺位，预留相应份额，以保障首封债权的利益。《保全规定》尽管没有明确轮候查封法院在财产处置完毕后，要为首封法院预留相应分配份额，但如果债务人为企业法人，由于普通债权按照对财产采取执行措施的先后顺序受偿，在优先债权清偿后仍有剩余的，需要为首封保全法院预留份额，其他轮候法院的清偿地位应当劣后于保全法院。

如被执行人为企业法人，当财产不足清偿全部债权时，债权的清偿顺位变得尤为重要。对于被执行人财产是否足以清偿所有债权并不明确的情况下，法院通常会按照查封先后顺序分配被执行的财产。如果被执行人为其他组织或者公民，则需要按照参与分配的规则，预留相应份额。首封债权因积极采取了财产保全措施，但依法并不能享有优先清偿权，执行法院清偿的先后一般顺序为执行费用、优先受偿债权、普通债权，并未给予首封债权特殊优待，企业法人作为被执行人的案件，普通债权按照查封顺序清偿，目的是可以倒逼不能受偿的轮候债权人主动向人民法院申请执行转破产，最终在破产程序中实现概括性清偿。被执行人为公民和其他组织的案件，普通债权人不能申请破产，只能参与分配，优先债权人可随时加入执行程序主张优先受偿权，无须以取得生效法律文书为前提。对于首封保全案件的债权人，立法应当保护其基于申请保全时的期待利益，《民事诉讼法解释》第508条的规定，对普通债权，原则上按照占全部申请参与分配的债权数额的比例受偿，并未彻底否定首封债权人要求多受偿的请求，但更加明确的规则需要制定专门的司法解释或在《民事强制执行法》中作出进一步明确规定。

【制定背景】

《执行规定》第56条规定，对参与被执行人财产的具体分配，应当由首先查封、扣押或冻结的法院主持进行。首先查封、扣押、冻结的法院所采取的执行措施如系为执行财产保全裁定，具体分配应当在该院案件审理终结后进行。上述规定成为首封法院处置权的立法渊源，由于我国协助执行的制度设计，首封法院在案件的办理和财产的变现等方面具有相对优势，在一定程度上可以激励债权人积极行使权利，但也可能给轮候查封债权人特别是担保债权人实现债权造成障碍。《首封批复》解决了首封法院与优先债权执行法院关于财产处置权的冲突问题，《保全规定》亦应对保全执行法院与终局执行法院处置查封财产的问题作出符合实际情况的规定。

【实务操作指引】

一、商请移送执行函发送问题

如果在先轮候执行法院拟取得首封财产处置权,需要向首先查封的保全法院出具商请移送函,但司法解释规定的发函对象不够明确。实践中,在发函对象上,一般先和保全法院诉讼案件承办人电话联系,然后邮寄函件。如果轮候法院是优先债权执行法院,需要先对涉案财产采取查封措施,然后再发函要求保全法院移送。《首封批复》对于首先查封案件处于执行前的其他诉讼阶段时应当如何发函未予明确,如果首先查封案件已经进入执行阶段,在实践操作中,一般是向首先查封案件的执行承办法官发函。如果首先查封案件还在诉前、诉中、申请执行前或者仲裁前、仲裁中时,根据《立审执协调意见》第 18 条,应向作出保全裁定的部门发函,由该部门负责审查。首先查封法院应当自收到商请移送执行函之日起 15 日内予以回函,除有查封财产正在司法审查等正当理由外,应当出具同意移送执行函,并告知当事人。首先查封法院的双方当事人达成和解协议或申请执行人不同意移送处置权的,不影响处置权的移送。首先查封法院自收到商请移送执行函之日起 15 日内不予回函或对移送财产有争议的,应当逐级报请共同的上级法院决定。

移送执行函一般应当载明如下内容:(1)明确将被保全财产移送执行,并由在先轮候执行法院径行办理继续查封、解除查封、强制过户等手续;(2)首封案件的查封案号、查封期间、保全标的金额等相关情况;(3)首封案件原告、第三人的相关信息及联系人、联系方式。[1]

二、上级法院的协调问题

上级法院收到要求协调财产移送争议的人民法院的报告后,应统一编立执协号案件,于立案之日起的合理日期内作出是否移送的决定。经审查,认为应当移送处置权的,以书面函责令首先查封法院限期出具同意移送执行函。首先查封法院在收到上级法院责令移送函后,应当在 5 日内出具移送执行函,将查

---

[1] 参见《深圳市中级人民法院关于我市法院间首先查封案件与优先债权执行案件处分查封财产有关问题的意见(试行)》(深中法发〔2019〕1 号)。

封财产移送在先轮候查封法院执行，并告知当事人。逾期不出具移送执行函的，上级法院可以裁定将首先查封案件保全的财产指定在先轮候查封法院执行。

三、特殊情况的移送

执行过程中，首先查封法院自首先查封之日起超过60日未发布拍卖公告的，轮候查封法院符合下列情形的，也可以报请上级法院将执行案件全案指定首先查封法院执行：(1)轮候查封法院已穷尽财产调查措施，未发现被执行人除首先查封法院查封财产外有其他可供执行的财产的；(2)轮候查封法院已将该案可供执行的财产全部处置完毕的；(3)其他符合全案移送情形的。本条对于执行程序中均是普通债权的执行案件是否也要移送没有作出规定，但不少高级人民法院已经出台了关于普通债权执行法院之间处置权的移送指导意见，以此倒逼执行效率和财产处置效率的提升，如福建省高级人民法院经调研发现，执行中，被执行人的财产被多个法院查封、轮候查封，当首先查封与轮候查封均为普通债权时，首先查封法院怠于处置或由于执行标的额与查封财产价值相差悬殊而不予处置查封的财产，导致轮候查封案件无法继续处置，又无法终本，经常陷入执行僵局。为推动首先查封法院加快处置财产进度，制定了《关于首先查封与轮候查封均为普通债权的法院之间协调移送处置权处理意见》(闽高法〔2018〕167号)。

四、处置权移送与终本程序

优先债权案件未经协调财产处置权移送程序，执行法院不得将该案件作终结本次执行程序处理。长期未结案件中，无抵押等优先权的轮候查封案件，已穷尽财产调查措施，未发现被执行人除首先查封法院查封财产外有其他可供执行的财产，符合特定情形的，一般可以终结本次执行程序方式结案：(1)经首先查封法院确认，首先查封财产确无余值可供分配；(2)符合参与分配条件的，轮候查封法院已向首先查封法院发出参与分配函，首先查封法院在法定期限内不能处置完毕的。

五、衔接问题

1. 移送执行函应当载明有效查封的起止日期,并附最后一次查封或续封手续的复印件。

2. 移送处置权后,续行查封由受移送法院负责,但距离查封期限届满不足一个月的,首先查封法院应先行办理续行查封手续后再予移送。

3. 轮候查封法院应在收到同意移送执行函后一个月内启动财产处置。

4. 财产变价后,首先查封债权受偿顺位不因财产移送执行而改变,取得处置权的法院应当按照法律规定的清偿顺序分配,并将相关情况告知首先查封法院。其他债权人申请参与分配的,由取得处置权的法院负责主持参与分配相关事宜。优先债权案件执行法院在采取解封、过户或继续查封抵押物等措施时,可以持首封法院《移送执行函》以优先债权执行案件案号的相关法律文书前往不动产登记部门办理有关手续。

六、执行异议的处理

保全法院将在案查封、扣押、冻结财产移送执行后,财产处分过程中发生的与在案财产相关的执行异议、案外人异议、参与分配事宜,由处分财产的执行法院依法审查和处理。

【相关法律法规】

《执行规定》第 56 条;《首封批复》。

第三节　保全与破产程序的衔接

《企业破产法》第 19 条规定,人民法院受理破产申请后,有关债务人财产的保全措施应当解除,执行程序应当中止。第 20 条规定,人民法院受理破产申请后,已经开始而尚未终结的有关债务人的民事诉讼或者仲裁应当中止;在管理人接管债务人的财产后,该诉讼或者仲裁继续进行。综合上述两条规定,虽然法院受理破产申请不影响诉讼或仲裁程序的继续,但已采取的财产保全措施应当解除,禁止个别清偿,维护债务人财产的完整性,推进破产程序实现债务整体解决方案。但上述规定并未涉及保全措施解除的程序性问题,保全措施是在法院作出受理破产申请裁定后自动解除,还是由采取保全措施的法院解除,抑或由破产法院解除?采取保全措施的法院是在收到破产法院、管理人、债务人、债权人或其他利害关系人的通知后解除,还是知悉法院已受理破产申请时即应解除?若负责解除保全措施的法院拒不解除,如何救济?2020 年 3 月 19 日,最高人民法院公布了本年度司法解释立项计划,《关于破产申请受理后对债务人财产的保全措施转化的规定》列为立项计划中的第 1 类第 14 项,说明保全程序与破产程序的衔接问题已经引起各方高度重视。

一、由采取保全措施的法院负责解除

具体由哪个法院解除保全措施,实践中一直存在不同观点。一种观点认为,保全措施的解除应当是人民法院受理破产申请裁定的当然效力之一,即一旦人民法院受理了破产申请,附加于债务人财产上的保全措施自然解除,不需要人民法院另行作出宣告保全措施失去效力的裁定。[1] 但此种观点及做法并不具备现实可行性。另一种观点认为,依据《民事诉讼法解释》第 165 条关于"人民法院裁定采取保全措施后,除作出保全裁定的人民法院自行解除或者其上级人民法院决定解除外,在保全期限内,任何单位不得解除保全措施"之规定,应由采取保全措施的法院解除。还有一种观点认为,若不赋予受理破产案件的法院解除保全措施的权力,在采取保全措施的法院拒不解除的情况下,将导致破产程序无法推进。《破产法解释(二)》第 7 条明确了应由采取保全措施的法院解除,该条规定:"对债务人财产已采取保全措施的相关单位,在知悉人民法院已裁定受理有关债务人的破产申请后,应当依照企业破产法第十九条的规定及时解除对债务人财产的保全措施。"《全国法院破产审判工作会议

---

〔1〕 最高人民法院民事审判第二庭编著:《最高人民法院关于企业破产法司法解释理解与适用——破产法解释(一)·破产法解释(二)》,人民法院出版社 2017 年版,第 175 页。

纪要》第 42 条[1]、《全国法院民商事审判工作会议纪要》第 109 条[2]均强调了采取保全措施的法院有解除保全措施的职责,但需要注意的是,上述规定未排除采取保全措施的相关单位拒不解除时受理破产案件的法院可以径行解除保全措施的可能。

二、受理破产案件的法院解除保全措施的适用情形

《破产法解释(二)》制定过程中,全国人大常委会法工委向最高人民法院复函时提出,《企业破产法》第 19 条应理解为法院受理破产申请后,有关债务人财产的保全措施应当然解除,由管理人接管债务人的所有财产;相关法院或者行政机关未依据上述规定解除保全的,受理破产案件的法院可以径行作出解除对债务人财产的所有保全措施的裁定。但因对债务人财产采取保全措施的除了法院还有其他国家机关,如公安、税务、海关等,由受理破产案件的法院解除保全措施的做法,需要克服地方保护和部门管理利益,并不适合在最高人民法院制定的司法解释中予以规定,由全国人大常委会法工委出台立法解释更为妥当。由此,关于受理破产案件的法院可以解除保全措施的情形并未写入《破产法解释(二)》。[3] 但最高人民法院并未排斥上述做法,司法实践中亦有受理破

---

[1] 《全国法院破产审判工作会议纪要》第 42 条规定:破产案件受理后查封措施的解除或查封财产的移送。执行法院收到破产受理裁定后,应当解除对债务人财产的查封、扣押、冻结措施;或者根据破产受理法院的要求,出具函件将查封、扣押、冻结财产的处置权交破产受理法院。破产受理法院可以持执行法院的移送处置函件进行续行查封、扣押、冻结,解除查封、扣押、冻结,或者予以处置。执行法院收到破产受理裁定拒不解除查封、扣押、冻结措施的,破产受理法院可以请求执行法院的上级法院依法予以纠正。

[2] 《全国法院民商事审判工作会议纪要》第 109 条【受理后债务人财产保全措施的处理】规定:要切实落实破产案件受理后相关保全措施应予解除、相关执行措施应当中止、债务人财产应当及时交付管理人等规定,充分运用信息化技术手段,通过信息共享与整合,维护债务人财产的完整性。相关人民法院拒不解除保全措施或者拒不中止执行的,破产受理人民法院可以请求该法院的上级人民法院依法予以纠正。对债务人财产采取保全措施或者执行措施的人民法院未依法及时解除保全措施、移交处置权,或者中止执行程序并移交有关财产的,上级人民法院应当依法予以纠正。相关人员违反上述规定造成严重后果的,破产受理人民法院可以向人民法院纪检监察部门移送其违法审判责任线索。人民法院审理企业破产案件时,有关债务人财产被其他具有强制执行权力的国家行政机关,包括税务机关、公安机关、海关等采取保全措施或者执行程序的,人民法院应当积极与上述机关进行协调和沟通,取得有关机关的配合,参照上述具体操作规程,解除有关保全措施,中止有关执行程序,以便保障破产程序顺利进行。

[3] 最高人民法院民事审判第二庭编著:《最高人民法院关于企业破产法司法解释理解与适用——破产法解释(一)·破产法解释(二)》,人民法院出版社 2017 年版,第 173~175 页。

产案件的法院直接裁定解除保全措施的案例。[1]

三、保全法院不解除保全措施的解决方案

鉴于目前相关法律及司法解释明确规定的解除保全措施的主体是采取保全措施的法院或其他有关单位,如何规制其拒不解除保全措施,成为推进破产程序无法回避的问题。《全国法院破产审判工作会议纪要》第 42 条规定,执行法院收到破产受理裁定拒不解除查封、扣押、冻结措施的,破产受理法院可以请求执行法院的上级法院依法予以纠正。《全国法院民商事审判工作会议纪要》第 109 条提出,相关人民法院拒不解除保全措施或者拒不中止执行的,破产受理人民法院可以请求该法院的上级人民法院依法予以纠正。从上述纪要内容来看,该问题目前主要是通过法院系统内部自纠的形式解决,这也成为支持受理破产案件的法院有权径行解除保全措施的观点的重要理由,即需要高级人民法院甚至最高人民法院进行协调,耗时费力,并不利于破产程序的推进。

四、轮候查封是否也应解除

《企业破产法》第 19 条所指的保全措施包括轮候查封,司法实践中个别采取轮候查封措施的法院以轮候查封不产生查封效力为由不予解除保全措施的做法没有法律依据。轮候查封虽然不产生正式的查封效力,但轮候查封于顺位在前的查封解除后可以转为正式查封,对破产程序仍会产生影响。

综合上述分析,破产申请受理后对债务人财产保全措施的处理程序仍亟待立法进一步细化完善。

---

[1] 广东省深圳市中级人民法院(2018)粤 03 民破 166 号之一民事裁定书、湖北省丹江口市人民法院(2018)鄂 0381 执保 79 号执行裁定书、河北省邯郸市中级人民法院(2017)冀 04 执异 227 号执行裁定书。

第十一章　保全财产的处置

第二十条　保全期间的财产处置

财产保全期间，被保全人请求对被保全财产自行处分，人民法院经审查，认为不损害申请保全人和其他执行债权人合法权益的，可以准许，但应当监督被保全人按照合理价格在指定期限内处分，并控制相应价款。

被保全人请求对作为争议标的的被保全财产自行处分的，须经申请保全人同意。

人民法院准许被保全人自行处分被保全财产的，应当通知申请保全人；申请保全人不同意的，可以依照民事诉讼法第225条规定提出异议。

【条文主旨】

本条是关于特定情况下人民法院依据申请可以准许被保全人自行处分保全财产并应赋予申请保全人通过执行异议进行救济的规定。

【条文理解】

财产保全事关申请保全人的权益实现，也不能忽略对被保全人的合法利益的维护，财产保全措施运用得当能够促进当事人之间民事争议的有效解决，人民法院在特定情形下允许被保全人自行处分财产并保全价款，可以起到平衡各方利益、减少财产损害、兼顾审判效率的关键作用。

一、对非争议标的之处分

《民事诉讼法》对保全期间被保全财产的处分问题没有作出规定，《民事诉讼法解释》规定：保全期间季节性商品，鲜活、易腐烂变质及其他不宜长期保存的物品等特殊财物，可以由人民法院或当事人变卖而保全价款，并对保全财产的合理使用和被保全人提供担保解除保全进行了规定，但对于保全期间是否允许被保全人以正当理由处分保全财产，依然没有明确规定。《执行规定》第 33 条就执行程序中被执行人可以经人民法院允许自行变卖查封财产问题作出了规定，被执行人申请对人民法院查封的财产自行变卖的，人民法院可以准许，但应当监督其按照合理价格在指定的期限内进行，并控制变卖的价款。既然执行程序中可以允许被执行人对法院查控的财产自行处置，财产保全执行程序作为被执行程序之一，尽管诉讼正在进行，案件尚未进入执行程序，也应参照适用上述规定允许当事人对特定财产进行处置，对于当事人和执行法院之间的争议，可以通过执行异议程序进行救济。另外，保全裁定一般由人民法院立案、审判部门作出，立案、审判部门缺乏对保全财产进行处置的经验，可能影响被保全财产的及时处理，导致损失的发生以及扩大。《立审执协调意见》第 18 条规定，准许被保全人自行处分财产，由作出裁定的部门决定，监督被保全人自行处分财产并控制价款由实施保全部门负责。如果由执行机构对被保全人的处分行为进行监督，并能够控制价款，被保全人在保全期间有正当理由或者存在比较紧急的情况要求自行处置的，人民法院没有理由加以拒绝。

首先，对于季节性商品、鲜活、易腐烂变质以及其他不宜长期保存的物品，应责令当事人处理，保存价款，预防保全标的物和价值的贬损或灭失。

其次，对于股票、债券等有价证券价格波动较大的财产，不及时交易可能会使证券价值暴跌。在人民法院能够控制变现价款的前提下，应该允许被保全人根据证券交易市场的变化及时交割，实现被保全证券价值的最大化，这既是对当事人权益的灵活保护，也是财产保全立法应有的价值取向。

再次，对于煤炭、钢材、有色金属等动产，如果不允许被保全人及时处置变现，会使这些特定财产的价值受到减损。同时，长期存放在港口等储运场所会产生大量的保管费用，以致诉讼结束后，财产价值不足以偿付保管费用的支出，导致保全目的落空。

最后，被保全人为房地产企业，查封在建商品房或现房后，在确保能够控制相应价款的前提下，可以监督被保全人在一定期限内按照合理价格自行销售房屋。人民法院在确定期限时，应当明确具体的时间节点，避免期限过长影响处分效率，损害申请保全人合法权益。保全查封财产后，被保全人申请用查封财产融资替换查封财产的，在确保能够控制相应融资款的前提下，可以监督被保全人按照合理价格进行融资。出借人要求先办理财产抵押或质押登记再放款的，人民法院应积极协调有关部门做好财产解封、抵押或质押登记等事宜，并严格控制融资款。

二、对争议标的之处分

民事程序法上的“争议标的”概念，源于民事实体法，是指当事人诉讼请求所指向的合同义务内容，“争议标的”不同于诉讼请求，与标的物也不属同一概念，标的物是实体权利义务关系所指向的对象。如果诉讼当事人双方的争议标的为房屋过户或者特定物的交付，原则上不允许被保全人对房屋或者特定物进行处分，否则即使法院判决申请保全人胜诉，也会出现履行不能。当然，申请保全人同意处分的，基于民事诉讼法的处分原则，可能会发生原告撤诉、双方当事人达成和解的效果，司法解释也不应予以禁止。

三、保全法院通知义务

本条第 3 款规定，人民法院准许被保全人自行处分被保全财产的，应当通知申请保全人，这就保证了申请保全人对保全财产处分事项的知情权，通知申请保全人关于允许对保全财产处分的决定，是保全法院负担的义务内容，保全法院依法通知申请保全人，也是申请保全人依照《民事诉讼法》第 232 条提出异议的基本前提。反之，如果人民法院驳回了被保全人要求自行处分保全财产的申请，没必要一定要通知申请保全人，实践中，人民法院审查被保全人自行处分被保全财产的申请时，一般会传申请保全人谈话，征求申请保全人的意见。

四、对准许处分行为的异议与复议

（一）异议

被保全人请求对于非争议标的的保全财产自行处分，人民法院有权作出同意或者不同意的决定。本条结合财产保全实践，赋予申请保全人对人民法院同意被保全人自行处分的行为提出执行异议的权利，以畅通其权利救济通道。一般情况下,具有决定权的部门是人民法院裁定采取保全措施的审判庭,其允许被保全自行处分并非考虑周全,不存任何疏漏,申请保全人是被保全财产最好的看护人和监督者,对人民法院允许处分保全财产的行为监督意愿也最强烈,只有赋予其法定的程序监督权,才能最大限度确保被保全财产的安定性,维护保全秩序的稳定,消除债务人利用制度空隙逃避债务的隐患。

申请保全人不同意被保全人自行处分的,可以依照《民事诉讼法》第232条规定提出异议。申请保全人同意对保全财产自行处分的,由被保全人在人民法院的监督下自行完成,人民法院不能代为处分。从程序设置看,申请保全人对被保全人的处分行为提出反对意见,只能转化成为对人民法院准许自行处分行为的执行行为异议上来,保全程序作为准执行程序,对申请保全人提出的异议,参照执行异议程序规定处理,理论和实践均不存在障碍。

(二)复议

人民法院审查处理申请保全人提出的异议,应当自收到书面异议之日起15日内作出裁定,如申请保全人对裁定不服,应当在裁定送达之日起10日内向上一级人民法院申请复议。申请复议的书面材料,可以通过保全法院转交,也可以直接向保全法院的上一级人民法院提交。保全法院收到复议申请后,应当在5日内将复议所需案卷材料报送上一级人民法院;上一级人民法院收到复议申请后,应当通知保全法院在5日内报送复议所需的案卷材料。上一级人民法院对复议申请,应当组成合议庭进行审查,并自收到复议申请之日起30日内审查完毕并作出裁定。有特殊情况需要延长的,经本院院长批准,可以延长,延长的期限不得超过30日。

(三)处分措施的停止

依据《执行程序解释》的有关规定,异议和复议审查期间,不停止案件的执行,参照该规定,申请保全人提出不同意处分的异议申请和申请复议期间,是否也不停止被保全人的自行处分措施,法条没有进一步明确,从保全程序的价值判断出发,应先停止被保全人的自行处分行为较为妥当,除非被处分的保全财产属于《民事诉讼法解释》第153条规定的特殊物品以及其他紧急需要变价的财产。

(四)其他债权人异议权

本条赋予申请保全人不同意处分的异议权,其他保全、执行债权人如果不同意被保全人自行处分其被保全财产,是否也有提出异议的权利,本条没有明确,实际上,其他保全、执行债权人的异议权也应该得到保障。《执行异议复议规定》第5条明确,当事人以外的自然人、法人和非法人组织,认为人民法院的执行行为违法,妨碍其轮候查封、扣押、冻结的债权受偿的,可以作为利害关系人提出执行行为异议。该司法解释第7条又规定了当事人、利害关系人认为执行过程中或者执行保全、先予执行裁定过程中的人民法院作出的侵害当事人、利害关系人合法权益的其他行为违法,提出异议的,人民法院应当依照《民事诉讼法》第232条规定进行审查。不难推出其他执行债权人如果认为人民法院决定由被保全人自行处分保全财产的行为违法,自然可以享有与申请保全人相同的异议权,本条第1款已经将不损害其他保全执行债权人的合法权益作为人民法院审查是否决定准许自行处分保全财产的前提,允许其依照《民事诉讼法》第232条提出异议,属于法条应有之义。

(五)被保全人异议权

被保全人提出自行处分财产的申请,人民法院不予准许,被保全人是否可以提出异议,从权利救济的制度设计来看,应当也依法赋予其《民事诉讼法》第232条规定的行为异议权利。

【制定背景】

我国现行立法对财产保全的规定不完善,关于保全程序很多流程节点的操作都交由审判法官和执行法官根据实际情况自由裁量,人民法院只有谨慎运用保全程序中的自由裁量权,平衡申请保全人、利害关系人和被保全人之间的利益,缓解运用保全措施给被保全人带来的诉讼压力和债务人自行处分财产给申请人带来的不安之间的紧张关系,才能做好自行处分保全财产的申请与审查,促进保全措施的灵活运用,从而服务于推进和提高案件审判效率和质量。

首先,保全工作要贯彻利益平衡原则的要求。现行法律对被保全人权益保障体现在《民事诉讼法》第111条关于对保全裁定的复议规定,对被保全人的制度保障略显薄弱,而财产保全程序,应当遵循双方当事人利益的平衡原则,在维护申请保全人正当权益的前提下，也要评估和考量财产保全措施给被保全人带来的生产经营和生活的额外负担。人民法院对保全申请采用比较低的标准审查形式，保全措施在某种程度上剥夺了被保全人的知情权，债务人提出的保全异议被人民法院驳回也属于大概率事件，在债务人提供保全反担保要求解除保全被拒绝可能性大的情况下，允许被保全人自行处分保全财产，这不仅是中央关于依法保护产权的基本要求，也是对劣后保护被保全人制度“瓶颈”的突破性尝试。

其次，保全工作要兼顾审判效率原则的要求。虽然财产保全只是临时性控制被保全人财产，但也会给被保全人造成足够的心理压力和经济压力，该压力更多源于被保全人生活、生产经营活动的有序开展。快速结案不仅有利于债权人合法权益的及时实现，还有利于债务人尽快恢复生产经营的有序状态。审判实践中，人民法院要避免保全事了、行为减半的做法，减少保全措施采取后的低效率运行，不能将纠纷的解决过多地推向诉讼当事人，使保全案件出现过多的案外协商，同时，也要杜绝案件的久调不决和诉讼时间的过度拉长，进而减少保全财产盘活的期限。

最后，保全工作要符合司法资源集约化原则要求。保全程序的独立价值发挥越来越重要的作用，但是保全法律制度和保全机制的建设还远远滞后于保全功能的发挥。人民法院需要有效整合保全的人力资源，充分优化保全事项和保全路径，推动依附于审判程序的保全程序相对独立化，建立健全保全事项的行业信息共享机制，强化法院内部保全信息的主体建设，保证当事人、利害关系人、案外人的知情权和异议权，推动保全法律制度不断发展和完善。

【实务操作指引】

实践中，允许被保全人自行处分被保全财产，人民法院应当谨慎对待，要注意本条所设置的前提条件。

一、准许处分被保全财产必须依申请进行

人民法院基于被保全人的书面申请，结合案件情况和财产性质判断和决定能否允许其自行处分保全期间的财产，需要注意的是，对被保全财产进行判断是一个重大事项，只能依申请进行，法院不得主动依职权擅自决定由被保全人

自行处分。人民法院在审查被保全人提交的请求后，认为不损害申请保全人和其他执行债权人合法权益的，可以准许，但应当监督被保全人按照合理价格在指定期限内处分，并控制相应价款。

二、不损害申请保全人利益

申请保全人作为被保全财产的第一受益人，保障申请保全人的利益不受损害是准许被保全人自行处分的前提，这里的申请保全人不仅包括本案的债权人，也包括其他案件申请对同一财产采取保全措施的债权人。本条赋予保全法院较多的注意义务，防止人民法院随意放宽标准，被保全人利用法院把关不严、裁量权过大，趁自行处置财产的时机，恶意转移财产，贬损财产价值，设定财产负担，使申请保全人的保全目的最终落空。

三、不损害其他保全、执行债权人利益

被保全人自行处分保全财产符合不损害本案申请保全人合法权益的要求，同时，人民法院还要继续审查，是否存在损害其他保全、执行债权人合法权益的情形，如果存在，也不得允许其自行处分。其他保全、执行债权人的利益也应得到妥善的保障。保全财产往往是多个债权人申请保全查封和执行查封的对象，保全债权尚在审理中，而针对同一债务人的其他债权有可能已经申请法院强制执行，如果保全案件采取的保全措施是轮候查封、冻结，自然没有允许自行处分的空间，如果保全查封是首封，其他执行案件查封为轮候查封，如不允许被保全人自行处分，原本通过执行程序的强制措施能够使轮候查封的执行债权人全部受偿，或者至少能部分受偿，而准许被保全人自行处分，财产价格反而导致其他轮候执行债权实现落空，应该认定其自行处分行为损害了其他执行债权人合法权益，不得允许被保全人自行处分。其他执行债权人可以自己或者通过案件执行法院向保全法院提出对处分财产的异议或意见。

四、处分过程和结果要受法院监督

保全法院经过审查，认为被保全人的请求处分请求合理，允许其自行处分的，要对其处分保全财产的过程、方式、时间和结果进行有效干预、严密监督。

首先,责令被保全人处分财产要坚持合理价格。根据被保全财产的实际情况,如果财产本身的价值足以覆盖保全请求,处分价格不应低于保全请求,如果保全财产价值不足以覆盖保全请求的金额,处分价格不应低于该财产的市场价格,否则可能会发生被保全人与案外第三人串通,低价转让保全财产损害申请保全人利益的情况。其次,被保全人要在指定期限内进行处分,不能以处分财产为名,拖延案件的审理,故意拉长审理程序,导致财产价格贬损,即使价格不贬损,如果拖延至诉讼终结甚至执行程序开始,自行处分保全财产的意义已经不大。最后,人民法院要控制相应价款。实践中,控制财产变现的价款确实是个难题,一般在执行程序中,如果当事人之间能够达成执行和解,可以允许被执行人自行处分被执行财产。但在保全阶段,案件尚在诉讼过程中,审判部门在审理案件中决定被保全人自行处分财产且能够控制价款的能力有限,也会影响案件审判正常开展,被保全人提出要自行处置保全财产能够得到法院准许的情况并不多见,人民法院作为司法机关并非市场经营主体,对价格、处置期限等关键环节也无法准确予以把握。

【相关法律法规】

《民事诉讼法》第 107 条;《民事诉讼法解释》第 153 条、第 167 条;《善意文明执行意见》第 5 条、第 6 条。

第十二章　财产保全的解除

第二十二条　保全的担保解除

财产纠纷案件，被保全人或第三人提供充分有效担保请求解除保全，人民法院应当裁定准许。被保全人请求对作为争议标的的财产解除保全的，须经申请保全人同意。

【条文主旨】

本条是关于保全期间被保全人基于生产经营及生活需要，在提供充分有效担保情况下可以请求人民法院解除保全的规定。

【条文理解】

人民法院裁定采取保全措施后，被保全人提供充分有效担保，原则上允许被保全人申请解除原来采取的保全措施，这是《民事诉讼法》第 107 条及多部司法解释强调和贯彻的立法思想，关于《民事诉讼法》第 107 条适用的理解上，最高人民法院先后制定的几个司法解释在适用条件方面出现了较大变化，相互之间的逻辑关系没有厘清，本条进一步贯彻民事诉讼法的立法精神，对《民事诉讼法》第 107 条规定的内容从主体扩张和客体限缩两个方面进行了规范。

本条规定更接近保全反担保制度，保全反担保是指被保全人或者第三人为解除保全而向法院提供的担保，包括财产反担保和信用反担保。财产反担保又区分为两种类型：一是被保全人自己提供的财产担保，实质上等同于保全标的物置换，实践操作的法律后果表现为人民法院对新财产的查封以及对原保全财产保全措施的解除；二是第三人提供财产担保和信用担保，也可以请求人民法院解除原来采取的保全措施，实务中，需要准确把握担保解除保全的尺度，从而更好地保护申请保全人的利益。

一、解除保全的案件类型

本条将可以申请解除保全的案件定性为财产性纠纷，与《民事诉讼法》第107条规定的案件类型保持一致。所谓财产纠纷案件，首先是给付之诉，主要是指原告提出的诉讼请求涉及财产归属、要求被告承担金钱或者可以金钱计算的给付义务的案件，只具有行为给付内容的诉讼案件，争议标的指向债务人的行为，不涉及财产给付问题，法院基于利害关系人申请停止侵权而裁定行为保全的，被保全人无法提供担保以解除行为保全，停止侵权行为的诉讼请求只具有行为给付内容，不属于财产纠纷案件，不适用以担保形式解除保全的规定。当事人提供担保解除行为保全可能有违利害关系人提出诉前行为保全申请的目的，在专利侵权行为保全案件中，《最高人民法院关于对诉前停止侵犯专利权行为适用法律问题的若干规定》第8条规定："停止侵犯专利权行为裁定所采取的措施，不因被申请人提出反担保而解除。"除此之外，旨在使法律关系发生、内容变更或消灭的形成之诉，既不涉及财产移转问题，也不属于财产纠纷案件。[1]

二、解除原保全措施的权利行使

《民事诉讼法》第107条规定，对被保全人的财产采取保全措施后，被申请人提供担保，要求解除保全的，法院应当裁定解除保全。被保全人提供担保，足以保证债权人在胜诉后判决能够得到执行，对担保财产执行能够实现保全目的，继续采取保全措施则导致被保全人的利益受到损害。《民事诉讼法》没有进一步规定被保全人为解除保全所提供的担保应该符合的条件，以及人民法院对申请解除保全的审查处理程序。

《民事诉讼法解释》第167条在《民事诉讼法》第107条精神的基础上作了扩张性解释，规定被保全人提供等值财产的，人民法院可以变更被保全财产，对被保全人提供除被保全财产之外的财产属性提出了新的要求。同时，将解除财

---

〔1〕 参见全国人大常委会法制工作委员会民法室：《〈中华人民共和国民事诉讼法〉释解与适用》，第166～167页。

产保全纳入人民法院自由裁量权的范畴，并非只要被保全人提供担保，人民法院就必须解除原保全措施，而须经人民法院根据具体案件情况综合审查认定后，才能决定是否解除保全。

三、一般无须经申请人同意

《查扣冻规定》第28条规定，在执行程序中，如果被执行人提供担保且申请执行人同意解除查封、扣押、冻结的，人民法院应当作出解除查封、扣押、冻结裁定，因财产保全裁定和先予执行裁定的执行也适用该司法解释，可以进一步理解为即使被保全人提供担保要求解除保全，也需要经过申请保全人同意。[1]《民事诉讼法》第107条、《民事诉讼法解释》第167条均没有为解除保全设定申请人同意的要件。理论上，"执行阶段当事人的权利义务已由生效判决确定，而作出财产保全时当事人的权利义务尚未得到确认，保全申请人不应享有这个同意权"。[2] 被保全人或者第三人向法院提供担保，解除对原有财产的保全措施，这与通常所说的"换保"概念的内涵和外延均有差异。提供担保不限于被保全人自己的财产，第三人也可以为被保全人申请解除保全提供担保。从目的上看，财产保全终极目标是保证将来判决生效后，有利于案件执行和债权实现，如果被保全人或者第三人提供担保，申请解除原有保全措施，并不影响申请保全人的权益，人民法院应该准许，无须经申请人同意，但保全标的为诉讼争议标的的，须经申请人同意后才能解除原有保全措施。

四、担保要充分有效

财产保全乃依国家强制力为之，被保全人申请解除财产保全的权利，不属于诉讼当事人自行处分的权利范畴，对于解除保全妥当性的判断从诉讼当事人回归至人民法院，人民法院具有最终审核是否应当解除保全的决定权，否则解除保全制度将形同虚设。据此原理，将解除保全的决定权赋予被保全人更不妥当。现在看来，《民事诉讼法》第107条的规定未免过于僵化，只要被保全人提供担保要求解除保全，法院就应当裁定解除保全，实际上赋予了被保全人以提

---

〔1〕《查扣冻规定》第29条规定："财产保全裁定和先予执行裁定的执行适用本规定"。

〔2〕参见余文唐：《保全物置换四大疑问探辨》，载《人民法院报》2016年11月23日，第7版。

供担保为前提条件的解除财产保全的自我决定权,人民法院对其解除申请的审查沦为形式审查而非实质审查。实践中,不少人民法院对被保全人所提担保没有进行严格审查,解除原财产保全比较随意,损害了申请保全人的合法权益,被保全人经常利用解除保全制度的漏洞规避后续的强制执行措施。

《保全规定》第 8 条明确了金融监管部门批准设立的金融机构以独立保函形式为财产保全提供担保的,人民法院应当依法准许。以独立保函提供解除保全反担保的,能否解除保全,各地法院较为慎重。实践中保险公司提供的与原告申请财产保全金额一致、不可撤销见索即付的保函,被认定属于充分有效的担保形式。在原告胜诉,而被申请人的财产因解除保全导致生效判决不能执行时,执行法院可依据此类保函要求保险公司承担保证责任,让债权人快速获得清偿。[1] 银行或非银行金融机构开具的独立保函,同样具备见索即付的特征,可以作为解除保全的反担保。重庆市高级人民法院、安徽省高级人民法院出台意见认为银行、保险公司提供保证保函反担保,可以同意解除保全。[2]

《民事诉讼法解释》第 167 条缓和了《民事诉讼法》第 107 条规定的债务人提供担保应当解除保全在实践操作中的刚性,使解除保全制度的运用更加灵活,贴近司法实践真实情况,对被保全人提供担保要求解除保全并不是一概予以准许,而是经过严格审核后发现符合条件且不影响实现保全目的,方可解除保全。那么,人民法院既然具有是否准许解除保全的决定权,就需要法律及司法解释对申请解除保全的前提条件进行合理的设定,从而作为人民法院审核的基本标准,鉴于此,本条再次使用了"应当"表述,肯定了担保解除保全的必要性,但在向《民事诉讼法》第 107 条本意回归的同时,对担保提出了更严格的"充分有效"的要求,填补了《民事诉讼法》第 107 条的立法空白,更加具有灵活性和可操作性。

本条规定与《民事诉讼法解释》第 167 条所设定的"等值担保财产且有利于执行"要件究竟是何种关系,提供担保的充分有效是否等同于等值财产且有利于执行,应当进一步分析。但不难看出,本条规定内容的弹性更大,外延更加宽泛。《民事诉讼法解释》要求的等值担保财产是从财产价值上衡量的结果,即被

---

〔1〕 参见《南京江宁开发区法院:解除财产保全保证保险可以作为反担保》,载《人民法院报》2020 年 12 月 1 日,第 3 版。

〔2〕 参见《重庆市高级人民法院关于精准实施民事财产保全的意见》《安徽省高级人民法院关于进一步规范财产保全工作的指引》。

保全人提供担保的财产价值与人民法院已采取保全财产的价值要等值或者价值相当,同时被保全人提供担保的标的物应真实可靠,没有权利瑕疵和负担。具体而言,担保财产的价值应不小于已被保全财产的价值但也不能明显高于原被保全财产,否则易发生超标的保全。而"有利于执行"一般是指财产容易变现,财产处置难度大、所需时间长、变现程序复杂、变现成本高,则不能认定为有利于执行。如财产保全措施为冻结存款,提供的担保财产为不动产,不宜认定有利于执行。诉讼中,法院依法查封了被申请人相应价值的房地产,而该房地产上存在建设工程价款优先受偿权,人民法院对该房地产处理时,应当按法定程序评估拍卖,被保全人或其他担保人提供相当于保全房地产价值的银行账户资金作为担保,人民法院可以裁定变更原保全标的物房地产为被保全人提供的担保财产银行账户资金。[1]

五、保全标的物置换与变更程序

(一)保全标的物置换制度概述

《民事诉讼法解释》第167条对保全担保物设定的要件和人民法院在解除财产保全程序中自由裁量权的行使均与《民事诉讼法》第107条规定相去甚远。主流观点认为,《民事诉讼法解释》第167条规定的是保全财产的置换制度,实质是在解除保全制度之外创设的一种新制度规则,是根据审判实践需要而新增加的内容,属于保全标的物置换的规定,其出发点是满足实践中保全物置换的正当需求,部分地方法院也相应出台了保全财产置换的操作规范。为了公平维护双方当事人的合法权益,基于利益平衡的考量和规范司法实践的需要,保全标的物置换作为解除财产保全制度的有益补充,第167条使保全标的物置换的司法操作有了具体、统一的法律依据。从实践操作看,《民事诉讼法解释》第167条关于保全标的物置换规定不能理解成为对《民事诉讼法》第107条解除财产保全的文义解释,两者在规范的情形、适用条件和裁定事项上均存在较大差异。

---

〔1〕 参见最高人民法院民法典贯彻实施工作领导小组办公室编著:《最高人民法院新民事诉讼法司法解释理解与适用》,人民法院出版社2022年版,第400页。

(二)设立保全标的物置换制度的现实动因

《民事诉讼法》第107条虽有力维护了被保全人的利益,但对申请保全人的利益是否尽到保护职责、如何进一步保护好申请人的利益缺乏规定。[1]

一方面,申请人申请财产保全,通常向人民法院提供被保全人较为容易兑现价值的财产或线索,以便及时有效地实现自己的合法权益。实践中,也有被保全人从有利于自己利益的角度出发,提供一些虽然有一定价值,但难兑现的财产,向人民法院提出财产保全置换申请,要求解除原有财产的保全措施。尽管在保全标的物置换裁定作出之前,出于平衡申请保全人和被保全人双方利益的考量,法院有必要听取申请保全人的意见,但是,听取申请保全人的意见主要聚焦于审查被保全人提供的置换财产是否符合法律和司法解释规定的情形,如果被保全人提供的置换财产符合规定的条件,应裁定变更保全标的物。

另一方面,保全作为限制当事人财产权利的重大措施,申请保全人的诉讼标的额较小,却申请人民法院冻结企业的基本账户,或者申请查封的不可分割的土地使用权或者房产价值明显大于保全请求金额,影响土地的开发利用或者房产的预售、销售及企业的生产经营,被保全人有权提出异议,请求以其他可执行的财产置换查封或者提供反担保,《保全规定》实施后,变更保全标的物审查程序逐步法定化、标准化,救济途径日趋明确。变更保全标的物案件的数量迅速增长。

(三)对申请保全人意见的征求

在程序上,人民法院变更保全标的物的裁定,需要依据被保全人提出书面申请为之,被保全人未提出书面申请的,人民法院不应当依职权进行。被保全人以书面的形式明确向法院提出置换或变更申请,法院才可以根据被保全人的申请材料及案件具体情况,审查判断是否准许。作为保全程序的受益人,在裁定准许置换保全标的物之前,人民法院还应将被保全人变更、置换申请通知申请保全人,并征求申请保全人的意见。被保全人对作为争议标的的财产提出变更申请的,必须经申请保全人同意。被保全人请求对非争议标的的财产变更或置

---

〔1〕 参见最高人民法院民法典贯彻实施工作领导小组办公室编著:《最高人民法院新民事诉讼法司法解释理解与适用》,人民法院出版社2022年版,第399页。

换的,征求申请保全人意见不等同于必须要经过申请保全人同意,[1]有的地方法院要求保全财产的变更或置换必须征得申请人的同意,还有的地方法院要求被保全人提供的置换保全财产须比原被保全财产更有利于执行。

实践中,一般存在以下几种做法,一是法官会征求且尊重申请人意见,由申请人决定予以变更或者不变更。二是法官征求申请保全人意见,保障申请保全人的知情权和提出异议的权利,是否变更仍由法官自主决定。三是法官不征求申请保全人意见,对被保全人提供的材料审查后径行决定变更,变更裁定作出后再通知申请保全人。人民法院不征求申请人意见的情形相对较少,尽管民事诉讼法及其司法解释并未明确规定变更保全标的物应征求申请人意见及尊重申请人意见,法官有权视具体情况予以变更,但未征求申请人意见而决定变更的做法存在较大弊端:第一,征求意见环节缺失,申请保全人易对法院的变更保全标的物的行为产生误解;第二,如人民法院对置换条件未能准确把握,或者法院接受被保全人之外的其他主体提供的保全标的物,容易损害申请保全人的利益;第三,保全标的物置换后变现难度增加或价值贬损,导致债权未能足额清偿时,置换保全标的物造成的损失可能引发司法赔偿,激化申请保全人与人民法院之间的矛盾。

人民法院将征求申请人意见作为决定变更保全标的物程序的必经环节,以尊重申请人意见作为原则,可以弥补《民事诉讼法》第107条规定的不足。保全程序依申请保全人申请而启动,旨在保障将来生效判决的执行,避免申请人遭受不可弥补的损害,用其他保全标的物置换被保全财产是否妥适,原则上申请保全人更有发言权。保全法官对被保全人提供的置换条件是否满足要求,未必把握准确,征求申请人意见并通知申请人变更保全标的物,满足申请人的知情权,应作为置换保全财产的规定动作。人民法院征求申请保全人意见但其拒不同意的,为防止申请人滥用权利,人民法院仍可决定变更,但变更过程中,各级人民法院应健全和完善相关审查及责任追究机制。

---

〔1〕 参见重庆市第五中级人民法院《民事诉讼财产保全工作流程规定》关于"审慎处理保全财产置换"部分。对于被申请人提出的财产置换申请,由审理诉讼案件的相关审判庭负责审查。审判庭应对置换申请进行听证,并将听证审查结果告知相关方,记入笔录。对置换申请的审查,应综合考虑申请人与被申请人意见、案件实体、被申请人提供的担保财产价值、流动性等因素进行裁量。对于被申请人以案外人财产提供担保申请置换的,应通知案外人到庭核实,并告知其相应的法律后果。

(四)用于置换财产的要求

一般情况下,人民法院对置换财产的判断主要考量财产变现所需时间、财产变现程序复杂程度及财产变现成本等因素。[1] 从平衡双方当事人利益的角度,用作置换的保全财产至少不增加新的执行难度,与拟解除查封的保全财产价值相当且容易变现,如无法变现或变现难度高于之前的保全标的物,则要慎重考虑是否准许被保全人的置换请求。实际上,现金比任何其他财产变现能力都强,如被保全标的物为现金,不应轻易准许保全标的物置换。[2] 各地人民法院审查保全标的物置换申请时,应严格按《民事诉讼法》第 107 条所设定的标准执行。要求用于置换保全财产的标的物更有利于执行的做法也与司法解释的立法旨意不符,可供保全的财产只要有利于执行即可,不应要求置换财产与之前的保全财产相比执行难度更低,更容易变现。实践中,有将被保全的股权置换为房产、账户资金的,有将保全标的物由现金替换成房产及银行存款的,更多的是将被保全的账户资金替换成房产。

因法律和司法解释对担保解除保全的条件未进行细化,关于担保解除保全以及保全标的物置换,各地高级人民法院也制定了有关指导性意见,《北京市高级人民法院关于财产保全若干问题的规定(试行)》在反担保财产审查上强调财产具有可执行性,并无反担保财产与原保全标的物相比更具有可执行性的硬性要求;《江苏省高级人民法院关于财产保全担保审查、处置若干问题的暂行规定》明确规定反担保财产必须优于原保全财产的变现,有的人民法院对被保全人提供用于解除保全的担保财产的审查更加严格,要求更高,有利于保护申请保全人的利益,有的人民法院的条件略宽,被保全人申请解除保全的难度相对

---

〔1〕《浙江省高级人民法院关于财产保全担保若干问题的意见(试行)》第 26 条规定,被申请人提供担保请求解除已经采取的保全措施的,人民法院可参照对申请人提供担保审查的相关规定,对其提供的担保的合法性、可执行性以及财产价值是否能够满足申请人请求的数额等进行审查。被申请人提供的担保符合规定的,应当及时作出裁定解除保全,同时对被申请人提供的担保财产予以查封、扣押、冻结。

〔2〕《贵州省贵阳市中级人民法院民事诉讼保全审查指南》规定,人民法院对被申请人申请置换保全标的物的审查。在财产纠纷案件中,财产保全被申请人如提供与被保全的财产等值的其他财产作为担保进行置换的,人民法院可视如下条件进行置换:(1)被申请人提供担保的财产真实可靠,无权利瑕疵和负担,而且,不得为被申请人自己或他人的基本生产、生活资料;(2)被申请人提供保全的财产要容易兑现,不能比先前保全财产兑现所需时间更长、程序更复杂、成本更高等。

较小,[1]各地高级人民法院、中级人民法院甚至基层人民法院的规范性意见直接影响法院对个案中是否准予解除保全的判断,用于解除保全的反担保财产与原保全标的物变现难易程度的比较也只是人民法院决定解除保全的裁量因素之一,属于必要不充分条件,除此之外,还要考虑其他对变更标的物或担保解除保全程序影响较大的因素。

有的人民法院就保全财产置换担保的问题专门制定了细则,规定保全财产置换担保按照"平等保护""等值置换""易于执行""盘活资源"等原则进行,办理置换担保前,办案人员要履行告知程序,将一方当事人申请置换情况告知另一方当事人。

六、保全标的物置换与担保解除保全的关系

从申请解除保全的理由和前提条件看,当事人更倾向于选择适用《民事诉讼法解释》第 167 条之规定,《民事诉讼法》第 107 条因规定过于笼统逐渐被实践搁置,提供担保解除财产保全的制度作用未能充分发挥,实践中运用最多的也是保全标的物置换制度。变更保全标的物与担保解除财产保全之间关系应予理顺,正确理解两种制度规定的适用条件,并提出切实可行的适用规则,是一线保全实务工作者迫切希望解决的现实问题。从法律效果上看,无论是解除保全,还是保全标的物置换都是为了解除原来采取的保全措施,二者在规则适用上的差异在于:保全标的置换适用的前提为被保全人需向法院提供其他等值担保财产且有利于执行,而保全解除的适用前提为被保全人提供充分有效的担保。法院在接受要求解除保全的申请后,标的物置换须由被保全人向法院提供

---

[1] 《北京市高级人民法院关于财产保全若干问题的规定(试行)》(京高法发〔2009〕163 号)第 24 条规定:"有下列情形之一的,作出保全裁定的部门应当依法及时作出裁定解除保全:(一)诉前保全的申请人未在法律规定的期限内起诉的;(二)原告撤回起诉的;(三)人民法院裁定准许财产保全后,被申请人提供财产担保的;(四)申请人的诉讼请求或仲裁请求被驳回并发生法律效力的;(五)其他应当解除保全的情形。被申请人依照前款规定第(三)项提供财产担保的,人民法院应当组成合议庭对其担保财产合法性、可执行性以及财产价值是否能够满足申请人请求的数额等进行审查。被申请人提供的担保符合法律规定的,应当及时作出裁定解除保全,同时对被申请人提供的担保财产予以查封、扣押、冻结。"《江苏省高级人民法院关于财产保全担保审查、处置若干问题的暂行规定》(2006 年)第 21 条规定:"根据《中华人民共和国民事诉讼法》第九十五条规定,被申请人提供担保的,人民法院应当解除财产保全。被申请人提供的担保除申请人同意接受的外,必须符合下列条件:1. 必须与原保全财产价值相当;2. 必须优于原保全物变现。"

等值财产,一般不接受信用担保,而担保解除保全可以接受第三人提供的信用担保。

1. 解除保全与保全标的物置换可以选择适用

被保全人提供担保申请解除保全,保全法院经审查认为被保全人提供的担保符合要求,应依照民事诉讼法的规定裁定解除保全,被保全人依法提供了担保,人民法院应当依法解除财产保全。如果被保全人提供的财产担保与原被保全财产等值且有利于执行,保全法院也可以适用《民事诉讼法解释》第167条的规定裁定变更保全标的物。也有观点认为,保全标的物置换与解除保全适用各自不同的情形,保全标的物置换,并非解除财产保全。[1] 《民事诉讼法解释》创设的变更保全标的物的制度属于法解释学上的漏洞填补,源于保全实践的现实需要,探求财产保全的立法目和解除财产保全的立法精神而作出的变通规定。变更保全标的物制度,则是以问题为导向在依法原则下经过权衡利弊而创设,既可以维持财产保全的固有效果从而保障申请人的合法权益,又可以置换出被保全人急需的保全财产从而保障债务人的合法权益。而解除财产保全则侧重于被保全人的合法权益的保障。

2.《民事诉讼法解释》对解除保全作了限缩界定

《民事诉讼法》第107条的立法原意,是在裁定解除对原标的物保全的同时,裁定对新的担保财产采取查封、扣押和冻结措施,这也是《民事诉讼法解释》第167条所规定的变更保全标的物制度的基础。《民事诉讼法解释》以"提供其他等值担保财产"表述替代了"提供担保"概念,用于解除保全的担保既可以是人的担保,也可以是物的担保,既可以是实物担保,也可以无形财产权等权利作为担保。[2] 被申请人提供担保,日后生效判决不能执行的可能性已不复存在,同样达到了法院采取保全措施的目的。此外,还可以提供信用担保,而不限于财产担保,但《民事诉讼法解释》第167条不能适用于被保全人或者第三人提供信用担保置换被保全财产的情形。当被保全人提供财产担保而非信用担保以求解除保全时,保全法院可以同时引用《民事诉讼法》第107条和《民事诉讼法解释》第167条论证解除保全的正当性。

---

〔1〕 参见余文唐:《保全物置换四大疑问探辨》,载《人民法院报》2016年11月23日,第7版。

〔2〕 全国人大常委会法制工作委员会民法室编著:《〈中华人民共和国民事诉讼法〉释解与适用》,人民法院出版社2012年版,第166~167页。

七、申请保全人对变更保全标的物裁定的救济

财产保全申请人的权利救济途径主要有以下两种:(1)对变更保全标的物的裁定提出复议。依据《民事诉讼法》第111条的规定,当事人可以对保全裁定复议一次,复议的期限是自收到裁定书之日起5日内,复议的法院是作出保全裁定的法院。这是申请保全人常规的救济途径;(2)对解除保全的执行行为提出执行异议。财产保全的实施行为属于执行行为,在变更保全标的物的过程中,可以对财产保全实施过程中的执行行为提出执行异议。相对于第一种救济途径而言,对实施行为提出执行异议可以向上一级人民法院申请复议的程序救济。为最大限度保护自身合法权益,申请保全人也可以既对变更保全裁定申请复议,也对变更保全标的物的执行行为提出异议。

八、对不予变更保全标的物或解除保全的救济

被保全人依据《民事诉讼法解释》第167条申请变更保全标的物或依据《民事诉讼法》第107条、《保全规定》第22条申请提供担保解除保全的,既可能直接向人民法院提出申请,也可能在保全裁定复议程序或执行异议程序中提出。直接提出申请的,人民法院经审查裁定驳回申请的,依据《保全规定》第25条的规定,被保全人可向作出裁定的人民法院申请复议一次,复议期限为收到裁定书之日起5日内。在保全裁定复议程序中提出变更保全标的物或提供担保解除保全的,法院若直接在复议裁定中驳回申请,被保全人无法通过其他途径进行救济。被保全人对法院的保全实施提出执行行为异议,并同时申请变更保全标的物或提供担保解除保全的,如法院在异议裁定中驳回申请,被保全人可以通过复议程序进行救济。[1] 但从不同程序的制度功能及保障当事人权利救济的角度来看,变更保全标的物或提供担保解除保全的申请并不适宜在保全裁定复议及执行行为异议程序中进行审查。

---

〔1〕 参见江苏省高级人民法院(2014)苏执复字第0072号执行裁定书。

【制定背景】

一、基础理论

保全裁定的作出与实施,对被保全人的财产、声誉、生产生活自由产生较大的限制和影响,尽管申请保全人也提供了预防申请保全错误发生的担保,但毕竟属于事后救济,被保全人因保全遭受的无形压力和精神压力常常难以弥补。人民法院采取的保全措施,也非一成不变,在解除保全的法定情形出现后,人民法院应依申请或依职权解除财产保全,否则可能发生司法赔偿的后果,这是民事诉讼法赋予被保全人的法定救济权利。人民法院在决定财产保全时,一般不进行对席审理,保全裁定和保全措施的采取都是在被保全人不知情的前提下进行,在这种意义上,事后给予被保全人更多的救济体现了民事诉讼程序平衡保护双方当事人利益的原则,在保全措施采取后赋予被保全人适当的救济权利也是对被保全人权利的尊重,以此达成当事人双方的攻守平衡。从制度设计上,对财产保全的门槛设置越低,则越应当给予被保全人更多的事后救济权利。

二、比较视野

通过债务人或第三人提供担保替代已经采取的保全措施,已经成为世界其他国家和地区民事诉讼的共通性法律制度。

《日本民事保全法》第 39 条规定,由于假扣押命令而产生不能补偿的损失之虞时或有其他特殊情况,发出假扣押命令的法院或者本案法院,可以根据债务人的申请,以其提供担保为条件,可以撤销假扣押命令。保全撤销属于被申请人依据日本民事保全法的救济手段之一。日本法上的保全撤销是基于“发令后情事使保全命令继续存在有所不当时”,依照债务人的申请撤销保全命令的程序。

《德国民事诉讼法》也规定了债务人提供担保解除保全的情形,规定即使准许假扣押后,在情况发生变更,或者债务人提供担保时,也可以提供担保撤销假扣押。德国法上的因情势变更申请解除假扣押判决或裁定申请人基于情势变更的理由申请解除假扣押或假处分,则法院不再审查假扣押或假处分裁定是否适法,而只考虑是否存在申请理由终结、债务人提供担保、和解协议或时效抗辩等。解除保全裁判一经宣告,假扣押就暂时失去执行力,并随着解除裁判发生既判力而被解除。[1]

我国《澳门民事诉讼法典》第 332 条规定,应声请所针对之人请求,得以适当之担保替代已命令采取保全措施,只要听取声请人之意见,显示所提供担保足以预防侵害或完全弥补损害。以担保替代所命令采取之措施时,不影响对命令采取被替代之措施之批示提起上诉之权利,亦不影响依据规定针对被替代之措施提出申辩之权能。

我国台湾地区“民事诉讼法”并无单独的提供担保解除保全的规定,但设有假扣押情势变更制度,也允许特定情况下债务人请求解除原来保全措施的申请,第 528 条规定,关于假扣押声请之裁定,得为抗告。第 530 条规定,假扣押之原因消灭,债权人受本案败诉判决确定或其他命假扣押之情势变更者,债务人得声请撤销假扣押裁定。

三、起草背景及过程

财产保全系以保全私权的强制执行为目的之特别审判程序,[2]是确保债权实现的重要制度。在经济新常态下,人民法院的财产保全权力运用也要为促进经济发展、维护企业的正常经营,对经营暂时困难企业作为债务人的案件,人民法院要慎用冻结、划拨流动资金等保全措施,在保全目的能够达成的情况下尽可能为债务人留有必要的流动资金和银行账户的使用,最大限度降低对债务人正常生产经营活动的不利影响,《保全规定》也要进一步完善提供担保解除保全的制度。

1991 年《民事诉讼法》增加了被保全人提供担保解除保全的规定,2012 年《民事诉讼法》修订时对财产保全与行为保全进行合理区分,将被保全人提供担保解除保全限定于财产纠纷案件。依照全国人大常委会法工委民法室对条文的解读,财产纠纷案件包括涉及财产归属的确认之诉、给付内容为金钱或物的给付之诉案件,非财产纠纷案件即便被保全人提供了担保也不能裁定解除保全。[3]

---

〔1〕 参见刘君博:《财产保全救济程序的解释与重构》,载《清华法学》2018 年第 5 期。

〔2〕 参见陈启垂:《民事诉讼法》(下册),台北,新学林出版股份有限公司 2018 年版,第 398 页。

〔3〕 采用“财产纠纷案件”实际是将提供担保解除保全的范围拓展到确认之诉案件中。确认之诉的提起需要具有确认利益,司法实践中,多数确权案件实际上是不具备提起确认之诉的利益的,而应通过给付之诉的方式来主张权利,部分当事人为了规避诉讼时效制度有意为之,结果造成了诉讼制度的扭曲。参见刘君博:《财产保全救济程序的解释与重构》,载《清华法学》2018 年第 5 期。

《民事诉讼法解释》第167条对解除保全的要件作出更为严格的限缩解释，同时将提供担保解除保全限定适用于财产保全中以金钱为请求对象或者可替换为金钱请求的给付之诉案件。虽说该限缩解释符合我国既有制度规范和司法实践对于财产保全与行为保全的界定和功能区分，也更有利于保护作为原告的申请保全人，但是解除保全的范围也变得更为狭窄，对被告而言显得较为苛刻。

从现实的角度，财产保全有可能对被保全人的特殊标的进行了保全，这些特殊标的对于被保全人意义重大，如生产型企业的流动资金、房地产合作项目中的国有土地使用权、企业基本账户，此情况下的财产保全措施对被保全人生产经营影响巨大。被保全人在满足一定条件下可以依据相关规定申请变更保全标的物，但与此同时变更保全标的物往往不利于申请保全人的利益保障，如何衡量双方利益、实现公平救济成为解决该类纠纷的重点和难点。《保全规定》既要坚持民事诉讼法的立法精神，又要兼顾申请保全人和被保全人的利益平等保护，对解除保全设计出更加富有包容性的制度。

四、《民事强制执行法草案》第203条关于第三人担保解除保全制度

第三人提供担保解除保全，是《民事诉讼法》及其司法解释设置的旨在平衡债权人和债务人利益的制度设计，也可以看作比例原则在保全程序中的生动体现。从立法宗旨看，既要确保作为债权人的申请保全人保全利益能够稳妥地延续到判后执行程序中，也要在特定情形下照顾债务人生产经营和正常生活的理性需求，不至于使那些诚实而不幸的被保全人从此一蹶不振。因此，《民事诉讼法》《民事诉讼法解释》和《保全规定》赋予保全法院和法官一定限度的自由裁量权，在债务人提出以第三人提供担保解除已经保全查封财产的申请时，依据预设的前置标准，予以理性审查，谨慎判断。

担保解除保全尤其是第三人担保解除保全，在具体的适用中无疑是一把双刃剑，如果办理具体案件的法官不能正确驾驭，不仅会伤害已经取得保全利益的债权人，也可能放纵不诚信的债务人利用制度缺口和法官的自由裁量空间，实现转移财产和逃避后续执行义务的非法目的。实践中，第三人提供保证担保解除对原有财产的保全后，债务人将实物资产转移出卖，债权人虽然有第三人提供的保证担保，但如果该提供担保的第三人在判决后执行中自身已经丧失了清偿能力的，债权人依然无法得到实际的清偿。

如果回到《查扣冻规定》颁布后《民事诉讼法解释》施行前的那个时期，无论在民事保全还是执行程序中，债权人似乎从来不用怀疑法律赋予自己的优势地位，因为只要提供担保，就可以在债务人不知情的情况下查封将来可供执行的主要资产。尤其是在加强综合治理、从源头解决执行难，为财产保全创造条件从而降低保全门槛的积极舆论氛围中，债权人只要申请了财产保全，就可以期待保全标的物在执行程序中能够变现。因为，即使债务人试图通过劣质资产置换已经被保全的资产，保全法院在未取得申请保全人的同意之前也不会予以准许。但是，如果使债务人提供担保抑或第三人提供担保解除保全的难度不断降低，被保全人逐渐从司法解释和最高人民法院的规范性文件中获取了与债权人分庭抗礼的武器。

在涉及债权人和债务人双方利益的情况下，应当优先保护哪一方利益？如何经过理性裁断，在至少不损害债权人一方利益的前提下兼顾债务人利益，这确实是一门相当高超的司法裁判艺术。比如，某沿海省份法院更换保全标的物的案件，引起了较为广泛的关注。该案未经债权人同意，经债务人申请，通过法院依职权裁定，将已经保全的优质资产，用其他难以变现的资产置换出来。申请保全人感觉自身利益受到了严重损害，因而进行申诉和信访。这个实例再一次说明，对第三人提供担保解除保全如果不能用高超的司法艺术加以把控，必然导致对该制度合理性的质疑，即使承办法官并无私心，也难逃弱势一方当事人的合理质疑。

如果不把担保解除保全的自由裁量权收进笼子，加以规制，引发的实践后果可能是，债权人丧失最初申请保全的财产，使判后执行沦为空谈，就会出现财产保全本是追求从源头解决执行难却因另外一个相反制度的设立加剧了执行难的尴尬效果。

虽然，第三人提供担保解除保全、允许被保全人可以更换保全标的物是《民事诉讼法解释》和《保全规定》赋予法院的保全程序自由裁量权，但至少目前这个权力是有限度的。这个权力一半被写进了司法解释的刚性条款，作为法官审查时的参考标准，另一半交到了作实际判断的法官手中。

《民事强制执行法草案》第 203 条规定："第三人向人民法院提供财产担保、保证或者以责任保险合同等方式提供担保，人民法院据此变更保全内容或者解除保全的，进入终局执行后，人民法院可以裁定直接执行担保财产、第三人在保证范围内的财产或者由保险人赔偿被保全人遭受的损失。"

本条关于第三人向法院提供担保、保证或者责任保险合同解除债权人此前申请保全的标的物，并没有明确人民法院审查应遵循的基本规则，如是否要征求申请保全人的意见或者经过申请保全人的同意？是否要审核该担保是否充分有效、是否衡量担保物等值且有利于执行？其结果就是赋予了保全法院、保全法官更大范围依职权裁量的权力。

第一，责任保险不适合作为解除保险的反担保。

以责任保险作为解除保全的反担保，误读了责任保险的内涵。责任保险虽然可以作为债权人申请保全的担保，但因不能直接要求保险公司赔偿，一旦债务人不履行，债权人需要另行起诉保险公司，所花费的时间成本和诉讼成本巨大，所以不能作为解除保全的担保。即使允许保险作为担保解除保全，也是保证保险，而非责任保险。保证保险中，保险公司提供的保函是不可撤销的见索即付保函，而不是责任保险合同。

第二，担保解除保全应设定前置条件。

如果立法抽离出法院裁定更换保全标的物、提供担保解除保全的前置条件，不再纳入“担保充分有效”以及“等值且有利于执行”等判断，法院的自由裁量权进行了过度扩张。《民事诉讼法解释》第167条规定，财产保全的被保全人提供其他等值担保财产且有利于执行的，人民法院可以裁定变更保全标的物为被保全人提供的担保财产。《保全规定》第22条规定，财产纠纷案件，被保全人或第三人提供充分有效担保请求解除保全，人民法院应当裁定准许。被保全人请求对作为争议标的的财产解除保全的，须经申请保全人同意。

现行法律和司法解释规定了更换保全标的物和担保解除保全两个并行模式，但债务人无论申请哪一种，均需要法院在准许债务人的申请前进行司法解释规定动作的判断。而《民事强制执行法草案》不仅省略了限缩法院裁量权的判断环节，即使对争议标的物解除保全，也无须申请保全人同意。

由法院判断哪一种担保更符合申请保全人的利益，更有利于将来执行。如果法院同意被保全人或者第三人提供的某种担保，解除了原来的保全财产，最后查封的标的物不利于债权人的债权实现，法院无须担责，债权人也不能申请国家赔偿。

第三，应赋予债权人对担保解除的异议权。

既然法院在采取保全措施后，可以有权随时决定用债务人的其他任何财产替换保全标的物，如果法院作出的决定并不科学合理，债权人也有权提出异议。

有效防止解除保全构成违法和错误，避免最初有利于执行的保全在更换后对执行已无助益的情形发生。

财产保全程序中担保解除保全，随着司法解释的迭代更新，债权人自行把控的空间不断被挤压。原《查扣冻规定》第31条规定，在执行程序中，如果被执行人提供担保且申请执行人同意解除查封、扣押、冻结的，人民法院应当作出解除查封、扣押、冻结裁定。对财产保全裁定和先予执行裁定的执行也适用该司法解释，可以进一步理解为即使被保全人提供担保要求解除保全，也需要经过申请保全人同意。而《民事诉讼法》第107条、《民事诉讼法解释》第167条均没有为解除保全设定申请人同意的要件。《民事诉讼法》没有进一步规定被保全人为解除保全所提供的担保应该符合的条件，以及人民法院对申请解除保全的审查处理程序。《民事诉讼法解释》第167条在《民事诉讼法》第107条精神的基础上作了扩张性解释，规定被保全人提供等值财产的，人民法院可以变更被保全财产，对被保全人提供除被保全财产之外的财产属性提出了新的要求。同时，将解除财产保全纳入人民法院自由裁量权的范畴，并非只要被保全人提供担保，人民法院就必须解除原保全措施，而须经人民法院根据具体案件情况综合审查认定后，才能决定是否解除保全。财产保全司法解释与《民事诉讼法解释》第167条所设定的“等值担保财产且有利于执行”要件相比，规定内容的弹性更大，外延更加宽泛，实际上已经赋予法院更大的自由裁量权。

因此，即使在理论上，有观点认为“执行阶段当事人的权利义务已由生效判决确定，而作出财产保全时当事人的权利义务尚未得到确认，保全申请人不应享有这个同意权”。但从目的上看，财产保全终极目标是保证将来判决生效后，有利于案件执行和债权实现。如果被保全人或者第三人提供担保，申请解除原有保全措施，并不影响申请保全人的权益，人民法院应该准许，无须经申请保全人同意；如果影响申请保全人的权益，则法院应当要么征求申请保全人的意见，要么不能否定当初的财产保全措施。

第四，不应赋予债务人的自我决定权。

被保全人申请解除财产保全的权利，不属于诉讼当事人自行处分的权利范畴。对于解除保全妥当性的判断从诉讼当事人回归至人民法院，人民法院具有最终审核是否应当解除保全的决定权，否则解除保全制度将形同虚设。据此原理，将解除保全的决定权赋予被保全人不妥当。如果被保全人提供担保要求解除保全，法院就裁定解除保全，实际上赋予了被保全人以提供担保为前提条件的解除财产保全的自我决定权,人民法院对其解除申请的审查沦为形式审查而非实质审查。实践中,不少人民法院对被保全人所提担保没有进行严格审查,解除原财产保全比较随意,损害了申请保全人的合法权益,被保全人经常利用解除保全制度的漏洞规避后续的强制执行措施。

对被保全人提供担保要求解除保全并不是一概予以准许,而是经过严格审核后发现符合条件且不影响实现保全目的,方可解除保全。那么,人民法院既然具有是否准许解除保全的决定权,就需要法律及司法解释对申请解除保全的前提条件进行合理的设定,从而作为人民法院审核的基本标准。即便保全司法解释使用了"应当"表述,肯定了担保解除保全的必要性,但在向《民事诉讼法》第107条本意回归的同时,对担保提出了更严格的"充分有效"的要求,填补了《民事诉讼法》第107条的立法空白,更加具有灵活性和可操作性。

执行当事人不平等原则强调执行债权人和债务人地位不平等,双方权利义务存在差别。比例原则入法,执行当事人不平等原则被挡在民事强制执行法的大门之外。然而,即使是比例原则,要求兼顾债务人权益的基本前提也是债权的实现能得到法律的尊重和维护。假如执行中的债务人和债权人在法律保护上发生了竞合,债权人合法权益的保护也要优先于被执行人的保护顺位。现如今,无论保全执行还是终局执行,立法和司法均有扩大适用当事人平等主义的趋势,导致过分强调对债务人权益的保障,弱化债权人的法律地位,无视民事诉讼与保全、执行程序当事人所处的不同法律地位所致的权利义务差异。如果放任立法制度不断倒向债务人一方,将实质损害执行程序的效率价值。

【实务操作指引】

一、变更保全标的物裁定

(一)变更保全标的物申请的审查部门

对当事人变更保全标的物及担保解除保全申请的审查,属审判权范畴,应由审判部门审查并作出裁定,执行机构在实施财产保全行为中不得超越职权范围行使裁判权。根据《立审执协调意见》第18条的规定,被保全人应当向审判部门申请变更保全标的物或申请解除保全。

（二）对变更财产的保全措施

《民事诉讼法解释》第 164 条规定，对申请保全人或者他人提供的担保财产，人民法院应当依法办理查封、扣押、冻结等手续，该条虽然是对申请保全提供担保的规定，但被保全人为解除保全而提供担保也可参照适用，被保全人提供财产担保的，人民法院应对担保财产采取查封、扣押、冻结等措施，这与对被保全人最初的财产采取保全措施是相同的。在具体操作模式上，应先对用于担保的标的物采取查封、扣押、冻结措施，再解除对原标的物的查封、扣押、冻结措施。

被保全人提供等值财产担保并非法律规定的应当解除财产保全的情形之一。当被保全人提供等值的保证金或其他财产申请代替被保全标的物时，法院应当裁定解除的并非原保全措施，而是作出变更保全标的物的裁定。被保全人提供担保申请解除原财产保全措施，但并未申请变更保全标的物，人民法院应依法审查其请求是否符合《民事诉讼法》第 107 条的规定，符合法律规定要求的，应裁定解除保全。而无须依照《民事诉讼法解释》第 167 条有关保全标的物变更的规定，审查被保全人提供的担保是否与原被保全财产等值且有利于执行。

综上，保全标的物置换程序需要被保全人向保全法院提出书面申请，法院征求申请人意见后，提供的担保标的物与保全标的物等值、权属真实且无权利负担，也不是被保全人的基本生产、生活资料应裁定予以准许。被保全人请求对作为争议标的的财产解除保全的，或提供担保申请变更保全标的物的，须经申请保全人同意，实际上赋予了申请人在特定财产保全申请担保解除的审查中享有决定权。

二、知识产权行为保全提供担保未经申请人同意法院一般不适用担保解除程序

在行为保全案件中，准许被保全人提供担保解除保全可能有违利害关系人提出诉前行为保全申请的目的。采取诉前行为保全措施，是以利害关系人的合法权益将会受到难以弥补的损害为要件，除非利害关系人同意，否则保全反担保的适用将会使利害关系人提出诉前行为保全申请的目的落空。《民事诉讼

法》第107条规定适用担保解除保全的范围为财产纠纷案件,被保全人提供担保的,人民法院应当裁定解除保全,但并未明确规定行为保全的担保解除问题。实践中,对于行为保全措施一般也不准许以反担保解除保全,这在知识产权相关司法解释中已作出规定,[1]停止侵犯专利权行为裁定所采取的措施,不因被申请人提出反担保而解除。在申请人已明确表示反对的情况下,作为一种程序性保障措施,不宜适用因保全裁定的复议申请人提出反担保而解除保全。[2]

三、第三人提供担保解除保全的难点

第三人为被保全人提供的财产担保,进入执行程序后,能否视为执行担保,应进一步予以明确。被保全人提供新的担保解除保全查封的财产时,提供用于担保的财产往往是案外人的房产,申请保全人以房产置换现金明显不利于执行为理由,不同意关于变更保全标的物的申请,但有时得不到保全法院的准许,保全法院经审查认为,作为财产纠纷案件,人民法院对被告解除账户资金保全的请求应予准许。问题在于,财产保全第三人担保不产生物权担保效力,现有立法并未赋予申请保全人对第三人担保财产享有独占的、排他的优先受偿权。被保全人以第三人财产置换出其自有财产后并将财产转移或设定权利负担,判决生效后在执行程序中,应准许直接执行该担保财产。人民法院应认定担保人对申请保全人在担保物价值范围内承担连带清偿责任。

《执行规定》第54条规定,人民法院在审理案件期间,保证人为被执行人提供保证,人民法院据此未对被执行人的财产采取保全措施或解除保全措施的,案件审结后如果被执行人无财产可供执行或其财产不足清偿债务时,即使生效法律文书中未确定保证人承担责任,人民法院有权裁定执行保证人在保证责任范围内的财产。第三人为被保全人提供保证担保解除保全的,所做书面承诺,类似于担保法规定的一般保证责任。在债务人没有财产可供执行或其财产严重不方便执行时,可执行保证人的财产。[3]

---

〔1〕 参见《最高人民法院关于对诉前停止侵犯专利权行为适用法律问题的若干规定》第8条。

〔2〕 参见北京知识产权法院(2016)京73行保复1号裁定(经北京知识产权法院审判委员会讨论作出)。

〔3〕 参见(2017)最高法执复38号执行裁定书,该案例已作为指导性案例经《最高人民法院关于发布第23批指导性案例的通知》(法〔2019〕294号)公开发布。

执行保证人在保证责任范围内的财产的程序,实践中有不同做法。有的法院直接将保证人追加为被执行人,[1]有的法院认为,人民法院可直接依据《执行规定》第 54 条直接裁定执行保证人在保证责任范围内的财产,不必追加其为被执行人,且追加为被执行人也不符合《变更追加规定》规定的情形。[2] 虽然解除保全反担保不同于执行担保,但目的均在于保障判决的执行,且不存在代为履行债务等债务加入的意思表示。依据《执行担保规定》第 11 条,暂缓执行期限届满后被执行人仍不履行义务,或者暂缓执行期间担保人有转移、隐藏、变卖、毁损担保财产等行为的,人民法院可以依申请执行人的申请恢复执行,并直接裁定执行担保财产或者保证人的财产,不得将担保人变更、追加为被执行人。参照该规定精神,不得追加解除保全反担保的保证人为被执行人的做法更为合理。

【典型案例】

一、驳回置换保全财产的案例

申请保全人向 A 中级人民法院提出诉前保全申请并提供相应的担保,经法院审查后裁定对被保全人财产进行保全,并根据申请保全人提供的担保,对被保全人在甲公司的债权进行保全,甲公司认为法院已保全的涉案债权系该公司在 A 中级人民法院审理的另案中所主张的债权,法院的保全已严重影响到该案的审理和调解,财产保全方法应尽量按照不动产、动产、银行存款的顺序选择采取财产保全措施,避免影响企业正常的生产经营活动。保全法院经审查认为,上述理由并非法院解除保全措施、变更保全标的物的法定情形。被保全人提出以其所有的房地产作担保,请求 A 中级人民法院变更保全标的物,但申请保全人对此表示反对且愿意承担保全相关债权的风险,在此情形下,法院不宜变更保全标的物。[3]

---

[1] 参见吉林省长春市中级人民法院(2019)吉 01 执复 97 号、新疆维吾尔自治区乌鲁木齐市中级人民法院(2016)新 01 执异 298 号。

[2] 参见湖北省武汉市中级人民法院(2016)鄂 01 执异 66 号执行裁定书。

[3] 参见江苏省高级人民法院(2014)苏执复字第 0072 号民事裁定书。

二、准予置换保全财产的案例

保全法院根据当事人申请,依法变更保全措施,有利于保障债务人的正常生产经营,兼顾双方当事人的权益。原告赵某与被告济南某置业有限公司建设工程施工合同纠纷一案,[1]人民法院依原告申请对被告进行财产保全,裁定查封了案外人某啤酒原料有限公司名下的土地使用权,冻结了被告名下6个银行账号。被告认为人民法院的财产保全行为影响了公司正常开展经营业务,损害了购房者的利益,提出书面异议请求变更为查封该公司名下的两处商铺,解除对银行账户的冻结。保全法院经审查作出变更保全裁定,查封了被告名下的商铺,解除了被告部分银行账户的冻结。

【相关法律法规】

《民事诉讼法》第107条;《民事诉讼法解释》第167条;《查扣冻规定》第28条。

第二十三条　依申请解除保全

人民法院采取财产保全措施后,有下列情形之一的,申请保全人应当及时申请解除保全:

(一)采取诉前财产保全措施后三十日内不依法提起诉讼或者申请仲裁的;

(二)仲裁机构不予受理仲裁申请、准许撤回仲裁申请或者按撤回仲裁申请处理的;

(三)仲裁申请或者请求被仲裁裁决驳回的;

(四)其他人民法院对起诉不予受理、准许撤诉或者按撤诉处理的;

(五)起诉或者诉讼请求被其他人民法院生效裁判驳回的;

(六)申请保全人应当申请解除保全的其他情形。

[1] 参见(2016)鲁0124民初3078号之二民事裁定书,该案例入选2018年1月30日最高人民法院发布的充分发挥审判职能作用保护产权和企业家合法权益典型案例。

人民法院收到解除保全申请后，应当在五日内裁定解除保全；对情况紧急的，必须在四十八小时内裁定解除保全。

申请保全人未及时申请人民法院解除保全，应当赔偿被保全人因财产保全所遭受的损失。

被保全人申请解除保全，人民法院经审查认为符合法律规定的，应当在本条第二款规定的期间内裁定解除保全。

【条文主旨】

本条是关于申请保全人、被保全人在法定情形下应申请人民法院解除财产保全的规定。

【条文理解】

财产保全程序一般情况下依当事人、利害关系人申请而启动，但财产保全的解除程序如何启动一直处于不确定状态。《民事诉讼法》在第104条第3款规定，申请人在人民法院采取保全措施后30日内不依法提起诉讼或者申请仲裁的，人民法院应当解除保全，除此之外，没有全面解决财产保全措施解除应当依申请还是依职权启动的问题。[1]

一、依职权解除保全

在财产保全过程中，解除财产保全的原因和事由难以穷尽列举，在提供担保解除保全外，《民事诉讼法解释》第166条对《民事诉讼法》第107条进行了延伸解释，规定人民法院在特定条件成就的前提下，应当作出解除保全裁定，并附有兜底条款，避免被保全人在保全必要性消失的情况下被继续采取保全措施而遭受不必要损失。

---

〔1〕《民事诉讼法解释》在第165条规定，“人民法院裁定采取保全措施后，除作出保全裁定的人民法院自行解除或者其上级人民法院决定解除外，在保全期限内，任何单位不得解除保全措施。”

（一）基于保全错误的解除

所谓的保全错误，从实践情况看，并非指申请保全错误，而是人民法院采取保全措施的决定错误，人民法院如果违反法律、司法解释的规定采取保全措施，属于保全错误。在财产保全去对审化审理模式下，主要从形式要件附加担保条件审核是否符合要求并采取保全措施，不对申请保全人胜诉可能性进行实质审查，如果在人民法院不应当准许保全或者保全原因消失后依然采取保全措施，则是申请保全错误。如申请保全人申请对诉讼无关的案外人财产进行保全，侵害案外第三人合法权利就是基于申请错误而作出的保全，因此，“保全错误也不应是在申请程序上的错误，只能是法院决定的错误或者非保全程序上的错误”。[1] 在申请保全人并未申请错误的情况下，人民法院因自身原因违法造成保全对象、保全范围或金额错误，主要是保全了与诉讼无关的、根本不可能承担实体责任的案外人财产，侵犯了案外人合法权益或实际保全数额和范围超出了申请保全请求的数额和范围，或重复采取保全措施，应当依法解除保全措施。保全裁定执行过程中，人民法院所采取的保全方式及选择的保全对象超越法律规定，构成实施行为不当，当事人提出异议的，对不当部分也要解除。

（二）基于申请人撤回保全申请的解除

诉讼行为是民事诉讼上的主要法律事实，是民事诉讼法律关系主体实施的能够引起一定的诉讼法上效果的行为，尽管不以意思表示为构成要件，但从我国民事诉讼法中特有的处分原则看，当事人申请撤回保全申请或者申请解除财产保全，是在诉讼程序中行使处分权，是对自己民事权益的处分，推定通过人民法院采取保全措施的目的和必要性已经不复存在，通常情形下，人民法院没有理由不尊重当事人的理性选择，应依法及时解除保全措施。

（三）基于申请人的起诉或者诉讼请求被生效裁判驳回的解除

申请保全人的起诉或者诉讼请求没有得到人民法院裁判的支持，说明其诉讼请求不具有合法性与合理性，或者没有事实和法律上的依据，申请人起诉或

---

[1] 参见最高人民法院民法典贯彻实施工作领导小组办公室编著：《最高人民法院新民事诉讼法司法解释理解与适用》，人民法院出版社2022年版，第396页。

诉讼请求被生效裁判全部驳回、部分驳回情况下,不是违法保全了不应承担实体责任的主体的财产,就是超额保全了被保全人的财产,无论哪种情况发生,已经丧失了申请财产保全的基本前提和基础,即使债务人没有申请,人民法院也应根据实际情况依法解除保全。对于采取保全措施后被保全人申请复议成立,人民法院作出新裁定撤销原保全裁定,也应依职权解除保全措施。采取财产保全措施后,作为被保全人的企业因申请破产被法院立案受理,保全措施也应当解除。《破产法解释(二)》第7条规定,对债务人财产已采取保全措施的相关单位,在知悉人民法院已裁定受理有关债务人的破产申请后,应当依照《企业破产法》第19条的规定及时解除对债务人财产的保全措施。但有关单位不解除保全的,原保全措施是否自动失效,受理破产案件的法院可否直接解除原保全措施,目前仍存在分歧。全国人大常委会法工委认为破产法院可以径行作出解除原保全措施的裁定,但该观点只体现在法工委给最高人民法院的复函中,并无立法解释或法律作为支撑。《全国法院民商事审判工作会议纪要》第109条规定,相关法院拒不解除保全措施的,破产受理人民法院可以请求保全法院的上级法院依法纠正。

二、依申请解除保全的情形

域外关于解除财产保全的制度设计,主要以当事人申请解除为主,法院依职权解除为辅。如果财产保全的解除都需要法院主动依职权启动,在纠纷解决机制多元化社会背景下,司法审判、仲裁等信息不对称,人民法院在特殊情况下,无从判断何时应当启动解除保全的程序,进而涉及应当解除保全而没有解除财产保全的责任承担,人民法院将面临巨大的司法赔偿风险。申请保全人申请保全后,如错误保全发生损失并因不及时解除保全导致损失持续扩大,依法应由申请保全人承担赔偿责任。

(一)采取诉前财产保全措施后30日内不依法提起诉讼或者申请仲裁的

大陆法系国家的保全程序一般没有对诉前保全作出必须在15日内起诉的限制性规定,而是将这一期限交由法院去自由裁量。《德国民事诉讼法》第109条规定:“提供担保的原因消灭时,命供担保或许为担保的法院应依申请定期间,命因担保而受到利益的当事人表示同意返还担保物,或者证明他已就其请求提起诉讼。"《日本民事保全法》第 37 条规定:"发出保全命令的法院,根据债务人的申请,应当对于债权人命令在认为适当的一定期间内提起本案之诉的同时,提出证明提起该诉讼的文书,或者已经提起本案之诉的,命令提出证明该案件正在系属的文书。本条前款的期间,应当为两周以上。"

在我国,诉前保全措施是利害关系人在起诉前或者仲裁前向人民法院申请查封、扣押、冻结被保全人财产的行为。采取诉前保全措施后,民事诉讼法规定的利害关系人必须在一个月内提起诉讼或者申请仲裁。但实践中存在利害关系人通过恶意保全以达成特殊目的的情况,保全后不提起诉讼或者申请仲裁,导致被保全人利益受到损害,利害关系人是否提起诉讼或者申请仲裁,往往不告知保全法院,采取保全措施的人民法院也无从知晓,难以确定是否应该解除还是继续保全。因此,赋予诉前保全利害关系人的保全解除通知义务,才能更好平衡保全双方当事人的利益。

(二)仲裁机构不予受理仲裁申请、准许撤回仲裁申请或者按撤回仲裁申请处理的

仲裁申请未获受理的情形下,需要仲裁申请人提请法院解除保全。无论是仲裁前保全还是仲裁中的财产保全,因仲裁机构不具有实施保全的职能和权力,仲裁庭还必须向有管辖权的法院转交当事人的保全申请,如果在法院已经采取保全措施之后,仲裁机构不予受理保全申请或者当事人又撤回了仲裁申请,需要仲裁机构或者申请保全人告知法院,并请求解除保全,否则会因未能及时解除保全而严重损害被保全人的利益。

同理,仲裁申请人的仲裁申请或者请求被仲裁裁决驳回的,也需要仲裁机构通知法院,或者申请人主动申请法院解除保全,仲裁机构和人民法院是不同的争端解决机制,互不隶属,在信息沟通不充分的情况下,赋予申请人而不是仲裁机构申请解除保全义务是符合司法规律的。

(三)其他人民法院对起诉不予受理、准许撤诉或者按撤诉处理的

申请保全人如果在诉前申请财产保全,案件性质决定了多个法院都具有管辖权(如买卖合同纠纷),申请保全人在人民法院采取保全措施后没有向保全法院起诉,而是向其他人民法院提起诉讼,在未进入实质审理的情况下,受诉法院裁定不予受理、申请保全人申请撤诉或者人民法院对起诉按撤诉处理,申请保

全人应当告知保全法院及时采取解除保全的措施，否则保全法院在对其他法院的案件受理过程不掌握的情况下，极易产生超期保全问题，损害被保全人利益。

(四)起诉或者诉讼请求被其他人民法院生效裁判驳回的

申请保全人的起诉被管辖法院受理后，经过审理从程序上或者从实体上驳回了申请保全人的起诉、诉讼请求，申请保全人已经败诉，如果申请保全错误，还需要赔偿被保全人的财产损失。在此种情况下，不能继续无理由查封被保全人的财产，以防止损失的进一步扩大，也需要申请保全人及时向保全法院提出解除的申请，这不仅是维护被保全人的利益，也间接维护了申请保全人的利益。

(五)申请保全人应当申请解除保全的其他情形

现代社会的纠纷解决机制越来越复杂多元，财产保全在各种机制下都可能发生，司法解释不可能预测和穷尽所有应当解除保全的情形，必须设置一个兜底条款，保证保全措施的正当合理采用。对于在保全法院的诉讼中，申请保全人申请撤诉并经人民法院准许、诉讼过程中达成和解的情形，申请保全人也应主动申请法院解除财产保全。

(六)法院解除保全的时间

在继续采取保全措施的理由丧失后，人民法院应在最短的时间内解除保全措施，作为降低对被保全人利益损害的有效保护手段。因此，不仅需要规范申请保全人及时提交解除保全申请，还要求人民法院对解除保全的时间期限作出合理安排。本条参照人民法院采取保全措施的时间设定，规定人民法院收到解除保全申请后，应当在5日内裁定解除保全；对情况紧急的，如被保全人存在投资交易进行资金周转、交割不动产需要办理过户等紧急情况，人民法院必须在48小时内裁定解除保全。

三、迟延申请解除保全应承担赔偿责任

依据民事诉讼诚信原则，人民法院客观上无法通过有效渠道获知应当解除保全情形发生，需要申请保全人向法院提出书面申请，请求解除财产保全，这是课以申请保全人的积极作为义务。如果因申请保全人疏忽大意怠于申请或者

故意不申请,导致法院没有在合理期限内解除保全,由申请保全人承担赔偿责任,保全案件的承办法官和人民法院不负担赔偿责任。本条第1款赋予了申请保全人主动申请解除保全的法定义务,对该义务的履行还应赋予相应的法律后果,才能激发申请保全人主动提交解除申请的积极性,否则,实践中必然难以落到实处,不仅被保全人利益无法得到保障,人民法院也承担着渎职侵权风险。应当解除保全的情形千差万别,既有申请保全错误的情形,也有其他应该解除的情形,本条规定了申请人延期申请解除保全的赔偿责任,该责任有别于申请保全错误的赔偿责任,申请保全人未及时申请人民法院解除保全,应当赔偿被保全人在延迟期间因财产保全所遭受的损失。至于申请保全人构成其他属于申请保全错误情形,应当给予被保全人赔偿的,则须通过另案诉讼程序,对申请保全是否错误另行作出认定。

四、被保全人可以申请解除财产保全

继续采取保全措施的原因消除后,急于解除保全措施的主体非被保全人莫属,在人民法院因无法获知解除情形发生的前提下,申请保全人又没有及时向人民法院申请解除,被保全人基于自身利益的考量,可以作为申请主体要求法院解除财产保全,但被保全人申请解除保全,必须提供应予解除保全情形已经发生的证据材料,交由人民法院审查,如果解除的事由确实发生,并且符合法律规定,人民法院应当在本条第2款规定的期间内裁定解除保全。

五、解除财产保全无须撤销保全裁定

保全裁定的撤销和保全措施的解除是一个问题的两个方面,如果法院作出撤销保全裁定的裁定,必然要解除已经采取或即将采取的保全措施,而当事人请求法院解除保全措施,是否必须要求法院撤销保全裁定,还是只需要解除保全措施即可,则需要进一步明确。一般情况下,保全裁定的效力维持到执行程序中,在法定情形下,作出保全裁定的部门解除财产保全措施,并不以撤销之前作出的保全裁定为前提。

六、裁定不予执行后保全及执行措施可不解除

仲裁程序中,采取财产保全措施后,申请人向人民法院申请执行仲裁裁决,

被申请人提出不予执行仲裁裁决申请后,人民法院经过审查裁定对该仲裁裁决不予执行,作为申请人的债权人只能依据重新达成的仲裁协议再次申请仲裁或者向人民法院提起诉讼。已经采取的财产保全措施转化为执行中的执行查封、扣押和冻结措施,不予执行裁定送达当事人后,是否当然解除财产保全措施或执行程序中已经采取的查封、扣押、冻结措施,如不解除,是否自动延续到下一个仲裁程序、诉讼程序中,立法未予以明确。为给予申请人通过诉讼救济的便利,保全法院应当向申请人释明,申请人于仲裁裁决被裁定不予执行后,在诉前或者提起诉讼后向人民法院再次申请对债务人财产采取查封、扣押、冻结措施,原有保全措施不当然解除。

七、调解书中关于即行解除保全的约定不发生解除效力

诉讼过程中,有的案件当事人达成调解协议,法院出具民事调解书,约定自调解协议签订之日起对被保全财产即行解除查封,这种约定只表明当事人解除查封的意愿及所要达成的最终效果,但解除查封的具体实现可以由当事人共同向保全法院提交解除申请,由法院依职权采取解除措施,或在保全措施到期前不再续封,自动实现解封。调解书中关于即行解封的约定不影响随后当事人合意要求继续冻结,在调解书中关于即行解封的约定,不等于该约定本身能够发生解除保全的效力,仍有待于保全法院办理解封手续或者到期不再续封。此时,如果轮候查封的债权人主张人民法院应依据调解书的约定解除查封,不能得到人民法院的支持。

《民事调解书》生效后,在原保全措施未经人民法院裁定解除的情况下,原保全案件当事人提出了续行查封的申请,人民法院根据当事人的申请,对涉案财产采取了继续查封、冻结的措施,可以认定调解书生效后,当事人之间原来关于即行解封的意思已经发生变化,并为审判部门所认可,可以根据当事人的合意对原保全财产采取继续查封、冻结措施。[1]

---

〔1〕 参见最高人民法院(2014)执复字第20号《湖北万发投资有限公司与湖北荣生房地产开发有限公司、湖北荣生房地产开发有限公司荣生东方龙城项目部合资、合作开发房地产合同纠纷执行裁定书》。

【制定背景】

2016 年 2 月 15 日,最高人民法院审判委员会第 1678 次会议通过了《司法赔偿解释》,其中第 3 条对违法采取保全措施的情形作了较为全面的概括,该条第 2 项明确将"依法应当解除(保全)而不解除的"的情形作为司法赔偿的发生依据,却没有设定相应的前提条件,一定程度上加重了人民法院依法保全的责任。与《民事诉讼法》第 108 条规定的"申请有错误的,申请人应当赔偿被申请人因保全所遭受的损失"及《仲裁法》第 28 条第 3 款规定的"申请有错误的,申请人应当赔偿被申请人因财产保全所遭受的损失"相比,对于"依法应当解除"的情形未明确列举,实质上对保全法院提出了更高的要求。一方面,申请保全人在采取保全措施的人民法院提起诉讼的,其起诉或者诉讼请求被生效裁判驳回,或者在诉讼中达成和解协议并履行完毕,人民法院可以及时掌握变化的情况并作出裁定,解除保全措施,但对于其他情形,人民法院无从掌握和判断应当解除保全事由的出现和条件的成就。因此,必须明确法定情形,由申请保全人向人民法院提出解除保全的申请,及时启动解除保全的程序,从而避免"依法应当解除而不解除的"结果发生。另一方面,明确应由申请保全人申请解除保全的情形,可以增强当事人、利害关系人依法行使权利并履行义务的诚信意识,防止当事人滥用保全制度,通过虚假诉讼、恶意诉讼损害其他主体的合法权益。

《司法赔偿解释》第 3 条列举了属于违法采取保全措施的情形:(1)依法不应当采取保全措施而采取的;(2)依法不应当解除保全措施而解除,或者依法应当解除保全措施而不解除的;(3)明显超出诉讼请求的范围采取保全措施的,但保全财产为不可分割物且被保全人无其他财产或者其他财产不足以担保债权实现的除外;(4)在给付特定物之诉中,对与案件无关的财物采取保全措施的;(5)违法保全案外人财产的;(6)对查封、扣押、冻结的财产不履行监管职责,造成被保全财产毁损、灭失的;(7)对季节性商品或者鲜活、易腐烂变质以及其他不宜长期保存的物品采取保全措施,未及时处理或者违法处理,造成物品毁损或者严重贬值的;(8)对不动产或者船舶、航空器和机动车等特定动产采取保全措施,未依法通知有关登记机构不予办理该保全财产的变更登记,造成该保全财产所有权被转移的;(9)违法采取行为保全措施的;(10)其他违法情形。根据《司法赔偿解释》第 1 条的规定,如果人民法院依法应当解除保全措施而不解除的,属于人民法院在民事、行政诉讼过程中,违法采取对妨害诉讼的强制措施、保全措施、先予执行措施,或者对判决、裁定及其他生效法律文书执行错误,侵犯公民、法人和其他组织合法权益并造成损害的，赔偿请求人可以依法向人民法院申请赔偿。

《保全规定》的起草制定过程中，《司法赔偿解释》已经公布实施，对从事一线保全工作的法官提出了更高的标准和要求，但究竟什么是依法应当解除保全措施而不解除，该司法解释没有进一步明确，《保全规定》有必要对该问题予以回应，分清责任，针对实践中的特殊情况作出更为贴近实际的规定，既要保护法官依法行使权力，又要维护被保全人的合法权益，在申请保全人、被保全人和人民法院之间分配各自应承担的解除保全义务。

【实务操作指引】

人民法院解除以登记方式实施的保全措施的，应当向登记机关发出协助执行通知书，否则，即使作出解除保全的裁定，如果没有向协助义务机关送达协助执行通知书，依然不能解除保全登记。

如果债权人对主债务人和连带债务人均申请采取保全措施后，申请保全人只申请对主债务人解除财产保全，连带债务人依然不能以此为理由要求人民法院解除保全，因保全措施不同于物权法上的担保，对主债务人保全措施的解除，不能免除连带责任保证人的责任。

【相关法律法规】

《民事诉讼法》第 111 条；《民事诉讼法解释》第 171 条、第 172 条；《司法赔偿解释》第 3 条。

第十三章 财产保全的救济

第二十四条 保全裁定的撤销、变更与补正

财产保全裁定执行中,人民法院发现保全裁定的内容与被保全财产的实际情况不符的,应当予以撤销、变更或补正。

【条文主旨】

本条是关于保全裁定撤销、变更及补正制度的规定。

【条文理解】

在保全裁定执行过程中,如实施机构发现裁定存在错误、笔误、财产权属与被保全人不相符等情况,人民法院依法应当主动纠正或者因当事人申请而启动纠正程序,从而维护法律文书的严肃性,依法保护当事人、利害关系人以及案外人合法权利。裁定的撤销、变更和补正是对当事人和利害关系人的保全救济制度。

现有立法规定对全保裁定的救济有撤销、解除和变更三种方式,《民事诉讼法》第111条规定裁定错误的,可以适用撤销进行救济,《民事诉讼法解释》第166条规定,对于不当保全措施,可以适用解除保全的方式进行救济,第171条则规定对不当保全,既可适用撤销也可适用变更方式予以救济。依据现有司法解释,本条主要规定在裁定执行过程中,当事人、利害关系人或者案外人并没有依据相关规定对裁定提出复议,或者提出保全行为异议、案外人异议,但裁定本身确实存在错误时,人民法院应当依职权主动进行纠正,而不是必须由当事人、利害关系人和案外人提出申请而为之。当事人提出申请与法院依职权主动纠

正裁定的错误并不矛盾,如果当事人已经就裁定提出复议申请或者异议申请,且通过复议程序、异议审查程序足以维护裁定的正确性,自无法院依职权再次纠正的必要。

一、裁定补正

保全裁定的补正,是指保全裁定"所包含的程序性违法行为程度较轻、双方对其违法性的争议不大、其对诉讼程序的进展不会产生实质性的影响且对利害关系人的权利近乎不会发生损害或损害极小时,通过对该行为的补正,使其成为有效行为,发挥和合法行为相同的法律效果的救济制度"。[1] 对保全裁定的补正一般采用补正裁定进行,是指判决书或裁定书送达之后,发现判决书、裁定书中存在笔误或者漏裁,进行补正的法律文书。补正裁定具有如下特点:(1)补正裁定有明确的适用对象,原来只限于判决书。对于裁定书或是调解书存在笔误是否可以通过补正裁定进行补正,则没有明确的法律上的依据。实践操作中,多数人民法院仍参照最高人民法院《法院诉讼文书样式》中关于补正裁定的规定,对裁定书和调解书存在的笔误适用补正裁定予以补正,现行司法解释则扩大了补正裁定的适用范围,将补正裁定的适用由判决书扩展为法律文书,包括人民法院的判决书、调解书、裁定书和其他法律文书。(2)补正裁定不可上诉。补正裁定作为判决书的附件存在,不能改变判决书对当事人实体权利的裁判。补正裁定不能上诉系维护判决书的稳定性,实践中,对于经补正裁定补正后的判决书生效时间仍应以原判决生效时间确定。(3)补正裁定没有适用时间的限制,可以是判决书送达后的任何时间阶段。(4)补正裁定在内容上严格限制在"笔误"层面,不得对判决书中事实认定和实体处理结果予以补正。如果事实认定和实体处理结果错误,应当依法提起审判监督程序。补正裁定主要用于解决程序事项,"笔误"不涉及案件实体权利认定和变动,法律文书中的裁判理由和适用法律,也不得补正。事实认定、裁判理由和法律适用虽然不直接影响当事人的实体权利和义务的承担,但可能涉及当事人在其他法律关系中的权利和义务,亦为当事人可以提起上诉请求内容。

从纠正笔误的意义上,保全裁定也可以补正,如果保全裁定存在笔误,审判

---

[1] 胡思博:《民事裁定研究》,社会科学文献出版社2014年版,第112页。

部门和执行机构发现后，均有权及时予以补正。补正裁定一经送达即发生法律效力，并对原法律文书有溯及既往的效力。在征求意见稿中，本条开始采用了“改正”的表达方式，但《民事诉讼法》在涉及财产保全时并未规定“改正”这种方式，从“改正”的出发点看，更多指向实践中存在的超标的保全情形，需要人民法院“改正”或“变更”保全措施，该意义上的“改正”容易与“变更”适用的范围相重叠，故最终将“改正”修订为“补正”，仅限于保全裁定笔误的纠正。

二、裁定变更

保全裁定执行中，人民法院发现裁定载明的财产与财产实际权属不符，应当尊重实际情况，由审判部门对作出的保全裁定依法予以变更，裁定保全权利归属于被保全人的财产，这既是对原有保全裁定的变更，也是对财产保全措施的变更。一般情况下，对于概括性保全裁定很少出现保全财产与实际权属情况不符的问题，至于当事人身份信息、身份证号等存在错误书写的情况，不影响执行机构以此裁定实施保全的效果。

人民法院作出的具体性裁定，须将当事人所提供的财产线索全都在裁定中予以载明，因当事人提供的财产信息或者线索不够准确，比如房屋的坐落位置、土地使用权和房屋产权证号等存在误差，如果写入保全裁定，执行机构在具体执行裁定过程中，则很可能与协助义务机关登记的信息有出入。如果还需要审判部门重新出具保全裁定，势必影响保全的效率，则只需作出变更裁定即可。根据《民事诉讼法》第 171 条、第 172 条的规定，当事人、利害关系人有权在收到裁定书 5 日内向人民法院申请复议，人民法院经审查认为裁定不当的，可以对原裁定进行变更，裁定不当事由包含了被保全主体、财产权属、保全数额和范围等情形在内，也就是说，变更是对保全程序当事人的一种法定救济方式。

需要说明的是，在被保全人申请变更保全标的物以及被保全人提供担保请求解除原保全措施的情况下，也涉及变更保全裁定的适用问题。

三、裁定撤销

《民事诉讼法解释》第 165 条规定，人民法院裁定采取保全措施后，除作出保全裁定的人民法院自行解除或者其上级人民法院决定解除外，在保全期限内，任何单位不得解除保全措施。第 168 条规定，保全裁定未经人民法院依法撤销或者解除，进入执行程序后，自动转为执行中的查封、扣押、冻结措施，期限连续计算，执行法院无须重新制作裁定书，但查封、扣押、冻结期限届满的除外。《民事诉讼法解释》第 171 条、第 172 条规定，当事人、利害关系人对裁定申请复议的，人民法院可以撤销原裁定。实践中，确实存在保全裁定被撤销的情况，但对财产保全措施的解除不等同于撤销保全裁定，在保全裁定未经撤销的情况下，人民法院也可以作出新的解除裁定，解除所采取的保全措施，因此，我国立法上的撤销保全的裁定一般适用裁定不当或者存在错误的情形。实际上，因情势变更出现了不宜继续保全的情况，依债务人申请，也应适用撤销制度，如保全的理由已不存在，债务人提供足额担保等，并不存在裁定不当或错误问题，不过我国民事诉讼法以解除保全替代了撤销保全的功能而已。

保全裁定实施过程中，人民法院执行机构发现被保全人提供的财产权属并非被保全人所有，应该重新作出裁定，对于原来作出的具体性保全裁定，予以撤销，如果申请保全人不能提供其他财产线索，应该裁定驳回保全申请。确保人民法院及时纠正裁定错误，避免案外人因保全对象错误作出提出异议，导致司法程序空转，浪费司法资源。

【制定背景】

一、基础理论

保全裁定撤销的概念不同于财产保全的解除。我国立法采用了解除保全和裁定撤销的双重制度设计，对解除保全和撤销保全的事由却没有完整归纳并加以区分，解除保全并不以撤销保全裁定为前提，但保全裁定撤销，自然发生解除保全的效果，对于解除保全措施后，但保全裁定未被撤销，其效力如何认定，在理论上和实践中容易引起较大混乱。一般情况下，裁定撤销是指人民法院作出的裁定违法、不当或者错误，无论经由当事人申请对裁定复议后撤销还是人民法院依职权撤销，均发生裁定失效的法律效果。我国民事诉讼法上的保全裁定撤销和其他国家和地区的保全裁定撤销从原因和事由方面，存在较为显著的区别。其他国家和地区的裁定撤销实际上包含了我国民事诉讼法上解除保全措施的情形。

二、比较视野

考察域外有关国家和地区民事诉讼相关规定，在立法上并无解除保全的制度设计，而代之以保全裁定或保全措施的自动无效及撤销制度。《澳门民事诉讼法典》第334条全面设计了保全措施失效制度，具体而言，保全措施符合以下情形的，保全措施无效：(1)申请人自接获命令采取保全措施至裁判通知之日起30日内，仍未提起该措施所取决之诉讼，如果命令采取保全措施之前没有听取被保全人之陈述，则提起诉讼期限为10日；(2)虽然起诉，但提起诉讼后，因申请人过失导致诉讼程序超过30日；(3)有关诉讼被裁定理由不成立，而该裁判已经确定；(4)申请人对被告的起诉被驳回，而申请人没有及时提起新的诉讼，以至于未能利用先前起诉之效果；(5)申请人欲保全之权利已经消灭。另外该法还规定，如果保全措施已经被担保所替代，则担保在被替代之措施应失效之情况下失效，法院必须命令终止该担保措施，对于案件卷宗内一旦显示发生使保全程序消灭之事实，法官必须裁定保全程序消灭以及保全措施终止，但需要事先听取申请保全人的陈述。

《瑞典诉讼法典》第8条规定，对于采取的保全措施，不再符合该措施适用目的或者实施该措施的理由不复存在之时，应立即撤销。涉及该争议事项的诉讼被撤回或驳回的，保全措施应立即撤销。另外，《瑞典民事诉讼法》还创设了保全裁定失效制度，该法第7条规定，对于虽已经采取保全措施但诉讼尚未启动的，如果申请者自获准之日起1个月内未按照规定提起诉讼的，已采取的保全措施立即失效。而我国对于采取诉前保全措施后未在规定期限内起诉的，属于人民法院依申请解除保全内容。《韩国民事执行法》也规定因当事人提出即时抗告或申请异议，可以导致假押留命令被撤销。对撤销假押留的决定，当事人可以提出即时抗告。

《意大利民事诉讼法典》第675条则规定了保全决定的无效制度，即批准假扣押的决定应在决定宣告后30日内开始执行，否则决定无效。[1]

我国台湾地区"民事诉讼法"并无保全解除的制度，也未规定保全裁定自动失效制度。但对于撤销保全制度比较完善，该地区"民事诉讼法"第529条至第

---

〔1〕 参见《意大利民事诉讼法典》，白纶、李一娴译，中国政法大学出版社2017年版，第266页。

531 条对撤销假扣押作了规定，并明确列举了应当撤销保全的规定情形以及赔偿事项。财产保全撤销既可以由债权人申请撤销，也可由债务人申请撤销，对于假扣押原因消灭、债权人经本案判决败诉，或者其他情势变更导致假扣押应予撤销，债务人可以申请保全法院撤销，另外，对于债权人未依照“民事诉讼法”规定期限在采取假扣押后提起诉讼，也属于假扣押应予撤销情形。对于撤销假扣押裁定之裁定，当事人可以提起抗告。撤销假扣押裁定一般应由一审法院管辖，如果已经上诉至二审法院，则由二审法院审理，如果程序进展至三审法院，则应由一审法院办理。对于撤销假扣押裁定，当事人如果抗告，在驳回之前，已经实施撤销假扣押程序不受影响。[1] 我国台湾地区“民事诉讼法”第 531 条规定的因撤销假扣押裁定发生的赔偿，具有实体法性质，应另行主张，但可以在本诉中主张的除外，且只限于假扣押裁定自始不当而撤销、债权人采取假扣押后不于法院规定的期限内起诉、假扣押裁定因债权人申请而撤销，债务人依据上述条文起诉要求赔偿无须负担举证责任，如果依据我国台湾地区“民法”第 184 条以普通侵权行为请求赔偿，应当就债权人之故意或者过失承担举证责任。

三、起草背景及过程

对保全裁定撤销、变更和补正，属于对当事人的保全程序救济。实践中，对当事人的保全救济相对较弱，未引起理论界和实务部门的足够重视，因此应当规范撤销裁定和解除、变更裁定的使用，人民法院依不同主体申请和依职权撤销保全裁定的条件和程序也不相同。《民事诉讼法》第 104 条第 3 款规定，诉前保全申请人在采取保全措施法定 30 日内未提起诉讼和申请仲裁的，人民法院应当解除保全，第 107 条规定，财产纠纷案件，被保全人提供担保的，人民法院应当裁定解除保全。可见，民事诉讼法对法定情形下对人民法院解除保全的事项作了规定，但没有明确解除财产保全是否同时撤销之前作出的保全裁定。

在保全裁定与实施相分离的模式下，立案、审判部门作出的保全裁定与实施保全所针对的财产难免存在出入，或者保全裁定本身存在文字表述错误，应赋予人民法院自己发现问题及时纠正的主动权。如人民法院对于保全裁定的错误采取放任态度，不及时予以纠正，不仅有损司法的严肃性，也损害了保全案

---

〔1〕 参见姜世明：《民事诉讼法》（下册），台北，新学林出版股份有限公司 2019 年版，第 650 页。

件当事人的权益。

【实务操作指引】

实践中，执行机构如果发现保全裁定上被保全财产的权属没有错误，只是产权证照号码存在瑕疵，应在给协助义务机关出具的协助执行通知书中按照正确的信息载明被保全人及财产信息，在协助机关配合下没有必要重新返回立案或者审判部门再次作出保全裁定。

【相关法律法规】

《民事诉讼法》第 104 条、第 107 条、第 111 条；《民事诉讼法解释》第 166 条、第 171 条、第 172 条。

第二十五条　保全裁定的复议

申请保全人、被保全人对保全裁定或者驳回申请裁定不服的，可以自裁定书送达之日起五日内向作出裁定的人民法院申请复议一次。人民法院应当自收到复议申请后十日内审查。

对保全裁定不服申请复议的，人民法院经审查，理由成立的，裁定撤销或变更；理由不成立的，裁定驳回。

对驳回申请裁定不服申请复议的，人民法院经审查，理由成立的，裁定撤销，并采取保全措施；理由不成立的，裁定驳回。

【条文主旨】

本条是关于申请保全人、被保全人对财产保全裁定申请复议及人民法院应依法审查并作出裁定的规定。

【条文理解】

本条是对《民事诉讼法》第 111 条的进一步解释，对《民事诉讼法解释》第 171 条、第 172 条规定的补充和完善。总体上，一是增加了救济的事项范围，对驳回申请财产保全裁定不服的，明确赋予申请保全人以复议权，这是《民事诉讼法解释》所没有明确的内容；二是补充完善裁定撤销和措施解除的衔接，对复议后撤销保全裁定的，同时应当裁定解除财产保全措施，否则虽然裁定被撤销，但被保全人的财产依然处于保全状态，对被保全人的权利救济无法落到实处；三是明确复议申请的受理机构和复议裁定作出的主体，在审执分离情况下，由原作出该保全裁定的人民法院（审判部门）受理并作出复议裁定，而不是由执行机构审查，或者由上级法院审查。具体如下：

一、对保全裁定的救济

对保全的救济是一个广义的概念，既包括对保全裁定申请复议，也包括对保全行为提出行为异议，还包括对基于保全财产的权属提出实体异议以及申请提供担保解除保全措施，但狭义上，对保全裁定的救济可界定为对保全裁定申请复议，目的在于撤销、变更错误的保全裁定以及促使驳回保全申请的人民法院重新审查，在保全要件齐备情况下依法作出保全裁定。

（一）复议的含义

民事诉讼法确立对裁定复议制度，主要是对被保全人的权利救济手段，当然，在特定情形下同样是申请保全人救济的手段，为了确保人民法院审查保全申请结果的正确性，从裁定作出时始，就应给予当事人制度上的救济措施。1982年《民事诉讼法》颁布之前，我国民事诉讼制度曾经将保全裁定与不予受理裁定、驳回起诉与管辖权异议裁定同等对待，一度允许当事人不服裁定时可以提起上诉。[1] 但从理论上说，如果可以上诉，则保全裁定不能当然立即执行，显然与保全程序的紧急目的背道而驰，司法实践中多数保全申请只要符合形式要件、提供必要的担保即可获得保全裁定，通过上诉救济从效率上不利于人民法院实施保全。

（二）向作出保全裁定法院申请

《保全规定》在复议申请的审理机关上，维持了《民事诉讼法》第171条规定的内容，保持了复议制度的连续性。从制度设计上来说，我国保全裁定的复议

---

〔1〕 参见唐德华：《民事诉讼法立法与适用》，中国法制出版社2002年版，第85页。

制度功能类似于其他国家和地区对假扣押声请裁定的抗告，旨在给予保全当事人不服裁定的救济机会，我国对保全裁定的复议仍然向原保全法院申请，根据《立审执协调意见》第 18 条的规定，当事人、利害关系人对财产保全裁定不服，申请复议，由作出财产保全裁定的部门负责审查。可见，受理复议的人民法院部门甚至承办人员与作出保全裁定的部门和人员基本相同，保全当事人不能向上级法院申请对裁定复议。《民事诉讼法》第 111 条规定裁定可以申请复议一次，实务操作上，在复议机关、复议案件的承办法官等配套制度上，应进行合理的设计，不应使复议申请仍然回到原作出保全裁定的法官或合议庭，避免导致复议效果大打折扣，尽可能发挥复议制度的作用。未来改革重点是重塑复议程序的审理部门，借鉴有关裁定抗告制度的合理内核，允许复议申请人向上一级法院申请复议。

(三)复议申请的审理程序

对于被保全人的复议申请，人民法院裁定的作出部门应组织双方当事人提供相应证据，不宜一律书面审理，最好采取传唤双方当事人进行言词辩论的方式进行审查。[1]

(四)复议期间不停止执行

本条规定，人民法院应当自收到复议申请后 10 日内审查，如果是被保全人提出的复议申请，在对复议申请的审查期间，不停止保全裁定的执行，防止被保全人故意提起复议申请妨碍保全。保全裁定和先予执行裁定属于一经作出即发生法律效力的裁定，当事人不能提起上诉，复议属于事中救济，复议的过程不能对裁定的效力产生影响。如果是申请保全人针对驳回其保全申请提出的复议请求，复议审查期间自无不停止执行的必要。

(五)复议的结果

关于保全裁定复议申请的裁判结果，《民事诉讼法解释》在《民事诉讼法》

---

〔1〕 我国保全裁定救济制度尚未改造成抗告或上诉的模式下，对未获准许的保全申请人和已获准许保全的被申请人，针对保全裁定提出的申请，在复议程序中，宜采取直接言辞辩论的方式进行审查。参见江必新：《民事复审程序类型化研究》，载《法学家》2012 年第 2 期。

第111条的基础上进行了更为明确的规定:“裁定正确的,驳回当事人的申请;裁定不当的,变更或者撤销原裁定”,也就是说,如果法院认为保全裁定正确,就不需要以书面“裁定”的形式宣示审查结果,仅通知当事人即可,且非限于书面通知,在这种制度安排下,当事人几乎无法制约和监督法院的复议审查权。加之负责复议审查的主体仍为作出保全裁定的原审法院立案及审判部门,由其否定自己作出裁定的可能性不大,实务中对保全裁定申请复议的成功率也较低。宽松的程序要求导致对财产保全复议权提供的程序保障严重不足。另外,《民事诉讼法解释》第171条有关人民法院对复议审查的结果,并没有规定必须采用裁定的形式,无论是申请人还是被保全人提出的复议申请,只要原裁定正确,无须作出新的裁定,只需要通知复议申请人,裁定不当的,才需要作出新的裁定对原裁定予以撤销和变更。为区分两种裁定不同的审查结果,消除实践中产生的争议。本条规定被保全人对保全裁定不服申请复议的,人民法院经审查,理由不成立的,裁定驳回,理由成立的,裁定撤销或变更。申请保全人对驳回申请裁定不服申请复议的,人民法院经审查,认为理由成立的,裁定撤销原驳回保全申请的错误裁定,并依据新的裁定采取保全措施;如果人民法院经过复议程序的审查,仍然认为申请保全的理由不成立、不充足,不应该对债务人采取保全措施,也应该以裁定方式驳回。

需要说明的是,实践中,人民法院立案部门和审判部门如果认为申请人的保全申请不能满足作出保全裁定的实质要件,比如,不是适格的原告,未提供担保或者未交纳保全费用,一般并不作出裁定予以驳回,申请保全人因申请被驳回而提出复议的情形较为少见,人民法院通常向申请人释明申请财产保全需要满足的法定条件以及提供财产信息、适格担保等要求,要求当事人补足申请要件或者告知当事人不符合保全申请条件,无法采取保全措施。因此,对申请人不符合要求的保全申请,人民法院审查后应当通知要求其补充,仍不符合保全要求的再以裁定驳回,人民法院可以经由书面方式或听证程序进行审查。目前,在担保已经逐渐替代保全必要性审查的思潮下,人民法院通过裁定驳回申请人保全申请的可能性越来越小。

(六)对裁定有权申请复议的主体范围

《民事诉讼法》第111条规定,当事人对保全或者先予执行的裁定不服的,可以申请复议一次。复议期间不停止裁定的执行。从《民事诉讼法》的立法旨意看,可以对保全裁定申请复议的主体只限于保全当事人,并不及于当事人以外的其他主体。鉴于实践中常有人民法院裁定保全案外第三人财产情况的发生,对第三人而言,如不畅通其相应的程序救济渠道,也违背保全制度的公平价值取向。《执行权配置意见》规定当事人、案外人对财产保全、先予执行的裁定不服申请复议的,由作出裁定的立案机构或者审判机构按照《民事诉讼法》第111条的规定进行审查。该意见将案外人作为对裁定申请复议的主体,并没有提及利害关系人的问题,而《民事诉讼法解释》在第172条规定,利害关系人对保全或者先予执行的裁定不服申请复议的,由作出裁定的人民法院依照《民事诉讼法》第111条规定处理,并没有涉及案外人问题。实际上,《执行权配置意见》《民事诉讼法解释》对《民事诉讼法》第111条规定的申请复议的主体范围进行了扩张解释,不过将案外人和利害关系人进行了混同使用,未进行有效区分。

本条基于对当事人和保全程序的案外人权利救济制度的结构化差异,针对保全裁定的复议主体范围重新进行了限缩,回归到《民事诉讼法》第111条的本来面目。〔1〕规定了申请保全人和被保全人有权对保全裁定申请复议,利害关系人不能依据本条规定对裁定复议,但可以依据《民事诉讼法解释》第172条申请复议,也可以依据《保全规定》第26条、第27条规定的行为异议和实体异议路径寻求救济。〔2〕当事人申请复议的实质性要件是保全裁定内容存在错误,且损害其民事权益。从主体上看,保全裁定一般只拘束当事人而并不及于利害关系人或案外人,利害关系人、案外人一般也无对当事人之间保全裁定提出复议的必要。《民事诉讼法解释》因没有采用给足案外人提出异议和异议之诉的权利的做法,作出了赋予利害关系人有权对裁定申请复议的制度设计,《保全规定》赋予了利害关系人在裁定实施后提出执行行为异议和复议的权利以及案外人对保全裁定提出案外人异议和异议之诉的权利,所以未就给予案外人裁定复议权问题作出进一步规定。

理论上,既可以赋予案外人对裁定进行复议的权利,又可以允许案外人在保全裁定作出后,就实体权利提起案外人异议和案外人异议之诉,如何取舍需

---

〔1〕本条对与《民事诉讼法解释》第172条规定不一致的地方进行了协调处理,此前公布的司法解释与本规定不一致的,以本规定为准。

〔2〕有观点认为,在允许案外人对裁定提出实体异议前提下,利害关系人也可以对保全裁定申请复议,参见刘君博:《财产保全救济程序的解释与重构》,载《清华法学》2018年第5期。

要考量我们的制度设计要对案外人救济到何种程度。支持并行的观点认为,对裁定复议目的在于从根本上否定保全裁定,因为保全裁定作为执行依据,执行机构只是依据保全裁定采取执行行为,案外人基于保全财产的实体权利提出异议和异议之诉不能真正解决问题。保全裁定实施后,如果仍然针对的是裁定本身,而不是执行机构的实施行为,案外人可选择对裁定申请复议或基于财产实体权利提出案外人异议。对裁定申请复议,从目的上看,一是从根本上撤销保全裁定,否定保全的正当性,指明申请保全人申请保全错误,应当予以驳回,此时案外人与被保全人申请复议的目的和功能无疑重合了;二是认为应该变更裁定,不应当保全裁定指向的财产,该财产所有权不属于被保全人而归属于案外人,人民法院应当保全债务人的责任财产。如果案外人主张保全的财产权属与其无关,即使人民法院保全裁定存在错误,也没有损害该案外人的合法权利,此时的案外人纯粹是打抱不平的第三人角色,如果赋予其对裁定申请复议的权利,则有违程序救济的初衷,也侵夺真正案外人寻求救济的路径。如果案外人对人民法院保全的财产主张实体权利,其通过案外人异议程序同样可以达到撤销保全裁定的效果。总之,既赋予案外人提出异议和异议之诉的权利,又允许其对裁定申请复议,有叠床架屋、浪费司法资源、对案外人过度保护之虞。《民事诉讼法解释》第 172 条规定了利害关系人可以依据《民事诉讼法》第 111 条申请复议,但未赋予案外人复议权。

对裁定的复议是对已作出保全裁定的再一次审查,结合《民事诉讼法》第九章的内容看,所谓利害关系人有时指保全裁定中的诉前保全的申请人和被申请人、先予执行的申请人和被申请人,有时指保全裁定中被保全财产的权利人。保全实施中可以提出异议的主体,范围更广,不仅包括保全裁定所列的当事人,还包括利害关系人、案外人。从事由看,申请复议的事由是对裁定的内容不服,包括保全缺乏必要性、保全财产超出保全请求范围或被保全财产权属认定错误。而财产保全裁定执行中的异议包括申请保全人、被保全人、利害关系人认为保全裁定实施行为违反法律规定而提出异议,及案外人基于实体权利针对被保全财产提出异议。因此,尽管利害关系人可依据《民事诉讼法解释》第 172 条对保全裁定申请复议,但该制度价值和作用已经被保全案外人异议制度所削弱。

二、复议期限

对于不服保全裁定的复议期限,本条对《民事诉讼法解释》规定的期限进行了修改,明确自裁定送达之日起五日内申请,而《民事诉讼法解释》第171条规定,当事人在收到裁定书之日起五日内申请复议。人民法院在收到复议申请后十日内审查完毕,并作出裁定,复议以一次为限,同一申请人不能多次对同一保全裁定申请复议。复议是当事人的权利,既可以行使,也可以放弃,人民法院应将五日复议期限纳入保全裁定书中,并告知当事人逾期申请复议的后果。

三、保全裁定的审判监督

保全程序当事人对保全裁定,除申请复议外,不能提起上诉,也不能申请再审,人民检察院对保全裁定抗诉的,人民法院不予受理。实践中,少数裁定确有错误的,可以启动人民法院内部审判监督程序予以纠正,即法院院长将需要撤销的裁定提交审判委员会讨论决定后,裁定撤销原裁定。另外,保全裁定也不适用执行监督程序,但对于保全实施行为提出异议及复议,人民法院据此作出的裁定,当事人可以申请执行监督。

【制定背景】

一、基础理论

(一)对利害关系人救济制度重构的必要性

对保全裁定可能存在错误造成案外人损害的,应当给予程序上的救济,且存在多种不同路径可供选择。《民事诉讼法解释》制定过程中对这个问题也产生了一定程度的争议。最后将利害关系人纳入保全裁定的申请复议主体范围,赋予利害关系人与当事人一样的裁定复议权,理由为:首先,通过复议救济案外人已经足够,不需要适用执行阶段的案外人异议制度,因保全不属于执行阶段,不适用案外人异议的有关法律规定,《民事诉讼法》只规定裁定可以复议,没有规定其他救济渠道;其次,保全裁定只是中间性裁定,不是终局裁定,不是对民事主体权利义务关系的最后决定，不宜给予案外人提起异议和异议之诉的权利；最后，要兼顾权利救济的充分性和诉讼的效率性，如果给予利害关系人过多的救济环节和手段，保全程序将变得过于冗长和低效。[1] 可见，《民事诉讼法解释》第172条制定过程中，将利害关系人与案外人同等对待，没有从概念上加以合理区分。另外，如果不过于纠结保全程序的附属性特征，强化保全程序的独立性，将其作为特别诉讼阶段，引入执行程序中的案外人异议制度，对案外人的救济更为周全。

（二）救济路径的设计模式

区分当事人、利害关系人、案外人不同主体之间救济诉求的差异化，分别规定不同的救济制度，是现代保全程序无法绕开的问题，保全裁定作出阶段和裁定实施阶段的场景不同，分别设计符合各自权利救济需求的模式更为科学合理。保全审查阶段的利害关系人范围包括诉前保全申请人和保全程序的案外人，保全裁定作出后，利害关系人在外延上已经等同于案外人。也就是说，这里的利害关系人既不是诉讼案件的原告，也不是被告，只能是当事人以外的第三人。从财产保全裁定的不同类型看，对于概括性财产保全裁定，利害关系人如果申请复议不仅通常很难获得支持，而且在保全裁定执行之前，因裁定并未指明确定的保全财产，利害关系人很少能获得复议的机会。概括性财产保全裁定的主文通常表述为："在一定金额范围内查封、扣押、冻结相应的财产或财产性权利"，即使能够证明概括性财产保全裁定的主文存在错误，一般也不会损害利害关系人的合法民事权益，在保全裁定真正执行之前不仅没有权利获取保全裁定，而且由于财产保全的密行性，人民法院也不可能通知利害关系人，只有裁定付诸执行后，才有可能确定哪些主体的哪些财产被法院采取了保全措施。实践中，保全裁定在实际执行后，人民法院向被保全人送达裁定，利害关系人才有机会知晓保全裁定是否存在错误且对其利益构成损害，此时利害关系人已经步入保全裁定的实施程序中，完全可以按照执行程序的规定寻求救济。

就特定性财产保全裁定而言，因其指向特定的财产或财产性权利，可能存在人民法院误将他人民事权益作为保全执行对象的问题，利害关系人申请复议

---

〔1〕 参见最高人民法院民法典贯彻实施工作领导小组办公室编著：《最高人民法院新民事诉讼法司法解释理解与适用》，人民法院出版社2022年版，第408页。

指向撤销或变更保全裁定，案外人异议和异议之诉则指向排除对被保全财产的查封、扣押和冻结措施，二者功能界分依然清晰。但是，即使是特定性保全裁定，在实际执行前，人民法院也没有向被保全人送达的必要，更不可能通知当事人之外的第三人，案外人更多是其财产被人民法院采取了实际的保全措施或者从被保全人、协助义务人处得知其财产被保全的情况，对被保全人而言，不能基于财产权属提出异议，只有提出复议，要求变更或撤销裁定，才是被保全人最佳救济途径。案外人则不然，即使其被赋予对裁定的复议权，也不应对人民法院是否应当作出保全裁定提出异议，没有权利从根本上推翻保全裁定，而只能是认为保全裁定不应查封、扣押、冻结属于自己的财产，因此，通过案外人异议制度进行救济更为妥当。

二、比较视野

《日本民事保全法》并无针对保全裁定的复议制度，但保全异议和抗告程序较为完备。该法第 26 条规定，对于保全命令，债务人可向发出该命令的裁判所提出保全异议申请；第 29 条规定，裁判所未经口头辩论期日或当事人双方均能出席的审讯期日，不能对保全异议申请作出决定；第 41 条规定，对保全异议申请或撤销保全申请作出的裁判自受送达之日起 2 周不变期间内，可提出保全抗告。但是对于“抗告裁判所发出的保全命令”提出的保全异议申请的裁判，不在此限。原裁判所受理保全抗告的情形中，不得对保全抗告理由的有无进行判断，应将案件移送至抗告裁判所，对保全抗告作出的裁判不可提出再抗告。

《俄罗斯民事诉讼法典》亦无类似我国关于财产保全异议和复议的制度规定，该法第 15 条规定了对裁定的复议程序，即对法院诉讼保全的所有裁定均可以提出复议，法院诉讼保全的裁定作出时没有通知提出复议的人，则提出复议的期限自该人获悉法院裁定之日起计算。对法院诉讼保全的裁定提出复议不中止裁定的执行，对法院撤销诉讼保全的裁定或采取诉讼保全替代措施的裁定提出复议，中止法院裁定的执行。[1]

我国台湾地区“民事诉讼法”规定，关于假扣押声请的裁定，得为抗告，抗告法院为裁定前，应使债权人和债务人有陈述意见的机会，旨在保障债权人和债

---

〔1〕 参见《俄罗斯民事诉讼法典》，程立庄、张西安译，厦门大学出版社 2017 年版，第 51 页。

务人程序权利,促使抗告法院能获得充分的证据和言词裁断原保全裁定的正确与否。但考虑到假扣押程序是保全程序,假扣押裁定具有密行性,为防止债务人隐匿或处分财产,债权人对驳回其假扣押声请之裁定提出抗告,如果假扣押密行性仍应予以维持,则不必要给债务人陈述意见之机会。另外,保全裁定如经抗告,在驳回假扣押声请裁定确定之前,已经实施的假扣押执行程序,不受影响,以避免债务人在裁定确定前隐匿和处分财产,最终无法恢复执行。

三、起草背景及过程

关于保全裁定的复议程序,我国在 1982 年《民事诉讼法(试行)》曾经规定,人民法院对复议申请应及时审查,但如何及时审查以及审查方式、结果均不明确,实践中没有得到应有的重视。《民事诉讼法解释》颁布实施后,保全裁定复议制度依然没有进行实质性改造。考虑到财产保全程序对效率价值的追求,当事人、利害关系人就保全或先予执行裁定提出复议申请并不具有中止保全裁定执行的效力。为了防止被保全人转移财产,财产保全裁定一般是在执行实施后才向被保全人送达,保全裁定实施前的密行性,一定程度上延后了被保全人、利害关系人对权利的救济,因此,对裁定申请复议,应发挥更加实质性的作用。

多数财产保全案件,对裁定申请复议是被保全人在保全程序中被赋予的最具实质意义的程序保障机制。但当被保全人提出财产保全复议申请时,实践中不少法院不愿对自己作出的裁定进行审核,致使复议流于形式,被保全人的权利得不到实质性救济。如果对保全裁定复议制度予以实质性改造,还需要对《民事诉讼法》进一步修订,改变复议制度的制度架构,立法引入简易抗告程序。《保全规定》只能针对实践中的操作性难题,对复议制度进行小幅度的完善。

在复议的主体上,除当事人外,《执行权配置意见》第 17 条规定,当事人、案外人可以对财产保全裁定申请复议。《立审执协调意见》颁布后,有权复议的主体又变更为当事人、利害关系人,该意见沿袭了《民事诉讼法解释》第 172 条的规定。总体上看,现有立法仍然持有赋予利害关系人对裁定的复议权的立场。

【实务操作指引】

1. 当事人申请复议的期限为收到裁定书之日起 5 日内,若逾期不申请,则丧失申请复议的权利。

2. 法院对复议申请的审查期限为 10 日,10 日内系对复议申请审查完毕,而不是开始审查的日期。

3. 在审查形式上,对申请保全人提出的复议申请,可以书面方式审查,对被保全人提出的复议申请,既可以采用书面审理,也可以可组织双方提供证据,传唤双方当事人,通过言词辩论的方式进行审查。法院在复议审查过程中,实际上已经可以就当事人提供的诉讼材料进行初步的胜诉可能性判断。复议结果需要综合考量财产保全必要性、申请人的胜诉可能性以及提供担保情况,单纯的保全必要性抗辩一般来说不足以撤销已经作出的财产保全裁定。

4. 在裁判形式上,无论驳回复议申请,还是变更或撤销原裁定,均需以裁定为之,不能以通知驳回。

5. 关于复议程序的审查要素,本条与以前法律、司法解释相比并未作出更为特殊的规定,从《民事诉讼法》第 103 条、第 104 条对诉讼保全和诉前财产保全设定的要件看,申请保全人对裁定申请复议,系其未获准许取得保全裁定的救济路径。因此,其提出的复议理由与最初申请财产保全的理由相比,应当从形式要件和实体要件两个方面予以完善,对保全必要性进行更加细化充实、有说服性的阐述和论证。如申请人在复议程序中能够有效举证被保全人存在债务较多、正在转移财产、停止经营等事实,从而疏明财产保全的必要性。被保全人名下的不动产和权利并未设置任何权利负担,随时有可能被转让或被设置抵押或质押,进而可能危及其债权实现,也是对财产保全必要性的有效疏明。人民法院要在确保将来判决能够执行和平衡被保全人基于申请错误保全损害赔偿请求权之间综合考量财产保全的适当性。如果申请保全人在复议程序中未能对申请保全的必要性提供任何证据,人民法院可以认定被保全人在复议程序中提出的必要性抗辩成立,应当撤销保全裁定。

6. 被保全人可以就保全请求权及其要件是否具备,申请人提供的担保是否符合要求进行抗辩,主张保全措施的采取自始不当或新事实出现导致嗣后不当。

一般情况下,被保全人需要向人民法院说明保全裁定存在可撤销或变更的理由。比如,说明债权人据以提起诉讼请求的基础法律关系或者主张的标的根本不存在,保全裁定不具有《民事诉讼法》规定的保全必要性和紧急性,债务人并无转移财产、设定财产负担以及逃避执行的动机或行为。对于保全范围超出了保全请求,并不能达到撤销保全裁定的目的,只能请求人民法院变更保全裁定。对于提供的担保不符合法律规定，如果申请保全人能够在人民法院的要求下补正，也不会发生撤销保全裁定的效果。

【相关法律法规】

《民事诉讼法》第 111 条；《民事诉讼法解释》第 171 条、第 172 条。

第二十六条　保全行为异议

申请保全人、被保全人、利害关系人认为保全裁定实施过程中的执行行为违反法律规定提出书面异议的，人民法院应当依照民事诉讼法第二百二十五条规定审查处理。

【条文主旨】

本条是关于申请保全人、被保全人和利害关系人在保全裁定实施过程中可以对人民法院的执行行为提出异议的规定。

【条文理解】

保全裁定的执行，属于执行程序之一种，一般被称为保全执行。对保全实施行为提出异议，纳入执行行为异议范畴已经达成共识，也有利于保全程序中当事人和利害关系人对违法和错误的保全行为进行救济，《执行权配置意见》和《异议复议规定》第 7 条对此均有规定，《执行权配置意见》第 17 条区分了异议指向的是裁定还是实施裁定的行为，规定了对前者的异议按《民事诉讼法》第 111 条处理，对于后者的异议，则适用《民事诉讼法》第 232 条规定进行处理。[1] 本条在前述指导意见和司法解释基础上，进一步明确了对保全裁定执行行为可以依据执行程序有关规定提出异议。

---

〔1〕 参见刘贵祥：《在全国法院执行工作经验交流座谈会上的总结讲话》，载《最高人民法院执行实务规范》(上)，人民法院出版社 2019 年版，第 101 页。

一、提出执行异议的主体范围

《执行权配置意见》第 17 条规定,当事人、案外人对财产保全的裁定不服申请复议的,由作出裁定的立案部门或者审判部门按照《民事诉讼法》第 111 条的规定进行审查。当事人、案外人、利害关系人对财产保全的实施行为提出异议的,由执行机构根据异议事项的性质按照《民事诉讼法》第 232 条或者第 234 条的规定进行审查。当事人、案外人的异议既指向财产保全的裁定,又指向实施行为的,一并由作出裁定的立案部门或者审判部门分别按照《民事诉讼法》第 111 条和第 232 条或者第 234 条的规定审查。《立审执协调意见》第 21 条规定,保全财产不是诉讼争议标的物,案外人基于实体权利对保全裁定或者执行行为不服提出异议的,由负责审查案外人异议的部门根据《民事诉讼法》第 234 条的规定审查该异议,但未规定当事人、利害关系人对保全裁定的执行行为不服,是否可以依据《民事诉讼法》第 232 条提出行为异议。《异议复议规定》第 7 条则规定,当事人、利害关系人认为执行保全裁定过程中的行为违法提出异议的,人民法院应当依照《民事诉讼法》第 232 条规定进行审查。本条在上述司法解释、规范性文件规定基础上,明确赋予申请保全人、被保全人和利害关系人对保全实施行为提出异议的权利,有别于《保全规定》第 25 条规定的对保全裁定申请复议的主体,本条将利害关系人也纳入了提出执行异议主体的范围。对裁定复议和对保全实施行为提出异议的救济性质不同,保全裁定的执行作为准执行程序,保全实施过程也是人民法院执行机构办理保全案件的过程。因此,保全裁定实施的方式、方法除查控财产的范围以及不能进行实体处分与纯粹执行案件不同之外,并没有本质差别,保全裁定已经成为保全执行案件的执行依据或者执行名义,有必要赋予保全当事人和利害关系人就人民法院执行保全裁定的行为提出执行异议的权利。

二、保全行为异议的界定

人民法院立案、审判部门作出财产保全裁定后,移送执行机构实施,在查封、扣押、冻结财产的过程中,也可能因实施行为违法、不当、存在瑕疵引发争议。关于如何从程序上进行救济,《民事诉讼法》第 111 条以及《民事诉讼法解释》第 171 条、第 172 条并未作出相应的规定,《保全规定》对此予以明确。

《民事诉讼法解释》第 156 条规定:“人民法院采取财产保全的方法和措施,依照执行程序相关规定办理”。为进一步落实和完善保全行为异议、复议制度,本条规定,对保全实施过程中提出的异议人民法院应当依据《民事诉讼法》第 232 条的程序予以审查。保全实施中引发的异议有两种情况:一是对保全实施行为即保全裁定的执行行为提出异议;二是对被保全财产的实体权利提出异议,即案外人对被保全财产主张实体权利。当事人、利害关系人在保全实施程序中提出的异议的性质属于《民事诉讼法》第 232 条规定的执行异议,对异议裁定不服的,可以向上一级人民法院申请复议。

三、保全行为异议的提出

以保全裁定的作出为起点,进一步落实《民事诉讼法》第 111 条规定的裁定复议制度,对保全裁定执行中提出的保全行为异议,参照执行异议赋权给当事人、利害关系人,允许案外人在裁定作出和裁定实施两个阶段均可提出实体异议,为当事人、利害关系人及案外人构建了一个全方位的保全程序救济体系,打造了层次分明、严肃周密、适合于不同主体权利救济需求的维权通道。本条意在将民事执行阶段的执行权运行模式和对执行当事人、利害关系人的救济方式全面引入保全异议程序中。从申请保全人、被保全人、利害关系人视角来看,作为保全程序的直接参与者,他们既可以对保全裁定存在的错误和瑕疵,以申请复议的方式表达自己的诉求,以期人民法院及时予以纠正,也可以待保全裁定实施后通过执行异议维护自身合法权益,实现人民法院纠正违法、错误保全执行行为的目的。对于案外人,则可以在裁定作出后整个保全程序中提出有关主张实体权利的异议,在保全裁定实施阶段,既可以主张行为异议,也可以主张实体异议。保全执行行为异议制度不以牺牲保全程序的效率价值为代价,旨在纠正保全实施过程中的程序性瑕疵,并不影响保全裁定的有效实施。

(一)申请保全人、被保全人的异议

保全法院具有采取保全措施的执行权,保全措施作为执行保全裁定时所采取的方法和手段,必须符合法定的条件和程序,人民法院采取何种保全方法及如何采取保全措施,以及什么时候采取,会直接影响保全的实施效果,人民法院控制财产的手段,也对当事人和利害关系人权利产生重大影响。如果因为保全法院执行机构采取的查封、扣押、冻结等财产控制措施导致申请保全人的利益没有充分实现,或者致使被保全人的利益受到不应有的侵害,当事人必然要针对法院的保全行为提出异议。比如,保全法院轮候查封了被保全人的房屋、股票等财产后不再查封被保全人其他财产,因轮候查封不产生查封效力,实际上没有真正实施保全,如果不再继续采取保全措施,必然侵害申请保全人的合法权益。再如,在已经查封了相当于保全请求的财产后,人民法院又继续查封被保全人其他财产,构成超标的保全。申请保全人和被保全人均可以提出保全行为异议。另外,保全法院在实施保全裁定时,不遵守法定的期间、顺序等程序性规定,如保全法院故意拖延,在正常情况下不在5日内采取保全措施,在紧急情况下不在48小时内采取保全措施,损害当事人的合法权益的,也可以提出异议。

(二)利害关系人的行为异议

提出保全执行行为的异议主体包括当事人和利害关系人,基于执行标的提出异议的主体为案外人。从执行程序中的主体范围看,执行行为异议主体除当事人、利害关系人外,不包含案外人。利害关系人和案外人虽是争议法律关系之外的第三人,但利害关系人是认为执行行为侵害其法律上权益的第三人,一般与当事人有一定的关联性,其范围包括当事人的债权人、债务人、合伙人、抵押权人、质权人、留置权人、承租人、优先权人、近亲属、被抚(扶)养人以及法院的协助执行义务人等。

而案外人是对执行标的主张所有权或者有其他足以阻止执行标的转让、交付的实体权利的第三人,其范围包括执行标的的所有权人、共有权人、用益物权人、担保物权人、承租人、无过错的买受人、特定债权人以及隐名股东、信托法律关系的当事人、破产管理人、遗嘱执行人等。

关于谁有权作为利害关系人提出异议的问题,《民事诉讼法》和此前的司法解释中一直未能明确,法律条文也语焉不详,《民事诉讼法》第232条规定可以向负责执行的人民法院提出书面异议的主体,只有当事人和利害关系人,没有提及案外人。

利害关系人享有在保全裁定实施程序中提出异议的权利,应根据裁定的类型区分不同情况。如果人民法院作出的裁定是概括性裁定,裁定本身并不涉及利害关系人的权益,保全法院在依据裁定采取具体的执行措施之前,利害关系人并无提出异议的可能性，只有保全法院采取了具体的实施行为后，利害关系人才可能对保全法院的执行行为提出异议。

如果人民法院作出的裁定是特定性裁定，裁定指向的是明确的财产，这时存在两种情况：一种保全裁定直接保全了利害关系人的财产，而非被保全人的财产；另一种情况是执行机构没有按照保全裁定指定的财产采取保全措施，在实施程序中不当保全了利害关系人的财产，或者虽然没有保全利害关系人财产，但保全财产的程序、手段、方法侵害了利害关系人的合法权益。第一种情况，保全实施行为是依据裁定进行的，保全行为从外观看来并无错误，利害关系人异议既可以针对保全执行行为也可以指向保全裁定。《执行权配置意见》规定，当事人、案外人的异议既指向财产保全、先予执行的裁定，又指向实施行为的，一并由作出裁定的立案机构或者审判机构分别按照《民事诉讼法》第 111 条和第 232 条或者第 234 条的规定审查。因此，如不承认概括性保全裁定具有可执行性，在保全裁定进入执行程序前，没有必要赋予案外人对保全执行行为提出异议的权利。

四、异议期间不停止保全裁定的实施

考虑到财产保全的紧急性，参照《民事诉讼法》有关审查执行行为异议期间不停止执行的规定，在审查针对保全措施所提出的异议期间，也规定不停止保全裁定的继续实施。

【制定背景】

广义的保全程序分为两个阶段：一是保全执行依据的取得；二是保全裁定的强制执行。在保全裁定实施前，保全当事人和利害关系人可以通过对裁定复议的方式行使救济权利，而保全裁定执行后，虽然法律并没有禁止上述主体对裁定申请复议，但其所提出的异议或复议请求更多针对的是保全法院的执行行为，而不是裁定本身，因此，当事人和利害关系人就人民法院执行裁定的行为提出异议，不能再纳入对裁定复议的范畴，而应该适用关于执行行为异议的制度，即使执行机构采取的执行措施并未逾越保全裁定载明的财产和范围。大陆法系多数国家从抗告的视角对裁定进行一体化监督和救济，不再区分裁定实施前后阶段分别设置救济路径，从这个视角来看，我国的保全制度对当事人、利害关

系人的救济更加系统化。

我国有关财产保全救济程序的基础理论研究相对薄弱，也没有借鉴大陆法系国家的“假扣押”“假处分”的概念和制度，司法实践又容易忽视对保全当事人的权利救济，《民事诉讼法》也并未赋予保全当事人、利害关系人矫正错误保全行为的有效诉讼手段。此前公布的司法解释、规范性文件，对财产保全案件利害关系人、当事人乃至案外人的救济路径不够明晰，制度设计方面出现重叠和交叉，导致实践中裁判标准和操作尺度不一，弱化了对当事人对救济权利的行使。现有立法对保全裁定实施过程中当事人的救济缺乏明确规定，导致不少法院对保全裁定的实施行为所提出的异议重视不够，应针对财产保全执行行为的异议、复议出现的程序虚置问题，进一步细化有关规定。

从异议主体的适用条件和范围上，应合理界定利害关系人和案外人各自内涵和外延，避免实践中同一异议被不同主体重复提起，同一主体也可能多次提起内容相同的异议，基于同一目的的救济程序叠床架屋，造成权利滥用，给不诚信当事人、利害关系人妨碍保全实施创造了机会。

应当明确，对保全裁定实施行为提出异议的主体限于申请保全人、被保全人和利害关系人。保全阶段的利害关系人在不同场合，存在不同含义，利害关系人范围的界定应进一步厘清。

【实务操作指引】

1. 当事人、利害关系人依据《民事诉讼法》第 232 条的规定只能针对人民法院执行保全裁定的行为提出异议，不能针对实体权利提出异议，针对实体权利提出的异议应当依据《保全规定》第 27 条的规定进行。

2. 保全程序中，案外人基于实体权利既对执行标的提出排除执行异议又作为利害关系人提出执行行为异议的，人民法院应当依照《民事诉讼法》第 234 条的规定进行审查。案外人既基于实体权利对执行标的提出排除执行异议又作为利害关系人提出与实体权利无关的执行行为异议的，人民法院应当分别依照《民事诉讼法》第 234 条和第 232 条的规定进行审查。

当事人、利害关系人对同一保全裁定实施行为有多个异议事由，但未在异议审查过程中一并提出，撤回异议或者被裁定驳回异议后，再次就该实施行为提出异议的，人民法院不予受理。案外人撤回异议或者被裁定驳回异议后，再次就同一执行标的提出异议的，人民法院不予受理。

【相关法律法规】

《民事诉讼法》第232条;《民事诉讼法解释》第171条、第172条;《执行程序解释》第3~9条;《异议复议规定》第1条、第2条、第3条、第6条、第7条、第11条、第12条、第13条、第14条、第15条、第16条、第17条、第23条。

第二十七条　保全案外人异议及诉讼

人民法院对诉讼争议标的以外的财产进行保全,案外人对保全裁定或者保全裁定实施过程中的执行行为不服,基于实体权利对被保全财产提出书面异议的,人民法院应当依照民事诉讼法第二百二十七条规定审查处理并作出裁定。案外人、申请保全人对该裁定不服的,可以自裁定送达之日起十五日内向人民法院提起执行异议之诉。

人民法院裁定案外人异议成立后,申请保全人在法律规定的期间内未提起执行异议之诉的,人民法院应当自起诉期限届满之日起七日内对该被保全财产解除保全。

【条文主旨】

本条是关于保全程序中对被保全财产主张实体权利的案外人可以提起案外人异议和执行异议之诉的规定。

【条文理解】

财产保全案外人异议及异议之诉,是指申请保全人向人民法院申请财产保全,人民法院经过审查,认为符合保全法律规定,作出财产保全裁定,案外人对保全裁定载明的被保全财产主张实体权利,可以根据《民事诉讼法》第234条的规定,提出案外人异议,如果案外人对人民法院驳回案外人异议的裁定不服,可以向执行法院提起案外人异议之诉。执行程序中,凡是案外人对执行标的主张足以排除执行的实体权利,都应当适用《民事诉讼法》第234条规定处理,确保关于执行标的的实体异议最终通过诉讼解决。财产保全执行程序属于准强制执行程序,案外人可以适用《民事诉讼法》第234条设定的异议程序进行救济,为了使案外人异议及异议之诉的制度尽可能地发挥其在财产保全程序中应有的功效,本条允许案外人在财产保全阶段提起异议之诉,进一步契合实践需求。

一、案外人对保全的争议标的不能提出异议,应作为有独立请求权第三人参加诉讼

所谓有独立请求权第三人,是指对他人之间的诉讼标的,主张独立的请求权,而参加到原、被告正在进行的诉讼的人。第三人对保全案件的原、被告争议的诉讼标的,主张独立的请求权,即主张双方当事人争议的民事权益,全部或者部分归自己所有。有独立请求权的第三人在保全阶段虽然是案外人,但诉讼中具有相当于原告的诉讼地位,同原被告对诉讼标的具有对立的而非共同的利害关系。允许其参加诉讼主张权利,比通过案外人异议程序进行救济更为周全,因此,如果原告申请对作为诉讼标的之财产进行财产保全,对该财产主张实体权利的案外人,应当参加到本诉中来,作为案件当事人行使诉讼权利。

二、案外人对保全裁定提出实体性异议

保全实施行为与纯粹的执行行为侵害的利益具有同一性,保全裁定作出后,裁定所指向的财产已经纳入限制处分的范围,如果被保全财产归属于案外人,在保全阶段不赋予案外人实体救济路径显然不妥。即使裁定尚未执行,人民法院还未实际采取查封、扣押、冻结措施,案外人依然可以根据《民事诉讼法》第 234 条规定对保全裁定提出异议。在保全过程中,如果案外人于保全裁定实施前提出异议,有关查封、扣押和冻结的保全措施将暂不予付诸实施。也有相反观点认为,财产保全只是基于申请保全人申请,对债务人财产采取的临时性控制措施,如允许当事人根据《民事诉讼法》第 234 条提出实体异议,可能存在案外人异议之诉还没审理完毕但被保全人已经通过判决确定不须承担给付义务的情形,故在进入执行程序前,不应赋予案外人依据《民事诉讼法》第 234 条提出异议的权利,案外人仅得依据《民事诉讼法》第 111 条的利害关系人身份对裁定提出复议。实际上,保全裁定作出后,允许被保全财产的真实权利人提出案外人异议,并不影响保全程序的继续推进和诉讼程序的开展,而将执行阶段应给予案外人的救济权利提前至保全阶段,又能及时查明被保全财产的实际权属,也有利于申请保全人将来判后申请执行时财产变现更加顺畅,而复议程序并不能真正解决财产权属的确认问题。

三、保全裁定实施中案外人可以提出实体异议

保全案件进入执行程序后,保全裁定实质上已经成为保全实施案件的执行依据,是对保全裁定所指向的债务人财产的控制措施的落实,保全措施与执行中的查封、扣押、冻结措施并无不同,该阶段被保全财产已经被法院采取了实际控制措施,案外人可以基于对被保全财产的实体权利提出执行异议,根据《立审执协调意见》,该异议应由负责审查案外人异议的部门审查。

《民事诉讼法》第111条以及《民事诉讼法解释》第171条、第172条并未对主张实体权利的案外人如何进行救济作出回应。财产保全程序中发生的异议不外乎两种:一种是对保全执行行为提出异议;另一种是基于对被保全财产的实体权利提出异议,即案外人对被保全财产主张实体权利。对被保全财产主张实体权利的案外人,向人民法院提出保全措施错误的异议的,按照《民事诉讼法》第234条的规定审查处理。

四、案外人异议作为保全异议之诉的前置程序

案外人基于保全财产的实体权利不能直接提起案外人异议之诉,仍需经过案外人异议的审查程序,对审查裁定结果不服,方可以向保全法院起诉。其构造与执行程序的案外人异议之诉完全相同。

保全程序中案外人提出异议需要符合法律规定的条件:(1)人民法院受理申请保全人的保全申请,并依法作出保全裁定或者人民法院实施机构依据保全裁定作出查封、扣押、冻结的具体实施行为。(2)提出异议的案外人必须是与被保全标的存在实体权利关系。对已经纳入保全裁定的保全财产主张所有权、物权期待权等实体权利,如果仅是对被保全财产的数额、保全方式提出异议,应该按照《民事诉讼法》第232条的规定处理。(3)提出异议的主体必须是案外人,而不能是当事人或者利害关系人。无论是利害关系人还是当事人,对于保全裁定提出异议的,应按《民事诉讼法》第111条的规定,对保全裁定申请复议。(4)案外人主张实体权利的标的必须是诉讼争议标的以外的财产。如果被保全的财产就是原被告双方争议的标的,案外人不能提起异议和异议之诉。比如,原告起诉要求被告将涉案房屋过户给自己,并且申请了财产保全,如果案外人认为该房屋属于自己所有,其应作为当事人或者第三人参加诉讼。

五、案外人异议审查过程中保全措施的解除

本条第3款规定，人民法院裁定案外人异议成立后，申请保全人在《民事诉讼法》第234条规定的期间内，即裁定送达之日起15日内未向人民法院提起诉讼的，人民法院应当自15日起诉期限届满之日起7日内对该被保全财产解除保全。也就是说，裁定送达后申请保全人仍然没有提起案外人异议之诉的，人民法院必须解除已经采取的保全措施。反推之，如果申请保全人在法律规定的期限内起诉，则保全措施仍然继续，并不解除。如果经过案外人异议审查程序，人民法院支持了申请保全人，驳回了案外人的实体异议，已经采取的保全措施自然不解除。也就是说，与执行程序不同，案外人异议审查程序和执行异议之诉的审理过程中，保全裁定并不存在中止执行的问题。当然，被保全人提供担保请求法院解除，则应按《保全规定》第22条的规定处理。

六、案外人基于实体权利仅提出行为异议时的处理

《民事诉讼法》第232条执行行为异议指向的对象一般为人民法院的违法执行行为。如果人民法院依据权利外观主义原则查封、扣押、冻结了真实权利归属于案外人的财产，很难认定执行行为违反法律规定，也不属于《执行异议复议规定》第5条所规定的利害关系人得提出执行行为异议的情形，此时，案外人不能化身为利害关系人，基于自己对执行标的所享有的实体权利提出执行行为异议。人民法院经审查，认为属于案外人异议的，应当向案外人释明，除非案外人撤回异议申请，否则人民法院可以按照《民事诉讼法》第234条规定进行审查并作出裁定。案外人主张的目的是排除保全查封，也只有通过案外人异议才能达成案外人的目的。[1]

七、复议与案外人异议的竞合

保全裁定的作出和实施过程中，必然要对被保全财产进行初步的权属判

---

〔1〕 也有观点认为，执行行为异议与案外人异议并不是竞合的关系，是两个完全不同的异议程序，不能剥夺当事人的选择权，法院应当告知案外人提起案外人异议，但不能径行按照《民事诉讼法》第234条进行审查，只能裁定驳回异议申请。

断,但由于保全程序的暂时性与紧急性,对被保全财产的权属判断非系具有既判力的终极性认定。通过对裁定申请复议虽然可以达成撤销保全裁定的目的,但并不能对财产权属问题予以终极性、实体性的确认,只有通过案外人异议程序以及诉讼程序审理,才能确定保全裁定指向财产的真实权利归属。人民法院对复议请求的审理,要考虑诉讼程序开展的效率性,一般也不会进行类似普通程序的实质性审理。

从制度设计上看,案外人对保全裁定申请复议与案外人异议两种制度,并非在诉讼进程中前后顺接,前者被驳后,才准许在裁定的执行阶段再提起异议之诉,而是出现了救济手段交叉和制度竞合现象。因概括性裁定未载明被保全财产具体内容及保全标的,不指向特定的财产,在其进入裁定执行程序之前,一般不会侵害案外人的合法权益,除非保全法院直接将案外人名下财产作为被保全人财产裁定保全,案外人还不能作为《民事诉讼法解释》第 172 条规定的适格利害关系人,不具备申请裁定复议的主体资格。而对于特定性裁定,因裁定主文指向特定的财产,该裁定一经作出就存在侵害案外人权益的可能,应允许案外人以利害关系人身份申请对裁定进行复议,其请求也有获得人民法院的支持的可能。

保全裁定复议与案外人异议属于不同的救济程序,尽管价值取向与审查标准各不相同,复议与异议所指向的对象、适用的审查程序以及后续衍生程序性质各异,但也不互相排斥,案外人申请保全裁定复议被驳回后可继续提出案外人异议,案外人也可以同时提起裁定复议与实体异议。保全裁定作为执行依据,对保全裁定申请复议属于根本性的救济,且只能复议一次,具有程序效率优势,如果复议获得法院支持,原保全裁定就应被撤销,保全措施也随之解除。而对于案外人异议,则可以在异议被驳回后提起异议之诉。尽管案外人通过不同程序所主张的事由与请求目的相同,人民法院不应将复议申请或者案外人异议认定为案外人重复救济申请,从而适用一事不再理原则驳回案外人的异议。

【制定背景】

一、基础理论

财产保全系针对债务人财产的暂时性控制手段,司法保全权的运行不应伤及案外人的利益,因此,财产保全的救济程序应当构筑一个全方位的立体化救济体系,并覆盖到当事人、利害关系人、案外人等所有与保全程序有关的主体范围。从案外人合法权益更容易受到司法保全行为侵害的实践情况看,立法应为其提供较当事人更为全面、周到的救济。从救济的层次看,当事人、利害关系人对保全裁定不服的,可以向作出保全裁定的人民法院申请复议。在保全裁定的实施过程中,当事人、利害关系人可以针对人民法院的保全执行行为提出行为异议,保全裁定作出及实施中,案外人有权就执行标的主张实体权利,申请保全错误的,被保全人可以提起损害赔偿之诉,要求申请保全人赔偿因财产保全造成的损失。

尽管对保全裁定申请复议与案外人基于实体权利提出的案外人异议承载着不同的价值功能,法律并未禁止案外人在针对保全裁定提出复议的同时或未获支持后,就保全标的提出案外人异议。从程序阶段和异议对象看,保全复议在诉讼前或者诉讼过程中均可提出,旨在发生撤销裁定的效果;案外人尽管在保全裁定作出后的整个保全程序均可提出实体异议,但其主张的一直是执行标的实体权利的归属。

二、比较视野

《德国民事诉讼法》第 771 条规定了第三人异议之诉:“第三人主张在强制执行的标的物上有阻止让与的权利时,可以向实施强制执行的地区的法院提起异议之诉”,但关于“假扣押与假处分”的第五章,并未规定保全程序第三人可以在保全程序中提起第三人异议之诉。该法第 924 条、第 925 条只规定了对命令假扣押裁定可以提出异议以及对异议应以终局判决对假扣押合法与否作出裁判。

《日本民事保全法》第 26 ~ 36 条规定了保全异议程序,第 41 条、第 42 条规定了保全抗告程序,但也未规定保全案外人可以基于保全财产的实体权属提起案外人异议之诉。

三、起草背景及过程

保全和执行程序中对不同主体的救济程序出现了交叉与重合现象,有必要对《民事诉讼法解释》第 172 条规定的利害关系人对保全裁定申请复议程序以及《民事诉讼法》第232条关于执行行为异议、第234条的案外人异议进行重新整合,明确不同救济程序的适格主体,科学界定不同救济路径的功能定位,避免出现制度漏洞与程序冲突,对于这样一个保全实践中经常碰到的难点和热点问题,也迫切需要制定新的司法解释尽早予以明确和澄清。要不要赋予案外人诉权救济,形成了两种不同观点,主张程序救济的观点认为,异议之诉与财产保全存在较大区别:一是发生阶段不同。异议之诉发生在执行程序中,财产保全异议发生在诉讼过程中;二是程序性质不同。异议之诉具有诉的性质,财产保全异议不具有诉的性质。对财产保全裁定不服,当事人可以通过复议的途径解决,保全措施给被保全人造成损失的,可以申请保全错误赔偿。对于提起执行异议之诉应从严把握,案外人对财产保全裁定的实施行为提出异议,可以通过向上级法院申请复议的途径进行救济,财产保全异议不能纳入执行异议之诉中。进而主张人民法院对此类案件暂不予受理;已经受理的,应当裁定驳回起诉。

从《民事诉讼法》及相关司法解释规定的内容看,对特定性保全裁定申请复议、申请解除财产保全以及基于实体权利提出案外人异议,均属于保全程序中案外人行使救济权的方式。但实践中,案外人在保全程序的不同阶段应适用的救济路径没有形成统一认识,以至于不少人民法院认为,财产保全系保障人民法院案件审理程序顺利进行的财产控制手段,并非针对债务人财产展开的执行程序和最终处分,案外人有异议也只能向作出保全的人民法院申请裁定复议,而不能依据《民事诉讼法》第234条的规定的案外人异议制度进行审查。为充分保障案外人的实体权利不受侵害,有必要将案外人异议及异议之诉制度通过司法解释在保全程序中确定下来。

【实务操作指引】

一、应妥善保障保全程序中案外人依法提起异议之诉的权利

实践中,应注重保障保全程序中案外人依法提起异议之诉的权利。

《保全规定》施行后,明确区分针对执行行为提出的异议和针对保全财产主张实体权利的异议,被保全财产不是诉争标的物的,案外人、申请保全人对于案外人基于实体权利所提异议之裁定不服,有提起执行异议之诉的权利,理论上

已不再有争议,但实践中,仍然有不少当事人乃至法院不能正确适用法律,出现剥夺案外人在保全程序中的诉权现象。

如原告王某、秦某与被告某置业有限公司、四川省某建筑有限公司执行异议之诉案件中,受诉法院经审理认为,保全法院的查封行为并未侵害王某、秦某的实体权利。《民事诉讼法》第234条所称的实体权利,是指案外人主张的实体权利必须是依法足以阻止该标的转让与交付的实体权利,而非所有的实体权利。且民事诉讼法所称的“执行过程中”,亦是指执行开始后至执行完毕的时间范围。保全法院的财产保全裁定,虽然涉及王某、秦某的民事权利义务,但不是对该民事权利义务关系的最终决定,其功能在于解决诉讼程序中发生的事项,属于诉讼程序的范畴。王某、秦某提起的执行异议之诉的诉讼请求是解除对该房屋的查封,而案外人执行异议之诉的直接目的是排除对异议标的的强制执行,其前提是对于执行标的的实体权利。案外人执行异议之诉同时具有确定当事人之间实体上的法律关系和排除强制执行双重作用,通过案外人执行异议之诉,应当将当事人之间就执行标的物的实体争议和能否强制执行问题一并解决。王某、秦某的诉讼请求不具有上述功能。王某、秦某提起的执行异议之诉不具有可诉性,裁定驳回王某、秦某的起诉。[1] 实际上,最高人民法院在《保全规定》颁布实施之前,就相关问题已经作出相关判例,准许保全程序中的案外人提起异议之诉。[2]

二、案外人在保全程序中能否另行提起确权之诉

案外人另案提起确权之诉的禁止,限制了当事人的诉权,即使在执行程序中,案外人也有权不提起执行异议之诉而对执行标的确权另行起诉。但是这种方法不利于案外人权益保护,人民法院在审查案外人另行提起的新诉时应予适当释明。依据《异议复议规定》,金钱债权执行中,案外人依据执行标的被查封、扣押、冻结后作出的另案生效法律文书提出排除执行异议的,人民法院不予支持。对于案外人提起的确权之诉,应当区分执行异议之诉与另案诉讼的管辖法

---

〔1〕 参见陈西苓:《案外人对诉讼中的财产保全行为不能提起执行异议之诉》,载《人民司法》2018年第20期。

〔2〕 参见最高人民法院(2015)执复字第46号保定天威保变电气股份有限公司申请执行复议案执行裁定书。

院是否同一,执行标的是否已经被采取强制措施,案外人提起不同诉讼的时间先后,案外人的主观故意等具体情形,一律允许案外人选择另案提起确权之诉,则容易造成生效裁判之间的冲突,也浪费司法资源。

保全程序中的案外人,应在执行过程中以其对执行标的享有实体权利为由提出执行异议,人民法院裁定驳回其异议后,案外人不服的,可以提起执行异议之诉,并在异议之诉的审理过程中同时提出确认其实体权利的诉讼请求,案外人向有管辖权的人民法院单独提起确认之诉的,不能产生阻却保全裁定实施及将来裁判执行的法律效果。

【典型案例】

在上诉人商某泉因与被上诉人中国建设银行股份有限公司阿拉山口支行、通辽市金港房地产开发有限公司案外人执行异议之诉纠纷一案,案外人对财产保全不服,以其对保全财产有所有权为由提出执行异议,执行法院作出裁定,驳回案外人的异议。案外人对该裁定不服有权依照《保全规定》第 27 条之规定自裁定送达之日起 15 日内向一审法院提起本案执行异议之诉。具体案情如下:

中国建设银行阿拉山口支行与金港公司等发生金融借款合同纠纷,建行阿拉山口支行申请保全金港公司等的财产合计 759,792,525.36 元,新疆维吾尔自治区高级人民法院(以下简称新疆高院)予以准许,查封了金港公司截至 2017 年 6 月 12 日所有在 302 - 18 号、302 - 19 号土地上的在建工程和已完工房产,案外人商某泉以其对案涉房屋享有所有权为由,于 2017 年 3 月 1 日提出执行异议,新疆高院作出(2017)新执异 5 号执行裁定,驳回商某泉的异议。商某泉不服案外人异议裁定,提起案外人执行异议之诉,请求撤销该裁定并解除案涉房屋的查封及确认涉案房屋认购书的效力。

新疆高院经审理认为,(2017)新执异 5 号执行裁定是针对商某泉要求解除诉前保全措施所作出的裁定,异议对象针对的是保全行为,即执行行为。因保全裁定属于中间性、临时性、程序性裁定,其目的是通过维持被申请人或者利害关系人的财产现状,为将来生效判决确定的内容得以实现提供保障,不涉及财产处分,且最终是否实际执行被保全财产尚处于或然状态。商某泉对该裁定不服,可以依照《民事诉讼法》第 225 条规定向上一级人民法院申请复议,由于商某泉提出的执行异议并非针对执行过程中的执行标的,故其起诉不符合《民事诉讼法》第 227 条案外人执行异议之诉规定的受理条件,应予以驳回。

案外人商某泉不服新疆高院(2017)新民初37号驳回起诉民事裁定,向最高人民法院提起上诉。

最高人民法院经审理认为,[1]《保全规定》第27条第1款规定:“人民法院对诉讼争议标的以外的财产进行保全,案外人对保全裁定或者保全裁定实施过程中的执行行为不服,基于实体权利对被保全财产提出书面异议的,人民法院应当依照《民事诉讼法》第二百二十七条规定审查处理并作出裁定。案外人、申请保全人对该裁定不服的,可以自裁定送达之日起十五日内向人民法院提起执行异议之诉。”本案中,商某泉对金港物流园区房屋的保全不服,以其对上述房屋享有所有权为由提出执行异议,一审法院作出(2017)新执异5号执行裁定,驳回商某泉的异议。商某泉因对该裁定不服,有权依照上述规定自裁定送达之日起15日内向一审法院提起本案执行异议之诉。一审法院对商某泉的起诉予以驳回错误。依照《民事诉讼法》第171条、《民事诉讼法解释》第332条的规定,裁定撤销新疆高院(2017)新民初37号民事裁定;本案指令新疆高院审理。

【相关法律法规】

《民事诉讼法》第234条;《民事诉讼法解释》第171条、第172条;《执行程序解释》第14~16条;《异议复议规定》第6条、第8条、第16条、第24~31条。

[1] 参见(2018)最高法民终334号民事裁定书。

第十四章　申请保全错误的赔偿

一、申请保全错误赔偿责任的构成要件

申请保全人以投保保全责任保险的方式提供担保，对于申请保全错误的，保险公司理应承担保险责任。所谓保险责任，是指在保险期间内，被保险人向法院提出诉讼财产保全申请，如被保险人诉讼财产保全申请错误致使被保全人遭受损失，经法院判决应由被保险人承担损害赔偿责任的，保险人在赔偿限额内承担赔偿责任。

申请保全错误的赔偿不属于《民法典》上的特殊侵权责任，应以一般侵权责任中的过错责任作为归责原则。保险人承担理赔责任需要满足侵权责任的构成要件，分别是申请保全错误的主观过错，被保全人存在实际损害，损害与申请保全之间存在因果关系，以及法院判令申请人应承担损害赔偿责任。需要注意的是，申请保全错误与保全错误属于不同概念，申请人的诉讼请求未被支持或未被全部支持，属于保全错误但不构成申请保全错误。[1] 对《民事诉讼法》规定的"申请有错误"，不应仅从字面上将其理解为申请人败诉或未完全胜诉，而是应当对"错误"作目的解释，探究申请人对申请财产保全错误的主观过错情况，不应要求申请人尽善良管理人的注意义务，从而设定过于严格的过错认定标准。而普通人的注意义务和与处理自己事务为同一注意义务相比，前者是一个较为客观的标准，容易在实践中予以证明和判断。采取普通人的注意义务标准，将故意及重大过失纳入申请人主观过错范围内，可以在申请人诉讼权利保护、权利滥用限制和被保全人合法权益维护之间进行合理平衡，保障民事诉讼

---

〔1〕 参见最高人民法院民一庭：《因财产保全引起的损害赔偿案件应当如何认定申请人申请财产保全错误》，载《民事审判指导与参考》2013 年第 2 辑，人民法院出版社 2013 年版，第 125 ~ 128 页。

活动的顺利进行,从而实现既避免权利滥用,又维护当事人民事诉讼行为自由这一侵权责任法的价值取向。最高人民法院在南宁大自然花园置业有限公司、周某英因申请诉中财产保全损害责任纠纷再审审查与审判监督案、山西北星实业有限责任公司后泉沟煤矿与山西朔州万鑫煤业有限公司、朔州市万鑫有限公司汽修厂财产损害赔偿纠纷申请再审案中,均坚持了上述观点。

(一)申请人主观过错的认定

申请人民法院采取财产保全措施是当事人的诉讼权利,人民法院采取保全措施必然使被保全的当事人不能自由地对被保全财产进行事实上或法律上的处分。财产保全申请人主观方面存在过错是构成申请保全错误的要件之一,该过错对于人民法院判令申请人承担侵权损害赔偿责任起到决定性的作用。从人民法院的判例上观察,多数是以胜败诉作为申请保全人是否具有过错的判断标准,申请人诉讼请求被法院支持,则没有过错;诉讼请求未被支持或部分支持,则在未被支持的部分存在过错。在一般侵权责任中,以判决结果倒推是否构成申请保全错误,无疑忽略了申请保全人主观意识的判断。在最高人民法院审理的李某辉诉柴某生财产损害赔偿纠纷案中,再审申请人李某辉认为被申请人柴某生在另案中申请保全了其股票、房产以及车辆价值共计10,640万元,但法院最终只支持了2374万元,超出的8486万元属于申请保全错误,要求其赔偿损失。但最高人民法院认为被申请人提起诉讼的原因是其认为讼争股票依据双方签订的协议在李某辉服务不满5年的情况下应全部返还,为保证将来判决得以执行,对所涉股票申请了保全,其行为本身不具备违法性。仅以法院生效判决支持的诉讼请求额少于保全财产数额来判断柴某生保全错误,与民事诉讼法规定的保全制度不符,故驳回再审申请。[1]《民事诉讼法》第108条的立法本意系防止当事人滥用诉讼权利,损害他人合法权益,不应理解为《民法典》第1166条规定的无过错责任,即不能以申请保全人败诉认定构成申请错误的充分条件,并要求申请保全人承担赔偿责任。

在具体案件的财产保全错误认定中,申请人是否具有过错,主要参考以下因素:一是不存在恶意诉讼、虚假诉讼的情况,原则上不宜认定申请人具有主观上的过错。二是须考量申请人申请保全的动机,结合原告起诉时或者申请财产

---

〔1〕 参见最高人民法院(2012)民申字第1282号民事裁定书,载《最高人民法院公报》2014年第3期。

保全时掌握的证据情况判断是否尽到应有的注意义务。三是不应单纯以申请人败诉认定构成申请错误,而应结合案情综合认定申请人在主观方面是否存在过错。

申请保全人在前诉中的审判结果,并非毫无意义,可以作为申请错误的考量因素之一。有观点认为,申请人败诉或诉讼请求未被支持的金额超过50%的,可以直接认定申请错误。[1] 由于当事人的法律认知、对案件事实的举证证明能力、对法律关系的分析判断能力各不相同,通常达不到司法裁判所要求的专业水平,不应苛求当事人对诉争事实和权利义务的判断与人民法院的裁判结果一致。如果仅以保全申请人的诉讼请求是否得到支持作为申请错误的依据,必然会对善意当事人依法通过保全程序维护自己权利造成妨碍,影响保全制度功能的发挥。侵权法理论将判断过错的标准区分为主观标准与客观标准,结合申请保全错误责任性质,主观标准可体现为申请人申请保全时对其自身权利和保全必要性的认识,客观标准则可以通过注意义务来评价违法性。[2]

在以过错原则为归责原则的基础上,申请人的注意义务程度应当为普通人的合理注意义务,申请人的过错内容应为通过保全行为损害被保全人合法利益的故意或重大过失。如有的申请人不断增加起诉金额,以达到保全被保全人特定财产的目的;有的申请人在已经确认争议金额明显低于被冻结的银行账户金额的情况下,仍不减少保全金额;有的申请人拒不同意变更采取并不影响将来判决执行的保全措施以避免被保全人遭受更大损失等。在保全责任险普遍用于保全担保的情况下,如果不赋予申请保全人合理的注意义务,保全程序有可能变相成为打击交易相对方的手段,进而破坏正常的市场经济秩序。

是否构成申请错误的认定,还应从被保全人的视角充分考虑其行使异议权的主观能动性,不能完全以实体侵权规则评价程序性诉讼行为,德日立法以诉讼法评价诉讼行为,仅对保全必要性和保全范围进行评价,理论虽然逻辑严密,然而在实践中较难实行。为增加可操作性,在认定申请错误时,应当将被保全人是否怠于行使对抗保全的诉讼权利作为考量因素。作为理性的民事主体,如

---

〔1〕 我国1982年颁布的《民事诉讼法(试行)》第94条曾明确规定,当事人败诉的,应当赔偿被保全人因诉讼保全遭受的财产损失。现行《民事诉讼法》第105条中已不再被采纳,仅保留在第107条第3款关于先予执行的规定中。立法者在认定申请诉讼保全错误时,已不再以申请人败诉作为唯一的考量因素。

〔2〕 参见(2018)最高法民申2027号案件的裁判要旨,载《最高人民法院公报》2018年第9期。

果被保全人不向法院提出变更或解除保全，不申请复议，则一定程度上可推定被保全人放弃自己与保全有关的诉讼权利。在此情形下，申请人对被保全人因放弃上述权利而遭受的损失不应当承担赔偿责任。在加强被保全人陈述义务和拓宽其救济渠道的基础上，充分考虑被保全人抗争程度，既能避免其与申请人串通骗取担保，也能督促被保全人积极参与诉讼。[1]

（二）因果关系的认定

因果关系是侵权责任构成的基本要件之一，即使申请人存在违法申请保全行为，但如非造成被保全人财产上损害原因亦无须对被保全人承担责任。原告重庆市某房地产开发有限公司诉被告重庆某建设（集团）有限公司因申请诉前财产保全损害责任纠纷案中，原告与案外第三人签订《认购书》约定原告将商铺出售给该第三人，双方于5个月后签订《商品房买卖合同》，《认购书》签订后该第三人向原告支付了定金30万元。建设公司因建设工程施工合同纠纷另案向重庆市某法院起诉，要求房产公司退还其房屋保修金90万余元，并申请诉讼财产保全。法院作出民事裁定查封了上述《认购书》中所预计出售的商铺。该建设工程施工合同纠纷案件建设公司败诉。因建设公司申请保全了涉案商铺，房产公司与第三人未能签订《商品房买卖合同》，该案第三人另案起诉要求房产公司双倍返还定金60万元，法院全额支持了第三人的请求。房产公司认为，建设公司申请保全错误导致原告房产公司与第三人未能签订《商品房买卖合同》，并造成原告房产公司遭受定金损失30万元，该损失应由建设公司承担。法院经审理认为，房产公司在建设工程纠纷一案中即使在与第三人之间签订的《认购书》中所涉商铺被保全，房产公司也可依法采取提供其他财产置换担保或申请复议的方式，以避免因该财产被查封而导致的违约风险；但房产公司并未采取上述措施，因此房产公司损失的定金与建设公司的申请保全行为并非有直接的因果关系，驳回原告房产公司的诉讼请求。在侵权行为与损害结果的因果关系判断上，依相当因果关系理论，房产公司所承担违约责任虽然在客观上与建设公司申请保全有直接关联，但在法律上依建设公司申请保全时的司法经验、知识水平以及客观情况看，房产公司的违约损失完全可以通过置换担保的方式避

〔1〕参见张雯嘉、李斌、卫文：《诉讼保全责任险在司法实践中的困境及解决思路》，载《江苏保险》2019年第3期。

免,但房产公司并未采取任何置换或补救措施,建设公司的保全行为并非造成其违约责任的必然原因,确定行为与结果之间是否存在因果关系,要以行为时的一般社会经验和知识水平作为判断标准,该行为有引起该损害结果发生的可能性,事实上该行为又确实引起了该损害结果,则认定该行为与结果之间有因果关系。同样,在保全行为与损害后果的因果关系判断上,如客观事实上申请财产保全的行为导致了被保全人财产损失,则在法律逻辑上还需依照行为时的一般社会经验和知识水平判断申请保全人的行为是否必然导致被保全人财产损失,如是,则认定具有因果关系;如不是,则不应认定为有因果关系。

(三)损害的认定

民事诉讼法及司法解释未对如何判断被保全人因保全行为遭受了损失作出具体规定,不同案件遵循的规则和标准也不完全相同。但被保全人没有损失的,申请保全人不承担赔偿责任。人民法院在认定申请错误造成的损失时,应区分不同情况,被保全财产的类型不同,损害也不相同。如系冻结资金,有合同等证据证明存在借贷利息损失的,应赔偿的实际损失为合同约定的利息损失。在认定不动产或其他存在市场价值变动的资产遭受的损害时,应当区分保全措施的性质及财产受到处分与使用限制的程度。如因被保全人未请求处分变现或变更担保物,被保全财产因市场价值变动产生的价值贬损风险由被保全人自行承担。在应由申请保全人承担的情况下,则申请保全人应赔偿的标准为被保全财产在保全开始与保全结束两个时点的价差以及开始时的价款对应的利息损失。需要强调的是,权属争议财产不应计入保全错误的损失范围,该规则已为最高人民法院(2011)民申字第271号判例所肯认。

二、申请保全错误赔偿案件的审理

申请保全错误赔偿之债本质属于侵权之债,应具备申请保全行为、被保全人遭受之损害、过错、因果关系等构成要件,不过在主观过错的认定上,我国和其他国家及地区所遵循的规则及原理不尽相同,这与立法对申请保全错误的认定具有很大关系。

(一)申请保全错误的情形

申请保全错误主要存在以下几种财产保全情形中,一是原告申请保全后但最终案件败诉,其诉讼请求未得到人民法院的支持。需要说明的是,败诉并不必然导致保全错误,也就是说,并不是所有败诉的案件都会导致申请保全错误。二是保全标的权属错误。通常是指保全查封了案外人的财产。对于房产、土地使用权等不动产,人民法院采取保全措施遵循权利外观主义,即使真实权利人不是被保全人,也不能认定为保全标的错误,对于保全标的为动产、特殊动产以及其他财产权利,因登记名义人与实际权利人相分离,一时无法查清保全标的的权属,将案外人的财产作为被保全人的财产进行查封、扣押和冻结,案外人提出异议后,如申请保全人仍不同意解除查封,可能会发生保全标的错误。三是过度采取保全措施。在被保全财产可分割的情况下,被保全财产的价值远超保全请求的数额,如不按裁定金额保全,过度保全易导致申请保全错误。

(二)申请保全错误的责任承担

申请保全错误之侵权责任,由申请保全人承担,以此告诫社会公众申请保全应恪守理性与公正,不得滥用保全程序损害被保全人合法权益。从责任的归属于认定上,最高人民法院的判例基本上以违反一般注意义务的过错之存在为核心要件作为责任承担标准,而不是仅以审判结果的胜诉和败诉进行评判。

(三)保全错误赔偿的审理及赔偿程序

根据《民事诉讼法》的规定,被保全人要求因申请保全错误赔偿,须另行提起侵权损害赔偿之诉,被保全人为原告,以申请保全人为被告,该诉讼经法院审理判决后,如果法院认定申请人的保全确属错误,给被申请人造成了损失,损失金额经判决确认,判令申请人赔偿被申请人的损失,并从担保财产中优先受偿。

(四)保全错误赔偿案件的管辖

财产保全错误的加害人表面上是人民法院,但实际侵权人是申请保全人,在虚假诉讼的情况下,如果当事人采取伪造证据、虚假陈述等手段,实施诉讼行为,致使人民法院基于捏造的事实采取财产保全或者行为保全措施的,情节轻微的,应当赔偿被保全人或者案外人损失,情节严重的,应当依照《刑法》第307条规定作为刑事案件进行处理。[1]

---

〔1〕 参见《最高人民法院、最高人民检察院关于办理虚假诉讼刑事案件适用法律若干问题的解释》。

1. 诉中财产保全损害责任纠纷案件的管辖

《最高人民法院关于因申请诉中财产保全损害责任纠纷管辖问题的批复》（法释〔2017〕14号）已经明确作出规定，诉中财产保全的被申请人、利害关系人依照《民事诉讼法》第105条[1]规定提起的因申请诉中财产保全损害责任纠纷之诉，由作出诉中财产保全裁定的人民法院管辖。

2. 诉前财产保全损害责任纠纷之诉的管辖

《民事诉讼法解释》第27条规定："当事人申请诉前保全后没有在法定期间起诉或者申请仲裁，给被申请人、利害关系人造成损失引起的诉讼，由采取保全措施的人民法院管辖；当事人申请诉前保全后在法定期间内起诉或者申请仲裁，被申请人、利害关系人因保全受到损失提起的诉讼，由受理起诉的人民法院或者采取保全措施的人民法院管辖。"采取诉前财产保全的法院与受理起诉的案件法院可能不一致，因诉前财产保全受到损害的被保全人或案外人，要区分采取诉前保全措施后是否起诉的不同情况决定受诉人民法院，采取诉前保全措施后未在法定期间内起诉或者仲裁的，只能向采取保全措施的人民法院起诉，而对于申请诉前保全后在法定期间内起诉或者申请仲裁的，被保全人、利害关系人则既可以向采取诉前财产保全的人民法院提起，也可以向受理起诉的法院起诉。

---

〔1〕 现《民事诉讼法》第108条。

第十五章　海事请求保全

第二十八条　海事请求保全

海事诉讼中，海事请求人申请海事请求保全，适用《中华人民共和国海事诉讼特别程序法》及相关司法解释。

【条文主旨】

本条是关于海事诉讼程序中进行财产保全的特别规定。

【条文理解】

海事诉讼，是指享有海事请求权的人为了行使其海事请求权，在其合法权益受到损害或遭受人身伤亡时，向有管辖权的海事法院起诉，海事法院在海事争议当事人的参与下，按照民事诉讼程序，解决海事争议的活动。海事诉讼程序具有特殊性，《海事诉讼程序法》对海事诉讼程序的保全专门予以规定，除《海事诉讼程序法》外，最高人民法院还颁布了《海事管辖规定》《海诉法解释》《扣船规定》等多部司法解释，[1]都在不同程度上对海事请求保全程序进行了较为全面的规定。

一、海事请求保全的特性

当事人申请海事请求保全，必须以具有海事请求为前提，申请海事请求保

〔1〕《最高人民法院关于扣押与拍卖船舶适用法律若干问题的规定》于2014年12月8日经最高人民法院审判委员会第1631次会议讨论通过，自2015年3月1日起施行。该规定适应海事审判新的形势，在总结司法实践经验的基础上，借鉴国际公约，对海事司法实践中亟待解决的突出问题作出了进一步明确规定。

全,应符合《海事诉讼程序法》第 21 条规定的 22 种海事请求范围,地方人民法院为执行生效法律文书需要扣押和拍卖船舶的,应当委托船籍港所在地或者船舶所在地的海事法院执行,与海事请求保全并不发生冲突。

（一）海事请求保全的含义

海事请求保全,是指海事法院根据海事请求人的申请,为保障其海事请求的实现,对被请求人的财产和行为所采取强制措施的程序。海事请求保全作为民事诉讼中财产保全的一种特殊形态,当事人在起诉前申请海事请求保全的,应当向被保全的财产所在地海事法院提出,海事请求保全实行专属管辖,普通人民法院不负责海事保全案件的办理。海事请求保全不受当事人之间关于海事请求的诉讼管辖协议或者仲裁协议的约束。申请人应当向海事法院提交书面申请,申请书中应载明请求事项、申请理由、保全标的物以及要求保全的数额,同时提交有关的证据。海事法院受理了海事保全申请,可以责令申请人提供担保,申请人不提供担保,应驳回申请。接受申请后,应在 48 小时内作出裁定,裁定采取海事请求保全措施的,应当立即执行,对不符合海事请求保全条件的申请,应当裁定驳回。对裁定不服的,可以在收到裁定书之日起 5 日内申请复议一次,海事法院在收到复议申请之日起 5 日内作出复议决定。因海事请求保全更具有紧急性,该复议期限比普通保全程序中对复议申请审查的 10 日时间更短,复议期间不停止对保全裁定的执行。利害关系人对海事请求保全提出异议,海事法院应认真审查,认为理由成立,应当解除对其财产的保全。被请求人提供担保,或者当事人有正当理由申请解除海事请求保全的,海事法院应当及时解除保全。海事请求人在法定的期间内未提起诉讼或者未按照仲裁协议申请仲裁的,海事法院应当及时解除保全或者返还担保。

（二）海事请求保全的特征

1. 海事请求保全实行专属管辖

海事请求保全的管辖法院为海事法院,且只能依当事人申请而不能依职权作出裁定。《海诉法解释》第 15 条规定,除海事法院及其上级人民法院外,地方人民法院对当事人提出的船舶保全申请应不予受理;地方人民法院为执行生效法律文书需要扣押和拍卖船舶的,应当委托船籍港所在地或者船舶所在地的海事法院执行。海事请求诉讼案件,地方法院对船舶的财产保全申请没有管辖权,当事人如果向地方法院提出船舶财产保全申请,应当不予受理,对地方法院先前已采取的保全措施,应予解除,但应当告知申请人向有管辖权的海事法院申请保全。

当事人就非海事请求民事案件向地方人民法院提起诉讼,同时申请地方人民法院财产保全,对被告所有的船舶采取限制转让和抵押等处分性措施,与海事法院和上级法院管辖的船舶海事请求保全并不冲突,地方人民法院应当受理。在执行案件过程中,地方人民法院可以先将涉案船舶通过查封限制其转让、抵押,如需对船舶扣押、拍卖,再委托有关海事法院处理。

2. 采取保全措施的条件严格

申请海事法院采取海事请求保全措施,必须基于申请人对被保全人享有海事请求权的法律事实,而非普通的债权债务关系。当事人间发生了海商法所调整的法律关系,如索赔事实已经发生,海事请求人有权要求有管辖权的海事法院采取保全措施。

3. 保全范围以超标的为常态

在海事请求保全中,所要扣押船舶的价值可能远远大于海事请求的数额,但海事法院不能因为船舶的价值超出保全请求的金额或者诉讼请求,就不去扣押船舶。财产保全的措施有查封、扣押、冻结或者法律规定的其他方法。保全方法的灵活性、多样性旨在避免由于保全的方法不当而给被申请人造成不应有的损失,使保全措施的采取尽量做到适当地维护被申请人的正常生产经营活动和有利于纠纷的及时解决。

(三)海事请求保全的分类

根据海事请求保全措施指向的对象的不同,一般可分为扣押船舶,限制转让及抵押,扣押船载货物,扣押与海事请求有关的船用燃油、船用物料,冻结承租人可以收取的运费或租金,对其他财产采取保全措施。

二、海事请求保全措施

扣押与拍卖船舶是海事诉讼中一项特殊的财产保全制度。与一般财产保全相比,在适用范围与条件、实施程序与后果等方面都具有其特殊性。我国1999年制定的《海事诉讼程序法》以及2002年出台的《海诉法解释》已经对船舶的扣押与拍卖作出了规定。但经过多年发展,实践中出现了一些新情况、新问题,需要完善司法解释相关条文来规范海事请求保全程序,统一裁判尺度。

(一)船舶扣押与拍卖

海事请求保全的措施一般为扣押船舶。对船舶实施扣押和拍卖,能使海事请求人的权利得到及时、有效保护。[1] 船舶扣押制度与一般的财产保全不同,除了具有保障判决执行、实现债权的功能之外,海事请求人还可以通过扣押船舶,选择不同法院对实体纠纷行使管辖权。船舶优先权也通过人民法院扣押产生优先权的船舶行使。

海事请求保全在司法实践中,根据海事请求保全措施所指向的对象不同,可分为扣押船舶、扣押船载货物、扣押与海事请求有关的船用燃油、船用物料、冻结承租人可以收取的运费或租金。与轮候查封和轮候扣押不同的是,《扣船规定》第2条规定海事法院应不同海事请求人的申请,可以对本院或其他海事法院已经扣押的船舶采取扣押措施,船舶扣押期间由船舶所有人或光船承租人负责管理。船舶所有人或光船承租人不履行船舶管理职责的,海事法院可委托第三人或者海事请求人代为管理,由此产生的费用由船舶所有人或光船承租人承担,或在拍卖船舶价款中优先拨付。船舶扣押后,海事请求人依据《海事诉讼程序法》第19条的规定,向其他有管辖权的海事法院提起诉讼的,可以由扣押船舶的海事法院继续实施保全措施。

(二)限制转让、抵押等处分行为

人民法院允许当事人申请对船舶采取限制转让、抵押等处分行为的保全措施。《海事诉讼程序法》第三章规定了船舶扣押作为一种保全措施,同时该法第27条规定,海事法院裁定对船舶实施保全后,经海事请求人同意,可以采取限制船舶处分或者抵押等方式允许该船舶继续营运。《海诉法解释》第29条将此种继续营运的保全措施限制在当航次。实践中,不少海事请求人只申请法院对船舶采取限制处分的保全措施,不要求扣押船舶限制其营运,《海事诉讼程序法》虽然只对扣押船舶作出明确规定,但并未禁止对船舶采取其他形式的保全措

[1] 参见罗东川等:《〈关于扣押与拍卖船舶适用法律若干问题的规定〉的理解与适用》,载《人民司法(应用)》2015年第7期。

施。限制处分这种方式有助于充分发挥船舶使用价值,《扣船规定》根据实践需要进一步明确,海事请求人申请对船舶采取限制处分或者抵押等保全措施的,海事法院可以依照《民事诉讼法》的有关规定,裁定准许并通知船舶登记机关协助执行。

海事请求保全中,因部分船东故意安排对船舶采取限制处分的保全措施,再以不得重复保全为由,对抗海事请求人提出的扣押船舶申请。这也是反对放开对船舶采取其他保全措施的主要原因,[1]因此,《扣船规定》明确,对船舶采取限制性保全措施不影响其他海事请求人申请扣押船舶,从而防止限制处分的保全措施被滥用。

海事请求人对扣押船舶价款的受偿与是否采取保全措施以及保全措施采取的时间先后没有必然联系,已经采取限制处分保全措施的请求人,按照海事请求的性质确定受清偿的顺位,可以参加扣押船舶拍卖的债权登记与受偿,对于海事法院是否可以限制船舶光租,要求协助义务机关不予办理船舶光租手续,《扣船规定》虽然没有明确,实践中应该准许请求人的该种保全申请。

三、海事保全担保

海事担保包括海事请求保全、海事强制令、海事证据保全程序中发生的担保。对扣船的保全申请,海事法院一般都要求请求人提供担保。采取保全措施前如海事法院已经获知被请求人有出售船舶的正常经营需要,或采取保全措施后,被请求人提出复议,海事法院经审查,认为被请求人确有出售船舶或抵押船舶客观需要的,应根据具体情况按可能造成的损失要求请求人提供担保。对于扣押尚在建造中的船舶以及休渔期的渔船,不要求请求人提供担保。船舶、船载货物等财产被扣押后,海事法院接受被请求人提供的企业一般信誉担保以释放船舶,保全措施一般不会造成损失,可以不要求请求人提供反担保。

(一)担保金额

《海事诉讼程序法》第 76 条第 2 款规定,海事请求人提供担保的数额,应当相当于因其申请可能给被请求人造成的损失。海事诉讼不同于民事诉讼,船舶

---

〔1〕 参见罗东川等:《〈关于扣押与拍卖船舶适用法律若干问题的规定〉的理解与适用》,载《人民司法(应用)》2015 年第 7 期。

作为特殊的保全对象,价值高且不可分。如何估算可能造成的损失,实践中尺度不一。一般情况下,担保的具体数额由海事法院决定,海事法院对于申请扣押船舶需要提供的担保数额,有较大自由裁量权,决定提供担保的标准不一,或者与债权等额,或者与船舶等值,或者按照30日的船舶租金金额计算担保金额。《扣船规定》对担保数额设定了较为明确的计算标准。海事请求人申请扣押船舶所需要提供担保的具体数额,应相当于船舶扣押期间可能产生的各项维持费用与支出、因扣押造成的船期损失和被请求人为使船舶解除扣押而提供担保所支出的费用。船舶扣押后,海事请求人提供的担保不足以赔偿可能给被请求人造成的损失的,海事法院应责令其追加担保。

(二)免除担保

保全请求人无须提供担保的情形主要存在四种情况:一是请求依法确定能被支持,保全不存在错误的可能性;二是请求虽存在依法被驳回的可能性,但保全措施不会造成被请求人财产损失;三是请求虽有得不到裁决支持的可能性,且可能造成损失,但请求人有明显承担责任的能力,不会发生保全错误损害赔偿执行不能的问题;四是请求人为缺乏担保能力的弱势群体,如基于船员劳务合同纠纷、海上及通海水域人身损害赔偿纠纷申请扣押船舶的案件,且事实清楚、权利义务关系明确的,海事法院可以不要求提供担保。

(三)担保形式

非海事请求案件的保全法院,一般都会接受金融机构出具的独立保函作为申请保全的担保,海事法院不一定接受金融机构出具的独立保函。海事法院接受财产保全责任保险作为保全担保,亦无统一的规范要求。

(四)释船保函

海事实践中,被保全人为解除船舶扣押,向人民法院提供释船保函,用于替换被扣押船舶,对该保函性质,有观点认为属于独立保函,还有观点认为是担保法上的保证担保。释船保函的本质应为被扣押船舶的替代物,应界定为诉讼法上的担保。

(五)海事请求人担保的返还

案件终审后,海事请求人申请返还其所提供担保的,海事法院应将该申请告知被请求人,被请求人在30日内未提起相关索赔诉讼的,海事法院可以准许海事请求人返还担保的申请。被请求人同意返还,或生效法律文书认定被请求人负有责任,且赔偿或给付金额与海事请求人要求被请求人提供担保的数额基本相当的,海事法院可以直接准许海事请求人返还担保的申请。

四、涉外非海事请求仲裁保全的适用

2008年,最高人民法院针对山东省高级人民法院的请示予以答复认为,财产保全属于诉讼法律关系范畴,不属于契约性和非契约性商事法律关系所引起的争议,中国法院享有排他的管辖权,仲裁庭无权仲裁。仲裁庭裁决依据我国法律不能通过仲裁解决的争议事项,应不予承认和执行。[1] 我国仲裁财产保全也不适用其他仲裁地国家或地区的法律,当事人既然选择仲裁解决纠纷,就需要按被保全财产所在地法律规定申请财产保全。当事人申请财产保全的,由仲裁机构向财产所在地法院转交申请,排除了当事人在仲裁中直接向法院申请财产保全的权利。现行程序法和其他双边或多边司法协助条约,并未赋予境外仲裁纠纷当事人在仲裁前或仲裁中向我国法院申请非海事请求保全的程序权利,但我国香港特别行政区和澳门特别行政区仲裁机构仲裁的案件除外。

【制定背景】

1952年《扣押海运船舶的国际公约》第一次以国际法的形式对扣押船舶问题作了规定,1985年《统一扣押海运船舶若干规定的国际公约修正案》,增加了新的海事请求类型,把申请扣船的海事请求增加到22项。1999年《国际船舶扣押公约》以及《承认外国司法出售船舶公约(草案)》都对海事请求保全问题作出了规定。

为确保我国船舶扣押、拍卖制度与国际接轨,最高人民法院借鉴了国际条

---

〔1〕 参见《最高人民法院关于不承认和执行国际商会仲裁院仲裁裁决的请示与复函》(〔2008〕民四他字第11号)。

约的有关内容,先后颁布过很多有关船舶扣押方面的司法解释,如《最高人民法院在扣船规定出台前关于扣船程序的批复》《关于海事法院诉讼前扣押船舶的具体规定》《关于强制变卖被扣押船舶清偿债务的具体规定》《关于海事法院拍卖被扣押船舶清偿债务的规定》。2015 年 3 月 1 日,《扣船规定》开始实施,该司法解释统一了海事扣船与拍卖司法标准,规范了船舶扣押与拍卖司法程序,成为海事法院开展海事请求保全工作的基本法律依据,此前关于扣押、拍卖船舶的司法解释也已经废止,不再适用。

可见,海事请求保全属于特殊财产保全,其个性大于共性,目前还无法纳入财产保全立法整体框架中,虽然兼顾海事请求保全的特殊性和一般性,可以节省立法资源,减少不同法律规范之间的冲突,增加体系的协调性,但现有海事请求保全的实践运行较为顺畅,改变现有规则的需求并不迫切,故仍适用《海事诉讼程序法》及相关司法解释的规定。

【实务操作指引】

海事请求保全不限于船舶、船载货物、船用燃油和船用物料,可以扩大至被请求人的其他财产。对于除船舶、船载货物、船用燃油、船用物料以外其他财产保全申请的受理和审查,各海事法院应统一操作流程。

一、对其他财产的保全

《海诉法解释》第 18 条规定:“海事诉讼特别程序法第十二条规定的被请求人的财产包括船舶、船载货物、船用燃油以及船用物料。对其他财产的海事请求保全适用民事诉讼法有关财产保全的规定。”海事案件中,存在两种保全方式:一是以扣押船舶为主的海事请求保全,二是在海事案件中查封被告其他普通财产如银行账户、到期债权和动产、不动产的财产保全。扣押船舶效果最为明显,有利于原告实体请求的实现,如果争议标的不是船舶本身或扣押船舶不足以清偿原告的债权,没有严格限制一定要保全船舶,海事请求人可以请求海事法院对被请求人其他财产采取保全措施,如申请对银行账户资金进行保全。

二、申请扣押船舶所需材料

申请扣船,申请人要向海事法院提交扣押申请书及相关证据。申请书要注明申请人、被申请人名称，扣押船舶名称、靠泊时间、地点，申请扣押船舶的事实和理由以及要求提供担保的数额，申请人在申请书上签字盖章，证据内容应当与申请书记载事项有关。海事请求人提供担保，需要提供申请人主体资格材料、授权委托书、法律文书送达地址确认书、其他物权或债权凭证、提单、理货报告、海事报告、货损通知书等。

【相关法律法规】

《民事诉讼法》第103条、第104条；《海事诉讼程序法》第12~50条；《海诉法解释》第18~40条；《扣船规定》第1~25条；《民法典》第25条；《海商法》第9条。

第十六章　特殊程序中的财产保全和特殊财产保全

一、特定程序中的财产保全

(一)变更、追加当事人程序中的财产保全

《变更追加当事人规定》第 29 条涉及变更追加当事人审查程序中的财产保全问题,即执行法院审查变更、追加被执行人申请期间,申请人申请对被申请人的财产采取查封、扣押、冻结措施的,执行法院应当参照《民事诉讼法》第 103 条的规定办理。申请执行人在申请变更、追加第三人前,向执行法院申请查封、扣押、冻结该第三人财产的,执行法院应当参照《民事诉讼法》第 104 条的规定办理。从上述规定内容看,变更追加程序启动前和启动后都可以申请财产保全,以避免变更追加被执行人裁定生效后的案件出现无法执行或者难以执行的风险。在该裁决程序中,尤其是在个人独资企业不能清偿生效法律文书确定的债务,申请执行人申请追加其投资人为被执行人,追加普通合伙人及未按期足额缴纳出资的有限合伙人为被执行人,追加未缴纳或未足额缴纳出资的股东、出资人或依公司法规定对该出资承担连带责任的发起人为被执行人,追加抽逃出资的股东、出资人为被执行人,追加未依法履行出资义务即转让股权的原股东或依公司法规定对该出资承担连带责任的发起人为被执行人,申请追加一人有限公司股东为被执行人,未经清算即办理注销登记,导致公司无法进行清算,申请变更、追加有限责任公司的股东、股份有限公司的董事和控股股东为被执行人的情形,追加申请受理前及审查过程中采取财产保全措施实属必要。

变更追加程序启动前采取保全措施,因申请执行人是否最终提起该程序,具有不确定性,申请人应当提供担保,对于在程序审查过程中采取保全措施的,

一般应当提供担保,因申请执行人提起的变更追加程序,不一定能得到人民法院的支持,不提供担保,有可能损害被申请追加人的合法权益。[1]

(二)执行和解过程中的财产保全

《执行和解规定》第 14 条涉及当事人就和解协议履行提起诉讼过程中的保全问题。执行过程中,被执行人一方不履行执行和解协议的,申请执行人可以申请恢复执行原生效法律文书,也可以就履行执行和解协议向执行法院提起诉讼。当事人、利害关系人认为执行和解协议无效或者应予撤销的,可以向执行法院提起诉讼。被执行人以执行和解协议无效或者应予撤销为由,也可以提起诉讼,申请执行人就履行执行和解协议提起诉讼,执行法院受理后,可以裁定终结原生效法律文书的执行。执行中的查封、扣押、冻结措施,自动转为诉讼中的保全措施。因执行和解协议引发的诉讼,多数由申请执行人提起,少数情况下由利害关系人提起。如果由申请执行人提起,执行中已经采取的控制性执行措施可以转化为保全措施,无须另行申请财产保全,也无须提供担保;如果执行法院并没有采取相应的控制性财产措施,申请执行人提起诉讼后,需要采取保全措施的,依然按照《民事诉讼法》第 103 条的规定处理。利害关系人一般因财产被当事人纳入执行和解协议,作为履行标的,为撤销协议向人民法院提起诉讼,申请人也可以对该标的财产申请采取保全措施。对于被执行人以执行和解协议无效或者应予撤销为由提起诉讼的,不影响申请执行人申请恢复执行。申请执行人既可以选择继续执行原生效执行依据,也可以在不恢复执行的前提下,申请对和解协议约定标的财产采取保全措施。[2]

(三)撤销仲裁裁决和裁定不予执行仲裁裁决的财产保全

申请撤销仲裁裁决、不予执行仲裁裁决案件司法审查期间,当事人、案外人申请对已查封、扣押、冻结财产之外的财产采取保全措施的,负责审查的人民法院参照《民事诉讼法》第 103 条的规定处理。司法审查后仍需继续执行的,保全措施自动转为执行中的查封、扣押、冻结措施;采取保全措施的人民法院与执行

---

[1] 参见《变更追加规定》第 29 条、第 31 条规定。

[2] 《执行和解规定》第 14 条规定:"申请执行人就履行执行和解协议提起诉讼,执行法院受理后,可以裁定终结原生效法律文书的执行。执行中的查封、扣押、冻结措施,自动转为诉讼中的保全措施。"

法院不一致的，应当将保全手续移送执行法院，保全裁定视为执行法院作出的裁定。

人民法院裁定撤销仲裁裁决或者基于被执行人申请裁定不予执行仲裁裁决，原被执行人申请执行回转或者解除强制执行措施的，人民法院应当支持。原申请执行人对已履行或者被人民法院强制执行的款物申请保全的，人民法院应当依法准许；原申请执行人在人民法院采取保全措施之日起30日内，未根据双方达成的书面仲裁协议重新申请仲裁或者向人民法院起诉的，人民法院应当裁定解除保全。[1]

（四）不予执行公证债权文书的财产保全

《公证债权执行规定》施行以前，经公证的债权文书具有不可诉性。[2] 2008年12月26日，最高人民法院就江苏、重庆等高级人民法院的请示，对关于当事人对具有强制执行效力的公证债权文书的内容有争议提起诉讼人民法院是否受理的问题，进行了批复，规定经公证的以给付为内容并载明债务人愿意接受强制执行承诺的债权文书依法具有强制执行效力。债权人或者债务人对该债权文书的内容有争议直接向人民法院提起民事诉讼的，人民法院不予受理。但公证债权文书确有错误，人民法院裁定不予执行的，当事人、公证事项的利害关系人可以就争议内容向人民法院提起民事诉讼。该批复排除了债权人和债务人的诉权。因除在执行程序中裁定不予执行外，债权人不能提起诉讼，继而无法通过诉前保全程序及时对债务人的财产采取控制性措施。

《公证债权执行规定》赋予了经公证赋予强制执行效力的债权文书当事人的诉权，对于公证债权文书申请执行前的保全问题，也没有作出明确规定，财产保全程序与强制执行公证的衔接，仍存在制度上的障碍。尤其是在公证债权文书确定的履行期间届满，债权人向公证机构申请出具执行证书时，因执行证书的出具还有一个债务核实的过程，债务人可能存在转移财产、逃避债务、设定财产负担等使以后公证债权文书难以执行的行为，此时是否可以申请财产保全，是直接向人民法院申请诉前保全还是通过公证机关转交保全申请，都需要立法

〔1〕参见《最高人民法院关于人民法院办理仲裁裁决执行案件若干问题的规定》第21条。

〔2〕参见《最高人民法院关于当事人对具有强制执行效力的公证债权文书的内容有争议提起诉讼人民法院是否受理的批复》（法释〔2008〕17号），最高人民法院审判委员会第1457次会议通过，2008年12月26日施行。

上予以确定。因采取诉前保全需要申请人在人民法院采取保全措施后30日内依法提起诉讼或者申请仲裁,否则人民法院应当解除保全。但公证债权文书的债权人在向公证机关申请执行证书时,还不能确定公证机关是否一定能出具执行证书,而且出具执行证书后,债权人也只能申请强制执行,而不能提起诉讼,不能按照《民事诉讼法》第103条的规定采取诉前保全的手段。即使人民法院允许在申请执行证书时,可以采取保全措施,但因保全与公证债权文书执行程序的衔接缺乏依据,也会导致债权人因无法在30日内提起诉讼或申请执行,人民法院要解除对被保全财产采取的保全措施,债务人不仅可能转移财产,还可能发生其他司法机关查封,取得了首封处置权,公证债权文书的债权人作为抵押权人的优先受偿权不能及时得到满足的情况。

《公证债权执行规定》涉及的财产保全主要包括以下情况:

一是债权人以公证债权文书和执行证书向人民法院申请执行时,存在《公证债权执行规定》第5条规定情形的,人民法院裁定不予受理或者驳回执行申请,债权人自裁定送达之日起10日内向上一级人民法院申请复议及复议审查期间,债务人有转移财产、逃避债务可能的,可以向人民法院申请对债务人的财产进行保全。

二是申请复议期满未申请复议,或者复议申请被驳回的,当事人可以就公证债权文书涉及的民事权利义务争议向人民法院提起诉讼,按照普通民事诉讼申请财产保全。[1]

三是公证机关虽然出具了公证债权文书,但决定不予出具执行证书的,当事人也可以就公证债权文书涉及的民事权利义务争议直接向人民法院提起诉讼,按照普通民事诉讼申请财产保全。[2]

四是债务人申请不予执行公证债权文书的,因人民法院在审查期间,并不停止执行,不需要对债务人财产额外采取保全措施。

---

〔1〕 参见《最高人民法院关于公证债权文书执行若干问题的规定》(法释〔2018〕18号,2018年6月25日最高人民法院审判委员会第1743次会议通过,自2018年10月1日起施行)第5条、第7条。对不予受理和驳回执行申请的,债权人无须提出异议,即可向上一级人民法院提出复议。而《北京市法院执行局局长座谈会(第七次会议)纪要》第3条则规定先要提出异议,异议被驳回后方可申请上级法院复议。对于复议裁定驳回债权人复议申请的,债权人应在何种期限内提起诉讼,上述司法解释没有明确,应理解为在诉讼时效期间内起诉。

〔2〕 参见中国公证协会《办理具有强制执行效力债权文书公证及出具执行证书的指导意见》第14条规定关于不予出具执行证书的4种情形。

五是公证债权文书被裁定不予执行的，当事人可以就该公证债权文书涉及的民事权利义务争议向人民法院提起诉讼，按照普通民事诉讼申请财产保全。

六是公证债权文书进入执行程序后债权人又提起诉讼的，诉讼案件受理后，人民法院可以裁定终结公证债权文书的执行，对于已经采取的查封、扣押、冻结措施，如果债权人申请财产保全的，自动转化为保全措施。

七是如果利害关系人对公证债权文书提起诉讼，因不影响人民法院对公证债权文书的执行，债权人无须单独申请对在案财产进行保全。

（五）破产程序与财产保全

关于财产保全程序如何与破产程序有效衔接，现有法律和司法解释未能妥善解决。从申请破产到法院裁定受理，破产法院需要一定时间进行审查，债务人可能在破产受理前对个别债权人进行清偿或者转移财产，《德国破产法》规定了破产申请审查期间的债务人财产保全制度，其破产启动程序中的财产保全措施对我国破产法的完善具有很强的借鉴价值。我国“有必要引入一个外部的具有独立性、中立性和专业性的第三人监督甚至负责这一阶段的企业运行、同时辅以诸如强制执行禁止、变价担保物禁止和取回禁止等制度，防止债权人个别清偿和用于维持债务人经营的财产被瓜分，损害债务人财产价值，降低债务人重整的机会”。[1]

（六）第三人撤销之诉中的财产保全

《民事诉讼法》第 59 条第 3 款涉及第三人撤销之诉，对诉讼标的有独立请求权的第三人或对诉讼标的无独立请求权但同案件处理结果有法律上的利害关系的第三人，因不能归责于本人的事由未参加诉讼的，但有证据证明发生法律效力的判决、裁定、调解书的部分或者全部内容错误，损害其民事权益的，可以自知道或者应当知道其民事权益受到损害之日起六个月内，向作出该判决、裁定、调解书的人民法院提起诉讼。第三人撤销之诉侵害民事权益通常是指原《侵权责任法》第 2 条规定的权益及法律明确规定的享有优先权的债权或享有撤销权的债权，但从打击虚假诉讼保护案外人合法权益出发，前诉存在虚假诉

---

〔1〕 参见葛平亮：《德国破产法：破产程序启动前的财产保全制度 | 破产池语》，载微信公众号“天同诉讼圈”2018 年 5 月 10 日，https://mp.weixin.qq.com/s/oKvX00V7ltvxcv-U6DlXaQ。

讼且无法经由常规救济程序进行救济的普通债权人也可提起第三人撤销之诉。[1] 第三人或因不知诉讼而未参加,或是申请参加未获准许或因客观原因无法参加,在第三人提起第三人撤销之诉时,原判决、裁定、调解书可能已经生效进入执行程序,而第三人撤销之诉案件审理期间,原则上不中止生效裁判文书的执行,由此可能导致第三人受到侵害的民事权益存在日后无法恢复之虞,因此,允许在第三人撤销之诉中申请保全实属必要。第三人撤销之诉案件审理期间,原告提供充分、有效的担保,申请对生效裁判文书主文确定的特定标的物(权利)或者特定权利对应的款项采取保全措施,原告主张原案构成虚假诉讼的,也可以申请对原案当事人依据生效裁判文书取得的财产或者对应的等值财产进行保全。经审查认为其申请符合法律规定的,可以准许。但该特定标的物(权利)或者特定权利对应的款项已经被采取执行措施的,告知原告申请中止执行。因第三人撤销之诉的裁判结果具有不确定性,此时原告申请中止执行对原诉债权人的利益造成影响,原告必须提供充分、有效的担保,但生效裁判文书已经执行完毕的除外。[2]

(七)家事事件中的保全

我国台湾地区学者将家事事件定义为自民法亲属编、继承编、家庭暴力防治法及其他涉家庭成员法律关系与儿童少年、精神卫生等法规所规定之因亲属、配偶、同性结合、婚约、同居、监护等类关系之主体间,基于身份或照料保护关系所产生之身份上请求或财产性请求,或因而衍生之照护、管理、安置与保护之事件。[3] 台湾地区“家事事件法”根据家事事件类型之讼争性强弱程度、当事人或利害关系人对程序标的所享有之处分权限范围及需求法院职权裁量以迅速裁判程序的不同,将性质相近的事件类型归为甲、乙、丙、丁、戊

[1] 参见最高人民法院民事审判第二庭编著:《〈全国法院民商事审判工作会议纪要〉理解与适用》,人民法院出版社 2020 年版,第 608 页。

[2] 参见 2020 年《浙江省高级人民法院审理第三人撤销之诉案件疑难问题解答》。

[3] 参见姜世明:《家事事件法论》(第 5 版),台北,元照出版有限公司 2019 年版,第 3 页。

五大类。[1] 我国大陆并未将家事事件单行立法，其实体规则主要规定于《民法典》《反家庭暴力法》等，程序规则适用《民事诉讼法》。

婚姻家庭纠纷中的财产纠纷、继承纠纷案件，为防止部分当事人事先转移财产造成日后判决无法执行，应当允许当事人申请财产保全，当事人可依据《民事诉讼法》第 103 条、第 104 条、《保全规定》申请财产保全。出于照顾弱势群体的考虑，《保全规定》第 9 条明确规定，对于追索赡养费、扶养费、抚育费以及婚姻家庭纠纷案件中遭遇家庭暴力且经济困难的，人民法院可以不要求提供担保。此外，在婚姻家庭纠纷中，还可以申请行为保全，如因遭受家庭暴力或者面临家庭暴力现实危险的当事人，可以向人民法院申请人身安全保护令，禁止被申请人实施家庭暴力、骚扰、跟踪、解除申请人及其相关近亲属等行为。[2]

（八）行政诉讼中的财产保全

《行政诉讼法》第 101 条规定，涉及行政诉讼中的财产保全，《行政诉讼法》没有规定的，适用《民事诉讼法》的相关规定。《行政诉讼法解释》吸收《民事诉讼法》诉讼保全和诉前保全的规定，并结合行政诉讼的特点，对行政诉讼中的保全作了进一步规制。第 76 条规定，人民法院对于因一方当事人的行为或者其他原因，可能使行政行为或者人民法院生效裁判不能或者难以执行的案件，根据对方当事人的申请，可以裁定对其财产进行保全、责令其作出一定行为或者禁止其作出一定行为；当事人没有提出申请的，人民法院在必要时也可以裁定采取上述保全措施。第 78 条将保全的范围限于请求的范围，或者与本案有关的财物。从上述规定的内容来看，行政诉讼中的保全既可以依申请，也可以依职权作出。既可以由行政机关作为保全申请人，确保行政行为未来得到执行，

---

〔1〕 甲类事件包括：(1)确认婚姻无效、婚姻关系不存在或不存在事件；(2)确认母再婚后所生子女生父事件；(3)确认亲子关系存在或不存在事件；(4)确认收养关系存在或不存在事件。乙类事件包括：(1)撤销婚姻事件；(2)离婚事件；(3)否认子女、认领子女事件；(4)撤销收养、撤销终止收养事件。丙类事件包括：(1)因婚约无效、解除、撤销、违反婚约之损害赔偿、返还婚约赠与物事件；(2)因婚姻无效、撤销婚姻、离婚、婚姻消灭之损害赔偿事件；(3)夫妻财产之补偿、分配、分割、取回、返还及其他因夫妻财产关系所生请求事件；(4)因判决终止收养关系给予相当金额事件；(5)因监护所生损害赔偿事件；(6)因继承回复、遗产分割、特留分、遗赠、确认遗嘱真伪或其他继承关系所生请求事件。宣告死亡事件、撤销死亡宣告事件、失踪人财产管理事件、监护或辅助宣告事件等属于丁类事件。夫妻同居事件、给付家庭生活费事件、宣告改用分别财产制事件、变更子女姓氏事件等属于戊类事件。

〔2〕 参见《反家庭暴力法》第 23 条至第 32 条。

如保全行政相对人的财产以实现行政处罚的目的。也可由行政相对人作为保全申请人,需要注意的是,行政相对人申请保全的财产,既可能是行政机关的财产,也可能是行政相对人所有但已被行政机关控制的财产,还有可能是第三人的财产(如行政机关补贴给第三人的拆迁补偿款)。[1]

(九)支付令失效转入诉讼的财产保全

一些债权债务关系明确,给付标的为金钱、有价证券的案件,通过督促程序可以有效减少当事人的诉累实现债权,债务人未在规定期限内提出异议又不清偿债务的,当事人可以持支付令直接向法院申请执行。[2] 若支付令失效的,则转入诉讼程序,但申请支付令的一方当事人不同意提起诉讼的除外。不同意起诉的,应自收到终结督促程序裁定之日起7日内向受理申请的人民法院表明不同意提起诉讼,否则视为向受理申请的人民法院起诉。债权人提出支付令申请的时间,即为向人民法院起诉的时间。实践中,部分当事人利用支付令失效自动转入诉讼程序的规则,在申请支付令的同时申请诉前保全,若债务人提出异议,支付令失效转入诉讼程序,满足申请人必须在人民法院采取诉前保全措施后30日提起诉讼或仲裁的条件,为债权实现增加保障。《最高人民法院关于适用督促程序若干问题的规定》禁止申请支付令与诉前保全同时适用,[3]因此上述做法缺乏法律支撑。[4] 但随着该规定被废止,诉前保全与督促程序可以更好地结合发挥保障债权人合法权益的作用。

(十)股东解散公司诉讼中的财产保全

依据《公司法解释(二)》第3条,股东提起解散公司诉讼时,向人民法院申请财产保全或者证据保全的,在股东提供担保且不影响公司正常经营的情形

---

[1] 参见(2021)苏1291行初42号行政裁定书。

[2] 《民事诉讼法解释》第223条规定:“人民法院受理申请后,经审查债权人提供的事实、证据,对债权债务关系明确、合法的,应当在受理之日起十五日内向债务人发出支付令;申请不成立的,裁定予以驳回。债务人应当自收到支付令之日起十五日内清偿债务,或者向人民法院提出书面异议。债务人在前款规定的期间不提出异议又不履行支付令的,债权人可以向人民法院申请执行。”

[3] 《最高人民法院关于适用督促程序若干问题的规定》第5条规定:“人民法院受理债权人的支付令申请后,经审理,有下列情况之一的,应当裁定驳回申请:……(四)债权人申请支付令之前已向人民法院申请诉前保全,或者申请支付令同时又要求诉前保全。”

[4] 参见(2013)南民督字第00012号民事裁定书。

下,人民法院可予以保全。股东请求解散公司的诉请得到支持的,法院将判决公司解散,该裁判本身并不具备给付内容,股东可依据该判决要求公司成立清算组进行清算。因此有观点认为,股东解散公司诉讼中并无财产保全的适用空间,股东无法依据该判决向法院申请执行公司财产。但根据《公司法》第182条的规定,股东解散公司诉讼主要发生在公司经营管理发生严重困难,继续存续会使股东利益受到重大损失,通过其他途径不能解决的情况下,表明公司治理机制失灵,若不对公司资产或合同账簿等资料进行保全,将对公司解散后的清算造成障碍,故应允许股东申请对公司财产进行保全。[1] 但《公司法解释(二)》第3条也对财产保全设定了限制条件,一是股东必须提供担保,二是不影响公司正常经营。

(十一)法院强制清算程序中的财产保全

《公司清算会议纪要》第27条规定,人民法院受理强制清算申请后,公司财产存在被隐匿、转移、毁损等可能影响依法清算情形的,人民法院可依清算组或者申请人的申请,对公司财产采取相应的保全措施,但强制清算中的财产保全不同于诉讼和仲裁保全,具有自身的鲜明特点:(1)属于程序中保全,申请人只能在法院受理强制清算申请后提出;(2)必须由当事人提出申请,法院不得依职权实施;(3)申请人可以是清算组,也可以是申请对公司进行强制清算的申请人;(4)必须有采取保全措施之必要性,如存在或可能存在公司财产被隐匿、转移、毁损的情形;(5)申请人无须提供担保。另,如公司解散案件中已采取财产保全措施,在判令公司解散的判决生效后,该保全措施不宜马上解除,债权人或者股东在30日内提出强制清算申请并提起财产保全申请的,公司解散案件中采取的财产保全措施可以延续至强制清算程序。[2]

(十二)票据纠纷中的财产保全

依据《票据纠纷司法解释》第1条,票据纠纷包括行使票据权利产生的纠纷和行使非票据权利产生的纠纷。票据权利是持票人以取得票据金额为目的,依

---

〔1〕 参见最高人民法院民事审判第二庭编著:《最高人民法院关于公司法司法解释(一)、(二)理解与适用》,人民法院出版社2015年版,第164~167页。

〔2〕 参见最高人民法院民事审判第二庭编著:《最高人民法院关于公司法解释(三)、清算纪要理解与适用:注释版》,人民法院出版社2016年版,第574~577页。

据票据所赋予的、对票据行为的关系人所行使的支付金钱请求权,[1]行使票据权利产生的纠纷包括票据付款请求权纠纷、票据追索权纠纷。非票据权利,“是指基于《票据法》的规定而产生的、与票据有关的但不是由票据行为直接产生的权利,是票据价款以外的债权关系”。[2] 包括票据交付请求权纠纷、票据返还请求权纠纷、票据损害责任纠纷、票据利益返还请求权纠纷、汇票回单签发请求权纠纷、票据保证纠纷、确认票据无效纠纷、票据代理纠纷、票据回购纠纷。

从上述票据纠纷的类型来看,既有以金钱给付为内容的,也有以物之交付为内容的,也有确认法律关系为内容的,因此票据纠纷中财产保全,既可能涉及对特定票据及票据权利采取保全措施,也可能涉及对被申请人的其他财产采取保全措施。对后者的保全适用《民事诉讼法》《保全规定》中财产保全的有关规定,而对前者能否采取保全措施,在《票据纠纷司法解释》出台之前存在争议。[3] 《票据纠纷司法解释》采折中做法,除法律及司法解释有明确规定的情形外,不轻易对票据采取保全措施,在保障票据正常流通的同时防止当事人利用票据的无因性规避法律。第 7 条对可以保全的情形进行了列举,“人民法院在审理、执行票据纠纷案件时,对具有下列情形之一的票据,经当事人申请并提供担保,可以依法采取保全措施或者执行措施:(一)不履行约定义务,与票据债务人有直接债权债务关系的票据当事人所持有的票据;(二)持票人恶意取得的票据;(三)应付对价而未付对价的持票人持有的票据;(四)记载有‘不得转让’字样而用于贴现的票据;(五)记载有‘不得转让’字样而用于质押的票据;(六)法律或者司法解释规定有其他情形的票据。”从上述规定内容可以总结出对票据采取保全措施的一般原则,即持票人不享有票据权利或者被起诉要求确认其不享有票据权利。

(十三)对证券结算资金和托管证券的保全

有关证券结算资金和托管证券的保全及执行,最高人民法院、最高人民检

---

[1] 票据请求权有两次请求权,首先表现为向票据主债务人主张的付款请求权,其次表现在付款请求权未果或有其他法定原因时,向背书人、出票人以及主债务人以外的其他债务人行使票据金额和有关必要费用的请求权。参见曹守晔主编:《审理票据纠纷案件规定理解与适用》,法律出版社 2022 年版,第 26 页。

[2] 曹守晔主编:《审理票据纠纷案件规定理解与适用》,法律出版社 2022 年版,第 26 页。

[3] 反对保全的观点认为,票据属于流通证券,任何单位都不应当对票据采取保全措施。支持的观点则认为,票据是一种财产形式,对票据进行保全,于法有据。

察院、公安部、中国证券监督管理委员联合出台关于查询、冻结、扣划证券和证券交易结算资金有关问题的通知。根据该通知,人民法院冻结自然人、法人证券账户和资金账户、证券交收账户和资金交收账户内的证券或资金。在证券公司托管的证券,既可以在托管的证券公司办理,也可以在证券登记结算机构办理。不同的执法机关同一交易日分别在证券公司、证券登记结算机构对同一笔证券办理冻结手续的,证券公司协助办理的为在先冻结。保全未在证券公司或者其他托管机构托管的证券或者证券公司自营证券的,应向证券登记结算机构办理。需要注意的是,《证券法》对登记结算机构的清算财产予以特殊保护,在交收完成之前,任何人不得动用证券登记结算机构按照业务规则收取并存放于专门清算交收账户内用于交收的几类特定证券、资金。如果这几类证券资产被允许强制执行,将会导致这些财产无法交付给交易对手方,进而破坏正常交收秩序,并最终导致无辜投资者合法权益遭到损害。

(十四)抵押权实现程序中的保全

《民事诉讼法》第203条、第204条是关于担保物权实现特别程序的规定,担保物权人以及其他有权请求实现担保物权的人依照《民法典》等法律,向担保财产所在地或者担保物权登记地基层人民法院提出实现担保物权的请求。申请人在对担保物已经享有担保物权的情况下申请保全担保物的,是否应予准许,实践中存在不同做法。反对的观点认为,债权人对担保物享有法定优先受偿权,又提出财产保全没有法律意义,并且债权人为申请保全而支出的保全责任保险费作为实现债权的费用平添担保人的负担。但《执行规定》关于"对参与被执行人财产的具体分配,应当由首先查封、扣押或冻结的法院主持进行。首先查封、扣押、冻结的法院所采取的执行措施如系为执行财产保全裁定,具体分配应当在该院案件审理终结后进行"之规定表明,若担保物被其他当事人查封,将影响担保物的实现程序。赋予担保物权人申请财产保全的权利,符合财产保全保障债权得以实现的立法目的。

(十五)信用证纠纷、独立保函纠纷中的保全

《最高人民法院关于审理信用证纠纷案件若干问题的规定》第9条对信用证欺诈的司法救济程序作出规定,开证申请人、开证行或者其他利害关系人发现存在信用证欺诈情形,并认为将会给其造成难以弥补的损害时,可以向有管

辖权的人民法院申请中止支付信用证项下的款项。当事人既可以在诉讼前也可以在诉讼中提出前述申请。申请中止支付信用证的条件包括:(1)需要向对该信用证纠纷案件有管辖权的法院提起;(2)释明中止支付的必要性,即如不采取中止支付信用证项下款项的措施,将会使申请人的合法权益受到难以弥补的损害;(3)提供可靠、充分的担保;(4)提供证明存在信用证欺诈的证据;(5)不存在信用证欺诈例外的情形。[1] 当事人对中止支付裁定有异议的,可向上一级人民法院申请复议。[2]《最高人民法院关于审理信用证纠纷案件若干问题的规定》虽未规定中止支付的期限,但实践中法院将依据《民事诉讼法》第104条在裁定中载明,申请人应当在法院采取保全措施后三十日内依法提起诉讼或者申请仲裁,逾期不起诉或者未申请仲裁的,将解除财产保全。从上述规定来看,信用证欺诈情况下人民法院裁定中止支付信用证项下款项有关保全的条件和程序的规定,基本是根据《民事诉讼法》关于财产保全的规定设置的,同时又根据信用证纠纷案件的特殊情况做了部分调整。[3]

但关于信用证止付的法律性质一直存在争议,申请中止支付信用证项下款项应属行为保全而非财产保全。

首先,从保全类型的内涵分析,财产保全是对当事人、利害关系人的财产采取查封、扣押、冻结等措施,以限制当事人、利害关系人行使财产处分权。行为保全是责令当事人、利害关系人作出一定的行为或者禁止作出一定的行为。[4] 人民法院作出的中止支付信用证项下款项的裁定,通常表述为,中止××银行(开证行)向××(被申请人)支付××信用证项下的款项××,金额为××元。其内容是禁止开证行支付款项,并未对开证行或被申请人的财产进行控制限制其处分。在开证行尚未将款项支付给被申请人之前,该款项并非被申请人的财产。从申请人的角度,认定存在信用证欺诈是对债权债务关系的否定,开户行无须向被申请人支付款项,自然也无法将申请中止支付视同是对被申请人

---

〔1〕即《最高人民法院关于审理信用证纠纷案件若干问题的规定》第10条规定的,即便可能存在信用证欺诈,但由于开证行或其指定人、授权人已经付款或承兑,此时不能再通过司法手段干预信用证项下的付款行为。

〔2〕该做法与《民事诉讼法解释》规定的对保全裁定不服应向作出裁定的人民法院申请复议的做法不同。

〔3〕参见王玧:《〈关于审理信用证纠纷案件若干问题的规定〉的理解与适用》,载《人民司法》2006年第1期。

〔4〕参见江必新主编:《强制执行法理论与实务》,中国法制出版社2014年版,第767页。

债权的保全。因此,将信用证止付看作对受益人的对银行债权的保全也站不住脚。

其次,从制度沿革分析。中国最早应对信用证欺诈的措施是冻结信用证项下的货款。1989年最高人民法院在《全国沿海地区涉外涉港澳经济审判工作座谈会纪要》中提出,“如有充分证据证明卖方是利用签订合同进行欺诈,且中国银行在合理的时间内尚未对外付款,在这种情况下,人民法院可以根据买方的请求,冻结信用证项下货款。”实践中,一般是由法院向开证行发出《协助冻结存款通知书》。但冻结款项的做法面临制度逻辑的挑战,因为无论是冻结开证保证金,还是开证行的资产,都无法免除开证行对外付款的义务,无法起到中止银行付款的作用。[1] 随着对信用证止付性质认识的深入,要求银行止付而非冻结才能达到中止付款的目的已成为共识,2003年《最高人民法院关于严禁随意止付信用证项下款项的通知》的表述已由“冻结”转变为“止付”。由此可以看出,我国信用证止付经历了从财产保全向行为保全转变的一个过程。

再次,从比较法视野分析。信用证欺诈作为世界性问题,不同法系都有各自的应对措施。如英美法上主要通过禁令程序,在大陆法系如德国,是采取假处分措施。假处分所保全之权利为金钱请求之外请求。信用证欺诈纠纷中,开证申请人的诉请是判令开证行终止向受益人支付信用证项下的款项,即受益人丧失信用项下的付款请求权,而非要求受益人给付金钱,属于金钱请求之外的请求。我国大陆的保全制度立法受苏联影响,并未采取假扣押、假处分此类以请求权为标准分类的保全体系,而是根据保全对象的不同,分为财产保全、行为保全和证据保全。假处分虽然既包含财产保全的内容也涉及行为保全,但命当事人为一定行为的执行方法,针对的是付款行为而非财产,应属行为保全。

最后,虽然《最高人民法院关于审理信用证纠纷案件若干问题的规定》的说明提出,信用证止付有关条件和程序的规定基本上根据《民事诉讼法》财产保全的规定设置,[2]但这是受限于当时的立法状况,《最高人民法院关于审理信用证纠纷案件若干问题的规定》于2006年出台时,《民事诉讼法》仅规定了财产保全,行为保全是在2012年才被写入《民事诉讼法》,但这并不等同于信用证止付

〔1〕 参见杨帆:《论止付令的法律性质》,载《法制与经济》2008年第2期。

〔2〕 参见《最高人民法院〈关于审理信用证纠纷案件若干问题的规定〉的说明》,载《中国海商法年刊》2007年1月(第17卷)。

的性质属财产保全。而且,目前《民事诉讼法》并未对财产保全和行为保全分别设置适用的条件和程序,而是统一作出规定。以信用证止付的条件和程序是根据财产保全规定设置从而得出信用证止付属财产保全的结论,并无法理依据。

独立保函作为一种特殊信用担保,其基本借鉴和吸收信用证的运作模式。2016 年最高人民法院出台的《关于审理独立保函纠纷案件若干问题的规定》将独立保函作为一类特殊的信用证,参照《最高人民法院关于审理信用证纠纷案件若干问题的规定》的基本思路进行制定。[1] 但在保全救济上,独立保函止付又有区别于信用证止付的特殊性,一是兼具程序审查和实体审查。《关于审理独立保函纠纷案件若干问题的规定》第 14 条规定,裁定止付的条件之一是申请人提交的证据材料证明独立保函欺诈情形的存在具有高度可能性。第 16 条规定,止付裁定应列明初步查明的事实和是否准许止付申请的理由。二是止付裁定的救济方式不同。在独立担保无成文法的情况下,独立担保下的救济,以《民事诉讼法》第 103 条、第 104 条为主要的法律渊源,[2]《关于审理独立保函纠纷案件若干问题的规定》第 17 条关于当事人对止付裁定申请复议的规定与《民事诉讼法解释》一致,都是向作出裁定的人民法院申请复议,不同的是对止付裁定申请复议的期限为 10 日。但对信用证止付裁定的申请复议的,则是向上一级人民法院申请。

(十六)刑事附带民事诉讼中的财产保全

《刑事诉讼法》第 102 条规定,人民法院在必要的时候,可以采取保全措施,查封、扣押或者冻结被告人的财产。附带民事诉讼原告人或者人民检察院可以申请人民法院采取保全措施。人民法院采取保全措施,适用民事诉讼法的有关规定。财产保全与刑事扣押的主要区别是涉及财产的范围不同,刑事扣押限于被告人犯罪所得和用于犯罪的财物,而刑事财产保全则可以扩大到犯罪嫌疑人或者被告人的所有财物。但刑事司法程序中的保全不能完全适用民事诉讼保全的规定,对于刑事诉前保全,如果遵守民事诉讼保全后 30 日内必须提起诉讼,对被害人来说,保全后的诉讼期限明显过短。另外,如果刑事附带民事也要

---

〔1〕 参见张勇健、沈红雨:《〈关于审理独立保函纠纷案件若干问题的规定〉的理解与适用》,载《人民司法》2017 年第 1 期。

〔2〕 参见陆璐:《论独立担保制度下的保全救济》,载《法学论坛》2016 年第 2 期。

求受害人提供保证金担保,无疑因经济负担过重导致受害人无力承担而放弃保全。对刑事附带民事诉讼保全,应当自刑事侦查阶段开始就赋予受害人申请保全的权利。只要受害人向侦查机关或公诉机关提出了保全请求,就应当将这一请求移送人民法院审查决定是否采取保全措施。如果财产保全与刑事扣押发生竞合,可以参照轮候查封制度。[1]

二、特殊财产保全

《民事诉讼法》对可以采取保全措施的财产类型,如何采取保全措施没有作出细致的规定,《民事诉讼法解释》也只是对收入、到期债权等几类较为特殊的财产专门规定了应当采取的保全措施,但难以涵盖保全裁定执行中出现的全部情况。被保全财产的形式和载体日益多元化,有些财产不能采取查封、扣押、冻结的保全措施,即使能够采取保全措施的财产,也需要根据不同的财产特点采取相应的保全方法。实践中,应当结合财产保全的基本原理,借鉴执行程序的操作实践,对非常规性财产的保全规则给予特别的关注。

(一)对仅有商品房预售合同备案的房屋的保全

人民法院在执行过程中,查封、扣押、冻结已登记的不动产、特定动产及其他财产权,应当通知有关登记机关办理登记手续。[2] 查封已经登记的不动产,登记机关通过在登记簿上作查封、预查封记载的方式协助完成登记事项,而对于只办理了商品房预售合同备案,而没有办理预售商品房预告登记的商品房,在房屋登记簿上没有记载具体的财产信息,预查封事项也无法在登记簿上进行记载,权属登记机关无法履行办理预查封登记的协助义务,但办理了商品房预售合同备案的房屋又属于人民法院可以进行保全的财产范围。如果登记簿上无房屋信息记载,只有待债务人申请房屋登记后再履行协助保全义务,人民法院在采取保全措施时可以先采取张贴封条或者公告的方式进行预查封,同时向作为房屋预售单位的房地产开发公司送达协助执行通知书,要求商品房预售主体协助保全,不得对外进行销售,在预查封不动产申请转移登记时再通过协助

---

〔1〕 参见汤维建、张自合:《刑民交叉案件中的财产保全》,载《法律适用》2009年第2期。
〔2〕 参见《查扣冻规定》第7条。

义务机关予以限制权属变动登记。[1]

有的商品房买卖合同签订后,债务人已将全部房款支付给开发商,另一种情况是债务人支付首付款,余款由银行按揭贷款支付,贷款银行办理了预抵押登记,[2]开发商在预售房产办理抵押权登记之前对银行贷款承担阶段性连带担保责任。在建房屋预抵押登记是否产生优先受偿权,在裁判观点上存在较大争议。目前看来,预抵押登记并不产生债务人不履行时从拍卖在建房屋价款中优先受偿的法律后果,只是对将来建成房屋作为抵押标的物的事先约束,债务人不履行配合办理房屋抵押登记的义务时,抵押权人只能主张违约责任。[3]

在执行阶段,预售的商品房被人民法院预查封后,开发商或被执行人以仲裁或诉讼方式解除合同的,不得对抗人民法院的执行,人民法院可以继续执行预售房产。但人民法院在办理预售商品房预查封时,除向房产登记部门送达预查封有关法律文书之外,还应及时向开发商送达预查封裁定和协助执行通知书,告知预售商品房已被法院预查封,如擅自向被执行人退款应当承担法律责任。

对于人民法院办理预售商品房预查封后向开发商送达预查封裁定和协助执行通知书前,开发商已退还给被执行人的款项,人民法院仍然可以对房产进行预查封,最终清偿时从变价款中预先扣除应支付给开发商的款项。向开发商送达预查封裁定和协助执行通知书后,开发商擅自退还款项给被执行人,则由开发商自行追偿。

(二)对小产权房屋、违章建筑的保全

小产权房、违章建筑一般是指在集体土地上未经批准建造的房屋和地上定着物,使用租赁的集体土地建造厂房及厂区内的办公楼、宿舍、仓库、国有建设用地上建造的没有初始登记的无证房屋。在保全案件进入执行程序后,这些财产存在变现的障碍和困难,但在被保全人无其他财产可供保全的前提下,房屋

---

〔1〕 商品房预售人应当按照国家有关规定将预售合同报县级以上人民政府房产管理部门和土地管理部门登记备案。经过备案的商品房预售合同的证据效力高于未经备案的商品房预售合同的证据效力,备案是预购商品房预告登记的前提,而不是房屋登记类型。

〔2〕 所谓预抵押登记,也称抵押预告登记,是指在购买人与开发商签订购房合同,购房者与银行借款合同签订时,在房管局的备案系统上立即生成预抵押登记,以排斥第三人对房产主张权利。参见《城市房地产抵押管理办法》第30条第2款规定内容。

〔3〕 参见最高人民法院(2015)民申字第766号民事裁定书裁判理由部分内容。

的小产权、违章性质并不影响法院对其采取保全措施。对回迁房屋采取保全措施的，裁定和执行哪个机构送达，不无疑问。回迁房多数未办理本案，也无法预查封，一般向拆迁办或物业公司送达保全裁定及协助执行通知。

（三）对易损物价值的保全

《民事诉讼法解释》第153条规定了对季节性商品、鲜活、易腐烂变质以及其他不宜长期保存的物品采取保全措施时，可以责令当事人及时变价，由人民法院保全处理后的款项。在特殊情况下，如被保全人有隐匿行为，拒不配合变价，人民法院也有权自行或交有关部门变卖，保全变卖后的价款。

（四）对担保物的保全

如果申请保全人提供的被保全财产是他人享有抵押权、留置权和质押权等担保物权的财产，也可以依法采取保全措施，保全不影响担保物优先权人的优先受偿权，但法院在裁定保全时还要查明担保物的优先权数额和担保物的市场价值，如果担保金额相当于担保物的价值，即使采取了保全措施，转入执行程序后也会因为存在无益变现的障碍，难以清偿债权人的债权，在无其他财产可供保全情况下，应允许对无剩余价值的担保物进行保全。

（五）对到期应得收益的保全

到期应得收益是被保全人对其具有的资本性质的投资所应得的利益，保全的方式是限制债务人支取，协助义务人一般是债务人的工资、薪金、劳务发放单位或者某项应得权益的提供者。

（六）对到期债权的保全

《民事诉讼法解释》第159条规定可以保全债务人对他人的到期债权，本条没有再作进一步的补充规定，人民法院保全到期债权的前提是必须由申请保全人将书面申请以及债权到期应清偿的证据一并提交人民法院，经审查符合条件后，向次债务人送达冻结债权的裁定和协助执行通知书，责令次债务人不得对本案债务人进行清偿，如果次债务人主张清偿，也需要向人民法院支付、交付或者提存，由人民法院提存财物或者冻结价款。对能否保全未到期债权，实践中有不同观点。支持的观点认为，无论是英美法系还是大陆法系，对债权的保全并不以该债权到期为条件,不区分对到期债权或者未到期债权的保全,只要是主张有权要求把对第三人的金钱债权或财产作为清偿债务之用,债权人就可以申请法院对该债权予以保全,第三人应持有这笔金额或该项财产至债权人的诉讼经过审理、判决直至执行判决时为止。[1]《最高人民法院关于依法制裁规避执行行为的若干意见》[2]及《最高人民法院关于认真贯彻实施民事诉讼法及相关司法解释有关规定的通知》[3]明确规定可以依法保全未到期债权。对债权保全的效果仅是要求他人不得向债务人作出清偿行为,并不涉及对债权债务关系的实体认定,也不会对他人财产权利等造成限制。因此,即便债权未到期,或者他人对债权数额存有争议,也不影响人民法院对债权采取保全措施。[4] 反对的观点则认为,民事保全程序不同于执行阶段,即使申请保全人申请,人民法院也不采取保全措施,除非已经征得次债务人同意接受人民法院对未到期债权送达的保全裁定。如果被保全人对次债务人享有附条件和附期限的债权,在没有其他财产用于保全的前提下,应当准许申请人对该债权采取保全措施。

《执行规定》第七部分用9个条文的篇幅规定了到期债权的执行程序,但如何实施债权保全并无明确规范可循,导致以下问题易引发争议。第一,人民法院是否应就债权保全单独作出裁定。实践中,人民法院向第三人作出的保全法律文书五花八门,有的是"概括性财产保全裁定+冻结债权的协助执行通知书",有的是"债权冻结裁定+协助执行通知书",有的采取"概括性财产保全裁定+债权冻结裁定+协助执行通知书",第一种最为普遍。从充分保障第三人异议权,确保程序合法的角度,第三种做法更值赞同。《民事诉讼法解释》第159条关于债权保全程序的表述是"人民法院可以依债权人的申请裁定该他人不得对本案债务人清偿",即明确了对债权保全应通过裁定的形式,而概括性财产保全裁定通常表述为保全被申请人多少价值的财产,并无要求第三人不得对

---

〔1〕参见江必新主编:《最高人民法院执行司法解释、规范性文件理解与适用(2010—2013)》,中国法制出版社2014年版,第212页。

〔2〕《最高人民法院关于依法制裁规避执行行为的若干意见》第13条规定:依法保全被执行人的未到期债权。对被执行人的未到期债权,执行法院可以依法冻结,待债权到期后参照到期债权予以执行。第三人仅以该债务未到期为由提出异议的,不影响对该债权的保全。

〔3〕《最高人民法院关于认真贯彻实施民事诉讼法及相关司法解释有关规定的通知》第3条第3款规定:被执行人有银行存款或者其他能够执行的财产的,人民法院原则上应优先予以执行;对于被执行人未到期的债权,在到期之前,只能冻结,不能责令次债务人履行。

〔4〕参见最高人民法院(2015)执复字第36号执行裁定书、广东省深圳市中级人民法院(2020)粤03执复500号执行裁定书。

债务人进行清偿的内容。更重要的是,冻结债权是为第三人设定不得向债务人清偿的义务,已经超过概括性财产保全裁定效力所及主体和规定义务,故应当作出针对债权的特定裁定,不得以概括性保全财产裁定代替。[1] 关于法院未作出针对债权的保全裁定是否影响保全效力,实务中存在不同认识。有的以实施保全措施时未依法作出裁定属程序不当,撤销了协助执行通知书。[2] 有的则认为,仅向次债务人送达概括性财产保全裁定及冻结债权的协助执行通知书,虽有程序瑕疵,但能够产生冻结债权的法律效果。[3] 第二,关于履行到期债权通知书必须直接送达第三人的规定是否适用于保全程序,即保全债权的裁定是否必须直接送达给第三人?主流观点认为,冻结裁定必须送达第三人。[4] 债权不同于其他财产,债权保全法院不能直接对第三人的财产采取控制措施,第三人仅负有不向债务人履行债务的消极不作为义务,若冻结裁定不能直接送达给第三人,确有可能存在第三人无法知晓该冻结裁定进而无法协助执行的情况。第三,债权在诉讼阶段被保全,第三人不服的,是按照《民事诉讼法》第 111 条、《保全规定》第 25 条申请复议,还是依据《执行规定》第 47 条提出异议?向作出冻结裁定的审判部门申请复议更为适宜,原因是,冻结债权裁定及协助执行通知书,其仅是要求第三人不向债务人支付,相关钱款、财物仍然由第三人保有,一般并不会损害第三人的实体权益,故法律并未赋予第三人在此种情况下所提异议即可产生直接阻止冻结效力之法律效果。甚至有观点认为,债权保全阶段,第三人没有提出异议的权利,对第三人提出的异议应予驳回。第三人对冻结存有异议,要求支付的,可以依据《民事诉讼法解释》第 159 条的规定,由人民法院提存财物或者价款;对冻结有异议,但不要求支付的,可以依据前述《民事诉讼法》第 111 条、《保全规定》第 25 条的规定,向人民法院申请复议。[5] 也是基于上述原因,第三人不提出异议或申请复议并不意味着其认可债权的真实存在,更不表明其在案件进入执行阶段后,认可执行法院据此对债权采取执行措施。[6] 此时,第三人仍可依据《执行规定》第 47 条提出异议,且此时提出的

---

[1] 参见李哲:《到期债权执行若干理论和实务问题探析》,载《人民司法》2021 年第 10 期。

[2] 参见最高人民法院(2015)执复字第 36 号执行裁定书。

[3] 参见最高人民法院(2022)最高法执复 30 号执行裁定书。

[4] 参见江必新主编:《最高人民法院执行司法解释、规范性文件理解与适用(2010—2013)》,中国法制出版社 2014 年版,第 214 页。

[5] 参见最高人民法院(2019)最高法执复 131 号执行裁定书。

[6] 参见最高人民法院(2015)执申字第 23 号执行裁定书。

债权已消灭的实体异议,拥有排除执行的效力。

(七)对金融理财产品的保全

金融理财产品,是指债务人所持有的银行业金融机构及其他金融机构发行的具有财产价值和理财性质的产品。包括金融机构直销和代销的银行理财产品、信托产品、基金产品、保险产品、资产管理计划产品等。其中金融机构直销的理财产品是指金融机构自有研发、设计、发行并通过本机构渠道(含营业网点和电子渠道)销售的理财产品。[1] 金融理财产品作为财产形式具有较大隐蔽性,如果按照常规的查询、冻结方法,不仅无法查询到理财产品及其数额,还可能失去对到期价款的控制。

金融理财产品与银行存款、股票、债券、基金份额并行的独立金融产品,有其独特的运营模式,且具有多种法律属性,既可能是债权债务关系、委托理财关系,也可能是信托关系。对金融理财产品的保全和强制执行方式也因此有异。实践中对理财产品的冻结应该通过查封被申请人在银行的所有账户的方式进行解决,理财产品到期后,银行就会根据委托理财协议约定,将理财资金划入到被保全人的银行账户上,以此达到财产保全的目的。

根据《最高人民法院、中国银行业监督管理委员会关于人民法院与银行业金融机构开展金融理财产品网络执行查控的意见》的相关规定,人民法院裁定冻结银行直销的理财产品时,银行应当协助同时冻结该理财产品及产品所对应的回款资金账户,该回款资金账户在人民法院冻结理财产品之前已经被其他机关冻结的,不影响人民法院对该理财产品的冻结。理财产品冻结期间,除平仓、补仓或补充保证金外,发行人、管理人、托管人不得进行赎回、变现、交付、转让、转换或变更该理财产品对应的回款资金账户等操作。理财产品冻结期限届满前,人民法院可以续冻、解冻。人民法院裁定冻结银行代销的理财产品时,应当向该理财产品的发行人发出协助执行通知书,要求发行人冻结被执行人持有的理财产品及所对应的资金回款账户。

人民法院裁定冻结银行代销的理财产品时,应当同时向该理财产品所对应的回款资金账户所在行发出协助执行通知书,银行应当协助冻结理财产品所对

---

[1] 参见《最高人民法院、中国银行业监督管理委员会关于人民法院与银行业金融机构开展金融理财产品网络执行查控的意见》(法〔2017〕1号)第7~9条内容。

应的回款资金账户；冻结期间，不得为被执行人变更该理财产品所对应的回款资金账户。

银行、其他金融机构或第三人对人民法院冻结理财产品有异议的，可以依法向执行法院提出异议，执行法院应当依法审查处理。审查期间，执行法院不得强制扣划该理财产品。被执行人与案外人开设联名账户等共有账户，案外人对人民法院执行理财产品有异议的，参照上述规定处理。

（八）对有限责任公司股权的保全

股权和其他投资权益作为重要的财产权，已经成为财产保全和强制执行的常规对象，但是有效查封股权一般需要得到市场监督管理机关的协助与配合。2013 年我国对公司资本制度进行重大改革，[1]将商事登记转化为服务功能，更加强调工商登记的公示作用。市场监督管理机关从业人员认为，市场监督管理部门不是股东股权确权机关，也不是财产权登记机关，市场监督管理部门对有限责任公司出资额的登记，本质作用是信息公示，这对人民法院强制执行股权和投资者权益的传统的模式提出了挑战，也给人民法院的保全和执行工作增加了难度。公司注册资本实行认缴制后，公司登记及公司章程中载明的出资额并非实际出资，且股权的价值存在较大的不确定性。因此，人民法院在冻结股权时，一般采取冻结全部股权的方式，不能按照保全请求金额与注册资本的比例只冻结被保全人的部分股权。《股权执行规定》厘清了关于有效冻结股权的争议，明确人民法院冻结股权，应向公司登记机关送达裁定书和协助执行通知书，要求公司登记机关在国家企业信用信息公示系统进行公示。股权冻结自公示系统公示时发生法律效力，多个人民法院冻结同一股权的，以在公示系统先办理公示的为在先冻结。将冻结股权的比例或数量的自主权交由债权人，该规定第 5 条规定，股权价额无法确定的，可以根据申请执行人申请冻结的比例或者数量进行冻结。若被保全人或被执行人认为超标的查封的，可以提出异议。此外，《股权执行规定》还明确了对股权采取的查封措施不当然及于股息、红利等收益。人民法院冻结被执行人基于股权享有的股息、红利等收益，应当向股权所在公司送达裁定书，并要求其在该收益到期时通知人民法院。因此，法院实

---

〔1〕 全国人大常委会修改公司法后，国务院又先后出台了《注册资本登记制度改革方案》《关于废止和修改部分行政法规的决定》《企业信息公示暂行条例》等多个规范性文件。

施对股权实施保全时,应明确对股息和红利采取保全措施,这样便于后续执行程序法院对股息、红利的提取。

(九)对股份有限公司股份的保全

对于冻结非上市股份有限公司发起人以外股东的股权,是否需要向工商部门办理登记和公示,原来相关法律及工商行政管理部门尚无明确规定,属于立法空白。就股份有限公司而言,设立登记在工商机关办理,上市公司的股权登记由中国证券登记结算公司办理,未上市的股份公司没有统一规定,目前各地均委托商业或国有资产主管部门、产权交易所、行业协会等办理登记、备案事项。非上市公司股份无须工商登记,法院向工商机关提出冻结要求,工商登记机关也难以协助。股份有限公司的股东(发起人除外)及其所持有股份不属于工商行政管理机关的法定登记事项,但依据《股权执行规定》第 6 条规定,人民法院冻结股份有限公司的股份应向公司登记机关送达协助冻结手续,要求其在国家企业信用信息系统进行公示,股份冻结自在公示系统公示时生效。

对于非公司企业法人,虽然有注册资金的要求,但注册资金属于备案事项,不属于登记事项。其他非法人企业或者个体工商户、农村合作社等,没有注册资本或资金的规定,登记机关履行设立登记,对其资产无监管手段。

登记机关在企业信用信息公示系统中设置"司法协助"栏目,公开登载人民法院要求协助执行的事项。人民法院要求登记机关协助公示时,制作协助公示执行信息需求书,随协助执行通知书等法律文书一并送达登记机关。登记机关按照协助公示执行信息需求书,发布公示信息。公示内容与协助公示执行信息需求书的主文内容一致。人民法院的查封、扣押、冻结没有公示的,其效力不得对抗善意第三人。

公司登记机关登记公示的权利人及其权利份额,与记载于公司内部股东名册、出资证明书、公司章程上的权利人及其份额可能不一致。在确定权属方面,有观点认为应以公司登记信息为准;有观点认为应以实际出资或认购股权的事实为准,只有实际出资者才真正享有股东权,记入股东名册及在公司登记部门的变更登记是股权所在市场主体的义务;有观点认为应以股东名册、出资证明书、公司章程记载为准,股东名册是确认股东资格的依据,变更登记属于宣示性登记,不影响股东资格的消灭与取得。

《最高人民法院、国家工商局关于加强信息合作规范执行与协助执行的通知》规定，人民法院对从公司登记机关业务系统、企业信用信息公示系统以及公司章程查明属于债务人名下的股权、其他投资权益，可以采取保全措施。实践中，对载入股东名册和出资证明书中的股权也可以采取保全措施，实际权利人主张权利的，可以按照执行异议和异议之诉程序处理。

关于人民法院冻结股权、股份或其他投资权益应送达法律文书的主体范围，新司法解释规定，应向被保全人及申请保全人送达冻结裁定，向登记机关送达裁定书、协助执行通知书。并将股权、股份冻结情况书面通知股权，股份所在市场主体股权或其他投资权益被冻结后，其股权或其他投资权益所在的市场主体，负有在股东名册或其他记载投资权益的协议上记载冻结并不得转让、设定质押等义务。

公司登记机关协助保全是对人民法院冻结股权行为的协助公示，而非从实体上冻结股权的转让。有限责任公司股东的股权被冻结期间，公司登记机关不予办理该股东的变更登记、该股东向公司其他股东转让股权被冻结部分的公司章程备案，以及被冻结部分股权的出质登记，通过公示冻结的方式，达到法院冻结有限公司股权的效果。股权、其他投资权益被冻结的，未经人民法院许可，不得转让，不得设定质押或者其他权利负担。未经公司登记机关登记并公示的法院的冻结不得对抗登记在先的冻结行为，多个法院对同一股权裁定冻结时，以在公示系统先办理公示的为在先冻结，公示在后的冻结为轮候冻结。

（十）对保险单现金价值的保全

保险合同投保人的保单现金价值可以作为执行责任财产，在保全程序中，也可以作为财产保全的标的，人民法院采取保全措施后，案件进入执行程序，如债务人拒不履行生效法律文书确定的义务，并有怠于行使保险合同解除权时，人民法院有权通知保险公司行使解除权，解除保险合同，提取债务人的相当于保单现金价值的价款。

（十一）对诉讼程序应得收益的保全

如果被保全人在其他案件中作为权利人参与诉讼活动，依照法定程序有权收取从人民法院退还诉讼费用等款项，依据申请保全人的申请，人民法院可以对诉讼费用采取财产保全措施。

（十二）对信托财产的保全

信托财产的独立性是现代信托制度的灵魂和核心，信托财产在信托存续期间独立于委托人、受托人、受益人各自的固有财产。为预防财产保全给信托机构造成不必要的流动性风险，当事人因其与委托人、受托人或受益人之间的纠纷申请对存管银行或信托公司专门账户中的信托资金采取保全措施的，除符合《信托法》第17条规定的情形外，人民法院不应准许。[1] 已经采取保全措施的，存管银行或者信托公司能够提供证据证明该账户为信托账户的，应当立即解除保全措施。对信托公司持有的其他信托财产的保全，也应当根据前述规定的原则办理。当事人申请对受益人的受益权采取保全措施的，人民法院应当根据《信托法》第47条关于"受益人不能清偿到期债务的，其信托受益权可以用于清偿债务，但法律、行政法规以及信托文件有限制性规定的除外"的规定进行审查，决定采取保全措施的，应当将保全裁定送达受托人和受益人，并依据《信托登记管理办法》要求登记机关办理相应协助登记手续。信托公司不是被告的，不得对其固有资金账户内的资金采取保全措施。[2]

（十三）对注册商标的保全

不同法院在同一天对同一注册商标进行保全的协助执行，最高人民法院已经有指导意见予以规范。根据民事诉讼法和有关司法解释的规定，在同一天内接到两份以上对同一注册商标进行保全的协助执行通知书时，应当按照收到文书的先后顺序，协助执行在先收到的协助执行通知书；同时收到文书无法确认先后顺序时，可以告知有关法院按照《执行规定》第67条关于"两个或两个以上人民法院在执行相关案件中发生争议的，应当协商解决。协商不成的，逐级报请上级法院，直至报请共同的上级法院协调处理"的规定进行协商以及报请协调处理。在有关法院协商以及报请协调处理期间，商标局可以暂不办理协助执

[1] 《信托法》第17条规定："除因下列情形之一外，对信托财产不得强制执行：（一）设立信托前债权人已对该信托财产享有优先受偿的权利，并依法行使该权利的；（二）受托人处理信托事务所产生债务，债权人要求清偿该债务的；（三）信托财产本身应担负的税款；（四）法律规定的其他情形。对于违反前款规定而强制执行信托财产，委托人、受托人或者受益人有权向人民法院提出异议。"

[2] 参见最高人民法院民事审判第二庭编著：《〈全国法院民商事审判工作会议纪要〉理解与适用》，人民法院出版社2019年版，第493～500页。

行事宜。

关于在依据法院的生效判决办理权利人变更手续过程中，另一法院要求协助保全注册商标的协助执行问题，《执行规定》第55条第1款规定，各债权人对执行标的物均无担保物权的，按照执行法院采取执行措施的先后顺序受偿。根据这一规定，对于某一法院依据已经发生法律效力的裁判文书要求协助办理注册商标专用权权利人变更等手续后，另一法院对同一注册商标以保全原商标专用权人财产的名义再行保全，又无权利质押情形的，应协助执行在先采取执行措施法院的裁判文书，并将协助执行的情况告知在后采取保全措施的法院。

关于法院已经保全注册商标后，另一法院宣告其注册人进入破产程序并要求再行协助保全该注册商标的问题。根据《企业破产法》的有关规定，人民法院受理破产案件后。对债务人财产的其他民事执行程序必须中止。人民法院应当按照这一规定办理相关案件。在具体处理问题上，商标局可以告知审理破产案件的法院有关注册商标已被保全的情况，由该法院通知在先采取保全措施的法院自行解除保全措施。商标局收到有关解除财产保全措施的通知后，应立即协助执行审理破产案件法院的裁定，可以告知在先采取保全措施的法院有关商标注册人进入破产程序的情况，由其自行决定解除保全措施。

另外，根据《商标法实施条例》第31条的规定，转让注册商标专用权的，商标注册人对其在同一种类或者类似商品上注册的相同或者近似的商标，必须一并办理。法院在保全注册商标专用权的过程中，可以根据上述规定的原则，对注册商标及相同或者类似商品上相同和近似的商标一并保全，并在采取执行措施时，裁定将相同或近似注册商标一并予以执行。商标局在接到法院裁定时，如发现无上述内容，可以告知法院，由法院补充裁定后再协助保全。

（十四）对专利权的财产保全

专利权作为无形财产，也可以作为人民法院财产保全的对象。人民法院对专利权进行财产保全，应当向国家知识产权局送达协助执行通知书，写明要求协助执行的事项，以及对专利权财产保全的期限，并附人民法院作出的裁定书。国家知识产权局有义务协助执行人民法院对专利权财产保全的裁定。国家知识产权局在财产保全期间应当确保专利申请权或者专利权的法律状态不发生变更。在此前提下，可以依据《专利法》和《专利审查指南》规定的程序，并根据法院要求协助执行的具体事项，自行决定中止有关专利程序。对出质的专利权也可以采取财产保全措施,但质权人有优先受偿权。至于专利权人与被许可人已经签订的独占实施许可合同,则不影响专利权人的权利状态,也可以采取财产保全。

(十五)对专利申请权的财产保全

专利申请权属于专利申请人的一项财产权利,可以作为人民法院财产保全的对象。人民法院根据《民事诉讼法》的有关规定采取财产保全措施时,需要对专利申请权进行保全的,应当向国家知识产权局发出协助执行通知书,载明要求保全的专利申请的名称、申请人、申请号、保全期限以及协助执行保全的内容,包括禁止变更著录事项、中止审批程序等,并附人民法院作出的财产保全民事裁定书。国家知识产权局收到人民法院发出的对专利申请权采取财产保全措施的协助执行通知书后,应当确保在财产保全期间专利申请权的法律状态不发生改变。应当比照《专利法实施细则》第87条的规定中止被保全的专利申请的有关程序。

(十六)对上市公司股票的保全

人民法院在冻结债务人在上市公司的股票时,应当依照下列规定执行:

1.禁止明显超标的冻结。冻结上市公司股票,股票价值应当以冻结前一交易日收盘价为基准,结合股票市场行情,一般在不超过20%的幅度内合理确定。股票冻结后,其价值发生重大变化的,经当事人申请,人民法院可以追加冻结或者解除部分冻结。[1]

2.可售性冻结。保全冻结上市公司股票后,被保全人申请将冻结措施变更为可售性冻结的,应当准许,但应当提前将被保全人在证券公司的资金账户在明确具体的数额范围内予以冻结。

3.已质押股票的冻结。上市公司股票存在质押且质权人非本案保全申请人或申请执行人,目前,人民法院在采取冻结措施时,由于需要计入股票上存在的质押债权且该债权额往往难以准确计算,尤其是当股票存在多笔质押时还需

---

[1] 2019年11月7日深圳市中级人民法院审判委员会民事行政专业委员会第12次会议通过《关于强制执行上市公司股票的工作指引》第10条规定:"冻结上市公司股票,应当以其价值足以清偿法律文书确定的债权额及执行费用为限,不得明显超标的额冻结。股票价值原则上参照冻结前一交易日收盘价的60%确定"。

指定对哪一笔质押股票进行冻结，为保障普通债权人合法权益，人民法院一般会对质押股票进行全部冻结，这既存在超标的冻结的风险，也会对质押债权人自行实现债权造成影响，不符合执行经济原则。

最高人民法院经与中国证券监督管理委员会沟通协调，由中国证券登记结算有限公司对现有冻结系统进行改造，确立了质押股票新型冻结方式，并在系统改造完成后正式实施。具体内容如下：

第一，债务人持有的上市公司股票存在质押且质权人非本案保全申请人或申请执行人，人民法院对质押股票冻结时，股票价值应当以冻结前一交易日收盘价为基准，结合股票市场行情，一般在不超过20%的幅度内计算冻结相应数量的股票，无须将质押债权额计算在内。冻结质押股票时，人民法院应当提前冻结债务人在证券公司的资金账户，并明确具体的冻结数额，不得对资金账户进行整体冻结。

第二，股票冻结后，不影响质权人变价股票实现其债权。质权人解除任何一部分股票质押的，冻结效力在冻结股票数量范围内对解除质押部分的股票自动生效。质权人变价股票实现其债权后变价款有剩余的，冻结效力在本案债权额范围内对剩余变价款自动生效。

第三，两个以上国家机关冻结同一质押股票的，按照在证券公司或中国结算公司办理股票冻结手续的先后确定冻结顺位，依次满足各国家机关的冻结需求。两个以上国家机关在同一交易日分别在证券公司、中国结算公司冻结同一质押股票的，在先在证券公司办理股票冻结手续的为在先冻结。

第四，人民法院与其他国家机关就冻结质押股票产生争议的，由最高人民法院主动与最高人民检察院、公安部等部门依法协调解决。争议协调解决期间，证券公司或中国结算公司控制产生争议的相关股票，不协助任何一方执行。争议协调解决完成，证券公司或中国结算公司按照争议机关协商的最终结论处理。

第五，系统改造完成前已经完成的冻结不适用前述规定。案件保全申请人或申请执行人为质权人的，冻结措施不适用前述规定。[1]

---

〔1〕 参见《最高人民法院关于在执行工作中进一步强化善意文明执行理念的意见》（法发〔2019〕35号），《深圳市中级人民法院关于强制执行上市公司股票的工作指引》及《上海金融法院关于执行程序中处置上市公司股票的规定（试行）》。

4. 冻结上市公司股票的效力及于股票产生的股息、红利、红股等孳息，但因上市公司增发、配售新股而新增的股票，应当另行采取冻结措施。

（十七）对钢铁、电解铝产能和碳排放权等新型财产的保全

2013 年《国务院关于化解产能严重过剩矛盾的指导意见》提出鼓励各地积极探索政府引导、企业自愿、市场化运作的产能置换指标交易，2015 年工业和信息化部出台了钢铁等部分产能严重过剩行业产能置换实施办法，钢铁产能指标成为钢铁企业可市场化交易且具有稀缺性的财产权利，具有重要的使用价值和交换价值。司法实践中已有将钢铁产能指标作为财产保全对象的案例，[1] 认为钢铁产能指标是一种财产，依据《查冻扣规定》第 2 条第 1 款的规定，人民法院可以查封、扣押、冻结被执行人占有的动产、登记在被执行人名下的不动产、特定动产及其他财产权。钢铁产能指标属于该规定中的“其他财产权”，可以成为财产保全的对象。根据《国家发展改革委办公厅、工业和信息化部办公厅关于完善钢铁产能置换和项目备案工作的通知》《国家发展改革委关于钢铁冶炼项目备案管理的意见》和《钢铁产能置换实施办法》的相关规定，钢铁产能置换的主管部门为工业和信息化部，钢铁冶炼项目备案管理则由发改委负责。保全钢铁产能指标，须向主管的工信部门和发改部门送达保全裁定及协助执行通知。

根据《最高人民法院关于完整准确全面贯彻新发展理念为积极稳妥推进碳达峰碳中和提供司法服务的意见》（法发〔2023〕5 号）规定，对被执行人的碳排放配额，核证自愿减排量可以采取查封、扣押、冻结措施，应当向注册登记机构，交易机构送达裁定书与协助执行通知书。

【实务操作指引】

中国人民银行于 2021 年 7 月发布了《数字人民币研发进展白皮书》，提出数字人民币是人民银行发行的数字形式的法定货币。尽管数字货币已在一定范围内使用，但相关立法滞后，导致人民法院保全数字货币成为实践难题。首先，全国法院网络执行查控系统未接入数字货币，无法使用查控系统查询、冻结、扣划数字人民币钱包中的财产，只能采取传统方式在被保全人开立的数字

---

〔1〕 参见北京金融法院（2021）京 74 民初 19 号民事裁定书。

人民币钱包的银行柜台办理，不仅效率不高，而且如果当事人将资金充值到不同商业银行的人民币钱包，极难查询调取相关财产信息。随着数字人民币的普及，对数字货币的保全和执行，将成为财产保全领域一个新的挑战。

【相关法律法规】

《民事诉讼法》第106条；《民事诉讼法解释》第156条、第158条；《信托法》第17条、第47条；《查扣冻规定》第1条；《执行规定》第28条、第30条。

第十七章　涉外财产保全

第一节　国际保全协助

国际保全协助包括外国诉讼或仲裁案件的当事人申请人民法院财产保全及我国诉讼或仲裁案件的当事人向外国法院申请财产保全。

一、外国诉讼或仲裁申请财产保全

(一)诉讼、仲裁财产保全

我国法律并不禁止当事人约定将争议提交域外的法院审理或仲裁机构仲裁,当事人在域外诉讼或仲裁时向我国法院申请保全措施(包括诉前或仲裁前保全),是否准允,涉及对《民事诉讼法》第 103 条、第 104 条的理解与适用。财产保全措施的采取是国家司法管辖权问题,在与外国没有司法协助协定的情况下,我国法院没有义务为保证外国判决的执行而对我国当事人的财产采取保全措施。《民事诉讼法》第 103 条、第 104 条所指的诉讼应解释为向我国法院提起的诉讼而非向国外法院提起的诉讼,同理,就仲裁而言,应限定为向国内仲裁机构而非外国仲裁机构提起仲裁。[1] 据此,国外诉讼或仲裁案件的当事人向我国法院申请财产保全的,因缺乏法律依据,应驳回申请人的保全申请。如仲裁申请人某株式会社向上海市甲中级人民法院递交财产保全申请书,称申请人与被申请人上海某商业有限公司因货物买卖合同纠纷,申请人向大韩商事仲裁院提起仲裁申请,大韩商事仲裁院已正式受理。因被申请人在申请人交货后,经

〔1〕 最高人民法院民事诉讼法修改研究小组编著:《〈中华人民共和国民事诉讼法〉修改条文理解与适用》,人民法院出版社 2012 年版,第 578 页。

多次敦促仍拒不支付货款，为防止被申请人转移或隐匿财产，确保仲裁裁决的顺利执行，申请人民法院对被申请人的财产进行保全。上海市甲中级人民法院经审查认为，《民事诉讼法》第272条规定，当事人申请财产保全的，中华人民共和国的涉外仲裁机构应当将当事人的申请，提交被申请人住所地或者财产所在地的中级人民法院裁定。该仲裁案件并非在我国申请仲裁，申请财产保全，缺乏法律依据，最后上海市甲中级人民法院裁定不予受理该株式会社的财产保全。但因《民事诉讼法》对此缺乏明确规定，亦有观点认为，民事诉讼法并未禁止外国法院管辖案件或国外仲裁机构管辖案件的当事人、利害关系人申请人民法院采取财产保全措施，司法实践中，亦有部分法院作出财产保全的裁定。[1]

（二）承认和执行外国法院判决裁定、国外仲裁机构裁决司法审查期间的财产保全

《民事诉讼法》第289条、第290条规定了外国法院判决、裁定及国外仲裁机构裁决在我国的承认与执行。申请承认与执行外国仲裁裁决的案件，司法审查期间为2个月。但因当事人办理域外证据的公证认证手续、外国法查明等原因造成不能在2个月内审结的情形并不少见。由于拒绝承认与执行外国仲裁裁决还要履行内部报告程序，层报至最高人民法院审查同意，仲裁裁决的效力悬而未决期间，案件不能进入执行程序，不允许申请财产保全将造成不诚信的被申请人转移、隐匿财产情况的发生，仲裁裁决的执行难以得到有效保障。申请承认与执行外国法院判决、裁定的案件同样存在司法审查期间申请财产保全的需要。

因《民事诉讼法》并未规定承认与执行的司法审查过程中能否申请财产保全，司法实践操作存在分歧。一种观点认为，此期间的财产保全没有法律依据，应不予准许。在大韩海运株式会社申请承认与执行伦敦海事仲裁员协会裁决的司法审查程序中，大韩海运株式会社向海口海事法院申请财产保全。海口海事法院作出（2016）琼72协外认1号民事裁定，准许了大韩海运株式会社的财

[1] 江苏省连云港市中级人民法院（2013）连商外诉保字第001号民事裁定书，在申请保全人向新加坡国际仲裁中心申请仲裁前，依申请保全人的申请作出财产保全裁定。武汉海事法院（2016）鄂72财保427号民事裁定书，申请人海洋十一航运公司与被申请人老挝开元矿业有限公司航次租船合同纠纷，申请人海洋十一航运公司向香港国际仲裁中心申请仲裁后，武汉海事法院依申请作出财产保全裁定。

产保全请求。海口海事法院复议审查后作出(2016)琼72协外认1号之一民事裁定书,撤销了(2016)琼72协外认1号民事裁定。主要理由是财产保全属于国家之间的司法协助事项,应当以我国与涉案仲裁裁决作出国英国共同参加的国际条约或我国与英国之间存在的互惠原则作为依据,但我国与英国共同参加的《承认及执行外国仲裁裁决公约》并未对司法审查期间能否进行财产保全作出规定,我国与英国也无该协定。[1] 另一种观点认为,对外国判决或仲裁裁决是否可以承认与执行进行的司法审查也是一种诉讼程序,可以适用《民事诉讼法》第103条关于诉讼保全的规定。在北京市第四中级人民法院2022年发布的"承认和执行域外仲裁裁决和法院判决十大执行案例"中,有一例是关于承认和执行法兰西共和国巴黎商业法庭裁定书,北京四中院在《中华人民共和国和法兰西共和国关于民事、商事司法协助的协定》没有对财产保全的适用条件和程序作出规定的情况下,在司法审查期间依申请作出财产保全民事裁定。类似的还有广州市中级人民法院在审查申请人广东省粤华国际贸易集团有限公司与被申请人泛华集团有限公司、柯某翔申请承认和执行香港仲裁裁决一案过程中,作出(2014)穗中法民四初字第42号民事裁定书,冻结被申请人柯某翔的财产。

当事人在我国法院承认与执行外国法院判决裁定、仲裁裁决司法审查期间申请财产保全,属于国际司法协助范畴,必须以我国缔结或者参加的国际条约或者我国与该判决、仲裁裁决作出国之间存在的互惠原则作为依据。我国与判决、裁决作出国共同参加的条约未对该司法审查期间能否进行财产保全作出规定,我国与其就该问题也无相关司法协定,则不予准许。我国现有法律也未对外国仲裁裁决承认与执行的审查期间能否进行财产保全作出具体规定。《民事诉讼法》第104条规定的仲裁前财产保全并不包括当事人向国外仲裁庭提起仲裁前向人民法院提出财产保全申请的情形,在没有司法协助公约或协定的情形下,基于司法主权独立的原则,我国法院没有义务为保障外国仲裁裁决的执行而对我国境内的财产采取保全措施。

二、我国诉讼或仲裁案件申请外国法院财产保全

国内诉讼或仲裁案件能否对被保全人在境外的财产进行保全,属于国际司

[1] 参见吴永林:《承认与执行外国仲裁裁决司法审查期间财产保全问题研究——对大韩海运株式会社申请承认与执行伦敦海事仲裁员协会裁决案的批判性思考》,载《北京仲裁》第107辑。

法协助范畴,必须以我国缔结或者参加的国际条约或者我国与该判决、仲裁裁决作出国之间存在的互惠原则作为依据。在没有相关司法协助协定或条约的情况下,能否申请财产保全主要取决于财产所在地的法律规定。

第二节　港澳与内地相互协助保全

一、我国内地和香港特别行政区之间的保全协助

1999 年我国内地和香港特别行政区签署了《最高人民法院关于内地与香港特别行政区法院相互委托送达民商事司法文书的安排》(法释〔1999〕9 号),2000 年双方签署了《最高人民法院关于内地与香港特别行政区相互执行仲裁裁决的安排》(法释〔2000〕3 号),2006 年双方签署了《最高人民法院关于内地与香港特别行政区法院相互认可和执行当事人协议管辖的民商事案件判决的安排》(法释〔2008〕9 号)。2016 年 12 月、2017 年 6 月、2019 年 1 月先后签署了委托取证安排、婚姻家事安排、民商事判决互认安排,实现了民商事司法协助基本全覆盖。但上述安排中并未对香港法院管辖案件的当事人、利害关系人在诉讼前或诉讼中申请人民法院财产保全作出规定,〔1〕目前,依据内地与港澳签署的大司法协助安排以及涉台司法解释,大陆与港澳台的保全协助仅限于执行阶段的保全,不包括诉前保全及诉中保全。在仲裁领域,《最高人民法院关于内地与香港特别行政区相互执行仲裁裁决的安排》也是针对两地终局性仲裁裁决相互协助的制度性安排,不包括仲裁财产保全方面的相互协助。且因该安排出台时间较早,并未对在司法审查程序中提供财产保全协助的问题进行规定,直到 2020 年通过《最高人民法院关于内地与香港特别行政区相互执行仲裁裁决的补充安排》进行了补充规定。〔2〕

---

〔1〕 参见海南省高级人民法院(2019)琼财保 5 号民事裁定书。该裁定书载明,"因《股权转让协议书》产生的纠纷应由香港特别行政区法院管辖,协议当事人的约定排除了我国内地法院的管辖权。在我国内地法院对因《股权转让协议书》产生的纠纷不具有管辖权的情况下,申请人中扶投资集团有限公司向本院提起诉前保全申请不符合法律规定,本院不予准许。"

〔2〕 《最高人民法院关于内地与香港特别行政区相互执行仲裁裁决的补充安排》第 3 条规定:"在《安排》第六条中增加一款作为第二款:'有关法院在受理执行仲裁裁决申请之前或者之后,可以依申请并按照执行地法律规定采取保全或者强制措施。'"

但根据我国香港特别行政区《仲裁条例》的规定,香港特别行政区可以对包括内地在内的境外仲裁提供保全协助,内地仲裁程序的当事人可以在香港特别行政区法院申请仲裁中保全和仲裁前保全,申请强制令以及其他临时措施,香港特别行政区高等法院依据香港特别行政区《仲裁条例》《高等法院条例》审查,并可要求申请人就将来可能发生的损害作出赔偿承诺,就对方当事人讼费和其他合理支出提供保证。在《最高人民法院关于内地与香港特别行政区法院就仲裁程序相互协助保全的安排》出台前,已有内地仲裁委颁布的紧急措施在香港特别行政区获得执行的成功经验。北京仲裁委员会于2017年年末受理了中国内地首例适用紧急仲裁员程序的仲裁案件(简称GKML案)。该案申请人通过申请北仲紧急仲裁员颁布的临时措施,在香港特别行政区顺利获得了香港特别行政区高等法院原讼法庭的执行命令。主要依据的是香港特别行政区《仲裁条例》第22B条的规定"紧急仲裁员根据有关仲裁规则批给的任何紧急济助,不论是在香港或香港以外地方批给的,均可犹如具有同等效力的原讼法庭命令或指示般,以同样方式强制执行,但只有在原讼法庭许可下,方可如此强制执行",以及第61条的规定"仲裁庭就仲裁程序而作出的命令或指示,不论是在香港或香港以外地方作出的,均可犹如具有同等效力的原讼法庭命令或指示般,以同样方式强制执行,但只有在原讼法庭许可下,方可如此强制执行""本条所提述的命令或指示,包括临时措施"。

为了改变我国内地仲裁机构和当事人可以依据香港特别行政区现行法律规定向香港特别行政区法院申请保全协助,而香港特别行政区仲裁机构和当事人却不能向内地法院申请保全协助的现状,2019年4月2日,最高人民法院与香港特别行政区政府律政司分别代表两地签署了《关于内地与香港特别行政区法院就仲裁程序相互协助保全的安排》,依据该安排,香港特别行政区仲裁程序的当事人在仲裁裁决作出前,可以向内地人民法院申请财产保全。"仲裁裁决作出前"被认为包括仲裁前及仲裁程序中。这是内地首次签署向其他法域仲裁程序提供保全协助的文件,标志着我国内地与香港特别行政区司法协助涵盖的范围和内容超出了内地与其他国家和地区之间的协助。内地受理保全申,请的法院为被申请人住所地、财产所在地中级人民法院,分布在不同人民法院辖区的,应选择其中一个人民法院提出申请,从而避免向多个法院申请而产生超标的保全等情况。另外,不同于内地仲裁保全的是,允许香港特别行政区仲裁程序的当事人将申请书连同仲裁机构转递函自行提交内地人民法院。需要说明的是，新的协助保全安排将不需要经过仲裁机构的临时仲裁程序排除在外。

根据香港特别行政区《仲裁条例》第6部“临时措施和初步命令”、《高等法院条例》第21L、21M、21N条及《高等法院规则》的相关规定，对向香港法院申请仲裁保全的程序及条件进行简要说明：

1. 受理法院为香港特别行政区高等法院

《最高人民法院关于内地与香港特别行政区法院就仲裁程序相互协助保全的安排》明确了当事人可直接向香港特别行政区高等法院申请保全。香港特别行政区《仲裁条例》第45条第(2)款规定，原讼法庭可应任何一方的申请，就已在或将会在香港特别行政区或香港特别行政区以外地方开展的任何仲裁程序，批给临时措施。第(5)款明确了批给临时措施的条件，“(a)该仲裁程序能引起一项可根据本条例或任何其他条例在香港强制执行的仲裁裁决(不论是临时裁决或最终裁决)；及(b)所寻求的临时措施，属原讼法庭可就仲裁程序而在香港批给的临时措施的类型或种类。”

2. 保全类型

保全在香港特别行政区称为“临时措施”，即由香港特别行政区法院就在香港特别行政区或者香港特别行政区以外开展或者即将开展的仲裁程序作出临时措施，以便利仲裁程序进行、防止发生不可逆转的损害等。根据香港特别行政区《仲裁条例》第35条的规定，临时措施主要包括：要求当事人维持现状或恢复原状；采取行动防止目前或即将对仲裁程序发生的危害或损害，或不采取可能造成这种危害或损害的行动；提供保全资产；保全对解决争议具有相关性和重要性的证据。此外，颁发强制令以禁制当事人移走或以其他方式处理资产、防止损坏或侵入行为；颁布命令指定财产接管人，也属于临时措施。被广泛应用的包括资产冻结令(Mareva Injunction)及容许查察令(Anton Piller Orders)。资产冻结令源自《高等法院条例》，其第21L条第(3)款规定，“根据第(1)款或第21M条，原讼法庭授予非正审强制令以禁制任何法律程序的一方将位于原讼法庭的司法管辖权范围内的资产由该司法管辖范围内移走或以其他方式处理的权力，不论在该一方是否居于或身在该司法管辖权范围内的个案中，抑或在该一方的居籍或本籍是否在该司法管辖权范围内的个案中，原讼法庭均可行使。”资产冻结令可分为禁止处置在香港特别行政区的资产和禁止处置在世界各地的资产(此种禁止称为全球资产冻结令)。违抗资产冻结令的，香港特别行政区法庭可裁定藐视法庭罪，处以监禁或罚款或扣押资产。

3. 应提交的材料

《最高人民法院关于内地与香港特别行政区法院就仲裁程序相互协助保全的安排》第 7 条规定，向香港特别行政区法院申请保全的，应当依据香港特别行政区相关法律规定，提交申请、支持申请的誓章、附同的证物、论点纲要以及法庭命令的草拟本，并应当载明当事人的基本情况、申请的事项和理由、申请标的所在地以及情况、被申请人就申请作出或者可能作出的回应以及说法等事项。需要注意的是，与内地不同，按照香港特别行政区相关法律规定，本条应当载明的内容写于不同材料中，并非只体现在申请书中。根据《高等法院规则》第 73 号命令，依《仲裁条例》向香港特别行政区高等法院提出申请需采用原诉传票并附誓章，《高等法院规则》第 41 号命令详细规定了誓章的内容和形式。与誓章一起使用的文件，必须附于誓章作为证物。根据《实务指示》11.1，誓章的内容应限于提供必要的证据，不应载有陈词及论据。论点纲要应简洁确切地列明申请人为何认为该案符合所寻求的命令的要求。法庭命令草拟本没有固定格式，须按个别案件和申请的具体情况、要求法庭颁发的命令等因素而定。具体内容和注意事项可参考《实务指示》11.1 和 11.2。

4. 提供保证。申请人应当根据香港特别行政区法律作出承诺及保证，包括对损害赔偿作出承诺，就被申请人的讼费及其他合理支出提供保证，申请仲裁前保全时承诺立刻申请仲裁等。

5. 审查期限。对于审查期限，目前并无明确规定，通常情况下较为迅速。

6. 临时措施的救济。以资产冻结令为例，根据《实务指示》11.2，被告（或任何得知有此命令的人士）可随时向法庭申请更改或撤销禁令。但因禁令是依据申请人单方申请作出的，因此被告在申请人向其送达相关禁令文书之前几乎无法得知有此命令。法院在决定颁发禁令的同时会确定提讯日，申请人需在向被告送达禁令的同时送达提讯日传票。被告可在提讯日提出抗辩，由法院决定是撤销禁令还是继续禁令。

二、我国内地与澳门特别行政区之间的保全协助

《最高人民法院关于内地与澳门特别行政区相互认可和执行仲裁裁决的安排》（法释〔2007〕17 号）第 11 条规定，法院在受理认可和执行仲裁裁决申请之前或者之后，可以依当事人的申请，按照法院地法律规定，对被申请人的财产采

取保全措施。《最高人民法院关于内地与澳门特别行政区相互认可和执行民商事判决的安排》(法释〔2006〕2号)第15条规定,法院受理认可和执行判决的申请之前或者之后,可以按照被请求方法律关于财产保全的规定,根据申请人的申请,对被申请人的财产采取保全措施。我国澳门特别行政区的仲裁裁决和司法判决在内地法院申请认可和执行之前或之时,可申请内地人民法院采取财产保全措施。

《最高人民法院关于内地与澳门特别行政区相互认可和执行民商事判决的安排》未对澳门特别行政区法院管辖案件当事人、利害关系人在诉讼前或诉讼中申请财产保全作出规定,但2022年《最高人民法院关于内地与澳门特别行政区就仲裁程序相互协助保全的安排》(法释〔2022〕7号)明确了按照澳门特别行政区仲裁法规向澳门特别行政区仲裁机构提起民商事仲裁程序的当事人,在仲裁裁决作出前,可以向被申请人住所地、财产所在地或者证据所在地的内地中级人民法院申请保全。

《最高人民法院关于内地与澳门特别行政区就仲裁程序相互协助保全的安排》第5条、第6条对向澳门特别行政区法院申请仲裁保全作出了规定。

1. 受理法院。澳门特别行政区受理保全申请的法院为澳门特别行政区初级法院。需要特别说明的是,根据《最高人民法院关于内地与澳门特别行政区相互认可和执行仲裁裁决的安排》的规定,澳门特别行政区有权受理认可仲裁裁决申请的法院为中级法院,有权执行的为初级法院。

2. 保全的类型。根据澳门特别行政区《民事诉讼法典》第三编保全程序的规定,保全分为普通保全和特定保全。特定保全包括"占有之临时返还""法人决议之中止执行""临时扶养""裁定给予临时弥补""假扣押""新工程之禁制"以及"制作清单"。普通保全是指任何人有理由恐防他人对其权利造成严重且难以弥补之侵害,而特定保全均不适用的情况下,得声请采取具体适当之保存或预行措施,以确保受威胁之权利得以实现。

3. 程序。法院须于命令采取保全措施前听取声请所针对之人陈述,但听取其陈述可能严重妨碍该措施达致其目的或产生其效力者除外。如命令采取保全措施前须听取声请所针对之人陈述,则对其作出传唤,以便其提出申辩。如命令采取措施前并无听取声请所针对之人陈述,则该人得于接获通知后,可提起上诉。

第十八章　附　　则

第二十九条　施行日期

本规定自2016年12月1日起施行。

本规定施行前公布的司法解释与本规定不一致的，以本规定为准。

【条文主旨】

本条是关于财产保全司法解释时间效力的规定。

【条文理解】

一、生效时间

施行时间，是指司法解释对所作用的社会关系发生法律效力的时间，司法解释同法律一样，都需要明确自何时产生约束力。司法解释的施行日期，或者通过发布公告说明或者在司法解释条文中予以规定，在司法解释条文中规定最为普遍，[1]《保全规定》于2016年10月17日由最高人民法院审判委员会第

〔1〕 2007年9月《最高人民法院关于司法解释工作的规定》第25条第3款规定，司法解释自公告发布之日起施行，但司法解释另有规定的除外。2007年8月23日《最高人民法院办公厅关于规范司法解释施行日期有关问题的通知》规定，今后各部门起草的司法解释对施行日期没有特别要求的，司法解释条文中不再规定自公布之日起施行的条款，施行日期一律以发布司法解释的公告中明确的日期为准。司法解释对施行日期有特别要求的，应当在司法解释条文中规定相应的条款，明确具体施行时间，公告施行的日期应当与司法解释的规定相一致。2015年9月2日《最高人民法院办公厅关于规范司法解释发布、施行日期的通知》第1条规定，司法解释施行日期是司法解释的实质性内容，应在司法解释主文中以“自×年×月×日起施行”的形式予以明确。

1696 次会议通过，公告发布的日期为 2016 年 11 月 7 日，但施行的日期为 2016 年 12 月 1 日。施行日期标示着司法解释自该日起发生法律效力，也明确了人民法院何时才能将《保全规定》作为办理保全案件的法律依据。

二、溯及力问题

法的溯及力，也称法溯及既往的效力，是指法律生效后，对生效之前的法律关系、事件和行为是否适用的问题，立法法规定了法律原则上不溯及既往，但没有将司法解释是否溯及既往包括在内。从司法解释的适用上看，绝大部分司法解释遵循了不溯及既往原则，不适用其生效前已经终结的事件和法律关系，这是对法秩序的安定性和当事人信赖利益的基本保障。也是现代法治原则在司法解释中的反映。根据这一原则，在《保全规定》实施后尚未完成的财产保全程序，适用本规定，已经办结的保全案件，不适用本规定。

三、与《保全规定》相冲突规定的处理

《保全规定》已经将此前司法解释所规定的有关财产保全内容尽可能加以吸收或者完善，使之成为较为完整的财产保全规范体系，但囿于司法解释条文数量的限制，不可能将全部有关财产保全的规定全部纳入一部司法解释中，这样设计既不现实也不可能，必然还有一些规范财产保全的司法解释条文甚至指导意见还在发挥法律效力，未能被本规定吸收或者完善，因此，需对此前司法解释相关条文适用与《保全规定》冲突予以妥善处理。

《保全规定》实行之前，分别还有《民事诉讼法解释》《执行规定》《案号规定》《网络查询冻结存款规定》《查扣冻规定》《司法赔偿解释》以及若干批复、规范性文件都涉及财产保全的规定。故本条规定，《保全规定》施行前公布的司法解释与本规定不一致的，以本规定为准；对于《保全规定》没有规定而其他司法解释有规定的条文内容，仍以其他司法解释规定的为准。比如，《首封批复》等其他司法解释有特别规定的，仍应适用其规定。

四、担保问题

《保全规定》施行之前，全国各地法院基本上要求申请保全人提供全额担

保,《保全规定》施行后,人民法院办理保全案件,除诉前保全外,对保全担保的数额一律不能超过保全请求的30%。此前关于保全担保数额和限定为保全提供担保的财产类型的规定因冲突不再适用。

五、案外人救济问题

《民事诉讼法解释》规定利害关系人可以申请对裁定进行复议,《立审执协调意见》也肯定了利害关系人对裁定的复议权。《保全规定》从案外人视角设计了更为周密的救济制度,在不排除利害关系人对裁定申请复议的情况下,实践中应更多运用执行行为异议及案外人异议制度保护利害关系人和案外人的权利。

附　　录

民事诉讼法及司法解释关于财产保全的规定

最高人民法院关于人民法院办理财产保全案件若干问题的规定

（2016年10月17日最高人民法院审判委员会第1696次会议通过，
根据2020年12月23日最高人民法院审判委员会第1823次会议通过的
《最高人民法院关于修改〈最高人民法院关于人民法院扣押铁路运输
货物若干问题的规定〉等十八件执行类司法解释的决定》修正）

为依法保护当事人、利害关系人的合法权益，规范人民法院办理财产保全案件，根据《中华人民共和国民事诉讼法》等法律规定，结合审判、执行实践，制定本规定。

第一条　当事人、利害关系人申请财产保全，应当向人民法院提交申请书，并提供相关证据材料。

申请书应当载明下列事项：

（一）申请保全人与被保全人的身份、送达地址、联系方式；

（二）请求事项和所根据的事实与理由；

（三）请求保全数额或者争议标的；

（四）明确的被保全财产信息或者具体的被保全财产线索；

（五）为财产保全提供担保的财产信息或资信证明，或者不需要提供担保的理由；

（六）其他需要载明的事项。

法律文书生效后，进入执行程序前，债权人申请财产保全的，应当写明生效法律文书的制作机关、文号和主要内容，并附生效法律文书副本。

第二条　人民法院进行财产保全，由立案、审判机构作出裁定，一般应当移送执行机构实施。

第三条 仲裁过程中，当事人申请财产保全的，应当通过仲裁机构向人民法院提交申请书及仲裁案件受理通知书等相关材料。人民法院裁定采取保全措施或者裁定驳回申请的，应当将裁定书送达当事人，并通知仲裁机构。

第四条 人民法院接受财产保全申请后，应当在五日内作出裁定；需要提供担保的，应当在提供担保后五日内作出裁定；裁定采取保全措施的，应当在五日内开始执行。对情况紧急的，必须在四十八小时内作出裁定；裁定采取保全措施的，应当立即开始执行。

第五条 人民法院依照民事诉讼法第一百条规定责令申请保全人提供财产保全担保的，担保数额不超过请求保全数额的百分之三十；申请保全的财产系争议标的的，担保数额不超过争议标的的价值的百分之三十。

利害关系人申请诉前财产保全的，应当提供相当于请求保全数额的担保；情况特殊的，人民法院可以酌情处理。

财产保全期间，申请保全人提供的担保不足以赔偿可能给被保全人造成的损失的，人民法院可以责令其追加相应的担保；拒不追加的，可以裁定解除或者部分解除保全。

第六条 申请保全人或第三人为财产保全提供财产担保的，应当向人民法院出具担保书。担保书应当载明担保人、担保方式、担保范围、担保财产及其价值、担保责任承担等内容，并附相关证据材料。

第三人为财产保全提供保证担保的，应当向人民法院提交保证书。保证书应当载明保证人、保证方式、保证范围、保证责任承担等内容，并附相关证据材料。

对财产保全担保，人民法院经审查，认为违反民法典、公司法等有关法律禁止性规定的，应当责令申请保全人在指定期限内提供其他担保；逾期未提供的，裁定驳回申请。

第七条 保险人以其与申请保全人签订财产保全责任险合同的方式为财产保全提供担保的，应当向人民法院出具担保书。

担保书应当载明，因申请财产保全错误，由保险人赔偿被保全人因保全所遭受的损失等内容，并附相关证据材料。

第八条 金融监管部门批准设立的金融机构以独立保函形式为财产保全提供担保的，人民法院应当依法准许。

第九条 当事人在诉讼中申请财产保全，有下列情形之一的，人民法院可以不要求提供担保：

（一）追索赡养费、扶养费、抚育费、抚恤金、医疗费用、劳动报酬、工伤赔偿、交通事故人身损害赔偿的；

（二）婚姻家庭纠纷案件中遭遇家庭暴力且经济困难的；

（三）人民检察院提起的公益诉讼涉及损害赔偿的；

（四）因见义勇为遭受侵害请求损害赔偿的；

（五）案件事实清楚、权利义务关系明确，发生保全错误可能性较小的；

（六）申请保全人为商业银行、保险公司等由金融监管部门批准设立的具有独立偿付债务能力的金融机构及其分支机构的。

法律文书生效后，进入执行程序前，债权人申请财产保全的，人民法院可以不要求提供担保。

第十条 当事人、利害关系人申请财产保全，应当向人民法院提供明确的被保全财产信息。

当事人在诉讼中申请财产保全，确因客观原因不能提供明确的被保全财产信息，但提供了具体财产线索的，人民法院可以依法裁定采取财产保全措施。

第十一条 人民法院依照本规定第十条第二款规定作出保全裁定的，在该裁定执行过程中，申请保全人可以向已经建立网络执行查控系统的执行法院，书面申请通过该系统查询被保全人的财产。

申请保全人提出查询申请的，执行法院可以利用网络执行查控系统，对裁定保全的财产或者保全数额范围内的财产进行查询，并采取相应的查封、扣押、冻结措施。

人民法院利用网络执行查控系统未查询到可供保全财产的，应当书面告知申请保全人。

第十二条 人民法院对查询到的被保全人财产信息，应当依法保密。除依法保全的财产外，不得泄露被保全人其他财产信息，也不得在财产保全、强制执行以外使用相关信息。

第十三条 被保全人有多项财产可供保全的，在能够实现保全目的的情况下，人民法院应当选择对其生产经营活动影响较小的财产进行保全。

人民法院对厂房、机器设备等生产经营性财产进行保全时，指定被保全人保管的，应当允许其继续使用。

第十四条 被保全财产系机动车、航空器等特殊动产的，除被保全人下落不明的以外，人民法院应当责令被保全人书面报告该动产的权属和占有、使用等情况，并予以核实。

第十五条 人民法院应当依据财产保全裁定采取相应的查封、扣押、冻结措施。

可供保全的土地、房屋等不动产的整体价值明显高于保全裁定载明金额的，人民法院应当对该不动产的相应价值部分采取查封、扣押、冻结措施，但该不动产在使用上不可分或者分割会严重减损其价值的除外。

对银行账户内资金采取冻结措施的，人民法院应当明确具体的冻结数额。

第十六条 人民法院在财产保全中采取查封、扣押、冻结措施，需要有关单位协助办理登记手续的，有关单位应当在裁定书和协助执行通知书送达后立即办理。针对同一财产有多个裁定书和协助执行通知书的，应当按照送达的时间先后办理登记手续。

第十七条 利害关系人申请诉前财产保全，在人民法院采取保全措施后三十日内依法提起诉讼或者申请仲裁的，诉前财产保全措施自动转为诉讼或仲裁中的保全措施；进入执行程序后，保全措施自动转为执行中的查封、扣押、冻结措施。

依前款规定，自动转为诉讼、仲裁中的保全措施或者执行中的查封、扣押、冻结措施的，期限连续计算，人民法院无需重新制作裁定书。

第十八条 申请保全人申请续行财产保全的，应当在保全期限届满七日前向人民法院提出；逾期申请或者不申请的，自行承担不能续行保全的法律后果。

人民法院进行财产保全时，应当书面告知申请保全人明确的保全期限届满日以及前款有关申请续行保全的事项。

第十九条 再审审查期间，债务人申请保全生效法律文书确定给付的财产的，人民法院不予受理。

再审审理期间,原生效法律文书中止执行,当事人申请财产保全的,人民法院应当受理。

第二十条 财产保全期间,被保全人请求对被保全财产自行处分,人民法院经审查,认为不损害申请保全人和其他执行债权人合法权益的,可以准许,但应当监督被保全人按照合理价格在指定期限内处分,并控制相应价款。

被保全人请求对作为争议标的的被保全财产自行处分的,须经申请保全人同意。

人民法院准许被保全人自行处分被保全财产的,应当通知申请保全人;申请保全人不同意的,可以依照民事诉讼法第二百二十五条规定提出异议。

第二十一条 保全法院在首先采取查封、扣押、冻结措施后超过一年未对被保全财产进行处分的,除被保全财产系争议标的外,在先轮候查封、扣押、冻结的执行法院可以商请保全法院将被保全财产移送执行。但司法解释另有特别规定的,适用其规定。

保全法院与在先轮候查封、扣押、冻结的执行法院就移送被保全财产发生争议的,可以逐级报请共同的上级法院指定该财产的执行法院。

共同的上级法院应当根据被保全财产的种类及所在地、各债权数额与被保全财产价值之间的关系等案件具体情况指定执行法院,并督促其在指定期限内处分被保全财产。

第二十二条 财产纠纷案件,被保全人或第三人提供充分有效担保请求解除保全,人民法院应当裁定准许。被保全人请求对作为争议标的的财产解除保全的,须经申请保全人同意。

第二十三条 人民法院采取财产保全措施后,有下列情形之一的,申请保全人应当及时申请解除保全:

(一)采取诉前财产保全措施后三十日内不依法提起诉讼或者申请仲裁的;

(二)仲裁机构不予受理仲裁申请、准许撤回仲裁申请或者按撤回仲裁申请处理的;

(三)仲裁申请或者请求被仲裁裁决驳回的;

(四)其他人民法院对起诉不予受理、准许撤诉或者按撤诉处理的;

(五)起诉或者诉讼请求被其他人民法院生效裁判驳回的;

(六)申请保全人应当申请解除保全的其他情形。

人民法院收到解除保全申请后,应当在五日内裁定解除保全;对情况紧急的,必须在四十八小时内裁定解除保全。

申请保全人未及时申请人民法院解除保全,应当赔偿被保全人因财产保全所遭受的损失。

被保全人申请解除保全,人民法院经审查认为符合法律规定的,应当在本条第二款规定的期间内裁定解除保全。

第二十四条 财产保全裁定执行中,人民法院发现保全裁定的内容与被保全财产的实际情况不符的,应当予以撤销、变更或补正。

第二十五条 申请保全人、被保全人对保全裁定或者驳回申请裁定不服的,可以自裁定书送达之日起五日内向作出裁定的人民法院申请复议一次。人民法院应当自收到复议申请后十日内审查。

对保全裁定不服申请复议的,人民法院经审查,理由成立的,裁定撤销或变更;理由不成立的,裁定驳回。

对驳回申请裁定不服申请复议的,人民法院经审查,理由成立的,裁定撤销,并采取保全措施;理由不成立的,裁定驳回。

第二十六条 申请保全人、被保全人、利害关系人认为保全裁定实施过程中的执行行为违反法律规定提出书面异议的,人民法院应当依照民事诉讼法第二百二十五条规定审查处理。

第二十七条 人民法院对诉讼争议标的以外的财产进行保全,案外人对保全裁定或者保全裁定实施过程中的执行行为不服,基于实体权利对被保全财产提出书面异议的,人民法院应当依照民事诉讼法第二百二十七条规定审查处理并作出裁定。案外人、申请保全人对该裁定不服的,可以自裁定送达之日起十五日内向人民法院提起执行异议之诉。

人民法院裁定案外人异议成立后,申请保全人在法律规定的期间内未提起执行异议之诉的,人民法院应当自起诉期限届满之日起七日内对该被保全财产解除保全。

第二十八条 海事诉讼中,海事请求人申请海事请求保全,适用《中华人民共和国海事诉讼特别程序法》及相关司法解释。

第二十九条 本规定自2016年12月1日起施行。

本规定施行前公布的司法解释与本规定不一致的,以本规定为准。

中华人民共和国民事诉讼法(节选)

(1991年4月9日第七届全国人民代表大会第四次会议通过
根据2007年10月28日第十届全国人民代表大会常务委员会第三十次会议《关于修改〈中华人民共和国民事诉讼法〉的决定》第一次修正
根据2012年8月31日第十一届全国人民代表大会常务委员会第二十八次会议《关于修改〈中华人民共和国民事诉讼法〉的决定》第二次修正
根据2017年6月27日第十二届全国人民代表大会常务委员会第二十八次会议《关于修改〈中华人民共和国民事诉讼法〉和〈中华人民共和国行政诉讼法〉的决定》第三次修正根据2021年12月24日第十三届全国人民代表大会常务委员会第三十二次会议《关于修改〈中华人民共和国民事诉讼法〉的决定》第四次修正)

第九章 保全和先予执行

第一百零三条 人民法院对于可能因当事人一方的行为或者其他原因,使判决难以执行或者造成当事人其他损害的案件,根据对方当事人的申请,可以裁定对其财产进行保全、责令其作出一定行为或者禁止其作出一定行为;当事人没有提出申请的,人民法院在必要时也可以裁定采取保全措施。

人民法院采取保全措施，可以责令申请人提供担保，申请人不提供担保的，裁定驳回申请。

人民法院接受申请后，对情况紧急的，必须在四十八小时内作出裁定；裁定采取保全措施的，应当立即开始执行。

第一百零四条 利害关系人因情况紧急，不立即申请保全将会使其合法权益受到难以弥补的损害的，可以在提起诉讼或者申请仲裁前向被保全财产所在地、被申请人住所地或者对案件有管辖权的人民法院申请采取保全措施。申请人应当提供担保，不提供担保的，裁定驳回申请。

人民法院接受申请后，必须在四十八小时内作出裁定；裁定采取保全措施的，应当立即开始执行。

申请人在人民法院采取保全措施后三十日内不依法提起诉讼或者申请仲裁的，人民法院应当解除保全。

第一百零五条 保全限于请求的范围，或者与本案有关的财物。

第一百零六条 财产保全采取查封、扣押、冻结或者法律规定的其他方法。人民法院保全财产后，应当立即通知被保全财产的人。

财产已被查封、冻结的，不得重复查封、冻结。

第一百零七条 财产纠纷案件，被申请人提供担保的，人民法院应当裁定解除保全。

第一百零八条 申请有错误的，申请人应当赔偿被申请人因保全所遭受的损失。

第一百零九条 人民法院对下列案件，根据当事人的申请，可以裁定先予执行：

（一）追索赡养费、扶养费、抚养费、抚恤金、医疗费用的；

（二）追索劳动报酬的；

（三）因情况紧急需要先予执行的。

第一百一十条 人民法院裁定先予执行的，应当符合下列条件：

（一）当事人之间权利义务关系明确，不先予执行将严重影响申请人的生活或者生产经营的；

（二）被申请人有履行能力。

人民法院可以责令申请人提供担保，申请人不提供担保的，驳回申请。申请人败诉的，应当赔偿被申请人因先予执行遭受的财产损失。

第一百一十一条 当事人对保全或者先予执行的裁定不服的，可以申请复议一次。复议期间不停止裁定的执行。

最高人民法院关于适用《中华人民共和国民事诉讼法》的解释(节选)

(2014年12月18日最高人民法院审判委员会第1636次会议通过;
根据2020年12月23日最高人民法院审判委员会第1823次会议通过的
《最高人民法院关于修改〈最高人民法院关于人民法院民事调解工作
若干问题的规定〉等十九件民事诉讼类司法解释的决定》第一次修正;
根据2022年3月22日最高人民法院审判委员会第1866次会议通过的《最高人民
法院关于修改〈最高人民法院关于适用《中华人民共和国民事诉讼法》的解释〉
的决定》第二次修正,该修正自2022年4月10日起施行)

七、保全和先予执行

第一百五十二条 人民法院依照民事诉讼法第一百零三条、第一百零四条规定,在采取诉前保全、诉讼保全措施时,责令利害关系人或者当事人提供担保的,应当书面通知。

利害关系人申请诉前保全的,应当提供担保。申请诉前财产保全的,应当提供相当于请求保全数额的担保;情况特殊的,人民法院可以酌情处理。申请诉前行为保全的,担保的数额由人民法院根据案件的具体情况决定。

在诉讼中,人民法院依申请或者依职权采取保全措施的,应当根据案件的具体情况,决定当事人是否应当提供担保以及担保的数额。

第一百五十三条 人民法院对季节性商品、鲜活、易腐烂变质以及其他不宜长期保存的物品采取保全措施时,可以责令当事人及时处理,由人民法院保存价款;必要时,人民法院可予以变卖,保存价款。

第一百五十四条 人民法院在财产保全中采取查封、扣押、冻结财产措施时,应当妥善保管被查封、扣押、冻结的财产。不宜由人民法院保管的,人民法院可以指定被保全人负责保管;不宜由被保全人保管的,可以委托他人或者申请保全人保管。

查封、扣押、冻结担保物权人占有的担保财产,一般由担保物权人保管;由人民法院保管的,质权、留置权不因采取保全措施而消灭。

第一百五十五条 由人民法院指定被保全人保管的财产,如果继续使用对该财产的价值无重大影响,可以允许被保全人继续使用;由人民法院保管或者委托他人、申请保全人保管的财产,人民法院和其他保管人不得使用。

第一百五十六条 人民法院采取财产保全的方法和措施,依照执行程序相关规定办理。

第一百五十七条 人民法院对抵押物、质押物、留置物可以采取财产保全措施,但不影响抵押权人、质权人、留置权人的优先受偿权。

第一百五十八条 人民法院对债务人到期应得的收益,可以采取财产保全措施,限制其支取,通知有关单位协助执行。

第一百五十九条 债务人的财产不能满足保全请求,但对他人有到期债权的,人民法院可以依债权人的申请裁定该他人不得对本案债务人清偿。该他人要求偿付的,由人民法院提存财物或者价款。

第一百六十条 当事人向采取诉前保全措施以外的其他有管辖权的人民法院起诉的,采取诉前保全措施的人民法院应当将保全手续移送受理案件的人民法院。诉前保全的裁定视为受移送人民法院作出的裁定。

第一百六十一条 对当事人不服一审判决提起上诉的案件,在第二审人民法院接到报送的案件之前,当事人有转移、隐匿、出卖或者毁损财产等行为,必须采取保全措施的,由第一审人民法院依当事人申请或者依职权采取。第一审人民法院的保全裁定,应当及时报送第二审人民法院。

第一百六十二条 第二审人民法院裁定对第一审人民法院采取的保全措施予以续保或者采取新的保全措施的,可以自行实施,也可以委托第一审人民法院实施。

再审人民法院裁定对原保全措施予以续保或者采取新的保全措施的,可以自行实施,也可以委托原审人民法院或者执行法院实施。

第一百六十三条 法律文书生效后,进入执行程序前,债权人因对方当事人转移财产等紧急情况,不申请保全将可能导致生效法律文书不能执行或者难以执行的,可以向执行法院申请采取保全措施。债权人在法律文书指定的履行期间届满后五日内不申请执行的,人民法院应当解除保全。

第一百六十四条 对申请保全人或者他人提供的担保财产,人民法院应当依法办理查封、扣押、冻结等手续。

第一百六十五条 人民法院裁定采取保全措施后,除作出保全裁定的人民法院自行解除或者其上级人民法院决定解除外,在保全期限内,任何单位不得解除保全措施。

第一百六十六条 裁定采取保全措施后,有下列情形之一的,人民法院应当作出解除保全裁定:

(一)保全错误的;

(二)申请人撤回保全申请的;

(三)申请人的起诉或者诉讼请求被生效裁判驳回的;

(四)人民法院认为应当解除保全的其他情形。

解除以登记方式实施的保全措施的,应当向登记机关发出协助执行通知书。

第一百六十七条 财产保全的被保全人提供其他等值担保财产且有利于执行的,人民法院可以裁定变更保全标的物为被保全人提供的担保财产。

第一百六十八条 保全裁定未经人民法院依法撤销或者解除,进入执行程序后,自动转为执行中的查封、扣押、冻结措施,期限连续计算,执行法院无须重新制作裁定书,但查封、扣押、冻结期限届满的除外。

第一百六十九条 民事诉讼法规定的先予执行,人民法院应当在受理案件后终审判决作出前采取。先予执行应当限于当事人诉讼请求的范围,并以当事人的生活、生产经营的急需为限。

第一百七十条 民事诉讼法第一百零九条第三项规定的情况紧急,包括:

(一)需要立即停止侵害、排除妨碍的;

(二)需要立即制止某项行为的;

(三)追索恢复生产、经营急需的保险理赔费的;

(四)需要立即返还社会保险金、社会救助资金的;

(五)不立即返还款项,将严重影响权利人生活和生产经营的。

第一百七十一条 当事人对保全或者先予执行裁定不服的,可以自收到裁定书之日起五日内向作出裁定的人民法院申请复议。人民法院应当在收到复议申请后十日内审查。裁定正确的,驳回当事人的申请;裁定不当的,变更或者撤销原裁定。

第一百七十二条 利害关系人对保全或者先予执行的裁定不服申请复议的,由作出裁定的人民法院依照民事诉讼法第一百一十一条规定处理。

第一百七十三条 人民法院先予执行后,根据发生法律效力的判决,申请人应当返还因先予执行所取得的利益的,适用民事诉讼法第二百四十条的规定。

最高人民法院关于人民法院执行工作若干问题的规定(试行)(节选)

2. 执行机构负责执行下列生效法律文书:

(1)人民法院民事、行政判决、裁定、调解书,民事制裁决定、支付令,以及刑事附带民事判决、裁定、调解书,刑事裁判涉财产部分;

(2)依法应由人民法院执行的行政处罚决定、行政处理决定;

(3)我国仲裁机构作出的仲裁裁决和调解书,人民法院依据《中华人民共和国仲裁法》有关规定作出的财产保全和证据保全裁定;

(4)公证机关依法赋予强制执行效力的债权文书;

(5)经人民法院裁定承认其效力的外国法院作出的判决、裁定,以及国外仲裁机构作出的仲裁裁决;

(6)法律规定由人民法院执行的其他法律文书。

3. 人民法院在审理民事、行政案件中作出的财产保全和先予执行裁定,一般应当移送执行机构实施。

……

9. 在国内仲裁过程中,当事人申请财产保全,经仲裁机构提交人民法院的,由被申请人住所地或被申请保全的财产所在地的基层人民法院裁定并执行;申请证据保全的,由证据所在地的基层人民法院裁定并执行。

10. 在涉外仲裁过程中,当事人申请财产保全,经仲裁机构提交人民法院的,由被申请人住所地或被申请保全的财产所在地的中级人民法院裁定并执行;申请证据保全的,由证据所在地的中级人民法院裁定并执行。

……

54. 人民法院在审理案件期间,保证人为被执行人提供保证,人民法院据此未对被执行人的财产采取保全措施或解除保全措施的,案件审结后如果被执行人无财产可供执行或其财产不足清偿债务时,即使生效法律文书中未确定保证人承担责任,人民法院有权裁定执行保证人在保证责任范围内的财产。

……

56. 对参与被执行人财产的具体分配,应当由首先查封、扣押或冻结的法院主持进行。

首先查封、扣押、冻结的法院所采取的执行措施如系为执行财产保全裁定,具体分配应当在该院案件审理终结后进行。

最高人民法院关于人民法院民事执行中查封、扣押、冻结财产的规定

(2004 年 10 月 26 日最高人民法院审判委员会第 1330 次会议通过,
根据 2020 年 12 月 23 日最高人民法院审判委员会第 1823 次会议通过的
《最高人民法院关于修改〈最高人民法院关于人民法院扣押铁路运输
货物若干问题的规定〉等十八件执行类司法解释的决定》修正)

为了进一步规范民事执行中的查封、扣押、冻结措施,维护当事人的合法权益,根据《中华人民共和国民事诉讼法》等法律的规定,结合人民法院民事执行工作的实践经验,制定本规定。

第一条 人民法院查封、扣押、冻结被执行人的动产、不动产及其他财产权,应当作出裁定,并送达被执行人和申请执行人。

采取查封、扣押、冻结措施需要有关单位或者个人协助的,人民法院应当制作协助执行通知书,连同裁定书副本一并送达协助执行人。查封、扣押、冻结裁定书和协助执行通知书送达时发生法律效力。

第二条 人民法院可以查封、扣押、冻结被执行人占有的动产、登记在被执行人名下的不动产、特定动产及其他财产权。

未登记的建筑物和土地使用权,依据土地使用权的审批文件和其他相关证据确定权属。

对于第三人占有的动产或者登记在第三人名下的不动产、特定动产及其他财产权,第三人书面确认该财产属于被执行人的,人民法院可以查封、扣押、冻结。

第三条 人民法院对被执行人下列的财产不得查封、扣押、冻结:

(一)被执行人及其所扶养家属生活所必需的衣服、家具、炊具、餐具及其他家庭生活必需的物品;

(二)被执行人及其所扶养家属所必需的生活费用。当地有最低生活保障标准的,必需的生活费用依照该标准确定;

（三）被执行人及其所扶养家属完成义务教育所必需的物品；

（四）未公开的发明或者未发表的著作；

（五）被执行人及其所扶养家属用于身体缺陷所必需的辅助工具、医疗物品；

（六）被执行人所得的勋章及其他荣誉表彰的物品；

（七）根据《中华人民共和国缔结条约程序法》，以中华人民共和国、中华人民共和国政府或者中华人民共和国政府部门名义同外国、国际组织缔结的条约、协定和其他具有条约、协定性质的文件中规定免于查封、扣押、冻结的财产；

（八）法律或者司法解释规定的其他不得查封、扣押、冻结的财产。

第四条　对被执行人及其所扶养家属生活所必需的居住房屋，人民法院可以查封，但不得拍卖、变卖或者抵债。

第五条　对于超过被执行人及其所扶养家属生活所必需的房屋和生活用品，人民法院根据申请执行人的申请，在保障被执行人及其所扶养家属最低生活标准所必需的居住房屋和普通生活必需品后，可予以执行。

第六条　查封、扣押动产的，人民法院可以直接控制该项财产。人民法院将查封、扣押的动产交付其他人控制的，应当在该动产上加贴封条或者采取其他足以公示查封、扣押的适当方式。

第七条　查封不动产的，人民法院应当张贴封条或者公告，并可以提取保存有关财产权证照。

查封、扣押、冻结已登记的不动产、特定动产及其他财产权，应当通知有关登记机关办理登记手续。未办理登记手续的，不得对抗其他已经办理了登记手续的查封、扣押、冻结行为。

第八条　查封尚未进行权属登记的建筑物时，人民法院应当通知其管理人或者该建筑物的实际占有人，并在显著位置张贴公告。

第九条　扣押尚未进行权属登记的机动车辆时，人民法院应当在扣押清单上记载该机动车辆的发动机编号。该车辆在扣押期间权利人要求办理权属登记手续的，人民法院应当准许并及时办理相应的扣押登记手续。

第十条　查封、扣押的财产不宜由人民法院保管的，人民法院可以指定被执行人负责保管；不宜由被执行人保管的，可以委托第三人或者申请执行人保管。

由人民法院指定被执行人保管的财产，如果继续使用对该财产的价值无重大影响，可以允许被执行人继续使用；由人民法院保管或者委托第三人、申请执行人保管的，保管人不得使用。

第十一条　查封、扣押、冻结担保物权人占有的担保财产，一般应当指定该担保物权人作为保管人；该财产由人民法院保管的，质权、留置权不因转移占有而消灭。

第十二条　对被执行人与其他人共有的财产，人民法院可以查封、扣押、冻结，并及时通知共有人。

共有人协议分割共有财产，并经债权人认可的，人民法院可以认定有效。查封、扣押、冻结的效力及于协议分割后被执行人享有份额内的财产；对其他共有人享有份额内的财产的查封、扣押、冻结，人民法院应当裁定予以解除。

共有人提起析产诉讼或者申请执行人代位提起析产诉讼的，人民法院应当准许。诉讼期间中止对该财产的执行。

第十三条 对第三人为被执行人的利益占有的被执行人的财产，人民法院可以查封、扣押、冻结；该财产被指定给第三人继续保管的，第三人不得将其交付给被执行人。

对第三人为自己的利益依法占有的被执行人的财产，人民法院可以查封、扣押、冻结，第三人可以继续占有和使用该财产，但不得将其交付给被执行人。

第三人无偿借用被执行人的财产的，不受前款规定的限制。

第十四条 被执行人将其财产出卖给第三人，第三人已经支付部分价款并实际占有该财产，但根据合同约定被执行人保留所有权的，人民法院可以查封、扣押、冻结；第三人要求继续履行合同的，向人民法院交付全部余款后，裁定解除查封、扣押、冻结。

第十五条 被执行人将其所有的需要办理过户登记的财产出卖给第三人，第三人已经支付部分或者全部价款并实际占有该财产，但尚未办理产权过户登记手续的，人民法院可以查封、扣押、冻结；第三人已经支付全部价款并实际占有，但未办理过户登记手续的，如果第三人对此没有过错，人民法院不得查封、扣押、冻结。

第十六条 被执行人购买第三人的财产，已经支付部分价款并实际占有该财产，第三人依合同约定保留所有权的，人民法院可以查封、扣押、冻结。保留所有权已办理登记的，第三人的剩余价款从该财产变价款中优先支付；第三人主张取回该财产的，可以依据民事诉讼法第二百二十七条规定提出异议。

第十七条 被执行人购买需要办理过户登记的第三人的财产，已经支付部分或者全部价款并实际占有该财产，虽未办理产权过户登记手续，但申请执行人已向第三人支付剩余价款或者第三人同意剩余价款从该财产变价款中优先支付的，人民法院可以查封、扣押、冻结。

第十八条 查封、扣押、冻结被执行人的财产时，执行人员应当制作笔录，载明下列内容：

（一）执行措施开始及完成的时间；

（二）财产的所在地、种类、数量；

（三）财产的保管人；

（四）其他应当记明的事项。

执行人员及保管人应当在笔录上签名，有民事诉讼法第二百四十五条规定的人员到场的，到场人员也应当在笔录上签名。

第十九条 查封、扣押、冻结被执行人的财产，以其价额足以清偿法律文书确定的债权额及执行费用为限，不得明显超标的额查封、扣押、冻结。

发现超标的额查封、扣押、冻结的，人民法院应当根据被执行人的申请或者依职权，及时解除对超标的额部分财产的查封、扣押、冻结，但该财产为不可分物且被执行人无其他可供执行的财产或者其他财产不足以清偿债务的除外。

第二十条 查封、扣押的效力及于查封、扣押物的从物和天然孳息。

第二十一条 查封地上建筑物的效力及于该地上建筑物使用范围内的土地使用权，查封土地使用权的效力及于地上建筑物，但土地使用权与地上建筑物的所有权分属被执行人与他人的除外。

地上建筑物和土地使用权的登记机关不是同一机关的，应当分别办理查封登记。

第二十二条 查封、扣押、冻结的财产灭失或者毁损的，查封、扣押、冻结的效力及于该财产的替代物、赔偿款。人民法院应当及时作出查封、扣押、冻结该替代物、赔偿款的裁定。

第二十三条 查封、扣押、冻结协助执行通知书在送达登记机关时，登记机关已经受理被执行人转让不动产、特定动产及其他财产的过户登记申请，尚未完成登记的，应当协助人民法院执行。人民法院不得对登记机关已经完成登记的被执行人已转让的财产实施查封、扣押、冻结措施。

查封、扣押、冻结协助执行通知书在送达登记机关时，其他人民法院已向该登记机关送达了过户登记协助执行通知书的，应当优先办理过户登记。

第二十四条 被执行人就已经查封、扣押、冻结的财产所作的移转、设定权利负担或者其他有碍执行的行为，不得对抗申请执行人。

第三人未经人民法院准许占有查封、扣押、冻结的财产或者实施其他有碍执行的行为的，人民法院可以依据申请执行人的申请或者依职权解除其占有或者排除其妨害。

人民法院的查封、扣押、冻结没有公示的，其效力不得对抗善意第三人。

第二十五条 人民法院查封、扣押被执行人设定最高额抵押权的抵押物的，应当通知抵押权人。抵押权人受抵押担保的债权数额自收到人民法院通知时起不再增加。

人民法院虽然没有通知抵押权人，但有证据证明抵押权人知道或者应当知道查封、扣押事实的，受抵押担保的债权数额从其知道或者应当知道该事实时起不再增加。

第二十六条 对已被人民法院查封、扣押、冻结的财产，其他人民法院可以进行轮候查封、扣押、冻结。查封、扣押、冻结解除的，登记在先的轮候查封、扣押、冻结即自动生效。

其他人民法院对已登记的财产进行轮候查封、扣押、冻结的，应当通知有关登记机关协助进行轮候登记，实施查封、扣押、冻结的人民法院应当允许其他人民法院查阅有关文书和记录。

其他人民法院对没有登记的财产进行轮候查封、扣押、冻结的，应当制作笔录，并经实施查封、扣押、冻结的人民法院执行人员及被执行人签字，或者书面通知实施查封、扣押、冻结的人民法院。

第二十七条 查封、扣押、冻结期限届满，人民法院未办理延期手续的，查封、扣押、冻结的效力消灭。

查封、扣押、冻结的财产已经被执行拍卖、变卖或者抵债的，查封、扣押、冻结的效力消灭。

第二十八条 有下列情形之一的，人民法院应当作出解除查封、扣押、冻结裁定，并送达申请执行人、被执行人或者案外人：

（一）查封、扣押、冻结案外人财产的；

（二）申请执行人撤回执行申请或者放弃债权的；

（三）查封、扣押、冻结的财产流拍或者变卖不成，申请执行人和其他执行债权人又不同意接受抵债，且对该财产又无法采取其他执行措施的；

（四）债务已经清偿的；

（五）被执行人提供担保且申请执行人同意解除查封、扣押、冻结的；

（六）人民法院认为应当解除查封、扣押、冻结的其他情形。

解除以登记方式实施的查封、扣押、冻结的，应当向登记机关发出协助执行通知书。

第二十九条 财产保全裁定和先予执行裁定的执行适用本规定。

第三十条 本规定自2005年1月1日起施行。施行前本院公布的司法解释与本规定不一致的，以本规定为准。

最高人民法院关于适用《中华人民共和国民事诉讼法》执行程序若干问题的解释（节选）

（2008年9月8日最高人民法院审判委员会第1452次会议通过，根据2020年12月23日最高人民法院审判委员会第1823次会议通过的《最高人民法院关于修改〈最高人民法院关于人民法院扣押铁路运输货物若干问题的规定〉等十八件执行类司法解释的决定》修正）

第四条 对人民法院采取财产保全措施的案件，申请执行人向采取保全措施的人民法院以外的其他有管辖权的人民法院申请执行的，采取保全措施的人民法院应当将保全的财产交执行法院处理。

最高人民法院关于人民法院办理执行异议和复议案件若干问题的规定

（2014年12月29日最高人民法院审判委员会第1638次会议通过，根据2020年12月23日最高人民法院审判委员会第1823次会议通过的《最高人民法院关于修改〈最高人民法院关于人民法院扣押铁路运输货物若干问题的规定〉等十八件执行类司法解释的决定》修正）

第七条 当事人、利害关系人认为执行过程中或者执行保全、先予执行裁定过程中的下列行为违法提出异议的，人民法院应当依照民事诉讼法第二百二十五条规定进行审查：

（一）查封、扣押、冻结、拍卖、变卖、以物抵债、暂缓执行、中止执行、终结执行等执行措施；

（二）执行的期间、顺序等应当遵守的法定程序；

（三）人民法院作出的侵害当事人、利害关系人合法权益的其他行为。

被执行人以债权消灭、丧失强制执行效力等执行依据生效之后的实体事由提出排除执行异议的，人民法院应当参照民事诉讼法第二百二十五条规定进行审查。

除本规定第十九条规定的情形外，被执行人以执行依据生效之前的实体事由提出排除执行异议的，人民法院应当告知其依法申请再审或者通过其他程序解决。

最高人民法院关于执行和解若干问题的规定

（2017 年 11 月 6 日最高人民法院审判委员会第 1725 次会议通过，
根据 2020 年 12 月 23 日最高人民法院审判委员会第 1823 次会议通过的
《最高人民法院关于修改〈最高人民法院关于人民法院扣押铁路运输
货物若干问题的规定〉等十八件执行类司法解释的决定》修正）

第十四条 申请执行人就履行执行和解协议提起诉讼，执行法院受理后，可以裁定终结原生效法律文书的执行。执行中的查封、扣押、冻结措施，自动转为诉讼中的保全措施。

最高人民法院关于人民法院强制执行股权若干问题的规定（节选）

（2022 年 01 月 01 日法释〔2021〕20 号）

第一条 本规定所称股权，包括有限责任公司股权、股份有限公司股份，但是在依法设立的证券交易所上市交易以及在国务院批准的其他全国性证券交易场所交易的股份有限公司股份除外。

第二条 被执行人是公司股东的，人民法院可以强制执行其在公司持有的股权，不得直接执行公司的财产。

第三条 依照民事诉讼法第二百二十四条的规定以被执行股权所在地确定管辖法院的，股权所在地是指股权所在公司的住所地。

第四条 人民法院可以冻结下列资料或者信息之一载明的属于被执行人的股权：

（一）股权所在公司的章程、股东名册等资料；

（二）公司登记机关的登记、备案信息；

（三）国家企业信用信息公示系统的公示信息。

案外人基于实体权利对被冻结股权提出排除执行异议的，人民法院应当依照民事诉讼法第二百二十七条的规定进行审查。

第五条 人民法院冻结被执行人的股权，以其价额足以清偿生效法律文书确定的债权额及执行费用为限，不得明显超标的额冻结。股权价额无法确定的，可以根据申请执行人申请冻结的比例或者数量进行冻结。

被执行人认为冻结明显超标的额的，可以依照民事诉讼法第二百二十五条的规定提出书面异议，并附证明股权等查封、扣押、冻结财产价额的证据材料。人民法院审查后裁定异议成立的，应当自裁定生效之日起七日内解除对明显超标的额部分的冻结。

第六条　人民法院冻结被执行人的股权,应当向公司登记机关送达裁定书和协助执行通知书,要求其在国家企业信用信息公示系统进行公示。股权冻结自在公示系统公示时发生法律效力。多个人民法院冻结同一股权的,以在公示系统先办理公示的为在先冻结。

依照前款规定冻结被执行人股权的,应当及时向被执行人、申请执行人送达裁定书,并将股权冻结情况书面通知股权所在公司。

第七条　被执行人就被冻结股权所作的转让、出质或者其他有碍执行的行为,不得对抗申请执行人。

第八条　人民法院冻结被执行人股权的,可以向股权所在公司送达协助执行通知书,要求其在实施增资、减资、合并、分立等对被冻结股权所占比例、股权价值产生重大影响的行为前向人民法院书面报告有关情况。人民法院收到报告后,应当及时通知申请执行人,但是涉及国家秘密、商业秘密的除外。

股权所在公司未向人民法院报告即实施前款规定行为的,依照民事诉讼法第一百一十四条的规定处理。

股权所在公司或者公司董事、高级管理人员故意通过增资、减资、合并、分立、转让重大资产、对外提供担保等行为导致被冻结股权价值严重贬损,影响申请执行人债权实现的,申请执行人可以依法提起诉讼。

第九条　人民法院冻结被执行人基于股权享有的股息、红利等收益,应当向股权所在公司送达裁定书,并要求其在该收益到期时通知人民法院。人民法院对到期的股息、红利等收益,可以书面通知股权所在公司向申请执行人或者人民法院履行。

股息、红利等收益被冻结后,股权所在公司擅自向被执行人支付或者变相支付的,不影响人民法院要求股权所在公司支付该收益。

最高人民法院关于印发《全国法院民商事审判工作会议纪要》的通知

(法〔2019〕254 号)

全国法院民商事审判工作会议纪要(节选)

二、关于公司纠纷案件的审理

(六)关于公司为他人提供担保

关于公司为他人提供担保的合同效力问题,审判实践中裁判尺度不统一,严重影响了司法公信力,有必要予以规范。对此,应当把握以下几点:

17.【违反《公司法》第 16 条构成越权代表】为防止法定代表人随意代表公司为他人提供担保给公司造成损失,损害中小股东利益,《公司法》第 16 条对法定代表人的代表权进行了限制。根据该条规定,担保行为不是法定代表人所能单独决定的事项,而必须以公司股东(大)会、董事会等公司机关的决议作为授权的基础和来源。法定代表人未经授权擅自为他人提供担保的,构成越权代表,人民法院应当根据《合同法》第50条关于法定代表人越权代表的规定,区分订立合同时债权人是否善意分别认定合同效力:债权人善意的,合同有效;反之,合同无效。

18.【善意的认定】前条所称的善意,是指债权人不知道或者不应当知道法定代表人超越权限订立担保合同。《公司法》第16条对关联担保和非关联担保的决议机关作出了区别规定,相应地,在善意的判断标准上也应当有所区别。一种情形是,为公司股东或者实际控制人提供关联担保,《公司法》第16条明确规定必须由股东(大)会决议,未经股东(大)会决议,构成越权代表。在此情况下,债权人主张担保合同有效,应当提供证据证明其在订立合同时对股东(大)会决议进行了审查,决议的表决程序符合《公司法》第16条的规定,即在排除被担保股东表决权的情况下,该项表决由出席会议的其他股东所持表决权的过半数通过,签字人员也符合公司章程的规定。另一种情形是,公司为公司股东或者实际控制人以外的人提供非关联担保,根据《公司法》第16条的规定,此时由公司章程规定是由董事会决议还是股东(大)会决议。无论章程是否对决议机关作出规定,也无论章程规定决议机关为董事会还是股东(大)会,根据《民法总则》第61条第3款关于"法人章程或者法人权力机构对法定代表人代表权的限制,不得对抗善意相对人"的规定,只要债权人能够证明其在订立担保合同时对董事会决议或者股东(大)会决议进行了审查,同意决议的人数及签字人员符合公司章程的规定,就应当认定其构成善意,但公司能够证明债权人明知公司章程对决议机关有明确规定的除外。

债权人对公司机关决议内容的审查一般限于形式审查,只要求尽到必要的注意义务即可,标准不宜太过严苛。公司以机关决议系法定代表人伪造或者变造、决议程序违法、签章(名)不实、担保金额超过法定限额等事由抗辩债权人非善意的,人民法院一般不予支持。但是,公司有证据证明债权人明知决议系伪造或者变造的除外。

19.【无须机关决议的例外情况】存在下列情形的,即便债权人知道或者应当知道没有公司机关决议,也应当认定担保合同符合公司的真实意思表示,合同有效:

(1)公司是以为他人提供担保为主营业务的担保公司,或者是开展保函业务的银行或者非银行金融机构;

(2)公司为其直接或者间接控制的公司开展经营活动向债权人提供担保;

(3)公司与主债务人之间存在相互担保等商业合作关系;

(4)担保合同系由单独或者共同持有公司三分之二以上有表决权的股东签字同意。

20.【越权担保的民事责任】依据前述3条规定,担保合同有效,债权人请求公司承担担保责任的,人民法院依法予以支持;担保合同无效,债权人请求公司承担担保责任的,人民法院不予支持,但可以按照担保法及有关司法解释关于担保无效的规定处理。公司举证证明债权人明知法定代表人超越权限或者机关决议系伪造或者变造,债权人请求公司承担合同无效后的民事责任的,人民法院不予支持。

21.【权利救济】法定代表人的越权担保行为给公司造成损失,公司请求法定代表人承担赔偿责任的，人民法院依法予以支持。公司没有提起诉讼，股东依据《公司法》第151条的规定请求法定代表人承担赔偿责任的，人民法院依法予以支持。

22.【上市公司为他人提供担保】债权人根据上市公司公开披露的关于担保事项已经董事会或者股东大会决议通过的信息订立的担保合同，人民法院应当认定有效。

23.【债务加入准用担保规则】法定代表人以公司名义与债务人约定加入债务并通知债权人或者向债权人表示愿意加入债务，该约定的效力问题，参照本纪要关于公司为他人提供担保的有关规则处理。

四、关于担保纠纷案件的审理

（一）关于担保的一般规则

54.【独立担保】从属性是担保的基本属性，但由银行或者非银行金融机构开立的独立保函除外。独立保函纠纷案件依据《最高人民法院关于审理独立保函纠纷案件若干问题的规定》处理。需要进一步明确的是：凡是由银行或者非银行金融机构开立的符合该司法解释第1条、第3条规定情形的保函，无论是用于国际商事交易还是用于国内商事交易，均不影响保函的效力。银行或者非银行金融机构之外的当事人开立的独立保函，以及当事人有关排除担保从属性的约定，应当认定无效。但是，根据"无效法律行为的转换"原理，在否定其独立担保效力的同时，应当将其认定为从属性担保。此时，如果主合同有效，则担保合同有效，担保人与主债务人承担连带保证责任。主合同无效，则该所谓的独立担保也随之无效，担保人无过错的，不承担责任；担保人有过错的，其承担民事责任的部分，不应超过债务人不能清偿部分的三分之一。

七、关于营业信托纠纷案件的审理

95.【信托财产的诉讼保全】信托财产在信托存续期间独立于委托人、受托人、受益人各自的固有财产。委托人将其财产委托给受托人进行管理，在信托依法设立后，该信托财产即独立于委托人未设立信托的其他固有财产。受托人因承诺信托而取得的信托财产，以及通过对信托财产的管理、运用、处分等方式取得的财产，均独立于受托人的固有财产。受益人对信托财产享有的权利表现为信托受益权，信托财产并非受益人的责任财产。因此，当事人因其与委托人、受托人或者受益人之间的纠纷申请对存管银行或者信托公司专门账户中的信托资金采取保全措施的，除符合《信托法》第17条规定的情形外，人民法院不应当准许。已经采取保全措施的，存管银行或者信托公司能够提供证据证明该账户为信托账户的，应当立即解除保全措施。对信托公司管理的其他信托财产的保全，也应当根据前述规则办理。

当事人申请对受益人的受益权采取保全措施的，人民法院应当根据《信托法》第47条的规定进行审查，决定是否采取保全措施。决定采取保全措施的，应当将保全裁定送达受托人和受益人。

96.【信托公司固有财产的诉讼保全】除信托公司作为被告外，原告申请对信托公司固有资金账户的资金采取保全措施的，人民法院不应准许。信托公司作为被告，确有必要对其固有财产采取诉讼保全措施的，必须强化善意执行理念，防范发生金融风险。要严格遵守相应的适用条件与法定程序，坚决杜绝超标的执行。在采取具体保全措施时，要尽量寻求依法平等保护各方利益的平衡点，优先采取方便执行且对信托公司正常经营影响最小的执行措施，能采取“活封”“活扣”措施的，尽量不进行“死封”“死扣”。在条件允许的情况下，可以为信托公司预留必要的流动资金和往来账户，最大限度降低对信托公司正常经营活动的不利影响。信托公司申请解除财产保全符合法律、司法解释规定情形的，应当在法定期限内及时解除保全措施。

十、关于破产纠纷案件的审理

109.【受理后债务人财产保全措施的处理】要切实落实破产案件受理后相关保全措施应予解除、相关执行措施应当中止、债务人财产应当及时交付管理人等规定，充分运用信息化技术手段，通过信息共享与整合，维护债务人财产的完整性。相关人民法院拒不解除保全措施或者拒不中止执行的，破产受理人民法院可以请求该法院的上级人民法院依法予以纠正。对债务人财产采取保全措施或者执行措施的人民法院未依法及时解除保全措施、移交处置权，或者中止执行程序并移交有关财产的，上级人民法院应当依法予以纠正。相关人员违反上述规定造成严重后果的，破产受理人民法院可以向人民法院纪检监察部门移送其违法审判责任线索。

人民法院审理企业破产案件时，有关债务人财产被其他具有强制执行权力的国家行政机关，包括税务机关、公安机关、海关等采取保全措施或者执行程序的，人民法院应当积极与上述机关进行协调和沟通，取得有关机关的配合，参照上述具体操作规程，解除有关保全措施，中止有关执行程序，以便保障破产程序顺利进行。

最高人民法院关于扣押与拍卖船舶适用法律若干问题的规定

（法释〔2015〕6号）

为规范海事诉讼中扣押与拍卖船舶，根据《中华人民共和国民事诉讼法》《中华人民共和国海事诉讼特别程序法》等法律，结合司法实践，制定本规定。

第一条 海事请求人申请对船舶采取限制处分或者抵押等保全措施的，海事法院可以依照民事诉讼法的有关规定，裁定准许并通知船舶登记机关协助执行。

前款规定的保全措施不影响其他海事请求人申请扣押船舶。

第二条 海事法院应不同海事请求人的申请，可以对本院或其他海事法院已经扣押的船舶采取扣押措施。

先申请扣押船舶的海事请求人未申请拍卖船舶的，后申请扣押船舶的海事请求人可以依据海事诉讼特别程序法第二十九条的规定，向准许其扣押申请的海事法院申请拍卖船舶。

第三条 船舶因光船承租人对海事请求负有责任而被扣押的，海事请求人依据海事诉讼特别程序法第二十九条的规定，申请拍卖船舶用于清偿光船承租人经营该船舶产生的相关债务的，海事法院应予准许。

第四条 海事请求人申请扣押船舶的，海事法院应当责令其提供担保。但因船员劳务合同、海上及通海水域人身损害赔偿纠纷申请扣押船舶，且事实清楚、权利义务关系明确的，可以不要求提供担保。

第五条 海事诉讼特别程序法第七十六条第二款规定的海事请求人提供担保的具体数额，应当相当于船舶扣押期间可能产生的各项维持费用与支出、因扣押造成的船期损失和被请求人为使船舶解除扣押而提供担保所支出的费用。

船舶扣押后，海事请求人提供的担保不足以赔偿可能给被请求人造成损失的，海事法院应责令其追加担保。

第六条 案件终审后，海事请求人申请返还其所提供担保的，海事法院应将该申请告知被请求人，被请求人在三十日内未提起相关索赔诉讼的，海事法院可以准许海事请求人返还担保的申请。

被请求人同意返还，或生效法律文书认定被请求人负有责任，且赔偿或给付金额与海事请求人要求被请求人提供担保的数额基本相当的，海事法院可以直接准许海事请求人返还担保的申请。

第七条 船舶扣押期间由船舶所有人或光船承租人负责管理。

船舶所有人或光船承租人不履行船舶管理职责的，海事法院可委托第三人或者海事请求人代为管理，由此产生的费用由船舶所有人或光船承租人承担，或在拍卖船舶价款中优先拨付。

第八条 船舶扣押后，海事请求人依据海事诉讼特别程序法第十九条的规定，向其他有管辖权的海事法院提起诉讼的，可以由扣押船舶的海事法院继续实施保全措施。

第九条 扣押船舶裁定执行前，海事请求人撤回扣押船舶申请的，海事法院应当裁定予以准许，并终结扣押船舶裁定的执行。

扣押船舶裁定作出后因客观原因无法执行的，海事法院应当裁定终结执行。

第十条 船舶拍卖未能成交，需要再次拍卖的，适用拍卖法第四十五条关于拍卖日七日前发布拍卖公告的规定。

第十一条 拍卖船舶由拍卖船舶委员会实施，海事法院不另行委托拍卖机构进行拍卖。

第十二条 海事法院拍卖船舶应当依据评估价确定保留价。保留价不得公开。

第一次拍卖时，保留价不得低于评估价的百分之八十；因流拍需要再行拍卖的，可以酌情降低保留价，但降低的数额不得超过前次保留价的百分之二十。

第十三条 对经过两次拍卖仍然流拍的船舶，可以进行变卖。变卖价格不得低于评估价的百分之五十。

第十四条 依照本规定第十三条变卖仍未成交的，经已受理登记债权三分之二以上份额的债权人同意，可以低于评估价的百分之五十进行变卖处理。仍未成交的，海事法院可以解除船舶扣押。

第十五条 船舶经海事法院拍卖、变卖后，对该船舶已采取的其他保全措施效力消灭。

第十六条 海事诉讼特别程序法第一百一十一条规定的申请债权登记期间的届满之日，为拍卖船舶公告最后一次发布之日起第六十日。

前款所指公告为第一次拍卖时的拍卖船舶公告。

第十七条 海事法院受理债权登记申请后，应当在船舶被拍卖、变卖成交后，依照海事诉讼特别程序法第一百一十四条的规定作出是否准予的裁定。

第十八条 申请拍卖船舶的海事请求人未经债权登记，直接要求参与拍卖船舶价款分配的，海事法院应予准许。

第十九条 海事法院裁定终止拍卖船舶的，应当同时裁定终结债权登记受偿程序，当事人已经缴纳的债权登记申请费予以退还。

第二十条 当事人在债权登记前已经就有关债权提起诉讼的，不适用海事诉讼特别程序法第一百一十六条第二款的规定，当事人对海事法院作出的判决、裁定可以依法提起上诉。

第二十一条 债权人依照海事诉讼特别程序法第一百一十六条第一款的规定提起确权诉讼后，需要判定碰撞船舶过失程度比例的，当事人对海事法院作出的判决、裁定可以依法提起上诉。

第二十二条 海事法院拍卖、变卖船舶所得价款及其利息，先行拨付海事诉讼特别程序法第一百一十九条第二款规定的费用后，依法按照下列顺序进行分配：

（一）具有船舶优先权的海事请求；

（二）由船舶留置权担保的海事请求；

（三）由船舶抵押权担保的海事请求；

（四）与被拍卖、变卖船舶有关的其他海事请求。

依据海事诉讼特别程序法第二十三条第二款的规定申请扣押船舶的海事请求人申请拍卖船舶的，在前款规定海事请求清偿后，参与船舶价款的分配。

依照前款规定分配后的余款，按照民事诉讼法及相关司法解释的规定执行。

第二十三条 当事人依照民事诉讼法第十五章第七节的规定，申请拍卖船舶实现船舶担保物权的，由船舶所在地或船籍港所在地的海事法院管辖，按照海事诉讼特别程序法以及本规定关于船舶拍卖受偿程序的规定处理。

第二十四条 海事法院的上级人民法院扣押与拍卖船舶的，适用本规定。

执行程序中拍卖被扣押船舶清偿债务的，适用本规定。

第二十五条 本规定施行前已经实施的船舶扣押与拍卖，本规定施行后当事人申请复议的，不适用本规定。

本规定施行后，最高人民法院 1994 年 7 月 6 日制定的《关于海事法院拍卖被扣押船舶清偿债务的规定》（法发〔1994〕14 号）同时废止。最高人民法院以前发布的司法解释和规范性文件与本规定不一致的，以本规定为准。

最高人民法院关于首先查封法院与优先债权执行法院处分查封财产有关问题的批复

（法释〔2016〕6号）

福建省高级人民法院：

你院《关于解决法院首封处分权与债权人行使优先受偿债权冲突问题的请示》（闽高法〔2015〕261号）收悉。经研究，批复如下：

一、执行过程中，应当由首先查封、扣押、冻结（以下简称查封）法院负责处分查封财产。但已进入其他法院执行程序的债权对查封财产有顺位在先的担保物权、优先权（该债权以下简称优先债权），自首先查封之日起已超过60日，且首先查封法院就该查封财产尚未发布拍卖公告或者进入变卖程序的，优先债权执行法院可以要求将该查封财产移送执行。

二、优先债权执行法院要求首先查封法院将查封财产移送执行的，应当出具商请移送执行函，并附确认优先债权的生效法律文书及案件情况说明。

首先查封法院应当在收到优先债权执行法院商请移送执行函之日起15日内出具移送执行函，将查封财产移送优先债权执行法院执行，并告知当事人。

移送执行函应当载明将查封财产移送执行及首先查封债权的相关情况等内容。

三、财产移送执行后，优先债权执行法院在处分或继续查封该财产时，可以持首先查封法院移送执行函办理相关手续。

优先债权执行法院对移送的财产变价后，应当按照法律规定的清偿顺序分配，并将相关情况告知首先查封法院。

首先查封债权尚未经生效法律文书确认的，应当按照首先查封债权的清偿顺位，预留相应份额。

四、首先查封法院与优先债权执行法院就移送查封财产发生争议的，可以逐级报请双方共同的上级法院指定该财产的执行法院。

共同的上级法院根据首先查封债权所处的诉讼阶段、查封财产的种类及所在地、各债权数额与查封财产价值之间的关系等案件具体情况，认为由首先查封法院执行更为妥当的，也可以决定由首先查封法院继续执行，但应当督促其在指定期限内处分查封财产。

此复。

最高人民法院关于诉前财产保全几个问题的批复

（法释〔1998〕29 号）

湖北省高级人民法院：

你院鄂高法〔1998〕63 号《关于采取诉前财产保全几个问题的请示》收悉。经研究，答复如下：

一、人民法院受理当事人诉前财产保全申请后，应当按照诉前财产保全标的金额并参照《中华人民共和国民事诉讼法》关于级别管辖和专属管辖的规定，决定采取诉前财产保全措施。

二、采取财产保全措施的人民法院受理申请人的起诉后，发现所受理的案件不属于本院管辖的，应当将案件和财产保全申请费一并移送有管辖权的人民法院。案件移送后，诉前财产保全裁定继续有效。

因执行诉前财产保全裁定而实际支出的费用，应由受诉人民法院在申请费中返还给作出诉前财产保全的人民法院。

此复。

最高人民法院关于当事人申请财产保全错误造成案外人损失应否承担赔偿责任问题的解释

（法释〔2005〕11 号）

《最高人民法院关于当事人申请财产保全错误造成案外人损失应否承担赔偿责任问题的解释》已于 2005 年 7 月 4 日由最高人民法院审判委员会第 1358 次会议通过，现予公布，自 2005 年 8 月 24 日起施行。

近来，一些法院就当事人申请财产保全错误造成案外人损失引发的赔偿纠纷案件应如何适用法律问题请示我院。经研究，现解释如下：

根据《中华人民共和国民法通则》第一百零六条、《中华人民共和国民事诉讼法》第九十六条等法律规定，当事人申请财产保全错误造成案外人损失的，应当依法承担赔偿责任。

此复。

最高人民法院关于人民法院发现本院作出的诉前保全裁定和在执行程序中作出的裁定确有错误以及人民检察院对人民法院作出的诉前保全裁定提出抗诉人民法院应当如何处理的批复

(法释〔1998〕17 号)

山东省高级人民法院：

你院鲁高法函〔1998〕57 号《关于人民法院在执行程序中作出的裁定如发现确有错误应按何种程序纠正的请示》和鲁高法函〔1998〕58 号《关于人民法院发现本院作出的诉前保全裁定确有错误或者人民检察院对人民法院作出的诉前保全提出抗诉人民法院应如何处理的请示》收悉。经研究，答复如下：

一、人民法院院长以本院已经发生法律效力的诉前保全裁定和在执行程序中作出的裁定，发现确有错误，认为需要撤销的，应当提交审判委员会讨论决定后，裁定撤销原裁定。

二、人民检察院对人民法院作出的诉前保全裁定提出抗诉，没有法律依据，人民法院应当通知其不予受理。

最高人民法院关于人民法院对注册商标权进行财产保全的解释

(2000 年 11 月 22 日由最高人民法院审判委员会第 1144 次会议通过，根据 2020 年 12 月 23 日最高人民法院审判委员会第 1823 次会议通过的《最高人民法院关于修改〈最高人民法院关于审理侵犯专利权纠纷案件应用法律若干问题的解释(二)〉等十八件知识产权类司法解释的决定》修正)

为了正确实施对注册商标权的财产保全措施，避免重复保全，现就人民法院对注册商标权进行财产保全有关问题解释如下：

第一条 人民法院根据民事诉讼法有关规定采取财产保全措施时，需要对注册商标权进行保全的，应当向国家知识产权局商标局(以下简称商标局)发出协助执行通知书，载明要求商标局协助保全的注册商标的名称、注册人、注册证号码、保全期限以及协助执行保全的内容，包括禁止转让、注销注册商标、变更注册事项和办理商标权质押登记等事项。

第二条 对注册商标权保全的期限一次不得超过一年，自商标局收到协助执行通知书之日起计算。如果仍然需要对该注册商标权继续采取保全措施的，人民法院应当在保全期限届满前向商标局重新发出协助执行通知书，要求继续保全。否则，视为自动解除对该注册商标权的财产保全。

第三条　人民法院对已经进行保全的注册商标权,不得重复进行保全。

最高人民法院关于因申请诉中财产保全损害责任纠纷管辖问题的批复

(法释〔2017〕14号)

浙江省高级人民法院:

你院《关于因申请诉中财产保全损害责任纠纷管辖问题的请示》[(2015)浙立他字第91号]收悉。经研究,批复如下:

为便于当事人诉讼,诉讼中财产保全的被申请人、利害关系人依照《中华人民共和国民事诉讼法》第一百零五条规定提起的因申请诉中财产保全损害责任纠纷之诉,由作出诉中财产保全裁定的人民法院管辖。

此复。

最高人民法院关于军队单位作为经济纠纷案件的当事人可否对其银行帐户上的存款采取诉讼保全和军队费用能否强行划拨偿还债务问题的批复

[1990年10月9日　法(经)复〔1990〕15号]

河北省高级人民法院,江苏省高级人民法院:

(87)冀法请字第5号关于军队单位作为经济纠纷案件的当事人可否对其银行帐户上的存款采取诉讼保全的请示和苏法经(1987)51号关于军队费用能否强行划拨偿还债务的请示均已收悉。经研究,现答复如下:

一、最高人民法院和中国人民银行《关于查询、冻结和扣划企事业单位、机关、团体的银行存款的通知》,同样适用于军队系统的企事业单位。

二、按照中国人民银行、中国工商银行、中国农业银行、中国人民解放军总后勤部(1985)财字第110号通知印发的《军队单位在银行开设帐户和存款的管理办法》中军队工厂(矿)、农场、马场、军人服务部、省军区以上单位实行企业经营的招待所(含经总部、军区、军兵种批准实行企业经营的军以下单位招待所)和企业的上级财务主管部门等单位,开设"特种企业存款,有息存款"的规定,军队从事生产经营活动应当以此帐户结算。因此,在经济纠纷诉讼中,人民法院根据对方当事人申请或者依职权有权对军队的"特种企业存款"帐户的存款采取诉讼保全措施,并可依照《民事诉讼法(试行)》第一百七十九条的规定,对该帐户的存款采取执行措施。

三、人民法院在审理经济纠纷案件过程中,如果发现军队机关或所属单位以不准用于从事经营性业务往来结算的帐户从事经营性业务往来结算和经营性借贷或者担保等违反国家政策、法律的,人民法院有权依法对其帐户动用的资金采取诉讼保全措施和执行措施。军队一方当事人的上级领导机关,应当协助人民法院共同查清其帐户的情况,依法予以冻结或者扣划。

最高人民法院关于人民法院扣押铁路运输货物若干问题的规定

(根据2020年12月23日最高人民法院审判委员会第1823次会议通过的《最高人民法院关于修改〈最高人民法院关于人民法院扣押铁路运输货物若干问题的规定〉等十八件执行类司法解释的决定》修正)

根据《中华人民共和国民事诉讼法》等有关法律的规定,现就人民法院扣押铁路运输货物问题作如下规定:

一、人民法院依法可以裁定扣押铁路运输货物。铁路运输企业依法应当予以协助。

二、当事人申请人民法院扣押铁路运输货物,应当提供担保,申请人不提供担保的,驳回申请。申请人的申请应当写明:要求扣押货物的发货站、到货站,托运人、收货人的名称,货物的品名、数量、货票号码等。

三、人民法院扣押铁路运输货物,应当制作裁定书并附协助执行通知书。协助执行通知书中应当载明:扣押货物的发货站、到货站,托运人、收货人的名称,货物的品名、数量和货票号码。在货物发送前扣押的,人民法院应当将裁定书副本和协助执行通知书送达始发地的铁路运输企业由其协助执行;在货物发送后扣押的,应当将裁定书副本和协助执行通知书送达目的地或最近中转编组站的铁路运输企业由其协助执行。

人民法院一般不应在中途站、中转站扣押铁路运输货物。必要时,在不影响铁路正常运输秩序、不损害其他自然人、法人和非法人组织的合法权益的情况下,可在最近中转编组站或有条件的车站扣押。

人民法院裁定扣押国际铁路联运货物,应当通知铁路运输企业、海关、边防、商检等有关部门协助执行。属于进口货物的,人民法院应当向我国进口国(边)境站、到货站或有关部门送达裁定书副本和协助执行通知书;属于出口货物的,在货物发送前应当向发货站或有关部门送达,在货物发送后未出我国国(边)境前,应当向我国出境站或有关部门送达。

四、经人民法院裁定扣押的铁路运输货物,该铁路运输企业与托运人之间签订的铁路运输合同中涉及被扣押货物部分合同终止履行的,铁路运输企业不承担责任。因扣押货物造成的损失,由有关责任人承担。

因申请人申请扣押错误所造成的损失,由申请人承担赔偿责任。

五、铁路运输企业及有关部门因协助执行扣押货物而产生的装卸、保管、检验、监护等费用，由有关责任人承担，但应先由申请人垫付。申请人不是责任人的，可以再向责任人追偿。

六、扣押后的进出口货物，因尚未办结海关手续，人民法院在对此类货物作出最终处理决定前，应当先责令有关当事人补交关税并办理海关其他手续。

最高人民法院关于同一法院在不同案件中是否可以对同一财产采取轮候查封、扣押、冻结保全措施问题的答复

（〔2005〕执他字第24号）

江苏省高级人民法院：

你院关于同一法院在不同案件中是否可以对同一财产采取轮候查封、扣押、冻结保全措施的请示收悉。经研究，答复如下：

设立轮候查封、扣押、冻结制度，目的是为了解决多个债权对同一执行标的物受偿的先后顺序问题。因此，根据最高人民法院《关于人民法院民事执行中查封、扣押、冻结财产的规定》第二十八条规定的精神，只要不是同一债权，不论是不是同一个债权人，受理案件的法院是不是同一个法院，都应当允许对已被查封、扣押、冻结的财产进行轮候查封、扣押、冻结；同一法院在不同案件中也可以对同一财产采取轮候查封、扣押、冻结保全措施。

最高人民法院关于执行案件立案、结案若干问题的意见（节选）

（法发〔2014〕26号）

第五条　执行实施类案件类型代字为“执字”，按照立案时间的先后顺序确定案件编号，单独进行排序；但执行财产保全裁定的，案件类型代字为“执保字”，按照立案时间的先后顺序确定案件编号，单独进行排序；恢复执行的，案件类型代字为“执恢字”，按照立案时间的先后顺序确定案件编号，单独进行排序。

最高人民法院关于实施《中华人民共和国仲裁法》几个问题的通知

（法发〔1997〕4 号）

各省、自治区、直辖市高级人民法院：

现就人民法院实施《中华人民共和国仲裁法》（以下简称《仲裁法》），需要明确的几个问题，通知如下：

一、《仲裁法》施行前当事人依法订立的仲裁协议继续有效。有关当事人向人民法院起诉的，人民法院不予受理，应当告知其向依照《仲裁法》组建的仲裁机构申请仲裁。

当事人双方书面协议放弃仲裁后，一方向人民法院起诉的，人民法院应当依法受理。

二、在仲裁过程中，当事人申请财产保全的，一般案件由被申请人住所地或者财产所在地的基层人民法院作出裁定；属涉外仲裁案件的，依据《中华人民共和国民事诉讼法》第二百五十六条的规定，由被申请人住所地或者财产所在地的中级人民法院作出裁定。有关人民法院对仲裁机构提交的财产保全申请应当认真进行审查，符合法律规定的，即应依法作出财产保全的裁定；如认为不符合法律规定的，应依法裁定驳回申请。

三、对依照《仲裁法》组建的仲裁机构所作出的涉外仲裁裁决，当事人申请执行的，人民法院应当依法受理。

最高人民法院、中国银行业监督管理委员会关于进一步推进网络执行查控工作的通知

（法〔2018〕64 号）

各省、自治区、直辖市高级人民法院，解放军军事法院，新疆维吾尔自治区高级人民法院生产建设兵团分院；各银监局，各政策性银行、大型银行、股份银行，中国邮政储蓄银行，各省级农村信用联社：

为全面落实中共中央办公厅、国务院办公厅《关于加快推进失信被执行人信用监督、警示和惩戒机制建设的意见》（中办发〔2016〕64 号）、《最高人民法院、中国银行业监督管理委员会关于人民法院与银行业金融机构开展网络执行查控和联合信用惩戒工作的意见》（法〔2014〕266 号）、《最高人民法院、中国银行业监督管理委员会关于联合下发〈人民法院、银行业金融机构网络执行查控工作规范〉的通知》（法〔2015〕321 号），维护司法权威，防范金融风险，推动社会信用体系建设，最高人民法院、中国银行业监督管理委员会决定进一步推进人民法院和银行业金融机构的网络执行查控及联合信用惩戒工作，现将有关事项通知如下：

一、21 家银行(中国工商银行、中国农业银行、中国银行、中国建设银行、交通银行、中国光大银行、中国民生银行、华夏银行、招商银行、广发银行、浦发银行、中国农业发展银行、中信银行、平安银行、渤海银行、浙商银行、兴业银行、恒丰银行、中国邮政储蓄银行、中国进出口银行、北京银行)在 2018 年 3 月 31 日前上线银行存款网络冻结功能和网络扣划功能。

二、有金融理财产品业务的 19 家银行(中国工商银行、中国农业银行、中国银行、中国建设银行、交通银行、中国光大银行、中国民生银行、华夏银行、招商银行、广发银行、浦发银行、中信银行、平安银行、渤海银行、浙商银行、兴业银行、恒丰银行、中国邮政储蓄银行、北京银行)在 2018 年 3 月 31 日前上线金融理财产品网络冻结功能。

三、21 家银行以外的地方性银行业金融机构在 2018 年 4 月 30 日前上线银行存款网络冻结功能和网络扣划功能。

四、21 家银行以外的地方性银行业金融机构在 2018 年 3 月 28 日前完成与最高人民法院的金融理财产品查控功能测试(有无金融理财产品业务都需进行测试);有金融理财产品业务的地方性银行业金融机构,在 2018 年 5 月 31 日前上线金融理财产品网络查询功能,在 2018 年 6 月 30 日前上线金融理财产品网络冻结功能。

五、银行业金融机构应当支持银行存款在网络冻结状态下的全额扣划和部分扣划。网络扣划功能上线后,网络冻结的款项,原则上应进行网络扣划。

六、人民法院网络扣划被执行人银行存款时,应当提供相关《执行裁定书》《协助执行通知书》、执行人员工作证件及联系方式;现场扣划的,参照执行。

七、人民法院网络扣划被执行人银行存款的,应先采取网络冻结措施;网络扣划款项应当划至人民法院执行款专户或案款专户;人民法院在网络冻结被执行人款项后,应当及时通知被执行人。

八、因人民法院网络扣划失败、资金滞留在银行内部账户的,由银行联系执行法院执行人员携带《执行裁定书》《协助执行通知书》、工作证件到现场办理扣划。

异地执行法院委托当地法院代为办理的,委托法院应当提供:《执行裁定书》《协助执行通知书》《委托执行函》《送达回证》(或《回执》)及执行人员工作证件扫描件,以上法律文书应加盖委托法院电子签章,或是将盖章后的法律文书转换成彩色扫描件;受托法院应当携带以上材料的彩色打印件和受托法院执行人员工作证;银行应当协助办理。

异地执行法院通过司法专邮邮寄《执行裁定书》《协助执行通知书》原件及执行人员工作证件复印件的,银行应当协助办理。

九、银行业金融机构应研究完善银行端,网络查控数据库,确保网络查控系统反馈的数据和线下柜台查询的数据保持一致;应提升银行端网络查控数据库性能,提高反馈速度和反馈率,解决查控数据积压问题;自收到全国法院网络执行查控系统发起的网络查控请求 24 小时之内,应予以有效反馈。

十、各省(市、区)高级人民法院,新疆维吾尔自治区高级人民法院生产建设兵团分院,各省(市、区)银监局,负责督促、落实本辖区地方性银行业金融机构,按时上线银行存款网络冻结功能和网络扣划功能、按时上线金融理财产品网络查询功能和网络冻结功能;负责跟踪、督促本辖区地方性银行业金融机构切实履行好协助执行的法定义务,提高网络查控反馈信息的准确性和反馈率;并向最高人民法院和中国银行业监督管理委员会报告进展情况。

十一、银行业金融机构要切实履行好协助执行的法定义务,严禁违法向被执行人透露案件相关信息、为被执行人逃避规避执行提供帮助。人民法院和银行业金融机构工作人员违反以上规定、造成不良影响的,将追究相关责任。

十二、人民法院与银行业金融机构关于协助执行的有关规范性文件与本通知不一致的,以本通知为准。

最高人民法院将与中国银行业监督管理委员会建立网络查控工作督促、通报、协商和检查机制,研究解决在执行过程中遇到相关问题。请各银监局将本文转发至银监分局和辖区内地方性银行业金融机构。

最高人民法院关于执行案件中车辆登记单位与实际出资购买人不一致应如何处理问题的复函

(〔2000〕执他字第25号)

上海市高级人民法院:

你院沪高法〔1999〕321号《关于执行案件车辆登记单位与实际出资购买人不一致应如何处理的请示》收悉。经研究,答复如下:

本案被执行人即登记名义人上海福久快餐有限公司对其名下的三辆机动车并不主张所有权;其与第三人上海人工半岛建设发展有限公司签订的协议书与承诺书意思表示真实,并无转移财产之嫌;且第三人出具的购买该三辆车的财务凭证、银行账册明细表、缴纳养路费和税费的凭证,证明第三人为实际出资人,独自对该三辆机动车享有占有、使用、收益和处分权。因此,对本案的三辆机动车不应确定登记名义人为车主,而应当依据公平、等价有偿原则,确定归第三人所有。故请你院监督执行法院对该三辆机动车予以解封。

最高人民法院研究室关于如何认定买卖合同中机动车财产所有权转移时间问题的复函(节选)

(法研〔2000〕121号)

陕西省高级人民法院:

你院陕高法〔2000〕50号《关于如何认定买卖合同中机动车财产所有权转移时间的请示》收悉。经研究,答复如下:

关于如何认定买卖合同中机动车财产所有权转移时间问题,需进一步研究后才能作出规定,但请示中涉及的具体案件,应认定机动车所有权从机动车交付时起转移。

公安部关于确定机动车所有权人问题的复函

（公交管〔2000〕98 号）

最高人民法院执行工作办公室：

你办 5 月 23 日来函收悉，现复函如下：

根据现行机动车登记法规和有关规定，公安机关办理的机动车登记，是准予或者不准予上道路行驶的登记，不是机动车所有权登记。为了交通管理工作的需要，公安机关车辆管理所在办理车辆牌证时，凭购车发票或者人民法院判决、裁定、调解的法律文书等机动车来历凭证确认机动车的车主。因此，公安机关登记的车主，不宜作为判别机动车所有权的依据。

特此函复。

2000 年 6 月 5 日

公安部关于机动车财产所有权转移时间问题的复函

（公交管〔2000〕110 号）

最高人民法院研究室：

你室《关于征求〈关于如何认定机动车财产所有权转移时间问题的批复（稿）〉意见的函》（法研〔2000〕41 号）收悉，现复函如下：

根据现行机动车登记法规和有关规定，公安机关办理的机动车登记，是准予或者不准予机动车上道路行驶的登记，不是机动车所有权登记。因此，将车辆管理部门办理过户登记的时间作为机动车财产所有权转移的时间没有法律依据。

特此函复。

2000 年 6 月 16 日

最高人民法院关于人民法院立案、审判与执行工作协调运行的意见

（法发〔2018〕9 号）

四、财产保全工作

16. 下列财产保全案件一般由立案部门编立“财保”字案号进行审查并作出裁定：

(1)利害关系人在提起诉讼或者申请仲裁前申请财产保全的案件;

(2)当事人在仲裁过程中通过仲裁机构向人民法院提交申请的财产保全案件;

(3)当事人在法律文书生效后进入执行程序前申请财产保全的案件。

当事人在诉讼中申请财产保全的案件,一般由负责审理案件的审判部门沿用诉讼案号进行审查并作出裁定。

当事人在上诉后二审法院立案受理前申请财产保全的案件,由一审法院审判部门审查并作出裁定。

17. 立案、审判部门作出的财产保全裁定,应当及时送交立案部门编立“执保”字案号的执行案件,立案后送交执行。

上级法院可以将财产保全裁定指定下级法院立案执行。

18. 财产保全案件的下列事项,由作出财产保全裁定的部门负责审查:

(1)驳回保全申请;

(2)准予撤回申请、按撤回申请处理;

(3)变更保全担保;

(4)续行保全、解除保全;

(5)准许被保全人根据《最高人民法院关于人民法院办理财产保全案件若干问题的规定》第二十条第一款规定申请自行处分被保全财产;

(6)首先采取查封、扣押、冻结措施的保全法院将被保全财产移送给在先轮候查封、扣押、冻结的执行法院;

(7)当事人或者利害关系人对财产保全裁定不服,申请复议;

(8)对保全内容或者措施需要处理的其他事项。

采取保全措施后,案件进入下一程序的,由有关程序对应的受理部门负责审查前款规定的事项。判决生效后申请执行前进行续行保全的,由作出该判决的审判部门作出续行保全裁定。

19. 实施保全的部门负责执行财产保全案件的下列事项:

(1)实施、续行、解除查封、扣押、冻结措施;

(2)监督被保全人根据《最高人民法院关于人民法院办理财产保全案件若干问题的规定》第二十条第一款规定自行处分被保全财产,并控制相应价款;

(3)其他需要实施的保全措施。

20. 保全措施实施后,实施保全的部门应当及时将财产保全情况通报作出财产保全裁定的部门,并将裁定、协助执行通知书副本等移送入卷。“执保”字案件单独立卷归档。

21. 保全财产不是诉讼争议标的物,案外人基于实体权利对保全裁定或者执行行为不服提出异议的,由负责审查案外人异议的部门根据民事诉讼法第二百二十七条的规定审查该异议。

最高人民法院关于在执行工作中进一步强化善意文明执行理念的意见(节选)

(法发〔2019〕35 号)

二、严禁超标的查封和乱查封

3. 合理选择执行财产。被执行人有多项财产可供执行的,人民法院应选择对被执行人生产生活影响较小且方便执行的财产执行。在不影响执行效率和效果的前提下,被执行人请求人民法院先执行某项财产的,应当准许;未准许的,应当有合理正当理由。

执行过程中,人民法院应当为被执行人及其扶养家属保留必需的生活费用。要严格按照中央有关产权保护的精神,严格区分企业法人财产与股东个人财产,严禁违法查封案外人财产,严禁对不得查封的财产采取执行措施,切实保护民营企业等企业法人、企业家和各类市场主体合法权益。要注意到,信托财产在信托存续期间独立于委托人、受托人各自的固有财产,并且受益人对信托财产享有的权利表现为信托受益权,信托财产并非受益人的责任财产。因此,当事人因其与委托人、受托人或者受益人之间的纠纷申请对存管银行或信托公司专门账户中的信托资金采取保全或执行措施的,除符合《中华人民共和国信托法》第十七条规定的情形外,人民法院不应准许。

4. 严禁超标的查封。强制执行被执行人的财产,以其价值足以清偿生效法律文书确定的债权额为限,坚决杜绝明显超标的查封。冻结被执行人银行账户内存款的,应当明确具体冻结数额,不得影响冻结之外资金的流转和账户的使用。需要查封的不动产整体价值明显超出债权额的,应当对该不动产相应价值部分采取查封措施;相关部门以不动产登记在同一权利证书下为由提出不能办理分割查封的,人民法院在对不动产进行整体查封后,经被执行人申请,应当及时协调相关部门办理分割登记并解除对超标的部分的查封。相关部门无正当理由拒不协助办理分割登记和查封的,依照民事诉讼法第一百一十四条采取相应的处罚措施。

5. 灵活采取查封措施。对能“活封”的财产,尽量不进行“死封”,使查封财产能够物尽其用,避免社会资源浪费。查封被执行企业厂房、机器设备等生产资料的,被执行人继续使用对该财产价值无重大影响的,可以允许其使用。对资金周转困难、暂时无力偿还债务的房地产开发企业,人民法院应按照下列情形分别处理:

(1)查封在建工程后,原则上应当允许被执行人继续建设。

(2)查封在建工程后,对其采取强制变价措施虽能实现执行债权人债权,但会明显贬损财产价值、对被执行人显失公平的,应积极促成双方当事人达成暂缓执行的和解协议,待工程完工后再行变价;无法达成和解协议,但被执行人提供相应担保并承诺在合理期限内完成建设的,可以暂缓采取强制变价措施。

(3)查封在建商品房或现房后,在确保能够控制相应价款的前提下,可以监督被执行人在一定期限内按照合理价格自行销售房屋。人民法院在确定期限时,应当明确具体的时间节点，避免期限过长影响执行效率、损害执行债权人合法权益。

6. 充分发挥查封财产融资功能。人民法院查封财产后，被保全人或被执行人申请用查封财产融资的，按照下列情形分别处理：

（1）保全查封财产后，被保全人申请用查封财产融资替换查封财产的，在确保能够控制相应融资款的前提下，可以监督被保全人按照合理价格进行融资。

（2）执行过程中，被执行人申请用查封财产融资清偿债务，经执行债权人同意或者融资款足以清偿所有执行债务的，可以准许。

被保全人或被执行人利用查封财产融资，出借人要求先办理财产抵押或质押登记再放款的，人民法院应积极协调有关部门做好财产解封、抵押或质押登记等事宜，并严格控制融资款。

7. 严格规范上市公司股票冻结。为维护资本市场稳定，依法保障债权人合法权益和债务人投资权益，人民法院在冻结债务人在上市公司的股票时，应当依照下列规定严格执行：

（1）严禁超标的冻结。冻结上市公司股票，应当以其价值足以清偿生效法律文书确定的债权额为限。股票价值应当以冻结前一交易日收盘价为基准，结合股票市场行情，一般在不超过20%的幅度内合理确定。股票冻结后，其价值发生重大变化的，经当事人申请，人民法院可以追加冻结或者解除部分冻结。

（2）可售性冻结。保全冻结上市公司股票后，被保全人申请将冻结措施变更为可售性冻结的，应当准许，但应当提前将被保全人在证券公司的资金账户在明确具体的数额范围内予以冻结。在执行过程中，被执行人申请通过二级市场交易方式自行变卖股票清偿债务的，人民法院可以按照前述规定办理，但应当要求其在10个交易日内变卖完毕。特殊情形下，可以适当延长。

（3）已质押股票的冻结。上市公司股票存在质押且质权人非本案保全申请人或申请执行人，目前，人民法院在采取冻结措施时，由于需要计入股票上存在的质押债权且该债权额往往难以准确计算，尤其是当股票存在多笔质押时还需指定对哪一笔质押股票进行冻结，为保障普通债权人合法权益，人民法院一般会对质押股票进行全部冻结，这既存在超标的冻结的风险，也会对质押债权人自行实现债权造成影响，不符合执行经济原则。

最高人民法院经与中国证券监督管理委员会沟通协调，由中国证券登记结算有限公司（以下简称中国结算公司）对现有冻结系统进行改造，确立了质押股票新型冻结方式，并在系统改造完成后正式实施。具体内容如下：

第一，债务人持有的上市公司股票存在质押且质权人非本案保全申请人或申请执行人，人民法院对质押股票冻结时，应当依照7（1）规定的计算方法冻结相应数量的股票，无需将质押债权额计算在内。冻结质押股票时，人民法院应当提前冻结债务人在证券公司的资金账户，并明确具体的冻结数额，不得对资金账户进行整体冻结。

第二，股票冻结后，不影响质权人变价股票实现其债权。质权人解除任何一部分股票质押的，冻结效力在冻结股票数量范围内对解除质押部分的股票自动生效。质权人变价股票实现其债权后变价款有剩余的，冻结效力在本案债权额范围内对剩余变价款自动生效。

第三，在执行程序中，为实现本案债权，人民法院可以在质押债权和本案债权额范围内对相应数量的股票采取强制变价措施，并在优先实现质押债权后清偿本案债务。

第四，两个以上国家机关冻结同一质押股票的，按照在证券公司或中国结算公司办理股票冻结手续的先后确定冻结顺位，依次满足各国家机关的冻结需求。两个以上国家机关在同一交易日分别在证券公司、中国结算公司冻结同一质押股票的，在先在证券公司办理股票冻结手续的为在先冻结。

第五，人民法院与其他国家机关就冻结质押股票产生争议的，由最高人民法院主动与最高人民检察院、公安部等部门依法协调解决。争议协调解决期间，证券公司或中国结算公司控制产生争议的相关股票，不协助任何一方执行。争议协调解决完成，证券公司或中国结算公司按照争议机关协商的最终结论处理。

第六，系统改造完成前已经完成的冻结不适用前述规定。案件保全申请人或申请执行人为质权人的，冻结措施不适用前述规定。

最高人民法院

2019 年 12 月 16 日

最高人民法院关于执行权合理配置和科学运行的若干意见（节选）

（法发〔2011〕15 号）

二、关于执行局与立案、审判等机构之间的分工协作

10. 执行权由人民法院的执行局行使；人民法庭可根据执行局授权执行自审案件，但应接受执行局的管理和业务指导。

11. 办理执行实施、执行异议、执行复议、执行监督、执行协调、执行请示等执行案件和案外人执行异议之诉、申请执行人执行异议之诉、执行分配方案异议之诉、代位析产之诉等涉执行的诉讼案件，由立案机构进行立案审查，并纳入审判和执行案件统一管理体系。

人民法庭经授权执行自审案件，可由其自行办理立案登记手续，并纳入执行案件的统一管理。

12. 案外人执行异议之诉、申请执行人执行异议之诉、执行分配方案异议之诉、代位析产之诉等涉执行的诉讼，由人民法院的审判机构按照民事诉讼程序审理。逐步促进涉执行诉讼审判的专业化，具备条件的人民法院可以设立专门审判机构，对涉执行的诉讼案件集中审理。

案外人、当事人认为据以执行的判决、裁定错误的，由作出生效判决、裁定的原审人民法院或其上级人民法院按照审判监督程序审理。

13. 行政非诉案件、行政诉讼案件的执行申请，由立案机构登记后转行政审判机构进行合法性审查；裁定准予强制执行的，再由立案机构办理执行立案登记后移交执行局执行。

14. 强制清算的实施由执行局负责，强制清算中的实体争议由民事审判机构负责审理。

15. 诉前、申请执行前的财产保全申请由立案机构进行审查并作出裁定；裁定保全的，移

交执行局执行。

16. 诉中财产保全、先予执行的申请由相关审判机构审查并作出裁定；裁定财产保全或者先予执行的，移交执行局执行。

17. 当事人、案外人对财产保全、先予执行的裁定不服申请复议的，由作出裁定的立案机构或者审判机构按照民事诉讼法第九十九条的规定进行审查。

当事人、案外人、利害关系人对财产保全、先予执行的实施行为提出异议的，由执行局根据异议事项的性质按照民事诉讼法第二百零二条或者第二百零四条的规定进行审查。

当事人、案外人的异议既指向财产保全、先予执行的裁定，又指向实施行为的，一并由作出裁定的立案机构或者审判机构分别按照民事诉讼法第九十九条和第二百零二条或者第二百零四条的规定审查。

18. 具有执行内容的财产刑和非刑罚制裁措施的执行由执行局负责。

19. 境外法院、仲裁机构作出的生效法律文书的执行申请，由审判机构负责审查；依法裁定准予执行或者发出执行令的，移交执行局执行。

20. 不同法院因执行程序，执行与破产、强制清算、审判等程序之间对执行标的产生争议，经自行协调无法达成一致意见的，由争议法院的共同上级法院执行局中的协调指导部门处理。

21. 执行过程中依法需要变更、追加执行主体的，由执行局按照法定程序办理；应当通过另诉或者提起再审追加、变更的，由审判机构按照法定程序办理。

22. 委托评估、拍卖、变卖由司法辅助部门负责，对评估、拍卖、变卖所提异议由执行局审查。

23. 被执行人对国内仲裁裁决提出不予执行抗辩的，由执行局审查。

24. 立案、审判机构在办理民商事和附带民事诉讼案件时，应当根据案件实际，就追加诉讼当事人、申请诉前、诉中和申请执行前的财产保全等内容向当事人作必要的释明和告知。

25. 立案、审判机构在办理民商事和附带民事诉讼案件时，除依法缺席判决等无法准确查明当事人身份和地址的情形外，应当在有关法律文书中载明当事人的身份证号码，在卷宗中载明送达地址。

26. 审判机构在审理确权诉讼时，应当查询所要确权的财产权属状况，发现已经被执行局查封、扣押、冻结的，应当中止审理；当事人诉请确权的财产被执行局处置的，应当撤销确权案件；在执行局查封、扣押、冻结后确权的，应当撤销确权判决或者调解书。

27. 对符合法定移送执行条件的法律文书，审判机构应当在法律文书生效后及时移送执行局执行。

最高人民法院关于依法制裁规避执行行为的若干意见（节选）

（法〔2011〕195 号）

二、强化财产保全措施，加大对保全财产和担保财产的执行力度

6. 加大对当事人的风险提示。各地法院在立案和审判阶段，要通过法律释明向当事人提示诉讼和执行风险，强化当事人的风险防范意识，引导债权人及时申请财产保全，有效防止债务人在执行程序开始前转移财产。

7. 加大财产保全力度。各地法院要加强立案、审判和执行环节在财产保全方面的协调配合，加大依法进行财产保全的力度，强化审判与执行在财产保全方面的衔接，降低债务人或者被执行人隐匿、转移财产的风险。

8. 对保全财产和担保财产及时采取执行措施。进入执行程序后，各地法院要加大对保全财产和担保财产的执行力度，对当事人、担保人或者第三人提出的异议要及时进行审查，审查期间应当依法对相应财产采取控制性措施，驳回异议后应当加大对相应财产的执行力度。

最高人民法院关于深化执行改革健全解决执行难长效机制的意见（节选）

——人民法院执行工作纲要（2019—2023）

（法发〔2019〕16 号）

19. 完善立审执协调配合机制。强化执行立案审查，有条件的法院可将恢复执行，调解书、仲裁裁决、公证债权文书执行，执行异议、复议、监督等特定案件立案审查工作交由执行局负责，或建立执行局参与特定案件执行立案审查工作机制。建立立案阶段提示执行不能风险制度，使当事人对诉讼结果及执行结果有合理预期。加强保全立案，推广保全保险担保、执行事务中心工作机制。探索多元纠纷化解机制，由执行人员参与诉前、诉中调解，一揽子化解矛盾，实现案结事了。加强对财产保全工作监督和考核，防止保全措施滥用。严格贯彻裁判的执行内容必须明确具体的要求，2019 年底前，各级人民法院要出台规定，将调解和裁判内容的可执行性作为考核案件质效和工作绩效的重要因素。修订人民法院裁判文书样式，在裁判文书中明确申请执行的期限、受理执行的法院、义务人不履行义务的后果等内容。制定规范诉讼费退费和追缴的管理规定，规范诉讼费的强制执行。

最高人民法院民事审判第三庭关于对注册商标专用权进行财产保全和执行等问题的复函

（〔2001〕民三函字第3号）

国家工商行政管理总局商标局：

你局商标变(2001)66号来函收悉。经研究，对该函中所提出的问题答复如下：

一、关于不同法院在同一天对同一注册商标进行保全的协助执行问题

根据民事诉讼法和我院有关司法解释的规定，你局在同一天内接到两份以上对同一注册商标进行保全的协助执行通知书时，应当按照收到文书的先后顺序，协助执行在先收到的协助执行通知书；同时收到文书无法确认先后顺序时，可以告知有关法院按照《最高人民法院关于人民法院执行工作若干问题的规定(试行)》第125条关于“两个或两个以上人民法院在执行相关案件中发生争议的，应当协商解决。协商不成的，逐级报请上级法院，直至报请共同的上级法院协调处理”的规定进行协商以及报请协调处理。在有关法院协商以及报请协调处理期间，你局可以暂不办理协助执行事宜。

二、关于你局在依据法院的生效判决办理权利人变更手续过程中，另一法院要求协助保全注册商标的协助执行问题

《最高人民法院关于人民法院执行工作若干问题的规定(试行)》第88条第1款规定，各债权人对执行标的物均无担保物权的，按照执行法院采取执行措施的先后顺序受偿。根据这一规定，对于某一法院依据已经发生法律效力的裁判文书要求你局协助办理注册商标专用权权利人变更等手续后，另一法院对同一注册商标以保全原商标专用权人财产的名义再行保全，又无权利质押情形的，同意你局来函中提出的处理意见，即协助执行在先采取执行措施法院的裁判文书，并将协助执行的情况告知在后采取保全措施的法院。

三、关于法院已经保全注册商标后，另一法院宣告其注册人进入破产程序并要求你局再行协助保全该注册商标的问题

根据《中华人民共和国企业破产法(试行)》第11条的规定，人民法院受理破产案件后。对债务人财产的其他民事执行程序必须中止。人民法院应当按照这一规定办理相关案件。在具体处理问题上，你局可以告知审理破产案件的法院有关注册商标已被保全的情况，由该法院通知在先采取保全措施的法院自行解除保全措施。你局收到有关解除财产保全措施的通知后，应立即协助执行审理破产案件法院的裁定。你局也可以告知在先采取保全措施的法院有关商标注册人进入破产程序的情况，由其自行决定解除保全措施。

四、关于法院裁决将注册商标作为标的执行时应否适用商标法实施细则第二十一条规定的问题

根据商标法实施细则第二十一条的规定,转让注册商标专用权的,商标注册人对其在同一种类或者类似商品上注册的相同或者近似的商标,必须一并办理。法院在执行注册商标专用权的过程中,应当根据上述规定的原则,对注册商标及相同或者类似商品上相同和近似的商标一并进行评估、拍卖、变卖等,并在采取执行措施时,裁定将相同或近似注册商标一并予以执行。商标局在接到法院有关转让注册商标的裁定时,如发现无上述内容,可以告知执行法院,由执行法院补充裁定后再协助执行。来函中所涉及的具体案件,可按照上述意见处理。

此复。

二〇〇二年一月九日

附:

国家工商行政管理总局商标局关于对注册商标权进行财产保全有关问题的函

(商标变〔2001〕66 号)

最高人民法院民事审判第三庭:

2001 年 1 月以来,我局根据《最高人民法院关于对注册商标权进行财产保全的解释》的规定,积极协助各地人民法院做好对注册商标权进行财产保全的工作。半年多来,已协助执行诉讼保全案件 380 多件,涉及注册商标 1300 余件。但在工作中,我们也遇到了解释中未涉及的情况:

一、不同法院在同一天对相同注册商标进行查封。如山东省沂南县人民法院和山东省临沂市河东区人民法院于 2001 年 4 月 28 日同时向我局送达协助执行通知书,请求查封山东华日集团总公司相同的商标。根据最高人民法院有关司法解释中不能重复查封的规定,我局已要求该两院在规定的期限内协商解决,否则,将不予协助执行。

二、A 法院对我局依据 B 法院的生效裁决正在办理转让注册手续的注册商标进行查封。如山东省淄博市中级人民法院经民事调解,于 2001 年 5 月 30 日向我局发出协助执行通知书,要求将以前查封的“扳倒井”商标由山东扳倒井集团酒厂过户给山东扳倒井股份有限公司,并在我局办理了相应的转让手续。在办理转让注册手续期间,四川省成都市青白江区人民法院要求查封尚在山东扳倒井集团酒厂名下的上述商标。我局认为山东淄博市中级人民法院的民事调解书是生效的法律决定。因此对四川省成都市青白江区人民法院的请求未予协助执行。

三、B 法院对 A 法院已经查封的注册商标的注册人宣告破产后,要求对 A 法院已经查封

的有关注册商标实施保全措施。如江苏省苏州市中级人民法院于2001年4月10日向我局送达协助执行通知书,对江苏省兴化轴瓦厂的“飞月”商标实施财产保全。江苏兴化市人民法院于2001年7月30日向我局送达协助执行通知书,称该法院于2001年7月25日宣告江苏省兴化轴瓦厂进入破产程序,请求我局对该厂的注册商标实施保全措施。根据《中华人民共和国企业破产法(试行)》第十一条的规定,是否应终止江苏省苏州市中级人民法院对“飞月”商标的查封。

四、法院裁决转让注册商标时应否遵守《商标法》关于“应将相同或近似商标,一并办理”的规定。按照《商标法》的规定,在申请商标转让注册时,应将相同或近似的商标一并办理。因此法院在裁定转让注册商标时,应裁定将相同或近似注册商标一并转让。对于未裁定将相同或近似商标一并转让的,我局将不予协助执行。

对上述问题各地法院与我局有些不同的理解和看法。因此建议你庭就上述问题提出意见,以便我局更好地协助人民法院做好注册商标权的财产保全工作。

最高人民法院对国家知识产权局《关于征求对协助执行专利申请权财产保全裁定的意见的函》的答复意见

(〔2001〕民三函字第1号)

国家知识产权局:

贵局《关于征求对协助执行专利申请权财产保全裁定的意见的函》收悉。经研究,对有关问题答复如下:

一、专利申请权属于专利申请人的一项财产权利,可以作为人民法院财产保全的对象。人民法院根据《民事诉讼法》有关规定采取财产保全措施时,需要对专利申请权进行保全的,应当向国家知识产权局发出协助执行通知书,载明要求保全的专利申请的名称、申请人、申请号、保全期限以及协助执行保全的内容,包括禁止变更著录事项、中止审批程序等,并附人民法院作出的财产保全民事裁定书。

二、对专利申请权的保全期限一次不得超过6个月,自国家知识产权局收到协助执行通知书之日起计算。如果期限届满仍然需要对该专利申请权继续采取保全措施的,人民法院应当在保全期限届满前向国家知识产权局重新发出协助执行通知书,要求继续保全。否则,视为自动解除对该专利申请权的财产保全。

三、贵局收到人民法院发出的对专利申请权采取财产保全措施的协助执行通知书后,应当确保在财产保全期间专利申请权的法律状态不发生改变。因此,应当中止被保全的专利申请的有关程序。同意贵局提出的比照《专利法实施细则》第八十七条的规定处理的意见。

以上意见供参考。

最高人民法院对国家知识产权局《关于如何协助执行法院财产保全裁定的函》的答复意见

（〔2000〕法知字第3号函）

国家知识产权局：

贵局《关于如何协助执行法院财产保全裁定的函》收悉。经研究，对有关问题的意见如下：

一、专利权作为无形财产，可以作为人民法院财产保全的对象。人民法院对专利权进行财产保全，应当向国家知识产权局送达协助执行通知书，写明要求协助执行的事项，以及对专利权财产保全的期限，并附人民法院作出的裁定书。根据《中华人民共和国民事诉讼法》第九十三条、第一百零三条的规定，贵局有义务协助执行人民法院对专利权财产保全的裁定。

二、贵局来函中提出的具体意见第二条中拟要求人民法院提交"中止程序请求书"似有不妥。依据人民法院依法作出的财产保全民事裁定书和协助执行通知书，贵局即承担了协助执行的义务，在财产保全期间应当确保专利申请权或者专利权的法律状态不发生变更。在此前提下，贵局可以依据《专利法》和《专利审查指南》规定的程序，并根据法院要求协助执行的具体事项，自行决定中止有关专利程序。

三、根据最高人民法院《关于适用〈民事诉讼法〉若干问题意见》第一百零二条规定，对出质的专利权也可以采取财产保全措施，但质权人有优先受偿权。至于专利权人与被许可人已经签订的独占实施许可合同，则不影响专利权人的权利状态，也可以采取财产保全。

四、贵局协助人民法院对专利权进行财产保全的期限为6个月，到期可以续延。如到期未续延，该财产保全即自动解除。

以上意见供参考。

最高人民法院关于对粮棉油政策性收购资金形成的粮棉油不宜采取财产保全措施和执行措施的通知

（2000年11月16日　法〔2000〕164号）

各省、自治区、直辖市高级人民法院，解放军军事法院，新疆维吾尔自治区高级人民法院生产建设兵团分院：

根据国务院国发〔1998〕15号《关于进一步深化粮食流通体制改革的决定》和国发〔1998〕42号《关于深化棉花流通体制改革的决定》以及《粮食收购条例》等有关法规和规范性文件的规定，人民法院在保全和执行国有粮棉油购销企业从事粮棉油政策性收购以外业务所形成的案件时,除继续执行我院法函〔1997〕97号《关于对粮棉油政策性收购资金是否可以采取财产保全措施问题的复函》外,对中国农业发展银行提供的粮棉油收购资金及由该项资金形成的库存的粮棉油不宜采取财产保全措施和执行措施。

最高人民法院关于对粮棉油政策性收购资金是否可以采取财产保全措施问题的复函

（1997年8月14日 法函〔1997〕97号）

山东省高级人民法院：

你院鲁法经〔1997〕33号《关于对粮棉油政策性收购资金专户是否可以采取财产保全措施问题的请示》收悉。经研究,答复如下：

同意你院请示的倾向性意见。粮棉油政策性收购资金是用于国家和地方专项储备的粮食、棉花、油料的收购、储备、调销资金和国家定购粮食、棉花收购资金。包括各级财政开支的直接用于粮棉油收购环节的价格补贴款、银行粮棉油政策性收购货款和粮棉油政策性收购企业的粮棉油调销回笼款。该资金只能用于粮棉油收购及相关费用支出。人民法院在审理涉及政策性粮棉油收购业务之外的经济纠纷案件中,不宜对粮棉油政策性收购企业在中国农业发展银行及其代理行或经人民银行当地分行批准的其他金融机构开立账上的这类资金采取财产保全措施,以保证这类资金专款专用,促进农业的发展。

最高人民法院关于洪胜有限公司申请解除仲裁财产保全一案的请示的复函

（民四他字〔2004〕第25号）

辽宁省高级人民法院：

你院[2004]辽民四请字第3号"关于洪胜有限公司申请解除仲裁财产保全一案的请示报告"收悉。经研究,答复如下：

《中华人民共和国仲裁法》第六十四条明确规定："一方当事人申请执行裁决,另一方当事人申请撤销裁决的,人民法院应当裁定中止执行。"而本案中并未有当事人申请执行仲裁裁决,因此也不涉及中止执行的问题。

《中华人民共和国仲裁法》第二十八条规定："一方当事人因另一方当事人的行为或者其他原因,可能使裁决不能执行或者难以执行的,可以申请财产保全。"根据该条的规定,当事人申请财产保全的目的应当是为了保证仲裁裁决的执行。《最高人民法院关于适用〈中华人民共和国民事诉讼法〉若干问题的意见》第一百零九条规定："诉讼中的财产保全裁定的效力一般应维持到生效的法律文书执行时止。"对于仲裁程序中当事人申请人民法院作出的财产保全裁定的效力,可以参照该条规定确定,即仲裁程序中人民法院作出的财产保全裁定的效力应维持到生效的仲裁裁决执行时止。因此,如仲裁裁决发生法律效力后,一方当事人申请撤销仲裁裁决,另一方当事人则申请解除在仲裁程序中采取的财产保全,在人民法院审查是否撤销仲裁裁决的阶段,不应解除财产保全。

《中华人民共和国仲裁法》第六十四条第二款规定:"人民法院裁定撤销裁决的,应当裁定终结执行。"《中华人民共和国仲裁法》第九条第二款规定:"裁决被人民法院依法裁定撤销或者不予执行的,当事人就该纠纷可以根据双方重新达成的仲裁协议申请仲裁,也可以向人民法院起诉。"因此,如果人民法院裁定撤销仲裁裁决,则该仲裁案件不再存在,且终结执行,仲裁程序中采取财产保全的目的亦已消失,故人民法院在作出撤销仲裁裁决裁定的同时,亦应解除财产保全。

由于你院就本案所涉仲裁裁决是否应予撤销问题以(2004)辽民四请字第6号报告请示本院,本院以(2004)民四他字第24号函明确答复,本案所涉仲裁裁决应予撤销,因此,在人民法院裁定撤销本案仲裁裁决的同时,亦应解除在仲裁中采取的财产保全。

此复。

附:辽宁省高级人民法院关于洪胜有限公司申请解除仲裁财产保全一案的请示报告

2004年10月22日

附:

辽宁省高级人民法院关于洪胜有限公司申请解除仲裁财产保全一案的请示报告

(〔2004〕辽民四请字第3号 2004年7月20日)

最高人民法院:

我院受理大连市中级人民法院请示的洪胜有限公司申请解除财产保全一案,因该案系我院受理的新型案件,法律无明确规定,在适用法律问题上存在重大分歧,未能形成一致意见,现将该案有关情况报告如下:

一、当事人的基本情况

申请人:洪胜有限公司。住所地:香港特别行政区铜锣湾告士打道255－257号信箱广场2704室。

被申请人:辉影媒体销售有限公司。住所地:香港特别行政区新界葵涌梨木道88号达利中心10号楼8号室。

二、仲裁财产保全情况

洪胜有限公司与辉影媒体销售有限公司(双方均为香港法人)因合资经营合同发生纠纷,辉影媒体销售有限公司向大连仲裁委员会申请仲裁。2003年5月29日,大连仲裁委员会向大连中院提交了辉影媒体销售有限公司的财产保全申请,大连中院依法组成合议庭进行审查后作出(2003)大民特字第49号民事裁定,冻结洪胜有限公司对第三人中国华录集团有限公司到期债权人民币124万元。2004年2月20日,大连仲裁委员会对辉影媒体销售有限公司与洪胜有限公司合资经营合同纠纷一案作出(2003)大仲字第083号裁决。裁决结果:一、申请人辉影媒体销售公司的仲裁请求成立,被申请人洪胜有限公司以其持有的对申请人350万元港币的债权抵销欠付申请人2430471元货款及利息644328元人民币。二、本案仲裁费29300元,由申请人承担。

2004年2月25日,洪胜有限公司向大连中院提出解除财产保全申请。2004年3月1日,辉影媒体销售有限公司向大连中院申请撤销[2003]大仲字第083号仲裁裁决,案号为(2004)大民特字第21号,该案经大连中院审判委员会讨论,拟裁定撤销仲裁裁决,并按照最高人民法院[1998]40号《关于人民法院撤销涉外仲裁裁决有关事项的通知》的规定报请省院审查。

三、申请人申请解除仲裁财产保全及被申请人答辩主要理由

洪胜有限公司认为仲裁裁决发生法律效力,应当立即解除财产保全。提出四点理由:(1)仲裁庭裁决双方当事人之间的等额债权因抵销而归于消灭,财产保全已无意义,理应立即予以撤销。(2)仲裁裁决实行一裁终局的制度,仲裁裁决自作出之日起发生法律效力。裁决书在被撤销之前是生效裁决,对双方当事人均具有约束力,洪胜公司依据该生效裁决申请解除财产保全是有事实及法律依据的。(3)洪胜公司申请解除财产保全一案与辉影媒体销售有限公司申请撤销仲裁裁决是两个完全独立的案件,应分别适用不同的程序审理。(4)虽然辉影媒体在申请财产保全时为避免申请错误已提供了担保,但洪胜公司因财产保全所遭受的损失包括利润损失、经营信誉损失等是无法估量的。

辉影媒体销售有限公司认为案件尚未审结,不应当解除财产保全,提出三点理由:(1)仲裁裁决严重违法,已向法院申请撤销,仲裁裁决不再发生法律效力,财产保全不应解除。(2)申请财产保全时辉影媒体销售有限公司已提供足额担保,即使申请人的保全申请有错误,也会按照《民事诉讼法》第九十六条的规定来赔偿被申请人因财产保全所遭受的损失。如果法院裁定解除财产保全,将给辉影媒体销售有限公司造成难以挽回的损失。(3)《仲裁法》第六十四条规定"一方当事人申请执行裁决,另一方当事人申请撤销裁决的,人民法院应当裁定中止执行。人民法院裁定撤销裁决的,应当裁定终结执行。撤销裁决的申请被裁定驳回的,人民法院应当裁定恢复执行。"同时,《民事诉讼法》第二百五十六条规定"人民法院解除保全的命令由执行员执行。"根据上述法律规定,洪胜公司申请解除财产保全就是请求法院执行仲裁裁决,其解除财产保全的申请不应得到支持。

四、大连市中级人民法院的处理意见及请示的问题

大连中院审判委员会讨论后,存在两种不同意见。

第一种意见:解除财产保全。仲裁裁决实行一裁终局的制度,仲裁裁决已发生法律效力,应当解除财产保全。

第二种意见:中止本案的审查,并以通知书的形式告知当事人。持该意见的理由是:首先,分析双方当事人的意见。可以看出双方都是比照了不同的程序,洪胜公司的意见显然是比照了《民事诉讼法》关于审判程序的规定,即按照诉讼中对生效判决的程序性规定来理解的。辉影媒体销售有限公司的观点则是比照了《民诉法》关于执行程序的规定。本案是涉及仲裁的程序性问题,对程序性问题应当严格按照法律规定进行审查,应当对号入坐,而不应当在没有法律明确规定的情况下比照不同的程序。有关涉外仲裁的问题,在《民事诉讼法》第二十八章中作出了规定。但对于本案这种情况,相关法律和司法解释都没有明确的规定。其次,考虑对本案的处理可能的结果。一种结果是暂不解除财产保全,因为辉影媒体销售有限公司申请财产保全时已提供足额的担保,如果保全申请有错误,将由辉影媒体销售有限公司按照《民事诉讼法》第九十六条的规定来赔偿洪胜公司因财产保全所遭受的损失。洪胜公司可以获得救济。另一种结果是立即解除财产保全,那么辉影媒体销售有限公司有可能认为法院在没有法律明确规定的情况下解除了财产保全,从而可能寻求国家赔偿的途径。如果这样,财产保全中本来由当事人承担的诉讼风险将会转嫁为法院承担的审判风险。在法律和司法解释都没有明确规定的情况下,根据案件的具体情况,并权衡上述法律后果,暂不解除财产保全是比较稳妥的。

本案需要请示的问题是,涉外仲裁裁决发生法律效力以后,一方当事人申请撤销仲裁裁决,另一方当事人申请解除对在仲裁程序中采取的财产保全,应当立即解除还是比照《仲裁法》第六十四条规定中止执行。

五、本院审查意见及请示的问题

对于该案大连中院请示的问题,经合议庭评议认为,大连中院所请示的问题,无论是解除财产保全,还是中止审查,均涉及程序问题。《民事诉讼法》第二百五十八条规定:当事人申请财产保全的,中华人民共和国的涉外仲裁机构应当将当事人的申请,提交被申请人住所地或者财产所在地的中级人民法院裁定。但《民诉法》没有对在什么情况下可以解除财产保全,以及不解除财产保全等均没有法律规定和相关司法解释。《仲裁法》第六十八条规定:当事人申请财产保全的,仲裁委员会应当将当事人的申请依照民事诉讼法的有关规定提交人民法院。但《仲裁法》第六十四条规定:一方当事人申请执行裁决,另一方当事人申请撤销裁决的,人民法院应当裁定中止执行。除上述相关法律规定外,在无相关法律规定。最后合议庭形成同大连中法相同的两种意见,一种意见是解除财产保全,因为本案是发生法律效力的仲裁裁决,应当解除财产保全。另一种意见认为,《仲裁法》虽然不是程序法但该法第六十四条规定明确,应该中止执行。鉴于大连中院的请示,涉及法无明文规定及如何处理该案的法律适用问题。故,合议庭认为,需要请示的问题是:仲裁裁决发生法律效力后,一方当事人申请

撤销仲裁裁决，另一方当事人则申请解除在仲裁程序中采取的财产保全，是应当解除财产保全？还是比照《仲裁法》第六十四条规定中止执行？

经审委会讨论意见，同意以合议两种意见报请最高法院。倾向合议庭第二种意见，即仲裁裁决发生法律效力后，一方当事人申请撤销仲裁裁决，另一方当事人则申请解除在仲裁程序中采取的财产保全，应比照《仲裁法》第六十四条规定，不解除财产保全。

妥否，请批示。

最高人民法院　住房和城乡建设部　中国人民银行
关于规范人民法院保全执行措施
确保商品房预售资金用于项目建设的通知

（法〔2022〕12号）

各省、自治区、直辖市高级人民法院，解放军军事法院，新疆维吾尔自治区高级人民法院生产建设兵团分院；各省、自治区、直辖市住房和城乡建设厅（委、管委），新疆生产建设兵团住房和城乡建设局；中国人民银行上海总部、各分行、营业管理部、各省会（首府）城市中心支行、副省级城市中心支行，各国有商业银行，中国邮政储蓄银行，各股份制商业银行：

为了确保商品房预售资金用于有关项目建设，切实保护购房人与债权人合法权益，进一步明确住房和城乡建设部门、相关商业银行职责，规范人民法院的保全、执行行为，根据《中华人民共和国城市房地产管理法》《中华人民共和国民事诉讼法》等法律规定，通知如下：

一、商品房预售资金监管是商品房预售制度的重要内容，是保障房地产项目建设、维护购房者权益的重要举措。人民法院冻结预售资金监管账户的，应当及时通知当地住房和城乡建设主管部门。

人民法院对预售资金监管账户采取保全、执行措施时要强化善意文明执行理念，坚持比例原则，切实避免因人民法院保全、执行预售资金监管账户内的款项导致施工单位工程进度款无法拨付到位，商品房项目建设停止，影响项目竣工交付，损害广大购房人合法权益。

除当事人申请执行因建设该商品房项目而产生的工程建设进度款、材料款、设备款等债权案件之外，在商品房项目完成房屋所有权首次登记前，对于预售资金监管账户中监管额度内的款项，人民法院不得采取扣划措施。

二、商品房预售资金监管账户被人民法院冻结后，房地产开发企业、商品房建设工程款债权人、材料款债权人、租赁设备款债权人等请求以预售资金监管账户资金支付工程建设进度款、材料款、设备款等项目建设所需资金，或者购房人因购房合同解除申请退还购房款，经项目所在地住房和城乡建设主管部门审核同意的，商业银行应当及时支付，并将付款情况及时向人民法院报告。

住房和城乡建设主管部门应当依法妥善处理房地产开发企业等主体的资金使用申请，未尽监督审查义务违规批准用款申请，导致资金挪作他用，损害保全申请人或者执行申请人权利的,依法承担相应责任。

三、开设监管账户的商业银行接到人民法院冻结预售资金监管账户指令时,应当立即办理冻结手续。

商业银行对于不符合资金使用要求和审批手续的资金使用申请,不予办理支付、转账手续。商业银行违反法律规定或合同约定支付、转账的,依法承担相应责任。

四、房地产开发企业提供商业银行等金融机构出具的保函,请求释放预售资金监管账户相应额度资金的,住房和城乡建设主管部门可以予以准许。

预售资金监管账户被人民法院冻结,房地产开发企业直接向人民法院申请解除冻结并提供担保的,人民法院应当根据《中华人民共和国民事诉讼法》第一百零四条、《最高人民法院关于适用〈中华人民共和国民事诉讼法〉的解释》第一百六十七条的规定审查处理。

五、人民法院工作人员在预售资金监管账户的保全、执行过程中,存在枉法裁判执行、违法查封随意解封、利用刑事手段插手民事经济纠纷等违法违纪问题的,要严肃予以查处。

住房和城乡建设主管部门、商业银行等相关单位工作人员在预售资金监管账户款项监管、划拨过程中,滥用职权、玩忽职守、徇私舞弊的,依法追究法律责任。

最高人民法院
住房和城乡建设部
中国人民银行
2022 年 1 月 11 日

最高人民法院关于充分发挥司法职能作用助力中小微企业发展的指导意见(节选)

(法发〔2022〕2 号)

14. 依法保障建设工程领域中小微企业和农民工合法权益。对商品房预售资金监管账户、农民工工资专用账户和工资保证金账户内资金依法审慎采取保全、执行措施,支持保障相关部门防范应对房地产项目逾期交付风险,维护购房者合法权益,确保农民工工资支付到位。冻结商品房预售资金监管账户的,应当及时通知当地住房和城乡建设主管部门;除当事人申请执行因建设该商品房项目而产生的工程建设进度款、材料款、设备款等债权案件外,在商品房项目完成房屋所有权首次登记前,对于监管账户中监管额度内的款项,不得采取扣划措施,不得影响账户内资金依法依规使用。除法律另有专门规定外,不得以支付为本项目提供劳动的农民工工资之外的原因冻结或者划拨农民工工资专用账户和工资保证金账户资金;为办理案件需要,人民法院可以对前述两类账户采取预冻结措施。

最高人民法院办公厅
关于在财产保全和执行工作中对危险标的
物加强安全监管的紧急通知

（法办〔2019〕259号）

各省、自治区、直辖市高级人民法院，解放军军事法院，新疆维吾尔自治区高级人民法院生产建设兵团分院：

近日，个别地方法院在对化工类企业财产采取查封措施的过程中，未明确安全风险管理责任，产生重大安全隐患。为防止和减少安全生产事故，保障人民群众生命和财产安全，现就在财产保全和执行工作中强化安全监管问题通知如下。

一、在财产保全和执行程序中，如有其他更适宜的财产可以保全或执行，人民法院一般不对危险物品、重大危险源等标的物采取保全或执行措施。

危险物品，是指易燃易爆物品、危险化学品、放射性物品等能够危及人身安全和财产安全的物品。

重大危险源，是指长期地或者临时地生产、搬运、使用或者储存危险物品，且危险物品的数量等于或者超过临界量的单元（包括场所和设施）。

二、人民法院对疑似危险物品、重大危险源的保全或执行标的物，应当进行现场调查，并向安全生产监督管理部门、生产经营单位等有关单位了解情况，明确相关标的物的危险性及其他性质特点。

三、人民法院确需对危险物品、重大危险源采取财产保全或者执行措施的，应当向上一级人民法院备案。

四、人民法院在财产保全或者执行程序中查封、扣押、处置危险物品、重大危险源等标的物时，应当邀请安全生产监督管理部门有关人员到场，通知生产经营单位有关负责人到场，并制作笔录。笔录应当载明下列内容：

（一）执行措施开始及完成时间；

（二）危险物品、重大危险源的名称、性质、数量、位置；

（三）危险物品、重大危险源的占有、使用、保管情况；

（四）执行措施的法律后果；

（五）其他应当记录的事项。

执行人员、保管人以及到场人员应当在笔录上签名。

五、人民法院对危险物品、重大危险源采取查封、扣押措施后，一般应指定生产经营单位负责保管，并责令其依法履行安全风险管理职责，建立专门的安全管理制度，采取可靠的安全措施，接受有关主管部门依法实施的监督管理。

六、人民法院对危险物品、重大危险源采取财产保全或者执行措施的，应当根据《中华人民共和国安全生产法》等法律规定,加强与安全生产监督管理部门协调,将危险物品、重大危险源及有关安全措施、应急措施报安全生产监督管理部门和有关部门备案。

七、人民法院在查封、扣押、处置危险物品、重大危险源的过程中,对依法应当由有关主管部门审批的,应当在有关主管部门依照有关法律、法规的规定和国家标准或者行业标准审批后采取保全或执行措施。

八、查封、扣押危险物品、重大危险源后,应当在执行程序中依照法定期限要求及时处置财产。确有合理理由的,可以不受法定期限的限制,但应当说明理由,并报执行局长或者相关负责人审批。

以上通知,请遵照执行。执行中发现的新情况、新问题,请及时报告我院。

最高人民法院办公厅

2019 年 8 月 2 日

最高人民法院关于进一步完善执行权制约机制加强执行监督的意见(节选)

(法〔2021〕322 号)

5. 深化审判权与执行权分离。有效发挥审判、破产、国家赔偿程序对执行权的制约作用。执行中的重大实体争议问题,严格按照民事诉讼法及司法解释的规定,通过相应诉讼程序解决,避免违规以执代审。执行中发现企业法人不能清偿到期债务,并且资产不足以清偿全部债务或者明显缺乏清偿能力的,应当暂缓财产分配,及时询问申请执行人、被执行人是否申请或者同意将案件移送破产审查,避免影响各债权人的公平受偿权;对于无财产可供执行的终本案件,要及时启动执转破程序,清理僵尸企业,有序消化终本案件存量。人民法院收到移送破产审查决定书面通知的,应依法中止执行,坚决杜绝在破产案件受理后不配合解除相应保全措施、搞地方保护等现象。执行错误的,依法及时启动国家赔偿程序,完善执行错误案件国家赔偿制度机制,有效及时挽回因执行错误给当事人造成的损失,维护当事人的合法权益。

……

15. 严禁超标的查封、乱查封。强制执行被执行人的财产,以其价值足以清偿生效法律文书确定的债权额为限,坚决杜绝明显超标的查封。冻结被执行人银行账户内存款的,应当明确具体冻结数额,不得影响冻结之外资金的流转和账户的使用。需要查封的不动产整体价值明显超出债权额的,应当对该不动产相应价值部分采取查封措施;相关部门以不动产登记在同一权利证书下为由提出不能办理分割查封的,人民法院在对不动产进行整体查封后,经被执行人申请,应当及时协调相关部门办理分割登记并解除对超标的部分的查封。有多种财产的,选择对当事人生产生活影响较小且方便执行的财产查封。

人民法院采取诉讼保全措施,案外人对保全裁定或者保全裁定实施过程中的执行行为不服,基于对标的物享有实体权利提出异议的,人民法院应当依照民事诉讼法第二百二十七条规定处理,切实将案外人权利救济前移。

一方当事人以超标的查封为由提出执行异议,争议较大的,人民法院可以根据当事人申请进行评估,评估期间不停止查封。

最高人民法院关于内地与香港特别行政区法院就仲裁程序相互协助保全的安排

(法释〔2019〕14 号)

根据《中华人民共和国香港特别行政区基本法》第九十五条的规定,最高人民法院与香港特别行政区政府经协商,现就内地与香港特别行政区法院关于仲裁程序相互协助保全作出如下安排:

第一条 本安排所称"保全",在内地包括财产保全、证据保全、行为保全;在香港特别行政区包括强制令以及其他临时措施,以在争议得以裁决之前维持现状或者恢复原状、采取行动防止目前或者即将对仲裁程序发生的危害或者损害,或者不采取可能造成这种危害或者损害的行动、保全资产或者保全对解决争议可能具有相关性和重要性的证据。

第二条 本安排所称"香港仲裁程序",应当以香港特别行政区为仲裁地,并且由以下机构或者常设办事处管理:

(一)在香港特别行政区设立或者总部设于香港特别行政区,并以香港特别行政区为主要管理地的仲裁机构;

(二)中华人民共和国加入的政府间国际组织在香港特别行政区设立的争议解决机构或者常设办事处;

(三)其他仲裁机构在香港特别行政区设立的争议解决机构或者常设办事处,且该争议解决机构或者常设办事处满足香港特别行政区政府订立的有关仲裁案件宗数以及标的金额等标准。

以上机构或者常设办事处的名单由香港特别行政区政府向最高人民法院提供,并经双方确认。

第三条 香港仲裁程序的当事人,在仲裁裁决作出前,可以参照《中华人民共和国民事诉讼法》《中华人民共和国仲裁法》以及相关司法解释的规定,向被申请人住所地、财产所在地或者证据所在地的内地中级人民法院申请保全。被申请人住所地、财产所在地或者证据所在地在不同人民法院辖区的,应当选择向其中一个人民法院提出申请,不得分别向两个或者两个以上人民法院提出申请。

当事人在有关机构或者常设办事处受理仲裁申请后提出保全申请的,应当由该机构或者常设办事处转递其申请。

在有关机构或者常设办事处受理仲裁申请前提出保全申请,内地人民法院采取保全措施后三十日内未收到有关机构或者常设办事处提交的已受理仲裁案件的证明函件的,内地人民法院应当解除保全。

第四条 向内地人民法院申请保全的,应当提交下列材料:

(一)保全申请书;

(二)仲裁协议;

(三)身份证明材料:申请人为自然人的,应当提交身份证件复印件;申请人为法人或者非法人组织的,应当提交注册登记证书的复印件以及法定代表人或者负责人的身份证件复印件;

(四)在有关机构或者常设办事处受理仲裁案件后申请保全的,应当提交包含主要仲裁请求和所根据的事实与理由的仲裁申请文件以及相关证据材料、该机构或者常设办事处出具的已受理有关仲裁案件的证明函件;

(五)内地人民法院要求的其他材料。

身份证明材料系在内地以外形成的,应当依据内地相关法律规定办理证明手续。

向内地人民法院提交的文件没有中文文本的,应当提交准确的中文译本。

第五条 保全申请书应当载明下列事项:

(一)当事人的基本情况:当事人为自然人的,包括姓名、住所、身份证件信息、通讯方式等;当事人为法人或者非法人组织的,包括法人或者非法人组织的名称、住所以及法定代表人或者主要负责人的姓名、职务、住所、身份证件信息、通讯方式等;

(二)请求事项,包括申请保全财产的数额、申请行为保全的内容和期限等;

(三)请求所依据的事实、理由和相关证据,包括关于情况紧急,如不立即保全将会使申请人合法权益受到难以弥补的损害或者将使仲裁裁决难以执行的说明等;

(四)申请保全的财产、证据的明确信息或者具体线索;

(五)用于提供担保的内地财产信息或者资信证明;

(六)是否已在其他法院、有关机构或者常设办事处提出本安排所规定的申请和申请情况;

(七)其他需要载明的事项。

第六条 内地仲裁机构管理的仲裁程序的当事人,在仲裁裁决作出前,可以依据香港特别行政区《仲裁条例》《高等法院条例》,向香港特别行政区高等法院申请保全。

第七条 向香港特别行政区法院申请保全的,应当依据香港特别行政区相关法律规定,提交申请、支持申请的誓章、附同的证物、论点纲要以及法庭命令的草拟本,并应当载明下列事项:

(一)当事人的基本情况:当事人为自然人的,包括姓名、地址;当事人为法人或者非法人组织的,包括法人或者非法人组织的名称、地址以及法定代表人或者主要负责人的姓名、职务、通讯方式等;

(二)申请的事项和理由;

(三)申请标的所在地以及情况;

(四)被申请人就申请作出或者可能作出的回应以及说法;

(五)可能会导致法庭不批准所寻求的保全,或者不在单方面申请的情况下批准该保全

的事实;

(六)申请人向香港特别行政区法院作出的承诺;

(七)其他需要载明的事项。

第八条 被请求方法院应当尽快审查当事人的保全申请。内地人民法院可以要求申请人提供担保等,香港特别行政区法院可以要求申请人作出承诺、就费用提供保证等。

经审查,当事人的保全申请符合被请求方法律规定的,被请求方法院应当作出保全裁定或者命令等。

第九条 当事人对被请求方法院的裁定或者命令等不服的,按被请求方相关法律规定处理。

第十条 当事人申请保全的,应当依据被请求方有关诉讼收费的法律和规定交纳费用。

第十一条 本安排不减损内地和香港特别行政区的仲裁机构、仲裁庭、当事人依据对方法律享有的权利。

第十二条 本安排在执行过程中遇有问题或者需要修改的,由最高人民法院和香港特别行政区政府协商解决。

第十三条 本安排在最高人民法院发布司法解释和香港特别行政区完成有关程序后,由双方公布生效日期。

本安排于二零一九年四月二日在香港特别行政区签署,一式两份。

最高人民法院关于贯彻执行《最高人民法院关于内地与香港特别行政区法院就仲裁程序相互协助保全的安排》的通知

(法〔2019〕207号)

各省、自治区、直辖市高级人民法院,解放军军事法院,新疆维吾尔自治区高级人民法院生产建设兵团分院:

《最高人民法院关于内地与香港特别行政区法院就仲裁程序相互协助保全的安排》(以下简称《安排》)将于2019年10月1日生效。为贯彻执行好《安1排》,现就有关问题通知如下:

一、本《安排》所称"仲裁"依据被请求方法律确定。依据《中华人民共和国仲裁法》的规定,可以仲裁的纠纷限于"平等主体的公民、法人和其他组织之间发生的合同纠纷和其他财产权益纠纷"。据此,本《安排》所称"香港仲裁程序"不包括投资者与东道主国家或者地区之间的投资仲裁。

二、依据本《安排》第二条之规定,仲裁机构或者常设办事处的名单由香港特别行政区政府向最高人民法院提供,并经双方确认。截至目前,包括以下机构或者常设办事处:香港国际仲裁中心、中国国际经济贸易仲裁委员会香港仲裁中心、国际商会国际仲裁院亚洲事务办公室、香港海事仲裁协会、华南(香港)国际仲裁院、一邦国际网上仲调中心。

三、依据本《安排》第三条第二款和第四条第一款第(四)项之规定,有关机构或者常设办事处应当出具转递函或者证明函。实践中,该机构或者常设办事处出具的转递函或者证明函,可以交由当事人向内地人民法院提交。内地人民法院接收后,可以向该机构或者常设办事处的联络人核实有关情况(联系方式附后)。

四、无论仲裁程序是否开始于本《安排》生效之前,在本《安排》生效之日起提出的保全申请,均适用本《安排》。

各地在执行《安排》中,要注意总结经验。遇有新情况、新问题,应当逐级上报。

特此通知。

2019 年 9 月 26 日

最高人民法院关于内地与澳门特别行政区就仲裁程序相互协助保全的安排

(法释〔2022〕7 号)

根据《中华人民共和国澳门特别行政区基本法》第九十三条的规定,经最高人民法院与澳门特别行政区协商,现就内地与澳门特别行政区关于仲裁程序相互协助保全作出如下安排。

第一条 本安排所称“保全”,在内地包括财产保全、证据保全、行为保全;在澳门特别行政区包括为确保受威胁的权利得以实现而采取的保存或者预行措施。

第二条 按照澳门特别行政区仲裁法规向澳门特别行政区仲裁机构提起民商事仲裁程序的当事人,在仲裁裁决作出前,可以参照《中华人民共和国民事诉讼法》《中华人民共和国仲裁法》以及相关司法解释的规定,向被申请人住所地、财产所在地或者证据所在地的内地中级人民法院申请保全。被申请人住所地、财产所在地或者证据所在地在不同人民法院辖区的,应当选择向其中一个人民法院提出申请,不得分别向两个或者两个以上人民法院提出申请。

在仲裁机构受理仲裁案件前申请保全,内地人民法院采取保全措施后三十日内未收到仲裁机构已受理仲裁案件的证明函件的,内地人民法院应当解除保全。

第三条 向内地人民法院申请保全的,应当提交下列材料:

(一)保全申请书;

(二)仲裁协议;

(三)身份证明材料:申请人为自然人的,应当提交身份证件复印件;申请人为法人或者非法人组织的,应当提交注册登记证书的复印件以及法定代表人或者负责人的身份证件复印件;

(四)在仲裁机构受理仲裁案件后申请保全的,应当提交包含主要仲裁请求和所根据的事实与理由的仲裁申请文件以及相关证据材料、仲裁机构出具的已受理有关仲裁案件的证明函件；

（五）内地人民法院要求的其他材料。

身份证明材料系在内地以外形成的，应当依据内地相关法律规定办理证明手续。

向内地人民法院提交的文件没有中文文本的，应当提交中文译本。

第四条 向内地人民法院提交的保全申请书应当载明下列事项：

（一）当事人的基本情况：当事人为自然人的，包括姓名、住所、身份证件信息、通讯方式等；当事人为法人或者非法人组织的，包括法人或者非法人组织的名称、住所以及法定代表人或者主要负责人的姓名、职务、住所、身份证件信息、通讯方式等；

（二）请求事项，包括申请保全财产的数额、申请行为保全的内容和期限等；

（三）请求所依据的事实、理由和相关证据，包括关于情况紧急，如不立即保全将会使申请人合法权益受到难以弥补的损害或者将使仲裁裁决难以执行的说明等；

（四）申请保全的财产、证据的明确信息或者具体线索；

（五）用于提供担保的内地财产信息或者资信证明；

（六）是否已提出其他保全申请以及保全情况；

（七）其他需要载明的事项。

第五条 依据《中华人民共和国仲裁法》向内地仲裁机构提起民商事仲裁程序的当事人，在仲裁裁决作出前，可以根据澳门特别行政区法律规定，向澳门特别行政区初级法院申请保全。

在仲裁机构受理仲裁案件前申请保全的，申请人应当在澳门特别行政区法律规定的期间内，采取开展仲裁程序的必要措施，否则该保全措施失效。申请人应当将已作出必要措施及作出日期的证明送交澳门特别行政区法院。

第六条 向澳门特别行政区法院申请保全的，须附同下列资料：

（一）仲裁协议；

（二）申请人或者被申请人为自然人的，应当载明其姓名以及住所；为法人或者非法人组织的，应当载明其名称、住所以及法定代表人或者主要负责人的姓名、职务和住所；

（三）请求的详细资料，尤其包括请求所依据的事实和法律理由、申请标的的情况、财产的详细资料、须保全的金额、申请行为保全的详细内容和期限以及附同相关证据，证明权利受威胁以及解释恐防受侵害的理由；

（四）在仲裁机构受理仲裁案件后申请保全的，应当提交该仲裁机构出具的已受理有关仲裁案件的证明；

（五）是否已提出其他保全申请以及保全情况；

（六）法院要求的其他资料。

如向法院提交的文件并非使用澳门特别行政区的其中一种正式语文，则申请人应当提交其中一种正式语文的译本。

第七条 被请求方法院应当尽快审查当事人的保全申请，可以按照被请求方法律规定要求申请人提供担保。

经审查,当事人的保全申请符合被请求方法律规定的,被请求方法院应当作出保全裁定。

第八条 当事人对被请求方法院的裁定不服的,按被请求方相关法律规定处理。

第九条 当事人申请保全的,应当根据被请求方法律的规定交纳费用。

第十条 本安排不减损内地和澳门特别行政区的仲裁机构、仲裁庭、仲裁员、当事人依据对方法律享有的权利。

第十一条 本安排在执行过程中遇有问题或者需要修改的,由最高人民法院和澳门特别行政区协商解决。

第十二条 本安排自2022年3月25日起施行。

最高人民法院、最高人民检察院、公安部、中国证券监督管理委员会关于进一步规范人民法院冻结上市公司质押股票工作的意见

(法发〔2021〕9号)

为进一步规范人民法院冻结上市公司质押股票相关工作,强化善意文明执行理念,依法维护当事人、利害关系人合法权益,依照民事诉讼法,结合执行工作实际,提出以下意见。

第一条 人民法院要求证券登记结算机构或者证券公司协助冻结债务人持有的上市公司股票,该股票已设立质押且质权人非案件保全申请人或者申请执行人的,适用本意见。

人民法院对前款规定的股票进行轮候冻结的,不适用本意见。

第二条 人民法院冻结质押股票时,在协助执行通知书中应当明确案件债权额及执行费用,证券账户持有人名称(姓名)、账户号码,冻结股票的名称、证券代码,需要冻结的数量、冻结期限等信息。

前款规定的需要冻结的股票数量,以案件债权额及执行费用总额除以每股股票的价值计算。每股股票的价值以冻结前一交易日收盘价为基准,结合股票市场行情,一般在不超过20%的幅度内合理确定。

第三条 证券登记结算机构或者证券公司受理人民法院的协助冻结要求后,应当在系统中对质押股票进行标记,标记的期限与冻结的期限一致。

其他人民法院或者其他国家机关要求对已被标记的质押股票进行冻结的,证券登记结算机构或者证券公司按轮候冻结依次办理。

第四条 需要冻结的股票存在多笔质押的,人民法院可以指定某一笔或者某几笔质押股票进行标记。未指定的,证券登记结算机构或者证券公司对该只质押股票全部进行标记。

第五条 上市公司依照相关规定披露股票被冻结的情况时,应当如实披露人民法院案件债权额及执行费用、已在系统中被标记股票的数量,以及人民法院需要冻结的股票数量、冻结期限等信息。

第六条 质押股票在系统中被标记后,质权人持有证明其质押债权存在、实现质押债权

条件成就等材料,向人民法院申请以证券交易所集中竞价、大宗交易方式在质押债权范围内变价股票的,应当准许,但是法律、司法解释等另有规定的除外。人民法院将债务人在证券公司开立的资金账户在质押债权、案件债权额及执行费用总额范围内进行冻结后,应当及时书面通知证券登记结算机构或者证券公司在系统中将相应质押股票调整为可售状态。

质权人申请通过协议转让方式变价股票的,人民法院经审查认为不损害案件当事人利益、国家利益、社会公共利益且在能够控制相应价款的前提下,可以准许。

质权人依照前两款规定自行变价股票的,应当遵守证券交易、登记结算相关业务规则。

第七条 质权人自行变价股票且变价款进入债务人资金账户或者人民法院指定的账户后,向人民法院申请发放变价款实现质押债权的,应予准许,但是法律、司法解释等另有规定的除外。

第八条 在执行程序中,人民法院可以对在系统中被标记的质押股票采取强制变价措施。

第九条 在系统中被标记的任意一部分质押股票解除质押的,协助冻结的证券登记结算机构或者证券公司应当将该部分股票调整为冻结状态,并及时通知人民法院。

冻结股票的数量达到人民法院要求冻结的数量后,证券登记结算机构或者证券公司应当及时通知人民法院。人民法院经审查认为冻结的股票足以实现案件债权及执行费用的,应当书面通知证券登记结算机构或者证券公司解除对其他股票的标记和冻结。

第十条 轮候冻结转为正式冻结的,或者对在本意见实施前已经办理的正式冻结进行续冻的,依当事人或者质权人申请,人民法院可以通知证券登记结算机构或者证券公司依照本意见办理。

第十一条 上市公司股票退市后,依照本意见办理的冻结按照相关司法冻结程序处理,冻结股票的数量为证券登记结算机构或者证券公司在系统中已标记的股票数量。

第十二条 其他国家机关在办理刑事案件过程中,就质押股票处置变价等事项与负责执行的人民法院产生争议的,可以协商解决。协商不成的,报各自的上级机关协商解决。

第十三条 本意见自 2021 年 7 月 1 日起实施。

最高人民法院关于产业工会、基层工会是否具备社会团体法人资格和工会经费集中户可否冻结划拨问题的批复

各省、自治区、直辖市高级人民法院,解放军军事法院:

山东等省高级人民法院就审判工作中如何认定产业工会、基层工会的社会团体法人资格和对工会财产、经费查封、扣押、冻结、划拨的问题,向我院请示。经研究,批复如下:

一、根据《中华人民共和国工会法》(以下简称工会法)的规定,产业工会社会团体法人资格的取得是由工会法直接规定的,依法不需要办理法人登记。基层工会只要符合《中华人民

共和国民法典》、工会法和《中国工会章程》规定的条件,报上一级工会批准成立,即具有社会团体法人资格。人民法院在审理案件中,应当严格按照法律规定的社会团体法人条件,审查基层工会社会团体法人的法律地位。产业工会、具有社会团体法人资格的基层工会与建立工会的营利法人是各自独立的法人主体。企业或企业工会对外发生的经济纠纷,各自承担民事责任。上级工会对基层工会是否具备法律规定的社会团体法人的条件审查不严或不实,应当承担与其过错相应的民事责任。

二、确定产业工会或者基层工会兴办企业的法人资格,原则上以工商登记为准;其上级工会依据有关规定进行审批是必经程序,人民法院不应以此为由冻结、划拨上级工会的经费并替欠债企业清偿债务。产业工会或基层工会投资兴办的具备法人资格的企业,如果投资不足或者抽逃资金的,应当补足投资或者在注册资金不实的范围内承担责任;如果投资全部到位,又无抽逃资金的行为,当企业负债时,应当以企业所有的或者经营管理的财产承担有限责任。

三、根据工会法的规定,工会经费包括工会会员缴纳的会费,建立工会组织的企业事业单位、机关按每月全部职工工资总额的百分之二的比例向工会拨交的经费,以及工会所属的企业、事业单位上缴的收入和人民政府的补助等。工会经费要按比例逐月向地方各级总工会和全国总工会拨交。工会的经费一经拨交,所有权随之转移。在银行独立开列的“工会经费集中户”,与企业经营资金无关,专门用于工会经费的集中与分配,不能在此账户开支费用或挪用、转移资金。因此,人民法院在审理案件中,不应将工会经费视为所在企业的财产,在企业欠债的情况下,不应冻结、划拨工会经费及“工会经费集中户”的款项。

此复

最高人民法院关于人民法院能否对信用证开证保证金采取冻结和扣划措施问题的规定

信用证开证保证金属于有进出口经营权的企业向银行申请对国外(境外)方开立信用证而备付的具有担保支付性质的资金。为了严肃执法和保护当事人的合法权益,现就有关冻结、扣划信用证开证保证金的问题规定如下:

一、人民法院在审理或执行案件时,依法可以对信用证开证保证金采取冻结措施,但不得扣划。如果当事人、开证银行认为人民法院冻结和扣划的某项资金属于信用证开证保证金的,应当依法提出异议并提供有关证据予以证明。人民法院审查后,可按以下原则处理:对于确系信用证开证保证金的,不得采取扣划措施;如果开证银行履行了对外支付义务,根据该银行的申请,人民法院应当立即解除对信用证开证保证金相应部分的冻结措施;如果申请开证人提供的开证保证金是外汇,当事人又举证证明信用证的受益人提供的单据与信用证条款相符时,人民法院应当立即解除冻结措施。

二、如果银行因信用证无效、过期,或者因单证不符而拒付信用证款项并且免除了对外支付义务,以及在正常付出了信用证款项并从信用证开证保证金中扣除相应款额后尚有剩余,即在信用证开证保证金账户存款已丧失保证金功能的情况下,人民法院可以依法采取扣划措施。

三、人民法院对于为逃避债务而提供虚假证据证明属信用证开证保证金的单位和个人,应当依照民事诉讼法的有关规定严肃处理。

最高人民法院关于对被执行人存在银行的凭证式国库券可否采取执行措施问题的批复

北京市高级人民法院:

你院《关于对被执行人在银行的凭证式记名国库券可否采取冻结、扣划强制措施的请示》(京高法〔1997〕194 号)收悉。经研究,答复如下:

被执行人存在银行的凭证式国库券是由被执行人交银行管理的到期偿还本息的有价证券,在性质上与银行的定期储蓄存款相似,属于被执行人的财产。依照《中华人民共和国民事诉讼法》第二百四十二条规定的精神,人民法院有权冻结、划拨被执行人存在银行的凭证式国库券。有关银行应当按照人民法院的协助执行通知书将本息划归申请执行人。

最高人民法院关于法院冻结财产的户名与账号不符银行能否自行解冻的请示的答复

江西省高级人民法院:

你院赣高法研〔1996〕6 号请示收悉,经研究,答复如下:

人民法院根据当事人申请,对财产采取冻结措施,是我国民事诉讼法赋予人民法院的职权,任何组织或者个人不得加以妨碍。人民法院在完成对财产冻结手续后,银行如发现被冻结的户名与账号不符时,应主动向法院提出存在的问题,由法院更正,而不能自行解冻;如因自行解冻不当造成损失,应视其过错程度承担相应的法律责任。

此复

《保全规定》施行后各高级人民法院关于财产保全的指导意见

北京市高级人民法院关于财产保全执行工作若干问题的指引

（京高法发〔2021〕485 号）

为规范全市法院财产保全案件的执行工作，提高实施效率，依法保障当事人、利害关系人的合法权益，市场化法治化国际化营商环境，根据《中华人民共和国民法典》《中华人民共和国民事诉讼法》《最高人民法院关于办理财产保全案件若干问题的规定》《最高人民法院关于在执行工作中进一步强化善意文明执行理念的意见》等法律、司法解释和规范性文件等规定，结合全市法院财产保全执行工作实际，制定本指引。

一、财产保全包括诉前保全、诉讼保全、仲裁前保全、仲裁保全和执行前保全等，本指引中的财产保全案件指财产保全执行案件。

二、财产保全执行案件应当由立案部门编立“执保”字案号，立案后移送执行部门实施。

“执保”字案件办结后，当事人提出追加保全、续行保全、变更保全或者解除保全措施的，由立案部门另编立“执保”字案号，再移送执行部门实施。

执行部门办理财产保全案件时，以保全裁定的案号制作保全手续。

三、执行部门应当严格按照保全裁定载明的财产信息或作出保全裁定的部门移送的财产清单或者线索采取保全措施。

四、当事人、利害关系人申请财产保全，应当向人民法院提供明确的被保全财产信息。当事人在诉讼中申请财产保全，确因客观原因不能提供明确的被保全财产信息，但提供了具体财产线索的，人民法院可以依法裁定采取财产保全措施。

在该裁定执行过程中，申请保全人可以书面申请执行部门通过网络执行查控系统查询被保全人的财产，执行部门经审查认为申请保全人提供的具体财产线索符合下列条件的，应予准许：

（一）该财产线索指向的财产类型已纳入网络执行查控系统；

（二）申请保全人有交易行为、使用记录等证据初步证明该财产存在；

（三）财产线索指向银行存款、网络资金或保险产品的，应提供该财产所在机构的名称；财产线索指向不动产、车辆的，应明确该财产所属省级行政区域；财产线索指向股权（股份）、证券的，应提供该财产所在目标公司的名称；财产线索指向公积金的，应提供被保全人公积金缴纳单位的名称，且该单位应在北京地区。

申请保全人书面申请通过网络执行查控系统查询被保全人财产，执行部门经审查，认为申请保全人提供的被保全财产价值已基本满足保全裁定载明的金额或者该申请存在损害国家利益、社会公共利益或者他人合法权益的情形的，应当不予准许。

五、被保全人有存款、不动产、股权（股份）、机器设备等多项财产可供保全的，人民法院可以要求申请保全人明确被保全财产的先后顺序。在能够实现保全目的的情况下，人民法院应当选择对被保全人生产生活影响较小且方便执行的财产进行保全。

六、人民法院可以要求申请保全人提供估算被保全财产价值的证明材料，申请保全人难以估值或者因情况紧急未经估值的，人民法院可以先行采取保全措施。

七、人民法院冻结被保全人存款的，以实际冻结的存款数额为被保全财产价值。其他财产类型可以参照下列因素估算被保全财产价值：

（一）冻结上市公司股票的，应当以冻结前一交易日收盘价为基准估算财产价值，在不超过保全标的额20%的幅度内合理确定冻结股票数量；

（二）冻结有限责任公司股权、非上市股份有限公司股份的，参照公司上一年度的财务报表、实缴出资额等因素估算财产价值；

（三）查封企业厂房、机器设备等生产资料的，应当综合考虑购买价格、使用年限、设备折旧等因素估算财产价值；

（四）查封不动产的，可以参照二手房交易平台同等条件的不动产估算财产价值。不动产整体价值明显超过保全标的额的，应当对不动产相应价值部分采取查封措施。相关部门以不动产登记在同一权利证书下为由提出不能办理分割查封的，可先行对不动产进行整体查封。整体查封后，被保全人申请办理分割查封的，应当及时协调相关部门办理分割登记，并依法解除对超标的部分的保全；

（五）查封车辆已实际扣押的，可以参照二手车交易平台中同等条件的车辆估算财产价值；

（六）冻结有价证券、理财产品、投资型保险产品、基金份额、信托收益等金融产品的，可以参照票面价值、保单现金价值或通过向金融机构询价的方式确定财产价值；

（七）冻结采矿权、碳排放权、排污权、林权等财产性权利的，可以参照查询到的市场价格确定财产价值；

（八）冻结被保全人对第三人的到期债权，以该第三人确认的到期债权数额估算财产价值。

八、查封被保全人的财产，一般以采取保全措施时为基准时间点对保全财产价值进行估算，原则上以其价值能够满足保全裁定载明的金额为限，不得明显超标的额保全。

九、保全财产属于下列情形的，不计入保全财产价值：

（一）被保全财产属于轮候查封且申请保全人对该财产不享有担保物权等优先权，在先查封的债权数额所对应的价值部分；

（二）被保全财产系机动车、船舶、航空器等特殊动产，仅办理档案查封但未实际扣押的；

（三）被保全财产上设定有非本案申请保全人享有或第三人在先享有的担保物权等优先权对应的价值部分；

(四)其他应当不计入保全财产价值的情形。

十、对季节性商品、鲜活、易腐烂变质以及其他不宜长期保存的物品采取保全措施时,可以责令当事人自行处理,由人民法院保全价款;必要时,人民法院可予以变卖,保全价款。

十一、办理保全措施时,执行部门应当要求协助执行单位反馈被保全财产的基本状况、是否轮候查封、是否设有他物权等信息。

十二、现场查封不动产、机器设备等财产的,应当提前制定预案,严格规范保全行为,按规定张贴封条、查封公告、核查财产、制作笔录、拍照摄像等,将查封清单送达在场当事人。

采取现场保全措施时,应当佩带执法记录仪,将保全现场有关情况记录在案。

十三、执行部门要充分利用集约化、信息化等方式,提高财产保全实施效率。

多项被保全财产涉及同一地区、同一路线的,执行部门应当合并办理。

被保全财产在北京以外地区且需要现场办理保全措施的,执行部门应当优先委托被保全财产所在地或协助执行单位所在地的人民法院办理,并在收到"执保"案件或明确被保全财产信息后3日内通过执行事项委托平台进行委托。

十四、申请保全人、被保全人、利害关系人认为保全裁定实施过程中的执行行为违反法律规定提出书面异议的,人民法院应当依照民事诉讼法第二百二十五条规定审查处理。

十五、人民法院对诉讼争议标的以外的财产进行保全,案外人对保全裁定或者保全裁定实施过程中的执行行为不服,基于实体权利对被保全财产提出书面异议的,人民法院应当依照民事诉讼法第二百二十七条规定审查并作出裁定。案外人、申请保全人对该裁定不服的,可以自裁定送达之日起十五日内向人民法院提起执行异议之诉。

十六、本指引由北京市高级人民法院负责解释,自下发之日起实施。

本院以前发布的有关文件与本指引不一致的,以本指引为准。

法律、司法解释和最高人民法院发布的规范性文件有新的规定的,以其规定为准。

上海市高级人民法院
关于财产保全工作的规定(2017年修正)

一、总　　则

第一条　为依法保护当事人、利害关系人的合法权益,规范开展财产保全工作,根据《中华人民共和国民事诉讼法》、《最高人民法院关于适用〈中华人民共和国民事诉讼法〉的解释》、《最高人民法院关于人民法院民事执行中查封、扣押、冻结财产的规定》、《最高人民法院关于人民法院办理财产保全案件若干问题的规定》等法律和司法解释规定,结合本市法院财产保全工作实际,制定本规定。

第二条　本规定所指财产保全,包括诉前财产保全、诉讼财产保全、诉讼后执行前财产保全和非诉财产保全。

二、财产保全的申请、审查和裁定

第三条 因当事人一方的行为或其他原因,可能使判决或者仲裁裁决难以执行或者造成当事人其他损害,当事人申请或者仲裁机构提交当事人申请的,可以作出财产保全的裁定。

第四条 行政机关或者行政行为确定的权利人在申请人民法院强制执行前有充分理由认为被执行人可能逃避执行,提出申请的,可以作出财产保全的裁定。

第五条 人民法院受理认可台湾地区法院民事判决的申请之前或者之后,根据申请人的申请,可以作出财产保全的裁定。

第六条 有下列情形之一而当事人没有提出申请的,人民法院可以依职权裁定采取财产保全措施:

(一)不采取保全措施可能使国家财产遭受难以弥补的损害的;

(二)双方当事人互相推诿,致争议标的物无人管理,有毁损、灭失可能的;

(三)发生系列劳动争议的企业停止全部或大部分生产经营活动、提出提前解散动议或被责令关停的;

(四)被告企业主要负责人弃企业单位不顾或有其他恶意逃避债务行为,可能引发群体性诉讼纠纷的;

(五)不采取保全措施可能使妇女、儿童、老人的合法权益遭受难以弥补的损害的;

(六)其他有采取财产保全措施必要的。

第七条 当事人申请财产保全,应当符合以下条件:

(一)申请人和被申请人都是本案当事人;

(二)请求保全的财产是当事人争议的财产或者是被申请人的财产;

(三)请求保全的财产价值金额以诉讼或者裁决请求的金额为限;

(四)请求保全的目的是为了判决或者裁决的顺利执行或者是为了避免财产的损失。

第八条 利害关系人因情况紧急,不立即申请财产保全将会使其合法财产受到难以弥补的损害的,可以在起诉前或者申请仲裁前向被保全财产所在地、被申请人住所地或者对案件有管辖权的人民法院申请财产保全。

第九条 申请诉前财产保全应当符合以下条件:

(一)申请人与被申请人之间存在法律上的权利义务关系;

(二)情况紧急,来不及准备相应的起诉材料的;

(三)请求保全的目的是为了避免其合法财产受到难以弥补的损害。

第十条 人民法院收到诉前财产保全申请后,应当按照诉前财产保全标的金额并参照《中华人民共和国民事诉讼法》关于级别管辖和专属管辖的规定,决定采取诉前财产保全。

采取诉前财产保全的人民法院受理申请人的起诉后,发现所受理的案件不属于本院管辖的,应当将案件和财产保全申请费一并移送有管辖权的人民法院。

当事人向采取诉前保全措施以外的其他有管辖权的人民法院起诉的,采取诉前保全措施的人民法院应当将保全手续移送受理案件的人民法院。

第十一条 当事人、利害关系人申请财产保全,应当向人民法院提交申请书,并提供相关证据材料。

申请书应当载明下列事项：

(一)申请人与被申请人的身份、送达地址、联系方式等基本情况；

(二)请求事项和所根据的事实与理由；

(三)请求保全数额或者争议标的；

(四)明确的被保全财产信息或者具体的被保全财产线索；

(五)为财产保全提供担保的财产信息或资信证明，或者不需要提供担保的理由；

(六)其他需要载明的事项。

法律文书生效后，进入执行程序前，债权人申请财产保全的，应当写明生效法律文书的制作机关、文号和主要内容，并附生效法律文书副本。

第十二条 仲裁过程中，当事人申请财产保全的，应当通过仲裁机构向被申请人住所地或被申请保全的财产所在地的基层人民法院提交申请书及仲裁案件受理通知书等相关材料。人民法院裁定采取保全措施或者裁定驳回申请的，应当将裁定书送达当事人，并通知仲裁机构。

第十三条 监察、审计、证券监督管理等行政机关提请的财产保全，应当附行政机关的《立案审批表》和《提请保全书》。

《提请保全书》的内容参照本规定第十一条规定。

第十四条 当事人、利害关系人申请财产保全，应当向人民法院提供明确的被保全财产信息。

当事人在诉讼中申请财产保全，确因客观原因不能提供明确的被保全财产信息，但提供了具体财产线索的，人民法院可以依法裁定采取财产保全措施。

申请时已经存在的被保全财产信息，应当一次提供完毕，非申请人主观原因致无法提供的除外。

被保全财产信息为银行存款、存单的，应当提供具体银行名称、账号和银行的确切地址。

被保全财产信息为股票的，应当提供具体的股东账号、资金账号以及证券公司的确切地址。

被保全财产信息为已经登记的不动产、特定动产及其他财产权的，应当提供有关登记机关最近一周内出具的登记资料，资料除了包含所有权人、权证号码、品牌、型号等基本信息外，还应当包含有无抵押权人和司法限制等信息。

第十五条 人民法院依照本规定第十四条第二款规定作出保全裁定的，在该裁定执行过程中，申请人可以向执行法院书面申请通过网络执行查控系统查询被申请人的财产。

申请人提出查询申请的，执行法院可以利用网络执行查控系统，对裁定保全的财产或者保全数额范围内的财产进行查询，并采取相应的查封、扣押、冻结措施。

人民法院利用网络执行查控系统未查询到可供保全财产的，应当书面告知申请人。

第十六条 人民法院对查询到的被申请人财产信息，应当依法保密。除依法保全的财产外，不得泄露被申请人其他财产信息，也不得在财产保全、强制执行以外使用相关信息。

第十七条 开设网上申请财产保全功能，当事人或利害关系人可以通过网络平台申请财产保全,但必须填写已掌握的全部财产线索。

立案、审判和执行部门应当加强衔接配合,及时做好网上申请财产保全的审查、裁定、执行等工作。

第十八条 审查保全申请,接受保全申请的人民法院应当向申请人一次性告知清楚申请财产保全必须符合的条件。

财产保全申请不符合条件的,应当裁定驳回。

第十九条 诉前财产保全申请、立案阶段财产保全申请、非诉财产保全申请、诉讼后执行前财产保全申请,由立案庭审查裁定。

立案后诉讼财产保全申请,由审理该案件的审判庭审查裁定。

行政机关提出的财产保全申请,由行政庭审查裁定。

第二十条 行政机关提请的财产保全,由申请人所在地的基层人民法院受理;被申请保全的财产为不动产的,由不动产所在地的基层人民法院受理。

第二十一条 当事人在二审期间申请财产保全的,由第二审人民法院作出裁定。

第二十二条 人民法院接受财产保全申请后,应当在五日内作出裁定;需要提供担保的,应当在提供担保后五日内作出裁定;接受诉前财产保全申请后,应当在四十八小时内作出裁定;接受诉讼财产保全申请后,对情况紧急的,应当在四十八小时内作出裁定。

裁定的期限从申请人提供的材料齐全、完毕时开始计算。

第二十三条 针对劳动争议案件作出的财产保全裁定中,应当告知当事人在劳动仲裁机构的裁决书或者在人民法院的裁判文书生效后三个月内申请强制执行,逾期不申请的,裁定解除保全措施。

第二十四条 诉前财产保全、非诉财产保全、诉讼后执行前财产保全审查案件,编"财保"字号;诉讼财产保全审查案件用诉讼案件的类型代字;财产保全执行案件编"执保"字号。

裁定保全部门应当在作出保全裁定当日将财产线索录入审判管理系统,并将《财产保全移送表》、保全裁定书、财产保全线索材料等移送立案,立案庭应在收到裁定保全部门移送材料后两日内编"执保"字号立案,并移送执行部门。情况紧急的,应当立即移送。

三、财产保全的担保

第二十五条 申请财产保全除提交书面申请、足额缴纳保全费外,还应当提供可靠担保。

可靠担保是指申请人、申请人的担保人提供了物的担保,或者具有代为清偿债务能力的法人、其他组织或者公民真实、明确地为申请人提供了连带保证。

国家机关、学校、幼儿园、医院以及以公益为目的的事业单位、社会团体、企业法人的分支机构和职能部门等,不能作为担保人提供担保。

企业法人的分支机构有法人书面授权的,可以在授权范围内提供担保。

第二十六条 人民法院依照民事诉讼法第一百条、第一百零一条规定,在采取诉前保全、诉讼保全措施时,责令利害关系人或者当事人提供担保的,应当书面通知。

利害关系人申请诉前财产保全的,应当提供相当于请求保全数额的担保;情况特殊的,人民法院可以酌情处理。

人民法院在诉讼中依申请或者依职权采取保全措施的，应当根据案件的具体情况，决定当事人是否应当提供担保以及担保的数额。

人民法院依照民事诉讼法第一百条规定责令申请人提供财产保全担保的，担保数额不超过请求保全数额的 30%；申请保全的财产系争议标的的，担保数额不超过争议标的的价值的 30%。

确定可能造成被申请人财产损失金额有困难的，可以参考下列标准分段累积计算现金担保金额：保全金额在 1000 万元以下部分按 20% 计，保全金额在 1000 万元至一个亿部分按 10% 计，保全金额在 1 个亿以上部分按 5% 计。

财产保全期间，申请人提供的担保不足以赔偿可能给被申请人造成的损失的，人民法院可以责令其追加相应的担保；拒不追加的，可以裁定解除或者部分解除保全。

第二十七条 申请人或第三人为财产保全提供财产担保的，应当向人民法院出具担保书。担保书应当载明担保人、担保方式、担保范围、担保财产及其价值、担保责任承担等内容，并附相关证据材料。

第三人为财产保全提供保证担保的，应当向人民法院提交保证书。保证书应当载明保证人、保证方式、保证范围、保证责任承担等内容，并附相关证据材料。

第二十八条 申请人申请财产保全，并申请提供责任保险担保作为担保方式的，人民法院有权审查具体案件情况、保险人的资信状况、经营许可、担保范围、保险期间、承担责任等内容决定是否接受担保。

保险期间应至少自被保险人向人民法院提出诉讼财产保全申请之日起至保全损害之债诉讼时效届满之日终止。

第二十九条 当事人申请财产保全提供责任保险担保，应当提交以下材料：

（一）财产保全申请书；

（二）起诉状及相关证据材料；

（三）保全财产的线索及相关证明材料；

（四）责任保险担保材料。

第三十条 保险人以其与申请人签订财产保全责任险合同的方式为财产保全提供担保的，应当向人民法院出具担保书。

担保书应当载明担保人名称、被担保人名称、担保的案件、担保方式、担保范围以及因申请财产保全错误，由保险人赔偿被保全人因保全所遭受的损失等内容，并附相关证据材料。

对财产保全担保，人民法院经审查，认为违反物权法、担保法、公司法等有关法律禁止性规定的，应当责令申请人在指定期限内提供其他担保；逾期未提供的，裁定驳回申请。

第三十一条 保险人为财产保全申请人提供责任保险担保的，除应当提交担保书外，还应当提交下列材料：

（一）营业执照副本（复印件）、经营许可证（复印件）、注册资本证明；

（二）法定代表人或者负责人身份证明；

（三）近五年内无违法犯罪记录且无拒不承担为财产保全申请人履行担保义务记录以及未被列入人民法院执行案件失信被执行人的书面声明；

(四)中国保监会的批文(中国保监会财产保险公司保险条款和保险费率备案表,加盖保险费率管理专用印章)。

第三十二条 保险人存在下列情形时,人民法院有权拒绝其提供责任保险担保:

(一)经营状况严重恶化,有丧失或者可能丧失履行承担保险责任能力的情形;

(二)公司的偿付能力严重不足;

(三)违反法律规定,损害社会公共利益,可能严重危及或者已经严重危及公司的偿付能力;

(四)有拒不承担责任保险担保责任的行为,且不能证明其合法性;

(五)在保险过程中存在恶意串通,损害国家、集体或者第三人利益的行为;

(六)保险人不按照人民法院要求出具担保书及相关材料的;

(七)有其他经人民法院认定足以影响承担保险责任的行为。

第三十三条 金融监管部门批准设立的金融机构以独立保函形式为财产保全提供担保的,人民法院应当依法准许。

申请人或担保人系社会公众普遍认知的特大型企业或者有足够资产的金融机构的,经审查并认可后,该申请人或者担保人可以本企业的信用作担保。

第三十四条 担保人或其分支机构系经本市金融管理机关批准、具有兼营诉讼保全担保业务资格、近五年内无严重不良记录的融资性担保公司,经审查认可后,该担保人可以本企业的信用作担保。

担保人或其分支机构系依法设立注册在本市、具有诉讼保全担保业务资格、注册资本金在2亿元以上、近五年内无严重不良记录的非融资性担保公司的,经审查认可后,该担保人可以本企业的信用作担保。

一件案件提供信用担保的额度不得超过公司净资产的30%。

第三十五条 信用担保,应当向人民法院提交下列材料:

(一)由法定代表人签名并加盖企业法人公章的连带保证担保书;

(二)企业法人营业执照副本(留存复印件)、组织机构代码证复印件、法定代表人身份证明书;

(三)最近六个月的资产负债表、损益表以及由其基本账户开户银行或者审计机构出具的资信证明以及《公司法》规定的相关文件材料;

(四)担保人已经提供诉讼保全担保情况的书面申报;

(五)近五年内担保人未被列入人民法院执行案件失信被执行人名单、担保人法定代表人未被列入限制高消费名单的书面声明;

(六)人民法院要求提交的其他材料。

第三十六条 实物担保,应当提供担保实物清单、存放地点以及保管人员名单或者仓单等物权凭证。必要时还需提供评估机构对实物价值的评估报告。

第三十七条 以已经登记的不动产、特定动产担保的,应当提供登记机关出具的他项权利登记信息和无司法限制等证明文件。

第三十八条 以债券、存款单、提单、知识产权权益证书等权利凭证担保的,应当提供债券、存款单、提单、知识产权权益证书等权利凭证原件,由受诉人民法院代为保管。

第三十九条 对提供用于担保的财产,应当裁定予以保全。

第四十条 申请人没有提供担保的,可以责令其提供担保。申请人在责令提供担保后三日内仍不提供或者不能提供可靠担保的,应当裁定驳回申请。

第四十一条 行政机关提请的财产保全,无需提供担保。

第四十二条 当事人在诉讼中申请财产保全,有下列情形之一的,人民法院可以不要求提供担保:

(一)追索赡养费、抚养费、抚育费、抚恤金、医疗费用、劳动报酬、工伤赔偿、交通事故人身损害赔偿的;

(二)婚姻家庭纠纷案件中遭遇家庭暴力且经济困难的;

(三)人民检察院提起的公益诉讼涉及损害赔偿的;

(四)因见义勇为遭受侵害请求损害赔偿的;

(五)案件事实清楚、权利义务关系明确,发生保全错误可能性较小的;

(六)申请人为商业银行、保险公司等由金融监管部门批准设立的具有独立偿付债务能力的金融机构及其分支机构的。

法律文书生效后,进入执行程序前,债权人申请财产保全的,人民法院可以不要求提供担保。

四、财产保全的执行

第四十三条 财产保全的执行由作出保全裁定的人民法院执行部门实施。

执行部门应当自收到立案庭移送的"执保"字号案件立案审批表、《财产保全移送表》、保全裁定书、财产线索等材料后两日内指派人员开始执行。情况紧急的,应当立即执行。

第四十四条 对当事人不服一审判决提起上诉的案件,在第二审人民法院接到报送的案件之前,当事人有转移、隐匿、出卖或者毁损财产等行为,必须采取保全措施的,由第一审人民法院依当事人申请或者依职权采取。

第一审人民法院的财产保全裁定,应当及时报送第二审人民法院。

第四十五条 财产保全的范围限于申请人的请求,并限于当事人争议的财产或者被申请人的财产。

第四十六条 被申请人有多项财产可供保全的,在能够实现保全目的的情况下,人民法院应当选择对其生产经营活动影响较小的财产进行保全。

人民法院对厂房、机器设备等生产经营性财产进行保全时,指定被申请人保管的,应当允许其继续使用。

第四十七条 被保全财产系机动车、航空器等特殊动产的,除被申请人下落不明的以外,裁定保全的部门应当责令被申请人书面报告该动产的权属和占有、使用等情况。

第四十八条 财产保全采取查封、扣押、冻结或者法律规定的其他方法。

对申请人或者他人提供的担保财产,人民法院应当依法办理查封、扣押、冻结等手续。

第四十九条 人民法院的查封、扣押、冻结没有公示的,其效力不得对抗善意第三人。

第五十条 查封、扣押的效力及于查封、扣押物的从物和天然孳息。

第五十一条 查封、扣押、冻结的财产灭失或者毁损的，查封、扣押、冻结的效力及于该财产的替代物、赔偿款，人民法院应当及时作出查封、扣押、冻结该替代物、赔偿款的裁定。

第五十二条 采取查封、扣押、冻结措施需要有关单位或者个人协助的，应当制作协助执行通知书，连同裁定书副本一并送达协助执行人。查封、扣押、冻结裁定书和协助执行通知书送达时产生查封、扣押、冻结的效果。

需要有关单位办理协助办理登记手续的，有关单位应当在裁定书和协助执行通知书送达后立即办理。针对同一财产有多个裁定书和协助执行通知书的，应当按照送达的时间先后办理登记手续。

第五十三条 被申请人占有的动产、登记在被申请人名下的不动产、特定动产及其他财产权，可以查封、扣押、冻结。

未登记的建筑物和土地使用权，依据土地使用权的审批文件和其他相关证据确定权属。

第五十四条 第三人占有的动产或者登记在第三人名下的不动产、特定动产及其他财产权，第三人书面确认该财产属于被申请人的，可以查封、扣押、冻结。

第五十五条 被申请人与其他人共有的财产，可以查封、扣押、冻结，但应及时通知其他共有人。

共有人协议分割共有财产，并经债权人认可的，可以认定有效。查封、扣押、冻结的效力及于协议分割后被申请人享有份额内的财产；对其他共有人享有份额内的财产的查封、扣押、冻结，应当裁定予以解除。

第五十六条 查封、扣押被申请人财产，可以根据财产的市场价格走势、折旧、保管和变现成本以及执行费用等情况适当超标的额，但不得明显超标的额。

第五十七条 发现明显超标的额查封、扣押、冻结的，应当根据被申请人的申请或者依职权及时解除对明显超标的额部分财产的查封、扣押、冻结，但该财产为不可分物且被保全人无其他可供保全的财产或者其他财产不能足额保全的除外。

第五十八条 查封、扣押被申请人为自然人的财产中含有住宅性质的不动产的，虽然财产价值已经达到申请保全金额，但申请人为确保能够执行，请求加封一套住宅性质不动产的，可以允许。但申请人应当按照实际要求保全的财产价值提供相应的担保。

第五十九条 冻结银行存款，应当出具协助冻结存款通知书，并附生效的裁定书副本。

第六十条 查封、扣押动产的，可以直接控制该项财产。

申请人申请扣押已登记的机动车辆，但无法提供机动车辆确切停放地址等信息造成无法实际扣押的，执行部门仅对该机动车辆登记查封，不进行实际扣押。

将查封、扣押的动产交付其他人控制的，应当在该项财产上加贴封条或者采取足以公示查封、扣押的适当方式。

第六十一条 人民法院对季节性商品、鲜活、易腐烂变质以及其他不宜长期保存的物品采取保全措施时，可以责令当事人及时处理，由人民法院保存价款；必要时，人民法院可予以变卖，保存价款。

第六十二条 查封、扣押、冻结已登记的不动产、特定动产及其他财产权的，应当采取通知有关登记机关协助执行停止办理该项财产转让、抵押、租赁等登记手续的方式进行登记和公示。

第六十三条 查封地上建筑物的效力及于该地上建筑物使用范围内的土地使用权,查封土地使用权的效力及于地上建筑物,但土地使用权与地上建筑物的所有权分属被申请人与其他人的除外。

地上建筑物和土地使用权分别由不同机关登记的,应当分别办理查封登记。

第六十四条 查封公房使用权的,应当通知有关登记机关、公房产权人或者经产权人授权的经营管理者协助执行。

第六十五条 查封尚未进行权属登记的建筑物和土地使用权的,可以通知有关登记机关协助执行预查封。

查封尚未进行权属登记的建筑物时,还应当通知其管理人或者该建筑物的实际占有人,并在显著位置张贴公告。

土地、房屋权属在预查封期间登记在被申请人名下的,预查封登记自动转为查封登记,预查封转为查封后,查封期限从预查封之日起开始计算。

第六十六条 下列房产虽未进行权属登记,也可以进行预查封:

(一)被申请人为房地产企业,已办理了商品房预售许可证且尚未出售的房屋;

(二)被申请人购买的已由房地产企业办理了房屋权属初始登记的房屋;

(三)被申请人购买的办理了商品房预售合同登记备案手续或者商品房预告登记的房屋。

第六十七条 查封、扣押被申请人设定最高额抵押权的抵押物的,应当通知抵押权人。抵押权人受抵押担保的债权数额自收到人民法院通知时不再增加。

虽然没有通知抵押权人,但有证据证明抵押权人知道查封、扣押事实的,受抵押担保的债权数额从其知道该事实时起不再增加。

第六十八条 扣押尚未进行权属登记的机动车辆时,应当在扣押清单上记载该机动车的发动机编号。该车辆在扣押期间权利人要求办理权属登记的,可以允许,但应当及时办理相应的登记查封和继续扣押手续。

第六十九条 查封、扣押、冻结第三人为被申请人利益占有的被申请人的财产后,该财产被指定给第三人继续保管的,应当要求第三人协助执行,不得交付给被申请人。

查封、扣押、冻结第三人为自己利益依法占有的被申请人的财产后,第三人可以继续占有和使用该财产,但应当协助人民法院执行,不得交付给被申请人。

查封、扣押、冻结第三人无偿借用的被申请人财产的,不受前款规定的限制。

第七十条 被申请人将其财产出卖给第三人,第三人已经支付部分价款并实际占有该财产,但根据合同约定被申请人保留所有权的,可以查封、扣押、冻结。第三人要求继续履行合同的,应当在合理期限内向人民法院交付全部余款后,人民法院裁定解除查封、扣押、冻结。

第七十一条 被申请人将其所有的需要办理过户登记的财产出售给第三人,第三人已经支付部分或者全部价款并实际占有该财产,但尚未办理产权过户登记手续的,可以查封、扣押、冻结;第三人已经支付全部价款并实际占有,尚未办理过户登记手续但第三人对此没有过错的,不得查封、扣押、冻结。

第七十二条 被申请人的财产不能满足保全请求,但对第三人有到期债权的,可以依申请人的申请裁定该第三人不得对被申请人清偿。该第三人对其到期债务没有异议并要求偿付的,由人民法院提存财物或价款。

第七十三条 对被申请人到期应得的收益,可以采取限制其支取的保全措施,通知有关单位协助执行。

第七十四条 对抵押物、质押物、留置物采取保全措施后,应当告知抵押权人、质权人、留置权人。抵押权人、质权人、留置权人有优先受偿权。

第七十五条 对证券经营机构、期货经纪机构等在交易场所的交易席位进行保全,可以采取限制其转让的措施,不应停止交易席位的使用。

第七十六条 冻结证券经营机构、期货经纪机构自营账户资金时,不得冻结其他投资者的资金,不得采取查封证券经营机构、期货经纪机构的营业厅、办公室、财务室等影响证券、期货正常交易的保全措施。

第七十七条 对于未开设自营账户而进行自营业务的证券经营机构、期货经纪机构,需要冻结其在证券或期货交易所、证券登记结算机构或者异地清算代理机构清算账户内清算资金的,应当依法在请求保全金额范围内予以冻结,保障证券经营机构、期货经纪机构的举证权利,如有证据证明上述账户内的资金是其他投资者的,对其他投资者的资金及时解除冻结。

第七十八条 人民法院在财产保全中采取查封、扣押、冻结财产措施时,应当妥善保管被查封、扣押、冻结的财产。不宜由人民法院保管的,人民法院可以指定被保全人负责保管;不宜由被保全人保管的,可以委托他人或者申请人保管。

查封、扣押、冻结担保物权人占用的担保财产,一般由担保物权人保管;由人民法院保管的,质权、留置权不因采取保全措施而消灭。

第七十九条 由人民法院指定被保全人保管的财产,如果继续使用对该财产的价值无重大影响,可以允许被保全人继续使用;由人民法院保管或者委托他人、申请人保管的财产,人民法院和其他保管人不得使用。

委托第三人保管的,保管费用由申请人垫付。

第八十条 对已被人民法院查封、扣押、冻结的财产,其他人民法院可以进行轮候查封、扣押、冻结。

其他人民法院对已登记的财产进行轮候查封、扣押、冻结的,应当通知有关登记机关协助进行轮候查封、扣押、冻结登记。实施查封、扣押、冻结的人民法院应当允许其他人民法院查阅有关文书和记录。

其他人民法院对没有登记的财产进行轮候查封、扣押、冻结的,应当制作笔录,或者书面通知实施查封、扣押、冻结的人民法院。

第八十一条 轮候查封、扣押、冻结的顺序按照人民法院送达协助执行通知书的时间先后进行排序。

查封、扣押、冻结人民法院依法解除查封、扣押、冻结的,排列在先的轮候查封、扣押、冻结自动转为查封、扣押、冻结;查封、扣押、冻结人民法院处理全部财产的,排列在后的轮候查封、扣押、冻结自动失效;查封、扣押、冻结人民法院处理部分财产的,对剩余部分,排列在先的轮候查封、扣押、冻结自动转为查封、扣押、冻结。

轮候查封、扣押、冻结转为查封、扣押、冻结后,查封、扣押、冻结的期限从轮候查封、扣押、冻结之日起开始计算。

第八十二条 保全法院在首先采取查封、扣押、冻结措施后超过一年未对被保全财产进行处分的,除被保全财产系争议标的外,在先轮候查封、扣押、冻结的执行法院可以商请保全法院将被保全财产移送执行。但司法解释另有特别规定的,适用其规定。

保全法院与在先轮候查封、扣押、冻结的执行法院就移送被保全财产发生争议的,可以逐级报请共同的上级法院指定该财产的执行法院。

共同的上级法院应当根据被保全财产的种类及所在地、各债权数额与被保全财产价值之间的关系等案件具体情况指定执行法院,并督促其在指定期限内处分被保全财产。

第八十三条 人民法院冻结被执行人的银行存款的期限不得超过一年,查封、扣押动产的期限不得超过两年,查封不动产、冻结其他财产权的期限不得超过三年。

申请执行人申请延长期限的,人民法院应当在查封、扣押、冻结期限届满前办理续行查封、扣押、冻结手续,续行期限不得超过前款规定的期限。

人民法院也可以依职权办理续行查封、扣押、冻结手续。

第八十四条 采取财产保全措施后,执行部门应当立即向被保全财产的人送达裁定书和保全清单,并应当在三个工作日内将保全结果和起止期限录入案件系统,办理结案,将《保全结果反馈表》、保全实施材料复印件和保全结果信息等移交裁定保全部门。

裁定保全部门应当在收到执行部门移送的前款规定的材料三个工作日内,向申请人送达《保全结果和期限告知书》。

第八十五条 申请人收到《保全结果和期限告知书》后,认为保全财产的价额不足的,可以在三日内书面提出异议。对申请人提出的异议,裁定保全部门应当征询被申请人意见,必要时可以组织听证。

申请人异议成立的,应当移送执行部门继续执行原保全裁定;申请人异议不成立的,驳回异议。口头驳回的,应当制作笔录。

第八十六条 下列财产不得保全:

(一)案外人的财产;

(二)第七十二条中第三人提出异议的财产;

(三)企业、社会、政府等筹集的用于保障下岗职工基本生活的专项资金;

(四)社会保险机构开设的社会保险基金账户及资金;

(五)医疗费清欠专项资金;

(六)封闭贷款结算专户资金;

(七)军队、武警部队等保密单位开设的“特种预算存款”、“特种其他存款”和连队账户的存款(军队、武警部队的其他存款除外);

(八)证券经营机构、期货经纪机构的交易保证金(失去保证金作用的除外);

(九)法律和司法解释规定的其他不得保全的财产。

第八十七条 利害关系人申请诉前财产保全,在人民法院采取保全措施后三十日内依法提起诉讼或者申请仲裁的，诉前财产保全措施自动转为诉讼或仲裁中的保全措施；进入执行程序后，保全措施自动转为执行中的查封、扣押、冻结措施。

依前款规定，自动转为诉讼、仲裁中的保全措施或者执行中的查封、扣押、冻结措施的，期限连续计算，人民法院无需重新制作裁定书，但查封、扣押、冻结期限届满的除外。

五、财产保全措施的变更、撤销、解除和续保

第八十八条 裁定采取财产保全措施后，除作出财产保全裁定的人民法院、接受案件的受移送人民法院自行解除或其上级人民法院决定解除外，在保全期限内，任何单位不得解除。

第八十九条 财产纠纷案件，被保全人或第三人提供充分有效担保请求解除保全，人民法院应当裁定准许。被保全人请求对作为争议标的的财产解除保全的，须经申请人同意。

第九十条 财产保全的被保全人提供其他等值担保财产且有利于执行的，人民法院可以裁定变更保全标的物为被保全人提供的担保财产。

第九十一条 财产保全裁定执行中，人民法院发现保全裁定的内容与被保全财产的实际情况不符的，应当予以撤销、变更或补正。

第九十二条 人民法院采取财产保全措施后，有下列情形之一的，申请人应当及时申请解除保全：

（一）采取诉前财产保全措施后三十日内不依法提起诉讼或者申请仲裁的；

（二）仲裁机构不予受理仲裁申请、准许撤回仲裁申请或者按撤回仲裁申请处理的；

（三）仲裁申请或者请求被仲裁裁决驳回的；

（四）其他人民法院对起诉不予受理、准许撤诉或者按撤诉处理的；

（五）起诉或者诉讼请求被其他人民法院生效裁判驳回的；

（六）申请保全人应当申请解除保全的其他情形。

人民法院收到解除保全申请后，应当在五日内裁定解除保全；对情况紧急的，必须在四十八小时内裁定解除保全。

申请保全人未及时申请人民法院解除保全，应当赔偿被保全人因财产保全所遭受的损失。

被保全人申请解除保全，人民法院经审查认为符合法律规定的，应当在本条第二款规定的期间内裁定解除保全。

第九十三条 法律文书生效后，进入执行程序前，经债权人申请，人民法院采取保全措施后，债权人在法律文书指定的履行期间届满后五日内不申请执行的，裁定保全部门应当解除保全。

保全错误的或者申请人撤回保全申请的，裁定保全部门应当作出解除保全裁定。

第九十四条 变更、解除或撤销财产保全，应当出具裁定书，并及时送达当事人。

解除以登记方式查封、扣押、冻结财产的，应当向登记机关发出协助执行通知书。

第九十五条 解除财产保全一般由作出财产保全裁定的人民法院执行。

第一审人民法院作出财产保全裁定，第二审人民法院在审理过程中认为需要解除财产保全的，由第二审人民法院作出裁定并执行，并及时告知第一审人民法院。驳回申请人起诉的，

由第一审人民法院执行解除财产保全。

第九十六条 在诉讼中解除或者变更保全的,用诉讼案件类型代字;其他解除或者变更保全的,用保全裁定的类型代字。

第九十七条 申请保全人申请续行财产保全的,应当提前向人民法院提出,最迟在保全期限届满七日前提出;逾期申请或者不申请的,自行承担不能续行保全的法律后果。

人民法院进行财产保全时,应当书面告知申请保全人前款有关申请续行保全的事项。

第九十八条 第二审人民法院裁定对第一审人民法院采取的保全措施予以续保或者采取新的保全措施的,可以自行实施,也可以委托第一审人民法院实施。

再审人民法院裁定对原保全措施予以续保或者采取新的保全措施的,可以自行实施,也可以委托原审人民法院或者执行法院实施。

委托实施的,委托法院应将《委托保全函》、《财产保全移送表》、保全裁定书、财产线索等材料移送受托法院立案庭,由受托法院立案庭立"执保"字号案件后移送执行部门执行。

第九十九条 第二审人民法院根据本规定第九十五条、第九十八条的规定,裁定解除、续行或采取新的保全措施并自行实施的,参照本规定第二十四条、第四十三条、第八十四条的规定办理。

第二审人民法院根据本规定第九十五条、第九十八条的规定,裁定解除、续行或采取新的保全措施并委托第一审人民法院实施的,第二审人民法院作出裁定的部门应当在作出保全裁定后三个工作日内将财产线索录入审判管理系统中,并将《委托保全函》、《财产保全移送表》、保全裁定书、财产保全线索等材料移送第一审人民法院;第一审人民法院收到第二审人民法院委托解除、续行或采取新的保全措施的材料后,应当由立案庭参照本规定第二十四条的规定立"执保"字号并移送执行部门执行,执行部门应当参照本规定第四十三条、第八十四条的规定办理。

第一百条 距财产保全期限届满不足三十日,当事人对一审判决提起上诉的,作出判决的审判庭应当提示申请人是否续保。申请续保的,第一审人民法院应当在办妥续保手续后移送第二审人民法院。

第一百零一条 查封、扣押、冻结期限届满,人民法院未办理续保手续的,查封、扣押、冻结的效力消灭。

查封、扣押、冻结的财产已经执行被拍卖、变卖或者抵债的,查封、扣押、冻结的效力消灭。

六、保全担保财产的解除

第一百零二条 申请人胜诉的法律文书生效后,经申请人书面申请,人民法院应当及时裁定解除对担保财产的保全。

第一百零三条 申请人部分败诉和全部败诉的法律文书生效后,以及诉前财产保全申请人没有在法定期限内提起诉讼或者申请仲裁,申请人要求解除担保财产保全的,人民法院应当及时向被申请人送达《解除担保财产保全征询意见书》。被申请人书面同意的,应当及时裁定解除对担保财产的保全;被申请人提出异议的,人民法院不得解除担保财产的保全,应当将担保财产保全至损失赔偿诉讼案件执行时或者受理损失赔偿诉讼案件人民法院对申请人的担保财产采取了财产保全措施时止。

《解除担保财产保全征询意见书》的内容应当包括：被申请人可在十日内提出书面异议，如提出异议，须在提出异议之日起的三个月之内提起以申请人为被告的要求其承担保全不当损失赔偿责任的诉讼，否则，视为同意。

第一百零四条 被申请人下落不明无法直接送达《解除担保财产保全征询意见书》的，适用《中华人民共和国民事诉讼法》公告送达的规定。

第一百零五条 诉讼财产保全的已保全担保财产解除申请的审查，由审理该案件的审判庭负责。

诉前财产保全的已保全担保财产解除申请的审查，申请人尚未起诉立案的，由立案庭负责；申请人已起诉立案的，由审理该案件的审判庭负责。

非诉财产保全的已保全担保财产解除申请的审查，由保全裁定部门负责。

七、保全费用的负担

第一百零六条 财产保全申请费由申请人负担，申请人提起诉讼的，可以将该申请费列入诉讼请求，由人民法院根据诉讼案件的具体情况在裁判时与案件受理费等诉讼费用一并确定。

第一百零七条 诉讼后执行前财产保全申请费，如果被申请人在法律文书确定的履行期内自动履行全部义务的，由申请人负担；如果被申请人未在法律文书确定的履行期内自动履行全部义务的，由被申请人负担。

第一百零八条 因申请人提供财产线索错误而发生的实际支出费用，由申请人负担。

八、财产保全的救济措施

第一百零九条 当事人或利害关系人对财产保全裁定不服的，可以自裁定书送达之日起五日内向作出裁定的人民法院申请复议一次。人民法院应当自收到复议申请后十日内审查。

对保全裁定不服申请复议的，人民法院经审查，理由成立的，裁定撤销或变更；理由不成立的，裁定驳回。

对驳回申请裁定不服申请复议的，人民法院经审查，理由成立的，裁定撤销，并采取保全措施；理由不成立的，裁定驳回。

复议期间不停止裁定的执行。

口头通知驳回申请的，应当制作笔录。

第一百一十条 针对裁定的复议由作出裁定的立案部门或者审判部门负责；针对具体保全措施的异议由执行裁判庭负责。

保全复议案件案号，与原裁定的案号相同。

对保全执行行为提起的异议，另立“执异”字号。

第一百一十一条 申请保全人、被保全人、利害关系人认为保全裁定实施过程中的执行行为违反法律规定提出书面异议的，人民法院应当依照民事诉讼法第二百二十五条规定审查处理。

第一百一十二条 人民法院对诉讼争议标的以外的财产进行保全,案外人对保全裁定或者保全裁定实施过程中的执行行为不服,基于实体权利对被保全财产提出书面异议的,人民法院应当依照民事诉讼法第二百二十七条规定审查处理并作出裁定。案外人、申请保全人对该裁定不服的,可以自裁定送达之日起十五日内向人民法院提起执行异议之诉。

人民法院裁定案外人异议成立后,申请保全人在法律规定的期间内未提起执行异议之诉的,人民法院应当自起诉期限届满之日起七日内对该被保全财产解除保全。

第一百一十三条 申请财产保全错误造成被申请人损失的,由申请人予以赔偿;行政机关申请财产保全错误造成被申请人损失的,依法承担赔偿责任;人民法院依职权采取财产保全措施错误造成损失的,依照《国家赔偿法》予以赔偿。

第一百一十四条 审判人员在财产保全过程中有下列情况之一的,可依照有关规定追究其相应的责任:

(一)应当予以保全故意不保全,给申请人造成重大损害或者严重后果的;

(二)在采取保全措施过程中故意明显超标的额保全被申请人可分割的财产,造成较大损失或者严重后果的;

(三)擅自解除已被保全的财产的;

(四)其他故意或者重大过失行为给当事人或者案外人造成严重损害的。

九、涉外财产保全

第一百一十五条 中华人民共和国涉外仲裁机构提请的财产保全,由被申请人住所地或者财产所在地的中级人民法院裁定。

依照前款规定,中华人民共和国涉外仲裁机构将当事人的保全申请提交人民法院裁定的,人民法院可以进行审查,裁定是否进行保全。裁定保全的,应当责令申请人提供担保,申请人不提供担保的,裁定驳回申请。

第一百一十六条 其他涉外财产保全,可参照本规定其他有关规定。

十、附　　则

第一百一十七条 本规定适用于本市各级人民法院和各专门法院的财产保全。

第一百一十八条 刑事附带民事诉讼财产保全适用本规定。

第一百一十九条 证据保全和行为保全,依照《中华人民共和国民事诉讼法》及相关司法解释的规定,民事诉讼法及相关司法解释没有规定的,可参照本规定。

第一百二十条 行政诉讼财产保全,依照《中华人民共和国行政诉讼法》及相关司法解释的规定。行政诉讼法及相关司法解释没有规定的,可参照本规定。

第一百二十一条 海事诉讼财产保全,依照《中华人民共和国海事诉讼特别程序法》及相关司法解释的规定。海事诉讼特别程序法及相关司法解释没有规定的,可参照本规定。

第一百二十二条 本规定自印发之日起实施,由上海市高级人民法院审判委员会负责解释。

上海市高级人民法院关于统一《诉讼财产保全责任保险担保书》标准格式的通知

（沪高法〔2018〕265号）

第一、第二中级人民法院，第三中级人民法院（知识产权法院、铁路运输中级法院），海事法院，各区人民法院及铁路运输法院，本院各部门：

当前司法实践中对于各保险公司提供的《诉讼财产保全责任保险担保书》的格式并无统一规范，不同保险公司出具不同形式的担保书文本，其中部分内容并不符合法律规定，给审判工作带来一定负面影响。经高院立审执衔接工作联席会议及高院审判委员会讨论通过，现将《诉讼财产保全责任保险担保书》样式予以统一，请各条线在司法实践中予以参考适用。

在适用过程中若有意见或建议，可联系本条线高院相关部门。

附件：诉讼财产保全责任保险担保书

上海市高级人民法院

2018年7月25日

上海市高级人民法院关于解除破产案件债务人财产保全和相关执行措施的暂行办法

（沪高法〔2022〕210号）

第一条　【制定目的和依据】为进一步优化破产审判机制，依法保护当事人、利害关系人的合法权益，规范对破产案件债务人财产保全和相关执行措施的解除工作，根据《中华人民共和国民事诉讼法》《中华人民共和国企业破产法》《最高人民法院关于适用〈中华人民共和国民事诉讼法〉的解释》《上海市浦东新区完善市场化法治化企业破产制度若干规定》等法律法规和《国务院关于开展营商环境创新试点工作的意见》的规定，结合本市法院破产审判、财产保全及执行工作实际，制定本暂行办法。

第二条　【适用范围】本暂行办法适用于本市破产案件受理法院解除本市法院对债务人财产作出的诉前财产保全、诉讼财产保全、诉讼后执行前财产保全、非诉财产保全、民事执行中的查封、扣押、冻结，以及执行法院解除对债务人的失信惩戒措施。

第三条　【解除依据】破产案件受理法院依据《中华人民共和国企业破产法》第十九条，《国务院关于开展营商环境创新试点工作的意见》的规定，可以决定解除对债务人的财产保全或民事执行中的查封、扣押、冻结措施。

第四条　【移送财产处置权】破产案件受理法院可以通知作出财产保全或民事执行中的

查封、扣押、冻结措施的法院移送财产处置权，相关法院应当在接到通知后七个工作日内向破产案件受理法院移送财产处置权。

第五条 【解除裁定】破产案件受理法院决定解除财产保全或民事执行中的查封、扣押、冻结措施的，应当出具裁定书，自裁定书出具之日起三个工作日内送达当事人，并书面通知作出财产保全或查封、扣押、冻结措施的法院。

第六条 【财产移交】作出财产保全或查封、扣押、冻结措施的法院已查扣债务人财产的，应当在收到破产案件受理法院解除财产保全或查封、扣押、冻结的通知之日起三个工作日内，向破产案件受理法院或破产案件管理人移交债务人全部被查扣的财产和相关资料。

第七条 【协助解除】解除财产保全或者查封、扣押、冻结措施需要使用“总对总”网络系统等的，破产案件受理法院可以通知作出财产保全或者查封、扣押、冻结措施的法院予以协助，相关法院应在收到通知之日起三个工作日内办理。

第八条 【协助执行通知】破产案件受理法院解除以登记方式实施的查封、扣押、冻结措施的，应当向登记机关发出协助执行通知书。

第九条 【先行处置效力】被查封、扣押、冻结的债务人财产已经在破产程序中被拍卖、变卖或者抵债的，查封、扣押、冻结的效力消灭。

第十条 【解封案件字号】在破产案件中解除财产保全或查封、扣押、冻结措施的，使用破产案件字号。

第十一条 【失信惩戒措施解除】破产案件受理后，各执行法院要严格依法审核债务人企业的失信被执行人名单，因破产程序依法裁定对失信被执行人中止执行的，应当在三个工作日内屏蔽失信信息，但失信被执行人名单有纳入期限的除外。

第十二条 【实施日期】本暂行办法自印发之日起实施，由上海市高级人民法院审判委员会负责解释。施行前本院公布的相关规定与本暂行办法不一致的，以本暂行办法为准。

浙江省高级人民法院印发《关于进一步规范财产保全案件办理的工作指引(试行)》的通知

(浙高法审〔2022〕3 号)

本省各级人民法院、宁波海事法院，本院各部门：

《浙江省高级人民法院关于进一步规范财产保全案件办理的工作指引(试行)》已经浙江省高级人民法院审判委员会第 2875 次会议通过，并报最高人民法院备案审查同意，现印发给你们。本指引下发后，实践中如遇有问题，请及时报告省高级人民法院研究室、执行局。

浙江省高级人民法院

2022 年 11 月 21 日

浙江省高级人民法院关于进一步规范财产保全案件办理的工作指引(试行)

为进一步规范财产保全工作,推动财产保全依法有效实施,保障当事人合法权益,根据《中华人民共和国民事诉讼法》《最高人民法院关于适用〈中华人民共和国民事诉讼法〉的解释》《最高人民法院关于人民法院办理财产保全案件若干问题的规定》等法律和司法解释的规定,结合我省法院实际,制定本工作指引。

1. 人民法院开展财产保全工作,应当遵循依法、规范、高效、便捷原则,注重立、审、执兼顾,灵活、审慎采取保全措施,平等保护各方当事人合法权益。

2. 人民法院进行财产保全,一般由立案或审判部门作出裁定,执行部门负责实施。

设立集中财产保全中心的人民法院,应当统筹做好财产保全审查、裁定、实施、复议、解除等各项工作。

3. 财产保全案件处理过程中的下列事项,由裁定部门负责:

(1)驳回保全申请;

(2)准予撤回申请、按撤回申请处理;

(3)变更保全担保;

(4)续行保全、解除保全;

(5)准许被保全人根据《最高人民法院关于人民法院办理财产保全案件若干问题的规定》第二十条第一款规定申请自行处分被保全财产;

(6)诉讼案件未进入执行程序,首先采取保全措施的人民法院准予将被保全财产移送给在先轮候查封、扣押、冻结或者对被保全财产有优先债权的执行法院;

(7)当事人或者利害关系人对财产保全裁定不服,主张查封超标的,或者提供担保请求解除保全,或者要求置换被保全财产或保全方式等情况,申请复议的;

(8)对保全内容或者措施需要处理的其他事项。

4. 财产保全案件处理过程中的下列事项,由执行部门负责:

(1)实施、续行、解除查封、扣押、冻结措施;

(2)监督被保全人根据《最高人民法院关于人民法院办理财产保全案件若干问题的规定》第二十条第一款规定自行处分被保全财产,并控制相应价款;

(3)保全财产不是诉讼争议标的物,案外人对保全裁定或者保全裁定实施过程中的执行行为不服,基于实体权利对被保全财产提出异议;

(4)被保全人认为执行部门对裁定部门确定的财产保全对象外的财产进行保全,提出超标的、超范围保全异议的;

(5)申请保全人、被保全人、利害关系人认为保全裁定实施过程中的其他执行行为违反法律规定提出异议的;

(6)其他需要实施的保全措施。

5. 诉前、仲裁类、执行前等非诉财产保全审查案件编立“财保”字案号;诉讼中财产保全案件沿用案件诉讼案号;财产保全执行案件编立“执保”字案号。

裁定部门在作出保全裁定前,应当向申请保全人发放财产保全风险提示书,书面告知并可以辅以其他信息化方式释明申请财产保全的风险以及申请保全错误应当承担的法律责任。

6. 申请诉前财产保全的,人民法院应审查是否提供因情况紧急,不立即申请保全可能会使其合法权益受到难以弥补损害的证据或者说明材料。

申请诉讼财产保全,人民法院应审查是否提供可能因对方当事人行为或者其他原因,使生效法律文书难以执行或者造成当事人其他损害的证据或者说明材料。

申请执行前财产保全,人民法院应审查是否提交可能因对方当事人转移财产等紧急情况,导致对方当事人责任财产减少,生效法律文书不能执行或者难以执行的证据或者说明材料。

7. 当事人申请诉前财产保全,有下列情形之一的,可以认定构成“情况紧急”:

(1)被保全人名下的财产正在登记机关办理过户手续;

(2)申请保全人提交了被保全人与他人签订的可能损害申请人利益的有正当、可信渠道来源的合同、协议、会议纪要、函件等书证材料;

(3)申请保全人提交了视频或者当地公安、村民委员会、居民委员会等出具的证明等证据证明被保全人有正在转移财产、搬运设备等情形;

(4)被保全人存在企业负责人失联、停产、工人聚集讨薪或者供应商聚集追讨货款等,财产可能随时被转移的情形;

(5)法律法规、司法解释规定的或者其他可以认定为情况紧急的情形。

8. 当事人在诉讼中申请财产保全,有下列情形之一的,可以认定构成“生效法律文书难以执行”:

(1)被保全人的财产已被其他债权人申请人民法院保全;

(2)被保全人经营状况严重恶化;

(3)被保全人存在转移财产、抽逃资金的行为;

(4)被保全人丧失商业信誉;

(5)被保全人为未执行完毕案件被执行人;

(6)被保全人存在其他丧失或者可能丧失履行债务能力现实危险的情形。

被保全人存在生产假冒伪劣产品、生产损害消费者身心健康的产品、已列入失信被执行人名单、引发重大负面舆情等情形的,一般可以认定为丧失商业信誉。

9. 存在以下情形之一,人民法院应当审慎审查保全的必要性:

(1)被保全人为上市公司、上市辅导公司及其法定代表人、控股股东、实际控制人,以及资信优良的企业;

(2)被保全人为政府机关、金融机构、教育团体等组织的;

(3)当事人之间矛盾冲突激烈,已引发多起纠纷的;

(4)对于金融借款合同纠纷之外的保全数额巨大的案件;

(5)其他应当审慎审查保全必要性的情形。

存在以上情形,且不存在情况紧急的状况下,裁定部门可以决定是否召开听证会,经审查认为需要对上述主体进行保全的，由本院分管院领导决定是否报请院长批准。

10. 当事人在申请财产保全过程中，具有下列情形之一的，裁定部门应当裁定驳回：

(1)人民法院责令限期提供适格担保，申请保全人逾期未提供的；

(2)申请保全人的诉讼请求明显不成立的；

(3)未提供明确财产信息或具体财产线索等不符合财产保全申请条件的情形，但涉民生案件、刑事附带民事案件等特殊类型案件除外；

(4)其他应予裁定驳回的情形。

11. 裁定部门移送执行部门实施的保全裁定一般应载明明确的财产信息；申请保全人因客观原因不能提供明确的被保全财产信息，但提供了具体的财产线索的，裁定部门可以作出确定金额的概括性保全裁定，并移送相关的财产线索。

12. 申请保全人提供具体的财产线索确因客观原因无法调查、核实的，经申请保全人书面申请查询，由执行部门审查是否准许。不予准许的，应当书面告知申请保全人；准许的，执行部门应当确定专职人员利用网络执行查控系统查询被保全人的财产。

查询财产时，原则上以当事人提供的财产线索作为查询范围。

若查询到可供保全的财产，执行部门可采取相应的保全措施；若未查询到可供保全的财产或者未查询到足额财产，当事人可再补充申请一次，执行部门依申请可继续查询，若还未查询到可供保全的财产或者未查询到足额财产时，财产保全案件可按无财产可供保全结案。

13. 对下列涉民生、涉公益类案件的申请保全人，可以适当放宽对提供具体财产线索的要求：

(1)追索赡养费、扶养费、抚育费、抚恤金、医疗费、劳动报酬、工伤赔偿、交通事故人身损害赔偿的、刑事附带民事赔偿的；

(2)婚姻家庭纠纷案件中遭遇家庭暴力的受害方且经济困难的；

(3)人民检察院及法律规定的其他机关和有关组织提起的公益诉讼涉及损害赔偿的；

(4)因见义勇为遭受侵害请求损害赔偿的；

(5)其他不查控可能会损害民生或公共利益的情形。

14. 利用网络执行查控系统查询被保全人财产的，应当遵循正当性、合理性和比例原则：

(1)利用网络执行查控系统原则上仅限于诉讼中申请财产保全。

(2)申请保全人已提供明确的财产信息，且能够满足保全金额的，不再通过网络执行查控系统查询被保全人的财产；

(3)除正在承办阶段的部门外，严禁其他任何部门和人员利用网络执行查控系统进行查询；

(4)除依法保全的财产外，不得泄露被保全人其他财产信息，也不得在财产保全、强制执行以外使用相关信息；

(5)严禁利用网络执行查控系统开展不正当商业竞争等恶意保全情形；申请保全人利用网络执行查控系统查询被保全人财产，损害被保全人合法权益的，依法追究申请保全人的法律责任。

15. 申请保全人应当依法提供明确、足额、无瑕疵的担保。担保数额、方式由裁定部门根据申请阶段、案件类型、可能造成损失的大小、诉讼诚信状况等因素综合考量确定。

当事人可以提供现金、实物、权利凭证、金融机构独立保函、保险公司保函、保证担保等方式作为保全担保。

金融监管部门批准设立的金融机构以独立保函形式为财产保全提供担保的,人民法院应予准许。

保全措施采取后,裁定部门可以根据案件实体审理情况予以动态调整,决定申请人是否持续提供担保,以及提供担保数额、方式。

财产保全中的担保数额,按照《最高人民法院关于人民法院办理财产保全案件若干问题的规定》第五条规定执行。

16. 被保全人有多项财产可供保全的,人民法院可以结合申请保全人提供的保全财产清单,以及案件实际情况,按照以下原则,审慎确定保全财产顺序。

(1)优先保全主债务人的财产;

(2)优先保全申请保全人有优先受偿权的财产;

(3)优先保全没有权利负担、权利瑕疵及未被另案在先查封、冻结的财产;

(4)优先保全对被保全人生产经营、生活影响小的财产。

17. 具有以下情形之一,人民法院应当根据当事人提起诉讼的请求权基础、事实的判断能力、诉讼时机等因素,综合判断是否涉嫌恶意保全:

(1)重复诉讼,或者虽然不构成重复诉讼,但诉讼请求所依据的事实和法律与生效裁判冲突,且未提供生效裁判确认的基本事实确有错误可能的证据;

(2)起诉时提供了伪造、变造的证据、隐匿了主要证据,而依据真实、完整的证据,原告的诉讼请求明显不成立;

(3)原告主张的事实成立,但诉讼请求明显缺乏法律依据;

(4)明知无权利基础或者明知无侵权事实而提起诉讼;

(5)明显虚增诉讼请求标的额;

(6)破坏他人的商誉、交易机会、将对方拖入诉讼、恶意炒作等,使他人受到损害或者为己方获取竞争优势,无事实根据和正当理由提起民事诉讼,致使相对人在诉讼中遭受损失的情形;

(7)其他可能涉嫌恶意诉讼的情形。

存在以上情形,裁定部门可以决定是否召开听证会,经判断认为需要对上述情形认定为恶意保全的,由本院分管院领导决定是否报请院长批准。

对于恶意保全申请保全人,人民法院可依照民事诉讼法有关对妨害民事诉讼的强制措施的相关规定,根据其情节轻重予以罚款、拘留,构成犯罪的,依法追究刑事责任。同时,应当对其诉讼诚信做负面评价。恶意申请保全人在结案后一年内另案申请财产保全的,应至少提供保全数额百分之三十的金钱担保。

18. 人民法院应当根据当事人提供的证明申请保全财产价值的证据及财产实际情况确定财产价值。

裁定部门应当要求申请保全人注明被保全财产的预估价值,并审查是否明显超过申请保全标的额;明显超过标的额的,应当要求申请保全人调整被保全财产。

执行部门发现预估价值明显超出保全数额或者申请人诉讼请求的,不得对超额部分采取保全措施,具体保全对象可以在征求申请保全人意见的基础上,按照有利经营、有利执行原则确定。因情况紧急难以及时估算保全财产价值的,可先行保全该财产。人民法院预估申请保全人提供的财产信息或者线索的价值和被保全人提供反担保财产的价值、审查被保全人提出超标的查封异议是否成立,可以结合具体财产实际情况合理预估,确定财产价值。相关财产信息仍难以估算财产价值的,可以通过向专业机构询价或者评估的方式估算财产价值。

需要查封的不动产整体价值明显超出债权额的,应当对不动产相应价值部分采取查封措施,但不动产在使用上不可分或者分割会严重减损其价值的除外。

19. 人民法院在排除被保全人可能存在对保全财产有损害、转让、转移等情形后,应尽量将该保全财产由被保全人自行保管,以充分发挥物的效用。

执行部门在适用财产保全措施时,应考虑企业经营状况及发展情况,做到因案施策,对涉及民生的企业,应全面审查企业经营及资产状况、企业信用等级等因素,对厂房、机器设备等主要生产经营性财产尽可能进行动态查封,实行活封活扣。对于正常运营的企业及小微企业,合理运用保全措施,慎重冻结企业基本结算账户。

20. 人民法院应当注重充分发挥查封财产的融资功能,被保全人申请用查封财产融资置换查封财产的,可以监督被保全人按照合理价格进行融资,并要求融资方将全部融资款项汇付至人民法院指定账户,超出保全数额的部分退还给被保全人。

被保全人利用查封财产融资,出借人要求先办理财产抵押或者质押登记再放款的,执行部门可以协调有关部门做好财产解封、抵押或者质押登记等事宜,并严格控制融资款。

查封被保全人名下财产后,该财产所涉抵押贷款将到期需要转贷的,在新贷款不高于原贷款剩余金额、不扩大抵押登记金额且不损害其他查封债权人利益的前提下,执行部门可以协调贷款银行和不动产登记部门及其他查封法院,先行解除对相关财产的查封,待完成转贷换押手续后按照原有查封顺序重新予以登记。

被保全人及融资方应当对承担转移融资款的妨害执行责任作出书面承诺。

21. 被保全人提交申请变更保全标的物的,是否准许置换,裁定部门应当按照有利经营、有利执行原则等综合判断:

(1)被保全人或者第三人提供与财产保全数额等额的银行、保险公司担保函的,应予以准许;

(2)被保全人或者第三人提供其他等值担保财产,且不存在影响执行因素的,应予以准许;

(3)被保全人以情况紧急、生产经营陷入困境为由,提供其他等值担保财产,申请解除账户、必要流动资金,经审查属实的,可以准许;

(4)被保全人提供其他充足有效的反担保,经申请保全人同意或者担保置换财产价值不低于财产保全数额的,应予以准许;

(5)申请变更保全的财产不足以覆盖保全金额或不利于执行的,不予准许。

财产保全置换的担保物为案外人财产的,案外人应当按照法律规定的程序出具担保文书，并承诺放弃执行抗辩，接受执行程序中的强制变现。

22. 当被保全人为企业时，如果冻结银行基本账户会严重影响被保全人正常生产经营，被保全人提出解除冻结书面申请的，裁定部门应当区分不同情形处理。

（1）申请保全人同意解除冻结的，应当解除对基本账户的冻结；

（2）申请保全人不同意解除冻结，已冻结的存款不低于保全数额的，经被保全人同意，可以将基本账户的已冻结存款划转至人民法院账户，或者集中划转至已被冻结的被保全人其他账户后，可以解除冻结；

（3）申请保全人不同意解除冻结，但已保全被保全人其他财产，解除对基本账户的冻结不影响保全目的实现的，可以解除保全；

（4）申请保全人不同意解除冻结，但被保全人已经提供其他充分有效且无权利负担的担保财产的，可以解除冻结。

（5）其他可以解除冻结银行基本账户的情形。

23. 申请保全人、被保全人申请全部或者部分解除财产保全的，应当向裁定部门提出，诉讼案件进入执行程序后，也可向执行部门提出。裁定部门或者执行部门收到上述申请后，应当予以审查并作出裁定。

申请保全人或者被保全人未依法及时申请全部或者部分解除财产保全，结合诉讼案件所处阶段，裁定部门应当在知道解除事项后最多不超过三个工作日内，及时通知申请保全人在收到通知后五个工作日内申请解除保全。申请保全人经通知，未申请解除保全的，上述部门应当依职权依法解除保全或者移送有职权解除保全的人民法院，并将解除保全情况告知申请保全人。诉讼案件撤诉、按照撤诉处理、被裁判驳回诉讼请求或者驳回起诉等情形，裁定部门应当及时解除保全。

诉讼案件进入执行程序后，执行部门可以在知道解除事项后三个工作日内，及时通知申请保全人在收到通知后五个工作日内申请解除保全。申请保全人经执行部门通知未申请解除保全的，执行部门应当依职权解除保全，并将解除保全情况告知申请保全人。

24. 具有下列情形之一的，经人民法院审查，可以作为“申请财产保全有错误”的判断：

（1）申请保全人申请保全主体错误，造成非诉讼标的的被保全人损失的；

（2）申请保全人恶意保全被保全人财产，造成被保全人损失的；

（3）申请保全人申请保全价值明显超过诉讼标的额的财产，造成被保全人损失的；

（4）其他申请财产保全有错误的情形。

申请财产保全有错误的，申请保全人应当依法赔偿被保全人因错误保全所遭受的损失。

25. 当事人向采取保全措施以外的其他有管辖权的人民法院起诉的，采取保全措施的人民法院应当将保全手续移送受理案件的人民法院。财产保全裁定视为受理移送人民法院作出的裁定。当事人、利害关系人对本指引前述规定的申请事项由受理移送后的人民法院审查。

当事人不服一审判决提起上诉的案件，第二审人民法院接到报送的案件之前，当事人有转移、隐匿、出卖或者损毁财产等行为，必须采取保全措施的，由第一审人民法院裁定部门依当事人申请或者依职权作出裁定。第一审人民法院的财产保全裁定，应当及时报送第二审人民法院。

第二审人民法院裁定对第一审人民法院采取的保全措施予以续保或者采取新的保全措施的,可以自行实施,也可以委托第一审人民法院执行部门实施。

再审人民法院裁定对原保全措施予以续保或者采取新的保全措施的,可以自行实施,也可以委托原审人民法院执行部门或者执行法院实施。

26. 上级人民法院对中、基层人民法院重大、疑难复杂、社会关注度高的案件或者部分案由的案件进行提级管辖,当事人申请财产保全的,上级人民法院可以自行实施,也可以委托原审人民法院执行部门或者执行法院实施。

财产保全实施过程中,首先采取查封的人民法院将查封财产移送优先债权执行的人民法院处分的,由首先查封的人民法院办理查封财产移送手续,并告知保全当事人。首先查封的人民法院与优先债权执行的人民法院就移送查封财产发生争议的,逐级报请双方共同的上一级人民法院协调处理。

27. 本指引自印发之日起试行。试行过程中如与新颁布的法律及司法解释不一致的,以新的法律、司法解释为准。

江苏省高级人民法院发布
关于加大保全保险担保力度的通知

(苏高法电〔2018〕410号)

各市中级人民法院,徐州铁路运输法院,各基层人民法院:

财产保全是确保生效裁判得到履行、有效解决执行难工作的重要举措。为此,最高人民法院制定了《关于人民法院办理财产保全案件若干问题的规定》,其第七条明确规定,保险人以其与申请保全人签订财产保全责任险合同的方式为财产保全提供担保的,应当向人民法院出具担保书。担保书应当载明,因申请财产保全错误,由保险人赔偿被保全人因保全所遭受的损失等内容,并附相关证据材料。这为财产保全保险担保提供了司法解释依据。

近年来,我省财产保全率不高,未能有效实现以保全促审判、以保全促执行,与最高人民法院司法解释规定未能有效落实有很大关系。最高人民法院下发的《关于江苏省法院"基本解决执行难"工作情况的巡查反馈意见》中也指出了这一问题,要求整改提高。今年3月1日,省法院印发了《关于对最高人民法院"基本解决执行难"工作巡查反馈意见的整改方案》,明确将"全面推行保全保险,降低债权人保全成本,有效提升保全率,以保全促执行"作为我省一项整改措施,改进和完善我省财产保全保险担保工作。

为贯彻落实最高人民法院关于财产保全司法解释相关规定及有关要求,各级法院要加大财产保全保险担保力度,大力提升我省财产保全率。要制作《保全保险担保提示书》,在立案时向当事人发放。要全力引入中国人民保险股份有限公司江苏省分公司参与财产保全保险担保工作,降低债权人保全成本。要在诉讼服务大厅、立案大厅、执行事务中心设置财产保全保险担保专门窗口,可以由保险公司人员派驻窗口专门办理财产保全保险担保业务;有条件的法院,可以与保险公司对接电子保函,实现无纸化推送。要通过切实有效措施,加大财产保全保险担保制度落实力度,改变我省财产保全工作落后状况。

江苏省高级人民法院关于进一步规范查封、扣押、冻结财产工作指引

(苏高法〔2022〕21 号)

为进一步规范民事诉讼保全和执行案件查封、扣押、冻结财产行为,强化善意文明执行理念,保障当事人、利害关系人合法权益,优化营商环境,根据《中华人民共和国民事诉讼法》《最高人民法院关于人民法院民事执行中查封、扣押、冻结财产的规定》《最高人民法院关于人民法院办理财产保全案件若干问题的规定》《最高人民法院关于在执行工作中进一步强化善意文明执行理念的意见》等法律和司法解释的规定,结合全省法院工作实际,制定本指引。

一、一 般 要 求

1. 人民法院在办理民事诉讼保全或者执行案件时,应当在民事诉讼保全裁定或者执行依据确定的金额范围内依法及时采取查封、扣押、冻结措施,不得明显超标的额查封、扣押、冻结财产。

人民法院应当坚持平等保护各方当事人合法权益。发现超标的额查封、扣押、冻结的,应当依申请或者依职权,依法及时解除明显超标的额部分财产的查封、扣押、冻结措施,或者变更查封、扣押、冻结的财产。

2. 人民法院采取查封、扣押、冻结措施时,应当对查封、扣押、冻结财产的价值及其可用于清偿本案债权的金额进行大致估算。因情况紧急一时难以估算的,可以先行查封、扣押、冻结,但应当及时进行事后估算,并根据估算情况合理调整查封、扣押、冻结的财产。

3. 有多项财产可供查封、扣押、冻结的,人民法院应当贯彻善意文明执行理念,合理选择对被执行人或被保全人生产生活影响较小且方便执行的财产执行。

4. 查封、扣押、冻结的财产为不可分物,或者虽为可分物但分割查封、扣押、冻结会严重减损其价值的,人民法院可以整体查封、扣押、冻结。

对登记在同一权利证书下的不动产整体查封后,被保全人或被执行人以超标的额查封为由申请分割查封的,人民法院应告知其先向相关部门提出分割登记申请,并及时协调相关部门办理分割登记,在分割登记后解除对超标的额部分的查封。

二、保全裁定与保全实施的衔接

5. 立案、审判部门审查财产保全申请,应当依照最高人民法院《关于人民法院办理财产保全案件若干问题的规定》第一条和第十条规定,要求申请保全人提供明确的被保全财产信息

或者线索、注明被保全财产的预估价值,并审查是否明显超过申请保全标的额;明显超过标的额的,应当要求申请保全人调整被保全财产。

立案、审判部门移送执行机构实施保全裁定的,应当同时移送保全财产清单。执行机构应当自收到案卷材料之日起三日内开始执行。情况紧急的,应当立即开始执行。

6. 财产保全裁定仅载明保全金额的,执行机构应当按照立案、审判部门移送的财产清单,在保全金额范围内采取保全措施;未移送财产清单,或者财产清单中财产价值尚未达到保全金额的,执行机构可以根据申请保全人提供的财产信息或者线索,采取保全措施。

裁定保全的财产为特定标的物的,执行机构不得对其他财产采取保全措施。

申请保全人书面申请使用网络执行查控系统查询被保全人财产的,执行机构应当严格依照最高人民法院的相关规定办理。

三、依法及时采取查封、扣押、冻结措施

7. 办理执行案件时,执行机构收到立案部门移送的执行案件卷宗后,应当在二十四小时内通过网络执行查控系统发起查询。

网络执行查控系统反馈被执行人名下有 1000 元以上存款或价值 1000 元以上其他可供执行财产的,应当在查询结果反馈后二十四小时内采取查封、冻结措施。无法通过网络执行查控系统采取查封、扣押、冻结措施的,应当在收到反馈结果后三日内线下采取相应措施。

8. 办理执行案件时,对于申请执行人提供的财产线索,能通过网络执行查控系统核查的,应当在收到财产线索之日起三日内发起网络核查。如发起网络核查后满十五日未收到反馈结果的,应当在三日内进行线下核查。

对于不能通过网络执行查控系统核查的财产线索,应当在收到财产线索之日起七日内进行线下核查;情况紧急的,应当在三日内进行线下核查。

四、查封、扣押、冻结财产价值的估算

9. 人民法院在保全案件中对已查封、扣押、冻结财产是否超标的额的认定,原则上应以查封、扣押、冻结该财产时的实际价值为准,一般无需考虑财产处置时是否降价问题。

10. 执行案件中执行标的金额为案件债权额及执行费用总额。案件债权额包括生效法律文书确定的债权、迟延履行期间的债务利息、诉讼费用等;执行费用包括申请执行费及询价评估费、拍卖辅助费、保管费、代履行费用等实际支出的必要费用。适用参与分配程序的,执行标的金额应当包括全体参与分配申请人对债务人享有的债权额。

对执行案件中已查封、扣押、冻结财产是否超标的额的认定,应当综合财产性质、财产价值、执行变现过程中可能出现的流拍降价、利息增加等因素进行衡量。

11. 查封、扣押、冻结财产的价值,一般应根据下列情形估算:

(1)冻结银行存款、公积金等资金账户的,以实际冻结的金额(含冻结后转入的金额)计算;

(2)查封住宅、商铺类房产的,参照同地段、同条件房产的市场价格估算。查封房屋为一手房的,参照房地产开发企业的销售价格、当地房地产管理部门发布的指导价格,以及同类房

屋买卖合同备案价估算；查封房屋为二手房的，参照同地段或相近地段的房屋司法拍卖成交价、二手房市场成交价、房产中介机构发布的二手房报价、司法网络询价、该房屋抵押时所用评估报告载明的价格等，并结合装修情况估算；

(3)查封工业用房地产的，参照周边土地及工业用厂房市场价格、税务机关核定价格，结合建设规划调整等因素估算；

(4)查封土地使用权的，参照土地出让合同记载的出让金额，并结合相近地段同类土地使用权的市场价格估算；

(5)预查封在建工程的，参照该工程投资额、完成工程量、销售情况、工程欠款、拆迁安置、欠缴税费等估算；

(6)查封车辆、船舶等特殊动产并实际扣押的，参照二手市场同类型动产报价估算；

(7)查封机器设备、成品和半成品、原材料等动产并已实际控制该动产的，以发票上载明的购买价格或新品出厂价格，结合使用年限等综合因素估算；

(8)冻结投资型保险、基金、信托收益等的，参照票面价值、市场价值估算；

(9)冻结到期债权的，以生效法律文书确定的债权数额或者第三人确认的到期债权数额，并结合执行可能性估算；

(10)冻结上市公司股票的，以冻结前一交易日收盘价为基准，结合股票市场行情估算；

(11)冻结上市公司股票以外的其他有价证券，该有价证券有公开交易市场的，参照冻结上市公司股票的方法估算实际冻结到位金额；该有价证券无公开交易市场的，以票面价值估算；

(12)冻结有限责任公司股权、非上市股份有限公司股权的，参照公司最近一期财务报表载明的所有者权益总额及实际出资额估算；无法获取财务报表的，以该公司股东实际出资额估算；

(13)查封、扣押、冻结其他财产或权益的，以能证明该财产或权益价值的相关材料估算。

除银行存款外，当事人对查封、扣押、冻结财产的价值有约定的，可以参照当事人的约定估算。

12. 估算查封、扣押、冻结财产的价值，应当考虑查封、扣押、冻结财产的从物价值和孳息。

查封、扣押、冻结的财产灭失、毁损或被依法征收的，该财产的价值以该财产的替代物、赔偿款(物)或征收补偿款(物)确定。

13. 查封、扣押、冻结的财产具有下列情形的，该财产价值原则上不计入实际查控到位金额：

(1)银行存款账户系为他人设置的保证金账户，但该账户内承担保证金功能之外的剩余资金，应计入实际查控到位金额；

(2)查封但未实际扣押的机动车、船舶等特殊动产；

(3)查封、扣押、冻结设有其他建设工程价款优先受偿权、抵押权、质权、留置权等已知受偿顺位在先的优先债权的财产；

(4)轮候查封、扣押、冻结的财产，但该财产转为首轮查封、扣押、冻结的，应计入实际查控到位金额；

(5)执行他人到期债权,他人未确认或者虽确认但明显不能清偿的债权数额。

被查封、扣押、冻结的财产系与他人按份共有的,按照被保全人或被执行人享有的份额计算实际查控到位金额;与他人共同共有的,除有相反证据证明外,按照各共有人平均份额计算实际查控到位金额。

14. 季节性商品、鲜活、易腐烂变质以及其他不宜长期保存的物品价值,以同期市场价格计算。

人民法院裁定对季节性商品、鲜活、易腐烂变质以及其他不宜长期保存的物品采取保全措施的,应当责令当事人限期处理,将价款交付人民法院;必要时,立案、审判部门可以作出变卖及保存价款裁定,由执行机构实施。

15. 参照本指引第11、12、13条以及其他相关财产信息,仍然难以估算财产价值的,可以通过询价或评估方式确定财产价值。

财产保全中,人民法院应当根据当事人提供的证明申请保全财产价值的证据及该财产实际情况确定该财产价值。执行案件中,人民法院应当根据财产的估算价值采取查封、扣押、冻结措施;申请执行人提供相应证据主张查封、扣押、冻结财产价值不足以清偿本案债权的,人民法院应当及时审查并采取相应措施。

五、查封、扣押、冻结措施的变更、解除及财产置换

16. 被保全人或第三人请求以其他等值财产置换被保全财产,或者提供充分有效担保请求解除保全的,分别由下列部门或机构审查处理:

(1)诉前财产保全所涉案件尚未立案,由立案部门依法审查处理;

(2)财产保全所涉案件正在审理或者已经审结尚未立案执行,由审判部门依法审查处理;

(3)财产保全所涉案件已经立案执行,由执行机构依法审查处理。

前款中由审判部门审查处理的事项,财产保全所涉审判案件已经进入二审、再审程序的,由当前程序审判部门审查处理。

17. 执行案件办理中,被执行人请求以其他等值财产置换,或者提供充分有效担保请求解除被查封、扣押、冻结财产的,由执行机构依法审查处理。

18. 被保全人或被执行人提出置换或解除被查封、扣押、冻结财产申请的,人民法院应当事先征求申请保全人或申请执行人意见。申请保全人或申请执行人同意的,可以直接裁定置换或解除;不同意的,应当严格审查申请理由的合理性以及提供担保的合法性、充分性、可执行性、可变现性、变现难易程度、价值稳定性等,并依法作出是否准许的决定。

当事人对是否置换或解除被查封、扣押、冻结财产争议较大的,人民法院应当组织双方当事人进行听证。

19. 对被保全人或被执行人提出的置换或解除被查封、扣押、冻结财产申请,根据下列情形决定是否准许:

(1)为盘活资产、缓解生产经营或生活困难,提供充分有效担保的,应予准许;

(2)被冻结账户内资金已达到保全或执行金额,申请将相应数额资金划转至其他账户予以冻结,同时解除该账户冻结的,应予准许;

（3）被保全人通过银行、保险公司、证券公司等提供独立保函、信用担保等，申请解除保全的，应予准许；

（4）申请以被查封、扣押、冻结财产融资，并用融资款置换被查封、扣押、冻结财产的，在确保能够严格控制相应融资款的前提下，可以准许，但人民法院应当监督被保全人按照合理价格融资，并协调有关部门做好财产解封、抵押或质押登记等事宜；

（5）冻结上市公司股票后，被保全人申请将冻结措施变更为可售性冻结的，应予准许，但应当提前对被保全人在证券公司的资金账户采取明确具体的限额冻结措施；在执行过程中，被执行人申请通过二级市场交易方式自行变卖股票清偿债务的，人民法院可以按照前述规定办理，但应当要求其在十个交易日内变卖完毕；

（6）申请自行变卖被查封、扣押、冻结财产，人民法院在确保变价款汇入法院指定账户或通过其他方式能够控制变价款的前提下，可以准许。但人民法院应当监督被保全人或被执行人在六十日内按照合理价格变卖，并控制相应价款。

申请对作为案涉争议标的的被查封、扣押、冻结财产自行变卖或解除查封、扣押、冻结的，须经申请保全人同意。

被保全人或者被执行人以及第三人为置换被查封、扣押、冻结财产而提供的担保财产，其价额明显高于裁定保全标的额或者执行标的额的，不视为超标的额查封、扣押、冻结。

20. 对商品房预售资金监管账户、农民工工资专用账户和工资保证金账户内资金，应当依法审慎采取保全、执行措施，支持保障相关部门防范应对房地产项目逾期交付风险，维护购房者合法权益，确保农民工工资支付到位。冻结商品房预售资金监管账户的，应当及时通知当地住房和城乡建设主管部门；除当事人申请执行因建设该商品房项目而产生的工程建设进度款、材料款、设备款等债权案件外，在商品房项目完成房屋所有权首次登记前，对于预售资金监管账户中监管额度内的款项，不得采取扣划措施，不得影响账户内资金依法依规使用。除法律另有专门规定外，不得以支付为本项目提供劳动的农民工工资之外的原因冻结或者扣划农民工工资专用账户和工资保证金账户资金；为办理案件需要，人民法院可以对前述两类账户采取预冻结措施。

21. 商品房预售资金监管账户被人民法院冻结后，房地产开发企业、商品房建设工程款债权人、材料款债权人、租赁设备款债权人等请求以预售资金监管账户资金支付工程建设进度款、材料款、设备款等项目建设所需资金，或者购房人因购房合同解除申请退还购房款，经项目所在地住房和城乡建设主管部门审核同意，监管银行予以支付的，不视为擅自支付，但监管银行应当将付款情况及时向人民法院报告。

22. 商品房预售资金监管账户、农民工工资专用账户和工资保证金账户等具有特定用途的账户，或者他人具有优先权的账户，除确有证据证明提供担保的账户有多余资金可供保全或执行外，不得作为变更保全的担保账户。

被保全人或案外人申请用账户资金置换被保全财产的，对该账户的性质以及是否有多余资金可供保全或执行，应当提供相应证据予以证明。

六、违法违规查封、扣押、冻结的救济程序

23. 执行案件中，被执行人、利害关系人认为人民法院违法违规查封、扣押、冻结的，可以

向执行机构申请纠正,也可以向执行裁判部门提出执行异议。

向执行机构申请纠正的,执行机构经审查,认为确实存在违法违规查封、扣押、冻结的,应当依法及时纠正;执行机构认为不存在违法违规查封、扣押、冻结的,应当向当事人释明可以向执行裁判部门申请审查,也可以将有关材料于七日内移送执行裁判部门审查。

向执行裁判部门提出执行异议的,执行裁判部门应将案件受理情况告知执行机构。执行机构在执行异议审查期间自行纠正违法违规查封、扣押、冻结行为,异议申请人不撤回异议申请的,执行裁判部门应当裁定驳回异议申请。异议申请人对执行机构的纠正行为另行提起执行异议的,人民法院应当依法受理。

执行裁判部门经审查作出解除查封、扣押、冻结裁定的,应在三日内交执行机构实施。

24. 财产保全所涉审判案件尚未进入执行程序,被执行人、利害关系人主张违法违规查封、扣押、冻结的,由实施保全裁定的部门参照本指引第 23 条处理。

被保全人、利害关系人主张保全裁定超出诉讼标的额或者有其他违法违规问题的,由作出财产保全裁定的立案或者审判部门审查。案件已经进入下一程序的,由有关程序对应的受理部门负责审查。

25. 被保全人或被执行人、利害关系人主张违法违规查封、扣押、冻结的,人民法院应当向其释明由其提供证据证明其主张。

一方当事人以超标的额查封为由提出执行异议,争议较大的,人民法院可以根据当事人申请进行评估。

26. 被查封、扣押、冻结财产不是诉讼争议标的物,案外人基于实体权利主张保全裁定或者查封、扣押、冻结措施违法,要求解除查封、扣押、冻结措施的,由执行裁判部门根据民事诉讼法第二百三十四条的规定审查并作出裁定。

27. 被保全人或被执行人、利害关系人主张超标的额查封、扣押、冻结的,人民法院应当征求申请保全人或申请执行人意见。

28. 人民法院经审查认定属于超标的额查封、扣押、冻结财产的,应当合理选择查封、扣押、冻结的财产,并裁定解除超标的额部分的查封、扣押、冻结措施。

广东省高级人民法院执行局办理财产保全案件的若干规定

(2017 年 10 月 25 日实施)

为规范本院财产保全案件办理,提高财产保全案件办案效率,依法保障当事人合法权益,根据《中华人民共和国民事诉讼法》、《最高人民法院关于办理财产保全案件若干问题的规定》等相关法律、司法解释规定以及省法院关于办理财产保全案件的通知等要求,结合本院工作实际,制定本规定。

工 作 分 工

第一条 财产保全案件(执保字案)由执行局主审法官承办。

主审法官对案件法律适用问题负责把关。主审法官认为有必要的,应当提交合议庭审查决定。

法官助理在主审法官的指挥下负责财产保全案件的具体实施及法律文书起草制作等相关工作。

书记员配合保全实施、送达法律文书、网络执行查控、案件信息录入和卷宗材料整理归档,以及主审法官、法官助理安排的其他事务性工作。

第二条 外出现场办理财产保全实施,应当由两人以上共同进行。

对保全财产线索较多、时间紧急的案件,由处领导统筹安排本部门其他人员协助办理。

情况特别紧急的,可报请院领导协调作出保全裁定的立案、审判部门派员协助。

第三条 协助执行通知书、协助公示通知书、委托送达函、公告等法律文书由主审法官审核后报审判长签发;情况紧急、需要现场立即采取保全措施的,实施人员可口头请示主审法官同意后,再补办相关报批手续。

第四条 赴广州市区以外地区办案应报经领导同意。

案件办理

第五条 收到案件排定信息的当天,书记员应当与立案部门签收案件材料移交手续并将案件及时移送主审法官。

第六条 收到案件材料后,发现案件材料不全的,应当商请立案部门或审判部门及时补充相关材料。

第七条 实施人员收到案件材料并领受任务后,及时开始采取保全措施。情况复杂的,应报请主审法官决定实施方案。

第八条 财产保全实施应当充分利用信息化手段和事项委托制度,除保全期限紧等特殊情况以外,原则上按照以下程序实施保全:

(一)可进行网络查控的,优先通过最高人民法院“总对总”和本院“点对点”查控系统进行网络查控。网络查询应当在收到案件材料后两个工作日内发出查询申请,网络查封、冻结应当在收到查询反馈结果后两个工作日内发出查封、冻结申请。

(二)不能网络查控的,应当根据《最高人民法院关于严格规范执行事项委托工作的管理办法(试行)》的规定,委托外地法院办理,但广州市区的保全事项不得委托办理。

事项委托应当在收到案件材料后两个工作日内通过最高人民法院执行办案系统完成对外委托手续。

事项委托后,应当及时联系受委托法院,跟进办理情况。

(三)事项委托执行没有结果的,外出现场办理。

第九条 申请人向本院申请通过网络执行查控系统查询被申请人财产线索的,由合议庭决定是否同意。对同意使用网络执行查控系统的,查控范围应限于裁定保全的财产或者保全数额范围内的财产。网络执行查控系统查询显示被申请人有多项财产线索的,由合议庭研究决定对其中部分财产进行查封、冻结。

对通过网络查控系统查询到的被保全人的财产信息应当严格保密,对该部分财产合议庭决定不采取保全措施的,不向立案部门、审判部门反馈未保全的财产信息。

第十条 财产保全案件办结后,同一案件的申请人又提供新的财产线索请求继续保全的,应告知其向作出保全裁定的立案部门、审判部门提出申请,由立案部门新立执保案件,再移交执行部门实施。尚未办结的案件,申请人提供新的财产线索请求继续保全的,可以由合议庭决定是否继续采取保全措施,无需新立案件。

第十一条 申请人提供的保全财产不在被申请人的名下,需要在执行实施阶段审查确认是否属于可供保全财产的,由合议庭审查决定。

第十二条 对财产实施保全后,案外人对保全财产提出异议,或者当事人提出超标的保全等异议,经审查异议成立,裁定解除保全措施的,由执行异议案件承办人填写《财产保全案件移送立案表》,经处领导审批后,送立案部门立案,由执行局办理。

其他要求

第十三条 办案人员应当熟悉网络查控系统和执行事项委托系统。

第十四条 实施现场查封、扣押等保全措施时,应当佩带执法记录仪,将保全现场有关情况记录在案。

向金融机构、工商、车管、国土、房管等协助执行单位送达时可不使用执法记录仪,但如出现当事人或者其他人员阻碍执行情形的,应当使用执法记录仪。

使用执法记录仪的,应当告知相关人员。

第十五条 需要外出办理的保全事务,如果涉及同一地区、同一路线的,应当合并办理。

第十六条 办案人员应当严格遵守廉政纪律,依法规范办案,不得接受案件当事人及其代理人请吃送礼。

第十七条 办案人员不得违反规定与案件当事人及其代理人私自接触,但需要由当事人或者代理人提供案件有关情况或协助办理有关事项的除外。

第十八条 本规定自2017年10月25日起实施。

广东省高级人民法院关于保护民营企业合法权益规范财产保全工作的若干意见

（2019年7月14日　粤高法〔2019〕93号）

为切实保护民营企业合法权益,规范民事诉讼财产保全(包括诉前保全、诉讼保全、仲裁保全和法律文书生效后进入执行程序前的保全)工作,结合我省实际,制定本意见。

一、准确把握财产保全功能目的。财产保全是人民法院为防止当事人转移财产,确保当事人胜诉权益最终兑现而采取的临时性控制措施。采取财产保全措施应找准各方当事人的利益平衡点,坚持审慎谦抑、平等保护,严格审查、依法适用,既要保护民营企业作为债权人的合法权益,也要依法保护民营企业作为债务人的合法权益。

二、严格审查财产保全申请。要加强对财产保全申请的审查。申请人提供的财产保全证据和担保不符合法律和司法解释规定的,人民法院应当责令补充完善;补充完善后仍不符合要求的,应裁定驳回保全申请,防止恶意利用或者滥用财产保全损害被保全人合法利益。

三、强化申请人财产举证责任。申请财产保全应当提供明确的财产信息,同时提供估算的财产价值及依据。申请人不能提供保全财产明确信息的,应当提供具体的财产线索。

四、及时采取财产保全措施。保全裁定应当尽可能明确具体保全财产,并及时移送执行。实施保全时,应当依法运用各种合法方式,特别是网上保全、网上委托等信息化办案手段,依法及时进行。

五、严禁超范围超标的保全。财产保全应当范围适当,价值相当,禁止超范围超标的保全。对医院、学校、幼儿园等具有公益性质的财产应当充分研究论证,谨慎采取保全措施。

六、尽可能减少对生产经营影响。被保全人有多项财产可供保全的,在确保实现保全目的的情况下,应优先保全对被保全人生产经营影响较小的财产。对被保全人生产经营必需的财产,在有其他财产可供保全的情况下一般不予保全,最大限度减少保全措施对生产经营的影响。

七、支持合理置换保全财产。被保全人为盘活资产、缓解生产经营困难,申请置换保全财产的,应当按照平等保护、等值置换、有利生产、保障执行的原则,依法支持合理的财产置换申请,充分发挥财产效益。

八、按法定期限实施财产保全。依法明确、严格执行财产保全期限。被保全人提供充分有效担保请求解除保全的,应当依法审查、及时解除保全措施。出现应当解除财产保全的法定情形时,应当根据当事人的申请或者依职权及时解除保全。

九、全面履行告知释明义务。受理和审查保全申请时,应当向申请人充分释明错误保全或者未及时申请解除保全可能承担的法律风险。完成保全后,应当及时向双方当事人告知保全结果,以及不及时申请续行保全可能承担的法律后果。当事人对保全裁定及保全行为不服的,告知当事人依法提出异议、复议和相关诉讼。

十、依法保障救济权利。及时受理和审查当事人、案外人对财产保全提出的异议、复议和相关诉讼。经审查符合解除保全条件的,应当及时解除保全措施;发现保全错误的,应当依职权及时纠正。因申请保全错误或者未及时申请解除保全造成被保全人损失的,由被保全人依法提起诉讼进行救济。

广东省高级人民法院
2019 年 7 月 23 日

广东省高级人民法院关于优先债权执行法院与首先查封保全法院协调处分查封财产的工作指引

(2019 年 12 月 18 日)

一、为建立解决执行难的长效机制,完善优先债权执行法院(以下简称执行法院)与首先查封保全法院（以下简称保全法院）之间执行争议协调程序，根据最高人民法院《关于首先查封法院与优先债权执行法院处分查封财产有关问题的批复》（法释〔2016〕6 号，以下简称《批复》），制定本工作指引。

二、保全法院首先查封财产后，自查封之日起已超过 60 日尚未发布拍卖公告或者进入变卖程序的，应根据执行法院的商请，将保全查封的财产移交执行法院处置。但下列情形除外：

（一）保全法院已受理就查封财产提出的案外人执行异议，且该异议或相应的异议诉讼尚未审结；

（二）保全案件的债权性质优先于执行债权或与执行债权为同一受偿顺序的债权；

（三）执行债权的优先权仅及于保全查封财产的其中部分，且与其他部分因客观事实或法律规定不能分别处置；

（四）其他不应移送执行的情形。

保全法院不得以保全申请人不同意或不利于本案处置为理由，不向执行法院移送保全查封的财产。

三、保全法院收到商请移送执行的材料后，应当确定相应的办理部门尽快办理：与保全关联的诉讼案件已经立案执行的，由执行部门办理；尚未立案执行的，由审理诉讼案件的审判部门或者作出保全裁定的部门负责办理，并告知执行法院。审判部门办理时认为确有必要的，可以征求执行部门的意见。

四、保全法院应在收到执行法院的商请移送执行材料后，按照《批复》规定的十五日时限内函复执行法院。不同意移送执行的，应在复函中提出具体依据、说明原因。

五、保全法院不同意移送或者在期限内未函复的，执行法院逐级报请上一级法院协调；未能协商一致的，直至报请共同的上级法院协调。

六、上级法院协调时，由执行部门办理，可以通知保全法院的审判部门、执行部门并邀请本法院相关审判部门的有关人员共同参加协调。

七、保全法院与执行法院经协调形成一致处理意见的，由组织协调的共同上级法院作出案件协调会议纪要。不能形成一致意见的，共同的上级法院应当依照《批复》第四条的规定，作出协调决定书。

八、保全法院与执行法院应当严格执行协调会议纪要或协调决定书，对于执行不力的依照有关规定追究相应责任。

九、保全法院为执行法院的上级法院，不适用《批复》第二条、第三条规定的函商程序，应遵照上下级法院通常的工作行文规则处理。查封财产是否移送执行，以上级法院的意见为准，无需报请共同的上级法院协调。但保全法院的审判部门认为不移送执行的，应先征求本法院执行部门意见。

十、保全法院与执行法院为同一法院的，由执行部门直接函请作出保全裁定的审判部门移送执行，意见不能一致的，报请相关院领导，必要时提交本法院的审判委员会讨论决定。

十一、外省法院与我省法院就保全查封财产发生争议的，由我省法院依据《批复》的规定逐级商请后，层报至省法院执行局协调。

十二、保全法院首先查封超过一年未对被保全财产进行处分的，在先轮候查封的执行法院可以依据《最高人民法院关于办理财产保全案件若干问题的规定》第二十一条的规定，商请保全法院移送执行。商请的程序参照本指引。

十三、本指引自印发之日起施行。

湖北省高级人民法院关于财产保全工作指引

（2022 年 5 月 23 日）

为进一步规范全省法院财产保全工作，提升保全工作质效，依法保障当事人合法权益，服务法治化营商环境，根据《中华人民共和国民事诉讼法》、《最高人民法院关于人民法院办理财产保全案件若干问题的规定》、《最高人民法院关于在执行工作中进一步强化善意文明执行理念的意见》等规定，结合我省实际，制定本指引。

一、树立财产保全工作新理念

办理财产保全案件，应当坚持依法平等保护产权的原则，秉持公正高效善意文明的理念，防范申请保全人恶意保全，及时审查保全申请，充分考量保全措施的合法性、必要性与适当性，切实发挥保全效能。财产保全工作既要坚持公正高效保全，做到规范及时、应保尽保，保障申请保全人实现债权，防止因消极、拖延保全而损害申请保全人权益；又要坚持善意文明保全，做到合理适度、该保才保，防止因滥用保全、过度保全、超标的、超范围保全而损害被保全人权益。

二、准确把握财产保全立案条件

利害关系人因情况紧急，不立即申请财产保全将会使其合法权益受到难以弥补的损害的，可以在提起诉讼前或者申请仲裁前向被保全财产所在地、被申请人住所地或者对案件有管辖权的人民法院申请保全。进入诉讼程序后，对于可能因当事人一方的行为或者其他原因，使判决难以执行或者造成当事人其他损害的案件，人民法院依当事人申请或者依职权可以采取保全措施。法律文书生效后、进入执行程序前，债权人因对方当事人转移财产等紧急情况，不申请保全将可能导致生效法律文书不能执行或者难以执行的，可以向执行法院申请采取保全措施。

仲裁过程中，当事人申请财产保全的，应当通过仲裁机构向人民法院提交申请书、仲裁案件受理通知书等相关材料。

三、依法确定保全标的额

诉前财产保全案件的保全标的额在利害关系人请求保全数额范围内合理确定。诉讼中的财产保全案件的保全标的额不得超过诉讼标的额；当事人申请对价值明显超过诉讼标的额的特定标的物保全的，应当限额保全，但该特定标的物系诉争标的物的除外。

四、规范财产保全担保审核

利害关系人申请诉前财产保全的，一般应当提供相当于保全标的额的担保。诉讼中的财产保全，人民法院责令申请保全人提供财产担保的，担保数额可以不超过保全标的额的30%；申请保全的财产系争议标的的，担保数额可以不超过争议标的的价值的30%。

当事人、利害关系人通过银行、保险公司、有诉讼保全资质的融资性担保公司提供信用担保的，人民法院应当要求担保机构出具担保书或独立保函，并审查担保机构的担保资质、担保能力，以及有无拒不承担担保义务和失信不良信用记录等情形。

五、准确估算和确定被保全财产价值

人民法院办理财产保全案件，应当根据被保全财产的权属状况、保全顺位、权利负担等情况，区分不同的保全对象、财产类型，准确估算和确定被保全财产价值。

（一）冻结银行存款账户余额不足的，以实际冻结的金额确定价值；冻结多个银行账户的，以每个账户实际冻结金额累计计算价值。

（二）冻结上市公司股票的，股票价值应当以冻结前一交易日收盘价为基准，结合股票市场行情，一般在不超过20%的幅度内合理确定。

（三）冻结投资型保险产品的，以可提取的保单红利、保单现金价值或通过向保险机构询价方式确定价值。

（四）冻结有限责任公司股权、非上市股份有限公司股份的，参照实缴出资额以及公司财务报表估算价值。

（五）冻结被保全人对第三人到期债权且该到期债权未经生效法律文书确认的，应当以第三人不持异议的到期债权数额确定价值。

（六）查封房屋的，根据房屋坐落、面积、结构、土地使用权类型等基本情况，参照同地段、同条件房屋价格估算价值。查封房屋为商品房的，参照房屋备案价格以及当地房产部门发布的同地段商品房价格估算价值；查封房屋为二手房的，参照相关房地产交易平台公开报价、税务机关核定价格、相关二手房市场成交价等估算价值。

（七）查封土地使用权的，以土地出让合同记载的出让金额估算价值。土地出让时间在一年以上的，参照周边土地市场价格、税务机关核定价格，结合建设规划调整等因素估算价值。

（八）查封在建工程的，在综合考量工程投资额、完成工程量、拆迁安置、土地市场价格、所欠费用（包括但不限于税费、工程款等）等相关因素的基础上估算价值。

（九）查封车辆并已实际扣押的，未上牌且行驶里程在100公里以内的车辆，参照生产商公布的相同车型销售价估算价值；已上牌或行驶里程超过100公里的车辆，参照相关二手车交易平台相同车型的报价估算价值。未实际扣押车辆的，可按不超过上述价值的20%估算保全价值。

（十）查封机器设备、成品和半成品、原材料等动产的，综合考虑购买价格、使用年限、动产现状等因素估算价值。

（十一）保全其他财产或财产权利的，参照能够证明该财产价值的相关材料估算；无相关材料的，根据市场行情或日常生活经验估算。

（十二）被保全财产上设定有质押、抵押的，估算价值时应当扣除已抵押、质押担保债权的具体数额，但抵押权人、质押权人系申请保全人的除外。

（十三）对其他法院已经保全的财产，可以采取轮候保全措施，原则上该被保全财产自轮候保全转为正式保全之日起计入保全价值。

审判部门作出的保全裁定没有载明具体财产信息的，执行部门采取保全措施时应当估算被保全财产价值，因情况紧急，未经估算径行保全的，应当在保全完成后及时进行估值。根据前款规定难以估算确定被保全财产价值的，可以参照《最高人民法院关于人民法院确定财产处置参考价若干问题的规定》，组织当事人议价；议价不能或不成的，可以通过网络询价、市场询价、定向询价等方式确定。当事人要求评估的，人民法院应当准许，费用由申请评估方先行负担。

六、严禁明显超标的、超范围保全

保全财产的范围，原则上以其价值满足保全标的额为限。对于财产价值受行情影响变化较大、财产整体不可分的，一般不得超过保全标的额的20%。申请保全人以进入执行程序后财产变价折扣、实现债权费用等因素为由，申请保全更多财产的，不予支持。具有下列情形的，应当作出相应处理：

（一）冻结被保全人银行账户内存款的，应当明确具体冻结数额，不得影响冻结之外的资金流转和账户使用。冻结多个银行账户的，每个银行账户均可按保全标的额确定冻结数额，但账户冻结后累计进入账户的金额达到保全标的额的，应将满足保全标的额的资金划拨至一个账户，并及时解除对其他账户的冻结。

（二）查封的不动产价值明显超出保全标的额，该不动产能够分割的，应当对分割后的相应价值部分采取查封措施。

（三）不动产登记在同一权利证书下且相关部门以此为由拒绝办理分割查封的，人民法院应对不动产进行整体查封后及时协调相关部门办理分割登记，并及时解除对超标的部分的查封。

（四）财产保全系轮候保全的，在先保全措施解除后应对被保全财产价值重新衡量，并及时解除超标的部分财产的保全。

（五）被保全财产上设有他人享有的抵押、质押等担保物权，该担保物权担保的主债权已经实现的，应当及时解除超标的部分财产的保全，但法律、行政法规另有规定的除外。

（六）上市公司股票冻结后，其价值发生重大变化的，经当事人申请，可以追加冻结或者解除部分冻结。

（七）当事人以诉讼请求或被保全财产价值发生重大变化为由，申请追加保全或解除部分保全的，经审查属实，应予准许。其中，因变更诉讼请求而申请追加保全的，当事人应对差额部分提供相应担保。

被保全人主张人民法院采取的保全措施构成明显超标的、超范围保全的，应当承担相应举证责任。人民法院应在十五日内进行审查,经审查属实的,应当及时解除超标的、超范围部分财产的保全措施,但被保全财产为整体不可分物或分割会严重减损其价值,且被保全人的其他财产不足以满足保全标的额的除外。

七、善意选择被保全财产

要善意选择被保全财产类型,防止申请保全人恶意申请保全或因不当保全而影响市场主体正常生产经营活动。

(一)被保全人为尚处于生产经营状态的企业时,应选择对其生产经营活动影响较小的财产予以保全。

(二)被保全人为资金暂时周转困难但尚有经营发展前景的企业时,慎用冻结基本账户、流动资金等手段进行保全。

(三)被保全人请求对某一特定财产予以保全的,在不影响执行效率和效果的前提下,应予准许;不准许的,应有合理正当理由。

八、适时变更被保全财产

保全行为实施后,符合以下情形的,人民法院应当根据被保全人申请适时变更被保全财产或保全措施:

(一)被保全人为盘活资产、缓解经营困难,申请提供其他等值财产置换被保全财产且不影响申请保全人权利实现的,应予准许。

(二)冻结企业基本账户的,当该基本账户内资金已达到保全标的额且被保全人申请将相应资金足额划转至其他账户予以冻结的,应予准许并解除对基本账户的冻结。

(三)冻结上市公司股票后,被保全人申请将冻结措施变更为可售性冻结,应予准许,但应当提前对被保全人在证券公司的资金账户采取明确具体的限额冻结措施。

(四)被保全人请求以合理市场价格处置其他被保全财产或财产性权利,在能够控制变卖款的情形下,应予准许,但被保全财产系诉争标的物的除外。

变更被保全财产或保全措施的,应当事先听取申请保全人的意见。申请保全人同意的,直接变更被保全财产或保全措施;申请保全人不同意的,应当在综合考量变更保全的合法性、合理性、担保财产的等值性以及对双方当事人权利影响等因素的基础上由合议庭依法决定。

九、充分发挥被保全财产效用

在不影响债权实现或者不导致财产价值严重贬损的前提下,应当灵活采取保全措施,对能"活封"的财产不"死封",做到物尽其用,避免社会资源浪费。

(一)查封的厂房、土地、机器设备等生产资料,具有使用价值且继续使用对财产价值无重大影响的,应当允许被保全人继续使用。

(二)查封的在建工程项目具备继续施工建设条件的,应当允许被保全人继续施工建设。

(三)查封的建筑物已具备销售条件的,应当允许被保全人在申请保全人或人民法院监管下按照合理价格予以销售,并对销售款予以保全。

（四）查封被保全人需要继续加工的半成品物件的，应当在申请保全人或者人民法院的监管下允许其继续生产加工。

（五）被保全人请求将被保全财产以合理市场价格进行融资，并以融资款替换被保全财产的，在确保能够控制融资款的前提下，应予准许。出借人要求先办理财产抵押或质押登记再放款的，人民法院应积极协调有关部门做好财产解封、抵押或质押登记等事宜。

十、依法规范保全豁免范围

人民法院应当严格依照法律、法规及司法解释审慎确定保全豁免范围。对农民工工资专用账户资金和工资保证金采取保全措施时，依照最高人民法院、人力资源社会保障部、中国银保监会联合下发的《关于做好防止农民工工资专用账户资金和工资保证金被查封、冻结或者划拨有关工作的通知》执行，既要维护好农民工工资报酬权益，又要避免当事人及有关单位、个人利用两类账户规避、逃避执行。

十一、加强财产保全立审执衔接

（一）保全裁定制作。诉前财产保全阶段，立案部门应当要求利害关系人提供明确、可执行的需保全财产信息，写入保全裁定移送实施。

诉讼中的财产保全阶段，审判部门应当要求申请保全人提供明确、可执行的需保全财产信息，写入保全裁定移送实施；申请保全人提供的需保全财产价值不足以覆盖保全标的额的，审判部门可将能够明确的财产写入保全裁定，并以概括式表述方式兜底。申请保全人确因客观原因不能提供明确的需保全财产信息，但提供了具体财产线索的，审判部门可以制作概括式保全裁定，并将财产线索与保全裁定一并移送实施。

法律文书生效后进入执行程序前的财产保全，由立案部门参照诉讼中的财产保全阶段的要求制作保全裁定移送实施。

（二）续行保全。当事人申请续行保全的，由作出财产保全裁定的部门负责审查；采取保全措施后案件进入下一诉讼程序的，由有关程序对应的受理部门负责审查；法律文书生效后进入执行程序前，当事人申请续行保全的，由作出该生效法律文书的审判部门负责审查。相关部门审查后决定续行保全的，最迟应当于保全期限届满 5 个工作日前作出续行保全裁定并移送实施。

（三）解除保全。当事人申请解除保全的，由作出财产保全裁定的部门负责审查；采取保全措施后案件进入下一诉讼程序的，由有关程序对应的受理部门负责审查；法律文书生效后进入执行程序前，当事人申请解除保全的，由作出该生效法律文书的审判部门负责审查。相关部门审查后决定解除保全的，应当作出解除保全裁定并移送实施。

（四）财产保全实施。诉前财产保全，一般由执行部门实施；情况紧急的，也可由立案部门实施。诉讼中的财产保全或法律文书生效后进入执行程序前的财产保全，由执行部门实施。续行保全与解除保全，由执行部门实施。

诉讼中的财产保全阶段，审判部门应在作出保全裁定当日将相关材料移送立案。立案部门应当立即审查，符合立案条件的，最迟于收到材料次日立案移交实施。执行部门接收案件后，应在2个工作日内联系申请保全人，核实相关财产信息，并采取相应保全措施。

法律文书生效后进入执行程序前的财产保全、续行保全、解除保全，参照前款规定办理。诉前财产保全，依照《中华人民共和国民事诉讼法》第一百零四条的相关规定办理。

（五）保全法律文书送达。保全裁定由作出保全裁定的部门送达，保全通知书由实施部门送达。保全完毕后，实施部门应当在5个工作日内向申请保全人及被保全人发出通知书，载明被保全财产的具体信息、保全措施、保全期限以及逾期未申请续行财产保全的后果等。实施部门在发出通知书后，应当及时将通知书送作出保全裁定的部门附卷存档。作出保全裁定的部门应当与实施部门积极沟通，根据案件的不同情形把握好保全裁定的送达时机，既要避免被保全人提前转移财产，又要充分保障当事人申请复议的权利。

续行保全与解除保全的法律文书送达，参照前款规定办理。

十二、畅通投诉渠道

当事人通过法院诉讼服务中心、驻院纪检监察部门、督查部门、院长信箱等途径反映超标的、超范围保全的，人民法院应当依法及时处理。

十三、本工作指引自发布之日起实施，由湖北省高级人民法院负责解释。

重庆市高级人民法院关于精准实施民事财产保全的意见

（渝高法〔2020〕82号）

为进一步规范民事财产保全行为，提升民事财产保全质量水平，推动民事财产保全工作在更高层次上科学长远发展，为经济社会发展提供更加优质的司法服务和更加有力的司法保障，根据《中华人民共和国民事诉讼法》《最高人民法院关于在执行工作中进一步强化善意文明执行理念的意见》等规定，结合我市法院民事财产保全工作实际，提出以下意见。

一、牢固树立善意文明司法理念

各法院开展民事财产保全工作，要努力实现保护权利、减少损害的保全制度目的。在民事财产保全中，要坚持依法保护、平等保护、公平保护原则，充分考量保全措施的适当性、必要性，兼顾债权人、债务人以及利害关系人的合法权益，实现财产保全效益最大化，最大限度减少因保全对被保全人生产生活的影响，努力实现法律效果、政治效果与社会效果的有机统一。

要严格执行《最高人民法院关于在执行工作中进一步强化善意文明执行的意见》，将善意文明理念贯穿于民事财产保全的各环节、全过程，既要依法作为，应保尽保，防止以“善意文明保全”为借口消极保全、拖延保全，损害申请保全人的合法权益，又要规范行为，该保才保，坚决避免因违规保全、明显超标的保全影响被保全人的基本生活或正常生产经营活动。

二、合理确定财产保全标的额

各法院办理民事财产保全案件，要依法裁定保全标的额。诉前财产保全案件的保全标的额不得超过申请标的额，在争议标的范围内合理确定。诉讼财产保全案件的保全标的额不得超过诉讼标的额。申请保全人申请的保全标的额高于诉讼标的额的，人民法院应当向其释明，引导其在诉讼标的额范围内合理确定；申请保全人坚持超过诉讼标的额申请保全的，应当以诉讼标的额为限裁定保全标的额。利害关系人、当事人申请保全特定标的物的，要依法审查该标的物价值，确保裁定保全标的额不超过诉讼标的额，但该特定标的物系诉争标的物的除外。

三、严禁明显超标的保全

各法院保全被保全人的财产般以采取保全措施时为基准时点对保全财产进行估值。保全财产的范围，原则上以其价值满足保全标的额为限；对于财产价值受行情影响变化较大、财产整体不可分的，一般不得超过保全标的额的20%。申请保全人以综合考量财产未来价值变化、进入执行程序后财产变价折扣、实现债权费用等因素为由，申请保全更多财产的，人民法院不予支持。

被保全人名下有多项财产可供保全的，人民法院可以根据案件情况合理确定保全财产顺位。保全部分财产即可达到保全标的额的，不得再对被保全人名下的其他财产采取保全措施，已经采取的保全措施应当解除。

当事人、利害关系人对保全估值有异议，坚持认为系明显超标的保全或保全明显不足值的，应当引导其按照民事诉讼法第二百二十五条规定提起执行异议。

四、准确估算保全财产价值

各法院办理民事财产保全案件，应当按照本院《关于在财产保全工作中合理估算保全标的额的指导意见（试行）》要求，根据保全财产的权属状况、保全顺位、权利负担等情况，逐一估算价值。因情况紧急，未经事先估值径行保全的，应当在保全完成后及时对保全财产进行事后估值。事后估值发现保全财产价值与裁定保全标的额明显不相当的，应当解除或追加相应的保全措施。

根据已有财产信息难以确定保全价值的，可以参照《最高人民法院关于人民法院确定财产处置参考价若干问题的规定》，先组织双方当事人进行议价；议价一致的，该议定价值为保全财产价值；当事人议价不能或不成的，可以再选择通过定向询价、网络询价等方式确定保全财产价值。当事人坚持要求评估的，人民法院可以准许，费用由评估申请人负担。

五、推进保全措施的类型化精细化

各法院办理民事财产保全案件，应当区分不同的保全对象、财产类型，准确估算保全财产价值，有针对性地采取财产保全措施，确保既依法保全，快速控制财产防止转移；又活封活冻，尽可能不影响被保全人的基本生活或正常生产经营活动。

（一）冻结被保全人银行存款的，应当明确具体数额，并以实际冻结存款数额为保全价值，不得影响冻结之外的资金流转和账户使用；

（二）冻结上市公司股票的，应当以冻结前一交易日收盘价为基准，在不超过保全标的额

20%的幅度内合理确定冻结股票数量。冻结质押股票时,应当提前冻结被保全人在证券公司的资金账户,并明确具体的冻结数额,不得对资金账户进行整体冻结;

(三)查封在建工程的,应当在综合考虑工程投资额、完成工程量、销售情况、工程欠款、拆迁安置、欠交税费等因素的基础上估算财产价值。被保全人申请继续建设的,原则上应当准许。

(四)查封企业厂房、机器设备等生产资料的,应当综合考虑购买价格、使用年限等因素估算财产价值。被保全人继续使用对该财产价值无重大影响的,可以允许其使用;

(五)不动产整体价值明显超出保全标的额的,应当对不动产相应价值部分采取查封措施。相关部门以不动产登记在同一权利证书下为由提出不能办理分割查封的,可先行对不动产进行整体查封;整体查封后,被保全人申请办理分割查封的,应当及时协调相关部门办理分割登记,解除对超标的部分的查封措施;

(六)查封车辆并已实际扣押的,可以参照二手车交易平台中同等条件的车辆估价计算财产价值;未实际扣押的,可以按不超过车辆报价的20%估算财产价值;

(七)冻结投资型保险产品的,可以根据可提取的保单红利、保单现金价值或通过向保险机构询价的方式确定财产价值,确定保全数量;

(八)冻结有价证券、基金份额、碳排放、地票、信托收益、采矿权等财产性权利的,可以参照票面价值、查询到的市场价格确定财产价值,确定保全范围;

(九)冻结被保全人对他人的到期债权,应当作出冻结裁定,直接送达该他人,并以该他人确认的到期债权数额估算保全价值;

(十)被保全财产设定有质押、抵押的,可以采取保全措施,估算保全价值时应当扣除已设定抵押、质押担保的具体数额,但抵押权人、质押权人系申请保全人的除外。抵押、质押担保的具体数额,依法向登记机关查询确定;

(十一)被保全的财产系被保全人与他人按份共有的,按被保全人占有共有财产的份额计算保全价值,采取保全措施;被保全的财产系被保全人与他人共同共有的,按被保全人占有共有财产的预估份额计算保全价值,采取保全措施;

(十二)对其他法院已经保全的财产,可以采取轮候保全措施,原则上该保全财产自轮候保全转为正式保全之日起计入保全价值。

六、依法追加或解除保全

保全完成后,申请保全人以诉讼请求或保全财产价值发生重大变化导致保全财产明显不足值为由申请追加保全,经审查属实的,应当依法追加保全。申请保全人或被保全人以诉讼请求或保全财产价值发生重大变化导致明显超标的保全为由申请解除保全,经审查属实的,应当依法解除超标的部分的保全措施。追加保全的举证责任由追加保全申请人承担,解除保全的举证责任由解除保全申请人承担。

七、依法妥善变更保全措施

当前形势下,各法院办理变更保全措施案件,应当客观把握履约基础发生情势变更因素,在能够实现保全目的的前提下,依法妥善变更保全措施,保障被保全人的基本生活或正常生产经营活动。保全完成后,被保全人提供担保申请变更财产保全措施的,可以区别如下情形分别处理:

(一)被保全人通过银行、保险公司提供信用担保,申请解除保全的,人民法院应当准许;

(二)被保全人以严重影响生产经营为由,自行或者通过第三人提供其他等值担保财产申请变更保全措施,不影响申请保全人权利实现的,人民法院应当准许;

(三)被保全人以生产经营陷入困境、急需必要流动资金为由,提供其他等值担保财产,申请解除已保全银行存款的,人民法院应当严格审查,经审查发现情况属实、理由正当、担保足值的,可以准许;

(四)资金周转困难、暂时无力偿还债务的被保全人申请销售已保全财产,并以销售款为担保申请变更保全措施的,人民法院经审查属实,并在确保能够控制相应价款的前提下,可以监督被保全人在一定期限内按照合理市场价格销售;

(五)冻结上市公司股票后,被保全人申请将冻结措施变更为可售性冻结,变卖股票并以变卖款为担保申请变更保全措施的,人民法院可以准许,但应当提前对被保全人在证券公司的资金账户采取明确具体的限额冻结措施;

(六)被保全人以生产经营需要为由,申请用保全财产融资,并以融资款为担保申请变更保全措施的,人民法院经审查属实,并在能控制融资款的前提下,可以监督被保全人按照合理市场价格进行融资。

八、严格遵循变更保全案件办理程序

各法院办理变更财产保全措施案件,应当事先征求申请保全人意见。申请保全人同意的,直接裁定变更保全措施;申请保全人不同意的,应当严格审查变更保全理由的合理性、担保财产的等值性以及对当事人权利实现的影响等因素。担保财产等值的举证责任,由变更保全申请人承担。第三人提供实物担保的,在采取变更保全措施之前,应当首先保全担保财产。决定是否准予变更保全财产,应当由合议庭研究决定,并报请分管院领导审批。

九、切实规范财产保全信用担保

当事人、利害关系人向人民法院申请财产保全,可以通过保险公司、融资性担保公司提供信用担保。各法院办理此类案件时,应当严格审查担保机构的担保资质、担保能力,以及有无拒不承担担保义务及失信不良信用记录等情形。融资性担保公司为保全案件提供信用担保的,个案担保额度不超过注册资本金的40%,总担保额度不超过注册资本金。

市高法院建立保全担保管理平台,对担保机构的总担保额度、实际担保金额、剩余担保额度进行汇总统计。各法院要建立统计台账,强化审查责任,确保担保机构的总担保额度与实际担保金额相当。

十、做好应对重大突发公共事件的服务和保障

重大突发公共事件应对期间,对于受事件影响陷入困境的企业特别是中小微企业、个体

工商户以及造成生活困难的劳动者个人,应当采取灵活的财产保全措施或者保全担保方式,切实减轻企业负担,助力企业复工复产,引导各方共渡难关。双方当事人有和解意向的,应当积极做好相关工作,努力促成双方达成和解。

重庆市高级人民法院关于进一步规范民事财产保全工作的通知

(2018 年 4 月)

各中、基层法院,本院相关部门:

自成立民事财产保全中心以来,全市法院民事财产保全工作平稳有序开展。为进一步规范民事财产保全工作,依法保护当事人的合法权益,促进我市经济平稳健康发展,现就有关事项通知如下:

一、注意保护被保全人正当权益。被保全人名下有现金、不动产、股权(股份)、机器设备等多类财产可供保全的,在能够实现保全目的的前提下,应当按照《最高人民法院关于人民法院办理财产保全案件若干问题的规定》第十三条的规定,选择对其生产经营活动影响较小的财产进行保全。必要时,人民法院可以根据案件实际情况确定保全财产的顺位。

二、严格把握诉前保全审查要件。诉前保全应当严格把握《民事诉讼法》第一百零一条"利害关系人因情况紧急,不立即申请保全将会使合法权益受到难以弥补的损害"的条件。除形式审查外,还应重点审查被保全人是否存在银行断贷、财产转移、濒临破产等"情况紧急,不立即申请保全将会使合法权益受到难以弥补的损害"的证据。不得仅因当事人提交了诉前保全申请、提供了保全担保,就准予并实施诉前保全。

三、慎用网络查找保全财产。人民法院办理民事财产保全案件,应当根据当事人、利害关系人提交的明确财产信息或具体财产线索实施保全,原则上不通过网络执行查控系统为当事人、利害关系人查询被保全人的财产。

对于诉中保全案件,当事人提供了具体财产线索,但确因客观原因不能提供明确、完整的被保全财产信息的,人民法院可以依法裁定采取财产保全措施。诉中保全案件实施过程中,通过网络执行查控系统或其他途径发现财产线索的,在征求当事人意见的基础上,人民法院可以依法采取财产保全措施。

涉民生保全案件确需通过网络执行查控系统查询被保全人财产的,经保全申请人书面申请,可以通过网络执行查控系统在裁定保全数额范围内查询被保全人的财产,并采取相应的查封、扣押、冻结措施。

四、不得保全属于豁免范围的财产。人民法院不得对下列财产采取查封、扣押、冻结措施:

(一)被执行人及其所扶养家属生活所必需的衣服、家具、炊具、餐具及其他家庭生活必需的物品;

(二)被执行人及其所扶养家属所必需的生活费用(当地有最低生活保障标准的,必需的生活费用依照该标准确定);

(三)被执行人及其所扶养家属完成义务教育所必需的物品;

(四)未公开的发明或者未发表的著作;

(五)被执行人及其所扶养家属用于身体缺陷所必需的辅助工具、医疗物品;

(六)被执行人所得的勋章及其他荣誉表彰的物品;

(七)根据《中华人民共和国缔结条约程序法》,以中华人民共和国、中华人民共和国政府或者中华人民共和国政府部门名义同外国、国际组织缔结的条约、协定和其他具有条约、协定性质的文件中规定免于查封、扣押、冻结的财产;

(八)人民法院已受理破产申请企业的财产;

(九)中国人民银行及其分支机构的办公楼、运钞车和营业场所;

(十)金融机构交存在人民银行的存款准备金和备付金;

(十一)国库库款;

(十二)不得查封社会保险机构开设的社会保险基金账户,不得冻结社会保险基金;

(十三)国有企业下岗职工基本生活保障基金;

(十四)党费;

(十五)工会经费;

(十六)封闭贷款结算专户资金(确有证据证明债务人为逃避债务将其他款项打入封闭贷款结算专户的除外);

(十七)工业企业结构调整专项奖补资金(为实现企业职工权利,审理、执行因企业职工分流安置形成的纠纷除外);

(十八)法律或者司法解释规定的其他不得查封、扣押、冻结的财产。

五、不得保全银行账户。人民法院采取保全措施,对被保全人名下的银行账户内资金进行冻结的,应当明确具体的冻结数额,不得查封该银行账户。

六、严禁明显超标的额保全。人民法院采取保全措施,应当按照《关于在财产保全工作中合理估算保全标的额的指导意见(试行)(渝高法〔2017〕273 号)》规定,对保全财产进行预估算和事后估算;确实难以估算的,可以向专业机构询价确定。凡能通过合理方式确定保全物价值的,不得强制当事人提供评估报告。确因案件需要评估或当事人要求评估的,应当在重庆法院司法评估机构名册中选择评估机构,费用由评估申请人负担。

预估额明显超过裁定保全金额的,不得对超标的额部分采取保全措施;对事后估算发现实际保全标的额明显超过诉讼请求的,除超标的额部分与被保全部分整体不可分外,应当及时解除超标的额部分的保全措施。被保全人坚持认为明显超标的额保全的,引导其通过执行异议程序处理。

七、规范保全置换行为。被保全人申请变更保全标的物的,人民法院应当区别下列情形分别处理:

(一)被保全人或第三人提供其他等值担保财产,且不存在影响执行因素的,应当准许;

(二)保险公司为被保全人提供担保书作担保的,应当准许;

（三）被保全人以情况紧急、生产经营陷入困境为由，提供其他等值担保财产，申请解除账户、必要流动资金，经人民法院审查属实的，可以准许；

（四）被保全人申请解除保全，但未提供其他等值担保财产的，应当驳回。

人民法院在决定变更保全标的物之前，应当征求申请保全人意见。

八、明确查封财产移送机构。诉讼过程中，首先查封法院将查封财产移送优先债权执行法院处分的，由首先查封法院的民事财产保全中心负责办理查封财产移送手续，并告知保全当事人。首先查封法院与优先债权执行法院就移送查封财产发生争议的，逐级报请双方共同的上一级法院民事财产保全中心协调处理。

九、规范民事财产保全管理。市高法院民事财产保全中心负责管理、指导全市法院民事财产保全工作。涉民事财产保全信访监督案件，执行局登记、统计，民事财产保全中心办理。

特此通知

重庆市高级人民法院关于在财产保全工作中合理估算保全标的额的指导意见（试行）

各中基层法院，本院各部门：

为了规范财产保全中的估值工作，依法保护当事人的合法权益，根据《中华人民共和国民事诉讼法》等法律、司法解释的相关规定，结合我市法院财产保全工作实际，制定本指导意见。

一、人民法院应当在保全申请的请求范围内或者对与本案有关的财物实施保全，不得明显超标的额保全。

二、申请保全人请求在一定金额内实施保全的，裁定保全的金额不得超过申请保全的金额。申请保全人未申请在一定金额内保全，仅申请保全特定标的物的，裁定保全的标的物价值或范围不得超过申请保全人的诉讼请求。

三、在一定金额内实施保全的，人民法院应当在采取保全措施前对拟保全财产的价值进行预估算。预估额明显超过裁定保全金额的，不得对超标的额部分采取保全措施；采取保全措施后，人民法院应当对已保全财产的价值进行事后估算。事后估算的实际保全标的额明显超过裁定保全的金额的，应当依法及时解除超标的额部分的保全措施。对特定标的物实施保全的，人民法院应当在采取保全措施后对已保全财产的价值进行事后估算，事后估算的实际保全标的额明显超过申请保全人的诉讼请求的，应当依法及时解除超标的额部分的保全措施。执行法官除按照法律规定外，还应充分运用日常生活经验对标的物价值进行综合判断。

四、人民法院在实施保全过程中，可以在征求申请保全人意见的基础上，按照有利于执行的原则，综合考虑生产经营等具体情况，合理确定拟保全财产的顺序。

五、估值结果应当予以记录，并将相关材料附卷。

六、在保全过程中，被保全人提出明显超标的额保全意见的，应当提供证据，人民法院应当及时审查处理。当事人对处理结果有异议的，应当向人民法院提出书面异议。人民法院按照《中华人民共和国民事诉讼法》第二百二十五条的规定办理。

七、财产价值按以下方法估算：

(1)冻结银行存款且足额冻结的，冻结数额为实际保全标的额。冻结银行存款账户余额不足的，应当以该账户冻结后累计划入的金额为实际保全标的额。

(2)冻结有限责任公司股权、非上市股份有限公司股份的，参照公司财务报表以及实缴出资额估算保全标的额；冻结上市股份有限公司股份的，参照保全申请载明日期前一个交易日(或停牌前一个交易日)的股票收盘价估算保全标的额。

(3)查封房屋的，按照房屋坐落、面积、房屋结构、土地使用权类型、有无电梯等信息，参照同地段、同条件的房屋价值估算保全标的额。查封房屋为一手房的，可以参照当地房产部门发布的同地段一手房价格估算保全标的额；查封房屋为二手房的，可以参照相关房地产交易平台公开报价、税务机关核定价格、相关二手房市场成交价、司法拍卖实际成交价等估算保全标的额。

(4)查封土地使用权的，应当以土地出让合同记载的出让金额计算实际保全标的额。该土地出让时间在一年以上的，可以参照周边土地市场价格、税务机关核定价格，结合建设规划调整等因素估算保全标的额。

(5)预查封在建工程的，参照该工程的投资额、完成的工程量、拆迁安置、销售等情况估算保全标的额。预查封的在建工程无相关协议、资料明确投资额的，应当查明该在建工程的相关状况，参照该工程的土地市场价格、完成的工程量、拆迁安置、销售等情况，扣减该工程应当交纳的土地欠费、工程欠款、变价该工程产生的税费、后续建设费用、拍卖服务费、过户费等后估算保全标的额。

(6)查封车辆并已实际扣押的，未上牌且行驶里程在100公里以内的车辆，参照生产商公布的相同车型销售价估算保全标的额；已上牌或行驶里程超过100公里的车辆，参照相关二手车交易平台相同车型的报价估算保全标的额。未实际扣押车辆的，可按不超过上述价值的20%估算保全标的额。

(7)冻结有价证券、基金份额、碳排放、地票、信托收益或采矿权等财产权的，参照票面价值、可查询到的公开市场价值或其他足以证明该财产价值的材料估算保全标的额。

(8)冻结投资型保险产品的，以可提取的保单红利、保单现金价值或通过向保险机构询价方式估算保全标的额。

(9)限制他人不得清偿到期债权的，应当以他人确认的到期债权数额估算保全标的额。

(10)查封机器设备、成品和半成品、原材料等动产并已实际扣押该动产的，以发票购买价或新品出厂价格，结合使用年限等综合因素估算保全标的额。保全的动产如果未采取扣押措施且允许被保全人继续使用的，按不超过上述价值的50%估算保全标的额。

(11)保全其他财产权的，以能证明该财产权价值的相关材料估算保全标的额。

八、当事人对除银行存款以外的保全财产约定有价格的，人民法院可以参照当事人约定的价格估算保全标的额。

九、根据相关财产信息仍难以估算保全标的额的，可以通过向专业机构询价的方式估算保全标的额。

十、轮候的保全措施,不属于明显超标的额保全,但有证据证明扣除在先保全数额后的剩余被保全财产价值明显超标的额的除外。

十一、被保全的财产上已经设定有质押、抵押,或者其他债权人享有建设工程价款优先受偿权的,应当扣除优先受偿金额后估算保全标的额。

十二、被保全的财产为整体不可分的或者分割会严重减损其价值的,其整体价值即使明显超过裁定保全金额的,人民法院对该财产采取的保全措施也不属明显超标的额保全。

十三、依次保全多个财产的,应当在采取保全措施前估算并扣减之前已实际保全财产价值后,才能对剩余裁定保全标的额所对应的财产进行保全。

十四、对被保全人与他人共有的财产进行保全的,应当按被保全人占共有财产的相应份额所对应的价值估算实际保全标的额。

十五、对申请保全人提供的担保财产的估值,应当参照本意见第七至十四条的规定予以估算。

十六、采取财产保全措施后,申请保全人、被保全人或第三人申请变更保全财产、担保财产的,人民法院应当参照上述七至十四条之规定估值拟变更后的财产价值。拟变更的财产与已保全的财产价值相当且有利于执行的,可以裁定变更。

十七、被保全人或者第三人为变更保全财产提供的担保财产价值即使明显高于裁定保全金额的,人民法院对该财产采取的保全措施也不属明显超标的额保全。

十八、因情况紧急难以及时估算保全财产价值的,可以先行保全该财产,但应当对该财产进行事后估算。事后估算的财产价值与保全裁定载明金额明显不符的,人民法院应当及时采取相应保全措施。

十九、本意见自发布之日起实施。

重庆市高级人民法院

2017 年 10 月 30 日

福建省高级人民法院关于首先查封与轮候查封均为普通债权的法院之间协调移送处置权处理意见

(闽高法〔2018〕167 号)

执行实践中,被执行人的财产被多个法院查封、轮候查封,当首先查封与轮候查封均为普通债权时,一旦首先查封法院怠于处置或由于执行标的额与查封财产价值相差悬殊而不予处置查封的财产,就会导致轮候查封的多个执行案件陷入执行僵局,严重影响执行效率。为推动首先查封法院加快对查封财产的处置进度,提高执行效率,现就首先查封与轮候查封均为普通债权的我省法院之间协调移送处置权相关事项提出如下处理意见:

一、执行过程中,被执行人的财产原则上应当由首先查封法院负责处置,首先查封法院自查封之日起超过 60 日未发布拍卖公告的,轮候查封法院可以商请移送处置权。首先查封法院应当自收到商请移送处置函之日起10日内予以回函，除有查封财产正在司法审查等正当理由外，应当出具同意移送执行函，并告知当事人。

首先查封法院的双方当事人达成和解协议或申请执行人不同意移送处置权的，不影响处置权的移送。

二、首先查封法院自收到商请移送处置函之日起10日内不予回函的，视为同意移送处置权。

三、首先查封法院自收到商请移送处置函之日起10日内不予回函或对移送处置有争议的，应当报请共同的上级法院决定。上级法院收到报告后统一编立“执协”号案件，并于立案之日起10日内作出决定。经审查认为应当移送处置权的，以书面函责令首先查封法院限期出具同意移送处置函。

首先查封法院在收到上级法院责令移送函后，应当在5日内出具移送执行函，将查封财产移送轮候查封法院执行，并告知当事人。逾期不出具移送执行函的，上级法院可以裁定将首先查封案件指定轮候查封法院执行。

四、执行过程中，首先查封法院自首先查封之日起超过60日未发布拍卖公告的，轮候查封法院符合下列情形的，也可以报请上级法院将执行案件全案指定首先查封法院执行：

（一）轮候查封法院已穷尽财产调查措施，未发现被执行人除首先查封法院查封财产外有其他可供执行的财产的；

（二）轮候查封法院已将该案可供执行的财产全部处置完毕的；

（三）其他符合全案移送情形的。

五、各中院应切实发挥统一管理、统一指挥、统一协调职能，依法行使执行监督权。要加强对查封财产超过60日未发布拍卖公告案件的管理，通过执行案件流程信息管理系统定期筛查该类案件，加强督促检查。首先查封和轮候查封法院均在同一中院辖区的，中院应主动协调处置权移送事宜；首先查封法院和轮候查封法院不在同一中院辖区的，可以自行协商移送处置权或报请省法院决定移送处置权。

六、本《意见》下发后，各级法院应对超过180天未结执行案件进行梳理，属于首先查封法院的，应在本《意见》下发之日起30日内启动财产处置程序，逾期不启动的，轮候查封法院可以依据本《意见》第三、四条规定处理。

七、长期未结案件中，无抵押等优先权的轮候查封案件，已穷尽财产调查措施，未发现被执行人除首先查封法院查封财产外有其他可供执行的财产，符合下列情形的，可以以“终结本次执行程序”方式结案：

（一）经首先查封法院确认，首先查封财产确无余值可以分配；

（二）符合参与分配条件的，已向首先查封法院发出参与分配函，首先查封法院在法定期限内不能处置完毕的。

八、首先查封为财产保全尚未进入执行程序的案件（以下简称保全案件），已进入执行程序的在先轮候查封法院因执行处置财产需要，可以商请首先查封法院审判部门移送处置权，除被保全财产系争议标的外，审判部门原则上应当同意进行处置。

移送处置的财产变价后，首先查封债权数额尚未经生效法律文书确认的，应当按照首先查封债权的清偿顺位,依法预留相应份额。

九、其他规定:

(一)移送执行函应当载明查封有效的起止日期,并应附最后一次查封或续封手续的复印件。

(二)移送处置权后,续行查封由受移送法院负责。但距离查封期限届满不足一个月的,首先查封法院应先行办理续行查封手续后再予移送。

(三)轮候查封法院应在收到同意移送执行函后30日内启动财产处置。

(四)财产变价后,首先查封债权受偿顺位不因财产移送执行而改变,取得处置权的法院应当按照法律规定的清偿顺序分配,并将相关情况告知首先查封法院。

其他债权人申请参与分配的,由取得处置权的法院负责主持参与分配相关事宜。

安徽省高级人民法院关于规范诉讼财产保全责任保险担保的若干意见

(皖高法〔2017〕122号)

为规范诉讼财产保全责任保险担保,保障当事人合法权益,方便当事人诉讼,根据《中华人民共和国民事诉讼法》、《最高人民法院关于人民法院办理财产保全案件若干问题的规定》等规定,结合我省实践,制定本意见。

第一条 诉讼财产保全责任保险,是指保险机构以保全申请人为被保险人,向其提供保险产品为其财产保全申请向人民法院提供担保,并承担保全申请人因申请错误对被保全人依法应负赔偿责任的保险。

第二条 中国保监会安徽监管局通过其官方网站(网站地址为:http://anhui. circ. gov. cn)及时更新已按照法律程序向中国保监会备案诉讼财产保全责任保险的保险机构名单,并提供保险机构诉讼财产保全责任保险业务联系部门、联系方式,以便人民法院核实承保事项的真实性。

对于符合前款规定的保险机构依照本意见出具的保单保函,人民法院应予接受。

第三条 保险机构为当事人申请财产保全提供担保,应当向人民法院出具符合本意见规定格式的保单保函,并提交相应的保单以及加盖印章的营业执照复印件等材料。

第四条 保单保函应当载明下列内容:

(一)申请人、被申请人的基本情况;

(二)担保金额;

(三)担保的有效期;

(四)具有因申请财产保全错误,由保险机构在担保金额范围内赔偿被保全人因保全所遭受损失的明确意思表示;

(五)本担保为不可撤销保证;

（六）保险机构名称并加盖印章；

（七）保函出具日期。

第五条 被列为失信被执行人的保险机构，其自身及下属分支机构在失信记录消除前出具的保函，人民法院不予接受。

第六条 因财产保全申请人申请错误导致财产保全给被保全人造成损失，被保全人提起诉讼的，可以将保险机构及申请人列为共同被告。

第七条 保险机构出具保单保函过程中有违法违规行为的，一经发现，人民法院将不接受该保单保函，并将其行为向中国保监会安徽监管局书面通报。

第八条 中国保监会安徽监管局应加强对诉讼财产保全责任保险的监管，督促保险机构简化承保、理赔手续，提升服务质量，依法查处在开展诉讼财产保全责任保险业务中的违法违规行为，促进该保险业务持续健康发展。

第九条 本意见自 2017 年 8 月 1 日起施行。

安徽省高级人民法院
关于进一步规范财产保全工作的指引

（皖高法〔2023〕4 号）

为进一步规范全省法院财产保全工作，强化善意文明执行理念，保障当事人、利害关系人、案外人合法权益，优化营商环境，为全省经济社会发展提供更加优质的司法服务和保障，根据《中华人民共和国民事诉讼法》《最高人民法院关于人民法院办理财产保全案件若干问题的规定》《最高人民法院关于在执行工作中进一步强化善意文明执行理念的意见》等相关规定，结合全省法院工作实际，制定本指引。

一、一般规定

1. 人民法院办理财产保全案件，应当准确把握财产保全制度的精神。坚持审慎谦抑、平等保护、严格审查、依法适用原则，充分考量财产保全措施的合法性、适当性、必要性。既要做到规范及时、应保尽保，依法保障申请保全人合法权益；又要秉持善意文明理念，最大限度减少对被保全人生产生活的影响，实现法律效果与社会效果的有机统一。

2. 人民法院办理财产保全案件，应当加强立案、审判、执行程序的协调配合。做好保全裁定与实施工作的有效衔接，强化对财产保全工作的有效监管，确保保全效率、防范程序空转。

3. 人民法院办理财产保全案件，应当合理选择被保全财产。被保全人有多项财产可供保全的，在确保实现保全目的的情况下，应优先选择对被保全人生产生活影响较小且方便执行的财产执行。在不影响执行效率和效果的前提下，被保全人请求对某一特定财产予以保全的，应当准许；不准许的，应当有合理正当理由。

4. 人民法院办理财产保全案件，应当灵活采取保全措施。在不影响债权实现或者不导致财产价值严重贬损的前提下,对能“活封”的财产,尽量不进行“死封”,做到物尽其用,避免社会资源浪费。

5. 人民法院办理财产保全案件,应当注重产权保护。严禁违法查封案外人财产,严格区分企业法人财产与股东个人财产,切实保护民营企业等企业法人、企业家和各类市场主体的合法权益。

6. 人民法院办理财产保全案件,严禁超标的超范围保全。财产保全应当范围适当、价值相当,严禁对不得查封的财产采取保全措施。

7. 人民法院办理财产保全案件,应当依法保障各方救济权利。当事人、案外人对财产保全提出异议的,应及时受理并依法审查处理。因申请保全错误或者未及时申请解除保全造成被保全人损失的,被保全人有权提起诉讼。

二、保全裁定与保全实施的衔接

8. 财产保全由立案、审判部门审查并作出裁定,一般应移送执行部门实施。

被保全人有转移、隐匿、出卖或者毁损财产等行为,不立即采取保全措施将会给申请保全人造成难以弥补的损害,或距续行保全期限届满时间较短时,也可以由立案、审判部门直接实施办理。

9. 立案、审判部门应当依照法律、司法解释的相关规定,审查保全申请的必要性,要求申请保全人提供相关证据材料、财产保全担保和明确的被保全财产信息或者具体的被保全财产线索;审查申请保全财产的价值是否明显超过申请保全标的金额,明显超标的金额的,应当要求申请保全人调整。

10. 立案、审判部门移送执行部门实施的财产保全裁定应当载明明确具体的保全财产信息;执行部门收到移送财产保全裁定后,应当立即开始执行。

财产保全裁定未载明明确具体的保全财产信息的,执行部门应当要求移送部门在三日内补充,逾期未补充的,可以退回移送部门。

11. 执行部门应当根据财产保全裁定采取相应的保全措施,范围仅限于立案、审判部门确定的保全对象。如发现裁定载明的财产无法采取保全措施的,应当及时反馈移送部门。

裁定保全的财产为特定标的物的,执行部门不得对其他财产采取保全措施。

12. 执行部门完成保全措施后,应当在七个工作日内将保全情况反馈移送部门,并附卷留存。

13. 申请保全人申请使用网络执行查控系统查询被保全人财产的,执行部门应当严格依照《最高人民法院关于人民法院办理财产保全案件若干问题的规定》第十一条、第十二条的规定办理。

14. 财产保全案件的下列事项,由作出财产保全裁定的部门负责审查:

(1)驳回保全申请;

(2)准予撤回申请、按撤回申请处理;

(3)变更保全担保;

(4)续行保全、解除保全;

(5)准许被保全人根据《最高人民法院关于人民法院办理财产保全案件若干问题的规定》第二十条第一款规定申请自行处分被保全财产;

(6)首先采取查封、扣押、冻结措施的保全法院将被保全财产移送给在先轮候查封、扣押、冻结或者对被保全财产有优先债权的执行法院;

(7)当事人或者利害关系人对财产保全裁定不服,申请复议;

(8)与保全裁定有关的其他事项。

采取诉前保全措施后,案件进入诉讼程序的,由相应的审判部门负责审查前款规定的事项。判决生效后申请执行前续行保全的,由作出该判决的审判部门作出续行保全裁定。

15. 财产保全案件的下列事项,由执行裁决部门负责审查:

(1)申请保全人、被保全人、利害关系人认为保全裁定实施过程中的执行行为违反法律规定提出异议的;

(2)保全财产不是诉讼争议标的物,案外人基于实体权利对执行行为不服提出异议的。

16. 立案、审判部门在作出财产保全裁定前,应当告知当事人申请财产保全有错误的,将要赔偿被保全人、案外人因财产保全所遭受的损失。

三、被保全财产价值的估算

17. 人民法院办理财产保全案件,应当根据被保全财产的权属状况、保全顺位、权利负担等情况,区分不同的保全对象、财产类型,对被保全财产价值进行估算。因情况紧急一时难以估算的,可以先行采取保全措施,但应当及时进行事后估算,并根据估算情况合理调整被保全财产。

18. 对被保全财产进行价值估算,原则上应以采取保全措施时该财产的实际价值为准,并参照下列方法:

(1)冻结银行存款、公积金等资金账户的,以实际冻结的金额(含冻结后续转入的金额)计算;冻结多个银行账户的,以每个账户实际冻结金额累计计算。

(2)冻结投资型保险产品的,以可提取的保单红利、保单现金价值或通过向保险机构询价方式估算。

(3)查封住宅、商铺类房产的,参照同地段、同条件房产的市场价格估算。查封房屋为商品房的,参照同类房屋买卖合同备案价格、当地房产管理部门发布的同地段商品房指导价格,以及房地产开发企业的销售价格估算;查封房屋为二手房的,参照房地产交易平台公开报价、相关二手房市场成交价、税务机关核定价格、同地段或相近地段房屋司法拍卖成交价、该房屋抵押时所用评估报告载明价格等,并结合装修情况估算。

(4)查封土地使用权的,参照土地出让合同记载的出让金额估算。土地出让时间在一年以上的,参照周边土地市场价格、税务机关核定价格,结合建设规划调整等因素估算。

(5)查封车辆、船舶等特殊动产并实际扣押的,参照相关二手市场同类型动产报价估算。

(6)查封机器设备、成品和半成品、原材料并实际控制的,综合发票、购买合同载明的购买价格或新品出厂价格、使用年限、动产现状等因素估算。

(7)预查封在建工程的,参照该工程投资额、完成工程量、拆迁安置、销售情况、欠缴税费、工程欠款、土地市场价格等估算。

(8)冻结到期债权的,以生效法律文书确定债权数额或者第三人确认的到期债权数额,并结合执行可能性估算。

(9)冻结有限责任公司股权、非上市股份有限公司股权的,参照公司最近一期财务报表载明的所有者权益总额及实缴出资额估算;无法获取财务报表的,以该公司股东实际出资额估算。

(10)冻结上市公司股票的,以冻结前一交易日收盘价为基准,结合股票市场行情,一般在不超过20%的幅度内合理确定。

(11)冻结上市公司股票以外的其他有价证券,该有价证券有公开交易市场的,参照冻结上市公司股票的方法估算实际冻结到位金额;该有价证券无公开交易市场的,以票面价值估算。

(12)保全其他财产或财产权利(益)的,参照能够证明该财产或权利(益)价值的相关材料估算;无相关材料的,根据市场行情或日常生活经验估算。

除银行存款外,当事人对被保全财产价值有约定的,可以参照当事人的约定估算。

被保全财产上设定有质押、抵押的,估算价值时应当扣除已抵押、质押担保债权的具体数额,但抵押权人、质押权人系申请保全人的除外。

19. 估算被保全财产价值时,应当考虑被保全财产的从物价值和孳息。

被保全财产灭失、毁损或者被依法征收的,该财产的价值以该财产的替代物、赔偿款(物)或征收补偿款(物)确定。

20. 下列情形,被保全财产的价值原则上不计入实际保全到位金额:

(1)银行存款账户系为他人设置的保证金账户。

上述账户内承担保证金功能之外的剩余资金,应当计入实际保全到位金额。

(2)查封但未实际扣押的机动车、船舶、航空器等特殊动产。

(3)轮候查封、扣押、冻结的财产。

上述财产转为正式查封、扣押、冻结的,应当计入实际保全到位金额。

(4)查封、扣押、冻结设有其他建设工程价款优先受偿权、抵押权、质权、留置权等已知受偿顺位在先的优先债权的财产。

(5)执行他人到期债权,他人未确认或虽确认但明显不能清偿的债权数额。

(6)其他不应当计入实际保全到位金额的情形。

21. 被保全财产系与他人按份共有的,按照被保全人享有的份额计算实际保全到位金额;与他人共同共有的,除有相反证据证明外,按照各共有人平均份额计算实际保全到位金额。

22. 季节性商品、鲜活、易腐烂变质以及其他不宜长期保存的物品价值,以同期市场价格计算。

23. 参照本指引第19条、20条、21条以及其他相关财产信息,仍然难以估算财产价值的,可以参照《最高人民法院关于人民法院确定财产处置参考价若干问题的规定》,组织当事人议价或者通过询价、评估方式确定财产价值。

四、明显超标的保全的禁止

24. 人民法院在办理财产保全案件时,应当在保全裁定确定的金额范围内依法及时采取保全措施,被保全财产价值应与保全标的金额相当,严禁明显超标的保全。

保全裁定载明的金额不得超过申请人的诉讼请求标的总额,保全标的金额以保全裁定载明的金额为限。对于财产价值受行情影响变化较大、财产整体不可分的,一般不得超过保全标的金额的20%。申请保全人以进入执行程序后财产变价折扣、实现债权费用等因素为由,申请保全更多财产的,不予支持。

25. 具有下列情形之一的,不属于明显超标的保全:

(1)被保全人、第三人为置换被保全财产而提供的担保财产,其价款明显高于裁定保全标的金额的。

(2)被保全财产为不可分物或者分割会严重减损其价值,且被保全人无其他可供保全的财产或者其他财产不足以清偿债务。

(3)轮候查封、扣押、冻结的财产。

但对于有证据证明,扣除在先保全金额和优先权部分后,剩余被保全财产价值明显超过裁定保全标的金额的除外。

(4)被保全的财产已设置担保物权,剩余价值未明显超标的金额。

五、保全措施的变更及财产置换

26. 被保全财产具有下列情形之一的,人民法院可以责令当事人限期处理,由人民法院保全价款。必要时,立案、审判部门可以作出变价或保存价款裁定,由执行机构实施:

(1)季节性商品、鲜活、易腐烂变质以及其他不宜长期保存的物品;

(2)不及时变价会导致价值严重贬损;

(3)保存困难或者保管费用过高。

27. 当事人以诉讼请求或被保全财产价值发生重大变化为由,申请追加保全或解除部分保全的,经审查属实,应予准许。其中,因变更诉讼请求而申请追加保全的,当事人应当对差额部分提供相应担保。

具有下列情形的,人民法院应当依法作出相应处理:

(1)冻结被保全人银行账户存款的,应当明确具体冻结数额,不得影响冻结之外的资金流转和账户使用。冻结多个银行账户的,每个银行账户均可按照保全标的金额确定冻结数额,但账户冻结后累计进入账户的金额达到保全标的金额的,经当事人申请,应将满足保全标的金额的资金划转至一个账户,并及时解除对其他账户的冻结。

(2)查封的不动产整体价值明显超出保全标的金额的,应当对该不动产相应价值部分采取查封措施。相关部门以不动产登记在同一权利证书下为由提出不能办理分割查封的,人民法院在对不动产进行整体查封后,经被保全人申请,应当及时协调相关部门办理分割登记并解除对超标的部分的查封。

(3)财产保全系轮候保全的,在先保全措施解除后应当对被保全财产价值重新衡量,并及时解除超标的部分的保全。

(4)被保全财产上设有他人享有的抵押、质押等担保物权,该担保物权担保的主债权已经实现的,应当及时解除超标的部分财产的保全,但法律、行政法规另有规定的除外。

(5)上市公司股票冻结后,其价值发生重大变化的,经当事人申请,可以追加冻结或者解除部分冻结。

28. 被保全人或者第三人请求以其他等值财产置换被保全财产,或者提供充分有效担保请求解除保全的,分别由下列部门审查处理:

(1)诉前财产保全所涉案件尚未立案,由立案部门依法审查处理。

(2)财产保全所涉案件正在审理或者已经审结尚未立案执行,由审判部门依法审查处理。

(3)财产保全所涉案件已立案执行,由执行机构依法审查处理。

前款中由审判部门审查处理的事项,财产保全所涉审判案件已经进入二审、再审程序的,由当前程序审判部门依法审查处理。

29. 保全完成后,对被保全人提出的置换或解除被保全财产申请,根据下列情形决定是否准许:

(1)被保全人为盘活资产、缓解生产经营困难,提供其他等值财产置换被保全财产且不影响申请保全人权利实现的,应予准许。

(2)冻结账户为企业基本账户且账户内资金已经达到保全标的金额,被保全人申请将相应数额资金划转至其他账户予以冻结,同时解除对基本账户冻结的,应予准许。

(3)被保全人通过银行、保险公司、证券公司等提供独立保函、信用担保等,申请解除保全的,应予准许。

(4)冻结上市公司股票后,被保全人申请将冻结措施变更为可售性冻结的,应予准许,但应当提前对被保全人在证券公司的资金账户采取明确具体的限额冻结措施。

(5)被保全人申请用查封财产融资替换查封财产的,在确保能够严格控制相应融资款的前提下,可以准许。但人民法院应当监督被保全人按照合理价格融资,并在出借人要求先办理财产抵押或质押登记再放款时,积极协调有关部门做好财产解封、抵押或质押登记等事宜。

(6)被保全人申请自行变卖被保全财产,人民法院在确保变价款汇入法院指定账户或通过其他方式能够控制变价款的前提下,可以准许。但人民法院应当监督被保全人在六十日内按照合理价格变卖完毕。

30. 被保全人提出置换或解除被保全财产申请的,人民法院应当征询申请保全人的意见。申请保全人同意的,可以直接裁定置换或解除;申请保全人不同意的,应当综合考量申请的合理性、合法性、可执行性以及担保财产的等值性、变现难易程度等因素,依法作出裁定。

申请对作为涉案标的的被保全财产自行变卖或解除保全措施,须经申请保全人同意。

六、灵活采取财产保全措施

31. 财产保全时,对资金周转困难、暂时无力偿还债务的房地产开发企业,人民法院应按照下列情形分别处理:

(1)查封在建工程项目具备继续施工建设条件的,原则上应当允许被保全人继续施工建设。

(2)查封的建筑物已具备销售条件的,可以允许被保全人在申请保全人或人民法院监管下,在确定时限内按照合理价格予以销售,并对销售款予以保全。

32. 查封的企业厂房、土地、机器设备等生产资料,被保全人继续使用对该财产价值无重大影响的,可以允许其使用。

33. 查封被保全人需要继续加工的半成品物件的,应当在申请保全人或者人民法院的监管下允许其继续生产加工。

34. 人民法院应当严格依照法律、法规及司法解释规定,对商品房预售资金监管账户、农民工工资专用账户和工资保证金账户内的资金,审慎采取保全措施。

冻结商品房预售资金监管账户的,应当及时通知当地住房和城乡建设主管部门。除了当事人申请执行因建设该商品房项目而产生的工程建设进度款、材料款、设备款等债权案件外,在商品房项目完成房屋所有权首次登记前,对于预售资金监管账户中监管额度内的款项,不得采取扣划措施,不得影响账户内资金依法依规使用。除法律另有专门规定外,不得以支付为本项目提供劳动的农民工工资之外的原因冻结或者扣划农民工工资专用账户和工资保证金账户资金;为办理案件需要,人民法院可以对前述两类账户采取预冻结措施。

35. 商品房预售资金监管账户被人民法院冻结后,房地产开发企业、商品房建设工程款债权人、材料款债权人、租赁设备款债权人等请求以预售资金监管账户资金支付工程建设进度款、材料款、设备款,或者购房人因购房合同解除申请退还购房款,经项目所在地住房和城乡建设主管部门审核同意,监管银行予以支付的,不视为擅自支付,但监管银行应当将付款情况及时向人民法院报告。

七、财产保全的救济程序

36. 人民法院作出保全措施后,应当及时告知双方当事人保全结果,并释明提出异议的权利和途径。当事人通过申诉信访等渠道,对明显超标的保全等问题进行反映的,可以引导其依法提出异议。

37. 被保全人认为明显超标的保全的,应当提供相应证据,人民法院可以组织被保全人和申请保全人协商。申请保全人认可的,可以直接解除对超标的部分的保全;申请保全人认为不构成明显超标的保全的,被保全人可以按照《中华人民共和国民事诉讼法》第二百三十二条提出执行异议。

38. 人民法院对诉讼争议标的物以外的财产进行保全,案外人对保全裁定实施过程中的执行行为不服,基于实体权利对被保全财产提出书面异议的,人民法院应当根据《中华人民共和国民事诉讼法》第二百三十四条的规定审查并作出裁定。

39. 人民法院发现明显超标的保全的,可以依职权解除对超标的部分的保全。申请保全人对解除行为不服的,按照《中华人民共和国民事诉讼法》第二百三十二条的规定审查。

八、其　　他

40. 人民法院在办理涉财产保全案件时,应注重保调对接,及时组织当事人协商,引导当事人以和解、调解等方式妥善化解矛盾纠纷。对于没有调解可能的案件,应当加快审理进度,裁判生效后,对诉讼请求不予支持或者部分支持的及时解除或变更保全措施。

41. 对于涉及人数众多、财产状况复杂、影响面广的案件,人民法院在实施财产保全的同时，应当第一时间将有关情况通报当地相关党政部门，积极提供法律意见，促进矛盾纠纷统筹解决。

42.本指引自发布之日起施行，如有与法律、司法解释规定相抵触的，以法律、司法解释规定为准。

天津法院财产保全案件审查指南（试行）

（津高法发〔2019〕28号）

为进一步推进一站式多元解纷机制和一站式诉讼服务中心建设，提高审判执行辅助性事务集约化水平，规范财产保全案件审查标准，统一办理流程，切实提高保全工作质效，根据《中华人民共和国民事诉讼法》及其司法解释、《最高人民法院关于人民法院办理财产保全案件若干问题的规定》《最高人民法院关于建设一站式多元解纷机制和一站式诉讼服务中心的意见》，结合天津法院实际，制定本指南。

第一章　一般规定

第一条　全市法院办理财产保全案件应当严格遵守法律程序，充分便利人民群众，精简办案流程，提高保全效率，不得擅自提高保全申请条件和案件审查标准。

财产保全包括诉前财产保全、诉中财产保全、仲裁财产保全、执行前财产保全。

第二条　全市法院应在诉讼服务中心建立保全中心，设置专门对外服务窗口，配备相应数量的员额法官和审判辅助人员，一站式办理财产保全的审查、立案、裁定、移送执行等工作，实现保全案件一窗受理、一网办理。

第三条　全市法院应积极引导当事人及代理人利用“天津法院在线保全中心”信息平台申请财产保全，要求法官利用“天津法院在线保全中心”在线办理保全案件，实现保全审查、审批、裁定等工作线上集约化办理。

第四条　诉前财产保全、仲裁财产保全和执行前财产保全统一由保全中心接收申请、进行审查。

诉中财产保全由相应审判部门接受申请、进行审查。当事人向保全中心提出申请的，保全中心应及时移送相应审判部门处理。

财产保全案件的财产查控和保全实施工作原则上由保全中心移送执行部门处理。全市法院可以根据本院人员和案件情况，探索将保全案件立案、审查和实施工作统一归口保全中心集中办理。

第二章　财产保全案件办理程序

第一节　诉前财产保全案件办理程序

第五条　当事人申请诉前财产保全，应当向保全中心提出书面申请。保全申请应当写明申请人和被申请人基本情况、申请保全的理由、保全金额或争议标的。

第六条 申请诉前财产保全的,应当提供相当于请求保全数额的担保。申请人不提供担保的,裁定驳回其保全申请。

全市法院不得人为提高或者变相提高对申请人担保财产的要求,不得要求申请人必须提供现金担保,也不得在申请人已提供相当于保全数额的其他形式担保的情况下,仍要求其提供现金担保。

第七条 商业银行、保险公司等由金融监管部门批准设立的具有独立偿付债务能力的金融机构及其分支机构申请诉前保全,书面承诺负担因申请财产保全错误而产生的财产损失赔偿责任的,可视为提供有效担保。

第八条 保全中心承办法官依法对财产保全材料进行审查,对于不符合规定的材料,告知当事人在指定期限内补正。

承办法官通过线下方式要求申请人补正的,应当一次性告知。

第九条 对诉前财产保全应重点审查被申请人是否存在财产转移、资不抵债等情况紧急,不立即申请保全将会使合法权益受到难以弥补的损害的情形。

第十条 承办法官或合议庭认为应当保全的,按照相应流程报请审批。

第十一条 经审查认为当事人申请诉前财产保全符合法定条件的,应当在立案后通知当事人交纳申请费,并在接受申请后四十八小时内作出裁定。

第十二条 人民法院认为财产保全申请不符合法律规定,或者当事人拒绝交纳申请费的,应裁定驳回保全申请。

第十三条 保全中心以"财保"案号作出保全裁定后,另行编立"执保"案号,并在当日将保全申请及案卷材料移送执行部门实施。

第十四条 人民法院作出保全裁定后应当在两日内送达申请人。采取保全措施后,执行部门应当在三日内向被申请人送达保全裁定书,并通知双方当事人查封、扣押或冻结情况。

保全实施过程中,需要通知相关机关、组织或个人履行协助义务的,由执行部门负责相关文书的送达和通知工作。

第十五条 保全实施完毕后,执行部门在三日内向保全中心书面反馈保全结果。

第十六条 在采取保全措施后三十日内,申请人起诉或者申请仲裁的,诉前保全措施自动转化为诉中保全或仲裁中的保全措施;未起诉或申请仲裁的,裁定解除保全。

第十七条 采取保全措施后,发现存在保全错误、申请人撤回保全申请、申请人未起诉或申请仲裁,或者其起诉或者诉讼请求被生效裁判驳回,以及法院认为应当解除保全的其他情形的,保全中心应当裁定解除保全措施,并在三日内移交执行部门实施。

第十八条 当事人对一审判决提起上诉,二审法院接到报送的案件之前,必须采取保全措施的,由第一审人民法院作出保全裁定并实施。保全实施完毕后,第一审人民法院应当在三日内将保全裁定书及保全实施情况报送二审人民法院。

第十九条 二审审理过程中,需要对一审法院采取的保全措施予以解除保全、续保或者采取新的保全措施的,由二审法院作出裁定,向一审法院出具委托书,委托一审法院实施。情况紧急的,由二审法院自行实施。

第二十条 当事人在申请仲裁前提出财产保全申请的,适用诉前保全的相关规定。

本指南对诉中财产保全、仲裁财产保全及执行前财产保全相关程序或内容未作规定的,参照适用本节规定。

第二节 诉中财产保全案件办理程序

第二十一条 诉中财产保全是指当事人在一审、二审或再审民事案件立案后至结案前,向人民法院提出的财产保全申请。

当事人申请诉中财产保全的,应向案件承办法官提出。当事人向保全中心提出申请的,保全中心应在当日移送审判部门处理。

当事人提交起诉状时一并提起财产保全申请的,按照诉中保全案件处理。

第二十二条 当事人在诉讼过程中申请财产保全的,应当在申请书中写明案件名称、案号、申请人和被申请人基本信息、申请保全的理由、保全金额或争议标的。

第二十三条 当事人在诉讼中申请财产保全的,应当根据案件具体情况,决定当事人是否应当提供担保以及担保的数额。

当事人存在本指南第四十四条规定情形之一的,或当事人有特殊情况提出申请并经人民法院同意的,可以不提供担保。

第二十四条 当事人在诉讼中申请财产保全的,可以书面申请人民法院通过网络执行查控系统查询被保全人的财产。人民法院可以利用该系统对裁定保全的财产或者保全数额范围内的财产进行查询,并采取相应的查封、扣押和冻结措施。

人民法院利用网络执行查控系统未查询到可供保全财产的,应当书面告知申请保全人。

第二十五条 人民法院对查询到的被保全人财产信息,应当依法保密。除依法保全的财产外,不得泄露被保全人的其他财产信息,也不得在财产保全、强制执行以外使用相关信息。

第二十六条 审判部门裁定保全后,应在两日内将保全材料移送保全中心。保全中心在立案信息系统编立"执保"案号后,当日移交执行部门实施。

对情况紧急的,审判部门必须在四十八小时内作出裁定;裁定采取保全措施的,应当立即移送执行部门采取保全措施。

第二十七条 保全措施实施完毕后,执行部门在三日内向审判部门反馈保全结果并移交保全实施过程中形成的案卷材料。

第三节 仲裁财产保全案件办理程序

第二十八条 当事人在仲裁过程中申请财产保全的,应当通过仲裁机构向人民法院提交申请,由保全中心审查并以"财保"案号作出裁定。

仲裁机构向保全中心移交的材料应当包括仲裁保全移送函、保全申请书、担保材料、相关证据材料等。

第二十九条 仲裁机构移交的保全申请材料不齐全的,保全中心通知仲裁机构告知当事人予以补正。

第三十条 当事人在仲裁过程中申请保全的,一般应当提供担保。

第三十一条　保全中心裁定保全或驳回申请的，应当将裁定书送达保全申请人，并通知仲裁机构。

第三十二条　保全措施实施完毕后，保全中心向仲裁机构移交保全裁定书及保全实施情况等材料。

第三十三条　十人以上的集体劳动争议案件的劳动者，因用人单位存在濒临破产、法定代表人逃逸或转移、隐匿财产情形的，可以通过劳动人事争议仲裁委员会向人民法院申请财产保全。

劳动人事争议仲裁委员会向人民法院移交的财产保全申请材料应当有保全移送函。

劳动者根据本条款申请保全的，人民法院可以不要求提供担保。

第四节　执行前财产保全案件办理程序

第三十四条　当事人在案件生效后、申请执行前申请财产保全的，应当向执行法院保全中心提交申请材料。

当事人提交的申请材料应当包括保全申请材料、申请执行材料及生效法律文书副本。

第三十五条　当事人申请执行前保全的，人民法院可以不要求提供担保。

第三十六条　保全中心收到申请后，经审查符合保全条件的，以“财保”案号作出保全裁定，并另行编立“执保”案号后移送执行部门实施。

第三十七条　人民法院接受申请后，申请人在生效法律文书指定的履行期间届满后五日内不申请执行的，人民法院应当驳回申请；已经对被申请人财产实施保全的，应当解除保全。

第三章　保全担保的审查

第三十八条　当事人申请保全需要提供担保的，应当在提交申请材料时一并提交担保材料。

当事人未同时提交担保材料的，保全中心或承办法官应当在收到申请材料后通知当事人三日内补交担保材料。

第三十九条　申请人提交的担保书或保证书应当载明担保人、担保方式、担保范围、担保财产及价值、担保责任承担等内容，并附相关证据材料。

他人提供担保的，保全中心应当核实担保书或保证书的真实性。

第四十条　当事人可以提供现金、实物、权利凭证、金融机构独立保函、保证中的一种或者几种作为保全担保。

当事人提供的担保没有明显不利于人民法院实施保全的，人民法院不得强制申请人变更担保方式。

第四十一条　“天津法院在线保全中心”按照公开透明原则，建立保险机构备案制度。保险机构可按照备案制度要求自愿入驻在线保全中心，为当事人提供保全担保服务。当事人可以在线申请电子保函作为担保。

第四十二条　当事人通过“天津法院在线保全中心”申请电子保函的，可不再提交保险机构营业执照、保险业务许可证复印件、法定代表人身份证明和任职证明、委托代理人手续等文件。其保单保函、保单及对接人的保函确认函原件,由备案保险机构对接人提交人民法院。

第四十三条 保险公司提供保函担保的,保函格式、内容需符合相关规定,并载明因申请保全错误,由保函出具人赔偿被保全人因保全所遭受的损失等内容。

第四十四条 当事人申请诉中保全,以下情形可免于担保:

(一)追索赡养费、抚养费、抚育费、抚恤金、医疗费用、劳动报酬、工伤赔偿、交通事故人身损害赔偿的;

(二)婚姻家庭纠纷案件中遭遇家庭暴力且经济困难的;

(三)人民检察院提起的公益诉讼涉及损害赔偿的;

(四)因见义勇为遭受侵害请求损害赔偿的;

(五)案件事实清楚、权利义务关系明确,发生保全错误可能性较小的;

(六)申请保全人为商业银行、保险公司等由金融监管部门批准设立的具有独立偿付债务能力的金融机构及其分支机构的。

第四十五条 保全期间,当事人提供的担保不足以赔偿可能给被保全人造成的损失的,人民法院责令申请人追加担保,当事人拒不追加的,裁定解除或者部分解除保全措施。

第四章 其 他

第四十六条 本指南所称的"当事人",包括在提起诉讼或申请仲裁前申请财产保全的利害关系人,在诉讼过程中或仲裁过程中向人民法院申请财产保全的当事人,以及在法律文书生效后,进入执行程序前申请财产保全的债权人。

第四十七条 本指南自印发之日起施行。

山东省高级人民法院
关于规范查封、扣押、冻结财产的工作指引

(2021 年 8 月 6 日)

为规范民事诉讼保全和执行中查封、扣押、冻结措施,防止超标的、超范围、超时限查封,依法维护当事人的合法权益,根据《中华人民共和国民事诉讼法》《最高人民法院关于人民法院办理财产保全案件若干问题的规定》《最高人民法院关于人民法院民事执行中查封、扣押、冻结财产的规定》等法律和司法解释的规定,结合全省法院审判执行工作实际,制定本工作指引。

一、一 般 规 定

1. 查封、扣押、冻结被执行人(或被保全人,下同)的财产,应对执行标的金额和查封、扣押、冻结财产的价值及查封、扣押、冻结财产可供执行的价值(即该项财产可用于清偿本案债权的金额)进行估算,查封、扣押、冻结财产可供执行的价值应与执行标的金额相当,不得明显

超标的额查封、扣押、冻结。

2. 保全案件中保全标的金额以保全裁定载明的金额为限。执行案件中执行标的金额，即案件债权额及执行费用总额，包括生效法律文书确定的债权、迟延履行期间的债务利息、评估费、执行费等。

3. 查封、扣押、冻结财产的价值可以按照下列方式估算：

(1)冻结银行存款的，以实际冻结的金额为冻结金额。

(2)查封房产的，参照同地段、同条件的房产价值估算查封财产的价值。查封房产为一手房的，可以参照房地产开发企业的销售价格、当地房地产管理部门发布的指导价格；查封房产为二手房的，可以参照税务机关核定价格、二手房市场成交价格。

(3)查封土地使用权的，参照土地出让合同记载的出让金额计算查封财产的价值。

(4)预查封在建工程的，参照该工程的投资额、完成的工程量、拆迁安置、销售等情况估算查封财产的价值。

(5)冻结上市公司股权的，参照冻结前一交易日收盘价估算查封财产的价值。

(6)冻结有限责任公司股权、非上市股份有限公司股权的，参照公司财务报表及实缴出资额估算查封财产的价值。

(7)查封车辆并已实际扣押的，参照二手车交易平台相同车型的报价估算查封财产的价值。

4. 除银行存款外，当事人对查封、扣押、冻结财产的价值有约定的，可以参照当事人的约定估算查封财产的价值。

5. 参照相关财产信息难以估算查封财产价值的，可以通过询价或评估的方式确定查封财产的价值。

6. 查封、扣押、冻结标的物上有建设工程价款优先受偿权、抵押权、质权、留置权等已知优先权的，在估算查封、扣押、冻结财产可供执行的价值时，应当扣除优先受偿金额。

7. 轮候查封、扣押、冻结财产的价值，不计入查封、扣押、冻结财产可供执行的价值。

8. 查封车辆、船舶等财产未实际扣押的，不计入查封财产可供执行的价值。

9. 查封、扣押、冻结被执行人与他人共有财产的，按照被执行人占有财产的份额估算查封、扣押、冻结财产可供执行的价值。

10. 查封、扣押、冻结财产需要变价处置的，在判断是否明显超标的查封时，应综合考虑财产的性质、财产变价需要的时间、确定拍卖保留价时可能降价的幅度等影响其价值的因素。

11. 查封、扣押、冻结的财产为不可分物，且被执行人无其他财产可供执行，或其他财产不足以清偿债务的，若该不可分物可供执行的价值超过执行标的金额，可以认定不属于超标的查封的情形。

12. 人民法院应当坚持善意文明执行理念，合理选择对被执行人生产经营影响较小的财产进行查封。被执行人有多项财产可供查封、扣押、冻结时，执行法院应当综合考虑财产变价难度、变价后能否覆盖债权、对被执行人利益的影响、对第三人利益的影响等，坚持效率原则和最小成本原则，合理选择查封财产。

执行法院可以按照下列顺序选择查封财产，前一顺序财产能够实现债权的，优先查封前一顺序的财产：

(1)现金、银行存款；

(2)股票、债券等可流通证券；

(3)收入；

(4)土地、房屋等不动产；

(5)车辆、机器设备、生产原料等动产；

(6)债权；

(7)股权；

(8)其他财产。

被执行人请求优先查封某项财产的，人民法院应当准许；不予准许的，应当有合理正当的理由。

二、银 行 存 款

13. 冻结被执行人银行账户内存款的，应当明确具体冻结金额，不得影响冻结金额之外资金的流转和账户的使用。对超出案件执行标的金额的部分，应及时解除冻结。

14. 冻结银行存款账户余额不足的，以实际冻结的金额为冻结金额。冻结被执行人多个银行账户的，以每个账户实际冻结金额累计计算冻结金额。每个银行账户均可按执行标的金额确定冻结金额，账户冻结后累计进入账户的金额达到案件执行标的金额的，可以通过将冻结金额划拨至一个账户等方式，解除对其他账户的冻结。

三、不　动　产

15. 可供查封的土地、房屋等不动产整体可供执行的价值明显高于执行标的金额的，应当对该不动产的相应价值部分采取查封措施，相应部分的价值以不动产单元为单位进行估算。该不动产在使用上不可分或者分割查封将严重减损其价值的，可以整体查封。

16. 对登记在同一权利证书下的不动产整体查封后，被执行人以超标的查封为由申请分割查封的，应先向相关部门提出变更登记申请，执行法院应及时协调相关部门办理分割登记并解除对超标的部分的查封。

17. 查封被执行人购买的房地产开发企业预售商品房的，以房地产管理部门和房地产开发企业为协助义务人。向房地产开发企业送达的协助执行通知书可以写明，该房屋符合办理过户登记条件时通知执行法院，房地产开发企业与被执行人解除买卖合同时，应当将依据合同退还给被执行人的购房款支付至法院账户。预查封期间，买卖合同依法解除，房地产开发企业将购房款支付至法院账户的，执行法院应当解除预查封。执行过程中，房地产开发企业请求排除执行的，按照民事诉讼法第二百二十七条的规定审查。

18. 被执行人为房地产开发企业的，对其名下已办理销(预)售许可的商品房可以查封，但查封时应查明房产销售、交付的事实，并记入查封笔录。执行过程中，案外人请求排除执行的，按照民事诉讼法第二百二十七条的规定审查。

四、股票、股权

19. 冻结上市公司股票，应当以其价值足以清偿生效法律文书确定的债权额为限。股票价值应当以冻结前一交易日收盘价为基准，结合股票市场行情，一般在不超过20%的幅度内合理确定需要冻结的股票数量。

20. 冻结被执行人所持股权的，不得对股权所在市场主体（目标公司）的财产采取查封、扣押、冻结措施。

21. 冻结被执行人持有的非上市股份有限公司股权的，以股权所在市场主体为协助义务人。已经办理股权登记托管的，冻结裁定书、协助执行通知书同时向股权登记托管机构送达。

五、债　　权

22. 冻结被执行人对他人（次债务人）的到期债权的，不得对次债务人的财产采取查封、扣押、冻结措施，但次债务人不按照履行通知履行义务又不提出异议的除外。

23. 在对次债务人作出强制执行裁定后，次债务人确无财产可供执行的，不得冻结次债务人对他人享有的到期债权。

24. 对被执行人的未到期债权，执行法院可以依法冻结，待债权到期后参照到期债权予以执行。

六、夫妻共同财产

25. 在夫妻一方为被执行人的案件中，对被执行人占有的一般动产、登记在被执行人名下或登记在被执行人及其配偶双方名下的不动产、特定动产及其他财产权，人民法院可以采取查封、扣押、冻结措施。被执行人配偶提出异议，请求排除执行的，按照民事诉讼法第二百二十七条的规定审查。

26. 在夫妻一方为被执行人的案件中，对被执行人配偶单独占有的一般动产、登记在被执行人配偶名下的不动产、特定动产及其他财产权，申请执行人以该财产系被执行人与其配偶在婚姻关系存续期间取得，属于夫妻共同财产为由，书面申请查封、扣押、冻结该财产的，人民法院可以查封、扣押、冻结。被执行人配偶提出异议，请求排除执行的，按照民事诉讼法第二百二十七条的规定审查。

27. 采取查封、扣押、冻结措施后，被执行人与其配偶协议分割共同财产，经申请执行人同意的，可以对被执行人配偶享有份额的部分解除查封。标的物属于不可分物的，可以整体查封。

28. 采取查封、扣押、冻结措施后，被执行人与其配偶签订的涉及财产分割的离婚协议或者通过另行提起离婚诉讼取得的析产判决或调解书，不能对抗执行。

七、其 他 财 产

29. 扣留、提取被执行人工资、奖金、劳务报酬等收入的，以向其发放收入的单位（个人）为协助义务人，冻结、扣划被执行人离休金、退休金、养老金的，以发放单位或者社会保障机构为协助义务人。需要为被执行人预留生活费用的,可以在协助执行通知书中写明预留的金额,剩余部分提取至法院账户。

30. 扣留、提取收入的执行方式仅适用于被执行人为自然人的情形,被执行人为法人、非法人组织的,不适用扣留、提取收入的规定。

31. 冻结被执行人预期领取的财政补助资金的,以对被执行人负有直接付款义务(直接向被执行人发放补助资金)的单位为协助义务人,不得随意扩大协助义务人的范围。协助执行通知书可以写明符合领取条件后,将补助资金划拨至法院账户。

八、不得查封、扣押、冻结的财产

32. 执行法院对被执行人的下列财产不得查封、扣押、冻结:

(一)被执行人及其所扶养家属生活所必需的衣服、家具、炊具、餐具及其他家庭生活必需的物品;

(二)被执行人及其所扶养家属所必需的生活费用。当地有最低生活保障标准的,必需的生活费用依照该标准确定;

(三)被执行人及其所扶养家属完成义务教育所必需的物品;

(四)未公开的发明或者未发表的著作;

(五)被执行人及其所扶养家属用于身体缺陷所必需的辅助工具、医疗物品;

(六)被执行人所得的勋章及其他荣誉表彰的物品;

(七)根据《中华人民共和国缔结条约程序法》,以中华人民共和国、中华人民共和国政府或者中华人民共和国政府部门名义同外国、国际组织缔结的条约、协定和其他具有条约、协定性质的文件中规定免于查封、扣押、冻结的财产;

(八)法律或者司法解释规定的其他不得查封、扣押、冻结的财产。

九、救 济 程 序

33. 执行法院发现明显超标的查封的,可以依职权解除对超标的部分的查封。申请执行人对解除行为不服的,按照民事诉讼法第二百二十五条的规定审查。

34. 被执行人认为明显超标的查封的,应当提供相应证据,执行法院可以组织被执行人和申请执行人协商,申请执行人认可的,可以直接解除对超标的部分的查封。申请执行人认为不构成超标的查封的,被执行人可以按照民事诉讼法第二百二十五条提出执行异议。

35. 案外人异议裁定中止对标的物执行,且当事人在法定期限内未提起执行异议之诉的,执行法院应当自起诉期限届满之日起七日内解除对该标的物的查封、扣押、冻结措施。

申请执行人提起执行异议之诉,判决驳回诉讼请求的,或者案外人提起执行异议之诉,判决不得执行的,执行法院应当自判决生效之日起七日内解除对该标的物的查封、扣押、冻结措施。

36. 本工作指引自下发之日起施行。

河南省高级人民法院关于严格执行法律规定支持保险公司为诉讼财产保全提供担保的通知

（2018年8月17日　豫高法〔2018〕252号）

全省各中级人民法院、基层人民法院，郑州铁路运输中级法院和基层法院，本院各部门：

为规范诉讼财产保全担保行为，依法保障当事人合法权益，根据最高人民法院《关于人民法院办理财产保全案件若干问题的规定》（法释〔2016〕22号），现就有关问题通知如下：

一、经保险业监督管理委员会批准设立的保险公司，均可以根据批准的经营范围和《最高人民法院关于人民法院办理财产保全案件若干问题的规定》第七条的规定，为当事人申请财产保全提供担保。

二、当事人申请以财产保全责任保险方式提供财产保全担保的，各级人民法院应依法对其保险公司出具的担保书进行审查，担保书符合法律规定的诉讼财产保全担保要件且能够承担与保全错误可能造成的损失数额相适应的，即应当依法进行保全。

三、《最高人民法院关于人民法院办理财产保全案件若干问题的规定》实施以后，省法院制定的有关规定与上述司法解释规定不一致的，不再适用。

四、本通知自下发之日起施行。

贵州省高级人民法院关于进一步加强财产保全工作的实施意见

（2020年3月24日　黔高法〔2020〕42号）

根据中央全面依法治国委员会《关于加强综合治理从源头切实解决执行难问题的意见》精神，为从源头上加强财产保全工作，实现胜诉当事人合法权益，切实解决执行难问题，依照《中华人民共和国民事诉讼法》、《最高人民法院关于人民法院办理财产保全案件若干问题的规定》、《最高人民法院关于依法制裁规避执行行为的若干意见》等规定，结合我省法院工作实际，制定本意见。

第一条　各级法院要完善立审执协调配合，通过法律释明向当事人提示诉讼和执行风险，强化当事人的风险防范意识，引导债权人及时申请财产保全，有效防止债务人在执行程序开始前转移财产。

第二条　对于有金钱给付等相关内容的案件，应当引导债权人及时申请财产保全，做好以下工作：

（一）利害关系人在法院诉讼服务中心咨询诉讼立案事宜时，负责立案的工作人员要主动告知其在起诉前可依法申请诉前财产保全；

（二）案件经立案移送相关审判机构后，案件承办人或受其委托的法官助理，要主动告知相关当事人可依法申请财产保全；

（三）法律文书生效后，进入执行程序前，债权人因对方当事人转移财产等紧急情况，向相关法院申请采取保全措施的，相关法院应当及时审查决定。

开展以上工作的情况，应当留痕备查。

第三条 各级法院对受理的一审案件，应当在送达案件受理通知书时，一并送达诉讼风险告知书。诉讼风险告知书应当包括申请财产保全的条件、程序和作用，未申请财产保全可能存在的风险，以及建议认真阅读《最高人民法院关于人民法院办理财产保全案件若干问题的规定》等内容。

送达诉讼风险告知书，并不免除按照本意见第二条规定应当开展的工作。

第四条 各级法院进行财产保全，由立案、审判机构作出裁定，一般应当移送执行机构实施。

第五条 各级法院接受财产保全申请后，应当在五日内作出裁定；需要提供担保的，应当在提供担保后五日内作出裁定；裁定采取保全措施的，应当在五日内开始执行。对情况紧急的，必须在四十八小时内作出裁定；裁定采取保全措施的，应当立即开始执行。

在保全裁定中，应当告知当事人申请续行保全的时间，以及不申请的风险。

第六条 各级法院应当依法为当事人申请财产保全提供便利。其中：（1）责令申请保全人提供财产担保的，不得超过《关于人民法院办理财产保全案件若干问题的规定》第五条规定的条件；（2）符合《关于人民法院办理财产保全案件若干问题的规定》第九条规定情形的，可以不要求提供担保。

第七条 对于保全的解除，按照《关于人民法院办理财产保全案件若干问题的规定》第二十三条的规定办理。

第八条 各级法院要定期或不定期召开立案、审判与执行机构财产保全工作协调会，通报情况、查找和解决问题。协调会一般由执行机构提请，分管执行工作的院领导主持召开。

第九条 立案、审判、执行部门要明确一名工作人员负责本意见落实情况的督查督办，至少每季度检查一次本部门相关人员落实本意见的情况，并向主要负责人报告。未按照法律、司法解释及本意见做好财产保全工作造成不良后果的，视情况给予相应处理。

第十条 本意见自印发之日起施行。

青海省高级人民法院
关于建立财产保全保险担保机制的规定（试行）

（2018 年 8 月 8 日）

为进一步加强财产保全工作，提高保全率，充分发挥保险机构在财产保全中的作用，适度扩大财产保全担保范围,规范保险机构在财产保全中的范围和程序。根据《中华人民共和国民事诉讼法》、《最高人民法院关于人民法院办理财产保全案件若干问题的规定》,结合我省财产保全工作实际,制定本规定。

第一条 本规定所称的财产保全包括诉前财产保全、诉中财产保全和执行前的财产保全。对仲裁前和仲裁中财产保全担保的审查、处置工作,适用本规定。

第二条 财产保全责任险,是财产保全申请人作为投保人与保险人签订保险合同,约定财产保全责任险的权利义务。投保人按照合同约定支付保险费,保险人按照财产保全责任险合同约定承担赔偿或者给付保险金责任。因申请人的错误或恶意申请造成被保全人损失,经人民法院判决或经人民法院主持调解,由申请人承担赔偿责任的,保险公司在担保书或保函担保数额内先行赔付;如生效文书确认的损失大于担保书或保函数额的,由保险公司承担垫付责任。

第三条 法院在财产保全工作中引入责任保险担保时,应当遵循以下原则:

(一)平等保护双方当事人的合法权益原则;

(二)方便当事人依法行使诉讼权利原则;

(三)审判与执行相分离原则;

(四)有利于促进审判、调解、执行工作原则;

(五)严格程序审查与实体权利保障相结合原则;

(六)加强责任保险担保方式规范化原则。

第四条 申请人可以是自然人、法人、其他组织,财产保全责任保险担保适用于各类涉及财产诉讼的案件。

第五条 提供财产保全责任保险担保的保险公司,可以年度为单位,向法院提交下列材料先行报备,由法院对其报备资格进行审核,并纳入财产保全责任保险名单。报备资格审核,由立案庭负责。每年的报备材料应以年度为单位装订成册备查。

第六条 申请人申请财产保全,并申请提供责任保险担保作为担保方式的,法院有权审查具体案件情况、保险人的资信状况、经营许可、担保范围、承担责任等内容决定是否接受担保。

第七条 对于申请人提出可能因当事人一方的行为或者其他原因,使判决难以执行或者造成当事人其他损害而申请采取保全措施的,申请人在无法提供其他符合条件的担保方式情况下,人民法院为保障申请人的诉讼权利,应明确释明其引入责任保险担保作为担保方式,由申请人自行选择担保方式。

第八条 申请人能够提供部分符合条件的担保情况下,法院允许其选择对其他担保部分提供责任保险担保。

第九条 法院根据案件的具体情况、保全风险、保险人资产信用状况、担保范围、期限等内容审查后,认为当事人除提供责任保险担保外,还需提供其他担保的,当事人应当予以提供。对于当事人未提供担保或者提供担保不符合法院要求的,驳回其保全申请。

第十条 当事人申请财产保全并提供责任保险担保,人民法院应要求其提交以下材料:

(一)财产保全申请书。申请书是否载明了申请人和被申请人的基本情况,申请保全的事实和理由,保全金额,保全标的物及财产线索。

(二)保全财产的线索及相关证明材料。申请保全的财产是否明确为被申请人所有的财产或者双方争议的财产。

(三)责任保险担保材料。保险人出具的担保书(函)的担保责任的内容、期限、方式是否齐全、明确。

第十一条 保险机构为财产保全提供责任保险担保的,应当向人民法院提交书面担保书(函),写明担保人名称、被担保人名称、担保的案件、担保方式、担保范围、担保期限、保险责任、公章等内容。

第十二条 申请人在向法院申请责任保险担保前,应先行作为投保人向有资质的保险人提出投保要求,并按保险人要求提供材料,履行告知、缴费等相应义务。

第十三条 申请人申请诉前财产保全,并提供责任保险担保的,由立案庭负责审查处理,财产保全措施由执行局负责执行。

第十四条 申请人申请诉中财产保全,并提供责任保险担保的,由审判庭负责审查处理,财产保全措施由执行局负责执行。

第十五条 法院在发现保险人存在下列情形时,有权拒绝其提供责任保险担保,责令退出纳入法院责任保险机构名单并报省高级人民法院备案:

(一)经营状况严重恶化,有丧失或者可能丧失履行承担保险责任能力的情形;

(二)公司的偿付能力严重不足;

(三)违反法律规定,损害社会公共利益,可能严重危及或者已经严重危及公司的偿付能力;

(四)有拒不承担责任保险担保责任的行为,且不能证明其合法性;

(五)在保险过程中存在恶意串通,损害国家、集体或者第三人利益的行为;

(六)保险人不按照法院要求出具担保书(函)及相关材料证明的;

(七)有其他经法院认定足以影响承担保险责任的行为。

第十六条 法院建立由立案庭、审判庭、执行局组成的联席会议制度,定期研究责任保险担保立、审、执衔接问题,确保审执分离,规范责任保险担保行为,保障当事人更充分的行使诉讼权利,不断丰富通过司法获得有效权利救济的途径。对于各类案件的责任保险担保问题及时研究、依法启动、各司其职、分工协作,严格格依法依程序采取合法、便捷、及时、高效的财产保全措施。

第十七条 本规定自发布之日起执行。

内蒙古自治区高级人民法院
关于办理财产保全案件的工作规程

（2017 年 9 月 4 日）

为了规范财产保全行为，依法保障生效法律文书得到有效执行，公平保护当事人、利害关系人的合法权益，根据《中华人民共和国民事诉讼法》、《最高人民法院关于适用〈中华人民共和国民事诉法〉的解释》、《最高人民法院关于人民法院办理财产保全案件若干问题的规定》及其他相关司法解释的规定，结合全区法院审判、执行工作实际，制定如下工作规程。

第一条 人民法院应当依照法律、司法解释的规定，积极推进诉前财产保全、诉讼财产保全，确保生效法律文书确定的债权人利益有效实现。

人民法院不得违反法律、司法解释的规定，无理由不受理当事人、利害关系人的财产保全申请或者额外设置保全条件或强制要求提供特定形式的担保，加重当事人诉讼负担，妨碍当事人、利害关系人财产保全权力的行使。

第二条 利害关系人申请诉前财产保全，一般应当符合下列条件：

（一）申请人与被申请人之间有民事权利义务争议；

（二）申请人与被申请人之间民事权利义务争议具有给付内容，且该给付内容为被申请人向申请人给付，或者申请保全标的物为争议标的物；

（三）情况紧急，不进行财产保全将会使其合法权益受到难以弥补的损害。

第三条 当事人申请诉讼财产保全，应当符合下列条件：

（一）因当事人一方行为或其它原因，可能使判决不能执行或难以执行造成当事人其他损害的；

（二）案件具有给付内容，或者保全申请标的为确认之诉、形成之诉的争议标的物。

第四条 当事人、利害关系人申请诉前财产保全、诉讼中财产保全、诉讼后执行前财产保全，应当向人民法院提交书面申请，并提供相关证据材料。

申请书应当载明下列事项：

（一）申请人和被申请人的姓名、性别、身份证号码、工作单位、住址、联系方式，法人和其他组织的名称、组织机构代码、住所、法定代表人或负责人姓名、职务等信息；

（二）申请财产保全的事实和理由；

（三）请求保全的数额或者争议标的；

（四）明确的被保全财产信息或者具体的被保全财产线索；

（五）为财产保全提供担保的财产信息、资信证明或者不需要提供担保的理由；

（六）其他需要载明的事项。

法律文书生效后，进入执行程序前，债权人申请财产保全的，还应当写明生效法律文书的制作机关、文号和主要内容，并附生效法律文书副本。

第五条 人民法院进行财产保全,由立案、审判部门(团队)审查是否符合财产保全条件并作出裁定,统一交由本院执行机构实施。

第六条 申请诉前财产保全,应当依法向人民法院立案部门(团队)提出申请。

立案部门(团队)审查认为符合诉前财产保全条件的,应当通知申请人缴纳保全费用,以"执保"案号在人民法院执行案件流程信息管理系统立案并做出执行裁定,裁定应当载明保全财产的明细或价值数额,特殊情况下也可以采取限定财产价值数额方式进行概括表述。

不符合立案条件的,由立案部门(团队)依法裁定驳回保全申请,并告知申请复议的权利。

第七条 申请诉讼中保全,应当依法向审理该案件的相应审判部门(团队)提出。

审理案件的审判部门(团队)经审查认为符合财产保全条件的,应当通知申请人缴纳保全费用,并将案件移交立案部门(团队)立"执保"案号,立案后依法作出"执保"案号裁定。裁定应当载明保全财产的明细或价值数额,特殊情况下也可以采取限定财产价值数额方式进行概括表述。

审查不符合法律规定的,应当裁定驳回保全申请,并告知申请复议的权利。

第八条 对诉前财产保全和诉讼中财产保全申请,主要审查以下内容:

(一)申请保全的主体是否适格;

(二)申请保全的理由是否充分;

(三)保全的标的物及财产线索是否明确,数额是否适当;

(四)申请保全提供的担保是否符合法律司法解释相关规定。

第九条 仲裁过程中,当事人申请财产保全的,应当通过仲裁机构向人民法院提交申请书及仲裁案件受理通知书等相关材料,由人民法院立案部门(团队)接受上述材料,并对是否符合财产保全条件作出审查,根据审查结果,裁定采取保全措施或者裁定驳回申请。

第十条 人民法院接受财产保全申请后,应当由接受申请的立案或审判部门(团队)在五日内作出裁定;需要提供担保的,应当在提供担保后五日内作出裁定;裁定采取保全措施的,应当在三个工作日内将保全裁定、保全申请副本、财产线索清单移交执行机构,执行机构应当在五日内开始执行。对情况紧急的,立案、审判部门(团队)必须在四十八小时内作出裁定,裁定采取保全措施的,立即移交本院执行机构,执行机构应当立即开始保全。

第十一条 当事人申请诉讼保全,有下列情形之一的,可以不提供担保:

(一)追索赡养费、抚养费、抚育费、抚恤金、医疗费、劳动报酬、工伤赔偿、交通事故人身赔偿的;

(二)婚姻家庭纠纷中遭遇家庭暴力且经济困难的;

(三)人民检察院提起公益诉讼涉及损害赔偿的;

(四)因见义勇为遭受侵害请求赔偿的;

(五)案件事实清楚、权利义务关系明确,发生保全错误可能性较小的。

(六)申请保全人为商业银行、保险公司等由金融监管部门批准设立的具有独立偿付债务能力的金融机构及其分支机构的。

法律文书生效后,进入执行程序前,债权人申请财产保全的,人民法院可以不要求提供担保。

人民法院依职权裁定财产保全的,可以根据案件具体情况和本条规定,决定当事人是否提供担保和提供担保的数额。

第十二条 当事人、利害关系人、案外第三人提供财产保全担保,人民法院应当严格按照《最高人民法院关于人民法院办理财产保全案件若干问题的规定》第五条、第六条、第七条、第八条的规定执行,不得设定额外担保条件,加重当事人诉讼负担。(第十二条与第一条第二款有相同之处)

第十三条 实施财产保全时,应当对申请人或者第三人提供的担保财产进行查封、扣押、冻结。

第十四条 诉讼中财产保全案件和执行前财产保全案件申请人可以向已经建立了网络执行查控系统的执行法院书面申请通过该系统查询被保全人的财产。

申请人提出书面查询申请的,执行机构应当利用网络执行查控系统,对财产保全的财产或担保数额范围内的财产进行查询,并采取相应的查封、扣押、冻结措施。利用网络执行查控系统未查询到可供保全财产的,应当书面告知申请保全人。

第十五条 人民法院查询到被保全人财产信息,应当依法保密。除依法保全的财产外,不得泄露被保全人其他财产信息,也不得在财产保全、强制执行以外使用该信息。

第十六条 实施财产保全,应当首先对未被查封、冻结的财产采取保全措施;仍不足申请财产保全数额的,应当及时对其他已被其他有权机关查封、冻结的财产进行轮候查封、冻结。

实施财产保全,不能查封、冻结、扣押案外人的财产。对于债务人对他人的到期应得利益或者到期债权进行保全的,不得查封、冻结、扣押该他人的财产。该他人不履行保全协助义务向债务人清偿或支付的,可以在其支付或清偿的范围内查封、冻结、扣押该他人的财产。

第十七条 实施财产保全时,不得明显超标的查封、扣押、冻结。

被保全财产上有抵押、质押或者其他优先受偿权的,计算保全财产价值时,应当剔除被保全财产上的抵押权、质权和留置权等优先受偿权的金额;

被保全财产为轮候查封、冻结的,计算保全财产的价值时,应当剔除顺位在先的其他有权机关的查封、冻结和轮候查封、冻结的财产价值额。

被保全财产难以分割或其价值难以判断的,可以整体查封、扣押、冻结,但被申请人提供分割依据并能准确确定分割部分价值的,应当分割进行查封、扣押、冻结,并裁定解除超过保全价值部分的查封、扣押、冻结。

第十八条 保全裁定应当及时送达当事人,根据案件情况执行机构在执行实施时或实施后七日内将保全裁定送达当事人,并将送达回证、采取查封、扣押、冻结等强制措施的清单反馈给立案部门(团队)和审判部门(团队)并告知当事人。

送达保全裁定时应当向申请人书面告知下列事项:

(一)保全措施有效期限及届满期限;

(二)保全期限届满,申请人需要续保的,应当在保全期限届满前七日前向正在审理该案件的审判庭或执行该案件的执行局提出续保的书面申请;

(三)申请人在期限届满前未提出续保申请的,已经采取的保全措施自动解除,产生的法律后果由申请人承担。

第十九条 保全期限届满前申请人申请续行保全的,正在处理该案件的审判部门(团队)或执行机构应当在保全期限届满日五日前将续封申请移交执行机构及时办理续保手续。

接受续保申请法院和原保全法院为同一法院的,无需另行制作续保裁定书,直接向有关协助执行单位发出协助执行通知书;接受续保申请法院和原保全法院为不同法院的,应当制作续保裁定书,裁定书应当载明原保全法院采取保全措施的文书号、保全时间、续保原因及续保期限。

第二十条 当事人对财产保全裁定不服的复议申请,由做出财产保全裁定的立案、审判部门(团队)负责审查。理由不成立的,裁定驳回;理由成立的,依法作出新的裁定或变更、撤销原保全裁定。裁定案号仍为"执保"。

当事人、利害关系人、案外人对执行保全行为或执行标的提出异议的,由实施财产保全裁定的人民法院执行裁决部门按照《中华人民共和国民事诉讼法》第二百二十五条或第二百二十七条的规定审查处理。

当事人、利害关系人、案外人提出复议、异议申请的,应当以书面形式提出,载明申请复议、异议的事实及理由,并提供相应证据。

第二十一条 有下列情形之一的,应当及时解除财产保全措施,尚未保全到财产的,停止执行:

(一)保全错误的;

(二)申请人撤回保全申请的;

(三)人民法院对起诉不予受理、准许撤诉或者按撤诉处理的;

(四)申请人在采取诉前保全措施后三十日内不依法提起诉讼或申请仲裁的;

(五)申请人起诉或者诉讼请求被生效裁判驳回,仲裁申请或者仲裁请求被仲裁裁决驳回的;

(六)仲裁机构不予受理仲裁申请、准许撤回仲裁申请或者按照撤回仲裁申请处理的;

(七)当事人在诉讼或仲裁程序中达成和解协议,并履行完毕的;

(八)发生法律效力的法律文书确定的给付义务履行完毕的;

(九)立案庭或审判庭认为应当解除财产保全的其他情形。

被申请人提供符合《最高人民法院关于适用〈中华人民共和国民事诉讼法〉的解释》第一百六十七条规定的财产担保的,人民法院可以裁定变更保全的标的物为被保全人提供的担保财产。

解除或变更财产保全由人民法院做出财产保全裁定的立案部门(团队)、审判部门(团队)审查并作出裁定。解除保全的裁定同样使用"执保"案号。

第二十二条 人民法院立案部门(团队)、审判部门(团队)根据本规定第二十条、第二十一条作出变更或解除财产保全的裁定后,应当将裁定及相关材料移交执行机构,执行机构应当及时变更或解除原财产保全措施,并及时向申请人、被申请人、担保第三人及有关协助执行人送达相关法律文书。

财产保全解除后,应当同时解除对申请人提供的担保财产的查封、扣押、冻结,但被申请人以财产保全错误为由提出赔偿请求的除外。

第二十三条 人民法院"执保"案号类财产保全案件应当以下列方式结案:

(一)保全完毕,即保全事项全部实施到位;

(二)部分保全,即因未查询到足额财产,致使保全事项未能全部实施完毕;

(三)无标的物可执行保全,即未查到可供执行财产;

(四)解除保全;

(五)准予撤回申请,按撤回申请处理。

第二十四条 刑事附带民事诉讼中,当事人申请财产保全的或者证据保全中被保全的证据涉及财产利益的,可以参照本规程有关规定执行。

第二十五条 本规程自印发之日起施行。

第二十六条 本院之前有关财产保全的相关规定和本规程不一致的,以本规程为准,本规程未作规定的以法律和司法解释规定为准,法律和司法解释有新规定的,以其新规定为准。本规程由内蒙古自治区高级人民法院负责解释。

陕西省高级人民法院
关于办理财产保全案件的实施意见(试行)

(2017 年 12 月,陕高法〔2017〕305 号)

为规范全省法院办理财产保全案件,切实维护当事人的合法权益,根据《中华人民共和国民事诉讼法》、最高人民法院《关于办理财产保全案件若干问题的规定》等有关法律、司法解释,结合我省法院执行工作实际,制定本实施意见。

第一条 财产保全案件的执行依据是人民法院已生效的保全裁定书。财产保全案件一般由执行机构负责实施。

第二条 立案、审判部门作出财产保全裁定后,应由立案、审判部门将财产保全案件移送函、财产保全裁定书、申请人及被申请人的身份证、企业法人组织机构代码或统一社会信用代码信息复印件及联系方式、担保财产明细及财产保全费交纳票据复印件、被保全人的财产线索等材料,移交立案部门立"执保"案号后,移送执行机构实施。

第三条 执行机构接受案件后,应当对相关材料进行审查。经审查材料有欠缺的,应当要求作出财产保全裁定的部门补齐后再予实施。

第四条 申请人提供了被申请人具体明确财产信息的,立案、审判部门应根据财产信息及时作出财产保全裁定。

第五条 当事人在诉讼中申请财产保全,未能提供具体明确的财产信息但提供了财产线索且书面申请通过网络查控系统查询被申请人财产,立案、审判部门根据财产线索作出财产保全裁定,执行机构应利用网络执行查控系统,在裁定保全范围内,查询被申请人的财产。

执行机构经网络执行查控系统查询发现被申请人的财产数额小于应保全财产数额的,应当立即制作协助执行通知书并实施财产保全。经网络查询发现被申请人有多项财产,且总额大于应保全财产数额的，执行机构应将查询结果反馈立案、审判部门，由立案、审判部门以书面方式明确应保全的财产范围，执行机构依据立案、审判部门明确的范围制作协助执行通知书并实施保全。

诉前保全案件不适用网络执行查控系统。

第六条 执行机构对查询的被申请人财产信息应当保密，除采取查封、扣押、冻结措施的财产外，不得向申请人泄露被申请人其他财产信息，也不得在诉讼保全、强制执行之外使用相关信息。

第七条 在保全案件执行中，执行机构发现据以财产保全的裁定书内容与实际情况不符的，应当及时书面通知立案、审判部门于五日内予以撤销、变更或补正，立案、审判部门不予撤销、变更或补正，或补正材料仍与实际情况不符的，执行机构对保全案件作结案处理，并函告立案、审判部门。

第八条 执行机构在财产保全实施中采取查封、扣押、冻结措施时，依照民事执行工作的相关法律规定办理。

第九条 执行机构采取财产保全措施后，执行人员在三日内将执行情况通知立案、审判部门，并向该部门送交《关于保全案件的回函》、协助执行通知书、送达回证复印件。保全案件作结案处理。

财产保全裁定及保全结果由立案、审判部门送达并告知当事人。

第十条 财产保全措施期限届满前十五日，案件仍未审结或未进入执行程序的，执行机构依据立案、审判部门作出的续行财产保全裁定，实施续行财产保全措施。

第十一条 进入执行程序后，保全措施自动转为执行中的强制执行措施，对保全措施予以续保或者解除保全措施的，由执行实施部门作出裁定并负责实施。

第十二条 利害关系人对保全裁定不服，依照《中华人民共和国民事诉讼法》第一百零八条的规定，可以申请复议一次，由作出保全裁定的部门审查处理，复议期间不停止裁定的执行。

第十三条 当事人、利害关系人认为保全案件执行过程中的执行行为违法提出书面异议的，由立案部门立案后，执行裁决部门依照《中华人民共和国民事诉讼法》第二百二十五条规定审查处理。

第十四条 人民法院对诉讼争议标的以外的财产进行保全，案外人对保全的财产主张实体权利，提出书面异议的，由立案部门立案后，执行裁决部门依照《中华人民共和国民事诉讼法》第二百二十七条规定审查处理并作出裁定。

案外人、申请人对该裁定不服的，可以自裁定送达之日起十五日内向执行法院提起执行异议之诉。

人民法院裁定案外人异议成立后，申请人在法律规定的期间内未提起执行异议之诉的，人民法院执行实施部门应当自起诉期限届满之日起七日内对该被保全财产解除保全措施。

第十五条 采取保全措施后，申请人申请撤回保全或依法应当解除保全，应由立案、审判部门作出解除保全裁定，由执行机构解除保全。

第十六条 仲裁财产保全中，利害关系人对保全执行行为提出异议，在执行仲裁裁决案件未受理前，由保全实施法院审查；在执行仲裁裁决案件受理后，由仲裁裁决案件执行法院审查。

案外人对保全财产主张实体权利提出书面异议，在执行仲裁裁决案件未受理前，由保全实施法院审查；在执行仲裁裁决案件受理后，由仲裁裁决案件执行法院审查。

案外人异议在审查期间，申请执行人向人民法院申请执行仲裁裁决案件的，保全实施法院应将异议审查案件移交仲裁裁决案件执行法院审查。

第十七条 本规定自发布之日起实施。